Family Art Therapy

가족미술치료

조용태 저

양 성 원

머리말

미술치료 분야에서 가족미술치료가 미술치료에서 가족 활동을 말하는 것인지 아니면 가족치료에서 미술 활동을 말하는 것인지, 그 개념적 정의에 대한 명확하고 구체적인 진술을 찾아보기 어렵다. 가족치료를 규정 또는 설명하는 학문적 범위 또는 개념적 정의를 명확하게 하는 것이 가족미술치료에 대한 그림을 분명하게 하는 데 도움이 되기 때문에, 가족미술치료의 개념적 정의가 명확하게 진술될 필요가 있다. 그럼에도 미술치료 분야에서 가족미술치료의 범위 또는 개념을 명확하게 기술하는 것이 부족한 것이 현실이다.

미술치료에서 치료 대상으로 가족 또는 가족 단위를 지정하는 가족 활동으로 본다면, 이러한 치료 활동의 근거는 미술치료이론이 되어야 할 것이고, 동시에 치료 활동의 방법과 내용 역시 미술 활동 또는 미술 방법이 그 중심이 되어야 할 것이다. 반면에 가족치료에서 가족 또는 가족 단위를 대상으로 하는 미술 활동으로 본다면, 이러한 치료는 가족치료이론이 그 근거가 되어야 하고, 가족치료 활동 또는 방법이 그 중심이 되어야 할 것이다. 가족치료 활동과 방법의 효율성 또는 효과성을 높이는 데 도움이 되는 미술 활동이 보완적인 또는 지원적인 자원으로 활용되어야 할 것이다.

미술치료분야에서 언급하는 가족미술치료는 치료의 대상이 가족 구성원이 되는 경우가 대부분이었다. 적어도 가족치료에서 치료의 대상이 되는 가족 단위는 아니라는 것이다. 가족 단위를 하나의 치료 대상으로 간주하는 것과 가족 구성원 각각을 치료의 대상으로 간주하는 것은 분명히 다른 치료 활동일 수 있다.

가족미술치료의 개념적 정의나 학문적 범위를 논의하는 것이 이 책의 목적은 아니다. 다만 그러한 쟁점에 대한 미술치료 분야 전문가와 연구자들의 학술적 토론은 있어야 할 것이다. 그러한 토론을 기반으로 가족미술치료의 개념적 정의에 대한 합의를 도출하는 것이 미술치료의 학문적 발전뿐만 아니라 미술치료사의 전문적 자질 함양에 제대로 기여할 것이기 때문이다.

이 책의 내용은 발달재활서비스 가운데 미술심리재활 서비스 제공 인력의 전문성을 강화하여 서비스 수준을 높이고자 발달재활서비스 영역별 이수하여야 하는 교과목에서 가족미술치료 교과의 교수요목을 기반으로 구성하였다. 가족미술치료 교수요목에 제시된 내용은 가족치료이론을 기반으로 치료의 대상을 가족 단위로 하여 미술 활동과 미술 매체를 통해 치료를 수행하는 것으로 구성된 것이다.

이 교수요목에 제시된 가족치료이론은 극히 일부이다. 아마 가족치료이론과 미술치료 이론을 통합하여 가족미술치료로 제시되거나 연구된 치료 활동을 중심으로 제시한 것으로 추측된다. 미술심리재활 서비스 전문 인력으로서 발달재활의 영역 가운데 가족을 대상으로 하는 대표적인 서비스를 가족미술치료라고 간주한다면, 미술재활 전문가들은 가족치료이론과 방법에 대한 지식 획득과 활동 경험이 필요할 것으로 생각된다.

이러한 지식 획득과 경험에 도움이 될 수 있는 최소한의 기본적인 정보로서 이 책을 제안하고자 한다. 물론 당연히 앞으로 계속 내용은 보완되어야 하고, 가족미술치료 전문가 양성에 필요한 실질적인 내용이 보완되고 첨가되어야 할 것이다.

2023년 8월

저자

미술심리재활-전선-03

교수요목

가. 교과목 정보

과목명	가족미술치료
영문명	*Family Art Therapy*
교과구분	전공선택

나. 교과목 개요

교과개요	가족치료이론을 바탕으로 가족의 역동과 문제를 이해하고, 다양한 가족미술치료기법 및 사례분석을 통하여 가족문제에 적합한 미술치료접근법을 적용할 수 있는 능력을 기른다.

다. 강의주제 및 주요내용

강의주제 및 주요내용		
순번	강의주제	주요내용
1	오리엔테이션	• 교과소개 및 강의 안내 • 가족 미술치료의 이해
2	가족미술치료의 이해	• 가족미술치료의 개념 • 가족미술치료의 발달
3	가족미술치료사의 역할	• 가족미술치료사의 역할 • 가족미술치료사의 조건
4	보웬가족미술치료	• 보웬가족치료이론 • 보웬의 가족치료이론과 미술치료
5	구조적가족미술치료	• 구조적가족치료이론 • 구조적가족미술치료
6	경험적 가족미술치료 (사티어가족치료)	• 경험적 가족치료이론 • 경험적 가족미술치료
7	가족미술치료평가(Ⅰ)	• 가족미술치료평가의 실시방법 • 가족미술치료평가 실습 • 가족미술치료평가
8	가족미술치료평가(Ⅱ)	• 가족미술치료평가의 실시방법 • 가족미술치료평가 실습 • 가족미술치료평가
9	가족미술치료기법(Ⅰ)	• 매체를 활용한 가족미술치료기법 I
10	가족미술치료기법(Ⅱ)	• 매체를 활용한 가족미술치료기법 II
11	가족미술치료사례(Ⅰ)	• 학대가족의 특성 • 가족미술치료접근법 및 사례
12	가족미술치료사례(Ⅱ)	• 이혼 및 재혼가족의 특성 • 가족미술치료접근법 및 사례
13	가족미술치료사례(Ⅲ)	• 삼세대 가족의 특성 • 다문화 가족의 특성 • 가족미술치료접근법 및 사례

차 례

01
Chapter

가족미술치료의 이해

1. 가족미술치료의 개념

1) 가족치료의 개념

미술치료 분야에서 명확하게 설명된 가족미술치료의 정의와 개념은 찾아보기 어렵다. 가족미술치료는 가족치료와 미술치료의 결합으로, 가족치료의 확장과 발달을 반영하는 개념으로 볼 수 있다. 물론 미술치료 분야의 측면에서는 치료의 대상이 가족일 뿐일 수도 있다. 그러나 가족미술치료의 이론적 배경 또는 근거는 가족치료 이론을 기반으로 하기 때문에, 가족치료의 확장으로 보는 것이 타당할 것이다.

가족치료는 1950년대에 미국과 영국의 여러 지역에서, 그리고 다양한 의료 서비스, 의료 전문가, 치료 및 연구 전통 내에서 동시에 나타났다. 가족 치료의 선구자들을 지적으로 통합한 핵심 통찰은 인간의 문제는 본질적으로 개인이 아니라 대인 관계라는 것이었다. 결과적으로 그들의 해결은 사람들 사이의 관계를 직접적으로 다루는 중재에 대한 접근을 필요로 한다. 이러한 통찰은 모든 심리적 문제가 개별적으로 집중된 치료를 필요로 하는 본질적으로 개별적인 장애의 징후라는 지배적인 견해에 위배된다.

가족치료는 처음에는 부분적으로 개인지향적인 치료 접근의 비효율성에 대한 반응으로 나타났으며, 일부는 심리적 장애의 병인학에서 가족 요인의 역할을 지적한 연구 결과에 대한 반응으로 나타났다. 가족치료의 후기 발전은 이러한 요인들과 가족 중심의 건강 및 사회복지 정책, 생생한 국제 훈련 워크숍에서 카리스마 넘치는 선구자들에 의한 가족치료의 대중화, 그리고 전 세계 가족치료의 전문화와 같은 다른 요인들에 의해 계속해서 영향을 받았다.

가족치료의 선구자들은 사회사업, 정신의학, 그리고 심리학을 포함한 많은 분야들로부터 왔다. 그들은 정신과 센터, 아동 지도 클리닉, 결혼 상담 서비스를 포함한 다양한 임상 서비스에서 일했다. 놀랄 것도 없이, 커플과 가족과의 연구에서, 그들은 정신분석, 경험적-내담자 중심 치료, 행동 치료를 포함한 지배적인 이론적 전통으로부터 아이디어와 실천을 끌어냈다. 또한 그들은 일반체제이론과 사이버네틱스라는 두 가지 흥미로운 새로운 개념적 틀로부터 아이디어를 끌어냈다.

가족미술치료의 개념을 설명하기 전에 가족치료의 개념과 미술치료의 개념을 먼저 살펴보고, 그것을 바탕으로 가족미술치료의 개념을 추론하고자 한다.

미국심리학회의 심리학 사전에서 가족치료의 개념을 다음과 같이 설명하고 있다(APA, 2022).

> 가족치료는 가족 내의 개별 구성원과 집단 또는 하위 체제뿐만 아니라 전체로서 가족의 행동 패턴과 가족 간의 관계 개선에 초점을 둔 심리치료의 한 형태이다.

이러한 가족치료는 다양한 개념적 원리, 과정과 구조, 임상적 초점을 가진 수많은 치료 형태를 포함한다. 대상관계이론과 같은 일부 가족치료 접근은 대인 관계 영역에서 개인에 대한 심리치료 모델의 확장을 반영하는 반면, 구조적 가족치료와 같은 다른 접근은 덜 전통적인 맥락에서 발전했다. 대부분의 접근은 임상적 문제가 발생하는 맥락을 강조한다. 이와 함께 수반되는 체제적인 관점은 잠재적으로 개인에서 가족, 지역사회에 이르기까지 행동 조직의 모든 수준에 대한 임상적 관심을 허용한다. 가족치료 모델은 길이, 과거 대 현재 지향, 사용된 기법, 치료 목표 측면에서 매우 다양하다.

의학적 측면에서 가족치료의 정의는 다음과 같다(The Free Dictionary by Farlex, 2022).

> 가족치료는 핵가족 또는 확대 가족의 모든 구성원을 포함하는 심리치료의 한 형태이다.

가족치료는 한 쌍 또는 한 팀의 치료사가 수행할 수 있다. 많은 경우에 팀은 젠더와 관련된 문제를 다루거나 가족 구성원의 역할 모델 역할을 하기 위해 남자와 여자로 구성된다. 가족치료의 일부 형태는 행동적 원리나 정신역동 원리에 기초하지만, 가장 널리 퍼진 형태는 가족체제이론에 기초한다. 이 접근은 가족 전체를 치료의 단위로 간주하고 개별 구성원의 특성이나 증상보다는 관계 및 의사소통 패턴과 같은 요소를 강조한다.

가족치료는 심리치료에서 비교적 최근에 개발된 것이다. 그것은 제2차 세계대전 직후 조현병 환자를 치료하던 의사들이 환자의 가족이 혼란스러운 방식으로 의사소통하는 것을 발견했을 때 시작되었다. 또한 의사들은 부모 사이의 긴장 정도에 따라 환자의 증상이 오르거나 내리는 것을 발견했다. 이러한 관찰은 가족을 고유한 내부 규칙, 기능 패턴 및 변화에 저항하는 경향이 있는 유기체 또는 체제로 간주하게 했다. 치료사는 조현병 환자의 가족을 입원 환자에게 초점을 맞추지 않고 전체 단위로 치료하기 시작했다. 그들은 많은 경우에 조현병이 있는 가족 구성원이 "환자"가 가족체제일 때 개선된다는 것을 발견했다. 다만 가족 문제가 상태를 악화시킬 수 있지만, 조현병이 가족 문제로 인해 발생한다는 의미로 오해해서는 안 된다. 치료 계획과 치료에 가족 전체를 참여시키는 이러한 접근은 그 후 조현병의 존재 이외의 문제가 있는 가족에 적용되었다.

현대 사회의 변화가 가족 구조에 반영됨에 따라 가족치료는 점점 더 일반적인 치료 형태가 되고 있다. 그것은 두 가지 추가 발전으로 이어졌다. 결혼 파트너 또는 동성 커플 간의 관계 문제를 치료하는 커플 치료와 그리고 가족치료를 종교 공동체나 가족과 유사한 다른 집단으로 확장하는 것이다.

한편 Wikipedia(2022)에는 가족치료를 다음과 같이 설명하고 있다.

> 가족치료는 가족 및 부부가 친밀한 관계에서 협력하여 변화와 발전을 도모하는 심리학 및 임상 사회사업의 한 분야로서, 가족상담, 가족체제치료, 결혼 및 가족치료, 부부 및 가족치료라고도 한다. 가족치료는 가족 구성원 간의 상호작용 체제 측면에서 변화를 보는 경향이 있다.

가족치료의 여러 학파들은 공통적으로 문제의 근원에 관계없이, 그리고 내담자가 그것을 "개인" 또는 "가족" 문제로 생각하는지 여부에 관계없이 해결에 가족을 포함시키는 것이 종종 내담자에게 이익이 된다는 믿음을 가지고 있다. 이러한 가족의 참여는 일반적으로 치료 회기에 직접 참여함으로써 이루어진다. 따라서 가족치료사의 기술은 보다 광범위한 체제의 강점, 지혜, 지원을 촉진하는 방식으로 대화에 영향을 미치는 능력이 포함된다(Szapocznik, et al., 2012).

이 분야의 초기에 많은 임상의들은 보통 부모와 아동을 포함한 좁고 전통적인 방식으로 가족을 정의했다. 이 분야가 발전함에 따라 가족의 개념은 혈연이나 결혼으로 인해 관련이 있을 수도 있고 없을 수도 있는 사람들 사이의 강력한 지원적, 장기적인 역할과 관계의 측면에서 더 일반적으로 정의된다.

가족치료사 특히 가족체제 이론가들에 의해 개발된 개념적 틀은 조직 역동과 위대성에 대한 연구를 포함한 광범위한 인간 행동에 적용되었다.

한편 Cherry(2021)는 가족치료의 개념을 다음과 같이 설명하였다.

> 가족치료는 가족의 정신 건강과 기능에 특별히 영향을 미치는 문제를 돕기 위해 계획된 치료 유형이다. 개별 가족 구성원이 더 강한 관계를 구축하고 의사소통을 개선하며 가족 체제 내의 갈등을 관리하는 데 도움이 될 수 있다.

가족치료의 주요 목표 중 일부는 더 나은 가정환경을 조성하고, 가족 문제를 해결하며 가족이 직면할 수 있는 고유한 문제를 이해하는 것이다. 또한 가족치료는 다음과 같은 상황에서 권장된다.

- 조현병과 다중인격장애(multiple personality disorder: MPD) 또는 장애가 있는 가족 구성원의 치료. 가족치료는 다른 가족 구성원이 친척의 장애를 이해하고, 친척에게 발생할 수 있는 심리적 변화에 적응하는 데 도움이 된다.
- 세대 경계를 넘어 문제가 있는 가족. 여기에는 부모가 조부모와 집을 공유하거나 조부모가 양육하는 자녀로 인해 발생하는 문제가 포함된다.
- 사회적 규범에서 벗어난 가족(사실혼 관계, 자녀 양육 동성 커플 등). 이러한 가족들

은 내부적인 문제가 없을 수도 있지만 외부인의 판단 태도로 인해 어려움을 겪을 수 있다.

- 인종, 문화, 또는 종교적 배경이 혼합된 구성원이 있는 가족.
- 가족 구성원을 희생양으로 삼거나 개별 치료에서 구성원의 치료를 훼손하는 가족.
- 확인된 내담자의 문제가 다른 가족 구성원의 문제와 불가분의 관계에 있는 것처럼 보이는 가족.
- 적응에 어려움이 있는 혼합 가족.

한편 일부 가족은 가족치료에 적합한 대상으로 간주되지 않는데, 여기에는 다음과 같은 가족이 포함된다.

- 부모 중 한쪽 또는 양쪽 모두가 정신병자이거나 반사회적 또는 편집성 인격 장애 진단을 받은 가족
- 문화적 또는 종교적 가치가 심리치료를 반대하거나 의심하는 가족
- 신체적 질병 또는 이와 유사한 제한으로 인해 치료 회기에 참여할 수 없는 구성원이 있는 가족
- 매우 엄격한 성격 구조를 가진 구성원이 있는 가족(여기서 구성원들은 정서적 또는 심리적 위기에 처할 수 있음)
- 치료를 위해 정기적으로 만날 수 없거나 모일 수 없는 가족
- 불안정하거나 헤어질 위기에 처한 가족

가족치료는 섭식 장애, 학교 생활의 어려움, 사별이나 지리적 재배치에 대한 조정과 같은 특정 문제를 해결하는 데 중점을 두고, 대개 단기 치료 경향이 있다. 일반적으로 심각한 기능 장애 가족의 장기 또는 집중 구조 조정에는 사용되지 않는다.

가족치료 회기에서는 가족의 모든 구성원과 두 치료사(둘 이상인 경우)가 대부분의 회기에 참여한다. 치료사는 가족 상호작용 및 의사소통 과정을 전체적으로 분석하려고 한다. 그들은 특정 구성원의 편을 들지 않는다. 그들은 가족 구성원이 이전에는 당연하게 여겼던 패턴이나 구조를 더 잘 인식하도록 돕기 위해 이따금 말을 하거나 말을 할 수

있다. 팀으로 활동하는 가족치료사는 회기 중에 서로 상호작용을 통해 가족의 새로운 행동을 모델링한다.

가족치료는 가족을 개별 구성원의 합 이상인 살아있는 유기체로 이해하는 가족체제이론에 기초한다. 가족치료는 "체제" 이론을 사용하여 전체 체제 내에서의 위치나 역할 측면에서 가족 구성원을 평가한다. 문제는 특정 구성원을 "수정"하는 대신 체제 작동 방식을 변경하여 다룬다.

2) 미술치료의 개념

미국심리학회의 심리학 사전에서 미술치료의 개념을 다음과 같이 설명하고 있다(APA, 2022).

> 미술치료는 심리치료와 재활에서 회화와 점토 모형과 같은 예술적 활동을 사용하는 것이다. 미술 활동 과정은 상상으로, 진정성으로, 그리고 자발적으로 자신을 표현할 수 있는 기회를 제공하는 치유적 경험으로 보여진다. 시간이 지남에 따라, 이 과정은 개인적인 성취, 정서적 보상, 그리고 변혁으로 이어질 수 있다. 미술치료에서 만들어진 작품들은 상징적 소통의 수단이자 새로운 통찰력과 이해를 개발하고, 갈등을 해결하며, 문제를 해결하며, 긍정적인 변화와 성장, 재활을 이루기 위한 새로운 인식을 형성하기 위한 수단으로 여겨진다.

의학적 측면에서 미술치료의 정의는 다음과 같다(The Free Dictionary by Farlex, 2022).

> 창의적 예술치료 또는 표현 예술치료라고도 하는 미술치료는 사람들이 예술적 표현과 창의적 과정을 통해 정서를 표현하고 이해하도록 촉구하는 것이다.

한편 Wikipedia(2022)에는 미술치료를 다음과 같이 설명하고 있다.

> 미술치료(드라마 치료와 음악치료와 같은 다른 창의적 치료를 포함하는 예술치료와 혼동하지 말 것)는 시각적 미술 매체를 통한 창의적 표현 방법을 통합하는 별개의 학문이다. 창의적 예술치료 분야로서 미술치료는 미술과 심리치료 분야에 기원을 두고 있으며, 그 정의는 다양할 수 있다.

미술치료는 크게 세 가지 방법이 있다. 첫 번째는 분석적 미술치료(analytic art therapy)이다. 분석적 미술치료는 분석 심리학, 더 많은 경우에는 정신분석에서 나온 이론을 기반으로 한다. 분석적 미술치료는 내담자, 치료사, 그리고 미술을 통해 둘 사이에 전달되는 아이디어에 중점을 둔다. 두 번째는 미술 심리치료(art psychotherapy)이다. 이 접근 방식은 심리 치료사와 내담자의 작품을 언어적으로 분석하는 데 더 중점을 둔다. 세 번째 방법은 치료로서의 미술(art as therapy)이다. 치료로서의 미술을 실천하는 미술 치료사는 내담자의 작품을 언어적으로 분석하는 것이 필수적이지 않다고 생각하고, 대신 미술의 창작 과정을 강조한다. 미술치료에 대한 이러한 접근 방식에서 미술치료 내담자는 물감, 종이와 펜, 점토, 모래, 천 또는 기타 매체를 사용하여 내면의 생각과 정서를 탐구하는 여행을 떠난다(Susan, 2001).

영국미술치료사협회(British Association of Art Therapists)(2018)는 미술치료를 다음과 같이 정의하고 있다.

> 미술 매체를 표현 및 의사소통의 기본 양식으로 사용하는 심리치료의 한 형태이다. 또한 미술 치료사에게 의뢰된 내담자는 미술에 대한 이전 경험이 필요하지 않으며, 미술 치료사는 주로 내담자의 이미지에 대한 미적 또는 진단적 평가에 관심을 두지 않는다고 덧붙였다.

미국미술치료협회(American Art Therapy Association)(2020)는 미술치료를 다음과 같이 정의한다.

> 심리치료적 관계 내에서 적극적인 예술 제작, 창조적 과정, 응용 심리 이론 및 인간 경험을 통해 개인, 가족 및 공동체의 삶을 풍요롭게 하는 통합적 정신 건강과 인간 서비스 직업 분야이다. 전문 미술 치료사가 진행하는 미술치료는 개인 및 관계 치료 목표와 지역 사회 문제를 효과적으로 지원한다. 미술치료는 인지 및 감각운동 기능을 개선하고, 자존감과 자기 인식을 촉진하고, 정서적 회복력을 키우고, 통찰력을 증진하고, 사회적 기술을 강화하고, 갈등과 고통을 줄이거나 해결하고, 사회 및 생태학적 변화를 촉진하는 데 사용된다.

미술 치료사는 광범위한 실제 범위에 걸쳐 모든 연령대의 사람들과 함께 일하는 석사 학위 수준의 임상가이다. 윤리적 기준과 실제 범위에 따라 교육 및 감독 교육을 통해 다양한 환경에서 다양한 집단과 함께 문화적으로 능숙한 작업을 수행할 수 있다. 개인의 가치와 신념을 존중하는 미술 치료사는 의학적 및 정신 건강 문제로 어려움을 겪고 있는 사람들뿐만 아니라 정서적, 창의적, 영적 성장을 추구하는 사람들과 함께 활동한다.

통합적 방법을 통해 미술치료는 언어적 표현 단독과는 다른 방식으로 마음, 몸, 정신을 다룬다. 운동감각적, 감각적, 지각적, 상징적 기회는 언어의 한계를 우회할 수 있는 수용 및 표현 의사소통의 대안적 양식을 가져온다. 시각적 표현과 상징적 표현은 경험에 귀를 기울이고, 개인과 공동체와 사회적 변화를 가능하게 한다.

한편 Cherry(2021)는 미술치료의 개념을 다음과 같이 설명하였다.

> 심리적 장애를 다루고 정신 건강을 향상시키기 위해 예술적 방법을 사용하는 것이다. 미술치료는 창의적인 표현이 치유와 정신적 웰빙을 촉진할 수 있다는 생각에 뿌리를 둔 기법이다.

미술치료는 인지 및 감각 운동 기능, 자존감, 자기 인식 및 정서적 회복력을 향상시키는 데 사용할 수 있다. 또한 갈등을 해결하고 고통을 줄이는 데 도움이 될 수 있다.

현재 미술치료에는 인간 중심, 인지, 행동, 게슈탈트, 내러티브, 아들러 및 가족과 같은 수많은 다른 접근 방식이 포함된다. 미술치료의 신조에는 인간주의, 창의성, 정서적 갈등 조정, 자기 인식 촉진 및 개인 성장이 포함된다.

미술치료는 내담자에게 정서, 사고, 감정에 대한 비판적 통찰력을 제공한다. 미술치료 과정의 주요 목적 또는 이점은 다음과 같다.

- 자아 발견: 가장 성공적인 미술치료는 정서적 카타르시스를 유발한다.
- 개인적인 성취: 유형의 보상을 만드는 것은 자신감을 키우고 자긍심을 키울 수 있다. 개인적인 성취는 예술적 과정의 창의적 구성 요소와 분석적 구성 요소 모두에서 비롯된다.
- 역량강화(empowerment): 미술치료는 사람들이 기존의 수단으로 표현할 수 없는 정서와 두려움을 시각적으로 표현하도록 돕고, 이러한 감정을 통제할 수 있는 감각을 줄 수 있다.
- 휴식과 스트레스 해소: 만성 스트레스는 몸과 마음 모두에 해로울 수 있다. 스트레스는 면역 체계를 약화시키고 손상시킬 수 있으며, 불면증과 우울증을 유발할 수 있으

며, 고혈압과 부정맥과 같은 순환기 문제를 유발할 수 있다. 단독으로 사용하거나 유도 심상과 같은 다른 이완 기법과 함께 사용하면 미술치료는 스트레스를 효과적으로 완화할 수 있다.

- 증상 완화 및 신체 재활: 미술치료는 내담자가 고통에 대처하는 데 도움이 될 수 있다. 미술치료는 내담자가 분노, 분개, 기타 정서적 스트레스 요인을 확인하고 해결할 때 생리학적 치유를 촉진할 수 있다. 만성 및 말기 내담자의 통증 조절 치료에 종종 처방된다.

미술치료는 자기 발견과 정서적 성장을 장려한다. 그것은 미술의 창조와 그 의미 발견을 모두 포함하는 두 부분으로 된 과정이다. Freud와 Jung의 잠재의식과 무의식에 대한 이론에 뿌리를 둔 미술치료는 시각적 상징과 이미지가 인간의 경험에 가장 접근하기 쉽고, 자연스러운 소통 형태라는 가정에 기반을 두고 있다. 환자들은 그들이 말할 수 없는 사고와 정서를 시각화하고 창조하도록 장려된다. 그런 다음 결과물을 검토하고 그 의미를 내담자가 해석한다.

미술치료에서 생산된 작품에 대한 "분석"은 일반적으로 내담자들이 자신의 감정에 대한 어느 정도의 통찰력을 얻을 수 있게 하고, 이러한 문제들을 건설적인 방식으로 해결할 수 있게 한다. 미술치료는 일반적으로 개인, 집단, 가족 심리치료에서 실시 된다. 치료사가 이러한 활동에 대해 비판적인 지침을 제공할 수 있지만, 효과적인 미술치료의 주요 특징은 치료사가 아닌 내담자/예술가가 미술 작품에 대한 해석을 지시한다는 것이다.

미술치료는 언어 능력이 제한된 경우가 많은 아동들에게 특히 유용한 치료 도구가 될 수 있다. 귀찮은 감정을 표현하기 위해 그림을 그리거나 다른 시각적 수단을 사용함으로써, 아동들은 이러한 정서를 말로 확인하거나 명칭을 부여할 수 없더라도 이러한 문제를 해결하기 시작할 수 있다. 미술치료는 사고와 감정에 대해 말할 수 없거나 꺼리는 청소년과 성인들에게도 가치가 있다.

정신 건강 치료에 사용되는 것 외에도, 미술치료는 유기적인 질병과 상태를 치료하기 위해 전통 의학과 함께 사용된다. 정신 건강과 신체 건강의 연관성은 잘 증명되어 있으며, 미술치료는 스트레스를 해소하고 내담자가 대처 능력을 기를 수 있도록 함으로써 치유를 촉진할 수 있다.

3) 가족미술치료의 개념

가족미술치료는 앞에서 살펴본 가족치료와 미술치료의 개념을 통합한 개념으로 볼 수 있다. 한 개인을 내담자로 다루는 것이 아니라 기본적으로 가족 단위를 내담자로 하는 것이다. 따라서 가족 단위의 특성을 고려하는 것을 기본으로, 가족 단위 내 가족 구성원의 관계와 의사소통을 개발하고 촉진하는 것이다. 이러한 관계와 의사소통을 원활하게 하여 가족 구성원 개개인뿐만 아니라 궁극적으로 가족 단위 전체가 좋은 존재가 되도록 하는 것이다.

문제가 있는 관계와 의사소통의 특성을 확인하고, 그것들을 촉진하기 위한 대안적 방법으로 미술치료의 매체와 활동을 활용한다. 즉, 미술치료의 매체와 활동이 가진 특성을 가족치료 활동에 통합하는 것이다.

Kwiatkowska(2001)에 따르면, 가족미술치료는 가족체제이론과 미술치료의 통합에서 발전했다. 가족치료와 마찬가지로 가족미술치료는 가족에게 문제를 일으키는 반복적인 상호작용 및 구조와 관련이 있다. Arrington(1991)에 따르면 가족미술치료는 다양한 가족 문제에 적용할 수 있으며, 각 구성원에게 다른 구성원의 관점에서 가족을 볼 수 있는 기회를 제공한다.

모든 가족미술치료는 정신분석, 경험, 체제, 구조, 전략, 의사소통, 행동이론을 포함한 가족활동이론의 단일 또는 조합을 기반으로 한다. 미술 과제의 가치는 과정, 진단, 상호작용, 시연 도구; 내용; 무의식적이고 의식적인 의사소통을 묘사하는 수단; 그리고 집단의 역동성에 대한 지속적인 증거인 결과물을 포함한다. 미술 표현은 말로는 평가되지 않을 수 있는 잠재의식과 무의식의 정보에 모두 접근한다. 치료적으로 지시된 미술 표현을 통해 내담자는 강점과 약점을 표현할 수 있을 뿐만 아니라 다른 모든 구성원의 관점에서 각 가족 구성원을 볼 수 있다(Arrington, 1991). 가족미술치료사는 가족체제 전체에 변화를 일으키려는 치료적 목표를 가지고 가족을 미술 작품 제작에 참여시킨다.

Riley(1994)는 "가족미술치료는 가족치료에 대한 체제적 접근에 성공적으로 통합될 수 있다는 개념"을 지지했다(p. 87). 체제적 접근의 가장 기본적인 개념은 가족을 체제 내에서 작동하는 것으로 보는 데 기반을 두고 있다. 이 접근에서 한 구성원의 행동을 다른 가족 구성원과 분리되거나 분리된 것으로 보는 것은 비생산적이다(Riley, 1994).

가족미술치료사는 심리적 치유를 촉진하기 위해 그래픽 표현을 사용하고 체계적으로 생각하려는 노력을 결합한다. Landgarten(1987)은 가족미술치료의 실천에서 가족체제이론을 강조했다. 가족체제이론을 통해 가족은 특정 가정과 신념에 의문을 제기할 수 있는 다양한 가족 관점을 소개한다. 그래픽 표현은 다양한 관점의 동일한 경험을 위해 새롭고 제2의 언어를 제공한다(Arrington, 1991). 가족은 체제 내에서 고통을 완화하기 위해 치료를 사용한다.

가족미술치료는 가족체제이론에서 비롯되지만 미술 과정은 언어적 치료만으로는 얻을 수 없는 특정 이점을 제공한다. 예를 들어, 가족은 언어적 상황에서보다 덜 보호받는 경향이 있는 반면 한 구성원의 집단화 및 다른 구성원에 대한 종속성은 매체, 장소, 주제 선택에서 분명해진다(Kwiatkowska, 2001). 가족의 기능 장애는 미술 작품에서뿐만 아니라 미술 작품 제작 중에도 묘사될 수 있다. Kwiatkowska(2001)에 따르면, 온 가족이 함께 하는 미술치료 회기는 순수 언어적 인터뷰와 달리 가족 단위가 덜 형식적이고 확립된 통제 수단의 대상이 덜한 상황에서 어떻게 기능하는지 관찰할 기회를 제공한다. 치료적 미술 표현은 가족 구성원에게 새로운 상징적 언어로 개인적인 감정을 표현하고, 그 다음에 개인의 지각에 대해 토론할 수 있는 기회를 제공한다(Arrington, 1991).

아동은 가족치료 과정의 전체 또는 일부에서 종종 제외된다. 이것은 제한된 언어 능력으로 인해 아동들을 치료 과정에 참여시켜야 하는 주요 과제와 새롭게 학습된 능력이 스트레스로 인해 사라지거나 퇴보하는 경향이 있기 때문일 수 있다(Hanney & Kozlowska, 2002). 그러나 아동이 치료 및 회복 과정의 거의 모든 측면에 포함되어야 한다고 말했다. 아동, 나이 많은 형제자매, 성인을 포함한 모든 가족 구성원이 사건에 대한 맥락 정보를 제공하기 때문에 치료 과정에서 모두의 참여가 필수적이다(Hanney & Kozlowska, 2002). 종종 가족치료사는 치료 과정에 아동을 포함시키기 위해 창의적인 방법을 사용한다. Hanney와 Kozlowska(2002)는 가족치료에 아동을 포함시키는 것의 중요성을 강조하고 예술적 작업의 성공에 대한 증거를 제공한다. 아동들은 창의적 과정에 기여할 수 있고, 말로 표현할 수 없는 사건, 감정, 소망의 이미지를 만들 수 있다.

미술은 가족과 치료사가 가족 구성원이 함께 활동하는 방식을 이해하고, 아동이 감정을 표현하도록 돕고, 가족 경험을 설명하고, 각 구성원의 관점을 볼 수 있는 기회를 제공하는 데 사용된다. 미술 과정을 통해 건강한 관계를 강화하고, 갈등을 해결할 수 있을 뿐만 아니라 가족 구성원 간의 친밀감과 공감을 촉진할 수 있다(Hanney & Kozlowska, 2002).

이상과 같은 가족미술치료의 특성을 기반으로 가족미술치료의 개념을 정리하면 다음과 같다.

> 가족미술치료는 미술 매체와 활동을 통해 말로는 평가되지 않을 수 있는 가족 구성원의 잠재의식과 무의식의 정보를 확인하고 이해하도록 하여 가족 단위 내 가족 구성원의 관계와 의사소통을 개발하고 촉진하는 데 적용하는 치료 방법이다.

가족미술치료에 대해 앞으로 더 논의해야 하는 첫 번째 쟁점은 미술치료 실제에서 치료의 대상을 가족 단위로 한 것을 가족미술치료로 볼 것인지, 가족치료 실제에서 미술치료 매체와 활동을 적용한 것을 가족미술치료로 볼 것인지에 대한 것이다.

최윤숙(2022)의 '가족미술치료 연구 동향 분석과 미술치료 현장에서의 함의'라는 연구에 의하면, 분석 대상에서 가족미술치료를 2명 이상의 가족 구성원들이 미술치료에 함께 참여함으로써 가족의 관계 방식이 변화되어 문제가 해결되는 과정이라고 보고, 개별 가족뿐만 아니라 가족 대상의 집단미술치료 사례연구도 포함시켰다. 또한 이 연구에서 분석된 가족미술치료에 적용된 이론을 살펴보면 미술치료, 해결중심, 대상관계, 이마고, 긍정심리, 사티어, 교류분석, 인지행동, CPRT, 애착, 현실치료 등이다.

이를 구체적으로 살펴보면, 개별 가족사례 연구에서 미술치료이론 외에는 해결중심, 사티어, 긍정심리, 교류분석, 인지행동이론이 각 2편, 대상관계, 이마고, CPRT(Child-Parent Relationship Training)가 각 1편이었다. 집단사례 연구에는 미술치료이론 외에 해결중심, 대상관계, 이마고, 긍정심리, 애착, 현실치료 이론이 각 1편으로 나타났다.

가족미술치료에 적용된 대표적인 이론이 미술치료로 제시하고 있는데, 미술치료 자체가 이론인지에 대해서는 의문이다. 또한 가족체계이론과 관련하여 이 이론 자체는 치료적 개념과 기법을 갖춘 치료이론이라 볼 수 없다고 하면서, 체계이론과 미술치료를 함께 언급한 연구는 미술치료이론에 포함시켰다고 하고 있다. 가족체계이론은 Bowen의 가족치료이론과 동일한 것으로, 이 이론에 근거한 가족치료기법 또는 과정이 소개되고 연구되고 있는 상황에서 제외하는 것이 타당한 것인지는 논의해야 할 필요가 있다.

또한 가장 많이 적용된 이론이 미술치료인데, 미술치료 자체가 이론이 아닌 것은 명백한 사실이고, 그렇다면 미술치료에서 적용하는 이론은 무엇이며, 이러한 이론들 가운데 가족미술치료에 적용된 구체적인 이론은 무엇인지를 명확하게 해야 한다.

가족미술치료에 대해 앞으로 더 논의해야 하는 두 번째 쟁점은 가족치료는 기본적으로 모든 가족 구성원이 치료 회기에 참여하는 것이 원칙이다. 그렇다면 가족 구성원 가운데 일부 구성원이 참여한 것도 가족미술치료로 볼 수 있는지 여부이다. 미술치료에서 가족 구성원이 개별적으로 참여한 집단미술치료의 형태는 아닌지 논의되어야 한다. 또한 가족 집단미술치료의 경우도 동일한 쟁점을 논의해야 한다. 가족치료의 치료 단위는 개인이 아니라 가족이기 때문에 여러 가족이 참여한 경우를 가족집단치료라 한다면, 가족집단미술치료 역시 동일한 기준이 적용되어야 하는 것은 아닌지에 대한 논의가 필요하다.

2. 가족미술치료의 발달

지난 수십 년 동안 가족치료 이론의 발전은 가족미술치료를 개발하는 실무자들에게 영감을 주었다(Riley & Malchiodi, 1994). 가족미술치료의 틀로 사용된 이론에는 체제이론, 내러티브 접근 및 정신역동이 포함되지만 이에 국한되지는 않는다. 미술기반 가족체제 평가(Levick & Herring, 1973), 부부미술치료(Riley, 1991), 가족집단미술치료(Mueller, 1968) 등과 같은 미술치료 분야의 기여도 있었다. 각각은 가족 구조 내의 역학 및 의사소통 패턴을 확인하고 이해하는 데 예술적 표현을 추가로 포함하기 위한 기초로 주요 가족치료 이론을 차용한다.

Hanna Yaxa Kwiatkowska는 가족미술치료의 선구자로 간주된다. 1960년대에 그녀는 국립정신건강연구소에서 가족과 함께 미술치료를 사용하기 시작했다.

Hanna Kwiatkowska
(1910-1980)
https://prezi.com/d6cdcsbrnssj/hanna-kwiatkowska/

> 환자의 개별 미술 회기에 가족 구성원이 우연히 참여하여 얻은 풍부함, 신선함, 다양한 그림, 행동 자료는 전적으로 언어적이지 않은 가족과의 의사소통 방식을 통해 우리가 얼마나 많은 것을 얻을 수 있는지 인식하게 했다.(Kwiatkowska, 1978, p. 3)

결과적으로 그녀는 진단 및 치료적 인식의 경계를 개별 환자에서 더 큰 가족 체제로 확장한 가족미술평가라는 일련의 여섯 가지 미술 지침을 개발했다(Kwiatkowska, 1978). 물론 이 지침은 적절한 교육을 받지 않고 수행해서는 안 된다. 이 지침은 내담자의 작품을 진단하거나 분석하는 데 사용하는 것이 아니라, 대화 프롬프트를 돕고 가족 관계에서 근본적인 역동을 조명하기 위한 절차이다. 이 지침은 다음과 같다.

① 첫 번째 절차는 가족 구성원 각각은 자유화, 가족 초상화, 추상적 가족 추상화, 낙서 그리기, 공동 가족화, 마지막으로 자유화를 만든다.
  - 첫 번째 절차인 자유화는 대개 소개나 가족 문제를 나타내는 것이다.

② 두 번째 절차인 가족 초상화는 참석한 가족 구성원이 공유하는 감정을 이끌어낸다.
  - 이것은 각 가족 구성원이 서로의 관계, 인식 및 역할에 대한 설명과 더 나은 이해를 위해 따를 수 있는 길을 열어주는 경향이 있다.

③ 세 번째 절차는 추상적 가족 초상화이다.
  - 이 절차는 치료사가 각 구성원의 추상 능력을 구별하는 데 도움이 된다.
  - Kwiatkowska는 조현병을 앓고 있는 구성원들은 감정을 인식하고 표현할 가능성을 배제하는 방어 때문에 무의미한 상징을 만들고, 그래서 그들은 자신의 미술을 설명하가 위해 구체적인 무의미한 진술을 한다는 것에 주목하였다.

④ 네 번째 절차인 개별 낙서 그리기는 그녀가 가족의 역동성을 이해하는 데 도움이 된다.
  - 네 번째 절차는 다섯 번째 절차에 비해 특히 중요하다.

⑤ 다섯 번째 절차는 공동 가족 낙서이다.
  - 이것은 가족이 팀으로 활동할 것을 요구하고, 그들이 함께 문제에 직면하는 방법과 가족에서 그들의 역할이 무엇인지를 보여준다.

⑥ 여섯 번째이자 마지막 절차는 자유화이다.
  - 이 과정은 가족이 공유한 각 구성원의 전체 경험에 대한 관점을 요약한다.

Kwiatkowska는 첫 번째 그림과 마지막 그림의 차이를 "선행 미술 절차의 폭로된 측면으로 인해 야기된 스트레스에 대한 각 가족 구성원의 내성의 척도"로 설명한다.

또한 Helen Landgarten은 가족치료 개념과 미술치료에 영향을 미친 이론에 대해 연구한 가족미술치료사이다.

Helen B. Landgarten
https://cfa.lmu.edu/media/lmucommunicationandfinearts/departments/maritalandfamilytherapy/images/Helen%20Landgarten%20art%20show%20medium%20res.jpg

Helen Landgarten은 미술치료 분야가 발전하는 동안 가족미술치료 분야에서 일을 시작했다. Landgarten의 동료들은 그녀의 접근 방식이 "놀랍게도 성공적이었다… 가족 전체가 함께 그림을 그렸기 때문에, 가족 체제와 각 구성원이 수행하는 역할이 즉시 드러났다."(Hoshino, 2003, p. 48). 그녀의 지시는 비언어적 팀 미술 과제, 비언어적 가족 미술 과제, 그리고 언어적 가족 미술 과제였다.

Helen Landgarten의 아이디어에 포함된 이론은 정신분석이론, 경험이론, 구조이론, 보웬이론, 전략이론, 의사소통이론, 행동이론이다. 미술치료사가 가족에 대한 이해를 정리하는 데 유용한 핵심 개념은 다음과 같다(Landgarten, 1987).

- 의사소통으로서의 행동(behaviour as communication): 가족치료에서 모든 행동(언어적/비언어적, 능동적/수동적)은 의사소통적이다. 의사소통 모델과 관련된 이론가들은 가족 구성원의 문제가 이러한 패턴에 의해 어떻게 영속화되는지 보기 위해 가족 상호작용의 패턴이나 순서를 평가한다. 미술치료의 관점에서 의사소통 모델은 다양한 의사소통 양식을 인식하는 데 영향을 미쳤다. 예를 들어, Virginia Satir의 아이디어 중 일부를 통합하는 미술치료사는 가족 구성원이 서로의 요구를 충족시키고, 감정을 다루기 위해 더 나은 의사소통 패턴을 개발하도록 돕기 위해 미술을 사용할 수 있다. 또한 Satir는 가족치료의 목표가 각 가족 구성원의 서로에 대한 소속감을 높이는 것이라고 믿었다.
- 구조(structure): 모든 가족은 구성원의 상호작용에 의해 유지되는 확인 가능한 구조를 가지고 있기 때문에, 가족 내 감정적 관계를 지배하는 특정 규칙(말 및 무언)이 있다. Landgarten(1987, p. 15)의 관찰 포인트는 가족의 상호작용 패턴이나 규칙의 특정 기능을 살펴보는 데 기반을 두고 있다. 예를 들어, 누가 누구와 일치하는지, 누가 너무 많은/너무 적은 권한을 가지고 있는지, 가족 구성원이 서로 지나치게 관여하거나 너무 멀리 떨어져 있는지 여부이다. 미술치료에 참여하는 가족 구성원을

관찰함으로써 치료사는 가족 패턴을 인식할 수 있을 뿐만 아니라, 어떤 신념 체계가 가족 기능을 저해하는지 확인하는 데 잠재적으로 사용할 수 있다. 또한 가족을 각 가족 구성원의 사고, 감정, 행동에 큰 영향을 미치는 상호의존적 관계의 능동적 네트워크로 보기 시작하면, 다양한 변수의 상호관계와 개인이 행동의 특정 패턴에 따라 기능하는 방법을 고려한 보다 통합적인 모델에 대한 가능성이 존재한다는 것을 보게 된다.

- 가족의 무의식적 삶(unconscious life of the family): 보다 정신역동적 지향을 사용하는 치료사는 가족이 구성원의 성격 기능에 크게 영향을 받는 체제라고 가정한다. 지각, 사고, 기억, 정서 표현 능력, 방어 기제, 관계 능력과 같은 자아 기능은 강점과 잠재적인 문제 영역을 찾는 데 고려된다. 다양한 이론가들이 가족 구성원의 정신역동에서 나타나는 가족 상호작용의 특징을 생각해 왔지만 결론은 다양했다. 예를 들어, Bowen은 가족 구성원의 차별이나 개별화 부족 문제에 대해 썼고, Ackerman은 구성원이 자신의 부정한 감정을 대체하거나 투사하여 관리할 수 있는 가족 역할의 중요성을 언급했다. 그러나 그들은 상호 필요와 감정을 다루는 가족의 패턴화된 방식이 구성원의 개별 정신역동의 합보다 더 큰 힘이 된다는 믿음을 공유했다. 지속적인 상호작용에서 패턴은 이러한 역동에 의해 형성되고 차례로 형성된다. 이 개념적 틀에서 가족 생활의 측면을 바라보는 미술치료사는 가족 과정의 무의식적 측면을 명상과 성찰에 대한 자각으로 가져오려는 의도로, 보다 탐색적이고 해석적일 것이다. 미술은 이 무의식적인 재료를 조명할 것이다. 가족 구성원이 상호작용 패턴, 특히 기능 장애 및 파괴적인 상호작용 패턴을 더 잘 인식하여 통찰력을 얻으면 변화하려는 동기가 부여된다.

Shirley Riley
(1931-2004)
https://image.slidesharecdn.com/presentationslide-121110113449-phpapp01/95/s-riley-3-638.jpg?cb=1352658182

Shirley Riley(1990)는 가족미술치료에 영향을 준 또 다른 미술 치료사이다. Riley는 스스로를 포스트모더니스트라고 불렀고 사회 구성주의, 내러티브 치료, 해결 중심적 접근을 포함한 광범위한 아이디어에 관심이 있었다.

가족미술치료사인 Shirley Riley는 구조적, 전략적, 사회적 구성주의적, 원가족, 포스트모던 접근 방식의 구성물을 짜냄으로써 자신을 통합적이라고 생각했다. Riley는 부부와 가족을 위한 구체적인 평가를 개발하지 않았지만, "내담자가 자신의 치료를 모델링하고, 자신이 발명한 진실을 설명하고, 미술치료사의 지원으로 더 수용가능한 현실을 찾을 수 있도록 하고, 그들의 삶을 포용할 수 있는 보다 수용가능한 현실을 찾을 수 있는 철학"의 필요성에 주목했다(Riley & Malchiodi, 2003, p. 36).

Riley는 체제 관점에서 활동하면서 가족이 부분의 합보다 얼마나 큰지, 그리고 체제 내의 피드백이 어떻게 선형 과정인지 순환 과정인지를 고려하는 것이 중요하다고 믿었다. 그녀가 분명히 말했듯이, 가족미술치료는 오래된 문제를 발견하고, 바라보는 새로운 방법을 만들어 응답과 아이디어가 나올 수 있고, 가족이 더 이상 대안 과정을 선택하는 데 제약을 받지 않도록 할 수 있다.

이외에도 많은 가족미술치료 연구 및 출판물이 미술 내 이미지 분석과 지표에 초점을 맞추었지만, 가족미술치료사 Maxine Junge는 수십 년 동안 가족과 함께 미술치료에 대해 작업하고 글을 써왔다. *Mourning, Memory and Life Itself*(2008)에서 Junge는 슬픔에 잠긴 가족과 함께 미술치료를 활용하는 방법에 대해 여러 장을 할애했다. Junge는 미술가와 함께 사고하는 체제의 본질을 다음과 같이 특징지었다.

> 회화(painting)는 전체를 만들기 위해 모든 부분이 함께 작동해야 하는 체제이다. 한 가지를 바꾸는 것은 전체를 바꾸는 것이다. 예를 들어, 약간의 색상을 변경하는 것은 전체 그림을 변경하는 것이고, 나머지는 변경 사항에 맞게 조정해야 한다.(Kaplan, 2006, p. 41)

특히, 다른 저명한 미술치료사들은 부부 및 가족미술치료 평가를 개발했다. July Rubin은 치료 중인 아동이나 청소년이 있는 가족을 대상으로 네 가지 지침을 개발했다. 여기에는 낙서 그림, 가족 초상화(현실적이거나 추상적일 수 있음), 가족 벽화, 자유화가 포함되었다. Rubin은 "창의적인 작업, 특히 가족 구성원이 함께 작업해야 하고, 가족을 대표하도록 초대하는 창의적인 작업에 참여하는 것은 자연스러운 분위기에서 정보의 저장고를 제공한다"라고 언급했다(Hoshino, 2003, p. 24).

Harriet Wadeson은 국립보건원(National Institute of Health)의 많은 저명한 임상의들과 함께 일하면서 한 배우자가 조울증 진단을 받았을 때 입원한 부부에 대한 평가를 개발했다. 그녀의 지시는 대화 없는 합동 사진, 결혼 관계의 초록, 배우자에게 주는 자화상이었다. 이 지침은 그녀가 개인 진료에서 사용했기 때문에 NIH에서의 업무를 넘어서 확장되었다. 그녀의 부부 작업에 대한 더 자세한 설명은 그녀의 수많은 출판물과 *Family Art Therapy*(Kerr, Hoshino, Sutherland, Parashak, & McCarley, 2008, pp. 45-48)에서 찾을 수 있다.

Arrington(2001)은 가족 구성원이 경계 문제와 가족 구성원 간의 연민을 탐구할 수 있는 장소를 제공하는 가족 경관(family landscapes) 지침을 개발했다. 내담자는 3세에서 12세 사이의 상징적인 풍경을 그리고, 가족을 확인하는 전설을 배치하고, 이 시기에 중요한 변화를 고려하고, 다양한 정서적 분위기를 묘사하는 대안적인 풍경을 만들도록 요청받는다.

가족미술치료 문헌에 대한 현재 경향의 검토는 흥미로운 변화를 보여준다. 연구의 약 절반은 한국, 호주, 이스라엘, 이란, 콜롬비아, 브라질을 포함한 미국 이외의 지역에서 이루어진 것이다. 논문의 거의 2/3는 특정 집단을 대상으로 하는 미술치료 기법을 포함한 임상에 기반을 두고 있고, 나머지는 연구 기반이었다(Gussak & Rosal, 2016).

미술치료사는 철학적 관점, 임상 훈련, 특정 관행 및 집단과 관련하여 창의적이고 임상적인 흐름을 찾는다. 많은 사람들이 직관적인 관점에서 활동하는 데 크게 의존하지만, 직관과 개념화를 결합하는 것이 중요하다. Jungian 치료사 Ann Blake는 직관만으로 활동하는 것과 같이 이론의 기초 없이 수행하는 결과가 근거 없는 치료 개념화와 중재를 생성할 수 있다고 제안하고, 일방적인 입장이 문제가 될 수 있다고 경고했다(Gussak & Rosal, 2016).

우리나라의 가족미술치료는 1995년에 1편이 발표된 이후 2021년까지 약 60편의 학술 연구가 이루어진 것으로 나타났다(최윤숙, 2022). 학위논문의 경우, 논문의 제목에 '가족미술치료'라는 용어로 제시된 경우 2003년에 2편이 발표된 이후 2021년까지 약 33편이 발표되었다. 물론 학술지 논문과 학위논문의 중복은 검토하지 않았기 때문에 이보다 더 적을 수도 있다.

또한 학술 연구로 발표는 되지 않았지만 미술치료 현장에서는 가족미술치료가 수행되었을 가능성은 있지만, 이것은 확인할 수 없는 것이기 때문에 논의의 대상이 아니다.

따라서 우리나라 가족미술치료는 1990년대 중반 이후부터 시작된 것으로 추측되지만, 가족미술치료를 어떻게 규정하는가에 따라 달라질 수 있다.

Chapter 02

가족미술치료사의 이해

1. 가족미술치료사의 조건

가족미술치료사의 조건은 자격을 갖추는 데 필요한 기준으로 볼 수 있지만 명확하고 구체적으로 제시된 내용이 없기 때문에, 이 글에서는 가족미술치료사의 능력으로 논의하고자 한다. 왜냐하면, 현재 우리나라에서는 가족미술치료사의 자격 조건을 규정하거나 자격을 부여하는 조직이나 단체가 없으며, 동시에 학술적 측면에서 조건을 제시한 것도 찾기 어렵다. 따라서 자격을 갖추는 데 필요한 기준보다 가족미술치료사로서 유능성을 갖추는 데 필요한 능력을 중심으로 논의한다. 논의를 위해 먼저 가족치료사와 미술치료사의 능력을 각각 제시하고, 그것을 바탕으로 가족미술치료사의 능력을 유추할 것이다.

1) 가족치료사의 조건

가족치료사는 정신과 의사, 임상 심리학자, 결혼 및 가족치료 전문가 집단에 의해 인증된 다른 전문가일 수 있다. 가족치료사는 상담, 치료, 심리학에서 자신의 기술과 지식을 사용하여 아동, 청소년, 성인을 포함하는 개인, 부부, 가족을 돕는다. 일부 치료사는 한 사람의 행동과 문제에 초점을 맞출 수 있지만, 가족치료사는 전체 가족과 그 안의 역동을 고려한다. 가족 발달과 가족 내 역할과 같은 개념은 모두 가족 구성원 각각의 정신 건강에 영향을 미친다. 자존감, 스트레스, 중독 및 약물 남용과 같은 문제는 모두 가족, 아동 발달, 관계 등에 영향을 미친다.

그들은 보통 아동들을 포함한 직계 가족 구성원과 중요하거나 증상 있는 대가족 구성원에 대한 일련의 인터뷰를 예약함으로써 치료를 위한 가족을 평가할 것이다. 이 과정을 통해 치료사는 가족의 각 구성원이 문제를 어떻게 보는지 알 수 있을 뿐만 아니라, 가족의 기능에 대한 첫인상을 형성할 수 있다. 가족치료사는 일반적으로 표현된 정서의 수준과 유형, 지배와 복종 패턴, 가족이 수행하는 역할, 의사소통 양식, 정서적 삼각관계의 위치를 찾는다. 또한 이러한 패턴이 경직되어 있는지 또는 비교적 유연한지를 확인할 수 있다.

또한 보통 가족의 역사에서 중요한 인물과 사건들을 묘사하는 도표인 가계도를 그리는 것을 포함한다. 가계도는 각 구성원의 병력 및 주요 성격 특성에 대한 주석을 포함한다. 가계도는 세대 간 행동 패턴, 결혼 선택, 가족 동맹과 갈등, 가족 비밀의 존재, 그리고 가족의 현재 상황을 밝히는 다른 정보를 발견하는 데 도움이 된다.

그렇다면 유능한 가족치료사가 되려면 어떤 능력이 필요한가? 가족치료사는 자신의 열정과 성격이 직업의 고유한 요구 사항과 일치하는지 평가하는 것으로 시작된다. 가족을 돕는 것에 대한 진정한 관심 외에도 가족치료사는 다음과 같은 몇 가지 특성이 필요하다.

- 대인관계 기술: 가족치료사는 연민과 공감 능력, 내담자의 말을 경청하는 능력이 매우 중요하다.
- 문제 해결 능력: 가족치료사는 복잡한 문제를 처리하고 효과적인 해결책을 제시할 수 있어야 한다.
- 신뢰 구축 능력: 가족치료사는 내담자가 신뢰를 느끼고 내면의 생각과 감정을 공유할 수 있도록 도와야 한다.
- 조직 기술: 가족치료사는 사례 노트와 기타 서류를 추적하고, 경비 청구를 관리할 수 있어야 하므로 조직적 능력이 필수적이다.

- 의사소통 기술: 가족치료사는 가족 구성원과 전문가를 포함한 다른 사람들과 협력하므로 강력한 의사소통 기술이 필수이다.
- 문화적 민감성: 다양한 사회 환경에서 가족치료사는 모든 계층의 사람들과 함께 활동할 것으로 기대할 수 있다. 이러한 이유로 문화, 민족, 성별, 국적, 인종, 종교, 성적 지향 및 영성을 포함한 다양성과 관련된 문제를 이해할 수 있어야 한다. 내담자의 고유한 문화적 경험을 이해하려는 노력을 촉구하는 문화에 대한 존중과 호기심은 가족치료사의 성공에 매우 중요하다.
- 윤리적 신념: 윤리는 모든 치료 실제의 기초이다. 가족치료사는 내담자와 신뢰할 수 있는 관계를 구축할 수 있어야 하며, 이를 위해서는 비밀유지 문제와 임상 실제와 연구의 법적 책임에 대한 인식이 필요하다.
- 기술적 도구의 사용 능력: 가족치료사는 화상 회의, 회계 소프트웨어, 다중 회선 전화 시스템, 스프레드시트 소프트웨어, 이메일, 의료 소프트웨어를 포함한 다양한 기술 도구를 종종 사용한다. 특히 최근에 팬데믹 상황에서 비대면 상담과 치료가 증가하면서 이 능력은 더욱 중요해졌다.

미국결혼및가족치료협회(American Association for Marriage and Family Therapy)가 개발한 가족치료사의 핵심 역량을 통해 가족치료사가 갖추어야 하는 조건 또는 능력을 살펴볼 수 있다. 핵심 역량은 교육자, 훈련가, 연구자, 정책 입안자, 대중을 위해 개발되었다. 현재 이 역량은 여섯 개의 기본 영역으로 구분하고, 전체 128개의 역량이 있다. 핵심 역량의 기본 영역은 다음과 같다(AAMFT, 2004).

① 치료 승인(Admission to Treatment): 치료 계약이 체결되는 시점까지 내담자와 치료자 간의 모든 상호작용

② 임상 평가 및 진단(Clinical Assessment and Diagnosis): 치료에서 다루어야 할 문제의 확인에 중점을 둔 활동

③ 치료 계획 및 사례 관리(reatment Planning and Case Management): 치료 과정 및 치료 외 활동을 지시하는 데 중점을 둔 모든 활동

④ 치료적 중재(Therapeutic Interventions): 확인된 임상적 문제를 개선하기 위해 설계

된 모든 활동

⑤ 법적 문제, 윤리 및 표준(Legal Issues, Ethics, and Standards): 가족치료와 관련된 법령, 규정, 원칙, 가치 및 관습을 포함하는 치료의 모든 측면

⑥ 연구 및 프로그램 평가(Research and Program Evaluation): 치료에 대한 체계적인 분석과 치료를 효과적으로 수행하는 방법을 포함하는 치료의 모든 측면

각 영역에 포함된 구체적인 핵심 역량을 살펴보면 다음과 같다.

① 치료 승인(Admission to Treatment)

- 결혼 및 가족치료의 기초가 되는 체제 개념, 이론, 기술을 이해한다.
- 개인, 부부, 커플, 가족, 집단 심리치료의 이론과 기법을 이해한다.
- 행동적 건강 관리 전달 체제, 제공되는 서비스에 대한 전달 체제의 영향, 체제의 장벽과 격차를 이해한다.
- 개인, 부부, 커플, 가족, 집단 심리치료의 위험과 이점을 이해한다.
- 맥락적 역동과 체제적 역동(예: 젠더, 연령, 사회경제적 지위, 문화/인종/민족, 성적 취향, 영성, 종교, 더 큰 체제, 사회적 맥락)을 인식한다.
- 건강 상태, 정신 상태, 기타 치료, 내담자의 삶과 관련된 기타 체제(예: 법원, 사회 서비스)를 고려한다.
- 전문 평가, 사정 또는 치료를 위한 의뢰를 제안하게 되는 문제를 인식한다.
- 개인, 가족, 지역사회, 문화적 요인, 맥락적 요인에 균형 잡힌 주의를 기울이면서 초기면접(intake) 정보를 수집하고 검토한다.
- 치료에 참석해야 하는 사람과 형태(예: 개인, 부부, 가족, 가족 외 자원)를 결정한다.
- 치료에 필요한 모든 참가자의 치료 참여를 촉진한다.
- 개인 정보 보호, 비밀 유지 정책, 내담자 또는 법적 보호자에 대한 보호 의무를 포함하여 각 당사자의 규칙, 수수료, 권리 및 책임을 설정하는 관행을 설명한다.
- 모든 책임 있는 사람들로부터 치료에 대한 동의를 얻는다.
- 내담자와 적절하고 생산적인 치료 동맹을 수립하고 유지한다.

- 치료 과정 전반에 걸쳐 내담자 피드백을 권유하고 사용한다.
- 의뢰 자원, 내담자의 치료에 관련된 다른 실무자, 비용 지불인과 협력적인 활동 관계를 개발하고 유지한다.
- 개인, 부부, 가족, 그룹과의 회기 상호작용을 관리한다.
- 전문적인 실무 및 능력 범위 내에서 치료가 적절한지 사례를 평가한다.
- 취약 집단(예: 미성년자)과 활동하기 위한 법적 요구 사항 및 제한 사항을 이해한다.
- 관련 법률 및 정책에 따라 적시에 사례 문서를 작성한다.
- 수수료, 지불, 기록 보관, 비밀 유지에 대한 정책을 개발, 수립, 유지한다.

② 임상 평가 및 진단(Clinical Assessment and Diagnosis)

- 인간 발달의 원리; 인간의 섹슈얼리티; 젠더 발달; 정신병리학; 정신약리학; 커플 과정; 가족 발달과 과정(예: 가족, 관계, 체제 역동)을 이해한다.
- 역학, 병인학, 현상학, 효과적인 치료법, 경과, 예후를 포함한 주요 행동적 건강 장애를 이해한다.
- 동반 질환(예: 약물 남용 및 정신 건강, 심장 질환 및 우울증)이 있는 사람의 임상적 요구와 시사점을 이해한다.
- 현재 문제, 실제 장면, 문화적 맥락에 적합한 개인, 부부, 커플 및 가족 사정 도구를 이해한다.
- 정신 건강 장애, 약물 남용 장애, 관계 기능의 사정과 진단을 위한 현재 모델을 이해한다.
- 특히 다양한 문화, 경제, 민족 집단과 관련이 있는 평가 및 진단 모델의 강점과 한계를 이해한다.
- 신뢰도와 타당도의 개념, 이 개념과 평가 도구와의 관계, 이 개념이 치료 의사결정에 미치는 영향을 이해한다.
- 변화 과정에 대한 각 내담자의 참여를 평가한다.
- 내담자 보고서, 내담자 행동 관찰, 내담자 관계 패턴, 다른 전문가의 보고서, 검사 절차 결과, 내담자와 상호작용을 체계적으로 통합하여 평가 과정을 안내한다.

- 관계 패턴, 그것들과 현재 문제에 대한 관계, 내담자 체제에 대한 치료 외 요인의 영향에 관한 가설을 개발한다.
- 치료 외 관계에 대한 치료의 영향을 고려한다.
- 정서적/대인관계 증상을 유발하거나 악화시킬 수 있는 신체적/유기체적 문제를 고려한다.
- 내담자의 행동 및 관계적 건강 문제를 체계적이고 맥락적으로 진단하고 평가한다.
- 아동, 청소년, 노인 및 특별한 도움이 필요한 사람과 같은 내담자에게 평가를 제공하고 발달적으로 적절한 서비스를 제공한다.
- 효과적이고 체계적인 인터뷰 기법과 전략을 적용한다.
- 평가 도구의 결과를 관리하고 해석한다.
- 약물 남용, 아동 및 노인 학대, 가정 폭력, 신체적 폭력, 자살 가능성, 자신과 타인에 대한 위험에 대한 적절한 안전 계획을 검토하고 개발한다.
- 가계도 또는 기타 평가 도구를 사용하여 가족사와 가족 역동을 평가한다.
- 내담자 문제의 맥락을 이해하기 위해 적절하고 관련되고 정확한 생물심리사회적 역사를 이끌어낸다.
- 내담자의 강점, 탄력성, 자원을 확인한다.
- 치료 체계의 각 구성원의 관점에서 현재 문제를 명료화한다.
- 내담자의 요구와 관련성이 있는 사정 방법을 평가한다.
- 문제와 치료 과정을 체계적으로 볼 수 있는 능력을 평가한다.
- 행동적 건강 및 관계 진단의 정확성과 문화적 관련성을 평가한다.
- 치료 목표와 진단에 대한 치료사-내담자의 동의를 평가한다.
- 자문과 감독을 효과적으로 활용한다.

③ 치료 계획 및 사례 관리(Treatment Planning and Case Management)

- 현재 문제에 가장 효과적인 모델, 양식, 기술이 무엇인지 안다.
- 제3자에게 청구할 때 발생하는 부채, 상환에 필요한 코드, 올바르게 사용하는 방법을 이해한다.

- 향정신성 약물과 기타 약물이 내담자와 치료 과정에 미치는 영향을 이해한다.
- 회복 지향 행동적 건강 서비스(예: 자조 집단, 12단계 프로그램, 동료 간 서비스, 지원 고용)를 이해한다.
- 내담자 피드백, 사정, 맥락적 정보, 진단을 치료 목표 및 계획과 통합한다.
- 체계적인 관점을 활용하여 내담자 투입, 측정 가능한 결과, 치료 목표, 치료 계획, 사후 관리 계획을 함께 개발한다.
- 치료 목표의 우선순위를 정한다.
- 회기가 어떻게 수행될 것인지에 대한 명확한 계획을 수립한다.
- 내담자의 요구를 충족시키고 체계적인 변화를 촉진하기 위한 치료를 구조화한다.
- 치료 목표를 향한 치료의 진행을 관리한다.
- 위험, 위기, 비상 상황을 관리한다.
- 가족, 기타 중요한 사람, 참석하지 않은 전문가를 포함한 다른 이해 관계자와 협력하여 활동한다.
- 복잡한 치료 체계를 탐색하면서 내담자가 필요한 치료를 받도록 지원한다.
- 종결 및 사후 관리 계획을 개발한다.
- 치료 목표를 향한 회기의 진행 상황을 평가한다.
- 치료 목표와 계획에 수정이 필요한 시점을 인식한다.
- 위험 수준, 위험 관리, 위기 및 비상 상황을 평가한다.
- 실제 장면의 정책 및 절차 준수를 위한 회기 과정을 평가한다.
- 특히 치료 행동, 내담자와의 관계, 절차 설명 과정 및 결과 측면에서 내담자와 치료 과정에 대한 개인적 반응을 점검한다.
- 지역사회에서 양질의 치료, 적절한 자원 및 서비스를 얻을 수 있도록 내담자와 함께 옹호한다.
- 사건 관련 법의학 및 법적 절차에 참여한다.
- 실제 장면 정책, 전문 표준, 법률에 따라 계획을 작성하고 기타 사례 문서를 작성한다.
- 치료 회기와 기타 전문 회의에서 시간 관리 기술을 활용한다.

④ 치료적 중재(Therapeutic Interventions)

- 증거기반치료와 문화적으로 민감한 접근 방식을 포함하여 다양한 개별 및 체계적 치료 모델과 그 적용을 이해한다.
- 가족 역기능, 병인 또는 문화적 결핍에 대한 가정을 결합하는 모델과 관련된 피해 위험을 포함하여 특정 치료 모델의 장점, 한계, 금기 사항을 인식한다.
- 다양한 기법이 치료 과정에 어떤 영향을 미칠 수 있는지 인식한다.
- 내용과 과정 문제, 치료에서 그것들의 역할, 치료 결과에 대한 그것들의 잠재적 영향 간의 차이점을 구별한다.
- 내담자의 요구, 목표, 가치에 맞는 치료 방식과 기법을 제공한다.
- 내담자의 특별한 요구(예: 젠더, 연령, 사회경제적 지위, 문화/인종/민족, 성적 취향, 장애, 개인 이력, 내담자의 더 큰 체제 문제)에 민감한 방식으로 중재를 전달한다.
- 문제와 순환적 상호작용 패턴을 재구성한다.
- 치료실에서 관계형 질문과 성찰적인 논평을 생성한다.
- 각 가족 구성원을 적절하게 치료 과정에 참여시킨다.
- 내담자가 문제에 대한 해결을 개발하고 통합하도록 촉진한다.
- 강렬하고 혼란스러운 상황을 완화하여 모든 참가자의 안전을 강화한다.
- 내담자와 그들의 관계 체제가 서로 및 더 큰 체제와 효과적인 관계를 구축할 수 있도록 역량을 강화한다.
- 심각한 정신 질환이나 기타 장애가 있는 가족에게 심리교육을 제공한다.
- 치료 목표에 더 잘 맞도록 효과가 없는 중재를 수정한다.
- 치료 목표가 달성되면 건설적인 종결로 이동한다.
- 감독자/팀 의사소통을 치료에 통합한다.
- 일관성, 치료 모델 및 변화 이론과의 일치성, 문화적 및 맥락적 관련성, 치료 계획의 목표에 대한 중재를 평가한다.
- 중재를 효과적으로 전달할 수 있는 능력을 평가한다.
- 치료가 진행됨에 따라 치료 결과를 평가한다.
- 중재에 대한 내담자의 반응이나 대응을 평가한다.

- 치료를 계속, 의뢰, 종결 필요성을 위해 내담자의 결과를 평가한다.
- 치료 과정에 대한 반응(예: 전이, 원가족, 현재 스트레스 수준, 현재 생활 상황, 문화적 맥락)과 반응이 효과적인 중재와 임상 결과에 미치는 영향을 평가한다.
- 다양한 관점(예: 내담자, 팀, 감독자, 사건에 관련된 다른 분야의 실무자)을 존중한다.
- 적절한 경계를 설정하고, 삼각관계 문제를 관리하고, 협력적인 활동 관계를 개발한다.
- 치료 목표와 계획, 평가 정보, 내담자의 맥락과 역동에 대한 체계적인 이해와 관련된 중재에 대한 근거를 명확히 한다.

⑤ **법적 문제, 윤리 및 표준**(Legal Issues, Ethics, and Standards)

- 가족치료 실제에 적용되는 법률과 규정을 안다.
- 가족치료 실제에 적용되는 직업 윤리와 실천 기준을 안다.
- 실제 장면의 정책과 절차를 안다.
- 윤리적 결정을 내리는 과정을 이해한다.
- 윤리, 법률, 직업적 의무, 실제 표준이 적용되는 상황을 인식한다.
- 실제 장면에서 윤리적 딜레마를 인식한다.
- 법률 자문이 필요한 경우를 인식한다.
- 임상 슈퍼비전 또는 자문이 필요한 경우를 인식한다.
- 윤리, 법률, 규정, 직업 표준과 관련된 문제를 점검한다.
- 내담자의 비밀을 보호하고 관련 법률 및 규정을 준수에 대한 실제 표준과 일관성을 유지하기 위해 정책, 절차, 양식을 개발하고 평가한다.
- 내담자와 법적 보호자에게 의무 보고에 대한 비밀성과 한계에 대한 제한 사항을 알린다.
- 자해, 자살, 학대, 폭력 가능성이 있는 내담자를 위한 안전 계획을 개발한다.
- 윤리적 딜레마와 법적 딜레마가 발생하면 적절한 조치를 취한다.
- 법이 요구하는 바에 따라 관련 당국에 정보를 보고한다.
- 규정된 실제와 역량 범위 내에서 실천한다.

- 효과적인 임상 실제에 관한 진보와 이론에 대한 지식을 얻는다.
- 면허와 전문 자격 증명을 얻는다.
- 전문적인 역량을 유지하기 위해 개인 프로그램을 수행한다.
- 윤리, 법적 문제 및 실제 표준과 관련된 활동을 평가한다.
- 태도, 개인 웰빙, 개인 쟁점, 개인 문제를 점검하여 치료 과정에 부정적인 영향을 미치거나 위법 행위에 대한 취약성을 생성하지 않도록 한다.
- 적시에 정확한 노트로 내담자 기록을 유지한다.
- 만약 개인적 쟁점, 태도, 신념이 임상 활동에 부정적인 영향을 미칠 위험이 있는 경우 동료 및/또는 감독자와 상의한다.
- 자기 슈퍼비전, 단체 자문, 전문 독서 및 지속적인 교육 활동을 통해 전문성 개발을 추구한다.
- 직업 윤리, 관련 법률 및 정책에 따라 내담자와 제3자 지불인에게 청구하고 해당 서비스에 대해서만 비용을 요청한다.

⑥ **연구 및 프로그램 평가(Research and Program Evaluation)**

- 현존하는 가족치료 선행연구, 연구, 증거기반실제를 안다.
- 가족치료 및 정신 건강 서비스와 관련된 양적 및 질적 연구와 프로그램 평가 방법론을 이해한다.
- 임상 연구 및 프로그램 평가 수행과 관련된 법적, 윤리적, 맥락적 쟁점을 이해한다.
- 치료사와 내담자가 임상 연구에 참여할 수 있는 기회를 인식한다.
- 최신 가족치료와 기타 전문 선행연구를 읽는다.
- 현재 가족치료와 기타 연구를 사용하여 임상 실제에 정보를 제공한다.
- 전문 연구를 비판하고 문헌에서 연구와 프로그램 평가의 질을 평가한다.
- 임상 실제와 기법의 효과를 결정한다.
- 현재 임상 선행연구와 그 적용에 대한 지식을 평가한다.
- 새로운 지식의 발전에 기여한다.

2) 가족치료사의 역할

가족치료사는 심리치료 도구, 기술, 원칙을 사용하여 가족 관계를 복구하고, 불화에 기여할 수 있는 근본적인 심리적 문제를 다룬다. 가족치료사는 우울증, 불안, 성격 장애와 같은 임상 장애부터 의사소통 부족이나 스트레스 고조와 같은 단순한 문제에 이르기까지 가족 단위에 영향을 미치는 다양한 장애를 진단하고 치료할 수 있다.

곤경에 처한 가족의 경우 논쟁의 원인을 정확히 파악하기 어려울 수 있다. 이것은 가족치료사의 첫 번째 의무 중 하나이며, 일반적으로 모든 가족 구성원을 먼저 만나 대화하여 상황을 평가하고 올바른 치료 경로를 결정한다. 대부분의 경우 치료사는 계속해서 부부나 가족과 함께 만나 각 가족 구성원이 다른 사람들에게 어떻게 반응하는지 알 수 있도록 돕는다. 그러나 어떤 상황에서는 치료사가 가족 구성원과 따로 만나기로 결정할 수도 있다.

가족의 주요 문제에 대한 몇 가지 가능한 근본적인 원인을 발견한 후, 가족치료사는 가족 전체가 문제를 해결하도록 도울 수 있다. 예를 들어, 치료사는 종종 좌절한 가족 구성원에게 지침과 조언을 제공하거나 더 효과적으로 의사소통하는 방법을 가르칠 것이다. 치료 회기 동안 가족치료사는 내담자가 어려움을 극복할 수 있도록 몇 가지 도구를 사용할 수 있는데, 여기에는 다음이 포함된다(Careers in Psychology, 2022).

- 대화 치료(talk therapy): 가족치료사는 내담자들이 각각의 문제에 대해 그들의 입장을 전달하도록 하는 것으로 시작할 것이고, 이러한 만남 동안 말을 하는 것보다 더 많은 것을 들을 것이다.
- 신체 관찰(bodily observation): 가족치료사는 가족 구성원들이 비언어적인 신체 언어, 또는 특정한 문제가 어디에 있을 수 있는 단서가 있는지 면밀히 관찰할 것이다. 예를 들어, 십대 청소년이 눈을 굴리는 것을 목격하는 가족치료사는 이러한 행동들이 자기 부모가 무례하게 느끼게 할 수 있다고 추론할 수 있다.
- 역할극 연습(role-playing exercises): 가족치료사는 치료 회기 동안 내담자들에게 그들의 독특한 관점을 깨고 더 깊은 공감을 성취하기 위해 다른 사람의 입장에서 상상하도록 역할극 활동을 요청할 수 있다.

- 반영 연습(reflection exercises): 가족들이 특정한 기억을 되새기도록 하는 것은 종종 각자가 다른 상황을 어떻게 해석하고 반응하는지에 대해 많은 이야기를 할 수 있다. 또한 이것은 더 행복한 시간을 되돌아보고 의사소통과 관점이 더 일치했던 때를 기억할 때 따뜻함과 함께 하는 느낌을 가져오는 데 도움을 줄 수 있다.
- 재구성 연습(reframing exercises): 가족치료사가 자주 사용하는 도구인 재구성 연습은 분노를 만드는 비난으로 인한 긴장을 완화하는 데 엄청나게 도움이 될 수 있다. 예를 들어, "당신은 절대 듣지 않고 항상 나에 대해 이야기 한다" 대신에, 재구성 연습은 "내가 말할 때 당신이 방해하면 나는 내 말과 의견이 타당하지 않거나 가치 있는 것이 아니라고 느낀다"로 바꾼다.

가족치료사는 결혼과 가족 체제의 맥락에서 정신 질환과 심리적 고통을 평가, 진단, 치료하며, 혼전 상담, 관계 상담, 아동 상담, 별거 및 이혼 상담 등을 제공할 수 있다. 가족치료사가 정기적으로 수행할 수 있는 몇 가지 일반적인 활동은 다음과 같다(Wetchler & Hecker, 2015).

- 정신 장애 진단 및 치료
- 개인, 부부, 가족과 함께 심리치료 실시
- 치료 계획 개발
- 내담자가 새로운 대인 의사소통 기술을 개발하도록 도움
- 자기보고검사, 인터뷰, 관찰, 토론, 형식적 평가를 통해 고객에 대한 정보를 수집

가족치료사는 단순히 치료를 수행하는 것 이상의 직무가 있다는 점을 인지하는 것도 중요하다. 내담자에게 서비스를 제공하는 것 외에도 현장의 많은 전문가들은 서비스 마케팅에 시간을 보낼 수도 있다. 또한 서류를 작성하고 필요한 경우 관련 기관이나 단체에 연락을 취하는 것도 치료사의 시간 중 상당한 부분을 차지한다. 내담자와 함께 활동할 때 치료사는 정확한 사례 진행 기록을 유지하고, 평가 기록을 유지하며, 추가 치료를 위한 권장 사항을 기록해야 한다.

가족치료사는 광범위한 범위의 문제를 다루지만, 주로 분노, 불안, 우울, 슬픔, 관계

문제, 자긍심 문제, 자해 등에 초점을 두고 있다. 즉, 가족치료사는 심리치료를 제공하고 정신 건강 문제에 주의를 기울이지만 가족 역동이 심리적 건강에 미치는 영향에 더 초점을 맞추는 경향이 있다.

가족치료사는 가족 구성원 내에서 심각한 문제와 갈등을 해결하는 데 중요한 역할을 하는 전문가이다. 이혼, 재정 위기, 스트레스를 받는 환경 또는 기타 문제와 같은 쟁점이 있더라도 가족치료사는 문제를 진단하고 완벽한 해결을 제시하는 데 도움을 줄 수 있다. 가정에서 행복하고 평화로운 환경을 만드는 데 중요한 역할을 하는 치료사의 주요 역할과 책임은 다음과 같다(Kakkad, 2010).

- 가족치료사는 가족이 내부 문제를 해결할 수 있도록 다양한 프로그램을 시행할 책임이 있다.
- 가족치료사는 가족들의 관계를 소중히 여기고 유대감을 강화할 수 있도록 상담을 제공한다.
- 가족치료사는 정신 장애와 정서 장애를 진단하는 데 많은 도움을 준다.
- 가족치료사는 내담자에 대한 모든 정보를 수집한 다음 문제에 대해 모두 알기 위해 토론과 인터뷰를 수행한다.
- 가족치료사는 치료 후 활동이 포함된 완전한 프로그램을 제공한다.
- 가족치료사는 내담자를 조사한 후 상담이 필요한지 의학적 치료가 필요한지 결정한다.
- 가족치료사는 다양한 전략을 개발하고 수행한다.
- 가족치료사는 개인이 문제를 효과적으로 해결하도록 격려하고 동기를 부여한다.
- 가족치료사는 모든 내담자의 기록과 사례 파일을 보관·유지한다. 이 파일에는 내담자의 이력, 할당된 활동, 평가, 제공된 치료 및 진행 기록에 대한 전체 정보가 포함되어 있다.
- 가족치료사는 부부가 자녀 양육권 문제를 해결할 수 있도록 변호사와 연결한다.
- 가족치료사는 법적, 재정적, 사회적, 정서적 문제에 대한 필수 정보를 내담자에게 제공한다.
- 가족치료사는 필요로 하는 모든 사람과 요청하는 모든 사람에게 공교육과 자문을

제공한다.

- 일부 가족치료사는 더 많은 참가자를 참여시키기 위해 세미나, 워크숍, 교육 프로그램을 실시한다.
- 가족치료사는 다양한 프로그램과 치료를 통해 내담자에게 평화롭고 영적인 삶의 길을 제시한다.

가족치료사의 목표는 가족 구성원이 문제를 해결하고, 의사소통을 개선하며, 정신적 또는 신체적 질병, 사망, 아동 또는 청소년 문제와 같은 예기치 않은 가족 상황을 다루고, 더 나은 기능의 가정 환경을 조성하도록 돕는 것이다. 가족을 위한 더 나은 기능 환경을 조성하기 위해 치료사의 도움을 받기로 결정한 가족은 많은 것을 얻게 된다. 이 조언을 받으면 가족 간의 의사소통이 향상될 것이다.

마음의 문을 여는 것이 어려운 가족 구성원들은 구성원들 사이에 거리와 단절을 만들어 냄으로써 앞으로 더 큰 문제를 일으킬 수 있는 길을 열어준다. 가족치료의 도움으로 가족 구성원이 가족 내에서 자신의 역할을 이해하도록 치료사는 도울 것이다.

가족치료사는 가족 구성원의 자존감을 키우기는 것이다. 건강한 자존감 없이는 학교, 가정, 직장, 지역사회에서 발생하는 주요 도전에 대처하기 어려울 것이다. 자존감 없이 사는 많은 사람들은 또래의 압력과 대인관계 문제에 취약하다. 가족치료사는 이것이 부족할 때마다 이것을 회복하는 데 도움을 줄 것이다.

다른 혜택으로는 가족을 더 행복하게 만들고, 가족 구성원 간의 유대를 향상 및 강화하고, 가족 구성원을 재결합시키는 것이 있다. 만약 이혼을 원하는 부부가 항상 치료사의 도움을 받는 것이 좋다.

3) 미술치료사의 조건

미술치료는 모든 연령대의 사람들의 신체적, 정신적, 정서적 웰빙을 개선하고 향상시키기 위해 창의적인 미술 제작 과정을 사용하는 확립된 정신 건강 전문직이다.

예술적 자기 표현과 관련된 창조적 과정이 사람들이 갈등과 문제를 해결하고, 대인관계 기술을 개발하고, 행동을 관리하고, 스트레스를 줄이고, 자존감과 자기 인식을 높이고,

통찰력을 얻는 데 도움이 된다는 믿음을 기반으로 한다.

미술치료는 인간 발달, 시각 예술, 창의적 과정의 분야를 상담 및 심리치료 모델과 통합한다. 미술치료는 다음을 평가하고 치료하기 위해 아동, 청소년, 성인, 노인, 집단, 가족과 함께 사용된다.

- 불안, 우울증 및 기타 정신적/정서적 문제
- 정신 질환
- 약물 남용 및 기타 중독
- 가족 및 관계 문제
- 학대 및 가정 폭력
- 장애 또는 질병과 관련된 사회적/정서적 어려움
- 개인 외상, 외상 후 스트레스 장애 및 상실
- 신체적, 인지적, 신경학적 문제
- 질병과 관련된 심리사회적 어려움

이를 위해 미술치료사는 미술치료 또는 심리상담에 중점을 둔 관련 분야에서 석사학위 이상을 소지해야 하며, 관련 학회나 단체에서 규정한 필수적 핵심 교육을 받아야 한다. 일반적인 핵심 교육 내용은 다음과 같다.

- 정신병리학/이상심리학 지식
- 심리 평가
- 인간 성장과 발달
- 상담/심리치료이론
- 우수한 관찰 기술과 치료 및 상담 기술
- 강력한 분석적 기술과 문제해결 기술
- 효과적인 의사소통 기술
- 인내, 공감적, 창의적 특성
- 미술에 대한 열정

- 미술치료의 역사와 이론
- 미술치료의 기법 또는 실습
- 다양한 치료 환경에 있는 사람들에 대한 미술치료 적용
- 집단미술치료 및 상담 방법과 기술에 대한 이해
- 미술치료 실천의 윤리적, 법적 문제
- 미술치료 평가
- 미술치료의 실천 기준
- 문화 및 사회적 다양성
- 연구 방법 및 연구 보고서 작성에 대한 지식

미술치료사가 되려면 특정 핵심 기술이 필요하다. 핵심 기술 가운데 대다수는 미술치료사가 되기 위해 교육과 훈련을 받는 동안 배울 수 있고, 다른 삶의 영역에서 배웠을 수도 있다. 치료에서 내담자에게 최고 수준의 서비스를 제공하기 위해 미술치료사를 위한 윤리 강령을 숙지해야 한다. 또한 좋은 치료의 일반적인 요소를 이해하는 것이 도움이 될 수도 있다. 미술치료사로 성공하는 데 도움이 될 수 있는 다양한 기술과 특성이 있는데, 도움이 될 몇 가지 주요 기술은 다음과 같다.

- 공감(empathy): 공감은 다른 사람의 생각이나 감정을 명시적으로 설명하지 않더라도 다른 사람의 경험을 이해하고 동일시하는 능력이다. 훌륭한 미술치료사는 치료사로서 당신이 그들에게 동의하지 않더라도 다양한 사람들의 선택과 감정을 이해하고 다양한 사람들과 공감할 수 있어야 한다. 당신은 내담자의 요구에 감정적으로 맞춰야 하고, 또한 내담자가 자신의 감정을 확인하고 표현하도록 도울 수 있어야 한다.
- 경청 기술(listening skills): 거의 모든 형태의 치료에서 내담자의 말을 적극적으로 경청하고, 그들의 생각을 반영하며, 그들이 당신에게 전달하는 중요한 사건과 감정을 기억할 수 있어야 한다. 또한 치료사는 내담자가 말하지 않은 것에 주의를 기울이고, 그것이 무엇을 전달하는지 탐색해야 할 것이다. 예를 들어, 자신의 충격적인 경험에 대해 이야기하지 않는 성폭행 생존자는 침묵을 통해 당신에게 무언가를 말할 수 있다. 대화에 쉽게 싫증이 나거나 다른 사람이 대화에 참여하도록 하는 데 어려움

을 겪는다면 효과적인 미술치료사가 되는 것이 어려울 수 있다.

- 사회적 기술과 의사소통 기술(social and communication skills): 좋은 사회적 기술은 내담자가 당신을 잘 알지 못하기 때문에 불편할 수 있을 때 치료의 처음 몇 회기 동안 당신을 전달할 수 있다. 또한 강력한 의사소통 기술은 전화나 이메일을 통해 새로운 사람이 편안함을 느끼게 하는 데 도움이 될 수 있다. 때때로 내담자를 다른 치료사나 정신과 의사에게 추천할 필요가 있을 것이고, 당신이 의사소통할 수 있는 강력한 동료 네트워크를 갖는 것은 그 사람들에게 가능한 최고의 추천을 제공하는 데 도움이 될 수 있다. 또한 내담자들은 의사소통을 잘하는 치료사와 긍정적인 치료 관계를 형성할 가능성이 더 높다. 이것은 자신감과 자기 주장을 전달할 수 있기 때문이다.
- 경계 설정(boundary setting): 윤리적 치료를 제공하기 위해 치료사는 내담자와 건강한 경계를 설정하고 유지할 수 있어야 한다. 치료에서 함께 활동하는 내담자의 복지를 보호하는 한 가지 측면은 이중 관계, 특히 본질적으로 연애 관계나 성적인 관계를 피하는 것이다. 치료에서 내담자와 연애 관계나 성적인 관계를 맺는 것은 윤리적이지 않은 것이다.

  치료적 관계의 본질과 한계를 내담자에게 명확하게 전달할 수 있어야 한다. 이것은 일반적으로 공개 양식을 작성할 때 그들과의 초기 상담 중에 시작된다.

  사람들은 건강한 경계를 설정하는 방법을 알고 태어나지 않는다. 그것은 평생 동안 배워야 하는 것이다. 개인 생활에서 경계를 설정하는 데 어려움을 겪었거나 상호 의존적인 경향이 있더라도 치료사로서 설정한 경계에 대해 양심적이어야 한다.
- 비판적 사고(critical thinking): 진단을 하고 치료 계획을 세울 때 강력한 비판적 사고 기술이 필요하다. 첫 번째 치료 접근법이 항상 효과가 있는 것은 아니므로, 예비 계획과 효과가 있는 것과 효과가 없는 것에 대해 질문할 수 있는 능력이 필요하다. 이러한 비판적 사고 능력과 함께 과학적 사고도 필요하다. 연구 동향에 대한 최신 정보를 유지해야 하고, 사람들이 복용하는 약물에 대해 이야기할 수 있도록 약물에 대해 충분히 알고 있어야 하며, 운동, 한약 치료, 영양 변화와 같은 대체 치료법을 염두에 두어야 한다. 사람들이 여러 가지 입증된 전략을 시도하도록 도울 수 있는 치료사는 훨씬 더 효과적일 가능성이 높다.

또한 치료사는 표면 아래에 있는 것을 감지하고 내담자에게 정중하게 질문할 수 있어야 한다. 훌륭한 비판적 사고 기술이 없으면 중요한 행동 설명을 놓칠 수 있다. 예를 들어, 배우자가 참을 수 없다고 주장하는 내담자는 그 배우자를 언어적으로 학대하는 것일 수 있다. 어려운 질문을 할 수 없고 표면 아래에 있는 것을 찾을 수 없는 치료사는 잘못된 권고를 하거나 내담자를 현명하지 못한 결정으로 안내할 수 있다.

4) 미술치료사의 역할

미술치료사의 책임과 역할에는 미술치료 회기 중 내담자의 반응과 행동을 평가하고, 다학문 치료 팀 회의에 참석하고, 미술 용품과 장비가 적절히 비축되어 있는지 확인하는 것이 포함된다. 또한 내담자가 미술치료 회기 동안 제작된 작품에 대해 숙고하도록 격려할 수 있어야 한다.

미술치료사로 성공하려면 내담자가 최상의 치료를 받을 수 있도록 미술치료의 최신 발전에 뒤쳐지지 않아야 한다. 궁극적으로 뛰어난 미술치료사는 시각 예술에 대한 깊은 이해는 물론 탁월한 의사소통, 분석 기술, 치료 기술을 가져야 한다. 따라서 미술치료사의 책임과 역할을 구체적으로 보면 다음과 같다.

- 내담자의 병력에 대해 논의하고 극복하고자 하는 문제 또는 상태를 확인한다.
- 그리기, 조각, 칠하기, 도자기, 점토 모델링을 포함한 다양한 유형의 시각 예술을 사용하여 내담자와 미술치료 회기를 수행한다.
- 내담자의 작품에 대해 토론하여 작품 뒤에 숨겨진 의미와 감정을 평가한다.
- 개인화된 치료 계획을 개발하거나 통합하기 위해 다른 의료 종사자나 치료사와 협력한다.
- 내담자의 요구, 목표, 선호하는 예술적 표현 형태에 따라 적절한 미술치료 프로그램을 개발한다.
- 도전적이고 외상적인 경험을 다룰 수 있도록 내담자에게 대처 기술과 전략을 가르친다.

• 필요에 따라 집단 또는 가족미술치료 회기를 실시한다.
• 미술치료 학생 및 인턴을 감독한다.
• 내담자의 진행 상황과 미술치료 회기 동안 관찰한 내용에 대한 자세한 기록을 유지한다.

2. 가족미술치료사의 역할

치료에서 미술을 사용하는 것은 다른 치료와 마찬가지로 신중하게 고려해야 한다. 과거에 또는 현재 실제 장면에서 개별적으로 함께 활동한 내담자를 고려할 때 가족치료 또는 가족미술치료로부터 더 많은 혜택을 받은 내담자가 있는가? 특정 내담자에게 가족미술치료 모델을 사용할 때 생각나는 문제가 있는가? 등과 같은 질문을 통해 신중한 접근이 필요하다.

Kwiatkowska(1978)는 가족미술치료 분야의 선구자로서, 미술치료사 또는 가족미술치료사가 고려해야 할 중요한 몇 가지 문제에 대해 이야기했다.

첫째는 윤리적 고려 사항이다. Kwiatkowska는 내담자가 개별 회기에서 만드는 예술작품을 다른 가족과 공유하는 딜레마이다. 여기서 딜레마 중 하나는 분명히 내담자의 비밀 유지이다. 가족미술치료는 개별 가족 구성원이 아닌 가족 단위를 내담자로 본다는 점에서 치료사들은 개별 치료와 가족치료의 균형을 어떻게 맞출지도 고민할 필요가 있다. 또한, 특히 더 취약한 내담자를 대상으로 활동할 때, 내담자의 권리가 악용되는 것을 방지하는 안전장치를 고려하는 것이 중요하다. 여기에는 내담자가 생성하는 이미지에 대한 개인정보 보호 권한이 포함된다.

둘째, 때때로 내담자들은 다른 가족 구성원들이 그들의 작품을 보기를 원할 수도 있다. 이러한 상황에서 치료사는 가족 구성원들에게 치료에서 미술의 사용에 대해 교육할 필요가 있을 수 있으며, 자신의 생각과 감정을 이미지에 투영하지 않음으로써 예술작품을 존중할 뿐만 아니라, 내담자가 치료에서 때때로 어떤 종류의 이미지를 만들어내는지에 대한 가족 구성원의 두려움을 잠재울 수 있다.

셋째, 가족 구성원 개개인의 예술작품에 대한 가족 구성원 간의 대화를 촉진하는 것도 중요하지만, 치료사는 어떻게 의미를 논의하고 때로는 강요할 수 있는지에 대해 유념해야 한다. 가족 구성원 개개인에게 자신의 예술작품에 대한 지속적인 입력을 요청하고, 자신에게 맞는 것과 맞지 않는 것에 대해 이야기하기 위해 만들어진 공간이 있는지 확인하는 것은 가족미술치료의 과정을 향상시키고 내담자가 예술작품을 중심으로 안전하게 상호작용할 수 있도록 할 것이다.

한편 Kwiatkowska(1978)는 미술이 평가 목적으로, 치료의 기본 양식으로, 또는 언어적 가족치료의 보조 수단으로 사용될 수 있다고 제안했다. 치료사는 가족과 함께 미술치료를 사용할 때 어떤 이점이 있는지 숙고해야 하는 데, 여기에는 다음이 포함될 수 있다.

- 즉시성(immediacy): 치료사와 가족 구성원이 과제를 다루고 서로 관련되는 방식을 탐색할 수 있도록 이미지를 만드는 즉각적인 과제에 참여하는 것이다.
- 검토를 위한 이미지 사용(use of images for review): 이미지의 영구적인 특성은 이미지가 가족이 어디에 있었고 어디로 가는지에 대한 유형적인 기록을 제공한다는 것을 의미한다.
- 공간 표현(spatial expression): 이미지의 공간적 특성은 역동을 탐색하는 데 사용할 수 있는 가족의 맥락 내에서 때때로 매우 복잡한 관계의 측면을 조명할 수 있다.
- 자발성(spontaneity): 미술 활동에 참여하는 것이 처음에는 불안을 불러일으킬 수 있지만, 몇 가지 지침이 설정되면 많은 가족이 함께 할 수 있는 기회를 제공한다.
- 놀라움의 요소(element of surprise): 가족 구성원은 보다 친숙한 표현 방식을 사용한다. 미술 활동은 때때로 근본적인 문제를 밝힐 수 있는 계획되지 않았거나 예상치 못한 자료의 출현을 초래한다.

가족치료는 그 자체로 전문 분야이다. 가족치료 회기의 맥락에서 발생할 수 있는 역동성을 관리하는 것은 때때로 내담자와 일대일로 만나는 것보다 더 어려울 수 있다. 그 결과 가족과 함께 활동하는 치료사들은 두 명의 치료사가 한 가족과 활동하는 공동 치료 모델(co-therapy model)을 선택한다. 이러한 모델이 가진 장점은 다음과 같다(Kwiatkowska, 1978).

- 더 많은 반응과 상호작용이 목격되거나 관찰될 가능성이 있다. 이것은 차례로 이러한 반응과 상호작용에 대한 다양한 인식의 발달을 가능하게 할 뿐만 아니라, 가족 내에서 일어나는 일에 대한 보다 포괄적이고 유연한 해석 또는 가설을 가능하게 한다.
- 특히 더 어려운 내담자 집단과 활동할 때 심리적 소진(burnout)의 가능성이 적다.
- 치료사 서로에게서 배울 수 있는 기회가 제공된다.
- 치료 회기 후에 즉시 검토할 수 있다. 우수한 공동 치료 팀은 치료사 서로에게 반향판(sounding board)이 되고, 지속적인 지원을 제공할 수 있다. 예를 들어, 한 치료사가 치료 회기에서 가족 구성원에게 반응하는 경우, 다른 치료사는 향후 회기에서 해당 가족 구성원과 더 많이 협력하여 도움을 줄 수 있다. 윤리적 실천의 관점에서, 어떤 방식으로 반응하는 치료사는 문제가 발생하면 해결 방법을 찾아야 한다. 이것은 감독의 맥락에 있을 수도 있고, 내담자나 가족 구성원에 대한 비합리적인 반응과 애착을 해결할 가능성이 있는 다른 치료사와의 대화에서 발생할 수도 있다. 한편, 반응이 비합리적이라기보다는 합리적일 수 있다는 점을 고려하는 것이 중요하다. 합리적인 반응의 경우 다른 사람에게 미치는 영향을 조명하기 위해 개인이나 가족에게 행동을 반영하는 것이 도움이 될 수 있다. 다시 말하지만, 공동 치료 모델은 치료사들이 이러한 문제에 대해 대화하고, 가족 맥락에 적합한 중재를 개발할 수 있는 공간을 제공한다.
- 다툼과 불협화음이 많은 가정에서 치료사들은 건강하고 지지적인 의사소통 패턴을 모델링할 수 있다.

가족치료에서 치료사의 역할은 두드러진 환경적 특징, 가장 중요한 것은 대인관계 또는 그러한 접촉에 대한 믿음을 수정하려고 시도하는 것이며, 이는 상호작용 패턴을 변경하여 제시 문제가 불필요하게 만든다. 가족치료사가 가족치료 전반에 걸쳐 유지하는 한 가지 목표는 각 구성원이 자신의 요구가 충족되는지 확인하기 위해 신뢰하는 존경받는 지도자의 목표이다(Nichols & Schwartz, 1991). Griffin(1993)에 따르면 가족치료사의 역할은 가족의 욕구, 문제가 어떻게 보이는지, 치료사의 관점과 관련하여 문제가 어떻게 고정되기를 원하는지, 치료사의 능력이 무엇인지를 결정하는 협상 중 하나이다. Arrington(1991)은 관계에 있는 사람들이 지시적이고 자발적인 예술 표현을 통해 특별한 문화, 경험, 요구와 접촉하도록 돕는 것과 내면의 혼돈을 일관된 형태로 조직하여 내면의 치유를 촉진하는 것을 포함하는 체제지향 미술치료사의 두 가지 기본 과제를 인식했다.

가족미술치료사는 내담자의 수준에서 시작하여 모든 가족 구성원을 독립적인 부분이 아닌 전체 단위로 받아들이는 데 중립을 유지한다. 언어적 표현과 예술 표현과 함께 집단을 수용하면 가족 구성원의 자신감이 높아져 가족의 역동성과 상호작용이 향상된다 (Arrington, 1991).

가족미술치료사가 미술치료에 집중하면 내담자를 보는 시야가 좁아지게 되어 내담자의 요구와 가족의 요구를 적절하게 충족시키기 어려울 수 있다. 따라서 가족미술치료사는 미술치료이론과 방법에 대한 숙달은 기본이고, 거기에 다음과 같은 내용에 대한 지식과 기술을 학습하는 것이 유능한 가족미술치료사의 역할과 책임을 다할 수 있다.

- 가족 기원
- 치료에서 다문화적 관점
- 가족체제에서 개인 치료 기법
- 집단치료 기법
- 심리진단과 치료 계획

또한 가족미술치료사는 가족의 각 구성원/세대가 미술을 통해 자신의 감정을 표현할 수 있는 평등한 기회를 제공하는 역할을 한다. 여기에는 정확한 방법으로 자신의 감정을 말로 표현할 수 없는 아동들을 포함하기 위한 효과적인 대안으로 작동한다(Riley & Malchiodi, 2003). 가족미술치료사는 미술이 가족 문제와 역할에 관한 대화를 시작하는 자연스러운 접근 방식을 제공하는 역할을 한다. 예를 들어, 치료사는 참가자들에게 친구와 가족의 모습을 그려보라고 요청함으로써 토론을 시작할 수 있다(Riley, 1985)

03 Chapter

보웬의 가족미술치료

1. 보웬의 가족치료

1) 보웬의 가족치료 또는 가족체제치료의 개념

Murray Bowen은 정신분석가로 시작했으며, 조현병 환자를 연구하는 과정에서 가족 패턴과 가족 체제의 차원에 대한 아이디어를 접했다. Bowen 이론으로 알려진 Bowenian 가족체제이론(Family System Theory)(1974)은 가족 구성원 간의 관계에서 서로 너무 가깝거나 너무 떨어져 있다는 인식이 가족 내에서 만성 불안을 유발할 수 있다는 것이다. 이 이론에 근거한 가족체제치료의 개념은 다음과 같다(Cherry, 2022).

> 가족체제치료는 가족 전체에 초점을 맞춘 심리치료의 한 형태이다. 이 치료 접근법의 중심 사상은 가족은 정서적 단위이며 개인의 행동은 가족의 맥락에서 고려되어야 한다는 것이다. 사람들은 가족의 영향을 받지만 각 개인은 또한 가족 전체에 영향을 미친다.

이 접근 방식은 가족이 부분의 합 이상이라는 것을 암시한다. 어떤 것이 집단의 한 구성원에게 영향을 미치면 가족의 다른 모든 구성원에게 큰 영향을 미칠 수 있다. 같은 이유로 가족 단위의 힘과 안정성은 한 가족 구성원이 문제를 겪을 때 균형과 지원을 제공할 수 있다.

가족체제를 하나의 단위로 고려하는 것 외에도 치료에 대한 이 접근 방식은 또한 세대, 사회적, 지역사회, 문화적 요인이 개인과 가족에 어떻게 영향을 미치는지도 고려한다.

Murray Bowen
https://i0.wp.com/yourmindfulcompass.com/wp-content/uploads/2015/01/original-photo-of-mb.jpg?fit=676%2C1024&ssl=1

Bowen은 불안의 강도가 외부 스트레스와 세대를 거쳐 전해지는 문제 행동 패턴에 달려 있다고 믿는다. 그는 가족이 정서적 스트레스에 민감한 경우 만성 스트레스가 모든 가족 구성원에게 자리잡을 가능성이 가장 높다고 말했다.

즉, Bowen은 패턴이 여러 세대에 걸쳐 가족에게 지속되며 문제가 있는 행동이 유전되어 유사한 갈등을 일으킬 수 있다고 믿었다. Bowen은 가족 구성원 간의 건강한 의사소통을 촉진하고, 유독하거나 유해한 패턴을 깨고, 가족 단위 내의 각 개인 간의 건강한 분화와 자율성을 개발하기 위한 치료에 대한 이러한 접근 방식을 만들었다. Bowenian 가족치료는 가족 내 건강한 경계와 관계를 촉진하기 위해 이러한 패턴과 의사소통 기술을 확인하기 위해 세대 간 관점을 사용한다.

Bowen 이론의 주요 목표는 가족 내 만성 스트레스를 줄이기 위한 것으로, 다음을 통해 달성하는 것을 목표로 했다.

- 가족 구성원들에게 정서 체계가 어떻게 기능하는지 알게 한다.
- 가족 구성원 간의 개인차에 대한 수용을 증가시킨다.
- 다른 사람을 바꾸려고 애쓰는 것보다 자신을 더 낫게 만드는 변화에 집중한다.

이 이론의 두드러진 특징은 친목(togetherness)과 개성(individuality)이다. 가족 구성원과의 친밀감이 너무 높으면 자아 감각이 손상된다. 반면에 개성을 많이 중시하면 멀어지고 가족이 뿔뿔이 흩어질 가능성이 높다.

2) 보웬의 가족체제이론의 핵심 개념

Bowen에 따르면, 우리는 생각하는 것보다 감정적 삶에서 자율성이 떨어진다. 우리 대부분은 우리가 생각하는 것보다 서로에게 더 민감하다. Bowen의 이론은 다세대 관계망으로서 자아 분화(differentiation of self), 삼각관계(triangles), 핵가족 정서적 과정(nuclear family emotional process), 가족 투사 과정(family projection process), 다세대 전이 과정(multigenerational transmission process), 정서적 단절(emotional cutoff), 출생 순위(sibling position), 사회적인 정서적 과정(societal emotional process)과 같은 8가지 개념(Bowen, 1966, 1976)을 사용하여 친목과 개성의 상호작용을 형성하는 방법을 설명한다.

① 자아 분화: 자아 분화는 자신의 생각과 감정을 분리하는 능력이다. Bowen 이론의 초석은 정신 내적 개념과 대인관계 개념이다. 자아의 힘과 거의 유사하게, 자아의 분화는 감정적 압력에 자동적으로 반응하지 않고 생각하고 반성하는 능력이다(Kerr & Bowen, 1988). 불안에 직면하여도 유연하고 현명하게 행동하는 능력이다.
미분화된 사람들은 쉽게 감정적으로 움직인다. 그들의 삶은 주변 사람들의 반응에 의해 좌우된다. 분화된 사람은 생각과 감정의 균형을 맞출 수 있다. 강한 감정과 자발성이 가능하지만 감정의 끌림에 저항하는 능력과 함께 오는 자제력도 있다. 대조적으로, 미분화된 사람들은 다른 사람들에게 성급하게(복종하거나 반항적으로) 반응하는 경향이 있다. 그들은 특히 불안한 문제와 관련하여 자신의 자율성을 유지하기가 어렵다는 것을 알게 된다. 그들이 생각하는 것을 물으면 그들은 느끼는 것을 말한다. 그들이 무엇을 믿는지 물으면 그들은 들은 것을 반복한다. 그들은 당신이 말하는 모든 것에 동의하거나 모든 것에 대해 논쟁한다. 대조적으로, 분화된 사람들은 문제에 대해 자신의 입장을 취할 수 있다. 왜냐하면 그들은 사물을 깊이 생각하고, 자신이 믿는 것을 결정하고, 그 신념에 따라 행동할 수 있기 때문이다.

② 삼각관계: 이 개념은 감정의 삼각관계(triangle of emotion)라고도 한다. 관계에서 불안이 생기는 것은 전적으로 가능하다. 특히 관계가 친밀한 경우에는 더욱 그렇다. 이런 일이 일어날 때, 보통 제3의 사람이 추가되어 안정을 얻으려고 한다. 이것을 삼각관계라고 한다. 부부간의 긴장감은 줄어들지 모르지만, 표면 아래서 거품이 이는 갈등은 시간이 지남에 따라 악화될 수 있다. 만약 부부가 해결되지 않은 문제

를 가지고 있다면, 어머니는 딸과 더 많은 시간을 보내는 것을 선택할 수 있고, 따라서 관계의 압박감을 없앨 수 있다. 이것은 근본적인 문제를 해결하지 못하고, 장기적으로 딸의 독립성을 훼손할 수도 있다.

③ 핵가족 정서적 과정: 이 개념은 가족들의 많은 융합을 설명하는 것으로, 가족들의 정서적 상호작용에서 가족들이 어떻게 작동하는지를 설명한다. 아이들은 부모와 정서적으로 단절될 수 있고, 이는 서로 쉽게 구분되지 않은 생각과 감정으로 이어질 수 있다. 이러한 불안정한 융합 패턴에는 부부 갈등. 배우자의 기능장애, 한 명 이상의 자녀의 장애, 정서적 거리 등이 포함될 수 있다.

④ 가족 투사 과정: 이 개념은 문제가 있는 가족 구성원(공포증이 있는 아버지)이 가정을 안정시키고 불안과 문제 행동을 다음 세대에 전하지 않아야 하기 때문에 핵가족 정서 체계의 부분이다. 부모가 그들의 분화의 부족을 아이들에게 물려줄 수 있다. 두 성인이 결혼해서 분화되지 않은 감정을 갖게 되면 세대 문제는 그대로 전달된다. 어머니는 아이에게 더 애착을 가질 수 있고, 그러면 그들은 투사의 대상이 될 것이다. 이 같은 맥락에서 아이는 분화를 덜 달성하고 문제에 훨씬 더 취약해질 것이다.

⑤ 다세대 전이 과정: Bowen은 부모와 자식 사이에 얼마나 많은 훈련이 있었느냐에 따라 가족의 패턴, 주제, 역할이 다음 세대로 전해진다고 말한다. 다세대 전이 과정은 병리적 현상이 어떻게 세대 간에 전달되는가를 설명하는 것으로서 여러 세대를 통하여 자아 분화 수준이 전달되는 과정을 의미한다. 가족의 정서적 힘은 수년에 걸쳐 패턴으로 작동한다. Bowen은 원가족의 과도한 정서적 반응성 또는 융합을 설명하기 위해 미분화 가족 자아 덩어리(undifferentiated family ego mass)라는 용어를 사용했다. 어떤 사람이 정서적 폭발을 일으키기 때문에 당신이 말하려는 것에 과민 반응을 보이는 사람을 알고 있다면, 당신은 정서적으로 반응하는 사람들을 다루는 것이 얼마나 좌절감을 줄 수 있는지 알 것이다.

⑥ 정서적 단절: Bowen의 이론에 따르면 정서적 단절이란 가족 구성원이 떠나기로 결심하고 가족과 완전히 단절하는 것이다. 정서적 단절은 사람들이 가진 분화의 부족을 관리하지 않을 때 발생한다. 부모와의 정서적 단절도 있을 수 있고, 이는 높은 수준의 융합에서 비롯될 수 있다. 어떤 아이들은 그들의 가족과 물리적 거리를 추구하는 반면, 다른 아이들은 개인적인 대화를 피하는 경향이 있다.

⑦ 출생 순위: Bowen은 각 형제자매(맏이, 중간, 막내)의 위치, 그들의 관계, 그리고 부모와의 삼각관계 중 어떤 형제자매의 위치에 가장 중점을 두었다. 연구에 따르면 아이들은 가족 내에서 자신의 위치와 관련된 성격의 특징을 발달시킨다. 가족의 각 자녀들은 그들만의 위계질서를 가지고 있다. 나이가 많은 아이들은 더 많은 위계질서나 권위를 가진 리더가 되는 경향이 있다. 어린 아이들은 따르는 경향이 있고, 자유를 선호하고 길을 벗어날 가능성이 훨씬 더 높다.

⑧ 사회적인 정서적 과정: Bowen은 가족이 어떻게 기능하는지에 대한 사회적 영향에 대한 우려를 예상했다. Kerr와 Bowen(1988)은 스트레스가 심한 환경을 가진 지역사회에서 높은 범죄율의 예를 인용하였다. Bowen은 성차별과 계급적, 민족적 편견, 경제적 어려움, 천연 자원의 부족, 전염병 등과 같은 것을 유독한 사회적 정서 과정의 예로 인정했지만, 그는 더 높은 수준의 분화를 가진 가정이 이러한 파괴적인 사회적 영향에 더 잘 저항할 수 있다고 믿었다.

3) Bowen의 치료에 수반되는 내용과 치료사의 역할

Bowen의 치료에는 다음이 수반된다.

- 현재 문제를 개인을 넘어선 요인에 의해 야기되는 다세대 문제로 재구성한다.
- 가족이 더 침착하게 반성하고 행동할 수 있도록 불안과 범람하는 "정서적 소란"을 낮춘다.
- 특히 부부의 분화를 강화하여 자신의 불안을 관리하는 능력을 높이고, 보다 효과적으로 부모가 되어 가족 전체의 정서적 웰빙을 강화한다.
- 치료사가 부부가 자신의 불안, 거리, 친밀감을 건강한 방식으로 관리하도록 가르치는 "건강한 삼각관계"의 일부로 치료사를 활용한다.
- "문제"가 있는 가족과의 관계를 형성하여 가족과 분리하고 건강에 해로운 삼각관계와 정서적 융합에 저항하도록 돕는다.
- 단절된 가족 구성원과의 폐쇄적인 관계를 연다.
- "문제" 그 이상에 초점을 맞추고 가족의 전반적인 건강과 행복을 포함한다.

- 가족이 현재 기능하는 방식과 미래의 변화에 얼마나 적응할 수 있는지 측면에서 가족의 발전을 평가한다.
- 경제력, 젠더 역할 사회화 등의 차이에 따른 이성애 커플의 권력 차이를 다룬다.

일반적으로 치료사는 내담자와 가족들이 나타내는 특정 문제에 덜 주의를 기울이고 정서와 관계의 가족 패턴, 그리고 이중 관계와 삼각관계의 가족 구조에 더 주의를 기울임으로써 이를 달성한다. 보다 구체적으로 치료사는 다음을 수행한다.

- 변화의 중요한 요소인 이해를 촉진하기 위해 불안(정서적 융합을 낳음)을 낮추려고 한다. 공개적 갈등은 향후 회기에서 가족 구성원의 불안을 유발하므로 금지된다.
- 중립적이고 삼각관계를 하지 않은 상태를 유지하며, 사실상 부모에게 가족을 위해 해야 하는 일의 일부를 모델로 삼는다.
- 종종 한 구성원이 더 큰 가족의 변화를 촉진할 수 있으므로 구성원의 분화를 촉진한다. "나" 진술을 사용하는 것은 가족 구성원이 자신의 감정과 생각을 다른 가족의 감정과 생각과 분리하는 데 도움이 되는 한 가지 방법이다.
- 가족의 각 구성원과 개인적인 관계를 발전시키고 가족 구성원이 더 강한 관계를 형성하도록 권장한다.
- 차단된 가족 구성원이 가족에게 돌아갈 수 있도록 권장한다.
- "추적자-거리두기자(pursuer-distancer)"와 같은 기술적 명칭을 사용할 수 있으며, 구성원들이 역동적인 현상을 볼 수 있도록 도와준다. 거리를 두는 사람을 따라가는 것은 멀리 도망가게 할 뿐이며, 추적자와 협력하여 관계에서 안전한 장소를 만들기 위해 거리를 두는 사람을 다시 초대한다.
- 가족을 코치하고, 자문하고, 논쟁을 중단하고, 기술을 모델링하도록 한다.

4) Bowen의 치료 기법

Bowenian 가족치료의 실제는 다음과 같은 몇 가지 치료 기법을 포함한다.

• 가계도(genogram): 가계도는 역사, 관계, 심리, 패턴에 대한 정보를 포함하는 가족의 그림이다. 치료자와 내담자가 이러한 패턴과 연관성을 탐색하여 치료를 안내하도록 한다. Bowenian 치료사는 일반적으로 치료 시작 시 가계도를 작성하지만 치료 과정 전반에 걸쳐 정보를 계속 추가한다. 가계도는 연령, 결혼 날짜, 사망, 지리적 위치가 포함된다. 남자는 정사각형으로, 여자는 원으로 표현되는데, 그 안에 연령을 기록한다. 가로줄은 결혼 날짜를 나타내고, 세로줄은 부모와 자녀를 연결한다.

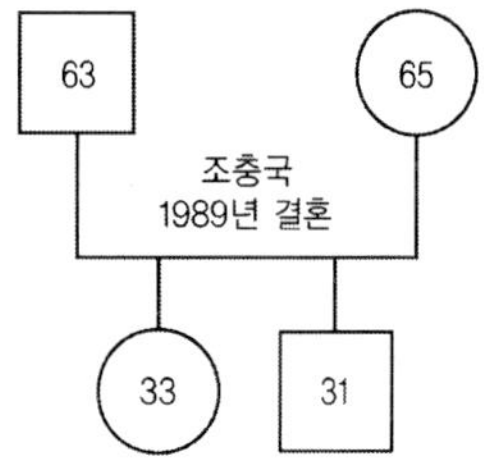

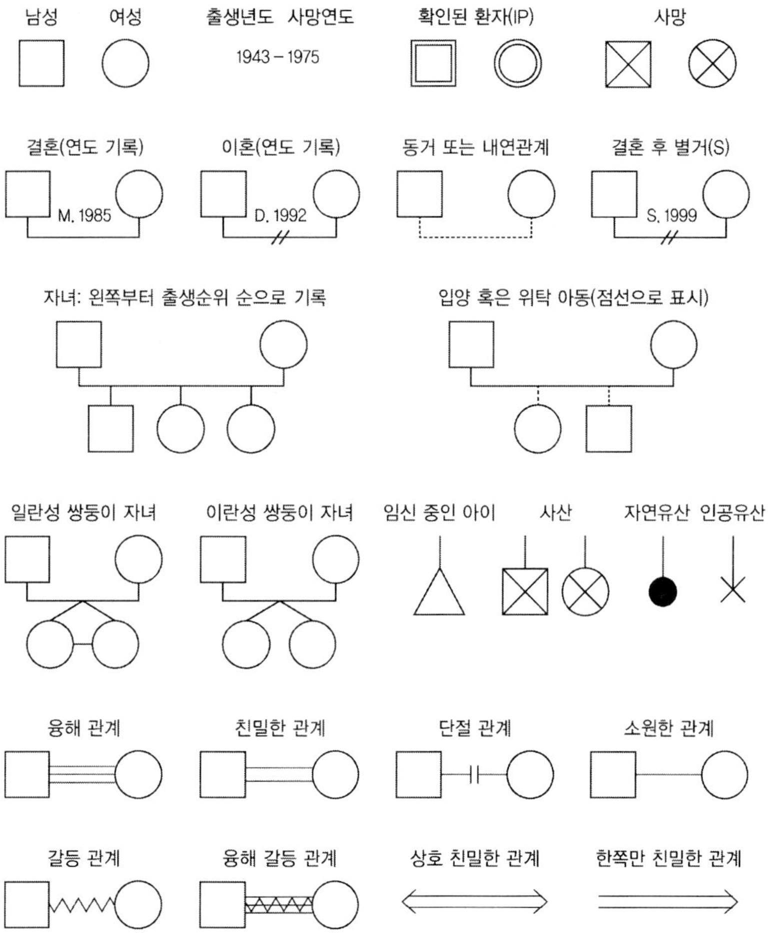

그림 1-1 **가족가계도를 위한 도표, 참고: McGoldrick & Gerson(1990)**

- 정서 구별하기와 자아 분화(differentiating emotions and self-differentiation): Bowenian 치료사는 내담자가 가족 단위 내에서 발생하는 정서를 확인하고, 다른 가족 구성원의 정서를 받아들일 때를 기록하도록 도와준다. 이 기법은 각 가족 구성원이 가족 단위에서의 역할과 함께 개인의 정서와 정체성을 인식하도록 돕는 것을 포함한다.
- 나-진술(I-statements): "나-진술"은 많은 치료에서 사용되는 기법이다. 상대방의 속성보다 화자의 감정을 강조하는 의사소통 기법이다. 듣는 사람에게 방어적인 태도나 비난의 감정을 불러일으키기보다 진술 뒤에 숨은 정서를 전달하는 것을 목표로 한다. 즉, 당신이 정서를 표현할 때마다 그것을 다른 가족 구성원들에게 투사하기보다 자신의 정서를 나타낸다. 예를 들어, "당신은 집에서 일을 돕지 않는다." 대신에 "나는 집안일에 압도되어 당신에게 더 많은 도움을 받고 싶다."라고 바꿔 말하도록 권장하는 기법이다.
- 삼각관계(triangles): 가족치료에서의 삼각관계는 가족 구성원들이 서로 대립하는 조작의 한 형태를 의미하지만, Bowenian 가족치료는 정서적 삼각관계의 개념을 사용하여 안정적인 관계망을 상징하는데 사용한다. Bowenian 가족치료에서 가족은 이러한 정서적 삼각관계에서 건강한 균형과 지원을 만들기 위해 노력한다.
- 세대 간 패턴(intergenerational patterns): Bowenian 가족치료사는 가계도를 사용하여 세대 간에 지속되는 잘못된 패턴과 건강한 패턴을 확인하고, 가족이 혜택을 받는 패턴과 도전하고 벗어나고 싶은 패턴을 확인하도록 돕는다.
- 도전 정상화(normalizing challenges): 가족들 사이에서 갈등이 생기는 것은 당연하다. 심지어 치료 후에도 가족들이 갈등을 겪을 때 건강한 방식으로 반응할 수 있도록 준비하기 위해 도전 정상화 기법을 사용한다. Bowenian 가족치료사는 치료가 끝난 후에도 도전과 갈등이 발생할 것이라고 강조합니다. 그들은 내담자가 미래의 어려움이 발생하기 전에 직면할 수 있도록 준비시킨다.

5) Bowenian 가족치료의 효과

Bowenian 가족치료는 가족 단위의 갈등과 문제 행동을 해결하기 위해 사용되고 있다. Bowenian 가족체제이론은 Bowenian 가족치료가 제대로 실행되도록 돕는 기법에 사용되고 있다.

특히 Bowenian 가족치료는 건강한 의사소통 기술과 갈등 해결을 강조하기 때문에, 건강한 관계와 적절한 경계를 조성하는 데 도움이 될 수 있다. 내담자는 자신의 행동에 대한 통찰력을 개발하고, 자신이 선택을 하는 이유, 이러한 선택이 관계에 미치는 영향, 건강하고 지속적인 변화를 만드는 방법에 대한 더 깊은 이해를 개발한다.

Bowenian 가족치료에 함께 참여하는 가족은 단위 내의 삼각관계를 확인하고 이러한 상호 연결된 관계를 활용하여 관계를 더 강하게 만드는 방법을 배운다. 그들은 방어와 논쟁보다는 생산적인 갈등 해결을 촉진하는 건강하고, 적절한 의사소통 양식을 배운다. 또한 구성원들은 세대 간 패턴을 확인하여 더 깊은 수준에서 서로를 이해할 수 있다. 마지막으로, 각 가족 구성원은 가족 단위 내에서 연결성과 개인 정체성 사이의 건강한 균형을 배운다.

Bowenian 자기분화 기법은 불안 증상을 완화하는 데 효과적일 수 있고(Thomas,, et al., 2021), 부부 치료에서 Bowenian 가족치료는 의사소통 능력이 향상되고 자신과 상대방에 대한 이해가 향상되어 파트너 간의 행복감과 공감을 향상시킬 수 있다(Amini & Naser Shariati, 2021).

또한 연구에 따르면 부모는 가족 가계도에서 학대 패턴을 확인하고, 이러한 패턴을 깨기 위해 노력할 수 있기 때문에 아동 보호가 포함되었을 때 Bowenian 가족치료가 가족 재결합에 도움이 될 수 있다(Thompson, et al., 2019).

연구는 아동과 성인 모두의 우울증, 약물 남용, 관계 문제, 기타 정신 장애를 포함한 다양한 정신 건강 문제에 대한 가족 기반 치료의 효과를 뒷받침한다.

2. 가족미술치료

1) Framo의 부부치료

결혼과 가족치료 이론가인 James L. Framo의 말에 따르면, 그의 이론은 "개인적인 것과 사회적인 것 사이의 개념적 다리"를 건설하는 것을 목표로 한다(1992, p. 111). Framo는 Bowen, Whitaker, Boszormenyi-Nagy와 같은 그 시대의 다른 이론가들과 함께 개인 내에서 일어나는 내적 심리 과정뿐만 아니라 개인들 사이의 사회적 공간에도 관심을 가졌다. Framo에 따르면, "사람들 내에서 무슨 일이 일어나고 있는지 아는 것은 사람들 간에 무슨 일이 일어나고 있는지 아는 것만큼 중요하다."(1996, p. 12). 이러한 유형의 사고는 1960년대와 1970년대에 널리퍼진 임상심리학 내의 전형적인 견해와 관행에서 벗어나 패러다임의 변화를 대표했다.

Framo(1979)는 개인의 심리 내적 세계에 대한 방대한 이해를 Freud의 탓으로 돌리고 있지만, 그는 또한 외적인 사회적 요인의 중요성을 인정하지 못하는 Freud의 무능력이 심리학 이론과 실제 모두에 광범위한 영향을 미쳤다고 지적한다. Framo에 따르면, 사회적 요인, 특히 가족과 관련된 요인들을 간과할 수 없다. 그의 이론에 따르면, 가족은 개인의 삶과 행동에 영향을 미치는 가장 중요한 힘이다(Framo, 1979). 그는 "가족은 다른 어떤 사회적 힘도 깨닫기 시작할 수 없는 방식으로 사람들의 존재의 성격을 형성한다"고 주장한다. 그는 원가족의 중요성과 역할에 특히 중점을 둔다.

Framo는 개인의 삶의 많은 문제들이 한 사람의 원가족으로 거슬러 올라갈 수 있다고 믿는다. Framo에 따르면, "부모들은 자녀와 배우자와 함께 그들의 원가족으로부터 파생된 갈등을 겪고 반복한다. 한 가정의 문제는 한 세대에서 다음 세대로 반복되는 경향이 있다."(1996, p. 3) Framo에게 있어, 관련 문제를 해결할 뿐만 아니라, 이러한 세대 간 문제들을 그들의 뿌리로 되돌리는 것이 중요하다. 가족사에 익숙해지는 것은 개인이 현재의 가족 역동과 문제를 이해하는 데 크게 도움이 될 수 있다. 이러한 생각은 가족치료에 대한 Framo의 독특한 세대 간 접근법의 기초를 형성한다.

① 핵심 개념

• **대상관계이론**

Framo는 Fairbairn의 대상관계이론을 Bowen의 모델에 추가하여(Searight, 1997, 재인용), 세대 간 힘의 중요성을 강조한 최초의 결혼 및 가족치료 이론가인 Bowen의 작업을 기반으로 한다. Fairbairn(1952)의 대상관계이론은 실제로 세대 간 가족치료 접근 방식에 많은 통찰력을 제공한다. Fairbairn에 따르면, 다른 사람들과 의미 있고 긴밀한 관계를 구축하는 것은 사람의 삶에서 핵심적인 동기를 부여하는 힘이다. 그는 인간은 본질적으로 만족스러운 대상관계를 얻기 위해 삶을 살아가고 있다고 주장한다. 쾌락은 이러한 대상 추구에서 파생되지만, 공격성은 추구 대상을 얻지 못하는 것에 대한 좌절에서 발생한다 (Framo, 1992).

Fairbairn의 대상관계이론에 따르면 만약 아동이 부모의 행동을 거부하거나 보류하는 것으로 해석하거나, 만약 아동이 부모가 자신을 버린 것으로 지각하면, 외부 인물이나 대상을 포기하거나 외부 현실에서 그것을 변경할 수 없다. 차례로, 아동들은 요구-증오하는(need-hated) 대상(부모)을 그들이 대상을 통제하려고 시도할 수 있는 정신 내 세계로 내면화함으로써 좌절감을 처리할 것이다. Framo는 내적 대상이 내사가 되어 "외부 대상의 심리적 대표자"(1992, p. 112)가 되어 억압된다고 설명한다. 이 과정에서 자신과 부모 사이의 실제 정서적 관계가 내면화된다. Framo(1982)는 이러한 내사가 "하위 정체성"(p. 26)이 되고 성격 형성에 역할을 한다고 주장한다. 좋은 대상은 긍정적인 기억이 되고 이상적인 대상이 된다. 반면에 나쁜 대상은 정신 내 갈등에 기여한다.

아동이 습득한 내면의 대상 또는 내사는 미래의 친밀한 관계를 위한 역할 모델 역할을 한다. Framo에 따르면,

> 외부 현실에서의 삶의 상황은 무의식적으로 내부 대상 세계에 비추어 해석되어 타인에 대한 왜곡된 기대를 초래할 뿐만 아니라, 내적 역할 모델에 맞도록 긴밀한 관계를 강제하고 변화시키려는 능동적이고 무의식적인 시도가 이루어진다(1982, p. 26).

이러한 현상은 종종 모든 종류의 관계 어려움, 특히 결혼 문제로 이어진다. 내담자의 부모가 세대 간 치료에 참여하는 것은 치료 지도와 함께 내담자의 부모가 존재하는 것이

성인 아동의 내적 대상을 노출시키고 강한 영향력을 느슨하게 하는 데 도움이 될 수 있기 때문에 매우 유익하다.

• 부부치료와 부부집단치료

Framo는 많은 개인 내담자가 부부치료 또는 부부집단치료에 참여하도록 권장한다. Framo는 파트너를 따로따로 치료하는 것보다 함께 치료하는 것을 믿으며, 부부치료가 개별치료보다 더 유익하다고 생각한다. 내담자가 여러 회기의 부부치료를 받은 후, 종종 부부집단으로 알려진 잘 활용되지 않는 치료 형태를 고려하도록 한다.

부부집단치료는 연령과 삶의 경험이 비슷한 소집단으로 보통 세 부부로 구성된다. 남성과 여성의 공동 치료 팀이 이끄는 이 2시간 회기에서 각 부부는 개별적으로 초점을 맞추고 그들의 역설과 전이 왜곡을 탐구하도록 권장된다. 이러한 유형의 치료는 일반적인 정신역동치료와 같은 치료사와 달리 왜곡이 배우자에게 전달된다는 점에서 독특하다. 다른 커플은 이 과정을 관찰하고 서로 피드백을 제공한다.

내담자가 무서움을 느끼지 않도록 하기 위해 Framo는 세대 간 가족치료에 대한 아이디어를 언급하기 전에 부부와 관계를 맺을 때까지 기다린다. 사람들은 때때로 이러한 특정 유형의 치료라는 개념에 상당히 저항할 수 있다. Framo는 “이러한 저항은 부부집단 맥락에서 감소되고 더 쉽게 관리됨”에 주목했다(1992, p. 18). 부부집단치료에 참여하는 것은 내담자가 세대 간 가족치료를 준비하는 데 도움이 되는 것으로 입증되었다. 사실, Framo의 가족치료 회기의 대부분은 부부집단치료에서 시작된다(Framo, 1992).

• 세대 간 가족치료

Framo의 세대 간 가족치료는 치료 과정에 원가족을 포함한다는 점에서 독특하다. 원가족의 참여는 치료 회기 동안 오래된 가족 방식을 다시 경험하고 다시 살 수 있기 때문에 중요하다. 유능한 가족치료사의 도움으로 가족은 “오래되고 반복적인 관계 패턴을 깨는” 방법을 배울 수 있다. Framo는 가족 구성원에 대해 단순히 치료사에게 이야기하는 것보다 내담자가 가족 구성원과 직접 대면하여 이야기하는 것이 더 낫다는 믿음에 기반을 두고 있는 그의 세대 간, 원가족 접근 방식을 기반으로 한다.

② 치료 목표

Framo의 세대 간 가족치료의 궁극적인 목표는 가족이 서로 간의 관계를 개선하도록 돕는 것이다. 다른 적절한 치료 목표에는 가족의 전반적인 불안 수준(특히 치료 초기 단계)을 줄이고, 가족 구성원이 서로 원하는 관계 유형을 협상하도록 지원하는 것이 포함된다. 내담자가 서로에게 줄 수 있는 것과 할 수 없는 것을 깨닫도록 돕는 것은 특히 중요하며, 가족 구성원에게 지속적으로 긍정적인 영향을 미칠 수 있다. Framo는 각 치료 회기의 가장 중요한 메타 메시지는 회기와 문제가 치료자로서의 자신이 아니라 내담자와 직접 관련되어 있음을 인정하는 것이라고 주장한다.

③ 구조와 과정

각 세대 간 가족치료 회기는 독특하게 다르다. 그러나 특정 요소는 일정하게 유지된다. 내담자의 원가족은 항상 초대된다. Framo에 따르면 가능한 한 많은 가족 구성원이 참석하는 것이 가장 좋다. 그렇게 하면 치료자의 "치료적 영향력"(1996, p. 12)이 증가하기 때문이다. 특정 구성원이 누락되거나 회기에 나타나지 않으면 회기는 실제로 취소된다. 또한 Framo는 결혼이 아닌 내담자의 원가족과 직접 관련된 문제에 중점을 두어야 한다고 생각하기 때문에 내담자의 배우자는 일반적으로 초대되지 않는다. 일반적으로 각 회기는 휴식 시간으로 분리된 2시간 회기로 구성된다. 회기는 항상 비디오로 캡처되거나 녹음되어 물리적으로 참석하지 않은 확대 가족 구성원이 여전히 가족치료 과정에 참여하고 있다고 느낄 수 있고, 참석한 구성원이 회기에 대한 새로운 통찰력을 얻을 수 있는 기회를 제공한다. 배우자도 이러한 녹음을 보거나 들을 수 있다.

④ 기법

이러한 유형의 치료는 신중하게 계획되고 실행되며, Framo는 다양한 치료 기법을 사용한다. 일반적으로 Framo는 세대 간 가족치료 회기를 "가족 회의"라고 부르는 것을 선호한다(1992, p. 89). 이러한 보다 비공식적인 명칭은 치료 회기 자체의 압력을 어느 정도 완화하는 데 도움이 된다. 또한 그는 치료사라는 용어보다 촉진자라는 용어를 사용하는 것을 선호한다. 이것은 주로 이러한 회기의 치료사가 내담자와 그 가족을 진단하는 데 관심이 없어야 한다는 Framo의 믿음 때문이다. 대신, 치료사는 주로 가족 토론과 문제

해결을 촉진하고 있다. 촉진자로서 치료사가 특정 가족 구성원의 편을 들지 않는 것이 매우 중요하다. 치료사는 내담자뿐만 아니라 각 가족 구성원에게도 충성을 보여야 한다. 참석한 각 구성원의 요구 사항의 균형을 맞추는 방법을 배우는 것은 필수적이다.

치료사는 재료의 흐름을 유지하는 것이 중요하다. 순환적 질문, 지원 제공, 요약, 적극적인 참여 장려는 이러한 중요한 과제를 달성하기 위해 자주 사용되는 기법이다(Framo, 1992). 치료사는 쟁점을 재구성하여 토론 주제에 대한 새로운 시각과 관점을 제시한다. 이 기법은 성인 아이가 분노를 극복하고 실제로 부모에 대한 연민을 경험하는 법을 배우는 데 도움이 될 수 있다. 치료사가 의도적으로 부모에게 사람으로서 반응할 때, 성인 아이도 그렇게 하기가 더 쉬워진다(Framo, 1992). 내담자가 가족, 특히 부모를 실제 사람으로 보도록 돕는 것이 이러한 유형의 치료의 초석이다. 용서와 이해가 매우 강조된다.

세대 간 가족치료에서 많은 저항은 변화에 대한 가족 구성원의 두려움과 변화에 따른 불확실성에 의해 발생한다. Framo는 세대 간 치료가 원가족에 대한 "불충성을 합법화하는(legitimizes disloyalty)" 환경을 조성하기 때문에 변화를 허용한다고 믿는다(1992년, p. 123). 이러한 회기 동안, 가족 구성원이 예상과 다르게 행동할 때, 이러한 행동의 발생으로 인한 결과적인 불협화음은 변화의 기회를 만든다. 부모가 다르게 행동할 때, 사건은 아이가 나쁜 내적 대상에 대한 애착을 감소시킬 수 있으며, 실제로 그 대상의 방출을 허용할 수 있다(Framo, 1992).

⑤ 미술치료

가족미술치료사는 이 모델에서 어떻게 활동하는가? 치료의 초기 단계에서 가족미술치료사는 정보 수집 과정을 보강하기 위해 "갈등 그리기(conflict drawings)"를 요청할 수 있다. 치료 중인 부부가 그린 원가족 갈등 그림(Kerr, 2000)은 지각된 세대 간 스트레스에 대한 강력한 설명일 수 있다. 이러한 그림은 나중에 부부가 자신의 원가족을 탐색하는 데 도움이 되도록 치료에 사용할 수 있다.

Kwiatkowska(1962)에 따르면 개인은 종종 가족 문제에 대한 근본적인 보고를 나타내기 위해 그림을 사용할 수 있다. 많은 내담자들에게 있어 미술치료 과정을 통해 결혼 문제를 더 쉽게 연관시킬 수 있으며, 이는 시각적 진술이 토론, 분석, 자기 평가의 초점이 될 수 있는 개인적인 수단을 제공할 수 있다.

2) McGoldrick과 Gerson의 가계도

① 가계도의 개념

가계도는 개인의 가족, 구성원 간의 관계, 의료 및 정신 건강 기록을 시각적으로 표현한 것이다. 가계도는 가족과 각 구성원에 대한 보다 광범위한 정보를 제공하기 때문에 족보(family tree)보다 더 심층적이다. 가계도는 젠더, 진단, 다양한 가족 구성원 간의 연결을 나타내는 다른 기호를 사용한다. 치료사는 가계도를 사용하여 내담자가 세대 간 패턴을 보도록 돕거나 친척 간의 상호작용에 대해 연결할 수 있다.

만약 여러 가족 구성원이 가족치료에 함께 참석하는 경우 치료사는 가계도를 사용하여 각 구성원뿐만 아니라 가족 전체에 대한 더 많은 정보를 수집할 수 있다. 부부치료에 참여하는 내담자는 가계도를 사용하여 원가족의 다양한 패턴이 관계에 미치는 영향을 확인할 수 있다. 또한 개인은 자신의 관계 패턴을 탐색하거나 세대 간 트라우마가 그들에게 어떤 영향을 미칠 수 있는지 관찰하기 위해 가계도를 사용할 수 있다.

가계도는 처음에 Bowenian 가족치료를 창안한 정신과 의사인 Bowen이 치료 도구로 개발했다. 가계도는 가족력을 매핑하고 내담자 또는 환자의 현재 문제 및 요구 사항에 대한 정보를 얻기 위해 의료 및 정신 건강 환경 모두에서 사용되었다.

원래의 가계도 구조는 커플은 한 남자와 한 여자로 구성된다는 가정과 같은 사용자에 대한 이질적인 규범적 가정(heteronormative assumptions; 이성애가 표준이라는 가정)과 시스 규범적 가정(cisnormative assumptions; 생물학적 성별과 젠더 정체성이 일치하는 시스젠더가 표준이라는 가정)에 의존했다. 또한, 가계도 기호는 이분법적 트랜스젠더 개인을 포함하지만 비이분법적(nonbinary) 선택지는 제공하지 않았다. 최근 몇 년 동안, 연구자들은 이러한 한계를 해결하고 다양한 비이분법적 정체성을 포함하도록 가계도 기호를 확장했다. 또한 가계도는 윤리적으로 일부일처제가 아닌 관계에 대한 선택지를 포함하기 시작했다. 이러한 변경으로 제공자는 다양한 유형의 가족에 대한 가계도를 구성할 수 있게 되었다.

② 가계도의 사용

가계도는 많은 유형의 가족치료에 사용된다. 가족체제치료에서 치료사는 가족을 전체 단위로 보고, 가계도는 이 단위를 매핑하여 다양한 구성원이 서로 관련되고 영향을 미치는 방식에 대한 통찰력을 제공한다. 구조적 가족치료에서 치료사는 가족 구성원 간의 다양한 구조적 관계를 관찰하고 역기능 패턴을 확인하기 위해 가계도를 사용할 수 있다. 정신역동치료를 실천하는 치료사는 가계도를 사용하여 이러한 패턴이 세대 간에 걸쳐서 그리고 내담자의 가족 내에서 어떻게 작용했는지 확인함으로써 내담자의 정서 패턴에 대한 통찰력을 얻을 수 있다.

그러나 가계도는 특정 치료적 지향에만 제한되지 않는다. 다양한 유형의 치료사가 이를 사용하며 다양한 임상적 관점에서 사례를 개념화하는 데 도움이 될 수 있다.

가계도의 목적은 내담자의 가족력과 가족 구성원 간의 관계 및 정서적 유대에 대한 정보와 통찰을 수집하는 것이다. 관계는 진화하고, 관계에 대한 사람들의 인식은 과거 상호작용에 대한 새로운 통찰력을 얻으면서 바뀔 수 있다. 이처럼 가계도는 정기적으로 업데이트되는 살아있는 문서라고 볼 수 있다.

당신과 당신의 치료사가 당신의 가계도를 만들 때, 당신은 이전에 알아차리지 못했던 패턴을 알게 될 수도 있다. 다른 방식으로 사물을 다시 개념화할 수 있다. 이 과정은 정서적일 수 있으므로, 이러한 정서를 관리하기 위해 치료 회기 주위에 강력한 자기 관리 실제를 갖는 것이 도움이 될 수 있다. 또한 당신은 이러한 정서를 무시하거나 밀어내기보다 확실히 다루기 위해 마음챙김 연습의 이점을 얻을 수 있다.

만약 당신과 당신의 치료사가 첫 번째 회기의 일부로 또는 치료 초기에 가계도를 작성하는 경우, 자신의 속도로 정보를 공개할 수 있음을 기억할 필요가 있다. 안전하고 편안하게 공유할 수 있는 정보만 공유하면 되며, 나중에 준비가 되면 언제든지 주제로 돌아가도록 요청할 수 있다.

③ McGoldrick과 Gerson의 가계도

McGoldrick(1982), McGoldrick과 Gerson(1985)은 Bowen의 이론을 다양한 행동 지향 기법과 통합한다. 그들은 가족이 자신의 개인적 성장 활동을 위해 가계도를 사용하도록 권장한다. 가족 가계도는 세대 간 및 현재 가족 위치를 시각적 형식으로 보는 것이다. McGoldrick과 Gerson(1985)은 훈련생들에게 내담자 가족과 자신의 원가족에 걸쳐 병렬 과정을 찾도록 요청한다.

가족치료이론의 세대 간 관점으로 볼 때(Bowen, 1978), 가족치료사와 가족미술치료사는 가족치료 초기 평가단계에서 가계도를 사용하는 경우가 많다. 이러한 가계도를 통해 치료사는 가족 구조를 매핑하고, 치료가 전개됨에 따라 가족 그림을 업데이트할 수 있다. 적용가능한 미술 작업으로 쉽게 변환되는 이 과제에서 가족은 가계도를 만든다. 가족미술치료에서 개별 가족 구성원은 원을 그려야 한다. 그리고 나서 각 가족 구성원들은 자기 자신을 그 원 안의 어딘가에 두도록 요청받는다. 둘째, 각 가족 구성원은 모든 가족 구성원의 묘사를 그려야 한다. 이 도형들은 원의 안쪽이나 바깥쪽에 있는 종이 위에 놓인다. 때때로, 내담자들은 종이의 가장자리, 심지어 뒷면에도 가족 구성원을 그릴 것이다.

이러한 유형의 가족 그림에서 특히 관심을 갖는 것은 도면에 묘사된 상대적인 거리 패턴이다. 한 극단에서, 가족 원 그림은 서로 매우 멀리 떨어져 있는 가족 구성원을 묘사한다. 이런 유형의 그림은 가족이 위기에 처했을 때 종종 발생한다. 반대쪽 끝에는 그려진 도형 사이에 공간이 거의 또는 전혀 없는 그림도 있다. Bowen(1978), Carter와 McGoldrick(1980), Carter, McGoldrick와 Orfanidis(1976)에 따르면, 가족 구성원들 사이에 최소한의 거리가 있을 때, 이것은 정서적 융합으로 정의된다. 종종, 정서적 융합은 잘 분화되지 않은 가족들에서 발견된다. 증상적으로, 이러한 유형의 가족은 기능장애에 취약하다. 특히, 이러한 기능장애는 스트레스나 불안의 수준이 체제의 처리 능력을 초과할 때 발생한다(Bowen, 1978).

가족미술치료사는 가족 미술 작품에서 수집한 정보를 신중하게 사용해야 한다. 다른 도움을 주는 직업과 마찬가지로, 미술치료사는 노출된 정보를 공유하거나 사용할 시기를 결정해야 한다. 가족미술치료사는 미술 경험의 두 가지 잠재력을 이해하는 것이 필수적이다. 가족의 정서는 종종 미술 경험의 직접성에 의해 강화된다.

둘째, 가족미술치료 내에서 생산된 미술 작품은 미술치료사뿐만 아니라 가족에게도 현재 기능 수준에 대한 구체적인 증거를 제공한다. 가족미술치료사가 가족과의 치료 동맹을 서서히 발전시키는 것이 필요하다. 가족미술치료사는 특히 자신의 정서적 반응과 편견이나 개인적인 투사라는 함정에 대해 잘 알고 있어야 한다.

한 사람의 원가족은 강력한 영향력을 가지고 있다. 우리 중 누구도 진공 상태에서 성장하고 늙지 않는다. 결과적으로 우리가 어디에서 왔는지에 대한 영향과 영향력은 어린 시절의 기억에 국한되지 않는다. “당신이 당신과 당신의 원가족 사이에 바다를 놓거나 다시는 집으로 돌아가지 않더라도, 당신은 새로운 가족을 만들 때마다 원가족의 역동성을 계속해서 재연할 것이다.”(Richardson, 1997, p. 1).

Bowen(1972, 1976), Framo(1992), McGoldrick와 Gerson(1985)의 연구는 모두 가족의 정신역동적 개념과 이를 묶는 유대에 대한 중요한 통찰에 기여했다(Richardson, 1997). 적용할 수 있는 미술치료를 통해 가족미술치료사는 내담자와 가족이 이 여정을 내부적으로는 물론 외부적으로 시각화하고 문서화할 수 있도록 함으로써 이 중요한 과정을 보강할 수 있다. 둘째, 가족미술치료 수련생에게 있어 원가족 활동의 중요성은 아무리 강조해도 지나치지 않다.

Chapter 04

구조적 가족미술치료

1. 구조적 가족치료

1) 구조적 가족치료의 개념

구조적 가족치료(structural family therapy: SFT)는 가족(그 구조) 내의 하위체제, 경계, 위계, 연대를 평가하고, 긍정적인 변화를 유도하는 주요 방법으로 가족 구성원 간의 직접적인 상호작용에 초점을 맞추는 가족치료의 한 유형이다(APA, 2022). 구조적인 가족치료는 적절하게 유도될 때, 문제가 있는 가족들은 서로에 관하여 비효율적인 패턴에 대한 대안을 발견하게 될 것이라고 강조한다. 예를 들어, 딸이 거식증인 가족과 함께 활동하는 구조적인 가족치료사는 권위의 틀, 역할의 가정을 지배하는 규칙, 구성원이 수행하는 다양한 기능, 그리고 특정 가족 구성원의 결합에 의해 만들어진 연합과 같은 가족 문제를 검토한 후 모든 구성원을 격려할 것이다. 이 정보를 사용하여 딸의 상태를 둘러싼 가족 환경 내에서 스트레스를 완화할 수 있는 보다 생산적인 상호작용 패턴을 개발한다.

그것은 역기능적인 가족 관계가 그 가족 구성원에게 스트레스와 정신 건강 문제를 일으킬 수 있음을 시사한다. 가족 구성원이 서로 어떻게 관계하는지 설명함으로써 목표는 의사소통과 관계를 개선하여 개별 가족 구성원과 가족 단위 전체에 긍정적인 변화를 만드는 것이다.

구조적 가족치료는 가족체제치료의 한 형태이다. 가족체제치료에는 구조적 가족치료, 전략적 가족치료(strategic family therapy), 세대 간 가족치료(intergenerational family therapy)로 구성된다. 이 가운데 구조적 가족치료는 Salvador Minuchin에 의해 설계되었으며, 1960년대 초에 시작되어 수년에 걸쳐 발전했다. 문제를 일으키는 기능 장애 패턴을 찾기 위해 가족 구성원 간의 상호작용 패턴을 관찰하고 해결한다.

Salvador Minuchin의 구조적 가족치료에서 다루는 주요 이론은 개인의 행동을 바꾸기 위해서는 치료자가 먼저 가족의 구조를 살펴봐야 한다는 것이다. 구조적 가족치료에 대한 믿음은 문제의 뿌리가 가족 단위의 구조와 가족 단위가 서로 상호작용하는 방식에 있다는 것이다. 따라서 만약 개인의 행동 내에서 변화가 발생하려면 먼저 가족 역동을 변화시키는 것으로 시작해야 한다는 것이다.

구조적 가족치료가 기반으로 하고, 구조적 가족치료를 형성하는 다음과 같은 몇 가지 신념이 있다(Welch, 2022).

- 맥락이 우리를 조직한다. 다른 사람들과의 관계는 우리의 행동을 형성한다. 치료사들은 개인의 정신보다는 사람들 사이에서 일어나는 상호작용에 초점을 맞춘다.
- 가족이 기본적 맥락이다. 우리는 다른 가족 구성원과 끊임없이 변화하는 상호작용에 따라 발달하며, 이는 또한 가족 역동이 끊임없이 변화한다는 것을 의미한다.
- 가족의 구조이다. 가족 구성원은 서로를 수용하고 시간이 지남에 따라 반복적인 상호작용 패턴을 개발한다.
- 잘 기능하는 가족이다. 그러한 가족은 환경의 요구와 조건이 계속 변화함에도 불구하고 스트레스와 갈등 상황에 얼마나 효과적으로 대응하고 처리하는지에 의해 정의된다.
- 구조적 가족치료사의 역할은 가족이 자신의 장점을 깨닫도록 도와서 그러한 장점을 사용하는 것을 방해하는 상호작용 패턴을 포기할 수 있도록 하는 것이다.

2) 핵심 개념

구조적 가족치료는 가족이 조직되는 방식과 가족의 거래를 관리하는 규칙에 관심이 있다. 이 접근법에 따르면 가족 문제는 역기능 가족 구조 또는 조직에 의해 유지된다. 가족은 구성원이 서로 상호작용하는 방식을 규제하는 경계가 있는 하위체제로 구성된다. 구조적 가족치료는 가족이 자신의 문제를 해결할 수 있는 유능하고 능력이 있음을 인정한다. 또한 이 접근 방식은 가족의 권력과 위계질서의 중요성에 관한 전통적인 견해를 유지한다.

구조적 가족치료는 가족의 특성, 제시하는 문제, 변화의 과정을 이해하는 접근 방식이다. 이러한 변화는 새로운 사고방식과 관계의 구조 조정을 통해 가족 구성원에게 발생한다. 치료사가 가족을 변화시키도록 돕기 전에 위계 구조와 명확하고 숨겨진 규칙을 이해해야 한다. 이러한 변화는 더 나은 양육 방식과 가족 내 상호작용의 결과를 가져올 수 있다.

구조적 가족치료의 핵심 개념은 다음과 같다.

• **가족 구조**(family structure)

한 가족은 가족 구성원이 상호작용하는 방식을 구성하는 규칙이 있으며, 다른 가족은 규칙에 따라 다르게 상호작용한다. 이러한 반복적인 상호작용은 지속적인 패턴을 확립하는 기대를 촉진한다.

Minuchin과 그의 동료에 따르면 "가족 구성원은 역할과 기능을 할당하는 가족 규칙에 적응한다. 이러한 적응은 원활한 기능, 예상 반응, 안전, 충성도 및 조화를 촉진한다"(p. 33).

가족의 행동을 관찰함으로써 가족의 의사소통 패턴을 지배하는 구조를 이해할 수 있다. 여기에는 어떤 가족 구성원이 누구에게, 어떤 방식으로, 그리고 상호작용의 결과를 말하는지 포함된다. 또한 가족의 위계 구조가 얼마나 적절한지 관찰하는 것이 중요하다.

가족치료에서 나타나는 반복되는 순서는 가족의 구조적 패턴을 드러낸다. 그러나 가족 구조는 그 안에서 규칙을 설정하는 기대에 의해 강화된다. 또한 구조는 부분적으로 일반에 의해. 그리고 부분적으로는 가족 특유의 제약에 의해 형성된다. 예를 들어, 모든 가족은 일종의 위계적 구조를 가지고 있으며, 성인과 아동은 권한의 정도가 다르다(Nichols & Schwartz, 2005).

두 가지 제약 조건이 가족의 거래 패턴을 유지하는데, 일반 규칙(generic rules)과 특유 규칙(idiosyncratic rules)이다. 일반 규칙은 부모와 자녀 사이에 권력 위계가 존재하고, 남편과 아내 사이에 기능이 보완되는 것과 같이 가족 조직을 지배하는 보편적인 규칙이다. 반면에 특유 규칙 또는 개별화된 규칙은 특정 가족 구성원 간의 명시적이고 암묵적인 수년간의 협상을 통해 특정 가족 구성원의 상호 기대를 포함한다(Minuchin, 1974). 기대가 발생한 방식이 관련자에게 더 이상 명확하지 않을 수 있다. 실제로 반복적인 거래를 통해 기대가 조성되었을 수 있다(Nichols & Schwartz, 2006). 예를 들어, 가족은 몇 년 동안 습관적으로 그 주에 함께 저녁 식사를 한 결과 매주 금요일 저녁 8시에 모든 구성원이 집에 돌아올 것으로 기대할 수 있다.

만약 기본 구조가 변경되면 모든 가족 거래에 파급 효과가 발생한다. 따라서 Jorge Colapinto(1982)에 따르면, 치료에 가져온 문제는 궁극적으로 가족 구조의 역기능이라는 기본 교리와 일치하여, 이 모델은 그러한 구조의 수정에서 치료 해결을 찾는다.

- **가족 하위 체제**(family subsystems)

가족은 기본적인 인간 체제이며, 다양한 하위 체제로 구성된다. 하위 체제는 다양한 가족 과제를 수행할 책임이 있는 가족 구조 내의 하위 집단이. 가족의 하위 체제는 세대, 성별, 공통 관심사와 역할 기능을 기반으로 할 수 있다. 이러한 하위체제 범주에는 배우자 체제(아내와 남편), 부모 체제(어머니와 아버지), 형제 체제(아동), 확장된 체제(조부모, 기타 친척)가 포함된다.

이러한 하위 체제 범주는 공통적이지만 하위 집단화에는 다양한 가능성이 있다. 예를 들어, 어머니와 그녀의 막내 아이는 다른 사람들이 제외되는 긴밀한 하위 체제를 형성할 수 있다.

각 가족 구성원은 다른 하위 집단(하위 체제)에서 다른 역할을 한다. 예를 들어, 결혼하여 두 자녀를 둔 수희의 경우를 생각해 보자. 그녀는 부모 하위 체제의 어머니, 배우자 하위 체제의 아내, 그리고 자신의 원가족의 형제 하위 체제의 세 번째 자매이다.

각 하위 체제에는 적절한 과제와 기능이 있다. 따라서 형제 하위 체제와 같은 한 하위 체제와 다른 배우자 하위 체제 같은 다른 하위 체제에 침입하면 구조적 문제가 발생할 수 있다.

• **경계**(boundaries)

경계는 개인, 하위 체제, 가족 간의 접촉을 허용하는 보이지 않는 장벽이다. 그들은 들어오고 나가는 것을 규제함으로써 하위 체제의 무결성을 보호한다. 예를 들어, 자녀가 부모의 대화를 자유롭게 방해하도록 허용하면, 세대와 배우자 하위 체제를 형제 하위 체제에서 분리하는 경계가 무너진다.

경계는 경직성에서 확산성에 이르기까지 다양하다. 엄격한 경계는 매우 제한적이며 외부 하위 체제와의 접촉을 거의 허용하지 않는다. 이것은 가족 내의 개인이나 하위 체제가 고립되는 이탈로 이어진다. 이것은 가족 체제에서 애정과 지원을 제한할 수 있다.

확산 경계는 다른 사람들이 침입할 수 있을 정도로 불분명하다. 그들은 가족 구성원이 서로의 삶에 지나치게 관여하는 얽힘으로 이어진다. 상호 지원의 감각은 유익하지만, 너무 많으면 자율성과 독립성이 결여될 수 있다.

명확하거나 건강한 경계는 경직성과 확산성 기능의 적절한 혼합이다. 명확한 경계는 가족 구성원이 자신의 개성을 얻는 데 도움이 되며, 가족체제 내에서 전반적인 소속감을 갖게 하고 단합을 하도록 한다.

3) 치료사의 역할

구조적 가족치료사(Structural Family Therapist)는 가족이 서로 의사소통하는 방법을 배우는 것을 도와 문제를 해결하기 위한 노력에서 의사소통의 장벽을 극복할 수 있도록 돕는 사람이다.

이 모델에 의해 규정된 치료사의 역할은 역설의 요소를 포함한다. 치료사는 도전하는 동안 지원하고, 격려하는 동안 공격하고, 약화시키는 동안 유지하도록 요청받는다. 치료사를 혼란이나 위선으로부터 보호하기 위해 중요한 개념적 구별이 여기서 필요하다: 그는 도움이 필요한 사람들을 위해, 그들을 무력하게 만드는 거래 시스템에 맞서도록 요청받는다.

Minuchin(1974)은 구조적 가족치료사의 기능과 역할을 다음과 같이 제시하였다.

첫째, 구조적 가족치료사는 경계 형성자(boundary-maker)이다. 경계는 경직된 것에서 혼돈된 것이며, 치료사는 이러한 경계를 분명하게 만든다. 경계 형성자로서 치료사는 혼돈된 경계를 명확하게 하고, 부적절한 경직된 경계를 개발한다.

둘째, 구조적 가족치료사는 도전자(challenger)이다. 내담자의 현실 지각에 도전하는 것뿐만 아니라 역기능적이 되도록 하는 패턴에 도전한다.

셋째, 구조적 가족치료사는 자신이 머릿속에 품고 있는 "건강한 모델"과 비교하여, 그의 앞에 있는 가족 구조의 일탈을 주목하면서 진단에 관여한다. "치료사는 구조적인 진단을 내리기 위해 그와 가족이 만나고 있는 거래 분야를 분석한다."

넷째, Minuchin은 구조적인 가족치료사를 가족 구조에 합류하여 가족 체제의 변형을 촉진하고, 근본적인 가족 구조를 발견하고, "이 구조의 변형을 허용할 상황"을 조성함으로써 가족 체제의 변형을 촉진하는 촉진자로 보고 있다.

다섯째, 구조적 가족치료사는 자신을 치료적 상황에서 리더로 여긴다. 치료사는 가족에 대한 위계적 관계에 있으며, 리더로서 치료사의 생각은 강화되어야 한다. 예를 들어, "치료사는 리더의 위치에서만 자신뿐만 아니라 가족을 조종하는 치료적 기동성(maneuverability)과 자유를 유지할 수 있다"고 말한다.

여섯째, 구조적 가족치료사는 Minuchin(1974)에 의해 계획된 변화의 방향으로 가족 체제를 조작하는 사람으로 설명된다. 그는 통제하고 내담자에게 좋은 것이 무엇인지, 결정된 목표를 활용하는 모든 기법을 아는 전문가이다. 이런 점에서 Minuchin(1974)은 가족치료사를 연극의 감독으로 묘사한다.

최근의 여러 연구에 의해 다음과 같은 기능 또는 역할을 부가할 수 있다.

- 구조적인 가족치료사가 해야 할 첫 번째 과제는 변화가 필요한 체제에 진입해 활동 관계를 구축하는 것이다. 이를 위해서는 체제 규칙에 어느 정도의 적응이 필요하지만, 변화를 촉진하기 위한 치료사의 지렛대가 상실되는 시점까지는 아니다. 진입 단계에서 체제 규칙에 대한 너무 많은 도전은 치료사의 해고를 초래할 것이고, 너무 많은 적응은 항상성에 흡수되어 그의 입력을 무효화시킬 것이다. 치료사는 그의 입구를 안내하고 동시에 가족 구조에 대한 단서를 제공하는 탐색, 전진, 철수 과정을

통해 각 특정 가족에 대한 적절한 수용/도전 방정식을 찾아야 한다.

치료사의 주요 목표는 순서의 반복을 예고하는 것을 수반한다. 이 목표는 가족 위계 구조의 중단을 통해 달성된다. 이 과정에는 상호작용 양식의 변경을 통한 권력 이동이 포함된다.

그러나 구조적 가족치료의 경우, 치료사는 새로운 상호작용 방식을 개발하는 전략으로 전체(가족)의 긍정적인 변화를 유도하는 것을 목표로 다양한 개인의 성장을 촉진함으로써 가족의 기능장애 구조를 변화시키는 역할을 한다.

- 구조적 가족치료를 통해 치료사는 체제 재구성을 촉진하는 역할도 한다. 또한 치료사는 원하는 변화를 위한 안무가와 감독 역할을 한다. 구조적 가족치료사는 관찰자이자 연극 감독처럼 가족의 기본 구조를 수정하고 변화시키기 위해 개입하는 데 적극적인 전문가이다. 성공적인 구조적 가족치료사는 내담자-가족 간의 회기 내 상호작용이 새로운 가족 조직을 형성하도록 높은 에너지와 정확한 타이밍을 요구한다.
- 치료사는 약한 동료를 폭력적인 행동으로 표적으로 삼는 것이 용납될 수 없는 규범이라는 것을 보여줄 필요가 있다. 예를 들어, 어머니를 학대할 때 아버지가 잘못했다는 것과 그러한 행동이 이혼이나 정학을 포함하여 양쪽 모두에게 나쁜 결과를 초래한다는 것을 깨달을 수 있도록 한다. 구조적 가족치료는 변화 이론과 밀접하게 관련되어 있다. 그것은 가족체제의 모든 구성 요소에 영향을 미치는 다양한 계획을 수립하기 위헤 가족 관계의 변경을 옹호한다. 부무의 과거가 아이의 사회적 발달을 형성하는 방식은 일반적으로 예측할 수 없다. 따라서, 부모 양육은 시간 경과에 따라 연속성 및/또는 변화가 발생하는 누적적이고 순차적인 경로로 볼 수 있다.. 따라서 부모는 자녀가 다양한 특정 연령에서 예상되는 사회 발전을 충족시키기 위해 자녀(자녀)가 완전히 발달할 수 있도록 연령에 따라 현명하게 양육 방식을 바꿔야 한다.
- 치료사의 역할은 치료 과정에 따라 변한다(Minuchin, 1974) 치료의 첫 단계에서 치료사는 가족과 합류하여 지도적 위치를 차지한다. 두 번째 단계에서는 치료사가 가족의 기본 구조를 정신적으로 계획한다. 마지막 단계에서, 치료사는 가족 구조를 변형시키는 것을 돕는다.
- 치료사는 불균형(예: 가족의 한 구성원 편), 칭찬, 도전, 직접 명령, 판단을 포함하여 변화의 목표를 달성하기 위해 여러 가지 기법을 사용한다. 명시적이지는 않더라도

암묵적인 가정은 치료사가 가족 내에서 일어나는 일에 대한 "올바른" 해석과 가족이 보다 기능적인 체제를 구축하고 유지하는 데 도움이 되는 강력한 도구를 가지고 있다는 것이다.

- 가족의 관심을 끌 수 있는 유일한 방법일 경우, 그러한 경우에 따라 치료사는 극적으로 행동한다. 비평가로서, 치료사는 거절하거나 부인하는 가족에게 "당신의 행동과 수동성을 통해 당신은 이 가족이 어떻게 작동되는지 중요한 역할을 하고 있다는 것을 인정한다. 당신은 이기적이고 그 결과 가족은 고통받고 있다."라고 말한다. 다른 때에는 치료사가 낮은 태도로 어린 소녀가 엄마에게 매달리는 것과 같은 반복적인 상호작용을 알아차린다. 이러한 경우, 치료사는 조치를 언급하거나 언급하지 않을 수 있다. 어쨌든, 치료사는 가족 장면에서 결코 "선수"가 아니므로 내담자 체제에 대한 가까운 위치와는 반대로 "중거리"라고 할 수 있는 위치에서 작동한다. 따라서 치료사는 가족의 일부가 되지 않고 중요한 시기에 가족의 구조를 변화시켜 가족이 건강하고 생산적인 방식으로 연합할 수 있도록 노력한다.

4) 기법

Minuchin(1974)은 구조적 가족치료의 세 가지 중복되는 단계를 나열했다. 치료사는 (1) 리더십의 위치에 가족을 합류시키고, (2) 가족의 기본 구조 지도 그리기, (3) 이 구조를 변형시키기 위해 개입한다. 이 프로그램은 명확한 계획을 따른다는 점에서 단순하지만 가족 패턴이 끝없이 다양하기 때문에 복잡하다.

만약 치료사의 움직임이 효과적이려면 정형화될 수 없다. 좋은 치료사는 기술자 그 이상이다. 그러나 치료의 전략은 반드시 체계적이어야 한다. 일반적으로 구조적 가족치료는 다음과 같은 단계를 따른다(Nichols, 2014).

① 합류와 적응하기(joining and accommodating)

합류는 모든 가족 구성원들과 치료적 동맹을 맺어 가족이 어떻게 상호작용하는지에 대한 그림을 얻는 과정이다. 치료사는 처음의 인사말과 멘트를 통해 가족들의 불안을 덜어주고 마음을 사로잡는다. 가족의 각 구성원들과 동맹을 맺는 것은 중요하다. 치료사는 가족 내 개인과 위계 구조에 대한 존중을 전달한다. 이 기법은 치료사가 가족에 합류하기 위해 공유와 공감적 관계를 발전시키는 것을 포함한다.

가족치료사는 환영받지 못하는 외부인이다. 왜 그는 온 가족을 만나자고 고집했을까? 가족 구성원은 자신이 뭔가 잘못하고 있다는 말을 듣고 자신을 방어할 준비가 되어 있다. 치료사는 먼저 방어를 해제하고 불안을 완화해야 한다. 이것은 가족의 각 구성원과 이해의 동맹을 구축함으로써 이루어진다.

누구나 할 이야기가 있고 불행한 가정에서는 거의 모든 사람이 오해를 느낀다. 오해의 고리를 끊는 첫 번째 단계는 가족 구성원이 일시적으로 서로에게 제공할 수 없는 공감을 제공하는 것이다. 가족의 슬픔에 대한 각 구성원의 이야기를 듣고 인정하는 것은 정보를 제공하고, 가족 구성원이 들어보지 못한 감정에 대한 분노에서 벗어나기 시작한다. 이러한 공감적 연결이라고 불리는 합류는 가족 구성원이 서로의 말을 경청하기 시작하는 길을 열어주고, 치료사와의 유대감을 형성하여 그들이 앞으로 다가올 도전을 받아들일 수 있게 해준다.

이러한 초기 대화는 가족 내 개인뿐만 아니라 가족의 구조적 조직에 대한 존경심을 전달한다. 치료사는 부모의 권위를 존중함으로써 부모에 대한 존경심을 보여준다. 그들은 그들의 아이들이 아니라, 먼저 그 문제들을 설명하도록 요청받는다. 한 가족이 다른 사람들을 대변할 한 사람을 선택한다면, 치료사는 이것에 주목하지만 처음에는 이의를 제기하지 않는다.

아이들은 또한 특별한 걱정과 능력을 가지고 있다. 그들에게는 "안녕하세요, 나는 ––– 사람이야, 네 이름은 무엇이니?" 오, 수정, 좋은 이름이네. "수정, 어디 학교에 다니니?"와 같은 상냥하게 인사하고 간단하고 구체적인 질문을 받아야 한다. "너는 커서 무엇이 되고 싶니?"와 같은 일반적인 어른들이 하는 질문은 피한다. "학교에서 가장 싫어하는 것은?"과 같은 조금 더 신선한 질문을 시도해 보자. 침묵을 지키고자 하는 사람들은 그렇게 하도록 허용되어야 한다. 그들은 어차피 그럴 것이기 때문이다. "그 문제에 대한 너의 생각은 무엇이니?" (용호는 침묵) "그렇구나, 지금은 아무 말도 하고 싶지 않아? 그래도 괜찮아. 아마 나중에 할 말이 있을 거야."라고 말한다.

화난 가족들뿐만 아니라 힘 있는 가족 구성원들과 함께 하는 것이 특히 중요하다. 치료를 우습게 여기는 아버지나 피고인처럼 느끼며 괴로워하는 청소년의 관점을 받아들이기 위해 특별한 고통을 감수해야 한다. 그런 사람들과 자주, 특히 일이 가열되기 시작할 때, 자주 다시 연결하는 것도 중요하다.

② 실연(enactment)

이것은 치료사가 문제 상황을 실연하기 위해 가족과 함께 활동하는 것이다. 이것은 행동 패턴을 확인하고 그것들을 다루는 새로운 방법을 찾는 데 도움이 될 수 있다. 치료사는 구성원들이 회기 내에서 가족 간의 갈등을 역할극을 하도록 권장한다. 치료사는 가족들이 어떻게 갈등을 다루는지 보여주면서 관찰한다. 그런 다음 치료사는 그들의 상호작용을 수정하기 위해 치료를 설계하고 가족의 구조적 변화를 만든다.

가족 구조는 가족 구성원들이 상호작용하는 방식으로 나타난다. 이것은 그들의 설명으로 추론될 수는 없다. 가족들은 일반적으로 있는 그대로의 모습보다 자신이 있어야 한다고 생각하는 대로 자신을 설명한다.

가족 구성원이 서로 이야기하게 하는 것은 그들의 기대에 어긋난다. 그들은 자신의 사례를 전문가에게 제시한 다음 무엇을 해야 하는지 알려줄 것으로 기대한다. 만약 회기에서 그들에게 무언가에 대해 논의하라고 요청하면, 그들은 “우리는 이미 이것에 대해 이야기했습니다” 또는 “소용이 없을 것입니다. 그(또는 그녀)는 듣지 않습니다” 또는 “하지만 당신은 전문가여야 합니다.”라고 말할 것이다.

만약 치료사가 각 구성원에게 말할 기회를 주는 것으로 시작하면, 대개 한 사람이 실연을 위한 발판이 될 수 있는 다른 사람에 대해 무언가를 말할 것이다. 예를 들어, 한 부모가 다른 부모가 너무 엄격하다고 말할 때, 치료사는 “그녀는 당신이 너무 엄격하다고 말한다. 그녀에게 대답할 수 있습니까?”와 같은 구체적인 쟁점을 선택하는 것이 “이것에 대해 말하는 것은 어때요?”와 같은 막연한 요청보다 더 효과적이다.

실연에는 세 가지 작업이 필요하다. 첫째, 치료사는 문제가 있는 순서를 알아차린다. 예를 들어, 어머니가 딸과 이야기할 때 그들은 또래처럼 관계를 맺고 남동생은 소외된다. 둘째, 치료사는 실연을 시작한다. 예를 들어, 치료사는 어머니에게 “아이들과 이것에 대해 이야기해 보세요.”라고 말할 수 있다. 셋째, 가장 중요한 것은 치료사가 가족에게 실연을 수정하도록 지도하는 것이다. 어머니가 중요한 결정에 대해 책임을 지지 않는 방식으로 자녀에게 이야기한다면, 치료사는 가족이 실연을 계속하는 동안 어머니가 그렇게 하도록 격려한다.

일단 실연이 시작되면, 치료사는 가족의 구조에 대해 많은 것을 발견할 수 있다. 두 사람이 얼마나 오랫동안 방해받지 않고 이야기할 수 있는가? 즉, 그들의 관계를 둘러싼 경계가 얼마나 명확한가? 하나는 공격하고, 다른 하나는 방어하는가? 누가 중심이고 누가 지엽적인가? 부모들은 자녀들을 그들의 토론에 참여시키나요? 즉, 그들은 곤경에 빠졌는가?

가족들은 자주 방해하거나, 서로를 위해 말하거나, 아이들이 스스로 할 수 있는 것을 아이들을 위해 하거나, 끊임없이 논쟁함으로써 밀착(enmeshment)을 보여준다. 이혼한 가정에서는 남편이 아내가 우는 동안 멍하니 앉아 있거나, 갈등이 전혀 없거나, 아이들에 대한 중요한 정보에 대해 놀라울 정도로 무지하거나, 서로의 관심사에 대한 관심이 부족한 것을 볼 수 있다.

밀착(enmeshment)은 Salvador Minuchin이 고안한 심리학 및 가족심리치료 용어로, 가족 구성원 간의 개인 경계(personal boundaries)가 붕괴되고, 하위체제가 구분되어 있지 않으며, 다른 구성원에 대한 지나친 관심(over-concern)으로 개인의 자율성 발달 상실(loss of autonomous development)이 발생한 가족 상태를 말한다. 부모의 요구에 밀착되고 모순된 역할 기능(role function)의 덫에 걸리면서, 자녀는 자기 지시(self-direction) 능력을 상실하게 되고, 자기만의 특수성(distinctiveness)이 심리적 근친상간(psychic incest)의 압박에 눌리며, 가족의 압박이 커지면 '지목된 환자' 혹은 '확인된 환자(identified patient, IP)'가 되거나 '가족 희생양(family scapegoat)'이 된다. John Bradshaw가 사용한 밀착 개념은, 가족 내 세대 간 유대(cross-generation bonding)로서, 자녀가 아버지나 어머니의 대리 배우자(surrogate spouse)가 되는 것을 말한다. 또한 공의존 관계(codependent relationship)에 압도되어, 건전하지 못한 공생(unhealthy symbiosis)이 존재하게 되는 것을 말하기도 한다. 심각하게 밀착된 아동은 어른의 감정만을 알게 되며, 자신의 감정은 무시되거나 침식당하는 투사적 동일시(projective identification)를 당하게 된다.

실연이 중단되면 치료사는 두 가지 방법 중 하나로 개입한다. 무엇이 잘못되었는지에 대해 언급하거나 계속 진행하도록 재촉한다. 예를 들어, 아버지가 10살 난 딸에게 기분이 어떤지 이야기해 달라는 치료사의 제안에 대해 그녀를 꾸짖는다면 치료사는 아버지에게 "축하합니다"라고 말할 수 있다. 아버지: "무슨 말이예요?" 치료사: "축하합니다. 당신은 이기고 그녀는 지게 됩니다." 또는 치료사는 "좋아요, 계속 이야기하세요. 하지만 그녀가 자신의 감정을 더 많이 표현하도록 도와주세요. 그녀는 아직 어린 소녀입니다. 그녀는 당신의 도움이 필요합니다."라고 단순히 아버지에게 이렇게 말함으로써 거래를 몰고 갈 수 있다.

만약 첫 번째 회기가 시작되자마자, 아이들이 치료실 안을 뛰어다니기 시작하고 그들의 부모들이 비효과적으로 항의한다면, 치료사는 실행적 무능을 보기 위해 집에서 무슨 일이 일어나고 있는지 들을 필요가 없다. 아버지가 구석에 묵묵히 앉아 있는 동안 모녀가 서로 고함을 지르고 열광한다면, 그가 집에서 얼마나 관여하고 있는지 물어볼 필요가 없다. 사실, 물어보는 것은 자발적으로 밝혀진 것보다 덜 정확한 그림을 산출할 수 있다.

③ 가족 구조 지도 그리기(family structural mapping)

이것은 가족 체제와 그것이 어떻게 기능하는지 보는 방법이다. 문제 영역과 가능한 해결책을 확인하는 데 도움이 될 수 있다. 가족 구조는 구성원이 상호작용할 때 드러나고, 지도 그리기는 구성원의 상호관계를 포착한다. 치료사는 가족 지도를 그려 경직되고 확산되거나 명확한 경계, 거래 양식, 가족 체제의 구조를 파악하여 체제에 필요한 변화를 발견한다.

예비 평가는 첫 번째 회기의 상호작용을 기반으로 한다. 이후 회기에서는 이러한 공식이 개선되거나 수정된다. 일찍 적용할 때 범주에 맞게 가족을 복종하게 할 위험이 있지만, 더 큰 위험은 너무 오래 기다리는 것이다. 가족은 신속하게 치료사를 그들의 문화에 끌어들인다. 처음에는 혼란스러웠고 얽혀 있던 가족은 곧 친숙한 가족이 된다. 이러한 이유로 비교적 초기에 잠정적 가설을 개발하는 것이 중요하다.

> 예를 들어, 당신이 어머니와 열여섯 살 된 딸과 계부를 만나려고 한다고 가정해 보자. 어머니는 딸의 잘못된 행동에 대해 불평하기 위해 전화를 걸었다. 당신은 그 구조가 무엇이라고 생각하는가? 당신의 가설을 어떻게 검증하겠는가? 좋은 추측은 계부를 제외하고 어머니와 딸이 얽혀 있다는 것이다. 이것은 어머니와 딸이 긍정적이든 부정적이든 서로에 대해 주로 이야기하는지 확인함으로써 회기에서 검증할 수 있다. 계부의 결별은 딸의 침범 없이는 아내와 대화가 불가능할 경우 확인될 것이다.

구조 평가는 가족이 제시하는 문제와 가족이 보여주는 구조적 역동을 모두 고려한다. 그리고 그들은 모든 가족 구성원을 포함한다. 이 경우, 엄마와 딸이 얽혔다는 것을 아는 것만으로는 충분하지 않다. 여러분은 또한 의붓아버지가 어떤 역할을 하는지 알아야 한다. 만약 그가 아내와 가깝지만 딸과 멀리 떨어져 있다면, 의붓아버지와 의붓딸이 함께 즐길 수 있는 활동을 찾는 것이 소녀의 어머니로부터의 독립성을 높이는 데 도움이 될 것이다. 반면에, 만약 어머니가 딸에게 가까이 있는 것이 남편과의 거리의 함수로 보인다면, 부부 쌍은 더 생산적인 초점이 될 수 있다.

④ 상호작용 강조와 수정하기(highlighting and modifying interactions)

치료사는 실연을 관찰하거나 그것을 설명하는 자발적인 행동 순서를 통해 문제에 대한 통찰력을 얻는다. 이 연습을 통해 치료사는 가족 구조에 대한 정보를 도출하고 다음을 도울 수 있다.

- 경계가 명확한지 확인한다(예를 들어, 두 사람이 방해받지 않고 말할 수 있는지 여부).
- 누가 방어적이고 누가 공격하는지 결정한다.
- 중심적인 가족 구성원과 주변적인 가족 구성원을 확인한다.
- 부모들이 그들의 토론에 아이들을 데려오는 등의 밀착이 있는지 찾는다.

가족이 상호작용하기 시작하면 문제가 있는 거래가 나타난다. 구조적 의미를 인식하려면 내용이 아니라 과정에 집중해야 한다.

아마도 아내는 "우리는 의사소통에 문제가 있다. 남편은 제게 말을 걸지 않고, 자신의 감정을 절대 표현하지 않습니다."라고 불평할 것이다. 그런 다음 치료사는 실제로 무슨 일이 일어나는지 보기 위해 실연을 시행한다. "당신 아내가 의사소통 문제라고 하는데, 그것에 대해 대응할 수 있습니까? 그녀와 얘기하세요." 만약 그들이 말할 때, 남편이 점점 더 침묵하는 동안, 아내가 지배적이고 비판적이 된다면, 치료사는 무엇이 잘못된 것인지 알게 된다. 문제는 그가 말을 하지 않는다는 것이 아니다. 또한 문제는 단순히 그녀가 잔소리를 하는 것만이 아니다. 문제는 그녀가 잔소리를 하면 할수록 그가 손을 떼고, 그가 손을 떼면 할수록 그녀가 잔소리를 한다는 것이다.

요령은 이 패턴을 수정하는 것이다. 이것은 강제적인 개입, 또는 구조적 치료사들이 강도(intensity)라고 하는 것을 요구할 수 있다.

구조적 치료사는 영향(affect), 반복(repetition), 지속 시간(duration)을 선택적으로 조절함으로써 강도를 달성한다. 어조, 음량, 속도(pacing), 단어의 선택 등은 영향적 강도(affective intensity)를 높이기 위해 사용될 수 있다. 당신이 무슨 말을 하고 싶은지 알면 도움이 된다. 여기 분명하지 못한 진술의 예가 있다: "사람들은 항상 자신에 대해 관심을 갖고 있으며, 자신을 관심의 중심으로 보고, 그들이 얻을 수 있는 모든 것을 찾는다. 만약 모든 사람들이 다른 사람들을 위해 무엇을 할 수 있는지에 대해 생각하기 시작한다면 변화를 위해 좋지 않을까요?" 그것을 "국가가 당신을 위해 무엇을 할 수 있는지 묻지 말고 당신이 국가를 위해 무엇을 할 수 있는지 물어보시오"와 비교해보자. 존 케네디의 말은 간결하고 요점이 있기 때문에 영향을 미쳤다. 치료사들은 연설을 할 필요는 없지만, 요점을 전달하기 위해 때때로 강하게 말해야 한다.

영향적 강도는 단순히 교묘한 표현만의 문제가 아니다. 당신은 도발적인 행동을 할 수 있는 방법과 시기를 알아야 한다.

또한 강도는 항상성이 다시 설정되는 지점을 넘어 순서의 지속 시간을 연장함으로써 달성될 수 있다. 일반적인 예는 짜증을 관리하는 것이다. 짜증을 내는 성질은 굴복하는 부모들에 의해 유지된다. 그들은 굴복하지 않으려고 노력하지만, 단지 충분히 오래 노력하지 않을 뿐이다.

때때로 강도는 다양한 맥락에서 주제의 반복을 요구한다. 유아기 부모는 아이의 외투를 걸지 말고, 아이를 대신해 말하지 말고, 화장실에 데려가지 말고, 아이가 스스로 할 수 있는 다른 많은 일을 하지 말라는 말을 들어야 할 수도 있다.

우리가 강도라고 부르는 것이 어떤 사람들에게는 지나치게 공격적일 수 있다. Minuchin과 그의 추종자들이 간섭주의 경향이 있다는 것을 부인할 수는 없지만, 강도의 핵심은 사람들을 괴롭히는 것이 아니라 그들이 서로를 포기하는 지점을 지나도록 밀어

넣는 것이다. 대안적인 전략은 가족 구성원이 방어적인 언쟁의 표면 아래로 들어가도록 돕기 위해 공감을 사용하는 것이다.

역량 형성(shaping competence)은 상호작용을 수정하는 또 다른 방법이며, 그것은 구조적 가족치료의 특징이다. 강도는 상호작용의 흐름을 차단하는 데 사용된다. 역량 형성은 흐름의 방향을 바꾸는 것과 같다. 긍정적인 부분을 강화함으로써 구조적 치료사는 가족 구성원이 이미 자신의 레퍼토리에 있는 기능적 대안을 사용하도록 돕는다.

사람들이 많은 실수를 하는 경우에도 일반적으로 그들이 성공적으로 하고 있는 것을 골라내는 것이 가능하다. 타이밍 감각이 도움이 된다.

⑤ 경계 만들기(boundary making)

재구조화(restructuring)라고도 하며, 경계 만들기는 경계를 재구성하고 가족 체제 간의 친밀도나 거리를 증가시킨다. 예를 들어, 얽힌 가족에서 개입은 하위 체제 간의 경계를 강화하고 개인의 독립성을 높이기 위한 것이다.

이것은 구조적 가족치료에서 가장 일반적으로 사용되는 기법 중 하나이다. 이것은 문제나 상황을 보는 방식을 바꾸는 것을 포함한다. 예를 들어, 파트너와 의사소통하는 데 어려움이 있는 경우 치료사는 관계를 개선할 수 있는 기회로서 문제를 재구성하도록 도울 수 있다.

가족 구성원은 스스로 말하도록 촉구되고, 방해는 차단되었고, 두 사람은 방해 없이 대화를 마칠 수 있도록 도와주었다. 형제 체제를 지원하고 불필요한 부모의 간섭으로부터 보호하고자 하는 치료사는 "수정이와 용호는 이 문제에 대해 이야기하세요. 그러면 다른 사람들은 모두 주의 깊게 들을 것이다."라고 말할 수 있다. 자녀가 부모를 방해하면, 치료사는 "두 어른이 이 문제를 해결할 수 있도록 너희는 참견하지 않는 것이 어때?"라고 말함으로써 위계적 경계를 강화하도록 부모에게 도전할 수 있다.

구조적 치료는 온 가족이 함께 시작하지만, 이후의 회기는 개인 또는 하위 집단과 함께 진행하여 경계를 강화할 수 있다. 과잉보호된 십대는 일부 개별 회기에 참여하여 독립적인 사람으로 지원된다. 자녀와 너무 얽매여서 사적인 대화를 한 번도 하지 않은 부모는 치료사와 따로 만나면 어떻게 되는지 배우기 시작할 수 있다.

⑥ 균형 무너뜨리기(unbalancing)

균형 무너뜨리기 동안, 치료사는 다른 개인이나 하위 체제의 다른 개인 또는 하위 체제의 편을 잠깐 들면서 합류하고 지지한다. 목표는 그들의 권한을 사용하여 가족 체제의 교착 상태를 타개하고 하위 체제 또는 하위 체제 간의 관계를 변경하는 것이다.

즉, 경계 만들기에서 치료사는 하위 체제 간의 관계를 재정렬하는 것을 목표로 한다. 균형 무너뜨리기에서 목표는 하위 체제 내의 관계를 변경하는 것이다. 종종 가족들을 교착 상태에 빠지게 하는 것은 갈등에 빠진 구성원들이 반대에서 균형을 이루고, 결과적으로 행동하지 않고 얼어붙은 채로 남아 있다는 것이다. 균형 무너뜨리기에서 치료사는 하나의 개인 또는 하위 체제에 합류하고 지원한다.

편을 드는 것은 치료의 신성한 중립 규범을 위반하는 것처럼 보인다. 그러나 치료사는 옳고 그름의 중재자로서가 아니라 체제의 균형을 흔들고 재정비하기 위해 편을 든다. 궁극적으로, 치료사는 가족의 다양한 구성원들과 차례로 편들기 때문에 균형과 공정성이 달성된다.

균형 무너뜨리기는 때때로 전투의 모습을 띠는 변화를 위한 투쟁의 일부이다. 치료사가 아버지에게 충분히 하고 있지 않다고 말하거나, 어머니에게 남편을 배제하고 있다고 말할 때, 치료사와 가족 사이에 싸움이 있는 것처럼 보일 수 있다. 즉, 치료사가 그들을 공격하고 있는 것이다. 그러나 진정한 싸움은 그들 사이의 두려움, 즉 변화에 대한 두려움이다.

⑦ 비생산적 가정에 도전하기(challenging unproductive assumptions)

재구성(reframin)이라고도 하는 것으로, 구조적 가족치료에서 가장 일반적으로 사용되는 기법 중 하나이다. 구조적 가족치료가 주로 인지적 접근은 아니지만, 치료사들은 때때로 내담자가 사물을 보는 방식에 도전한다. 가족 구성원이 서로 관계를 맺는 방식을 바꾸면 상황에 대한 대안적인 견해가 제공되며, 그 반대도 마찬가지이다. 가족 구성원이 상황을 보는 방식을 바꾸면 가족이 서로 관계를 맺는 방식도 바꿀 수 있다.

때때로 치료사는 구조적 문제에 대해 정보와 조언을 제공하는 교사의 역할을 한다. 그렇게 하는 것은 재구조화(restructuring)를 위한 책략일 가능성이 높으며, 저항을 최소화하는 방식으로 이루어져야 한다. 치료사는 "채찍과 당근(stroke and kick)"을 전달함으로써 이를 수행한다. 치료사가 어머니가 자녀를 위해 이야기하는 가족을 상대한다면, 치료사는 그녀에게 “당신은 매우 도움이 됩니다”(당근)라고 말할 것이다. 그러나 아이에게 치료사는 “엄마는 네가 말을 못하게 해. 너 스스로 말할 수 있겠니?”(채찍)라고 말할지도 모른다. 따라서 어머니는 도움이 되지만 방해가 되는 것으로 정의됩니다(채찍과 당근).

효과적인 도전은 사람들이 무엇을 하고 있는지와 그 결과를 설명한다. 하지만, 가족들이 지적받은 것을 듣기 위해서는, 그들은 공격당했다고 느끼지 않아야 한다. 무언가를 지적하기 전에 “재미있다”고 말하는 것은 방어하기보다는 호기심의 대상이 된다. 게다가, 사람들에게 무엇을 해야 하는지 말하고 싶은 유혹이 있지만, 그렇게 하는 것은 그들이 무엇을 하고 있는지, 그리고 그 결과를 보는 것을 배울 가능성을 줄인다.

2. 구조적 가족미술치료

1) 구조적 가족치료와 미술치료

구조적 가족치료에서 합류는 치료사가 가족과 긍정적인 치료 관계 또는 치료 동맹을 형성하기 위해 가족의 신뢰와 지지를 획득해야 한다. 이를 위해 치료사는 기본적으로 가족의 체제를 수용하거나 이에 적응해야 한다. 이러한 수용은 유지, 추적, 모방을 사용한다. 유지는 치료사가 가족 구조를 지각하고 분석할 때, 가족 구조를 의도적으로 지지해주는 방법이다. 즉 치료사가 가족의 강점과 잠재력을 인정하고 지지해주는 언급을 하는 경우이다. 추적은 치료사가 가족이 지금까지 해 온 의사소통이나 행동을 존중하여 가족의 기존 교류의 흐름에 거슬리지 않고 뒤따라가는 것을 말한다. 즉, 치료사가 들은 것에 대해 의문을 제기하기보다 의사소통의 상호작용 과정에 초점을 맞추고, 내용을 명확하게 하는 질문을 하고, 인정하는 말을 하고 과정에 관심을 가진다. 모방은 치료사가 가족의 행동 유형, 속도, 어조, 억양, 감정을 모방하는 것이다. 모방의 대상은 언어 사용, 동작, 감정 표현, 비유적 표현 등이 될 수 있다. 예를 들어, 느린 의사소통 구조를 가진 가족을 상대할 경우 치료사는 고의적으로 자신의 속도를 늦춘다.

실연은 재구조화를 위한 시작으로서, 치료사는 가능하면 가족이 설명하는 것에 의존하는 대신 역기능적 기능을 실제로 나타내도록 한다. 구조적 가족미술치료에서 실연은 가족

휴가 그림(Jordon, 2001)이나 가족 벽화 그리기 등과 같은 협동화 제작 과정에서 나타날 수 있다. 가족미술치료사는 작품 제작의 내용보다는 과정에 집중함으로써 누가 토론을 시작하고, 누가 무시되고, 누가 끼어드는지, 가족 구성원이 팀으로 활동하는지, 돌아가며 하는지, 다른 구성원이 참여하지 않는지 여부를 기록한다.

경계를 강화하기 위한 가장 눈에 띄는 미술치료 중재 중 하나는 Nancy Knapp이 쓰레기통에서 구한 낡고 버려진 의자를 사용하는 것이었다. 두 명의 미술치료 인턴이 가족과 함께 활동하면서 경계를 재정렬하고 강화하기 위해 가족에게 의자를 디자인하고 페인트칠을 하도록 할당했다. 가족의 희생양인 사춘기 소년은 일관되게 아들을 비난하는 아버지와 함께 활동했다. 미술치료를 받기 전에 그들은 의사소통이 불가능한 교착 상태에 도달했다. 미술치료 지침은 다른 방식으로 의사소통할 수 있는 원동력을 제공했다. 그들은 권력과 의사결정을 공유했다. 그들은 미술 과정에 참여하며 서로 웃음과 즐거움을 찾았다. 이것은 동시에 아버지/아들 하위 체제를 강화하고 얽힌 엄마/아들 하위 체제를 감소시켰다.

언어적 재구성을 보완하기 위해 창의적인 기법과 은유적 중재를 사용할 수 있다. 자신을 가족의 문제로 여기는 아이는 부모가 아이를 대할 때 함께 뭉쳐서 배우자의 하위 체제를 강화하는 자신의 역할을 이해하는 데 도움이 될 수 있다. 그런 다음 치료사는 아이에게 가족 그림을 그리도록 지시하고, 가족에서 "자신을 잘라내라"고 말할 수 있다. 그런 다음 아동은 가족으로부터의 분리가 나머지 구성원이 서로 관계를 맺는 방식과 가족 구조에서 해방된 지금 아동이 무엇을 할 수 있는지에 대해 숙고하도록 권장된다. 이것은 소홀히 한 개별화의 발달 과제를 해결하는 데 유용하다(Riley & Malchiodi, 2003).

2) 미술치료사의 역할

구조적 가족치료사는 증상이 환경적 맥락에서 분리되고, 독립적이며, 동떨어져 발생한다고 간주하지 않는다. 오히려, 그것은 가족의 역기능 규칙에 내재된 확인된 내담자의 제시 문제를 본다. 따라서 치료의 목적은 증상 해결이 체계적인 목표의 부산물이 되는 방식으로 가족 구조의 변화를 일으키는 것이다. 가족의 역기능 거래 패턴을 바꾸는 것이 증상을 영원히 없애는 가장 효과적인 방법으로 인식된다.

이러한 목적을 염두에 두고, 미술치료사는 가족 구조의 맥락 안에서 가족 구성원 각자가 어떻게 무심코 증상에 기여했는지 보기 위해 증상 너머를 보도록 강요함으로써 가족의 상호작용 패턴에 직접적으로 도전하는 능동적 변화 주체가 된다. 미술치료사는 미술 작품에 있어 가족의 역동에 대해 논의하고 창작물을 검토함으로써 가족이 자신의 기능을 수정하고 경계를 재정립할 수 있도록 돕는다. 그 과정 내내 미술치료사는 과거에 초점을 맞추거나 해석하지 않고 현재를 수정하는 것이다.

치료사는 가족 체제의 변화에 영향을 미치는 결정적인 역할을 한다. 실제로, 기법, 처방, 해석보다 훨씬 더 많은 것이 가족을 변화시키는 데 도움이 되는 치료사의 행동이다. 다음 설명은 구조적 가족치료사를 위해 작성되었다. 아래에 설명된 것과 미술치료의 융합을 고려해야 한다. 연극 제작의 개념에서 파생된 Colapinto(1991)는 치료사가 치료의 다른 지점에서 제작자, 무대 감독, 주인공 및 내레이터의 역할을 하는 것으로 묘사한다. 제작자로서 치료사는 치료 체계의 형성을 위한 조건을 만들고, 무대 감독으로서 기존 구조에 도전하고 가족을 보다 기능적인 패턴으로 밀어 넣는 상황을 소개하고, 주인공으로서 치료사는 가족의 추가 구성원을 대신하여 가족 조직의 균형을 흔들고, 내레이터로서 치료사는 관찰된 상호작용에 대해 논평하고, 다른 가족 구성원의 행동에 대한 각 사람의 의미 귀인에 의문을 제기함으로써, 새로운 의미를 개발하는 데 도움을 준다. 이러한 다양한 역할을 수행하는 동안 치료사는 존중하는 호기심, 가족 변화를 돕겠다는 약속, 변화된 감정에 대해 이야기하는 것보다 구체적인 행동 수정에 대한 선호, 받은 정보를 기반으로 가설을 공식화하고 수정하려는 끊임없는 준비, 그리고 치료 목표의 명확성을 유지하면서 회기에 강도를 부여하는 능력과 같은 자질을 유지한다.

05 Chapter

체험적 가족미술치료

1. 체험적 가족치료

1) 체험적 가족치료의 개념

일반적으로 경험적 가족치료라는 용어를 사용하지만, 이 글에서는 체험적 가족치료라는 용어를 사용할 것이다. 체험적이라는 것은 어떤 활동에 직접 참여하는 과정으로서, 참여자의 행위(action)를 강조하기 때문이다.

체험적 가족치료(experiential family therapy) 분야는 1960년대의 인본주의-실존적 심리학 운동에서 출현했으며, 그 운동이 새로웠을 때 가장 인기가 있었다. 그 지지자와 창시자 중 일부는 게슈탈트 치료, 심리극, 내담자 중심 치료, 만남 집단 운동에서 크게 영감을 받았다. 강조점은 역사적 정보와 대조적으로 사람들의 즉각적이고, 지금 여기에서, 정신 내적 경험에 있다. 만남, 과정, 성장, 자발성, 행동과 같은 개념이 강조된다. 이론적인 요소와 추상적인 요소를 최소화한다. 가족에서 지속되는 경험의 질은 심리적 건강을 측정하는 기준이고, 치료적 개입을 할지 여부를 결정하는 기준이다.

다양한 형태의 체험적 가족치료는 정동(affect), 즉 정서를 강조한다. 감정의 인식과 표현은 개인과 가족 모두의 성취를 위한 수단으로 간주된다. 이러한 관점에서 활동하는 전문가들은 정동의 표현이 모두가 공유할 수 있는 보편적인 매체라고 생각한다. 그들은 명확하고 효과적인 방식으로 감정의 표현을 장려한다(Kane, 1994). 건강한 가족은 공개적으로 서로의 삶을 활기차게 경험하는 가족이다. 그러한 가족은 다양한 정서와 개인적인 만남을 지원하고 격려한다. 대조적으로, 역기능 가족은 정동적 위험을 감수하는 것을 거부하고, 가족 구성원은 상호작용이 경직되어 있다. 그들은 서로 공감하고 감정을 반영하는 방법을 모른다.

Virginia Satir(1916-1988)
https://en.wikipedia.org/wiki/Virginia_Satir

Carl Alanson Whitaker (1912-1995)
https://en.wikipedia.org/wiki/Carl_Whitaker

많은 전문가들이 체험적 가족치료의 발전에 크게 기여했다. 가장 주목할만한 인물로는 David Kantor, Frank Duhl, Bunny Duhl, Virginia Satir, Carl Whitaker, Bernard Guerney, Louise Guerney, Walter Kemler, Augustus Napier, Leslie Greenberg, David Keith가 있다. 체험적 가족치료의 가장 대표적인 이론가는 Virginia Satir와 Carl Whitaker로 간주된다.

체험적 가족치료는 가족을 치료하는 데 있어서 직관, 감정, 기본 과정을 강조하고, 이론적 틀을 별로 강조하지 않는 중재이다. 이 치료는 치료사 자신의 가정과 자기 공개를 내담자와의 상호작용에 사용하는 것이 특징이다(APA, 2022).

체험적 가족치료는 능동적이고 다감각적인 기법을 활용하는 직관적인 접근 방식이다. 역할극과 그림 그리기와 같은 기법은 가족의 정서 표현을 증가시키고 새로운 정보를 밝혀낸다. 증가된 정서와 밝혀낸 정보는 가족 체제의 변화와 성장을 자극한다. 체험적 기법은 보다 전통적인 언어 기반 의사소통이 효과적이지 않을 때 특히 유용하다(Tuttle, 1998).

체험적 가족치료는 1950년대에 시작된 이래로 정서초점 부부치료(Emotionally Focused Couples Therapy)와 내적 가족 체제 모델(internal family systems model)과 같은 현재의 모델을 포함하는 이론적 모델이다. 가족의 기능 장애는 억압된 정서에서 비롯된다는 믿음에 기초하여, 체험적 가족치료는 가족들이 문제 해결이나 지적 수준에 얽매이지 않고 그들의 내적 과정을 살펴볼 수 있게 해주는 지금-여기 경험을 창출하기 위해 노력한다. 체험적 치료사는 개인화와 자아실현을 통한 변화를 촉진하며, 더 많은 내용을 제공할 수 있다고 믿는다.

체험적 가족치료는 1960년대 Carl Whitaker에 의해 처음 개발되었으며, 가족 구성원 간의 협력과 친밀감을 향상시켜 개별 가족 구성원이 가족 단위 내에서 성취감과 자아실현을 느낄 수 있도록 돕는 것을 목표로 한다. 다른 가족치료 학파와 달리 체험적 가족치료는 개별 가족 구성원의 인식된 문제에 초점을 맞추지 않고, 가족 상호작용과 의사소통이 개별 가족 구성원에게 문제를 일으키는 방법을 조사한다. 이러한 유형의 치료에 필요한 대인관계의 수준으로 인해 관련된 모든 가족 구성원이 이 과정에 완전히 참여해야 함을 기억하는 것이 중요하다. 최적의 효율성을 위해서 가족은 이미 상대적으로 안정적이어야 한다.

체험적 가족치료에 대한 Whitaker의 접근 방식은 상징적-체험적 모델(symbolic-experiential model)로 알려져 있다. 이 모델은 초기 이론의 성찰적 방법보다는 즉각적인 지금-여기 경험을 강조하고, 공유된 경험의 매체이자 개인 및 가족 성취의 수단으로서 정서적 표현을 촉진한다. 상징적-체험적 가족치료는 경험적으로 관찰할 수 있는 것보다 훨씬 더 많은 가족의 역동성과 존재, 무의식적 역동성, 공유된 역사와 개인적 경험, 비밀 등이 있다는 실존적 관념에 근거한다. 이 모델은 경험과 "상징"이라는 인간 경험의 두 가지 다른 측면을 통합하려고 시도한다.

Satir는 모든 사람은 성장하려는 선천적 추동 또는 욕구를 가지고 있으며, 이러한 추동 또는 욕구는 가족 체제의 영향에 의해 차단된다고 가르쳤다. 그녀는 치료를 받는 사람들이 변화를 원하는 것이 아니라, 오히려 변화가 가능하다고 믿지 않는다고 느꼈다. 그러나 내담자가 어떻게 생각하고 느끼는지, 성장에 대한 욕구가 그들의 삶과 관계에서 어떻게 긍정적으로 발현되는지에 대한 입장 변화에서 볼 수 있는 체험적 치료의 목표는 전환(transformation)이며, 최근에는 Satir 전환 체제치료(Satir Transformational Systemic Therapy)라고 명명되었다. 변화는 치료법에서 강력한 지금-여기 경험과 치료사와의 깊고 공감적이며 수용적인 관계에 의해 야기된다(Brubacher, 2007).

Satir는 강점 기반 연구의 중요성을 명시적으로 언급한 최초의 개척자일 수 있다. 비록 이것이 2세대 및 3세대 가족치료의 핵심 부분이지만, 취약성에 직면하여 안전과 희망을 제공할 연결을 형성하는 것에 대한 그녀의 강조는 이러한 새로운 접근 방식에 여전히 새로운 것이다. 그녀는 병리학이라는 명칭을 피했고 어떤 내담자에게도 비판적이지 않았다. 각 내담자와 그녀의 유대는 항상 다음과 같은 가정을 기반으로 했다.

① 자존감은 모든 사람의 권리이다.
② 모든 사람은 성장하고 변화하는 데 도움이 되는 내적 자원이 있다.
③ 모든 사람들은 언제든지 최선을 다하고 있다.
④ 치료사의 역할은 각 사람의 생명력이나 영혼과 연결하는 것이다.

모든 체험적 가족치료의 주요 목표는 개인의 자율성을 촉진하고, 모든 가족 구성원에게 상호 연결성 또는 소속감을 제공하는 것이다. 또 다른 목적은 가족이 다른 가족 구성원의 개별화를 장려하도록 돕는 것이다. 또한 체험적 가족치료는 가족과의 관계의 진정성을 강조한다.

2) Satir의 체험적 가족치료의 개념

체험적 가족치료의 기본 원리는 경험의 개념을 중심으로 이루어진다. 경험은 치료적 변화를 달성하기 위한 주요 수단으로 간주된다. 이론은 인간은 "체험적 잠재력"으로 구성되어 있다고 제안하는 것이다(Mahrer, 1996). 그것은 지금-여기에서 즉각적인 경험을 강조한다. 체험적 가족치료는 심리적 건강의 기준과 치료적 개입의 한 축이 계속적인 경험의 질이다. 정서 표현은 공유된 경험과 충족 수단의 지지로 간주된다.

Satir의 체험적 가족치료는 다음가 같은 네 가지의 원리와 관련된 과정으로 설명될 수 있다(Singh, 2022).

① 자기 원리(principle of self): 첫 번째 원칙인 "자기l(self)"는 주변 사람들에게 의존하기보다 개인이 자신의 행동에 책임을 지고 효과적으로 자신을 관리하는 방법을

배우도록 돕는 데 중점을 둔다. 여기에는 자기 가치(self-worth)에 대한 믿음을 조사하고, 의사결정을 하고, 효과적으로 의사소통하고, 경계를 설정하는 것에 의해 삶에서 적극적인 역할을 취하는 것이 포함된다.

② 의사소통의 원리(principle of communication): 의사소통 원칙은 개인이 언어 및 비언어적으로 다른 사람과 의사소통하는 방식을 살펴보는 것이다. 이것은 주의 깊게 경청하고, 감정을 효과적으로 표현하고, 갈등을 평화롭게 해결하는 방법을 배우는 것을 포함한다.

③ 경계의 원리(principle of boundaries): 경계의 원리는 개인이 다른 사람과 어떻게 한계를 설정하는지 살펴보는 것이다. 여기에는 개인적인 경계를 분명히 하고, 다른 사람의 경계를 존중하며, 상황이 통제할 수 없을 때 갈등을 해결하는 방법을 배우는 것이 포함된다.

④ 시간의 원리(principle of time): 시간의 원리는 개인이 자신의 삶을 더 잘 관리하도록 돕는 데 중점을 둔다. 따라서 목표를 확인하고, 우선순위를 설정하고, 시간을 효과적으로 관리하여 도움을 준다. 이것은 더 짧은 시간에 더 많은 것을 성취할 수 있다는 것을 의미하므로 더 많은 삶을 즐길 수 있도록 하는 것이다.

위와 같은 네 가지 원리를 기반으로 Satir의 치료 모델에 포함된 핵심적인 개념은 다음과 같다(Thomas & Krum, 2015).

• 개인의 성장과 발달(individual growth and development). 모든 인간은 성장과 발달을 위해 노력하며, 성장하는 데 필요한 내적 자원을 가지고 있다. 인간 발달에 영향을 미치는 세 가지 요소는 다음과 같다.
  - 유전적 구성
  - 성장 과정에서 학습한 것
  - 끊임없는 몸–마음의 상호작용

• 자존감과 자기 가치(self-esteem and self-worth): Satir(1986)는 모든 사람 또는 자아의 핵심은 인간의 잠재력이 최대한 발휘되기 위해서는 모두가 관심을 갖고 양육해야

하는 다음과 같은 여덟 다른 측면으로 구성되어 있다고 믿었다.

- 신체적(몸)
- 지적(사고, 인지)
- 정서적(감정, 직관)
- 관능적(소리, 빛, 접촉, 맛, 냄새)
- 상호작용(나-너, 자신과 타인 사이의 의사소통)
- 맥락적(색깔, 소리, 빛, 온도, 공간, 시간)
- 영양적
- 영적(삶의 의미와의 관계)

Satir(1972)는 자존감이 언어 및 비언어적 메시지를 통해 가족 내에서 학습되는 인간 조건의 가장 기본적인 개념 중 하나라고 믿었다. 자존감은 사람들이 자신에 대해 가지고 있는 감정(자존감)과 생각(자아 개념)으로 구성된다(Satir, 1988).

• 의사소통(communication): 사람들이 가족 내에서 의사소통하는 방식은 자신에 대해 느끼는 방식을 반영한다. 높은 자존감을 가진 가족은 직접적이고 개방적이며 명확하고 진실되고 진정한 방식으로 의사소통한다. 낮은 자존감과 낮은 자기 가치를 가진 가족들은 간접적, 은밀한, 불분명, 왜곡, 부적절한 역기능적 의사소통 방식을 사용하는 경향이 있다. Satir(1972)는 다음과 같은 의사소통 양식의 분류를 개발했다.

의사소통 양식	스트레스에서 취하는 역할 또는 특성
회유형(placater)	**친절과 희생, 용서와 양보** • 순응적이고 자기주장을 하지 않는 편이라 갈등이 적고 사람들의 인정과 사랑을 받기도 함 • 내면에는 상처와 자신감 부족, 불안이 있으며, 늘 외부에 초점을 맞추어 정작 자신의 마음은 돌보지 못하는 경우가 많다. 또한 지나친 희생이나 과도한 책임을 지는 경우가 많아 번아웃에 빠지기 쉽고, 이기적인 사람들에게 이용당하기 쉬워 관계에서 허무감과 좌절감을 느끼기도 함
비난형(blamer)	**지나치게 자기중심적, 상대의 생각이나 감정을 비난하고 무시** • 보통 경직되고 이분법적인 사고패턴을 가지고 있으며, 공감 능력이 부족한 모습을 보인다. • 겉으로는 강하지만 내면은 약하기에 상대방이 자기주장을 할 때 두려움을 느끼거나 공격받는다고 느낀다. 이러한 마음속의 두려움과 분노, 억울함은 스트레스성 질병을 유발하거나, 가족 갈등이나 인간관계의 파탄과 단절로 이어질 수 있음

초이성형 (Super reasonable)	• 지적이고 논리적이며 이성적인 분위기를 풍길 수 있다. 타인을 객관적으로 판단하거나 자신에 대한 객관적 반성도 잘하는 듯 보인다. 하지만 그들의 논리 속에 사람은 없고 지식이나 상황만 있기에 차갑고 건조하게 느껴지는 경우가 많음 • 사고기능은 발달했지만 내면의 감정을 억압하여 자아와는 단절되어 있다. 사실 이들의 내면에는 감정으로 인한 상처가 많아 자신뿐만 아니라 타인의 감정도 불편하게 여김
산만형(irrelevant)	• 초이성형과 정반대이다. 자신과 타인, 그리고 상황 그 어느 것에도 접촉하지 못하고 현실 도피하는 유형 • 상대가 진지하게 대화를 요청하면 농담이나 엉뚱한 행동을 하면서 산만하게 굴거나, 회피하거나, 자기만의 세상으로 숨어버림

스트레스를 받으면 대부분의 사람들은 왜곡하고 주로 적용하는 한 가지 양식을 선호한다. 그러나 일치형(congruent)은 구체적인 관계 요구 사항에 따라 네 가지 양식을 모두 사용한다. 일치형 의사소통은 기능적인 유형으로 의사소통의 내용과 내적 감정이 일치하고, 자신의 감정과 타인의 감정을 인정하고 공감하고, 심리적이나 신체적으로 건강한 상태에 있으며 높은 자아존중감을 가진다.

표 5-1 의사소통유형검사 (그렇다: 1점, 그렇지 않다: 0점)

문항	점수
1. 아무도 나에게 관심을 가져주지 않으며 나를 걱정해 주지 않은 것 같다.	
2. 비교적 대화하는 사람의 기분을 맞추어 주려고 하는 편이다.	
3. 감정이 없는 사람이라는 말을 듣는 편이다.	
4. 다른 사람의 주장이 내 생각과 달라도 맞장구를 쳐주는 편이다.	
5. 어디에서건 다른 사람에게 지는 것을 싫어한다.	
6. 상대방의 질문에 적절하게 반응하지 못하며 정확한 답을 피하는 경향이 있다.	
7. 반대 의견을 잘 말하지 않는 편이다.	
8. 논쟁할 때 상대방의 실수나 결점을 잘 찾아내는 편이다.	
9. 의견이 일치하지 않는 상황에 잘 대처하는 편이다.	
10. 어떤 의견을 결정할 때 다른 사람의 눈치를 보는 경우가 있다.	
11. 다른 사람을 지배하려고 할 때가 많으며 명령하거나 지시하는 편이다.	
12. 논쟁할 때 감정은 잘 드러내지 못하는 편이다.	
13. 다른 사람들과 대화하는 데 어려움을 느끼지 않으며 사람들과의 관계에 만족하는 편이다.	
14. 지나치게 겸손한 경향이 있다.	
15. 힘이 있고 강한 사람으로 인정받고 싶다.	
16. 혼자서 화난 감정을 삭이는 편이다.	
17. 의견이 대립될 때 내가 옳다고 주장하기 위해 조사 자료를 인용하는 편이다	
18. 다른 사람의 말이나 행동에 상관없는 반응을 하는 경우가 있다.	

19. 다른 사람에게 말을 할 때 대체로 사리에 맞게 이야기하는 편이다.	
20. 어떤 결정을 할 때 상대방의 감정을 고려하지 않는다.	
21. 스트레스를 받는 문제에 대해 되도록 관심을 가지지 않으려 한다.	
22. 부정적인 느낌을 갖게 될 때에도 그 느낌을 솔직하게 상대방에게 표현하는 편이다.	
23. 다른 사람에게 화난 모습을 보여주기 싫어하며 실제로는 기분이 나빠도 나쁘지 않은 척하는 편이다.	
24. 상대방의 요청을 쉽게 거절할 수 있으며 상대방의 반응에 신경 쓰지 않은 편이다.	
25. 대화하고자 하는 주제에 대해 사람들의 관심을 분산시키는 경향이 있다.	
26. 다른 사람이 나에게 표현하는 느낌을 잘 믿고 받아들이는 편이다.	
27. 주위 사람들에게 잘 대해 주어야 하며 다른 사람을 화나게 하고 싶지 않다.	
28. 내가 말하는 내용을 듣는 사람이 이해 못해도 상관하지 않는 편이다.	
29. 일관성이 없고 상황에 맞지 않는 말을 하는 경향이다.	
30. 나의 생각을 분명하게 밝히며 해야 할 말을 자신있게 하는 편이다.	
31. 무슨 일이든 내가 먼저 사과하는 편이다.	
32. 솔직하지 못하고 무책임하게 말을 하는 편이다.	
33. 행동할 때 다른 사람을 지나치게 의식하는 편이다.	
34. 불평불만이 많은 편이다.	
35. 미리 생각하지 않고 되는대로 말하는 경향이 있다.	
36. 상대방의 느낌을 잘 이해하는 편이다.	
37. 상대방을 비난하는 말을 자주 한다.	
38. 다른 사람에게 관심이나 따뜻함을 거의 나타내지 않는다.	
39. 지나치게 합리적이며 객관적인 경향이 있다.	
40. 거절하는 말을 잘하는 편이다.	
41. 윗사람이 꾸중을 하면 성이 나서 일일이 대꾸를 한다.	
42. 나 자신의 감정을 잘 드러내지 못하는 편이다.	
43. 내가 무슨 말을 할 때 상대방이 화낼까봐 많이 염려한다.	
44. 다른 사람이 나에게 충고하려고 하면 나도 상대방의 결점을 찾아내어 공격을 한다.	
45. 다른 사람에 대해 별로 관심이 없는 편이다.	
46. 다른 사람의 대화에 끼어들어 관심을 받으려고 하는 경우가 있다.	
47. 상대가 어떻게 생각하든지 할 수 없는 일을 못한다고 거절하는 편이다.	
48. 화가 나도 무조건 참는다.	
49. 다른 사람으로부터 모욕을 당하면 당장 그 자리에서 상대를 골려준다.	
50. 다른 사람에게 지나치게 화를 내는 경우가 있다	
51. 정직하게 '예' 혹은 '아니오'라고 말한다.	
52. 까다로운 일에 대해 결정하기를 귀찮아 한다.	
53. 상대방이 이야기를 할 때 귀 기울여 듣는다.	
54. 상대방의 생각을 더 잘 알기 위하여 상대의 의사를 묻거나 확인한다.	

비난형: 5, 8, 11,32, 33, 34, 37, 41, 44, 49, 50.
회유형: 4, 7, 10, 12, 14, 16, 21, 23, 27, 31, 43, 48.
초이성형: 3, 15, 17, 20, 24, 38, 39, 40, 42, 45, 47.
일치형: 2, 13, 19, 22, 26, 30, 36, 51, 53, 54.
산만형: 1, 6, 9, 18, 25, 28, 29, 35, 46, 52.
* 5가지 의사소통 유형 중에 제일 많이 '그렇다'에 해당하는 '1'을 제일 많이 얻은 유형이 자신의 의사소통 유형이다.

3) 치료사의 역할

변화의 과정은 가족을 위한 격려적인 자원 도구로서의 치료사의 역할과 함께 더욱 도움이 된다. 변화의 단계는 일반적으로 내담자가 자발적인 치료를 시작할 때 시작된다.

Satir는 "치료사의 업무는 사람들이 자신의 가치를 진정으로 느낄 수 있도록 눈에 별을 갖도록 돕는 것"이라고 말했다(Loeschen, 2002). 그녀는 사람들이 신성한 생명력의 표현이라는 자신의 견해를 공유함으로써 이를 달성했다. 사람은 기적이고 모든 것이 사랑받을 가치가 있다는 믿음이 사람의 행동을 넘어 순수한 영혼과 연결되도록 이끌었다. 사람들은 자신의 가치를 높일 수 있도록 활용해야 할 내적 자원이 있다. 그녀는 그들이 상상하고, 창조하고, 탐구하고, 정확하게 인식하고, 느끼고, 표현하고, 선택하고, 용기 있고, 현명해지는 능력이 있다고 믿었다.

이 모델을 사용하는 치료사는 내담자와 연결하고, 내담자가 스스로 변화하도록 교육, 지원 및 권장한다. 대부분의 치료에서 이것을 라포 및 관계 구축이라고 한다. 내담자와 이야기하는 동안 Satir는 신뢰를 구축하고 연결과 관찰을 하고 고객과 함께 처리했다. 이러한 요소가 없으면 Satir는 어떤 변화도 일어날 수 없다고 느꼈다. Satir는 "생존을 위해서는 하루 네 번의 포옹이 필요하다. 유지를 위해 하루에 여덟 번의 포옹이 필요하다. 성장을 위해서는 하루에 열두 의 포옹이 필요하다."라고 말했다(BrainyQuote.com, n.d.). Satir는 포옹이 거슬리고 정치적으로 올바르지 않다는 규칙에 반대하였다. 그녀에게 목표는 새로운 경험을 만드는 것이었다.

사람들은 치료를 받으러 올 때 신뢰할 수 있는 사람과 이야기하기를 원한다. Satir 모델에서 치료사는 친절하고 이해심이 많으며 신뢰를 만드는 따뜻한 음색으로 차분한 목소리로 이야기한다. 환경은 편안하며 직접적인 눈맞춤과 유머가 회기에 통합된다. 효과적인 치료사는 자신의 성격을 사용하며 개방적이고 자발적이며 공감하며 활동적이며 기꺼이 위험을 감수한다.

덜 구조화된 전통에서 체험적 가족치료사는 감독이나 교사가 아닌 전인적인 능동적 참여자의 역할을 맡는다. 이 능력에서 효과적이기 위해 치료사는 공동 치료사를 사용할 수 있다. Whitaker와 다른 상징적 경험치료사에 따르면, 공동 치료사의 존재는 직관의 활용을 더 많이 허용한다(Napier & Whitaker, 1978).

보다 구조화된 전통의 체험적 가족치료사의 역할은 촉진자이자 자원을 제공하는 사람의 역할로 가장 잘 설명된다. 이러한 역할에서 치료사는 가족 구성원이 자신과 다른 사람들을 더 잘 이해하도록 돕는다. 또한 가족이 타고난 능력을 발견하고 명확한 의사소통을 촉진하도록 돕는다(Simon, 1989). 치료사는 가족과 상호작용할 때 자신을 이용한다(Mitten & Connell, 2004). 따라서 "치료사는 각 가족 구성원과 관계를 맺고, 중재에 대한 지침으로 자신의 감정을 사용하며, 효과적인 상호작용 양식을 모델링한다"(Kane, 1994). 보다 구조화된 체험적 가족치료사들은 가족들 사이의 거리와 상호작용 패턴을 표현하거나 설명하기 위해 소품이나 기타 물건을 사용한다(Satir & Baldwin, 1983).

일반적으로 체험적 치료사는 가족 구성원이 자신의 개성을 발견하고 스스로 역할을 수행할 수 있도록 돕는다. 치료사는 따뜻함, 수용, 존중, 희망, 그리고 개선과 변화를 향한 방향을 전달하는 환경을 구축함으로써 이를 수행한다(Woods & Martin, 1984). 따뜻한 환경은 위험을 감수하고 개방하려는 의지를 촉진한다. 그러한 환경에서 치료사는 가족이 갖고 있는 희망의 전제를 말로 표현함으로써 가족이 변화를 향한 첫 걸음을 내딛도록 돕는다. 또한 가족 구성원이 목표를 명확히 하고 타고난 능력을 사용하도록 돕는다.

변화를 장려하는 분위기를 조성하는 것 외에도 체험적 가족치료사는 개인적인 실존적 만남의 기회를 제공하는 경험을 자극함으로써 성장을 촉진한다(Mitten & Connell, 2004). 이러한 만남을 통해 인식과 진정성이 증가하고, "억압되거나 부인된 자아 부분의 재통합"으로 이어지기를 바란다(Costa, 1991).

체험적 가족치료사는 실제적이고 진정한 사람들처럼 행동할 가능성이 높다. 정신분석 치료사와 달리 그들은 투사를 장려하거나 가족을 위한 백지 역할을 하지 않는다. 더 많이 참여하고, 활기차고, 창의적 경험을 가진 가족치료사가 함께 활동하는 가족에게 큰 영향을 미칠 가능성이 커진다. 체험적 가족치료는 가족과 치료사 모두가 자기 인식과 성장을 얻도록 돕는 가족과 함께 활동하는 접근 방식이다. 효과적인 체험적 가족치료사가 되기 위해서는 헌신뿐만 아니라 적극적인 위험을 감수해야 한다. 체험적 가족치료사는 내담자 가족에게 이러한 행동의 궁극적인 효과를 모른 채 새로운 상호작용 방식을 시도하도록 요청해야 한다.

4) 단계와 기법

Satir의 체험적 가족치료의 구조와 단계는 다음과 같다.

① 1단계, 합류와 라포 형성(joining and building rapport)

치료사가 내담자와 처음 접촉하는 방식이 가장 중요하다. 안전하고 양육적인 환경을 조성하는 것은 치료실에서 각 개인의 독특함을 강조하는 사람들에 대한 존경과 경외심을 전달한다. 치료사는 "희망과 선의를 장려하는 분위기를 조성"하기를 원할 것이다(Satir, 1983).

- 손을 내밀기(reaching out): 치료사가 이를 수행하는 한 가지 방법은 손을 내밀어 악수를 제안하는 것이다. 터치는 인간의 기본적인 욕구이며 Satir는 연결 방법으로 광범위하게 사용했다.
- 관심 갖기(attending): 가치를 가진 고유한 사람으로서 각 내담자의 이름을 알기 위해 치료사는 시간을 낸다.
- 따라하기(mirroring): 치료사는 자신의 태도, 접촉, 내담자에 대한 근접성을 통해 다가간다. 내담자가 몸을 숙이면 치료사도 몸을 숙이는 등 내담자의 몸짓 언어를 따라서 한다. 내담자의 몸짓 언어를 따라하는 것은 신중하고 정교하게 해야 한다. 치료사는 각 내담자 또는 가족 구성원을 대면으로 직접 만나며, 각각에 충분한 관심을 기울인다. 치료사는 자신의 온전한 존재, 자신의 눈, 목소리, 촉각을 통해 내담자의 가치에 대한 믿음을 표현한다.
- 관찰하기(observing): 치료사는 내담자의 감정과 상호작용 패턴을 반영하는 모든 신체 신호에 대해 내담자를 면밀히 관찰할 수 있다(Loeschen, 2002).

치료 과정의 일부로 각 내담자 또는 가족 구성원에게 물어볼 수 있는 질문은 다음과 같다(Satir, 1983).

- "오늘 여기까지 온 이유는 무엇인가?"

- "오늘은 무엇을 보고 싶은가?"
- "오늘은 무엇을 할 것인가?"
- "여기서 무슨 일이 일어날 거라고 예상하는가?"
- "여러분 각자의 의견을 듣고 싶습니다. 오늘 이곳에서 어떤 일이 일어나기를 바라십니까?"

대부분의 내담자는 자신이나 가족의 다른 구성원과 무엇이 잘못되었는지 공유하기를 원한다. 내담자가 자신의 이야기를 표현할 수 있도록 하는 것이 중요하다. "Satir 모델이 권장하는 것은 이야기를 짧게 유지하고 치료를 수행하는 맥락의 일부로 사용하는 것이다"(Banmen, 2002).

② 2단계, 제시되는 쟁점의 이해(understanding the presenting issue)

Satir 모델에서는 문제가 문제가 아니라 대처가 문제이다. 치료사는 특정 문제를 해결하려고 하기보다 대처하는 과정을 강조하려고 한다. 과제는 내담자가 가족의 다른 구성원들과 보다 창의적인 방식으로 자신에게 맞는 일을 하기로 결정하기 위해 효과적인 대처 방법을 배우도록 돕는 것이다. 치료사는 증상을 없애려고 하지 않는다. 대신 치료사는 내담자의 건강을 발전시키는 방법을 찾는다. 내담자에게 건전한 대처 방법을 추가하면 증상이 사라진다.

Satir가 회기에서 사용한 다음과 같은 질문의 대부분은 Loeschen(2002)에서 가져온 것이다.

- "두 분께서 이 문제를 해결하기 위해 노력한 방식에 정말 감사드립니다."
- "나는 이 가족이 대처하기 위해 노력한 여러 가지 방법에 대해 정말 감사하게 생각합니다."
- "실수를 보고 배우고 성장할 수 있기 때문에 실수를 하는 것은 멋진 일입니다."
- "이 가족 모두가 최선을 다하고 있습니다."
- "당신이 누군가에게 그렇게 큰 영향을 미칠 수 있다는 것을 알고 계셨습니까?"
- "둘 다 결혼에 대한 최선의 의도를 갖고 있었습니다."

- "여러분은 각기 다른 관점을 가진 훌륭하고 독특한 사람들입니다. 상황을 어떻게 보셨는지 궁금하다"고 말했다.
- "여러분이 서로 다른 방식으로 함께 하는 법을 배우면서 이 가족에게 새로운 가능성이 많이 보입니다."
- "지금 이 순간에 이 가족과 함께 살 수 있다면 어떤 권리가 당신의 삶을 더 낫게 만들 것인가?"
- "나는 여러분 각자가 관계에서 상처를 주는 고통을 겪고 있음을 압니다."

③ 3단계, 가족 역동성 평가(assessment of family dynamics)

가족 역동을 평가할 때 치료사는 행동에 초점을 맞추지 않는다. 대신 치료사는 내담자의 지각, 감정, 기대, 열망에 주의를 기울일 것이다. 치료사가 가족 조각(family sculpture)을 사용할 수 있는 것은 이 단계이다.

치료사는 가족 학습이 부모와 조부모에게 어떻게 일어났는지 내담자에게 보여주는 3세대 관점을 사용하여 가족을 평가한다. 이것은 그들이 자신과 가족에 대한 판단을 내리지 않고, 어린 시절 학습을 감사하게 여기고, 대처 체계로서 관점을 사용하는 데 도움이 된다(Satir et al., 1991).

치료사는 가계도의 한 유형인 "지도 그리기(mapping)"라고 하는 3세대에 대한 철저한 역사를 취한다. 역사에는 사실적 자료와 체험적 자료뿐만 아니라 과거 및 현재 가족 구성원에 대한 인식 자료도 포함된다.

치료사는 희망과 의사소통을 자극하는 질문을 한다. 치료사는 치료 회기의 리더이다. Loeschen(2002)에서 가져온 Satir가 내담자와 의사소통하는 데 사용한 몇 가지 질문과 의견은 다음과 같다.

- "당신 할머니의 성격을 설명하는 몇 가지 형용사를 말하세요. 긍정적이든 부정적이든 이러한 특징에 대해 당신은 어떻게 생각하십니까?"
- "당신 어머니는 돈에 대해 뭐라고 하셨을까요?"
- "당신의 가족 이외에 당신의 성장에 영향을 준 다른 사람들이 있었습니까?"
- "부모님은 얼마나 즐거우셨어요? 당신은 얼마나 즐거웠는가?"

- "우리는 이 모델에서 갈등에 대처하는 법을 배운다. 당신의 모델을 다시 살펴보고 무엇을 배울 수 있는지 알아보겠습니다."
- "언제나 선택은 있으니까, 이 상황에서 당신의 것을 보자."
- "수정아, 오빠와 아빠가 어떻게 지내는지 사진 한 장 주겠니?"
- "당신은 지금 어떻게 혼잣말을 하고 있는데, 그것이 당신을 기분 나쁘게 하고 있습니까?"
- "당신은 어머니에게 이런 말을 할 것이 아니라, 어머니의 이미지를 말할 필요가 있다는 것을 알고 있나요?"
- "당신은 항상 친절해야 한다는 것이 사실인가요? 착한 것 말고도 괜찮을 때가 있나요?"
- "당신에게 무슨 일이 일어나고 있는지 아내에게 말한다면 정말 아내가 망가질 거라고 생각하세요?"

④ 4단계, 목표

Satir 모델의 목표는 내담자 가족이 자신을 받아들이고, 가능한 가장 좋은 방법으로 대처하는 것을 배우는 것이다. Satir 모델을 사용하는 치료사는 교육자 역할을 하며, 내담자에게 관계에서 의사소통하고 행동할 때, 보다 효과적으로 인식하고, 반응하고, 행동하는 방법을 가르친다. 치료사는 "이 사람이 더 이상 문제 행동을 하고 싶지 않게 하려면 이 사람의 삶에 무엇을 더할 수 있을까?"라고 자문한다(Andreas, 1991). 따라서 치료사는 전체 개인과 가족을 다루는 목표를 설정할 것이다. 목표에는 감정, 인식, 기대, 갈망, 대처 목표를 다루는 활동이 포함된다. 다음은 치료사가 사용할 수 있는 몇 가지 질문 또는 의견이다.

- "당신은 그 목표를 달성하기 위해 노력할 의향이 있습니까?"(Banmen, 2002)
- "이제 당신은 성인이 되었고 다른 자원을 갖게 되었는데, 당신은 어머니가 당신을 지지할 수 없다는 기대를 버릴 의향이 있습니까? 누가 당신을 위해 거기에 있을 수 있습니까?"(Loeschen, 2002)
- "현재 삶에서 누가 당신을 양육할 수 있습니까?"(Loeschen, 2002)

- "'우리' 대신 '나'를 사용하여 당신 자신을 위해 말하십시오."(Loeschen, 2002)
- "남편의 참여를 더 많이 원한다고 말씀하셨습니다. 당신에게 더 많은 참여는 무엇을 의미합니까?"(Loeschen, 2002)

⑤ 5단계, 변화를 증폭하기(amplifying change)

내담자가 더 나은 선택권자가 되고, 더 책임감 있고 일치하게 되는 것과 같은 더 높은 자존감의 메타 목표 중 일부를 경험하기 시작한 후 치료사는 다른 기법 중에서 닻 내리기(anchoring)와 심상 그리기(imagery)를 사용하여 이러한 변화를 강화할 것이다. 치료사는 치료 회기 동안 작업한 변경 사항을 연습하도록 설계된 숙제를 제시한다. 이 숙제는 예를 들어 자신의 감정을 모니터링하거나 기대치를 추적하는 것과 같이 행동보다는 내부에 초점을 맞춘다. 치료사는 강화 방법을 보여주는 Loeschen(2002)에서 가져와 Satir가 사용한 다음과 같은 몇 가지 의견이나 질문을 활용할 수 있다.

- "이제 이 새로운 방식으로 두 분이 함께 할 수 있다는 것이 얼마나 멋진 일입니까?"
- "부모님께 이렇게 말할 수 있다는 것이 놀랍습니다. 이제 그들은 당신을 이해하기 위한 새로운 정보를 얻었습니다."
- "가족의 새로운 가능성을 보고 있는 이 순간의 기분은 어떻습니까?"
- "다음에 당신이 차이를 만났을 때 두 사람이 기꺼이 눈을 감고 서로의 새로운 모습을 볼 의향이 있는지 궁금합니다."
- "아내가 이야기를 하는 동안 감정이 격해진 것 같군요. 당신은 그들에게 말을 할 수 있습니까?"
- "이 조각상에서 어머니의 위치를 보면서 어머니에게 하고 싶은 말은 무엇입니까?"

⑥ 6단계, 종결(termination)

Satir 모델을 사용하는 치료사는 각 회기는 고유하며, 사람들이 항상 계속 성장하기 때문에 작업이 완전히 완료되지 않는다는 것을 이해할 것이다. 다음은 Satir 모델을 사용하여 치료를 종료하기 위해 치료사가 사용할 수 있는 몇 가지 기준이다(Banmen, 2002).

- 가족 구성원이 거래를 완료할 수 있을 때 그것을 확인하고 묻는다.
- 그들은 적대감을 해석하고 다른 사람들이 자신을 어떻게 보고, 그들은 자신을 어떻게 보는지 알 수 있습니까?
- 그들은 다른 구성원의 희망, 두려움, 기대를 나눌 수 있습니까?
- 그들이 동의하지 않고 선택을 하고 연습을 통해 배울 수 있습니까?
- 그들은 과거 모델의 해로운 영향에서 벗어날 수 있습니까?
- 일치할 수 있습니까?

Virginia Satir의 치료에서 사용되는 기법에는 "나" 메시지, 조각하기, 안무, 유머, 접촉, 소품, 가족 재구성을 사용하는 효과적인 의사소통의 모델링이 포함된다(Satir, Stachowiak, & Taschman, 1975). 이러한 기법은 가족 구성원의 인식을 높이고 관계를 바꾸기 위해 자주 사용된다(Duhl, Kantor, & Duhl, 1973; Jefferson, 1978).

① "나" 메시지를 이용한 효과적인 의사소통 모델링

기능 장애가 있는 가족 구성원들은 종종 1인칭 복수형(즉, "우리")으로 말하고, 명확하지 않고 구체적이지 않은 메시지를 전달하며, 다른 사람들에게 독백으로 응답하는 경향이 있다(Stoltz-Loike, 1992). 딸에 대한 반응으로, 어머니는 딸의 행동에 대해 "빨리 좋은 일을 하지 않으면 누군가 화를 낼 것이다."라고 단조로운 목소리로 설교가 이루어진다.

이러한 비효과적이고 간접적인 의사소통 패턴에 맞서기 위해 체험적 가족치료사는 가족 구성원이 자신의 감정을 표현할 때 "나"의 입장을 취하도록 주장한다. 앞 상황에 대해 어머니는 딸에게 "네가 내 요청에 응하지 않을 때 나는 실망감을 느낄 것이다"라고 말한다.

"나" 진술은 개인적이고 책임감 있는 방식으로 감정 표현을 포함하고, 다른 사람들이 자신의 의견을 표현하도록 권장한다. 이러한 유형의 의사소통은 적절한 맥락에서 자신의 감정과 바람을 직설적이고 진실하며 실제적으로 표현하는 수평화(leveling) 또는 일치형 의사소통을 촉진한다. 수평화와 일치가 발생하면 의사소통이 증가하고, 고정 관념이 감소하며, 자긍심과 자기 가치가 향상된다(Satir, 1972). Satir에 다르면, 수평화가 일어나지 않을 때 사람들은 비난자, 달래는 자, 주의를 분산시키는 자, 합리적 분석자의 네 가지 다른 역할을 수행한다. 이 네 가지 역할은 대부분의 개인이 한 번에 또는 다른 번에 사용한다. 어떤 상황에서는 도움이 될 수 있지만 일관된 상호작용 방식이 되면 문제가 되고 기능 장애가 된다.

② 조각하기

조각하기에서 "가족 구성원은 치료 기간 동안 한 명 이상의 가족 구성원이 볼 수 있는 실제 관계를 상징하는 위치로 성형된다"(Sauber et al., 1985, p. 147). 따라서 그들은 3차원 지도를 만들고 구조를 시간에 따라 이동할 수 있다(Weston, 2009). 가족에 영향을 미치는 과거의 사건과 패턴은 이제 지각적으로 설정된다. 가족 구성원과 가족 전체가 삶을 영위할 수 있도록 잘못된 가족 규칙을 폭로하고 초기의 오해를 명확히 하려는 것이다. 예를 들어, 아버지가 텔레비전을 보면서 아들을 방치한 역사적 장면은 아버지가 가상의 텔레비전 가까이에 앉게 하고 아들은 구석에 고립된 채로 앉게 함으로써 보여질 수 있다. 요점은 이러한 시간의 정물 초상화에서 가족 구성원과 치료사가 가족 관계에 대해 더 명확한 관점을 얻는 것이다.

조각하기는 세 가지 역할과 네 단계로 구성된다(Moreno & Elefthery, 1975; Papp, Schienkman, & Malpas, 2013; Ziff, 2009). 세 가지 역할은 (1) 가족 구성원을 특정 위치로 조각하는 조각가(내담자 가족 구성원), (2) 조각가를 지원, 보호 및 안내하는 촉진자(가족치료사), (3) 조각에 참여하고, 관찰하고, 논평하는 가족 구성원이다. 네 단계는 다음과 같다.

- 장면 설정하기(setting the scene): 치료사는 조각가가 탐색할 장면을 확인하도록 도와준다.
- 조각가 선택하기(choosing role players): 가족 구성원을 묘사할 개인을 선택한다.
- 조각품 만들기(creating a sculpture): 조각가는 각 사람을 특정 은유적 위치에 공간적으로 배치한다.
- 조각 처리하기(processing the sculpture): 조각가와 다른 참가자들은 이 연습에 참여하여 얻은 경험과 통찰력에 대해 역할을 해제하고 보고한다.

③ 안무

안무에서 가족 구성원은 서로 간의 관계에서 패턴이나 순서를 상징적으로 실연하도록 요구된다. 이 과정은 마임이나 무성영화에서 연기하는 것과 비슷하다. 이를 통해 가족들은 단순히 문제 상황에 대해 이야기하는 것만으로는 명확하지 않은 동맹과 거리감을 보고 느끼게 된다(Papp, 1976).

예를 들어, 지나치게 관여하는 어머니와 덜 관여하는 아버지가 있는 가정에서 구성원들은 아침 식사와 같이 하루 중 특정 시간에 이러한 역학을 보여주는 전형적인 장면을 연기하도록 요청받을 수 있다. 그런 다음 각 가족 구성원은 차례로 특정 공간 관계에서 다른 가족 구성원을 서로 배치한다. 딸은 그녀의 엄마가 딸의 그릇에 시리얼을 쌓거나 딸의 머리나 드레스를 곧게 펴는 동안 아버지가 신문을 넘기고 그녀에게서 떨어져 앉도록 할 수 있다. 동시에 딸은 아버지에게 기대어 어머니를 밀어낼 수 있다.

이러한 장면을 3~4회 반복하여 가족들이 다른 가족의 입장에서 어떤 경험을 하는지 좋은 느낌을 받을 수 있도록 해야 한다. 그런 다음 가족과 치료사는 앉아서 발생한 일과 가족 구성원이 원하는 것이 무엇인지 논의할 수 있다. 많은 경우 새로운 장면이 만들어지고 연기된다(Papp, 1976).

④ 유머

가족치료 회기에서 유머를 만드는 것은 위험한 제안이다. 유머가 성공하면 긴장을 줄이고 통찰력을 높일 수 있다. 웃음과 그에 따른 혼잡은 변화가 일어날 수 있는 열린 환경을 만든다(Whitaker & Keith, 1981). 실패할 경우 유머를 시도하면 가족이나 일부 구성원이 소외될 수 있다. 따라서 유머를 만드는 것은 경험 많은 가족치료사들이 신중하게 사용하는 예술 형식이다.

유머는 종종 가족의 경직된 입장의 부조리함을 지적하거나 상황을 덜 심각하게 보이도록 재명명함으로써 시작된다(Carter & McGoldrick-Orfanidis, 1976). 부조리와 관련하여, 예를 들어 어머니는 치료사에게 딸이 다시 통금 시간에 늦으면 "죽을 것"이라고 말할 수 있다. 가족치료사는 "어머니한테 너무 그러지 마. 다음에는 팔을 마비시킬거야."라고 유머러스한 반응을 할 수 있다.

치료사가 정말로 부조리를 연기하는 데 열중한다면, 치료사는 딸에게 어머니의 팔을 마비시키는 방법을 보여달라고 요청할 수 있다. 그러한 이상한 요청에 따른 상호작용에서 치료사는 아마도 그러한 과정에서 딸을 돕기 위해 어머니를 참여시킬 것이다. 이 요청 뒤에 숨겨진 아이디어는 모든 사람이 어머니가 딸에게 부여한 왜곡된 힘을 인식하도록 돕는 것이다. 이러한 부조리에 대한 통찰이 발달하면 보다 기능적인 모녀 관계가 형성될 수 있다.

⑤ 접촉

저명한 체험 치료사 중 Virginia Satir, Carl Whitaker, and Walter Kempler는 가족치료에서 의사소통 도구로 접촉을 사용하는 것으로 가장 잘 알려진 전문가들이다. 접촉은 팔로 다른 사람을 감싸거나, 어깨를 두드리거나, 악수하거나, 극단적인 경우에는 레슬링을 하는 것일 수 있다(Napier & Whitaker, 1978). 접촉을 사용할 때 체험적 가족치료사는 내담자의 개인적인 경계를 위반하지 않도록 주의해야 한다. 신체적 접촉은 배려와 관심을 나타낸다. 부적절하게 사용되거나 과도하게 사용되면 효능을 상실할 수 있다.

⑥ 소품

소품은 행동을 나타내거나 행동의 영향을 설명하는 데 사용되는 재료이다. Virginia Satir는 가족과 함께 작업할 때 밧줄과 눈가리개와 같은 소품을 사용하는 것으로 잘 알려져 있다(Satir & Baldwin, 1983). 소품은 은유적일 수도 있고 문자적일 수도 있다. 밧줄은 가족 구성원이 서로 어떻게 연결되어 있는지를 나타낼 수 있다. 가족과의 작업에서 Satir는 때때로 모든 구성원의 허리에 밧줄 끝을 묶고 선택적으로 이동하도록 요청했다. 이렇게 하면 온 가족이 서로 연결되는 경험을 할 수 있다. 또한 그들은 한 가족 구성원의 움직임이 나머지 가족에게 어떻게 영향을 미쳤는지에 대한 느낌을 받는다(Murray & Rotter, 2002).

소도구를 사용한 후 치료사는 가족에게 경험을 다루도록 요청한 다음 현재 가족 관계의 역동과 어떻게 유사하거나 다른지 이야기할 수 있다.

⑦ 가족 재구성

가족 재구성은 1960년대 후반에 Satir가 개발한 치료적 혁신이다. 가족 재구성의 목적은 가족 구성원이 원가족에서 비롯된 삶의 역기능 패턴을 발견하도록 돕는 것이다. 이것은 (1) 가족 구성원들에게 그들의 오래된 학습의 출처를 밝히고, (2) 가족 구성원들이 그들의 부모가 어떤 사람인지에 대한 보다 현실적인 그림을 개발할 수 있도록 하며, (3) 가족 구성원들이 각자의 개인적 특질을 발견할 수 있는 방법을 설정하는 데 중점을 둔다.

가족 재구성은 별이나 탐험가, 즉 자신의 원가족을 시각적으로 표현하는 방식으로 지도를 그리는 중심 인물로 시작한다(Nerin, 1986; Satir et al., 1988). 가이드(보통 치료사)는 별이나 탐험가가 부계, 모계, 원가족에서 중요한 가족 사건을 연대순으로 기록하는 데 도움을 줄 수 있다. 가족 재구성 과정은 왜곡된 학습의 기원, 인간으로서의 부모, 분리된 자아로서의 개인에 대한 사실을 밝히려는 시도이다. "가족 지도(family map), 가족 생활 사실 연대기(family life fact chronology), 영향의 수레바퀴(wheel of influence)(Satir & Baldwin, 1983)는 가족 재구성을 위한 진입점이자 도구이다"(Satir et al., 1988).

- 가족 지도(family map): 그림 5-1에서 볼 수 있듯이 가족 지도는 각 가족 구성원의 성격을 설명하는 형용사가 있는 "별 가족의 3세대 구조를 시각적으로 표현한 것"이다(Satir et al., 1988, p. 202). 원은 지도에서 사람을 나타내고, 선은 가족 내 관계를 나타낸다. 가족 지도는 안전 문제를 포함하여 우려되는 영역과 가족의 강점을 확인하는 데 사용된다. 안전 영역에서 가족 지도는 방과후 프로그램에 등록한 의도하지 않은 부상 위험이 있는 아동을 확인할 수 있으므로, 직원이 필요한 보다 나은 중재 서비스를 지정하는 것을 도울 수 있다(Whiteside-Mansell, et al., 2010).
- 가족 생활 사실 연대기: 가족 생활 사실 연대기는 가족 재구성에 사용되는 도구이다 (그림 5-2 참조).

  별은 자신의 삶과 대가족의 모든 중요한 사건을 나열하여 연대기를 만든다. 연대기는 각 조부모의 출생으로 시작된다. 중요한 모든 왕래를 포함하여 가족 구성원에게 영향을 미치는 모든 사건이 순서대로 나열된다.

가족 생활 사실 연대기는 이미 가족 지도에 있는 인구 통계 정보뿐만 아니라 질병, 한 장소에서 다른 장소로의 지리적 이동, 아버지가 공무원이 된 것, 자매의 임신 또는 장기간에 걸친 사건과 같은 사건의 기록을 포함한다. 가족 구성원의 용어 알코올 중독. 적절한 경우, 주어진 날짜와 관련된 역사적 사건은 사건의 시간과 장소를 근거로 기록된다 (Satir et al., 1988, p. 203).

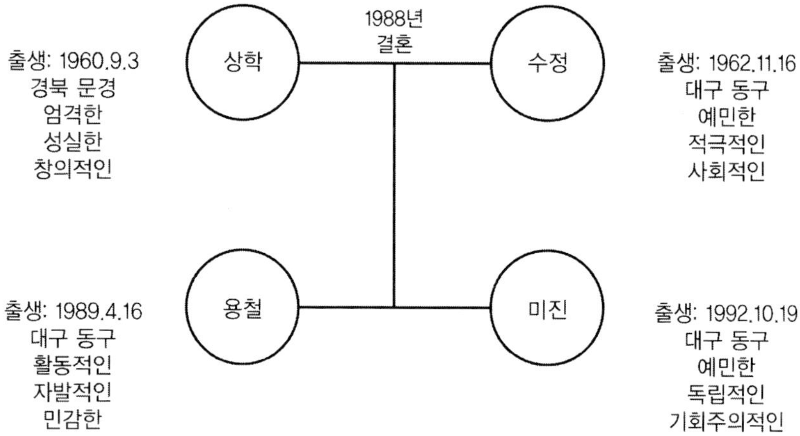

그림 5-1 별의 기본적인 가족 지도

날짜	사건	관계	지역
부계			
1936.10.1	조성석 출생	별의 친조부	상주
1937.3.27	고순애 출생	별의 친조모	예천
1957	조성석은 공무원이 됨	별의 친조부	상주
1958	조성석과 고순애 결혼	별의 친조부모가 됨	상주
1960.9.3	조상학 출생	별의 아버지	상주
1966.8.10	조미성 출생	별의 고모	상주
모계			
1935.9.28	송철수 출생	별의 외조부	청주
1937.4.7	김복희 출생	별의 외조모	영동
1957	송철수와 김복희 결혼	별의 외조부모가 됨	대구
1962.11.16	송수정 출생	별의 모	대구
원가족			
1987.10.20	조상학과 송수정은 사람에 빠짐	별의 부모	대구
1988.2.20	조상학과 송수정 결혼	별의 부모	대구
1989.4.16	조용철 출생	별	대구

그림 5-2 별의 가족 재구성

• 영향의 원 또는 수레바퀴: 별이나 탐험가에게 중요한 사람들을 나타내는 영향의 수레바퀴나 원은 가족 재구성에 사용되는 마지막 도구이다(그림 3 참조). 별은 자신에게 긍정적이거나 부정적인 영향을 준 사람들의 중간에 표시된다. 별에게 중요한 모든 관계에 대해 선이 그려진다. 선이 굵을수록 관계가 더 중요하거나 더 가깝다. "완성되면 영향의 수레바퀴는 별의 내면화된 강점과 약점, 새로운 것에 의존할 수 있는 자원, 그리고 더 효과적인 대처 방법을 표시한다."(Satir et al., 1988).

가족 재구성의 마지막 측면은 별이나 탐험가가 자신이 발견한 사건에 생명을 불어넣는 것이다. 이것은 중요한 가족 장면을 연기하기 위해 가이드(즉, 치료사)의 도움을 받아 최소 10명의 집단과 함께 작업함으로써 수행된다. 집단의 구성원은 별의 삶이나 가족의 삶에서 핵심 인물을 연기한다. 이 절차의 이면에 있는 아이디어는 별이나 탐험가가 가족의 특성과 패턴에 대한 새로운 관점을 얻도록 돕는 것이다. "중요한 질문은 곧장 답을 얻을 수 있고, 오래되고 왜곡된 메시지가 정리될 수 있고, 이해가 판단과 비난을 대신할 수 있는 때이다."(Satir et al., 1988).

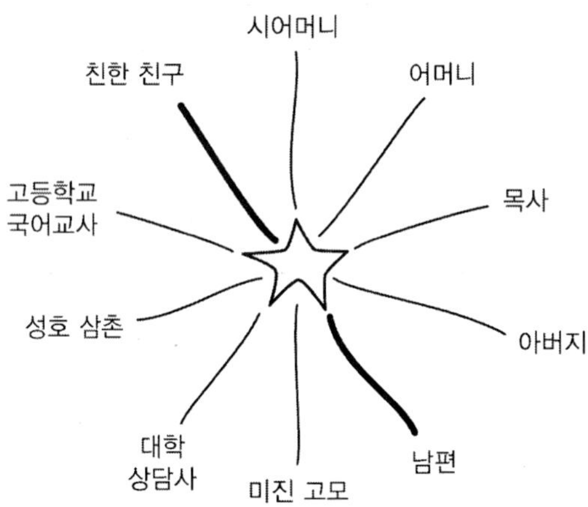

그림 5-3 영향의 수레바퀴

Satir의 기법 외에도 체험적 가족치료사는 가족과 함께 활동하는 다른 방법을 사용할 수 있다. 여기에는 놀이치료(play therapy), 부모-자녀 치료(filial therapy), 가족화

(Bing, 1970), 가족 인형 인터뷰(family puppet interviews)(Duhl et al., 1973)가 포함된다.

- 놀이치료: 놀이치료는 아동과 의사소통하고 활동하기 위한 기초로 놀이 매체를 사용하는 다양한 치료 중재에 대한 일반적인 용어이다(Johnson, et al., 1999). Carl Rogers의 인간주의 이론에 기초한 아동 중심 놀이치료에서 치료사는 아동을 무조건적으로 수용하고, 아동에게 완전한 표현의 자유를 허용한다. 이 과정에서 아동은 일반적으로 장난감이나 인형을 조작하여 감정과 관계를 탐색한다. 치료사의 도움으로 아동은 시간이 지남에 따라 자신의 삶에서 문제가 되는 주제를 재생하고 치료자와 그에 대해 이야기함으로써 문제를 해결하게 된다. 체험적 가족치료에서 놀이치료는 일반적으로 가족 회기의 맥락에서 이루어지며, 가족뿐만 아니라 아동도 장난감을 조작하고 모든 사람이 해결에 도달하도록 돕는 이야기를 하는 데 관여할 수 있다.
- 부모-자녀 치료: 아동 관계 증진 가족치료(child relationship enhancement family therapy: CREFT)라고도 하는 부모-자녀 치료는 “치료적 중재와 예방적 접근”이다(Garza & Watts, 2010). 예를 들어, 전략적 접근과 Bowen과 같은 여러 이론적 접근에서 치료사가 가족치료 활동에 사용한다(Nims & Duba, 2011). 목표는 “교습적 지도(didactic instruction), 시범 놀이 회기(demonstration play sessions), 가정에서 요구되는 실험실 놀이 회기와 감독(required at-home laboratory play sessions and supervision)을 통해 부모가 자신의 자녀와 함께 치료 대행자가 되도록 훈련하는 것”이다(Watts & Broaddus, 2002). 부모-자녀 치료는 “1960년대 초 Bernard와 Louise Guerney에 의해 처음 개발되고 연구되었으며, 원래 장기 부모 훈련 프로그램을 목적으로 한 것이다. 이 모델의 제한된 초점은 10세 이하의 자녀가 심각한 정서적, 행동적 어려움을 가진 부모와 함께 활동는 것이었다.”(Garza, Watts, & Kinsworth, 2007). 이처럼 부모-자녀 치료는 부모(또는 다른 일차 양육자)가 자녀와 함께 놀이치료에 참여하는 아동중심 놀이치료의 혼합 형태이다(Guerney & Guerney, 1994).

가족치료와 부모-자녀 치료의 중복을 아동-부모 관계 치료(Child-Parent Relation Therapy: CPRT)라고 하며, 이는 부모에게 아동중심 놀이치료의 핵심 기술을 가르치는 것이다(Cornett 2012; Kinsworth & Garza, 2010). 그 형태에 관계없이, 부모-

자녀 치료의 목적은 부모-자녀 관계의 맥락에서 아동의 문제를 해결하여 부모-자녀 상호작용의 변화에 영향을 미치는 것이다(Johnson et al., 1999). 부모-자녀 치료에서 가족치료사는 부모가 피드백과 제안을 주고받을 수 있는 집단(Guerney, 1991) 또는 개별 가족(VanFleet, 1994)에서 부모와 함께 활동할 수 있다.

- 가족화: 체험적 가족치료사는 가족화 기법에 대해 다양한 변형을 마음대로 사용할 수 있다. 하나는 협동 가족 낙서하기(joint family scribble)로, 각 가족 구성원이 간단한 낙서를 하는 것이다. 이러한 낙서를 하고 나면 온 가족이 자신들의 낙서를 하나의 그림으로 통합한다(Kwiatkowska, 1967). 이 절차에서 가족 구성원은 개별적으로 그리고 함께 활동하는 것이 무엇인지에 대한 느낌을 얻는다. 각각의 장점과 단점, 그리고 각각의 경우에 무엇이 생산되었는지에 대해 이야기할 수 있다.

또 다른 그리기 접근 방식은 공동 결합 가족화(conjoint family drawing)로 알려져 있다. 이 절차에서 가족은 "가족으로서 자기 자신을 보는 그림을 그리십시오"(Bing, 1970)라는 지시를 받는다. 각 가족 구성원은 그러한 그림을 그린 다음 토론을 통해 떠오르는 인식을 공유한다. 아동들은 형이 부모와 더 가깝다고 생각할 수 있다. 그의 그림은 이러한 공간적 차이를 반영할 것이다. 반면에, 같은 가족의 부모는 모든 가족 구성원이 서로 동등하게 가까운 것으로 보고 그림에서 그 인식을 묘사할 수 있다.

또 다른 형태의 가족화는 가족생활 공간의 상징화(symbolic drawing of family life space)이다(Geddes & Medway, 1977). 이 투사 기법에서 치료사는 큰 원을 그리고 가족 구성원에게 가족을 나타내는 모든 것을 원 안에 포함시키도록 지시하고, 가족의 일부가 아닌 사람과 기관은 원 외부에 배치한다. 이 일련의 그림을 그린 후에 가족은 그림을 통해 서로 관계를 맺는 방식에 따라 큰 원 안에 자신을 상징적으로 배열해야 한다. 그림 4는 가족생활 공간을 상징적으로 그린 예이다.

토론은 이러한 모든 유형의 그리기 기법을 따라야 한다. 가족 구성원은 개인 구성원과 가족 전체의 관점에서 볼 때 무엇을 그리고 왜 그렸는지, 그리고 그들의 삶의 역동성에 대해 논의할 수 있다. 치료사와 상호작용하는 다양한 방법을 탐색하고 다른 그림에 설명할 수 있다.

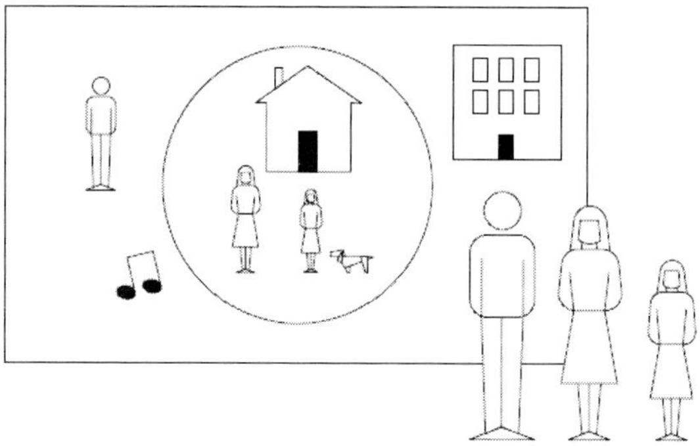

그림 5-4 가족생활 공간의 상징화

- 인형 인터뷰: 이 절차에서 치료사는 가족 중 한 명에게 인형을 사용하여 이야기를 만들어 달라고 요청한다(Irwin & Malloy, 1975). 이야기 속에 가족의 어려움이 드러날 수 있고, 치료사는 간접적으로 귀중한 통찰을 얻을 수 있다는 생각이다. 예를 들어, 악몽을 꾸는 4세 소녀의 경우, 이야기는 마녀에 의해 용의 땅으로 끌려간 아이의 이야기일 수 있다. 그곳에서 그녀는 끊임없이 위협을 받고 무력하다. 실제 상황은 직원이 어린이를 겁주어 행동하도록 하는 어린이 보육 시설과 관련될 수 있다. 인형으로 장면을 연기함으로써 아이는 실생활에서 일어나는 일에 대해 이야기할 수 있을 만큼 충분히 안전하다고 느끼기 시작할 수 있다.

  이 과정을 활용하는 가족치료사는 가족 구성원이 사용할 수 있는 다양한 인형이 있는지 확인해야 한다. 이 기법은 실제로는 제한적이다. 성인은 언어적 상호작용을 선호하기 때문에 인형을 통해 자신을 표현하는 것을 거부할 수 있다. 아동들은 실제 생활에서 일어나는 일과 거의 또는 전혀 관련이 없는 이야기를 꾸며낼 수 있다. 그러나 인형 기법은 유아, 수줍음이 많은 아동, 또는 다른 방식으로 가족 역동에 대해 많이 관련되지 않거나 할 수 없는 선택적 함묵증 아동이 치료를 받고 있는 상황에서 효과적으로 사용할 수 있다. 가족 인형 인터뷰는 다문화 환경에서도 효과적인 것으로 밝혀졌다.

2. Satir의 체험적 가족미술치료

가족 구성원들 각각의 정서에 대한 보다 창의적인 출구를 찾고 있다면, 미술치료 기회에 참여하는 것을 고려해 볼 수 있다. 미술은 주관적이기 때문에 그 순간에 억눌린 감정을 풀어내는 데 옳고 그름은 없다. 미술이 제공하는 심신 연결을 통해 정서적 갈등을 해결하면서 수치심을 줄이고 역량 강화와 자기 인식을 높이고 스트레스를 줄이고 증상에 대처할 수 있다.

체험적 치료는 표현 기술과 활동을 사용하여 내담자가 과거의 상황을 재경험하고 처리하도록 돕는다. 내담자가 활동에 참여함에 따라, 그들은 현재 자신에게 부정적인 영향을 미칠 수 있는 과거 경험과 관련된 감정을 확인하고 경험하기 시작한다. 억압된 감정이 풀리면서 개인은 현재에 긍정적인 감정을 경험할 수 있다.

체험적 가족치료는 활동 중에 가족 구성원이 서로 상호작용하는 집단치료 기법이다. 체험적 가족치료는 가족 구성원 간의 상호작용 패턴을 조사하는 데 도움이 된다. 창의적 미술치료 양식은 가족치료에 대한 동기 부여, 관여, 참여를 향상시키는 데 도움이 된다.

체험적 가족치료 활동에는 다음이 포함될 수 있다.

- 가족 구성원은 의미 있는 사건에 대한 기억과 경험을 공유한다.
- 가족들이 상처받은 감정을 적거나 그려서 쓰레기통에 버리는 활동을 한다.
- 감정과 상호작용을 전달하기 위해 플레이-도우 인형(play-doh figures)을 사용한 스토리텔링을 한다.
- 가족 구성원들은 걱정 돌(worry stones)에 그들의 두려움과 불안을 적거나 그린다.
- 익명으로 가족 구성원들에게 칭찬과 긍정적인 메시지를 쓰거나 그림으로 그린다.

체험적 치료는 내담자 중심이며 중재는 개인의 선호도와 연결되어야 한다. 동물 보조 치료, 연기 및 역할 연기, 미술 및 공예, 음악 및 춤, 유도 심상 기법과 같이 사용할 수 있는 다양한 체험 치료 활동이 있다.

이러한 다양한 기법 가운데 미술치료 활동에는 그리기, 칠하기, 조각, 채색이 포함될 수 있다. 미술치료는 개인이 언어적 표현이 아닌 미술을 통해 어려운 감정을 극복할 수 있는 차분한 환경을 조성하는 데 도움이 된다. 미술치료 활동에는 다음과 같은 것들이 포함될 수 있다.

- 정서를 확인하기 위해 그림을 그리거나 색칠하기를 사용한다.
- 감정을 표현하기 위해 미술 일지를 만든다.
- 절대 보내지 않을 엽서 만들기를 한다.
- 점토를 사용하여 가족 구성원들은 조각하기를 한다.
- 원하는 삶의 모습을 콜라주로 만든다.

가족치료에서 미술치료 과정은 가족 구성원의 관계 구축을 증가시킬 수 있다(Landgarten, 1987; Linesch, 1993). 모든 형태의 가족치료에서 관계 구축의 증가는 가족 구성원 간의 의사소통이 증가하도록 허용해야 한다. Whitaker와 Keith(1981)와 Virginia Satir(1983)가 지적한 바와 같이, 가족 내 의사소통 기능 장애는 종종 가족 구성원이 중복된 역할, 비생산적인 의식, 진정한 정서의 표현을 손상시키는 행동의 결과이다.

미술치료 과정은 가족치료사와 가족미술치료사 모두에게 근본적인 생각과 감정을 풀기 위한 도구로 시각 미술을 활용함으로써 행동과 의식의 매우 엄격한 패턴을 우회할 수 있는 독특한 기회를 제공한다. 미술 작품을 만드는 과정은 본질적으로 직관적이고 종종 비언어적이라는 점에 주목하는 것이 중요하다. 가족에게 미술 지시가 주어졌을 때, 이 작업에는 내담자 측의 독특한 노력과 의도가 포함된다.

결과적으로, 미술치료 과정의 비언어적 특성은 종종 관계를 진부하고 경직되게 만드는 구속되고 중복된 대인관계 양식을 해방시키는 수단을 제공할 수 있다(Landgarten, 1987). Landgarten(1987)과 Linesch(1993)가 지적한 바와 같이 미술 활동 과정은 종종 치료 과정을 돕는다. 미술 작품은 에너지와 역량 강화를 촉진하는 촉매 역할을 할 수 있다. Linesch(1993)에 따르면, "미술 작품을 만드는 것은 창의적이고 생산적인 노력이다. 이와 같이 실패와 무력감에 사로잡혀 있는 가족의 자아와 성취감을 촉진하며, 창의성의 시작 과정은 해방적이고 건설적일 수 있다."(p. 24). 마지막으로 시각 미술 작업을 활용하는 효율성은 시각 미술 작품에서 임상 평가 및 치료로 경제적으로 전환될 수 있는 임상 자료의 가용성을 나타낼 수 있다(Landgarten, 1987; Linesch, 1993).

가족치료에 미술치료 과정을 도입하는 것은 가족치료에 대한 창의적이고 능동적이며 변혁적인 접근이 될 수 있다. 전통적인 가족치료의 많은 관행과 병행할 수 있는 잠재력을 가진 미술치료가 개발되었다. 특히 체험적 가족미술치료 전통 내에서 Kwiatkowska (1962), Rubin(1987), Landgarten(1987)은 모두 평가 목적으로 가족 미술 기반 과제를 개발했다. 이러한 미술 기반 평가는 가족이 함께 미술 작품을 만드는 과정을 통해 창의적으로 탐색하고 협력할 수 있는 기회를 제공한다.

가족미술치료사가 미술 작품을 만드는 데 관여할 때 가족미술치료사는 가족 경계, 의사소통 패턴, 위계, 저항을 볼 기회가 주어진다(Landgarten, 1987; Rubin, 1987). Landgarten(1987)에 따르면 단일 가족 회기의 한계 내에서 가족미술치료사는 종종 전반적인 가족 기능의 지표인 가족 청사진을 목격할 수 있다. 가족 시각적 청사진(family visual blueprint)의 예는 가족 구성원과 치료사 간의 수많은 대화뿐만 아니라 개인 또는 공동 그리기 경험에서 표시된다. 가족의 역동성은 가족의 상징을 사용함으로써 드러날 수 있다(Rubin, 1987). 이미지의 크기와 배치는 가족의 역할과 가족 의사소통의 형태를 시각적으로 반영할 수 있다(Landgarten, 1987; Rubin, 1987; Satir, 1971; Whitaker, 1976). 가족 체제와 하위 체제는 종종 집단 미술 벽화의 실행을 주도하거나 따르는 사람을 관찰함으로써 수집된다.

집단 벽화는 크고 두꺼운 방습지와 다양한 미술 매체가 필요한 작업이다. 바람직하게는 물감이나 초크 파스텔과 같이 넓은 공간을 덮을 수 있는 미술 매체이다. 가족이 함께 벽화를 그려 작품을 만든다. 작품을 만드는 과정에 앞서, 가족들이 집단 벽화의 실행을 논의하고 계획하는 시간이 종종 있다. 이 기간 동안 종종 가족의 역동성과 동맹이 벽화를 수행하기 전의 토론 기간에 분명할 수 있다. 소극적이거나 수줍음을 많이 타는 가족 구성원은 그림의 외곽 부분에서 작업하거나 전체 그림 작업에 최소한의 노력만 추가하도록 선택할 수 있다. 독단적인 가족 구성원은 대부분의 벽화에 그림을 그릴 수 있다. 따라서 다른 가족 구성원의 그림 공간을 존중하지 않는다(Landgarten, 1987; Linesch, 1993).

06
Chapter

가족미술치료평가 I

1. 가족 평가

가족치료에서의 평가는 개인과 그의 가족에 대한 중요한 정보를 수집하는 방법이다. Kline(2000)에 따르면, 평가는 행동을 이해하고 예측하는 데 사용된다. 일반적으로 평가에는 개인과 가족의 역사 인터뷰, 행동 관찰, 개인과 가족에 대한 정보 수집을 위한 형식적 검사와 같은 여러 방법이 포함된다(Lovler, Miller, & McIntire, 2010). 평가 없는 가족치료는 지도 없는 자동차 여행과 같다. 치료사는 모든 가족 구성원이 어디에 있었는지, 그들이 현재 있는 곳과 미래에 가는 곳을 알아야 한다(Deacon & Piercy, 2001). 내담자들은 다양한 이유로 부부 및 가족치료 모임에 참석한다. 어떤 사람들은 다가오는 결혼에 대비하기 위해 혼전 상담을 받을 수도 있고, 소수의 사람들은 폭발 행동을 하고 있는 아동을 더 효과적으로 다룰 방법을 찾아야 할 수도 있지만, 다른 사람들은 결혼 몇 년 후에 왜 그들이 서로 거리감을 느끼는지 이해하기 위해 부부치료를 받을 수도 있다. 이러한 각각의 경우에 치료사는 평가 기법을 효과적으로 사용하여 정보를 수집하고, 가설을 세우고, 치료 진행 상황과 결과를 평가하고, 변화를 촉진할 수 있다. 따라서 가족 관계와 기능에 대한 정확한 평가는 부부, 가족, 아동을 위한 치료 중재를 개발하는 데 중요한 문제이다. 가족치료에서 그리고 개별 심리치료를 받는 사람들을 위해 치료 계획의 성공은 종종 문제의 본질과 해결책의 가능성에 대한 신중한 평가에 달려 있다(Bray, 2010).

부부의 의사소통 방법, 가족의 학습 양식과 사회적 기술과 같은 중요한 요소에 초점을 맞추는 것은 치료사에게 필수적이다. 가족에 확립된 의사소통 패턴, 역동성, 기능 수준은 이러한 요인을 기반으로 한다. 치료사는 역동적 체제를 평가하므로 이 과정은 개별 평가보다 더 어려울 수 있다(Erford, 2006). Bray(2010)는 가족 평가가 강력한 정보 출처를 제공하는 체계적인 방법이라고 지적했다. 이러한 정보는 문제의 본질, 문제의 원인, 문제에 대한 가족 구성원의 인식과 잠재적 강점 영역에 대한 초기 가설을 확립하는 데 사용할 수 있다. 또한 치료에서의 평가는 가족의 발전을 평가하는 데 적용될 수 있다. 또한 치료 종료 시 결과를 평가하는 데 사용할 수 있다(Hawley, 1994). McPhatter(1991)는 평가는 결과이자 과정이라고 제안했다. 그것은 활동에 대한 지침이자 근거이며 그 자체로 치료이다.

2. 가족 평가의 주제와 목적

1) 가족 평가의 주제

가족 평가는 임상 면담에서 전개되는 가족 구조와 과정의 관찰이 현재 문제의 본질, 시간 경과에 따른 문제의 발생 및 유지를 드러낼 것이라는 근본적인 가정에 따라 진행된다. 이러한 관계를 이해하면 가족치료사와 가족이 관련 가족 관계, 과정 또는 이야기를 다루는 것을 목표로 하는 치료 계획을 세울 수 있다.

가족치료사를 위한 질문은 가족 기능의 중요한 영역이 드러나도록 평가를 구성하는 방법이다. 다양한 평가 틀이 제안되었다. 다양한 모델 간에 초점과 강조의 차이가 있으며, 가족 기능의 다양한 측면을 포착하기 위해 다양한 용어가 사용된다. 등장하는 몇 가지 주요 주제는 다음과 같다(Santon, 2009; Van Geert & Lichtwarck-Aschoff, 2005; Pincus, 2001; Bray, 2009).

- 제시되는 문제에 대한 이해 획득: 가족들은 한 가족 구성원에게 '소속'으로 간주되는 '문제' 또는 '어려움'으로 치료를 받기 위해 참여한다. 가족치료사는 문제의 복잡성에 대한 이해를 얻으려고 노력할 것이다. 예를 들어, 모든 가족 구성원에 대한 문제의 돌출된 특성, 가족 구성원에 대한 의미, 이에 대한 반응, 문제의 측면에 대한 견해, 예를 들어 문제가 어떻게 그리고 왜 발생했고 그것이 가족에게 미치는 영향과 같은 것들에 대해 이해하려고 한다.
- 가족 구조, 구성, 조직: 여기에서 치료사는 가족 구성원 중에 누가 있는지, 다양한 가족 구성원이 채택한 역할과 책임, 가족이 스스로를 조직하고 규제하는 방법과 같은 요인을 이끌어내려고 노력한다. 예를 들어, 부모는 부모 역할을 수행하는 데 있어 연합된 이원적 하위 체제를 형성하는가, 아니면 한 부모가 다른 가족 구성원과 더 밀접하게 연결되어 있는가? 시간이 지남에 따라 가족들은 그들에게 영향을 미치는 내부 및 외부 힘에 어떻게 적응하는가? 예를 들어, 모든 가족은 아동을 유아에서 성인으로 이끄는 발달적 아동 과정에 적응해야 한다. 이러한 변화의 힘에 대응하여 가족은 적응하는 방식으로 또는 부적응을 증명하는 방식으로 자신을 재구성하는가? 가족 조직은 가족이 분열 없이 위기에 대처할 수 있을 만큼 안정적인가?
- 가족 과정: 치료사는 상호 상호작용과 거래의 본질을 끌어내고 싶어할 것이다. 즉, 그것은 가족 구성원이 서로에게 반응하는 방법, 한 시점의 상호작용이 영향을 미치는 방법, 가족 구성원 간의 후속 상호작용에 잠재적으로 영향을 미칠 가능성이다. 상호작용의 순서는 치료사가 관심의 특정 결과와 관련이 있는 한 확인하고자 하는 관계 패턴을 발생시킬 것이다.
- 의사소통 패턴: 가족 구성원이 함께 주어진 사건에 대한 이해를 구성한다. 이러한 공동 구성 이해는 무엇이며 가족이 서로 의사소통하는 방식에 어떤 영향을 미치는가? 상호작용의 정서적 어조는 무엇인가? 가족이 감정을 전달하는 방법과 감정이 가족 간의 의사소통에 미치는 영향은 무엇인가?
- 생물심리학적 요인: 이러한 요인은 예를 들어 당뇨병, 거식증, 천식과 같이 의학적 건강 상태와 심리사회적 차원 간의 관계를 조사하는 의료 가족치료 모델에서 중요한 것으로 나타났다(Graca Pereira & Smith, 2006). 보다 최근에는 뇌 화학, 신경학 및 유전적 요인에 대한 새로운 지식과 이것들이 행동과 감정에 미치는 영향에 관심

이 집중되고 있다(Sluzki, 2007). 이것은 치료사가 예를 들어 학교 시스템 내에서 아동의 어려움이 유전적으로 영향을 받는 발달 요인과 관련되어 있는지 확인하도록 유도할 수 있다. 생물심리사회적 요인이 특별한 관련이 있을 때 가족치료사에 대한 한 가지 질문은 그것이 개인과 가족 기능 모두에 어떻게 영향을 미치는지, 즉 생물학적 요인, 심리적 요인, 가족 또는 사회적 요인 사이의 역동적인 상호 관계는 무엇인가?라는 것이다.

• 관계 수준: 여기서 초점은 가족 내의 사회적 관계에 있다. 보다 큰 가족 체제 내의 하위 체제는 무엇이며, 다른 가족 간의 차이를 설명하는 것과 같이 이러한 하위 체제가 어떻게 기능하는가? 예를 들어, 이러한 하위 체제는 개인 수준('행위자' 효과)부터 전체로서 가족('집단' 효과)의 범위인 가족 구성원 간과 가족 구성원의 결합에서 드러나거나 도출되는 일관된 행동 패턴을 추적하는 치료의 일부 모델에서 공식화된다(Cook, 2007). 예를 들어, 가족 내 감정의 표현을 검토할 때 가족 구성원이 지속적으로 따뜻함을 표현하는 방법은 '행위자' 효과를 구성하는 반면, 가족의 한 개인이 다른 가족 구성원으로부터 따뜻함을 이끌어내는 방식은 '파트너' 효과로 간주 된다(Eichelsheim, et al., 2009).

그러한 틀 내에서 치료사와 가족 간의 일련의 토론을 통해 가족 구성원으로부터 정보를 이끌어낼 것이다. 따라서 이러한 논의가 그 자체로 가족 의사소통, 조직, 관계 패턴에 영향을 미치기 시작할 수 있으므로 평가와 치료를 명확하게 구분하는 것은 쉽지 않다.

2) 가족 평가의 목적

평가는 치료에 기본적으로 중요하다. 사실, 평가는 치료의 기초라고 주장할 수 있다. 만약 치료 과정이 견고하고 정확한 평가를 기반으로 하지 않으면 내담자를 치료하려는 시도가 실패할 수 있다. 다음과 같은 목적으로 평가의 중요성은 명백하다.

첫째, 평가는 내담자가 치료에서 기대하는 것을 발견하는 데 도움이 된다. 분명히 여기에는 내담자가 만들고자 하는 변화가 포함될 것이다. 또한 그것은 치료가 어떻게 수행될

지에 대한 기대를 포함할 수 있다. 내담자는 치료가 얼마나 오래 지속되는지 또는 누가 포함될 것인지에 대한 선입견을 가질 수 있다. 몇몇 내담자는 치료사가 그들에게 숙제나 구체적인 제안을 해주기를 기대하지만, 다른 내담자는 단순히 치료사가 당신을 환기시키기 위해 또는 공명판으로 사용하는 것에 만족할 것이다. 이러한 기대를 이해하면 치료를 위한 실행 가능한 계약을 협상할 수 있다.

둘째, 평가는 문제가 어떻게 나타나 내담자의 삶에 영향을 미치는지 이해하는 데 도움이 된다. 만약 두 명의 내담자가 각각 모두 우울하다고 보고한다. 그러나 각자 다른 방식으로 자신의 우울증에 영향을 받는다. 한 내담자는 약간 우울하지만 직장에서 적절하게 기능할 수 있다. 대조적으로, 다른 내담자는 침대에서 일어날 수 없기 때문에 계속해서 직장에 결근을 한다. 한 내담자는 자살에 대한 생각이 전혀 없는 반면 다른 내담자는 종종 자신의 삶이 어떻게 끝날지 생각한다. 진단적 가치 외에도 만약 사정이 내담자의 고통과 괴로움을 더 잘 이해하는 데 도움이 된다면 사정은 내담자와의 합류를 촉진할 수 있다.

셋째, 평가는 문제가 존재하는 이유를 파악하는 데 도움이 된다. 당신 앞에 있는 이 부부는 왜 끊임없이 싸우는가? 4세 소년이 부모에게 화를 내며 공격성을 나타내는 경향이 있는 이유는 무엇인가? 중년 남성 내담자가 우울한 이유는 무엇인가? 사정을 통해 문제가 어떻게 발전되고 유지되는지에 대한 개념적 이해를 발전시킨다. 이러한 이해는 내담자가 변경해야 할 사항을 결정하는 데 도움이 될 수 있다.

넷째, 평가는 내담자에게 가장 적합한 치료법을 선택하는 데 도움을 주는 것이다. 평가는 특정 내담자에게 어떤 치료가 어떤 조건에서 최상의 결과를 제공할 것인지와 같은 특수성 질문에 답하는 데 도움이 될 수 있다. 우울증 여성과 함께 활동하는 치료사는 지속적인 사정을 통해 치료 접근 방식을 수정할 필요가 있음을 인식했다. 치료사는 내담자의 감정에 초점을 맞추는 것을 선호했지만 한 회기에서 치료사는 그 내담자가 매우 도움이 되는 기사를 읽었다는 것을 알게 되었다. 기사는 부정적인 생각에 도전하는 데 초점을 맞췄다. 치료 중 제공된 다른 단서와 함께 이 토론을 통해 치료사는 내담자와 함께 보다 인지적인 접근 방식으로 전환했다.

다섯째, 평가는 치료가 변화를 가져오는 데 얼마나 효과적인지를 평가하는 것이다. 상황이 개선되었거나, 그대로 유지되었거나, 악화되었을 수도 있는가? 사정은 특정 중재의 효과나 치료의 전반적인 성공을 평가하는 데 사용할 수 있다. 또한 내담자가 종료할 준비가 된 시점을 결정하는 데 도움이 된다.

3. 가족 평가와 측정 기준

가족 관계에 대한 관심은 1970년대 아동 보호 시스템의 출현과 함께 연구 및 임상 실제에서 확대되기 시작했다. 그러나 최근에 들어서야 가족 평가 도구를 개발하기 위한 상당한 노력이 이루어졌다. 1970년대와 1980년대의 심리학과 1980년대와 1990년대의 의학에서 비롯된 세 가지 관련 연구는 가족 평가의 일반적인 주제를 알려준다(Boss, Doherty, LaRossa, Schumm, & Steinmetz, 1993). 가족 체제 이론과 가족치료 연구에 뿌리를 둔 첫 번째 연구는 분석의 기본 단위로서의 가족에 초점을 맞추어 전반적인 가족 기능을 포착하려고 한다. 일반적으로 전반적인 구조 및 조직 패턴, 의사소통 과정, 정서적 자질, 응집력을 포함하여 세 가지 일반적인 가족 내 차원이 평가된다. 예를 들어, McMaster 모델(Epstein, Bishop, & Levin, 1978), Circumplex 모델(Olson, 2000), Beavers Systems 모델(Beavers & Hampson, 2000)은 이러한 전통에서 평가 모델을 나타낸다.

두 번째 연구는 발달심리학에 의해 정보를 얻은 양육 평가에 대한 연구가 포함된다. 이 연구는 양육의 관련 구성 요소를 확인하고 일반적으로 이를 아동 발달 및 기능적 결과와 관련시킨다. 요컨대, 그것은 관심의 핵심 단위로서 양육자-아동 관계에 초점을 맞춘다. 이 분야의 개념적 및 경험적 연구는 평가에 특히 두드러진 다음과 같은 다섯 가지 양육 요소를 강조한다. 즉, (1) 아동에 대한 부모의 믿음, (2) 양육 역할에서 인지된 효율성, (3) 양육 양식, (4) 부모-자녀 관계 특성, (5) 양육 기술 및 행동이다.

세 번째 연구는 스트레스 및 대처 연구와 위험 및 회복력에 관한 관련 연구는 가족 평가에 정보를 제공한다(Hill, 1949). 예를 들어, McCubbin과 McCubbin(1987)은 가족 스트레스 요인의 모델(규범적이거나 예상치 못한, 급성 또는 만성)과 가족 체제에 부정적인 영향을 미치지 않으면서 가족이 스트레스 요인을 관리하는 정도를 제공한다. 연구에서는 가족의 내부 및 외부 사회적 지원 자원과 가족이 스트레스 요인을 인식하는 방식(즉,

가족이 스트레스 요인을 관리 가능한 것으로 보는 정도)을 포함한 두 가지 보호 요인을 확인한다. 요컨대, 이 연구는 가족 기능을 이해하고 평가하는 방법으로 사회적 지원과 가족 평가 과정에 주의를 기울인다.

이러한 주요 이론 및 학문적 영향은 가족 평가 측정 및 방법의 적절성을 고려할 때 몇 가지 실제적인 문제를 일으켰다. 많은 접근 방식이 있지만 가족 평가 방법은 일반적으로 내담자 자기 보고, 관찰, 인터뷰의 세 가지 범주로 나뉜다. 이러한 각 방법에는 장점과 단점이 있다. 주요 차이점은 방법이 형식화되는 정도이다. 자가 보고 설문지와 같은 형식적 방법은 일관되게 반복되는 투입을 용이하게 하기 위해 명확하게 설명된 절차를 갖는 경향이 있다. 대조적으로, 인터뷰와 같은 비형식적 방법은 사양이 덜 명확하고 관리 측면에서 더 가변적일 수 있다.

또한 가족 평가 측정은 획득한 관점에 따라 다르다. 일반적으로 치료사는 가족 및 아동의 "내부자" 보고서는 물론 사례가 포함된 학교 직원, 확대 가족 구성원 및 관련될 수 있는 다른 사람의 "외부자" 보고서를 포함하여 가족 평가 과정에서 여러 개인의 관점을 고려한다. 여러 보고자에 대한 평가를 내부 및 외부 관점과 통합하는 것은 "다체제-다방법"(multisystem-multimethod: MS-MM) 접근 방식에 반영된다(Cromwell & Peterson, 1983).

자기 보고 질문지는 가족 생활에 대한 고유한 내부자 관점과 신뢰할 수 있는 방법, 간소화된 관리 및 채점, 개인의 인식 또는 태도 및 행동 간의 측정 가능한 연결을 제공한다. 이러한 장점을 감안할 때, 연구 및 실제에서 가장 일반적으로 사용되는 방법이다. 관찰 평정 척도는 신뢰성과 타당성을 평가할 수 있는 가족 상호작용 패턴에 관한 외부인 정보를 생성하는 또 다른 비용 효율적인 방법을 제공한다. 그러나 평가 척도는 평가자의 능력과 척도의 심리측정적 질에 따라 유용성이 제한될 수도 있다. 평가자는 측정되는 개념과 실제로 개념을 나타내는 행동을 명확하게 이해해야 한다. 또한 관찰된 행동을 연속체에 배치하기 위해 다양한 집단에 대한 적절한 지식을 보유해야 하며, 이는 적절한 훈련과 임상 감독으로 해결할 수 있는 문제이다. 그러나 자가 보고 측정과 마찬가지로 관찰 평정 척도의 타당성과 신뢰성에 대한 증거는 특히 평가의 특정 단계와 관련하여 도구 선택 과정에서 중요하다.

가족 평가에는 (1) 일반적으로 접수 면접 시 발생하는 선별 및 일반 성향, (2) 접수 및 조사 절차 중에 발생하는 진단 평가(또는 문제 심각도의 정량화)를 포함할 수 있는 문제의 정의, (3) 확인된 문제에 대한 계획, 선택, 치료 매칭, (4) 진행 상황을 모니터링하고 치료 결과를 평가하는 것이 포함된다(Hawkins, 1979). 타당성과 신뢰성은 가족 평가 측정을 선택할 때 주요 심리측정적 쟁점이다. 간단히 말해서, 타당성은 도구가 측정하고자 하는 것(예: 가족 기능 또는 가족 생활에 대한 인식)을 측정하는 정도이고 신뢰성은 일관성의 척도이다. 즉, 높은 수준의 신뢰성은 유사한 절차를 사용하고 결과가 몇 번이고 동일한 방식으로 평가될 경우 유사한 결과를 얻을 수 있다는 사실에 대한 확신을 나타낸다. 다음의 표 1에서 알 수 있듯이 가족 평가 도구를 선택할 때 각 평가 단계에서 고려해야 할 여러 유형의 타당성과 신뢰성이 있다.

표 6-1 평가 단계, 평가 기준, 의사결정(Carlson, 1989)

의사결정 단계	평가 단계	임상적 기준	측정 기준
접수	선별	• 문제 특성 파악 • 후속 평가에 대한 지침 제공 • 비용-효과	적정성은 예언 타당도에 의해 결정
조사	진단	• 가족 기능에 대한 가설 확정 • 기능 장애 정도의 양화 또는 측정 • 문제의 주요 원인을 결정 • 표준화 측정과 임상적 절선점 제공	적정성은 판별 타당도와 차별적 예언 타당도에 의해 결정
사례 계획	치료 계획	• 변화 목표의 구체화 • 문제 행동 산출과 유지 요인 분석 • 가족 강점과 자원 확인 • 치료 순서와 종결을 위한 적당한 변화 수준의 결정 • 만약 다중 목적이 단일 방법 사용을 통해 체계적으로 측정될 수 없으면 다방법 평가 접근 요구	적정성은 문제와 관련된 구체적인 행동 패턴에 대한 내용 타당도와 평정자 간 신뢰도에 의해 결정
계속 치료/배치와 재통합 결정	진전 점검/평가	• 변화되는 행동에 초점 • 반복 측정을 할 수 있음 • 측정 장면을 넘는 일반화 • 변화에 대한 민감성 • 쉬운 관리	재검사 효과와 도구 노후화와 같은 가짜 영향에 비민감성

4. 평가 도구 선택 시 고려 사항

가족 평가 방법의 적절성을 평가하기 위한 임상 기준과 측정 기준은 많이 있지만, 개발 및 사용되는 기능에 따라 다르다. 다음과 같은 실질적인 고려 사항에 따라 도구를 선택한다(Johnson & Wells, 2000).

첫째, 이 도구는 초기 평가에만 사용되는가 또는 진전을 모니터링 하는 데만 사용되는가? 후자라면 그 도구가 임상적 변화에 민감한가? 많은 도구는 시간이 지남에 따라 아동이나 가족의 기능 향상을 측정하는 것이 아니라, 주어진 상태의 존재를 감지하도록 설계되었다. 내담자 변화를 감지할 수 있을 만큼 민감한 도구만이 이를 안정적으로 측정할 수 있다. 이는 많은 사용자에게 분명하지 않을 수 있다. 치료 결정은 종종 내담자의 "진전 부족"이 있을 때 내려지기 때문에 평가 도구는 변화 측정에 매우 민감해야 한다.

둘째, 평가의 어떤 영역이 평가되는가? 가족 평가 도구는 가정 환경의 청결과 같은 유형의 결과에서 자존감과 같은 덜 유형적인 요소에 이르기까지 다양한 요소를 다룬다. 부모의 기능, 부모의 행동 건강 또는 가정 환경의 질과 같은 측정을 선택하기 전에 아동과 가족을 위한 치료의 목표와 원하는 결과를 명확하게 확인하는 것이 중요하다.

셋째, 도구를 실시하는 데 얼마나 걸리는가? 치료사는 일반적으로 내담자와 보내는 시간이 제한되어 있다. 따라서 평가 도구를 실시하는 데 필요한 시간이 짧아야 한다. 또한 치료사는 도구를 사용과 관련된 교육을 받는 데 걸리는 시간과 결과를 해석하는 데 필요한 시간을 고려하기를 원할 것이다.

넷째, 도구와 관련하여 발달 단계 또는 연령 초점은 무엇인가? 치료에 참여하는 부모와 아동의 발달과 연령이 광범위한 범위에 있기 때문에, 대부분의 경우에 다양한 도구를 선택해야 한다.

다섯째, 의도한 대상 집단의 내담자에게 유용한가? 문화적으로 검증되지 않은 도구를 실제로 사용하는 것이 적절한지 진지하게 고려해야 한다. 또한 치료사는 실시하는 방식도 고려해야 한다. 내담자의 읽기 수준과 사용가능한 언어를 고려하는 것도 중요하다.

여섯째, 이 도구 사용의 장점과 단점은 무엇인가? 특정 검사 도구는 아동 또는 가족 기능의 범위를 평가하는 이점이 있다. 다른 도구는 "패키지"의 일부로 다른 도구와 함께 사용할 수 있다는 점에서 유용하다. 도구가 여러 결과에 대한 정보를 제공할 수 있을 때마다 치료사는 자원을 절약할 수 있다. 여러 도구는 가족 기능의 한 측면만 활용하거나 특정 집단에게만 유용할 수 있다. 예를 들어, 일부 도구는 내담자 집단과 함께 사용하기에 합리적인 수준보다 더 높은 읽기 수준으로 작성될 수 있다. 또한 치료사는 저작권이 있는 자료를 구입하거나 다른 도구를 복제하는 비용을 고려해야 한다.

일곱째, 도구는 치료사에게 무엇을 하게 하는가? 도구에 대한 결정은 어떤 정보가 필요한지, 정보가 어떻게 사용되며, 누가 사용할 것인지에 대한 명확한 아이디어에 따라 이루어져야 한다.

여덟째, 심리측정적 자료를 이용할 수 있는가? 즉, 신뢰도와 타당도 지수는 도구의 진실성을 확증한다. 이 정보가 없으면 결과에 대한 다양한 대안적 설명(예: 검사자 편향, 기회, 성숙의 영향)을 배제할 수 없으며, 이는 결과의 유용성을 심각하게 제한한다.

측정 기준과 실제 고려 사항을 감안할 때 이 검토의 목표는 (a) 가족 평가의 주요 영역을 포괄적으로 다루고, (b) 적절한 평가 단계에 대해 타당하고 신뢰할 수 있으며, (c) 가족치료 장면에서 사용에 실질적이라는 것이다.

5. 평가의 기본 원리

평가 기술의 효율성을 높이려면 평가에 대한 형식적 접근 방식을 넘어서야 한다. 단순히 일련의 질문을 하는 것을 넘어 효과적인 평가는 특정 원리를 따른다. 다음에 설명된 일곱 가지 원리를 사용하면 평가 기술을 향상시킬 수 있다(Lee, et al., 2011).

첫째, 결합(joining)은 평가에 중요하다. 효과적인 평가는 치료적 관계의 질에 크게 좌우된다. 내담자는 치료사가 신경 쓰지 않거나, 판단적이거나, 자신에게 불리한 정보를 사용할 것이라고 생각하는 경우 민감한 정보를 공개하는 것을 꺼릴 것이다. 내담자와 좋은 관계를 유지하면 정직하고 협력적인 응답을 받을 가능성이 높아진다. 따라서 치료 초기 단계에서 평가를 용이하게 하기 위해 가능한 한 빨리 내담자와 함께 결합하여 활동하는 것이 중요하다. 또한 내담자가 관계의 안전성에 대한 확신을 갖게 된 후 치료 후에 더 민감한 정보를 공개하는 것도 드문 일이 아니다. 한 내담자는 치료 과정에서 치료사에게 정보를 공개하는 것이 안전하다고 느낄 때까지 내담자 자신이 신이 되는 망상이 있다는 사실을 언급하지 않았다.

둘째, 호기심을 가져야 한다. 치료사가 가질 수 있는 가장 큰 자산 중 하나는 호기심이다. 호기심은 적어도 세 가지 이유로 평가에서 중요하다. 첫째, 호기심은 내담자가 즉시 보거나 드러내지 않은 것을 이해하기 위해 주제를 더 깊이 탐구하도록 격려할 수 있다. 또한 내담자를 이해하는 데 필수적일 수 있는 중요한 정보를 발견할 수 있다. 둘째, 호기심을 갖는 것은 치료사가 덜 판단하도록 격려할 수 있으며, 이는 내담자가 치료사에게 더 열린 마음을 갖도록 장려한다. 치료사가 내담자의 행동에만 초점을 맞춘다면, 그 행동이 옳고 그른지, 적절하거나 부적절하다고 판단하고 싶은 유혹이 있다. 호기심은 치료사가 행동에 영향을 미친 내담자의 근본적인 동기나 맥락적 요인을 살펴보게 한다. 이러한 요인을 이해하면 치료사가 불쾌하게 여기는 행동(예: 아동 학대, 가정 폭력)을 가진 내담자라도 내담자에 대해 더 많은 연민을 가질 수 있다. 셋째, 호기심을 갖는 것은 어려운 질문을 하는 것에 대한 치료사의 억제를 극복하는 데 도움이 될 수 있다. 치료사가 내담자들에게 편하게 물어볼 필요가 있는 많은 주제가 사회적 규범을 위반할 수 있다. 낯선 사람이 다른 사람에게 자신의 성생활에 대해 묻는 것은 일반적으로 무례하거나 저속하다. 그러나 부부와 효과적으로 활동하려면 이러한 유형의 질문을 편안하게 할 수 있어야 한다. 호기심은 치료사가 그러한 억제를 극복하는 데 도움이 된다.

셋째, 사정은 항상 생각해야 한다. 초보 치료사는 종종 치료가 별개의 단계에서 발생하는 것으로 개념화한다. 치료는 사전 동의와 기밀 유지와 같은 행정적 쟁점을 다루는 것으로 시작하여 평가 단계로 진행하고, 평가 단계가 완료된 후 치료를 시작할 수 있다. 따라서 항상 평가를 생각하는 것이 중요하다. 치료 계획을 수립한 후에는 치료 효과를 평가하고, 필요에 따라 치료를 수정하는 데 도움이 되도록 내담자를 계속 평가해야 한다. 중요한 정보는 일상적인 행정적 쟁점을 다룰 때와 같이 형식적인 평가가 시작되기 전에 치료의 초기 단계에서 나올 수도 있다. 치료사가 슈퍼비전을 위해 회기를 녹화하는 것에 대한 허락을 요청했을 때, 한 내담자는 그가 불법 활동에 연루될 가능성을 암시하면서 그가 녹화되는 것이 불편하다고 말했다.

또한 평가를 하는 동안 쉽게 간과될 수 있는 중요한 정보가 예기치 않은 방식으로 나올 수 있음을 인식해야 한다. 한 치료실에서 부부는 다양한 인쇄된 관계 도구가 포함된 평가 패킷을 일상적으로 받는다. 치료사가 평가 도구의 배터리를 완성하는 방법을 아무렇지 않게 물었을 때, 아내는 그녀가 그것에 대해 큰 어려움을 겪었다고 인정했다. 치료사는 아내가 읽기 능력이 매우 제한적이어서 쉽게 알아볼 수 없다는 것을 알게 되었다.

넷째, 평가가 치료이고, 치료가 평가이다. 한 슈퍼바이저는 "평가가 치료이고, 치료가 평가이다"라고 말했다. 다년간의 임상 경험을 통해 이 원칙이 사실임을 입증했다. 많은 경우에 치료사의 의도가 질문을 통해 변화를 가져오는 것이 아니더라도 평가는 변화를 위한 강력한 촉매제가 될 수 있다. 치료사가 하는 질문은 내담자나 가족 체제에 새로운 정보를 제공할 수 있으며, 이는 차례로 변화로 이어질 수 있다.

또한 치료는 평가이다. 내담자들이 치료사의 치료에 어떻게 반응하는가는 내담자나 가족 체제에 대한 치료사의 이해에 통합될 수 있는 새로운 정보를 제공한다. 항상 평가를 한다고 생각하라는 것을 기억해야 한다.

다섯째, 강점을 평가한다. 치료는 종종 문제와 원인을 확인하는 데 초점을 맞추므로 강점을 간과하기 쉽다. 그러나 개인과 관계의 강점을 모두 사정하는 것이 중요하다. 예를 들어, 부부가 서로에 대해 좋아하는 것이 무엇인지 물어보고 개인적인 장점을 드러낼 수 있다. 또한, 그들은 공유된 개인적 관심사나 목표 또는 성격의 궁합을 포함할 수 있는 관계의 강점에 대해 언급하도록 요청할 수 있다.

강점 평가는 다음과 같은 여러 가지 이유로 중요하다. 첫째, 강점을 확인하는 것은 치료 초기에는 부족할 수 있는 희망감을 심어주는 데 도움이 될 수 있다. 관계가 낙담된 부부는 처음 만났을 때의 이야기를 통해 한때 서로에 대해 느꼈던 긍정적인 감정을 다시 느낄 수 있다. 둘째, 내담자의 강점을 파악하면 내담자가 판단을 받을 가능성을 줄이고, 가능한 한 최선의 관점에서 내담자를 보고 싶다는 의사를 전달함으로써 치료적 관계를 발전시키는 데 도움이 될 수 있다. 셋째, 강점을 활용하여 변화를 가져올 수 있다.

여섯째, 평가에는 치료사를 포함한다. 일부 치료사는 평가가 내담자에게만 초점을 맞춘다고 가정한다. 치료사는 치료 체제의 일부라는 것을 기억해야 한다. 치료 시 치료사의 행동과 반응에 주의를 기울이고, 내담자와 마찬가지로 평가해야 한다.

내담자가 치료사에게서 강한 반응을 불러일으켜 치료를 방해할 때 치료사는 주의를 기울여야 한다. 여기에는 내담자를 배려하거나 존중하는 것을 어려워하는 것, 회기 중 지루함을 느끼고 집중하는 데 어려움을 느끼는 것, 내담자에게 무력감과 좌절감을 느끼는 것, 사례의 세부 사항에 대한 비정상적인 기억을 하지 못하는 것, 내담자에 대한 매우 강한 긍정적 또는 부정적 감정을 보이는 것 등이 포함된다.

치료사가 내담자에게 강한 반응을 보일 때 이러한 감정의 영향과 원인을 사정하는 것이 중요하다. 영향의 측면에서, 치료사는 자신의 감정에서 한발 물러나 객관성을 유지할 수 있는가? 치료사와 내담자가 집중해야 할 관계에 문제가 있는가? 드문 경우지만 치료사의 반응이 너무 강해서 해당 내담자와 생산적으로 활동할 수 없을 수도 있다.

감정과 반응의 근원을 평가하는 것은 관점을 얻기 위한 첫 번째 단계이다. 가치관이나 신념의 차이로 인한 반응인가? 치료사가 내담자가 싫어하는 사람을 생각나게 하는가? 한 여성 내담자는 치료사가 어려운 관계를 가지고 있었던 자신의 어머니를 생각나게 했기 때문에 여성 내담자에게 부정적인 반응을 보였다고 인정했다.

때때로 초보 치료사는 내담자에 대한 부정적인 반응이 자신에 대한 문제를 반영한다고 빠르게 가정한다. 이것이 사실일 수도 있지만 많은 경우에 치료사와 관련된 문제보다 내담자의 문제를 진단하는 데 더 유용할 수 있다. 치료사의 반응은 내담자가 어떤 유형의 정신병리(예: 성격장애)를 가지고 있음을 나타낼 수 있다. 또는 내담자 체제 내에서 병렬 과정에 포착되어 반응이 나타날 수 있다. 다시 말해서, 치료사는 부부나 가족 내에서 발견되는 패턴을 복제하는 자신을 발견할 수 있다. 다음 삽화에서 알 수 있듯이, 치료사 자신의 반응에 주의를 기울이면 가족 역동에 대한 중요한 단서를 찾는 데 도움이 될 수 있다.

일곱째, 평가는 다양한 관점을 사용한다. 현명한 치료사는 평가를 수행할 때 다양한 관점을 사용한다. 여기에는 추가 노력이 필요할 수 있지만 여러 관점에서 내담자를 평가하면 중요한 정보를 간과하지 않는 데 도움이 된다. 또한 수집하는 정보를 신뢰할 수 있는지 여부를 결정하는 데 도움이 된다. 치료사로서 다양한 관점을 얻는 것은 기자가 이야기를 확인하고 심화하기 위해 여러 출처를 얻는 것과 비슷하다.

다양한 관점은 다양한 방식으로 얻을 수 있다. 한 가지 방법은 다양한 개인의 의견을 구하는 것이다. 가족치료의 주요 이점 중 하나는 여러 개인의 정보에 자동으로 접근할 수 있다는 것이다. 부부와 함께 활동하는 치료사는 파트너가 관계에 대해 매우 다른 관점을 가질 수 있다는 것을 빨리 인식할 것이며, 진실은 종종 두 파트너의 견해가 혼합되어 있다는 것이다. 따라서 한 사람의 관점에만 의존하는 치료사는 결국 사례에 대한 왜곡된 관점을 갖게 될 것이다. 비슷한 방식으로 아동이나 청소년은 부모나 보호자와 다른 그림을 그릴 수 있다. 따라서 다양한 출처를 사용하는 것이 중요하다. 예를 들어, 교사는 청소년과 함께 활동할 때 중요한 관점을 제공할 수 있다. 다른 상황에서는 개인, 부부, 가족에 대한 추가 통찰력을 제공할 수 있는 다른 전문가(예: 사회복지사, 치료사) 또는 개인(예: 대가족, 친구)의 의견을 듣는 것이 현명할 수 있다.

또한 다양한 관점을 얻기 위한 수단으로 다양한 평가 방법을 사용하는 것이 현명하다. 다양한 형태의 평가는 각기 고유한 강점과 한계가 있는 다양한 유형의 자료를 제공한다. 평가 도구는 정량적 자료를 제공하는 반면 임상 인터뷰는 본질적으로 보다 질적인 자료를 제공한다. 일반적으로 여러 방법을 사용하면 서로를 보완하는 자료가 제공되어 내담자를 더 잘 이해할 수 있다.

6. 가족 평가의 네 단계 모델

대부분의 평가 지침은 제시된 문제에 대한 사실 수집에 중점을 둔다(Williams, Edwards, Patterson, & Chamow, 2011). 이러한 조사는 치료사가 방문하는 형태를 취한다. 증상은 무엇인가? 얼마나 오래 지속되었는가? 원인이 무엇인가? 가족치료의 평가에 관한 교과서조차도 효과적인 치료를 위해 필요한 전조로서 철저한 평가를 옹호하고(Taibbi, 2007; Williams et al., 2011), 치료사에게 자살, 약물 또는 알코올 남용, 폭력, 성학대와 같은 잠재적인 위해 문제를 탐색하도록 조언한다(Patterson, Williams, Grauf-grounds, & Chamow, 1998). William Pinsof와 그의 동료들은 계속 평가를 통해 치료 방법은 언제 바꾸는 것이 유용할 있는지를 결정할 것을 권고한다(Pinsof, Breunlin, Russell, & Lebow, 2012). 따라서 평가와 치료는 일반적으로 별개의 활동으로 간주되는 데, 평가는 정보 수집에 관한 것이고, 치료는 문제 해결에 관한 것이다.

평가를 단순히 정보를 수집하는 과정으로 생각하기보다 제시된 불만을 탐색하는 것이 액면 그대로 받아들이는 것이 아니라 제시하는 불만이 가족 상호작용에 의해 유의하게 영향을 받을 수 있는 가능성을 적극적으로 조사하는 보다 능동적이고 역동적인 평가 형식을 권장한다. 제시하는 문제에 초점을 맞추거나(de Shazer, 1988; Watzlawick, Weakland, & Fisch, 1974), 근본적인 역동에 초점을 맞추는 것(Ackerman, 1966; Bowen, 1978; Minuchin, 1974)과 같은 입장을 옹호하지 않는다. 대신 치료사가 가족의 관점에서 현재의 불만을 탐색하고, 가족이 문제에 대한 가능한 체제적 기여를 고려하도록 도전하는 접근 방식을 권장한다.

체제 지향 치료사에게 평가의 기술은 문제에 대한 가족의 관점을 탐구하고, 상호작용 맥락을 포함하는 관점을 확장하도록 한다. Salvador Minuchin과 그의 동료들(Minuchin, Nichols, & Lee, 2007)은 이 과정은 네 단계가 필요하다고 설명했다. 즉, (1) 제시된 불만 사항을 공개하고, (2) 문제를 유지하는 상호작용을 강조하고, (3) 과거에 대한 구조적으로 초점을 맞춘 탐색, (4) 변화 경로에 대한 공유 비전을 개발한다.

이 절차의 첫 번째 단계는 일차적인 문제가 내담자의 내부에 있다는 가족의 확신에 의문을 제기하는 것이다. 치료사는 조사하지만 존중하는 질문의 과정을 통해 내담자에서 가족의 관계 패턴으로 초점을 확장한다. 주된 불만이, "우리는 의사소통에 문제가 있습니다."와 같은 관계적인 것인 경우에도, 일반적으로 다른 사람이 바뀌어야 한다는 가정이 있다. 그러나 의미 있는 변화가 일어나기 위해 내담자가 달성해야 하는 본질적인 체제 통찰은 "우리의 상호작용이 문제의 일부"일 뿐만 아니라, "상황을 개선하기 위해 내가 하고 있는 일의 일부 측면을 바꿔야 한다."는 것이다.

내담자는 해결해야 할 문제를 가지고 올 때 일반적으로 치료사가 그 문제를 액면 그대로 받아들이고 치료법을 처방해주기를 기대한다. 이것은 의학적 또는 자동적 문제에는 잘 작동하지만, 가족이 치료에 가져오는 문제는 거의 의학적 또는 자동적인 것은 드물다. 따라서 체제 지향 치료사의 첫 번째 과제는 가족을 선형적 사고와 의료 모델 사고에서 상호작용적 이해로 옮기는 것이다. 이러한 변화를 시작하기 위해 치료사는 제시하는 문제에 대해 질문하는 것으로 시작한다. 이러한 질문은 설명된 상태에 대한 세부 정보를 얻는 것뿐만 아니라 문제가 무엇이며 누가 문제인지에 대한 가족의 고정된 확신을 열고 도전하기 위한 것이다.

Minuchin 등의 모델(2007)에 따르면, 치료사의 시작 질문은 가족 구성원이 자신의 이야기를 하고, 자신의 감정을 표현할 수 있는 기회를 제공하여, 이해받고 신뢰를 얻을 수 있도록 도와야 한다. 실제로, 경청하고 진지하게 받아들이는 것은 내담자가 협력적 치료 관계에 참여한다고 느끼게 만드는 데 필수적이다(Hammond & Nichols, 2008). 다른 한편, 치료사는 가족의 문제에 대한 설명을 전적으로 한 사람의 문제로 받아들이지 않아야 한다. 현재 증상과 그 병력에 국한된 질문은 가족의 문제에 대한 고정된 선형 개념을 확인하는 역할을 하는 반면(Miles, 2004), 도움이 되는 질문은 가족 구성원의 감정에 대한 존중을 전달하지만, 내담자를 유일한 문제로 받아들이는 데 회의적이다. 또한 도움이 되는 질문은 계속해서 탐색하고 문제를 여는 반면, 도움이 되지 않는 질문은 내담자가 설명하는 대로 상황을 받아들이고 내담자에게만 집중한다. 이 단계에서 치료사는 효과를 보기 위해 "잘 이해가 안 가는데 어떻게 이해하시는지 궁금하고 궁금합니다." 라는 태도를 전하고, "아, 네, 알겠습니다!"라고 탐색을 종료한다.

두 번째 단계는 가족 구성원이 현재 문제를 영속시키는 방식으로 응답하는 방법을 탐색하는 것이다. 이것은 잘못 행동하는 아동에서 관대한 부모로 비난을 전가하는 문제가 아니다. 또한 가족 문제가 일반적으로 다른 사람들이 내담자를 치료하는 방식으로 인해 발생한다고 제안하려는 것도 아니다. 사실, 가족치료사가 "순환 인과관계"라고 부르는 것은 잘못된 이름이다. 선형 사고에서 순환 사고로의 전환이 개인에서 상호작용 패턴으로 초점을 확장할 뿐만 아니라, 의도적으로 인과관계 설명을 피하기 때문이다. 누가 무엇을 시작했는지에 대한 논리적이지만 비생산적인 탐색에 가족과 합류하는 대신, 순환적 사고는 문제가 지속적인 일련의 행동과 반응에 의해 지속된다는 것을 암시한다. 누가 시작했는가?는 중요하지 않다.

치료사는 가족 구성원이 자신을 괴롭히는 문제를 지속시키는 방법을 이해하도록 도와줌으로써 가족 구성원이 변화의 주체가 되도록 권한을 부여한다. 남편에게 더 많은 시간을 자기와 보내라고 잔소리를 하는 것이 남편을 멀어지게 할 뿐임을 인식하는 여성은 이제 자신이 갈망하는 애정을 얻을 수 있는 더 효과적인 방법을 고려할 위치에 있다. 아들에게 아침에 일어나라고 잔소리를 하면 아들이 스스로에 대한 책임을 회피할 수 있다는 것을 깨닫는 아버지는 아들의 자명종 역할을 그만둘 수 있다.

가족 구성원이 현재 문제에 어떻게 기여하고 있는지에 대해 가족들과 이야기하는 것은 비난을 받는 것에 대한 자연스러운 저항을 극복하는 것을 필요로 한다. 아무도 자신이 배우자의 방치나 자녀의 무책임에 대해 책임이 있다는 말을 듣고 싶어하지 않는다. 사람들을 방어적으로 만드는 것을 피할 수 있는 마법의 공식은 없지만, 순환적 사고는 문제를 일으킨 것에 대한 비난을 퍼뜨리도록 고안된 것이 아니라는 점을 명심하는 것이 도움이 될 수 있다. 이것은 누가 문제를 해결할 수 있는 위치에 있는지 알아내기 위해 설계된 것이다.

세 번째 단계는 가족 구성원들이 항상 생산적인 가정과 서로에게 반응하는 방식이 아니라 어떻게 현재에 이르게 되었는지를 이해하도록 돕기 위한 짧고 집중적인 과거 탐색이다. 치료를 조언하는 것과 구별되는 한 가지는 사람들이 단지 멈추라고 말하기보다는 왜 그들에게 좋지 않은 일을 하는지 밝혀내려고 노력하는 것이다. 가족 구성원의 과거 경험을 탐색하는 근거는 그들의 현재 행동을 이해하기 쉽게 만드는 데 도움을 주는 것이다. 즉, 그들의 믿음을 의심하는 것이 아니라, 그들을 좀 더 이해할 수 있는 맥락에 놓기 위해서이다.

Minuchi 등의 모델의 네 번째 단계는 가족 평가를 유익할 뿐만 아니라 유용하게 만드는 것이다. 무엇이 가족을 꼼짝못하게 하고, 어떻게 그렇게 만들었는지에 대한 명확하고 철저한 그림을 개발한 후, 치료사와 가족들은 누가 무엇을 바꿀 필요가 있는지, 그리고 누가 그렇게 하기를 원하거나 원하지 않는지 이야기한다. 가족을 대상으로 한 조작에서 평가 과정을 그들과 함께 하는 조작으로 바꾸는 이 단계가 없다면, 치료는 종종 그들이 갈 이유가 없다고 생각하는 사람들을 밀어내는 과정이 된다. 그들이 저항하는 것은 당연하다.

모든 치료사가 알고 있듯이 개념적 모델의 광범위한 노력을 실제 치료로 전환하는 것이 항상 쉬운 것은 아니다. "우리 이론은 실제 치료에 대한 로드맵이 아니라 작업 환경을 생성한다"(Beels, 2011). 또한 전반적인 전략을 일반화하는 것이 가능하지만 특정 치료는 상황의 특정 요구 사항에 맞게 조정되어야 하며, 이는 종종 치료사의 개인 스타일의 고유한 표현이다.

07
Chapter

가족미술치료평가 Ⅱ

1. 가족 평가의 모델

가족 기능을 개념화하는 방법은 여러 가지 이유로 중요하다. 가족 기능과 문제를 유지하거나 억제하는 가족 요인을 설명하기 위해 신뢰할 수 있고 타당한 측정이 필요하다. 따라서 가족치료사는 치료 계획을 위해 종합적인 평가 틀이 필요하다.

1) 평가의 중요한 구별

먼저 '평가'라는 단어가 사용되는 방식에 대해 네 가지 중요한 구분을 할 것이다. 첫 번째 구분은 형식적 평가와 비형식적 평가이다(Erford, 2013). 형식적 평가에는 의사 결정자가 사용할 서면 보고서가 필요하다. 예를 들어, 법원은 아동 보호 또는 이혼 후 아동의 양육을 결정하기 위해 보고서를 요구할 수 있다. 또는 학교는 특수 교육 조치를 결정하기 위해 인지 평가를 요구할 수 있다. 다른 한편, 치료사는 치료 또는 중재를 공식화하기 위해 때때로 일반 평가(College of Alberta Psychologists, 2012)라고 하는 비형식적 평가를 수행한다.

두 번째 구분은 표준화 평가 기법과 비표준화 평가 기법 간의 구분이다. 표준화 평가 기법, 즉 심리 검사는 해당 모집단에 대해 규준화가 되어 응시자(가족, 부부 또는 개인)와 일반 집단을 비교할 수 있다. 따라서 검사가 실제로 의미하는 바를 측정하는지 여부인 타당도와 검사가 반복 투입되어도 거의 동일한 결과를 산출하는지 여부인 신뢰도가 중요하다. 그림, 놀이기반 기법, 자기보고 척도와 같은 비표준화 평가 기법은 내담자의 경험에 대한 유용한 정보를 이끌어낼 수 있지만, 그 외의 것을 추론할 수는 없다.

세 번째 구분은 검사자 또는 치료사가 협력적 접근 방식을 취하는지 아니면 전문가 접근 방식을 취하는지 여부이다. 표준화 평가 기법은 개인, 부부, 가족이 특정 특성에 대한 표준과 어떻게 비교되는지 알려줄 수 있다. 더 중요한 것은 가족치료사가 이 정보를 사용하는 방법이다. 협력적 접근은 검사 결과에 비추어 내담자에게 그들의 경험을 묻는 가족치료사를 찾는 반면, 전문가적 접근은 가족의 경험과 상관없이 가족에 대한 지식을 주장하도록 치료자를 초대한다.

네 번째 구분은 가족 평가에 대한 모델-특정 접근 방식과 통합적 접근 방식의 구분이다. 가족치료의 활동 모델이 우리가 가족의 표현을 관찰하고, 관찰을 이해하고, 치료하는 방법을 안내한다. 그러나 이 접근법은 가족치료사가 치료에 대한 다른 접근법이 유용할 수 있는지 여부를 고려하는 것을 허용하지 않는다. 반면에 통합적 접근 방식은 다양한 차원에 걸쳐 가족 기능을 개념화하여 가족치료사가 다양한 이론적 가정의 기법을 통합할 수 있도록 한다.

2) 가족 평가에 대한 개념적 접근

가족 평가에 대한 몇 가지 통합 접근 방식이 개발되었는데, 기본 개념 기반의 관점에서 각각을 설명한다. 그런 다음 접근 방식의 창시자가 개발한 평가 기법 즉, 내담자 자기 보고 도구, 치료사 검목표, 관찰 과제, 임상 인터뷰 지침을 설명한다.

① 가족 범주 도식에서 파생된 접근 방식

가족 기능의 McMaster 모델(Miller, Ryan, Keitner, Bishop, & Epstein, 2000)과 가족

기능의 과정 모델(Skinner, Steinhauer, & Sitarenios, 2000)은 모두 가족 범주 도식(Epstein, Rakoff, & Sigal, 1968)에서 파생된 것이다. 그것들은 대체로 가족 기능의 동일한 차원을 고려하지만, 다섯 가지 주요 측면에서 차이가 있다. 첫째, McMaster 접근 모델은 가족의 과거 발달이나 현재 발달 단계보다는 가족의 현재 기능을 다룬다. 둘째, 과정 모델은 정신 내적, 대인관계 및 전반적인 가족 체제 특성을 고려하는 반면, McMaster 모델은 한 가족 구성원의 정신 내 구성이 가족 체제에 어떻게 영향을 미칠 수 있는지 강조하지 않는다. 셋째, 과정 모델은 요인 간의 상호 관계를 고려한다. 넷째, 과정 모델은 가족의 사회적 맥락을 고려한다. 다섯째, McMaster 모델은 치료에 대한 실용적이고 통합적인 접근 방식을 제공하는 반면, 과정 모델은 치료를 안내하는 일반적인 권장 사항을 제시한다. McMaster 모델은 더 간결한 것으로 볼 수 있지만, 과정 모델은 보다 포괄적이다. 이러한 접근 방식의 공통점은 표 7-1과 같다.

표 7-1 가족 범주 도식에 근거한 가족 평가 틀

McMaster 모델	과정 모델
문제해결	과제 성취
의사소통	정서적 표현을 포함한 의사소통
역할	역할 수행
정서적 반응성	
정서적 관여	정서적 관여
행동 통제	통제
	가치와 규범

- 문제해결과 과제 성취: 이 기능은 이러한 접근 방식 각각에서 유사하게 볼 수 있다. 그것들은 다음을 수반한다.

  - 수행해야 할 과제를 확인한다.
  - 대안적 접근 방법을 탐색하고 하나를 선택한다.
  - 조치를 취한다.
  - 결과를 평가(또는 모니터링)하고 필요한 조정을 한다.

McMaster 모델에는 문제해결 과정에서 추가 단계가 있는데, 즉 문제에 대해 알아야 하는 사람에게 문제의 존재를 알리는 것이다.

두 모델 모두 가족 과제를 기본, 발달, 위기로 구분한다. 기본 과제에는 생존 요구 사항 제공이 포함된다. 발달 과제는 가족생활 주기가 전개됨에 따라 조정함으로써 구성원의 건강한 발달을 지원한다. 한 발달 단계에서 다음 발달 단계로 넘어가는 데 어려움이 있는 것은 종종 가족 문제를 암시한다.

위기 과제는 가족의 기술과 자원을 한계까지, 때로는 그 이상까지 부과한다. 여기에는 가족 구성원의 사망, 심각한 질병, 실직, 자연재해, 가족의 집 상실 또는 이주와 같은 예기치 않거나 비정상적인 사건에 대한 처리가 포함된다. 어떤 가족은 불리한 사건을 침착하게 처리할 수 있지만 다른 가족은 극적으로 반응할 수 있다. 스트레스를 수용하고 잠재적인 위기를 피하는 가족의 능력은 가족의 회복력 또는 건강을 보여주는 훌륭한 지표이다(Steinhauer, Santa-Barbara, & Skinner, 1984).

- 역할: 역할은 '다른 가족 구성원과의 일련의 상호 활동을 포함하는 규정되고 반복적인 행동'이다(Steinhauer et al., 1984). 과제를 완수하려면 역할과 가족 구성원이 역할이 요구하는 바를 수행할 수 있도록 적절한 할당과 조정이 필요하다. 대부분의 경우 가족은 공식적으로 역할을 할당하지 않는다. 역할은 습관적인 행동 패턴에서 진화한다. 그러나 때때로 가족들이 함께 모여서 누가 장보기를 할 것인지, 집 청소를 할 것인지, 잔디를 깎을 것인지, 고양이에게 먹이를 줄 것인지 또는 해야 할 모든 일에 동의해야 할 필요가 있다.
- 의사소통: McMaster 모델은 비언어적 의사소통이 중요하지 않기 때문이 아니라 정량화하기 어렵기 때문에 주로 언어적 의사소통을 고려한다. 그러나 과정 모델은 음성 톤, 표정, 눈맞춤, 몸짓 언어 및 단어 선택으로 표현되는 메타커뮤니케이션을 포함하는 잠재 내용(latent content)이라고 하는 비언어적 내용을 고려한다.

두 모델 모두 의사소통의 명확성, 직접성, 충분성을 고려한다. 의사소통은 감정의 표현과 같은 정서적, 일상생활의 지속적인 활동과 관련된 도구적일 수도 있으며, 미술 작품에 대한 의견의 표현과 같은 정서적 또는 도구적이지 않을 수도 있다. 의사소통 과정을 고려할 때 차폐된(모호하거나 위장되거나 애매한) 것과 달리 명확한 의사소통은 일반적으로 직접 의사소통 (제 3자를 통하지 않고 발신자에서 수신자에게 직접 전달됨)과 마찬가지로 일반적으로 바람직하다. 간접적인 의사소통은 더 쉽게 왜곡되고, 제 3자를 어려운 위치에 놓이게 할 가능성이 더 크다. 내용과 관련하여 가족 구성원 간에 충분한 정보가 전달되고 있는가?

- 정서적 관여: 정서적 관여는 '가족 구성원이 서로에 대한 관심과 우려의 정도와 질'의 문제이다(Steinhauer et al., 1984). 이상적으로는 가족 구성원이 청소년기에 시작하여 가족 외부에서 자신의 요구를 충족할 수 있을 때까지 가족은 모든 구성원의 정서적 요구를 충족시킬 것이다. 두 모델 모두 의사소통의 깊이에 중점을 두고, 다음과 같은 다양한 의사소통 유형을 구분한다.

  - '하숙집의 낯선 사람처럼' 단절을 설명하는 비관여
  - 의무감이나 통제의 필요성에서 발생하는 관여인 감정이 결여된 관심(또는 관여)
  - 타인에 대한 진정한 관심보다는 자신의 가치에 대한 감정을 강화하기 위한 관여인 나르시즘적 관여
  - 타인의 요구에 대한 진정한 이해를 바탕으로 한 공감적 관여
  - 과정 모델에 설명된 밀착 또는 McMaster 모델에 설명된 과도한 관여와 공생적 관여

McMaster 모델은 과정 모델에서 정서적 관여(affective involvement)에 포함되는 정서적 표현(affective expression)이라는 별도의 차원이 있다.

- 통제: McMaster 모델의 행동 통제 또는 과정 모델의 통제는 가족 구성원이 서로에게 영향을 미치는 방식을 나타낸다. 행동 통제에는 경직(rigid,), 유연(flexible), 자유방임(laissez-faire), 혼돈(chaotic)이라는 네 가지 기본 양식이 있다.

경직 통제는 예측 가능성이 높지만 건설성과 적응성이 낮다. 일상적인 과제와 역할에는 꽤 효과적일 수 있지만, 가족 생활의 전환을 탐색하는 데에는 덜 성공적이다. Steinhauer 등(1984)은 경직 통제는 전복(subversion), 수동적-공격적 행동(passive-aggressive behaviour), 권력 투쟁(power struggles), 가족 외부에 대한 분노 표출(displacement of anger outside the family)을 유발한다고 지적했다.

유연 통제는 가족 상황이 변할 때 예측가능하고, 건설적이며, 적응적이다. 유연 통제는 '지지적이고 교육적인 어조가 가족 구성원이 참여하고 가족의 이상과 규칙을 동일시하도록 장려하기 때문에 과제 성취에 도움이 된다'(Steinhauer et al., 1984).

자유방임 통제도 예측가능하지만 건설성이 낮다. 사실상 '무슨 일이든 허용된다'는 것이다. 이러한 가족은 조직과 행동보다는 관성과 우유부단함을 보인다. 과제 성취, 의사소통, 역할 할당이 비효율적이다. 이러한 무질서한 가정에서 자란 아동들은 종종 불안정하고, 주의를 끄는 행동과 열악한 충동 조절 및 자기 조절을 보인다. 특정 행동 기준을 준수해야 하는 학교에 입학하는 것은 그들에게 어려울 수 있다.

혼돈 통제는 경직에서 유연, 자유방임으로 전환하여 예측할 수 없으므로 아무도 무엇을 기대해야 하는지 알 수 없다. 변화는 가족의 실제 요구보다 가족 구성원의 변덕이나 기분에 따라 더 많이 발생한다. 이러한 불안정성과 불일치로 인해 가족 생활의 여러 영역에서 기능이 저하된다.

- 가치와 규범: 과정 모델에 의해 설명된 바와 같이, 이 차원은 가족의 도덕적, 종교적 가치와 그 규범, '그 가족 내에서 허용되는/허용되지 않는 것의 총계'를 고려한다 (Steinhauer et al., 1984. 문화적 다양성에 대한 관심이 높아짐에 따라(McGoldrick et al., 2005), 가족치료사는 가족이 효과적이려면 치료하는 가족의 가치를 이해해야 한다는 것이 널리 인식되고 있다.
- 평가 도구: Epstein과 Bishop 등은 표준화된 자기 보고 도구인 가족평가검사(Family Assessment Device: FAD; Epstein, Baldwin,&Bishop, 1983)를 개발했고, 가족 인터뷰 후에 평가자가 완성하는 McMaster 임상평정척도(McMaster Clinical Rating Scale: MCRS; Miller, Kabacoff, Bishop, Epstein, & Keitner, 1994), McMaster 구조화된 가족 기능 인터뷰(McMaster Structured Interview of Family Functioning: McSIFF; Bishop, Epstein, Keitner, Miller, & Zlotnick, 1980)가 개발되었다. 이러한 평가 양식의 조합은 포괄적인 가족 평가 시스템을 제공한다. McMaster 모델은 가족의 문제 중심 체제 치료(Epstein & Bishop, 1981)를 생성하였다. 가족치료에 대한 통합적 접근 방식은 평가, 계약, 치료, 종결의 주요 단계를 포함하며, 각각은 일련의 하위 단계를 포함한다. Skinner, Steinhauer와 Santa-Barbara(1995)는 가족평가척도, 제3판(Family assessment measure: FAM-III)을 개발했다. 12세 이상의 가족 구성원은 자신과 가족 구성원 간의 관계에 대해 보고하는 이원평가척도(Dyadic Assessment Scale), 가족과의 지각된 연결을 설명하는 자기평정척도(Self-Rating Scale), 일반적인 가족 기능을 평가하는 일반적 척도(General Scale)를 완성한다.

② 순환 모델

순환 모델(Circumplex Model)(Olson, 1986, 1990, 1991, 1993; Olson, Russell, & Sprenkle, 1989)은 가족 기능을 응집성(cohesion), 유연성(flexibility), 의사소통(communication)의 세 가지 핵심 차원으로 개념화한다.

- 응집성: 응집성은 '가족 구성원이 서로에 대해 갖는 정서적 유대감'이다(Olson, 2000). Olson이 지정한 대로 균형 잡힌 가족 기능은 건강하다. 예를 들어, 분리된 관계는 일부 감정적 분리로 특징지을 수 있지만 극단적인 정도는 아니다. 가족 구성원은 떨어져 있는 시간을 소중히 여기고, 일반적으로 별도의 활동에 참여하지만, 서로를 적절히 지지한다. 연결된 관계는 정서적 친밀감과 충성심이 특징이며, 함께하는 시간이 개별 시간보다 더 가치가 있지만 분리는 용인된다.

  한 극단에서 가족은 분리되어 매우 낮은 응집성을 보인다. 가족 구성원은 관심과 활동 측면에서 매우 개별적으로 작동하는 경향이 있다. 의미심장하게도 그들은 가족의 다른 사람들에게 도움을 청할 수 있는 경험을 하지 못한다. 다른 극단에서는 가족들이 밀착되어 있다. 정서적 응집성은 가족에서 가장 중요하며 충성도가 요구된다. 독립, 사적 공간, 반대 의견은 허용되지 않는다. 그리고 가족 구성원은 주로 가족 내에서 내부적으로 초점을 맞춘다. 극단적인 분리 또는 밀착은 임상적 문제를 유지하게 한다.
- 유연성: 유연성은 '가족의 리더십, 역할 관계, 관계 규칙의 변화 양'이다(Olson, 2000). 이 차원은 리더십이 표현되는 방식, 역할과 규칙의 변화가 협상이 되는 방식, 가족이 안정과 변화의 균형을 이루는 방식을 나타낸다. 가족의 유연성 정도는 경직(매우 낮음), 구조화(낮음에서 보통), 융통성(보통에서 높음) 또는 혼란(매우 높음)으로 구분된다. 응집성과 마찬가지로 Olson은 중산층 가족이 건강한 관계를 가질 가능성이 더 높고, 병리 현상을 나타낼 가능성이 적은 반면, 극단적인 가족은 일반적으로 문제가 있는 기능과 관련이 있다고 가정한다.
- 의사소통: 의사소통은 가족이 응집성과 유연성 수준을 수정하도록 돕는 촉진 차원이다. 이 차원은 가족 구성원의 경청 기술(공감 및 주의 깊은 경청), 말하기 기술(자신을 위해 말하고 다른 사람을 위해 말하지 않음), 자기 공개(자신과 관계에 대한 감정 공유), 명료성, 궤도 유지 및 존중으로 구성된다.

- 평가 도구: 가족 적응성과 응집성 평가 척도(Family Adaptability and Cohesion Evaluation Scales: FACES; Olson, 2008)의 이전 판은 극단에서 응집력과 적응성을 적절하게 측정하지 않았다는 근거로 비판을 받았다(Franklin, Streeter, & Springer, 2001). 표준화된 자기보고 도구인 FACES(FACES-IV) 4판에는 24개의 항목이 포함되어 있다. Franklin 등(2001)은 FACES-IV의 응집성 차원이 결합 및 분리 하위 척도가 신뢰할 수 있고 타당하다는 점을 감안할 때, Olson의 가족 기능에 대한 이론적 모델을 강력하게 지지한다는 것을 발견했다.

이 평가 척도는 정지영(2008)이 '가족 유연성과 응집력 평가척도의 한국판 신뢰도와 타당도에 관한 연구'로 우리나라에서 연구가 수행되었다.

Olson(1990)은 치료사 또는 연구자가 가족 관찰을 기반으로 응집성, 유연성, 의사소통을 평가하는 데 사용하는 임상평정척도(Clinical Rating Scale: CRS)도 개발했다. Olson(2000)은 CRS가 순환 모델과 치료 계획에서 사용하는 치료사와 연구자를 훈련하는 데 유용하다고 제안하였다. 순환 모델은 응집성(밀착된 그리고 밀착되지 않은)과 유연성(경직된 그리고 혼돈스러운)의 극단에 있는 가족에서 가족이 균형을 향해 나아가도록 돕고, 의사소통 기술을 향상시켜 가족의 능력을 향상시킴으로써 문제를 줄일 수 있고, 따라서 시간이 지남에 따라 변화에 적응하기 위한 가족의 능력을 증가시킨다고 가정한다.

이 임상 평정 척도 등을 참고하여 박진희(2013)는 우리나라의 가족기능평가를 위한 임상평적척도를 개발하였다. 이 척도는 가족 구조, 가족 정서, 의사소통, 문제해결의 네 가지 요인으로 구성된 것이다.

③ Beavers 가족 기능 체제 모델

Beavers 가족 기능 체제 모델(Beavers Systems Model of Family Functioning)(Beavers & Hampson, 2000)은 가족 역량(family competence)과 가족 양식(family style)의 두 축을 따라 가족 기능을 개념화한다. 가족 역량은 '구조, 이용 가능한 정보, 적응적 유연성 등'으로 구성된다(Beavers & Hampson, 2000).

가족 역량은 가족 생활주기를 통해 발생하는 변화에 적응할 수 있는 구조와 능력을 모두 요구한다. Beavers와 Hampson은 가장 유능한 가족이 '직관적으로 관계에 대한 체제 접근 방식을 가지고 있다'고 주장한다(p. 129). 즉, 가족 구성원은 다양한 관점을 인식하고, 가족 구성원의 행동이 상호 연관되고, 대인관계 패턴에 내재되어 있으므로, 서로를 비난할 가능성이 적다는 것을 이해할 수 있다.

가족 양식은 '가족 상호작용의 양식적 질(stylistic quality)'(Beavers & Hampson, 2000)과 관련되며 구심 또는 원심으로 분류된다. 구심적인 가족은 외부 세계와 달리 가족 내에서 가장 만족스러운 관계를 찾는다. 반면 원심적 가족의 구성원은 가족 밖에서 만족을 추구한다. 가족의 역량이 증가함에 따라 극단적인 구심 또는 원심 양식은 온건해지고, 유능한 가족은 변화하는 요구를 충족시키기 위해 적응한다.

극단에서 심하게 교란된 구심성 가족은 거의 침투할 수 없는 경계를 나타낸다. 그들은 가족과 외부 세계를 엄격하게 구분한다. 아동들의 정서적 발달은 종종 손상된다. 가족 내에서는 분리와 개별화에 대한 정상적인 발달적 요구와 함께 하고, 가족에 대한 충성도와 가족의 주장 또는 연대감 사이에 상당한 갈등이 있다. 심하게 교란된 원심적 가족은 외부 세계와 다공성 경계를 가지고 있다. 가족 구성원들은 장기간 연결이 끊긴 경우가 많으며, 공개적으로 적대적일 수 있다. 이러한 가족은 취약성 또는 연약함을 나타내지 못할 수 있으며, 그러한 감정을 무시하거나 경멸할 수도 있다.

- 평가 도구: Beavers와 Hampson(1990)은 가족 역량과 가족 양식을 표집하는 두 가지 치료사 관찰 척도를 개발했다. 즉, '당신의 가족에서 어떤 변화를 원하십니까?'라는 질문을 토론하면서 훈련된 관찰자가 가족을 평정하는 Beavers 상호작용 역량 척도(Interactional Competence Scale: BICS)와 Beavers 상호작용 양식 척도(Interactional Style Scale: BISS)이다. Beavers 상호작용 역량 척도는 다음가 같은 차원에서 가족의 전반적인 건강과 역량을 평가한다.

(1) 가족의 구조
  - 명백한 권력(혼돈에서 평등으로)
  - 부모 연합(부모-자식 연합에서 강력한 부모 연합으로)
  - 친밀감(불분명한 경계에서 뚜렷한 경계까지)

(2) 신화(합동에서 부적합으로).

(3) 목표 지향적 협상(매우 효율적인 것에서 매우 비효율적인 것으로).

(4) 자율성

- 표현의 명확성(명확한 것에서 불분명한 것으로)
- 책임(행동에 대한 책임을 정기적으로 수락하는 것에서 드문 경우로)
- 침투성(개방에서 비수용성까지)

(5) 가족의 정서

- 감정의 범위(넓은 범위의 직접적인 표현에서 적은 표현까지)
- 분위기와 어조(따뜻하고 낙관적인 것부터 냉소적이고 비관적인 것까지)
- 해결할 수 없는 갈등(심각한 해결되지 않은 갈등에서 없음으로)
- 공감(일관된 공감에서 없음으로)

(6) 전반적 건강 병리(병리학적에서 건강한 것으로)(Beavers & Hampson, 2000).

Beavers와 Hampson(2000)은 Beavers 상호작용 양식 척도는 입원한 청소년 가족과 비임상 가족을 확실하게 구분한다고 보고하였다. Beavers 상호작용 양식 척도는 다음과 같은 하위 척도를 통해 구심에서 원심으로의 연속체에서 가족을 평가한다.

(1) 의존성 요구 충족(무시된 요구에서 기만하게 충족된 것까지)
(2) 갈등 관리(공개에서 비공개로)
(3) 물리적 공간의 사용
(4) 외부인에게 보이는 모습(좋은 인상을 주려는 것에서 무관심한 것으로)
(5) 친밀함을 공언함(가까움을 강조하는 것과 부정하는 것)
(6) 주장 관리(좌절 주장 대 격려 주장)
(7) 긍정적인 감정과 부정적인 감정의 표현
(8) 전반적 양식(구심에서 원심으로)

예비 검증 연구에 따르면 Beavers 상호작용 양식 척도는 구심적 가족 양식과 관련된 내재화 문제를 나타내는 청소년 가족과 원심적 가족 양식과 관련된 외재화 문제를 나타내는 청소년 가족을 구별한다.

또한 Beavers와 Hampson(1990)은 11세 이상의 가족 구성원이 작성할 수 있는 36개

항목의 자기보고 가족 검사(Self-Report Family Inventory: SRFI))를 개발했다. 응답자는 Beavers의 이론을 반영하는 임상 척도에서 도출된 5점 Likert 문항을 지지한다. 자기보고 가족 검사는 특정 정신과 진단을 받은 구성원의 가족을 구별한다.

④ Darlington 가족 평가 체제

Wilkinson(1998, 2000)은 영국 달링턴에서 아동 정신 건강 서비스의 맥락에서 Darlington 가족 평가 체제(Darlington Family Assessment System: DFAS)를 개발했다. 표 2는 Darlington 가족 평가 체제가 고려하는 가족 기능의 차원을 설명한다.

표 7-2 Darlington 가족 평가 체제의 개념적 틀

아동 중심의 문제
- 아동 건강(신체)
- 아동 발달(자기 관리, 의사소통, 독립성 포함)
- 정서 장애(기분 장애 및 그 영향)
- 관계(가족 내외)
- 품행(타인에 대한 행동)
- 부정적인 삶의 사건(사별, 별거 또는 기타 외상)

부모 중심 문제
- 부모의 건강(신체)
- 부모의 건강(심리적)
- 부부 관계
- 양육 이력(부모의 양육 경험)
- 부모의 사회적 지지

부모-아동 상호작용
- 보살핌(과도한 관여 포함)
- 통제(과잉 통제 포함)

전체 가족 기능
- 친밀감과 거리감(가족의 애착 패턴)
- 권력 위계
- 정서적 분위기+규칙(가족 정서 패턴)
- 맥락적 스트레스(생활 조건, 빈곤, 낙인)
- 가족 발달 요약(문제 및 생활주기와 관련하여)

가족 기능의 이러한 차원은 위에서 설명한 가족 평가 모델에서 가족 기능의 많은 영역과 중복된다. 그러나 Darlington 가족 평가 체제는 여러 가지 면에서 특징이 있다. 첫째, Wilkinson(1998)은 가족 평가를 사회적으로 구성된 역사적, 문화적 산물로 보았다. 가족 기능은 복합적이고 얽힌 요인에 의해 결정되며 여러 수준의 분석을 통합한다. 둘째, Wilkinson은 가족 평가를 가족 생활주기 전환에 고정시켜 가족 발달을 '통합 "메타 차원"'으로 간주한다(Wilkinson, 1998). 셋째, Wilkinson은 가족을 위한 실용적인 치료 계획을 개발하기 위해 가족치료사를 안내하는 심리치료 통합의 확립된 원칙에 의존한다. Wilkinson은 평가를 특정 치료 계획과 연결하는 데 매우 실용적이다.

가장 중요한 것은 Wilkinson(1998)이 가족치료사에게 가족과 더 큰 체제를 치료에 참여시키는 방법에 대한 구체적인 지침을 제공한다는 것이다. 그는 내담자의 위치의 개념(concept of customer position)(Berg, 1994)을 적용하여 가족치료사가 먼저 특정 개인이 문제의 일부로 정의되는지 여부를 고려하도록 제안한다. 다음으로 그는 가족 중 누가 내담자인지, 즉 그가 어떤 변화를 원하는지, 요구와 원하는 변화의 강도인지를 고려하라고 제안한다. 그렇지 않다면, 문제로 낙인찍힌 사람을 가족 구성원들이 얼마나 동정하고 있는가(예: '아프다'[공감하다] 또는 '나쁘다'[비공감하다]) 정도이다. 다음으로 그는 치료사가 변화에 대한 각각의 낙관주의 또는 비관주의와 변화를 촉진하기 위한 조치를 취하려는 의지를 고려할 것을 권장한다. 마지막으로 치료사가 가족 구성원이 자신을 보는 핵심 자아 개념을 고려한다고 제안한다.

또한 Wilkinson(1998)은 조사보다는 협력적인 인터뷰 양식을 제안한다. 그는 가족 문제를 정상화하는 머리말을 제시할 것을 제안한다(예: '나는 자녀를 양육하는 방법에 옳고 그름이 있다고 생각하지 않습니다. 많은 방법이 효과가 있을 수 있지만 사람들은 종종 그것에 대해 서로 다른 생각을 합니다. 둘 다 동의하지 않는 경우가 있습니까? 아이들을 어떻게 대해야 하는지?'). 이것은 내담자가 덜 방어적이고 저항하는 데 도움이 될 수 있다. 또한 Wilkinson은 치료사가 특정 영역에 대해 문의할 수 있는 권한을 요청하면 가족 구성원이 협력할 가능성이 더 높을 수 있다고 제안한다. Wilkinson은 아동들의 관점을 얻는 것의 중요성을 강조하고, 때때로 가족 외부의 더 큰 체제에서 이용할 수 있는 동기를 얻는 것이 유용할 수 있다고 지적한다.

⑤ 가족 평가 모델 각각의 유용성

위에서 설명한 가족 평가에 대한 접근 방식은 가족 기능을 서로 다르지만 중복되는 방식으로 개념화한다. 여러 연구에서 이러한 도구의 동시 타당도를 평가했다(Green, Kolevzon, & Vosler, 1985; Hampson, Beavers, & Hulgus, 1988; Hampson, Hulgus, & Beavers, 1991; Rodick, Henggeler, & Hanson, 1986). 그러나 가족 평가 틀의 유용성은 치료사가 치료를 계획하고 임상 집단과 비임상 집단을 정확하게 구별하도록 안내하는 능력에 달려 있다.

아일랜드 표본에서 Drumm, Carr와 Fitzgerald(2000)는 임상 가족과 비임상 가족을 구별하고, 진단이 다른 구성원이 있는 가족을 구별하는 데 McMaster 모델, Circumplex 모델, Beavers 모델의 유용성을 비교했다. Beavers 임상평정척도(Clinical Rating Scale)(Beavers & Hampson, 1990), MCRS(Miller et al., 1994), Circumplex 임상 평가 척도(Olson, 1990)를 사용하여 각각 20개의 가족으로 구성된 3개 집단(정서 장애로 진단된 아동이 있는 임상 가족, 품행장애와 기분장애가 혼합된 장애로 진단된 가족, 정상 가족)이 평가되었다. 모든 도구가 비임상 사례의 85% 이상을 정확하게 분류했다.

Beaver 척도는 정서장애아동이 있는 가족을 구별하는 데 가장 민감한 반면, McMaster 척도는 정서 및 행동의 혼합 장애로 진단된 아동이 있는 가족을 감지하는 데 가장 적합했다. Circumplex 모델은 비임상 가족을 임상 가족과 올바르게 구별했지만, 혼합 장애 또는 감정 장애 사례를 분류하는 데 약간 열등했다. McMaster 검목표는 가족의 강점을 식별할 가능성이 더 크다.

2. 가족미술평가

미술치료 분야에는 많은 논란이 있고, 가족미술평가에 대한 질문은 계속해서 많은 논의를 자극하고 있다. 이러한 논쟁에 대한 담론은 통합과 창의적 통찰을 가져오는 관점의 교환에 동기를 부여했다. 그러한 논쟁 중 하나는 형식적 평가와 비형식적 평가의 차이와 신뢰도와 타당도 문제이다. 형식적 평가는 일반적으로 진단 결정을 목적으로 동료 수행과의 비교를 제공하는 표준화된 절차로 정의된다. 비형식적 평가를 구성할 수 있지만, 그러나 그것들은 주로 특정 가족이나 개별 내담자에 대한 정보를 수집하는 데 중점을 둔다. 대부분의 가족미술치료 평가는 정해진 절차로 구성되어 있지만 비형식적인 것으로 간주된다. 이러한 평가는 비교, 신뢰도, 타당도에 대한 주요 관심 없이 가족 구조와 역동을 더 깊이 이해하기 위한 수단으로 연구 및 임상 환경에서의 활동에서 나타났다. 역사적으로 미술치료사는 가족미술평가를 포함한 현재 미술치료 평가가 내담자 역동에 대한 귀중한 정보원으로 간주하기 위해 과학적 표준화 또는 타당도를 요구하지 않는다고 주장해 왔다.

심리학자와 가족치료사가 개발한 미술 과정을 포함하는 가족 평가 도구가 많이 있지만, 여기서는 미술치료사가 개발한 가족미술평가에 대한 포괄적인 개요와 도구를 소개한다.

1) Kwiatkowska의 가족미술평가

Hanna Kwiatkowska (1910-1980)

국립정신건강연구소(National Institute of Mental Health: NIMH)에서 개발한 최초의 가족미술평가인 Kwiatkowska(1978)의 가족미술평가(Kwiatkowska's family art evaluation: FAE)는 다음과 같은 여섯 가지 그림으로 구성된다.

① 자유화(free drawing)
② 가족 초상화(family portrait)
③ 추상적 가족 초상화(abstract family portrait)
④ 낙서 그리기(scribble drawing)
⑤ 가족 공동 낙서하기(joint family scribble)
⑥ 자유화(free drawing)

Kwiatkowska(1978)는 절차 전반에 걸쳐 가족의 불안 수준을 관리하는 데 이 계열의 중요성을 강조했다. 가족 공동 낙서를 제외하고 각 그림은 같은 방에 있는 가족들이 개별적으로 작성해야 했다. 자유화 과제를 위해 Kwiatkowska(1978)는 각 구성원에게 “생각나는 대로 그리십시오”(p. 87)라고 지시했다. 그녀는 이 첫 번째 그림이 종종 각 가족 구성원에 대한 진단적 인상을 제공한다고 제안했다. 추상적 가족 초상화를 통해 치료사는 과제를 해석하는 방법에 따라 추상적 사고 능력을 평가할 수 있다. 흥미롭게도 Kwiatkowska(1978)는 이 과제가 고기능 아동, 개인, 가족에게 어렵지만, 그럼에도 불구하고 평가에서 가치가 있음을 발견했다. 그녀는 공동 낙서가 활기찬 가족 상호작용을 장려하고, 내담자에게 덜 위협적이며, 잠재의식 감정의 표현을 허용한다고 주장했다. 그녀는 하나의 공동 가족 낙서의 선택 과정이 가족의 수동적이고 지배적인 역할에 대한 통찰력을 제공한다고 믿었다.

각 미술 과제를 완료한 후 가족은 자신의 작품에 제목을 지정하고 서명하도록 지시한다. Kwiatkowska(1978)는 가족미술평가는 가족치료 회기에서 가족 구성원들이 언어적으로 표현하는 방식과 달리 복잡한 관계 역동의 제한이 없는 표현을 반영한다고 썼다.

Kwiatkowska(1978)는 James K. Dent와 공동으로 연구(Dent-Kwiatkowska 연구로 알려짐)를 수행하여 가족미술평가에서 1,500개 이상의 그림을 수집하고 평가했다. Kwiatkowska(1978)는 이러한 과제를 위해 내담자에게 세미 하드 파스텔을 제공했다. 그녀는 단일 회기에서 평가를 수행하는 데 90-120분을 할당했지만, 시간의 길이가 가족의 기능에 대한 단서를 제공할 수 있으므로 엄격한 시간 제한이 없어야 한다고 강조했다. Kwiatkowska(1978)는 제목의 의미, 감정적 느낌, 움직임 또는 행위, 색상 설명자, 공간 사용, 파편화, 왜곡, 친밀감, 고립, 현저성, 구획화를 포함하여 가족미술평가에서 60개 이상의 변수를 평가하기 위해 숫자 평정 척도를 사용했다. 공동화 과제의 평가에는 치료사의 주관적인 반응, 행동 상호작용의 질, 관여, 개별화 지표, 공동 과제에 집중하는 능력이 포함되었다. 그녀는 예비 연구가 표준화되고 신뢰할 수 있는 평가 및 채점 방법의 가능성을 보여주었다고 느꼈지만, 더 큰 표본이 그녀의 연구 결과를 확증하는 데 도움이 될 것이라고 썼다.

Kramer와 Iager(1984)는 가족미술평가에 대한 Kwiatkowska의 연구를 “정교하고 일반적으로 잘 정의된 평가 매뉴얼 ... [및] 일관된 미술평가 절차”(p. 200)를 포함하는 가장 체계적인 연구 중 하나로 인용했다. Sobol과 Williams(2001)는 가족미술평가는 가족 구성원이 가까운 곳에서 협력적으로 활동할 것을 요구하며, 이는 가족 역동을 안전하게 노출시키는 방식으로 가족의 불안 수준을 높인다고 주장했다. 또한 상징적 내용과 상호작용에 대한 주관적 분석과 객관적인 분석을 포함하는 가족미술평가를 주의 깊게 읽으면

"가족 내 관계에 대한 깊은 그러나 일반적으로 명확하지 않은 진실"(p. 264)을 밝혀낼 것이라고 말했다. 그들은 가족미술평가는 미술치료사가 깊은 통찰력이나 행동 변화를 목표로 치료 과정을 계획하는 데 도움이 될 수 있다고 강조했다.

2) Wadeson의 부부미술평가

국립정신건강연구소에서 Kwiatkowska와 함께 활동한 Wadeson(1980)은 Kwiatkowska의 부부를 위한 가족미술평가의 수정된 버전을 개발했다. Wadeson은 평가를 위해 두꺼운 파스텔을 제공하고, 평가를 위해 2시간짜리의 단일 회기를 할당했다. Wadeson의 미술평가 절차는 다음과 같은 네 가지 과제로 구성되었다. 공동 낙서를 제외한 모든 그림은 각 파트너가 "동시에 그러나 별도로"(p. 290) 완성해야 한다.

Harriet Wadeson
(1931-2016)

① 자유 초상화(family portrait)
② 부부관계의 추상적 초상화(abstract portrait of the marital relationship)
③ 공동 낙서하기(joint scribble)
④ 배우자에게 주고, 배우자가 변형한 자화상 (self-portrait given to and altered by a spouse)

첫 번째 과제는 부부가 "가족 그림을 그려서 자신을 포함하여 모든 사람의 완전한 인물을 만들고, 막대기 그림을 만들지 않는 것"(p. 301)을 요구했다. Wadeson(1980)은 그림의 상대적 크기, 배열, 유사점, 차이점, 세부 수준이 가족 내에서 포함, 동맹, 동일시, 기타 관계 측면에 해당한다고 주장했다.

두 번째 과제는 부부에게 그들의 부부관계에 대한 추상적 초상화를 그려달라고 요청하는 것이다. 추상 미술의 색상과 상징적 내용에 대한 개인적인 연관성을 통해 부부는 결혼생활의 역동성, 인식 또는 전체 관계의 주제에 대해 덜 의식적이지만 매우 실질적인 진실을 표현할 수 있다.

세 번째 과제는 Kwiatkowska의 가족 낙서 지침에 "그림이 완성되면 이야기를 들려주세요"(p. 299)라는 추가 지침을 적용하여 더 큰 투사를 장려하는 것이다. Wadeson은 공동 낙서가 만들어지는 동안 관찰하는 것이 치료사가 깊이 뿌리내린 반응 패턴, 의사결정, 협력 또는 방해 행위, 지배, 대인관계 관여에 대한 귀중한 정보를 배우는 데 도움이 된다고 믿었다.

네 번째 과제는 부부에게 각각 사실적이고 구상적인 초상화를 만들고, 배우자와 초상화를 교환하고, 서로의 초상화에 원하는 것을 추가하는 것이다. Wadeson에 따르면 이 과제를 통해 부부는 상징적으로 자신을 배우자에게 제공하고, 배우자에 대해 변경하고 싶은 것을 확인하여 관계 역동에 대한 귀중한 임상적 정보를 제공할 수 있다.

3) Landgarten의 가족미술평가

1981년 Landgarten이 개발한 가족미술평가는 첫 번째 회기에서 가족이 완성한 다음과 같은 세 가지 과제로 구성된다.

Helen Landgarten
(1921-2011)

① 비언어적 팀 미술 과제(nonverbal team art task)
② 비언어적 가족 미술 과제(nonverbal family art task)
③ 언어적 가족 미술 과제(verbal family art task)

각 가족 구성원은 전체 회기에 사용할 하나의 색상 마커를 선택해야 한다. 이 "색상 규칙"을 통해 미술치료사는 각 가족 구성원의 참여와 상호작용 수준을 보다 명확하게 관찰할 수 있다(Landgarten, 1987, p. 14). 또한 과정에서 규칙을 위반하거나 규칙에 도전하는 사람에 대한 정보를 제공한다. 첫 번째 팀 미술 과제를 하는 동안 가족 구성원은 파트너를 선택하고 서로 말하거나 몸짓을 하거나 글을 쓰지 않고 한 장의 종이에 함께 작업해야 한다. Landgarten은 팀 미술 과제가 가족 동맹 및 권력 역동에 관한 귀중한 정보를 미술치료사에게 제공한다고 제안했다. 두 번째 과제에서 모든 가족 구성원은 다시 말하거나 몸짓 없이 한 장의 종이에 함께 작업하도록 지시한다. 세 번째 과제는 가족들에게 한 장의 종이에 함께 작업하도록 다시 지시하지만, 이번에는 작업하면서 서로 이야기할 수 있다.

각 작업 후에 미술치료사는 가족 구성원들에게 함께 제목을 짓기 위해 이야기할 수 있다고 알려준다. Landgarten은 기간을 지정하지 않았지만, 단일 치료 회기 내에 평가가 완료되기를 원했다.

가족미술평가의 분석은 주로 그 과정에서 가족의 상호작용을 관찰하는 것으로 구성되었다. Landgarten은 미술치료사가 그림을 시작한 사람, 따라한 사람, 반응한 사람, 구성원이 참여한 순서, 구성원의 제안이 활용되거나 무시된 사람 등 17가지 관찰 사항을 설명했다(p. 15). 그녀는 또한 미술치료사들에게 가족의 상호작용 양식, 각 구성원의 참여 수준, 공간과 경계의 사용, 구성원이 가족의 나머지 구성원들과 협조적인지, 개인주의적인지, 불일치하는지 여부에 세심한 주의를 기울일 것을 촉구했다. 대부분의 관찰은 행동적이고 과정 중심적이었지만, 각 사람의 그림에 있는 상징적 내용에 대한 조사를 권장했다. Landgarten이 제시한 관찰 내용은 다음과 같다.

① 누가 그림을 시작했고, 이 사람이 페이지에서 첫 번째 표시를 하게 된 과정은 무엇인가?
② 나머지 구성원들은 순서로 참여했는가?
③ 어떤 구성원의 제안이 활용되었고 어떤 것이 무시되었는가?
④ 각 개인의 참여 수준은 어느 정도인가?
⑤ 자신의 공간에 남아 있던 참가자와 건너간 참가자는 누구인가?
⑥ 다른 사람 위에 자신의 이미지를 겹쳐서 다른 구성원을 "지워 버리"는 사람이 있는가?
⑦ 어떤 유형의 상징적 접촉이 이루어졌으며 이러한 접근을 제안한 사람은 누구인가?
⑧ 구성원들인 교대로 활동을 했는가, 팀을 이루어 했는가, 아니면 동시에 했는가?
⑨ 접근 방식의 변화가 있었다면 무엇이 변화를 촉발시켰는가?
⑩ 각 구성원이 기여한 지리적 위치(중앙, 끝, 모퉁이, 전체)는 어디인가?
⑪ 각 구성원이 차지하는 공간은 어느 정도인가?
⑫ 각 구성원이 기여한 상징적 내용은 무엇인가?
⑬ 독립적으로 활동한 구성원이 있는가?
⑭ 누가 주동자 역할을 했는가?

⑮ 추종자 또는 반응자는 누구였는가?

⑯ 정서적 반응을 보였는가?

⑰ 가족의 활동 방식은 협동적, 개인주의적, 불협화적이었는가?(p. 15).

Landgarten(1987)은 가족의 인식과 관찰에 대해 논의하고, 유도 질문을 하고, 상호작용에 대한 제한된 관찰을 제공하는 데 가족을 참여시키는 것의 중요성을 강조했다. Landgarten은 언어 및 비언어적 의사소통을 포함한 가족 상호작용을 관찰하는 것이 가족 체제를 이해하는 열쇠라고 믿었다. 내용 분석 및 제안된 제목 검토는 가족 역동 지식에 추가되었다. "모든 제스처와 표시는 가족 체제에 대한 단서를 제공한다"(p. 15).

4) Kauffman의 동적 가족화

동적 가족화(Kinetic Family Drawing: KFD)는 "자아 개념 및 대인관계에 대한 정보를 수집하기 위한 아동 평가"로 개발되었다(Brooke, 2004). 처음에는 개별 평가로 설계되었지만, 가족 역동에 대한 개인의 지각에 대한 정보를 제공할 수 있다. 그림은 2번 연필을 사용하여 8.5x11인치 흰색 종이에 완성된다. 지시 사항은 "당신을 포함하여 가족 모두가 무언가를 하고 있는 그림을 그립니다. 만화나 막대기로 사람이 아닌 전체 사람을 그리십시오. 모든 사람이 무언가를 하도록 하십시오. 일종의 행동입니다."라고 한다(Brooke, 2004).

Burns와 Kaufman은 평가를 실시하는 사람이 지시를 내리고 검사실을 나와 주기적으로 개인을 확인하도록 제안한다(Brooke, 2004). 따라서 치료사가 동적 가족화를 만드는 과정을 반드시 관찰하는 것은 아니지만, 동적 가족화의 미술 작품을 조사하여 정보를 얻는다. Burns와 Kauffman(1970)은 치료사가 아동을 다른 가족 구성원과 분리시키는 구획화, 가족 구성원의 부재, 가족 구성원 간의 친밀감 또는 거리를 포함하여, 동적 가족화의 문제적 측면에 주의를 기울인다고 제안한다. Oster(2004)는 동적 가족화가 개인이 가족 체제 내에서 자신을 보는 방식과 더 큰 사회에서 발생할 수 있는 불일치를 보여주는 데 특히 유용하다고 말한다. 또한 Oster는 이 평가가 "우리는 함께 아무것도 하지 않습니다”(p. 119)와 같은 가족 구성원으로부터 중요한 통찰력과 계시를 얻을 수 있다고 언급하였다. 또한 Oster는 각 가족 구성원의 얼굴표정이 개인이 다양한 가족 구성원을 어떻게 보는지를 드러내고, 가족 구성원에 대한 표현되지 않은 감정을 드러낼 수 있다고 주장한다. Brooke(2004)는 Burns와 Kaufman이 동적 가족화를 평가하는 데 사용하는 용어가 잘못 정의되어 서로 구별하기 어렵다고 말한다. 그럼에도 불구하고 Brooke(2004)는 가족과의 관계에서 아동의 자아 인식에 대한 정보를 얻는 데 유용한 평가라고 말한다.

5) Burns의 동그라미 가족화

동그라미 가족화(Family Centered Circle Drawings: FCCD)는 내담자와 자신 및 부모와의 관계에 대한 정보를 얻는 방법으로 개발했다. 동그라미 가족화는 아동 또는 성인 내담자와 함께 사용할 수 있다. 동그라미 가족화는 내담자가 자신, 어머니 또는 아버지의 이미지를 원의 중앙에 배치한 다음, 중심 인물 주위에 떠오르는 기호를 그려 시각적으로 관계자를 자유롭게 하는 투사 평가이다. 동그라미 가족화는 대칭(symmetry)과 중심화(centering)의 개념에 기초한다. 대칭과 관련하여 Burns는 대칭 디자인이 비대칭 디자인보다 더 무의식적인 재료와 반응을 이끌어낸다는 것을 나타내는 투사적 잉크 반점 검사의 개발과 관련된 Rorschach의 연구 결과를 참조한다. Burns는 “중심화”라는 단어를 사용하여 한 가지에 대한 깊은 관심을 나타낸다. Burns는 부모 또는 ... 자신의 대칭 매트릭스에서 “자신이 만든 이미지를 중심으로” 하면 “깊은 감정적 반응”과 “통찰력과 치유를 가져올” 수 있다고 주장한다(p. 2). 이 과정은 치료에서 다루어야 하는 무의식적이거나 억압된 질료(material)를 드러낼 수 있다.

동그라미 가족화의 변형인 동그라미 부모-자기화(Parent-Self Circle Drawing: PSCD)는 부모와 자기가 한 원의 중심에 함께 포함된다는 점을 제외하고 동그라미 가족화와 유사한 지침이 제시된다. Burns(1990)가 동그라미 부모-자기화에서 치료사들이 주의를 기울여야 한다고 제안하는 몇 가지 핵심 사항은 다음과 같다. 즉, 어떤 인물이 중심적인지(누가 가장 많은 권력을 가지고 있는지 밝힐 수 있음), 부모와 비교한 자기의 상대적 크기, 자기가 성인으로 표현되는지, 아동으로 표현되는지, 인물 사이의 친밀감과 거리가 포함된다. 또한 치료사가 빠진 사람이 있는지, 인물의 표정, 인물에서 생략된 신체 부위 및 지나치게 강조된 인물의 측면을 기록할 것을 제안한다.

Brooke(2004)는 동그라미 가족화는 미술 작품에만 초점을 맞추고 미술 과정을 고려하지 않기 때문에 동그라미 가족화가 얻을 수 있는 정보는 제한적이라고 말한다. 또한 동그라미 가족화는 내담자와 가족의 관계를 평가할 때 유용한 도구이며, 특히 부모 중 한 명 또는 양쪽 모두와 갈등을 겪고 있는 내담자에게 유용할 것이라고 말했다. Oster(2004)는 동그라미 가족화가 치료에서 초기 가설을 세울 때 치료사에게 유용한 도구가 될 수 있으며, 특히 상징이 본질적으로 부정적이거나 긍정적인 경우를 포함하여 상징의 특성이 고려되는 경우에 유용하다. 또한 Oster는 동그라미 가족화를 사용할 때 그림의 상대적 크기를 서로 기록하는 것이 중요하다는 Burns의 의견에 동의했다. Oster는 동그라미 가족화가 "임상적 통찰력과 토론을 촉진하는 표현 자료를 얻기 위한 자극 모델"(p.121)이라고 말한다.

6) Dumont의 가족 지도

Dumont(2008)가 개발한 가족 지도(Family Map) 기법은 가족에 대한 가장 어린 아동의 관점을 이끌어냄으로써 가족의 상호작용 패턴과 기능에 대한 정보를 얻는 데 사용된다. 절차는 다음과 같다. 치료사는 가족에게 가장 어린 아동의 가족에 대한 경험을 묘사하는 지도를 만들 것이라고 설명한다. 치료사는 가족 구성원에게 역할을 위임한다. 가장 어린 아동(들)이 지시를 하고, 부모와 큰 형제자매가 지시에 따라 도와준다. 자녀가 여러 명인 경우 절차를 조정하여 함께 활동하고 공동 결정을 내리거나 필요한 경우 각 자녀가 자신의 가족 지도를 만들 수 있다.

다음으로, 치료사는 큰 종이에 큰 원을 만들고 이 공간에 가족 구성원 각각을 위한 공간이 있을 것임을 표시한다. 부모가 별거 중인 경우 두 가구를 나타내기 위해 두 개의 원으로 수정할 수도 있다. 가족의 맥락은 학교, 이웃 또는 직장을 포함하여 원 외부에 포함된다. 그런 다음 아동들은 자신과 가족의 각 가족을 위해 색을 선택한다. 각 가족에게 자신을 나타내는 마커가 주어지며 치료사는 마커를 잡고 참석하지 않은 사람들을 대신한다. 아동에게 원의 크기와 위치를 고려하여 가족 중 누군가를 원으로 나타내도록 요청한다. 가장 큰 원은 "'가장 많은 공간을 차지하는' 사람을 나타낸다."(p.249). 다음으로, 아동들은 다른 사람들에게 그들의 관계의 성격을 나타내는 가족 구성원 사이의 선을 만들도록 지시한다. 이중 선은 친밀한 관계를 나타내고, 지그재그 선은 갈등을 나타낸다. 회기가 끝나면 아동은 원하는 경우 지도를 수정할 수 있다. 또한 아동들에게 자신의 미래 소망에 대한 새로운 지도를 그리도록 요청한다. 이 과정은 치료 목표를 세우는 데 도움이 될 수 있다.

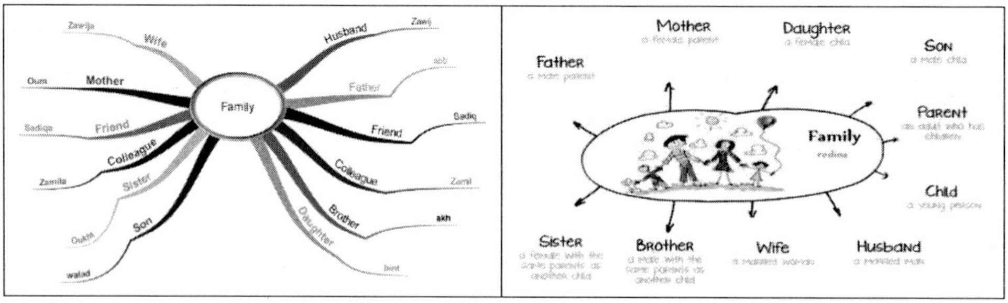

7) 가계도

초기 평가에서 치료사와 가족이 서로를 이해하는 데 도움이 되는 가장 일반적인 도구는 가계도 또는 족보(genogram or family tree)이다. 이것은 '누가 가족에 속하는가'를 시각적으로 표현한 것으로, 치료사가 선택하는 복잡성에 따라 다양한 변형, 사건, 패턴을 그릴 수 있으며, 나중의 회기서 항상 반환할 수 있다. 실제로 일부 치료사는 가족을 만날 때마다 가계도를 보여준다. 다시 말하지만, 이것은 체계적인 메시지를 제공한다. 가족치료사는 한 개인을 돕기 위해 여기 있는 것이 아니라 가족이 문제를 해결하도록 돕기 위해 여기에 있다. 종종 아동과 청소년들은 학교에서 가계도를 그려본 적이 있을 것이므로 그 과정은 그들에게는 익숙할 수 있다. 가계도에 가족 구성원과 관계를 나타내는 많은 규칙과 상징이 있다(McGoldrick, 2011; McGoldrick et al., 2008). 다음의 그림 1에서 이러한 상징을 간단하게 제시한다.

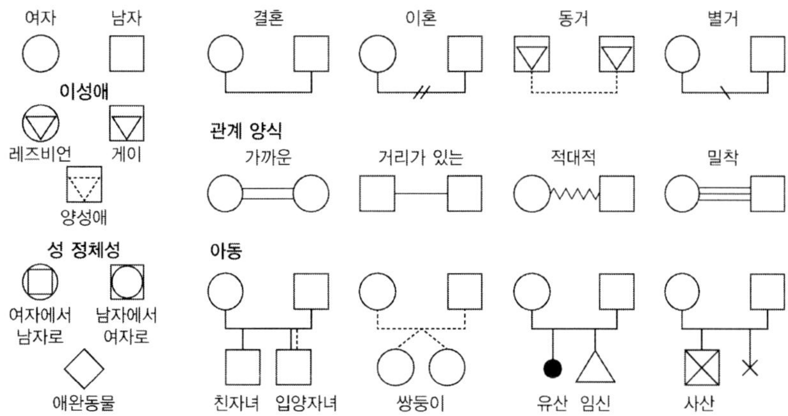

그림 7-1 가계도의 상징

전반적으로 미술을 활용하는 심리학자들이 개발한 가족 평가는 가족 역동과 가족 구성원 간의 관계에 대한 가족 구성원의 지각을 평가하는 데 사용된다. 이러한 평가를 통해 정보는 가족이나 개인의 미술 창작 과정보다는 주로 미술 작품을 통해 얻는다.

8) 기타 가족미술평가

많은 미술치료사들이 가족 조각을 평가 도구로 사용하였다(Arrington, 1991; Keyes, 1984; Kwiatkowska, 1967, 1978; Landgarten, 1981, 1987). 가족 조각은 가족이 입체적인 형태를 만들어 내야 한다. 점토가 일반적으로 사용되지만 구조를 조립하는 데 사용되는 매체에는 유연성이 있다.

Keyes(1984)는 가족 조각이 원가족의 역사(history of the family of origin), 가족 구성원에 대한 투사(projections onto family members), 내적 투사와 현재 지각(introjections and current perceptions), 치료 목표의 확인(identification of treatment goals)이라는 네 가지 수준의 정보를 나타낸다고 강조했다. 점토 형태의 배치를 통해 권력 분배, 가족 동맹, 가치, 왜곡, 회피도 만들어 낸다. 공간의 사용, 디자인 비교, 상대적인 크기, 근접성, 인물의 돌출성을 조사함으로써 통찰력을 얻을 수 있다(Arrington, 1991; Keyes, 1984). Kwiatkowska(1978)는 내담자의 근본적인 정신병리가 일반적으로 점토를 사용하여 "보다

원시적이고 덜 통제된 표현 방식을 통해 분명해진다"(p. 136)고 언급했다. 그러나 Kwiatkowska는 내담자와 함께 무른 매체(loose media)를 다루는 데 내재된 어려움을 경고했고, Landgarten(1987)은 매체가 제공하는 구조의 수준을 신중하게 고려해야 한다고 강조했다.

3. 가족미술평가의 이점

가족미술평가는 다양한 장점 또는 이점이 있다. 대표적인 이점으로 내담자의 방어를 감소시키고, 가족 역동성을 시각적으로 볼 수 있으며, 치료 계획을 안내하고, 가족에 대한 아동의 관점을 시각화하는 것을 촉진한다.

1) 방어를 감소시킨다

여러 연구자들이 가족미술평가의 미술적 측면이 방어를 줄이는 힘이 있다는 것에 동의하며, 결과적으로 유용한 정보를 얻을 수 있다. 먼저 Wadeson(2001)은 "언어화는 우리의 주요 의사소통 양식이기 때문에, 우리는 그것을 조작하는 데 더 능숙하다"며, 의도적으로 "말하고 싶은 것은 말하고 원하지 않는 것은 말하지 않는다"(p. 11)고 주장한다. 또한 Wadeson은 미술은 대부분의 사람들에게 덜 일반적인 의사소통 방법이므로 "통제하기가 쉽지 않다. 그림이나 조각에서 뜻밖의 것들이 튀어나올 수도 있고, 때로는 그것을 만든 사람의 의도와 완전히 반대되는 경우도 있다"(p. 11)고 말한다. 이러한 "예기치 않은 인식은 종종 통찰력, 학습, 성장의 선두를 형성한다"(p.11)라고 하였다.

Landgarten(1981)은 "미술은 방어되지 않는 의사소통의 형태를 나타내기 때문에 가족 구성원은 자신이 드러낸 미묘함을 거의 인식하지 못한다"고 하였다(p. 16). 마찬가지로 Dumont(2008)는 그림 그리기 활동이 의사소통을 덜 직접적이고 덜 위협적으로 느끼게 하여 아동이 그렇지 않으면 더 방어적이고 접근하기 어려운 자료를 공유하는 데 도움이 된다고 하였다(p. 256). Burns와 Kaufman은 드로잉이 인터뷰보다 훨씬 빠르게 정보를 이끌어낸다고 하였다.

Kwiatkowska(1978)와 Landgarten(1981)은 가족미술평가(Family Art Evaluation)와 가족미술사정(Family Art Assessment)을 통해 가족 구성원이 치료 회기에서 직접적으로 말로 표현하지 못한 것을 그림이나 글을 통해 억압된 감정을 표현할 수 있는 사례를 제시하였다. Klorer(2000)는 가족 평가에 미술을 통합하면 과정이 덜 위협적이며 "부모가 방심하게 한다"고 하였다(p. 144).

2) 가족 역동성을 볼 수 있게 한다

많은 미술치료 연구자들이 가족미술평가가 가족 역동성 및 상호작용 패턴을 조명한다는 데 동의하고 있다. DeOrnellas(1997)는 가족미술평가는 치료사가 아동과 다른 가족 구성원이 가족 맥락에서 자신을 어떻게 바라보고 서로 관계를 맺는지를 볼 수 있는 위협적이지 않은 방법이라고 하였다. 또한 Wadeson(1980)은 가족미술평가를 통해 "문제"로 지정된 사람과 "그 사람의 잘못된 행동이 모든 가족 구성원의 상호작용으로 전화되고, 모든 구성원이 책임을 지게 된다"(p. 399)고 하였다. 또한 DeOrnellas는 가족미술평가는 아동과 부모에게 다른 가족 구성원과 상호작용하는 방식을 관찰할 수 있는 기회를 제공하고, 이것은 한 사람의 문제로 보는 것에서 벗어나 모든 가족 구성원의 기여를 고려하는 보다 체계적인 관점으로 초점을 옮긴다고 하였다.

Landgarten(1980)은 비언어적 의사소통을 통해 미술 과정에서 가족이 상호작용하는 방식을 관찰하는 것이 가족의 전형적인 상호작용 패턴에 대한 귀중한 정보를 제공한다고 믿었다. Landgarten은 누가 그림을 시작하는지, 제목에 대해 누구의 제안을 받는지, 누가 따라하는지에 주목하였다. 또한 Oster(2004)는 어떤 구성원이 다른 구성원과 독립적으로 활동하고 있는지뿐만 아니라 누가 이끌고 따르는지 주의를 기울이는 것이 중요하다고 말한다. Oster는 누가 긴밀하게 협력하는가를 통해서도 동맹이 드러날 수 있다고 언급하였다. 한 가족 구성원이 다른 가족 구성원의 그림 부분으로 넘어가는 과정에서 갈등이 나타날 수 있다고 지적하였다.

DeOrnellas(1997)는 미술이 "대인관계에 대한 가설과 해석을 공유할 때 치료사가 사용할 수 있는 구체적인 예"(p. 452)를 제공한다고 주장하였다. Dumont(2008), Landgarten (1980), Kwiatkowska와 Burns(1990)는 그림에 대한 가족 구성원의 기여의 크기와 위치와 같은 미술의 측면들이 가족 내에서 누가 권력과 중심성을 가지고 있고, 누가 그렇지 않은지를 밝힐 수 있다는 데 동의한다. Landgarten은 "모든 제스처와 표시는 가족 체제의 단서를 제공한다"고 말했다.(p.15) Haber(2012)의 연구에서 가족미술평가는 일차 치료사가 관찰하는 동안 미술치료사가 가족에게 시행하였다. 많은 일차 치료사들은 평가 결과 역할, 관계, 상호작용 및 감정을 포함한 가족 역동에 대한 명확성과 통찰력을 얻었다고 말했다. Oster(2004)는 미술이 "가족 역동을 시각적으로 묘사할 수 있는 원천"을 문서화하고 제공하는 역할을 한다고 언급하였고(p. 237쪽), 그림이 관계적 강점과 약점, 행동 패턴 및 역할을 드러낼 수 있다고 언급하였다.

3) 치료 계획을 안내한다

Landgarten(1987), Kwiatkowska(1978), DeOrnellas(1997), Wadeson(1980)과 같은 미술치료 얀구자들은 가족미술평가가 치료를 안내할 수 있다는 데 동의하였다. 평가는 치료 중재를 만드는 데 사용된 귀중한 정보를 제공한다. Klorer(2000)는 가족미술평가는 치료사가 가족의 강점을 확인하는 데 도움이 되며, 이러한 강점은 제시된 문제를 다룰 때 치료 접근 방식에 통합될 수 있다고 말하였다. Haber의 연구에 참여한 대다수의 치료사는 가족미술평가가 가족 내 역할과 관계에 대한 통찰력을 얻는 데 도움이 되었다는 데 동의했으며, 관련된 대부분의 치료사는 얻은 정보가 치료 계획에 도움이 될 것이라는 데 동의했다.

4) 아동의 관점을 쉽게 시각화할 수 있다

가족미술평가에 관한 많은 연구에서 발견되는 가장 중요한 주제는 모든 가족 구성원, 특히 아동을 치료 과정에 포함시킬 수 있는 능력이 있다는 것이다. Dumont(2008), Wadeson(1980), Ford Sori(2006), Burns와 Kaufman(1990)을 비롯한 미술치료 연구자들은 가족에 대한 아동의 지각은 중요하며, 그것을 들어야 한다는 데 동의한다. 가족치료 분야의 많은 연구자들은 치료에 아동을 포함시키고 참여하는 것이 중요하다는 데 동의한다. 구조적 가족치료(Structural Family Therapy)의 창시자인 Salvador Minuchin은 인터뷰에서 그가 의도적으로 아동들을 회기에 포함시키고, 그들의 통찰력을 요청했다고 말했다(Ford Sori, 2006). Wadeson은 가족치료의 이론적 근거는 삶에 대한 개인의 반응이 가족 맥락 내에서 학습되고, 어려움이 가족 체제 내에서 형성되고, 가족 체제에 의해 유지된다는 인식에 뿌리를 두고 있다고 주장한다. 또한 개인의 병리가 "개인만이 아니라 가족 망(matrix)에서 보강되는 것으로 간주된다"고 말하였다(p. 397).

미술치료 연구자들은 아동의 지각이 치료에 유용한 정보를 제공할 수 있는 능력이 있다는 데 동의한다. Ford Sori(2006)는 "아동은 가족 구성원 간의 관계, 구조, 의사소통에 대한 풍부한 정보를 치료사에게 제공할 수 있다"라고 하였다(p. 11). Dumont(2008)는 아동의 "가정생활에 대한 자발적이고 직관적인 이해가 귀중한 정보를 제공한다"(p. 247)는 데 동의하였다. 또한 Dumont는 아동들이 가족의 영향을 크게 받기 때문에 가족 내 변화에 영향을 미칠 때 그들의 요구를 고려해야 한다고 주장하였다.

또한 많은 연구자들은 미술이 아동들에게 말로만 하는 것보다 더 많은 것을 표현할 수 있는 능력을 준다는 데 동의한다. Wadeson(1980)은 미술이 아동들에게 어른들과 수평적으로 의사소통할 수 있는 능력을 제공한다고 하였다. 이는 부모가 일반적으로 어린 아이들보다 훨씬 더 언어적으로 명료하기 때문이다. Dumont(2008)는 가족에 대한 자신의 지각을 언어적으로 설명하는 부모의 능력이 치료에서 아동의 관점을 흐리게 할 수 있다고 말한다. Wadeson은 아동들은 미술 용품을 사용하는 것이 매우 편안하고, "일상적인 가족 상호작용에서는 불가능할 수 있는 가족 내에서 자신의 목소리를 들을 수 있는 방법을 찾는다"고 하였다(p. 399). Burns(1990)와 Kauffman(1990)은 아동이 언어화를 통한 것보다 미술 제작과 같은 신체 움직임을 통해 더 자발적이고 자연스럽게 의사소통한다는 데 동의하였다. 또한 Wadeson은 미술치료가 "가족 내에서 지각을 공유하는 수단을 제공한다"고 말하였다(p. 396). Haber의(2012) 연구에서 치료사들은 Landgarten의 가족미술평가가 "아동을 다른 관점으로 보고 그들의 요구를 탐색하는 데 도움이 되었다"라고 말했다.

08
Chapter

자주 사용되는 가족치료기법

1. 초보 가족치료사를 위한 필수적인 기술

초보 치료사로서 활동을 시작할 때 불안하고 준비되지 않은 느낌을 받는 것은 자연스러운 일이다. 초보 치료사로서의 처음 활동을 안내할 수 있는 몇 가지 간단한 언어적 기술이 있다. 이론을 완벽하게 사용하거나 올바른 치료 기법을 찾는 것에 대해 걱정하는 것보다 이것들을 습득하는 것이 시간을 훨씬 더 잘 사용하는 것이다. 이러한 기술은 성공적인 치료를 수행하는 데 필요하다. 치료 대화를 위한 확고한 기반을 구축하고 내담자와 순간에 도움이 되기 때문이다. 다음에 요약하기, 집중하기, 끼어들기, 공감하기, "나" 입장에서 반영하기를 제시한다.

1) 요약하기

요약하기(summarizing)는 내담자가 짧은 시간 동안 만든 치료적으로 중요한 요점을 치료사 자신의 말로 다시 진술하는 것이다. 요약하기는 단순히 의역이 아니다. 여기에는 정보를 선별하는 것이 포함되므로 전달할 때 회기 또는 전반적인 치료 목표에 유용한 정보를 강조하는 것이다. 요약하기는 내담자가 잘 들린다고 느끼도록 돕고 치료사가 치료 정보(내용보다 과정)를 우선시할 수 있도록 한다.

2) 집중하기

일반적으로 치료 분야에서 집중하기(attending)는 내담자에게 온전히 주의를 기울이는 것을 의미한다. 이것은 응답하기 위해서가 아니라 요약하거나 반복하기 위해 경청함으로써 달성된다. 후자는 내담자가 말을 마칠 때까지 기다려야 하고 정보를 처리하여 의견을 말해야 한다. 이것은 종종 침묵의 순간을 필요로 하며, 결과적으로 침묵으로 위안을 얻는다.

또한 집중하기는 내담자에게 치료사가 그들의 이야기를 듣고 정신적으로 따르고 있음을 알리는 데 사용되는 언어적 및 비언어적 기술이다. 집중하기 기술은 고개를 끄덕이거나, "음~ 흠~" 또는 "오!"와 같이 간단할 수 있다. 이러한 비언어적 및 언어적 반응은 다른 사람들보다 어떤 사람들에게는 더 자연스럽게 나온다. 어느 쪽이든, 이러한 방식으로 집중하는 방법과 빈도를 알아차리는 것이 유용하다. 내담자와 함께 있고, 내담자의 요구에 집중한다는 사실을 알리기 때문이다.

3) 끼어들기

대부분의 초보 치료사에게 끼어들기(interrupting)는 어려운데, 그 이유는 치료사들이 끼어들지 않도록 사회적으로 훈련을 받았기 때문에 결과적으로 무례한 행동에 대해 우려하거나 너무 지시적인 것을 원하지 않기 때문이다. 끼어들기는 대부분의 대학원 교육에서 의도적으로 가르치지 않지만 종종 생산적인 치료에 필요한 기술이다.

내담자들은 자신의 삶이나 최근 좌절에 대한 세부 사항을 알려주고 싶어하지만 목표를 달성하기를 원하기도 한다. 내담자의 이야기를 자세히 듣는 것과 함께 치료 시간을 관리하여 치료 시간을 생산적으로 관리하고 내담자가 목표를 달성할 수 있도록 하는 것이

치료사로서의 책임이다. 결과적으로 치료사는 특정 목표를 달성하려는 내담자의 요구와 특정 의사소통 양식의 균형을 맞춰야 한다. 이 과정에서 유용하기 위해 때때로 끼어들기가 필요하다. 빈도는 각 내담자와 내담자의 유형(예: 개인 대 부부 대 가족)에 따라 다르다.

끼어들기를 보다 편안하게 하는 한 가지 방법은 초기 회기에서 끼어들기에 대한 규칙을 설정하거나 끼어들기를 할 때 끼어드는 이유를 설명하는 것이다. 타임아웃 핸드 시그널을 사용하여 끼어들기를 할 수 있다. 벨을 사용할 수 있다. 당신은 손을 흔들고, 간단히 말하기 시작하고, ――당신의 최선의 선택을 찾을 수 있다. 치료를 유지하기 위해 대화에 참여하는 데 도움이 되는 모든 것은 그만한 가치가 있다.

4) 공감하기

공감하기(empathizing)는 내담자가 말한 것에 대한 언어적, 정서적 반응이다. 예를 들어, "와우. 신나네요!" 또는 "미안해요. 그 경험을 하는 기분이 어떨지 상상이 안 돼요." 등과 같은 것이다. 공감할 때 정서적 관점에서 내담자의 경험을 경청하고 이해했다는 의사를 전달하는 것이다. 만약 내담자에게 어울리지 않는 정서 표현을 사용하여 공감한다면, 내담자가 치료사의 해석의 폭을 넓힐 수 있기를 바랄 때이다. 협력을 가능하게 하는 방식으로 공감함으로써 상대방이 편안함을 느끼도록 할 수 있다. 예를 들면, "흥미진진하게 들리네요! 흥미로웠나요? 어땠나요?" 등과 같은 것이다. 즉, 치료사의 공감하기 진술에 대한 첨부로, 치료사는 내담자의 다양한 정서를 불러일으킬 수 있다.

5) "나" 입장에서 반영하기

일반적으로 반영하기(reflecting)는 내담자가 말한 내용에 대한 생각을 공유하는 것을 의미한다. 이것은 유용한 치료 기술이지만, "나" 입장에서 반영하는 것과 약간 다르다. "나"의 입장에서 반영할 때 반영하기의 초점은 내담자가 아니라 치료사인 당신이다. 이러한 유형의 반영하기는 치료적 사고를 드러내고, 상호작용을 설명하는 방법이다. 다음은 몇 가지 예이다. "당신이 몇 분 전에 X라고 말했는데, 그것은 나를 ...인지 궁금하게 만들었다." 또는 "좋아요. 주제에서 벗어난 듯한 질문을 하려고 하는데, X 목표로 연결되니까 물어보는 겁니다." 이러한 유형의 치료적 자기 공개를 실천하는 것은 투명성의 환경을 조성하고, 결과적으로 내담자들이 치료 과정에 포함되었다고 느낄 수 있도록 도와준다. 또한 내담자가 치료와 관계에서 사용할 수 있도록 이러한 유형의 의사소통을 모델링한다.

2. 기본적인 가족치료 기법

1) 가족 평가

Bowenian 치료의 초기 회기는 가족의 정서적 과정에 대한 아이디어를 형성하기 위해 정보 수집에 중점을 두며, 이는 가족 구성원에게 체제적 맥락에서 현재 문제에 대한 정보를 동시에 제공한다. 현재 문제는 핵가족의 역사를 통해 확대 가족 체제로 추적된다. 다세대 가계도는 이러한 정보를 기록하는 데 유용한 도구이다. 치료사는 친밀감과 거리를 조절하는 패턴, 가족 체제에서 불안을 다루는 방법, 활성화 되는 삼각관계, 변화와 스트레스가 많은 사건에 대한 적응 정도, 정서적 단절의 징후를 포함하여 특정 가족의 정서적 과정에 대한 단서를 찾는다.

수집된 정보는 특히 대가족에 대해 논의할 때 매우 주관적인 것으로 인정되지만, 과거 세대에 대한 이야기는 삼각관계에서 사람들이 차지하는 역할과 원가족으로부터 해결되지 않은 긴장에 대한 유용한 단서로 간주된다. 예를 들어, 대가족의 구성원이 저항 세력으로 묘사되는 경우 치료사는 어떤 사건이 이 명칭을 제기하게 되었는지, 세대에 걸쳐 이 역할을 맡은 다른 사람은 누구인지, 그리고 저항과 관련된 가족 위기 주위에 삼각관계가 어떻게 형성되었는지 등을 탐색한다.

치료의 초기 단계에서 가족 구성원의 불안을 진정시키는 것은 가족의 역사에서 증상의 발달과 강력한 주제 사이의 연결을 만들도록 돕는 것을 포함할 수 있다. 또 다른 목표는 현재 문제 주변에 형성되고 유지되는 중심적인 삼각관계를 느슨하게 하는 것이다. 자신의 가족에서 작동할 때 체제 개념을 내담자에게 가르치는 것은 이 단계에서 치료의 일부이다. 이것은 사람들이 일을 다르게 하도록 설득하려는 시도를 의미하는 것이 아니라, 가족 구성원이 가족 패턴에서 각 개인의 역할을 고려할 수 있도록 자신의 편견을 넘어서서 보도록 격려하는 것을 의미한다.

가계도(genogram)는 내담자의 가계를 도식 또는 그래픽으로 나타낸 것이다. 그러나 일반적인 족보(family tree)와 달리 가계도(genogram)는 가족 구성원 간의 관계에 대해 훨씬 더 많은 정보를 제공한다. 혈연 관계, 가족의 의학적 상태, 그리고 가장 흔히 가족치료의 경우 정서적 관계를 파악하는 데 사용할 수 있다.

가계도에는 두 가지 수준의 정보가 포함되어 있다. 하나는 전통적인 족보(family tree)에 존재하는 정보와 훨씬 더 포괄적인 정보이다.

- 기본 정보: 성명, 성별, 생년월일, 사망일(있는 경우)
- 추가 정보: 교육, 직업, 주요 생활사건, 만성질환, 사회적 행동, 가족관계의 성격, 정서적 관계, 사회적 관계, 알코올 중독, 우울증, 질병, 동맹, 생활상황 등

추가 정보를 포함함으로써 치료사와 내담자는 함께 협력하여 내담자의 현재 감정과 행동에 영향을 미쳤을 수 있는 가족력 패턴을 확인할 수 있다. 때로는 이 정보를 매핑하고 관찰하는 간단한 작업으로 이전에는 알아차리지 못했던 것을 분명히 할 수 있다. 정서적 관계에 대한 정보에는 관심 지점 및 내담자에게 영향을 미쳤을 수 있는 관세의 모든 측면이 포함될 수 있다. 예를 들어, 관계가 학대로 표시되는지 여부, 결혼이 별거 또는 온전한지 여부, 만약 관계가 사랑 또는 무관심으로 특징지어지는 경우, 관계가 "정상"인지 또는 기능 장애로 간주될 수 있는지 여부 등이 포함된다.

가계도는 가족에 대한 많은 정보를 가능한 한 간결하게 묘사하기 위해 특별한 규칙과 상징의 조합을 사용한다. 이러한 규칙과 관행 중 일부는 표준화되었으며, 향후 독자가 설명서를 이해할 수 있도록 준수해야 한다. 가계도에 사용되는 다른 규칙과 기호는 질문하는 사람 또는 어떤 참조를 사용하는지에 따라 다르다. 일관성이 있는 한 어떤 기호를 사용하는지는 중요하지 않다. 이를 통해 모든 내담자의 가계도를 살펴보고 가족에 대한 유용한 정보를 수집할 수 있다.

또한 치료사가 편리하게 사용하고 내담자들과 공유할 수 있도록 가계도 기호 시트가

있다. 이러한 기호들 가운데 인쇄하여 내담자와 공유하는 모든 가계도 복사본에 포함시키는 것이 좋다.

가계도를 작성할 때는 최소 3세대를 포함하도록 해야 한다. 치료와 관련이 있는 경우 더 많은 세대를 포함할 수 있지만, 이보다 적을 경우 가계도의 유용성이 현저히 떨어진다.

(1) 가계도 기호

젠더

남성은 사각형으로, 여자는 원으로 표시한다.

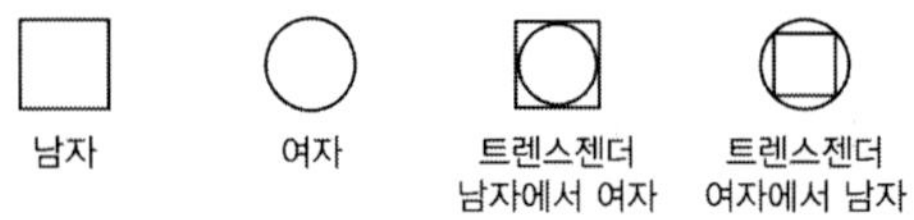

가족 관계

가족 관계는 그 아래에 선으로 연결된 두 개의 젠더 기호로 표시된다. 남자는 항상 왼쪽에, 여자는 오른쪽에 나타나야 한다.

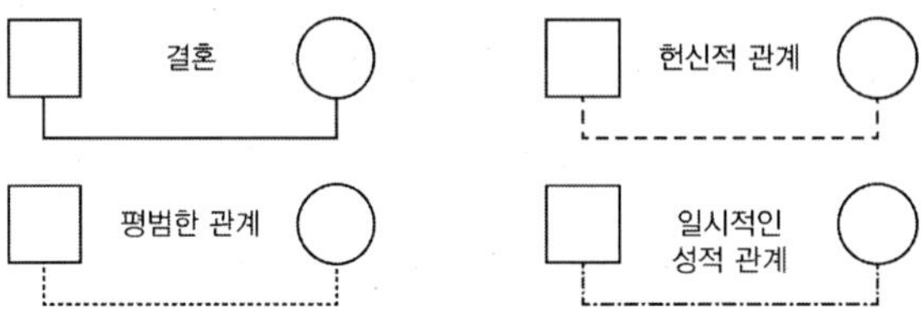

가족 관계 선의 위에 있는 설명 기호는 관계 상태에 대한 자세한 정보를 제공한다. 이러한 각 설명 기호는 모든 유형의 선 위에 배치될 수 있다(예: “별거”는 “헌신적 관계” 선 또는 “결혼” 선 위에 배치될 수 있음).

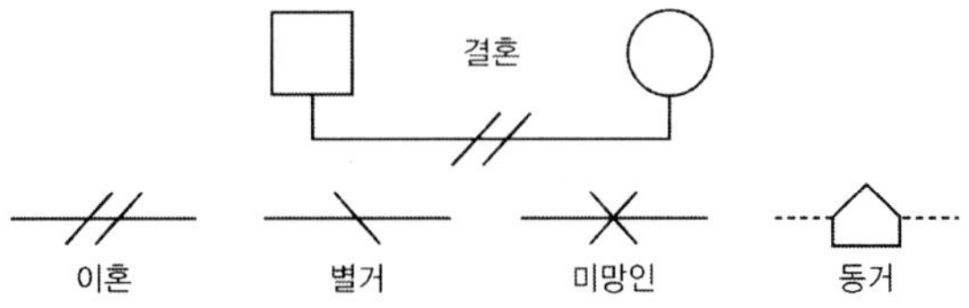

정서적 관계

정서적 관계는 두 개의 젠더 기호를 직접 연결하는 선으로 묘사된다(가족 관계 연결과 달리 선이 그 아래에 있음). 이 선은 가계도에서 두 사람을 연결하는 데 사용할 수 있다.

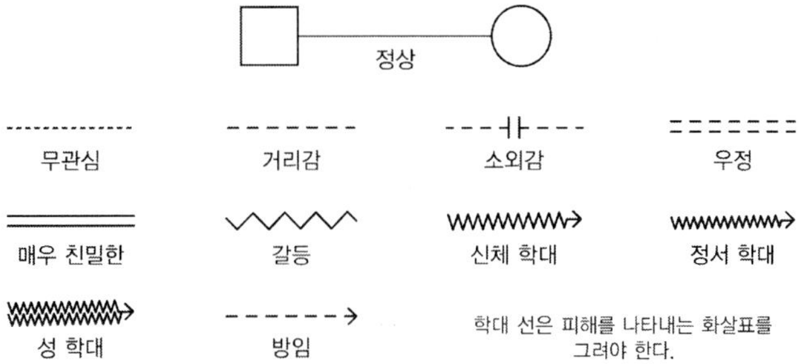

모든 사람을 정서적 관계 선으로 연결하면 가계도가 매우 복잡해진다. 각 관계에 대해 질문하되 치료와 관련되거나 주목할만한 영역만 표시한다.

아동

자녀는 부모의 가족 관계 선에서 파생된 선으로 부모 아래에 배치된다. 어린이는 왼쪽에서 오른쪽으로, 나이가 많은 것부터 가장 어린 순서로 나열해야 한다.

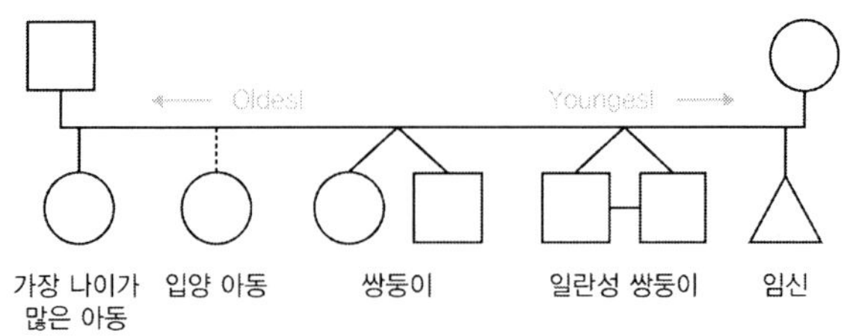

수명

사망은 사람의 기호 안에 "X"로 표시된다. 어떤 경우에는 사람의 나이 또는 출생 및 사망과 관련된 날짜와 같은 추가 정보를 추가하는 것이 중요할 수 있다.

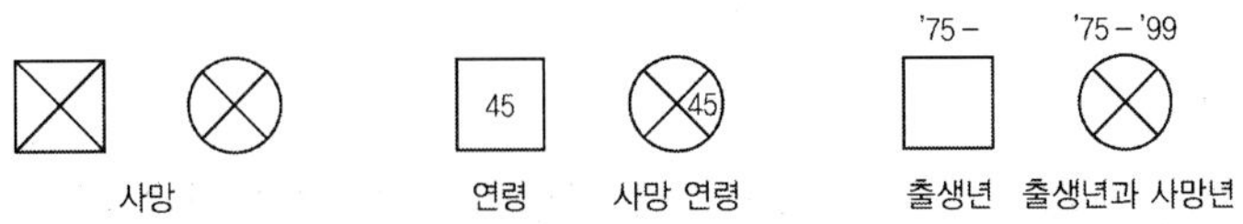

추가 정보

가계도를 사용하여 치료와 관련이 있다고 생각되는 거의 모든 것을 묘사할 수 있다. 필요에 따라 추가 표시를 자유롭게 만든다. 예를 들어, 별표를 사용하여 "분노하기 어려움"을 나타내거나, 성별 상징 위의 구불구불한 선을 사용하여 "알코올 중독"을 나타낼 수 있다.

사용자 지정 표시를 사용할 때는 마다 범례를 포함한다. 시간이 지나면 별자리, 꼬불꼬불한 것, 그리고 다이아몬드가 뒤섞인 것이 무엇을 의미하는지 기억하지 못할 것이다.

종합

위의 기호와 규칙을 사용하여 다른 치료사가 선택하고 이해할 수 있는 가계도를 구성할 수 있어야 한다. 다음은 일부 설명과 함께 완성된 가계도의 예이다.

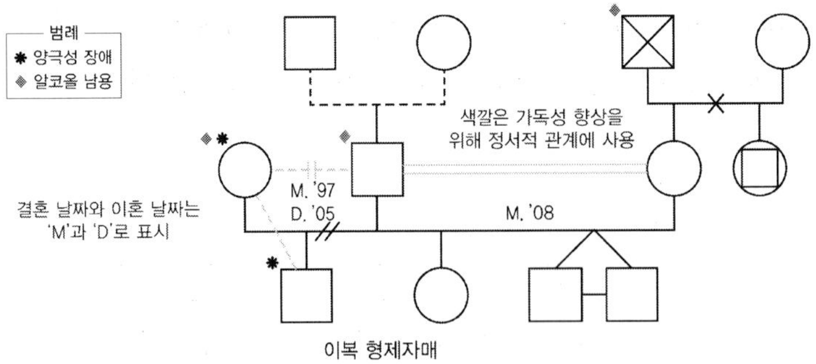

(2) 가계도의 사용

평가

가계도를 만드는 것이 귀찮은 일이 될 필요는 없다. 많은 사람들이 자신의 가족에 대해 이야기하는 것을 좋아하며, 몇 가지 이야기를 나눌 기회가 있으면 뛰어들 것이다. 이것은 치료를 시작할 때 라포를 형성하고 내담자를 알 수 있는 좋은 기회이다.

가계도는 치료의 평가 부분에서 적합하다. 가계도는 내담자에 대한 훌륭한 정보를 제공할 뿐만 아니라 내담자의 가족력에 대해서도 알려서 가능한 진단에 대한 통찰력을 제공할 수 있다.

가족치료 동안 가계도는 진행 상황을 측정하는 방법으로 사용될 수도 있다. 치료 전반에 걸쳐 다양한 지점에서 가계도를 완성하면 내담자의 관계가 언제 어디서 개선되었는지 확인하는 데 도움이 될 수 있다.

개인 치료

개인 치료 중에 가족의 중요성이 무시되는 경우가 너무 많으며, 가계도는 내담자의 뿌리가 잊혀지지 않도록 하는 좋은 방법이다. 한 사람의 민족적 또는 종교적 문화가 생각, 감정, 행동을 형성할 수 있는 것과 마찬가지로 가족 문화도 마찬가지이다. 이러한 이유로 다양한 문제로 어려움을 겪고 있는 내담자들은 가족에 대해 배우는 것이 도움이 될 수 있다.

가족치료

가족치료에서 가계도를 사용하는 것은 가족 구성원이 서로의 관계를 매우 다르게 볼 수 있기 때문에 까다로울 수 있다. 그러나 이러한 불일치 또한 매우 시사적일 수 있다.

(3) 가계도에 대한 기본 지침

- 가계도에 대한 지표 인물(관심 인물)은 이중선으로 표시된다.
- 일반적으로 최소 3세대를 파악하려고 한다.
- 남자 부모는 항상 왼쪽에 있고 여자 부모는 항상 가족의 오른쪽에 있다.
- 배우자/파트너는 관계 이력 순서대로 지표 인물 옆에 있어야 한다. 예를 들어, 그

사람의 첫 번째 배우자/파트너는 그/그녀와 가장 가까우며, 그 다음에는 두 번째 파트너(있는 경우), 그 다음에는 세 번째 파트너 등이어야 한다.

- 자녀는 가계도 아래에 가장 나이가 많은 사람부터 막내까지, 왼쪽에서 오른쪽으로 배치되며 두 부모에서 아래로 선이 그어진다.
- 이러한 규칙은 당연하게 들릴 수 있지만, 상황이 더 복잡해지면 이러한 규칙을 기억하는 것이 중요해진다.
- 세대적, 관계적 패턴을 한 눈에 명확하게 볼 수 있도록 정확한 연대기 표현을 유지하는 것이 중요하다.
- 가족 구성원이 정확하게 표시되면 기호를 사용하여 갈등, 친밀감, 소원함, 학대와 같은 가족 상호작용뿐만 아니라 질병을 나타낸다. 때로는 다른 기호에 다른 색상을 사용하여 패턴을 더 눈에 띄게 만드는 것이 도움이 된다.
- 완료되면 패턴을 찾는다. 눈에 띄는 유전적 패턴, 세대적, 심리적, 관계적 경향이 있을 수 있다.

(4) 가계도 구성에 포함할 기타 정보

- 민족 배경/이민 이력
- 교육, 직업 또는 실업
- 성격 경향 및 가족 역할
- 신체적 또는 성적 학대
- 정신 질환
- 의학적 상태: 주요 또는 만성
- 외상적 손실(급사, 유산, 파산, 주요 이사)
- 가족과 함께 살았거나 가족에게 중요한 사람들
- 법률 문제
- 종교 또는 종교적 변화

2) 분화 촉진 질문

내담자는 자신과 가족 내에서 일어나는 일에 대해 자신의 입장, 발언 및 의견을 갖도록 배운다. 다른 구성원의 감정을 공격하거나, 무시하거나, 상처를 입히지 않고, "나"라는 표현을 하고 문제에 대한 입장을 표명하도록 권장한다. 이것은 가족 관계 내에서 더 큰 책임감을 심어주는 데 도움이 될 수 있다.

치료사는 성인 내담자가 상대방에 대한 자신의 반응에 대해 책임을 질 수 있다고 가정하는 질문을 한다. 예를 들면, "자녀의 행동을 그렇게 개인적으로 받아들이는 것처럼 보이는 방식을 당신은 어떻게 이해합니까?"가 될 것이다. 그러한 질문에 대한 응답으로 가족 구성원은 다른 가족을 공격하거나 방어하지 않고 문제를 어떻게 보는지에 대해 말하는 입장을 취하도록 권장된다. 내담자는 관계에서 더 큰 책임감을 느끼기 위해 자신의 생각과 감정에 대해 개인적인 진술을 하도록 배운다. 예를 들어, '부모님께 이렇게까지 걱정을 끼치다니 너무 이기적이야!'와 같은 비난 진술은 '이 일이 당신의 학교 성적에 영향을 미칠까 정말 걱정됩니다'로 바꾼다. 부모는 비난하는 말을 통해 자신의 불안을 투사하기보다는 자신의 걱정을 스스로 하도록 권장된다. 그러한 자기 초점을 개발하는 것은 불안을 낮추고 각 가족 구성원이 문제가 있는 상호작용에서 자신이 하는 역할에 대해 생각할 수 있는 사람 대 사람 관계를 가능하게 하는 데 중요하다고 한다.

자아의 분화는 특히 강렬하거나 친밀한 관계 내에서 정서적으로나 신체적으로 다른 사람과 친밀할 때 누군가가 자신의 자아, 정체성, 생각 및 감정을 유지할 수 있는 심리적 상태를 말한다. Murray Bowen이 개발한 자기 분화 이론은 다음과 같은 두 가지 중요한 능력을 강조한다.

- 자신의 생각과 감정을 분리하는 능력
- 가깝고 친밀한 관계의 존재와 압박 속에서 자신의 감정과 생각을 유지하는 능력

이 두 가지는 간단하게 들릴지 모르지만 실제로는 타고난 것이 아니며 거의 사용되지 않는 경우가 많다. 예를 들어, 생각과 행동은 종종 분노, 욕망, 슬픔, 질투와 같은 감정에 의해 무시된다. 분화 수준이 높을수록 이러한 감정을 인정하지도 그에 의해 오도되지

않는 능력이 높아진다. 분화된 개인은 이러한 감정을 처리하고 다룰 수 있지만 의사결정이나 문제해결에서 감정에 압도되지 않는다.

또한 그들의 감정과 생각은 다른 사람의 감정과 생각의 볼모가 아니다. 그들은 동의나 항상성을 찾아 짓밟는 대신 다른 사람의 감정과 생각에 개방적이며 동시에 자신의 감정과 다른 사람의 감정을 분리할 수 있다.

당신은 상호 의존성의 개념에 익숙할 수 있고, 당신의 삶에서 직접적일 수 있지만 거의 확실하게 당신 주변에서 볼 수 있다. 고도로 분화된 관계에서는 상호 의존성을 찾을 수 없다. 대신, 당신이 찾을 수 있는 것은 상호 의존성을 중심으로 구축된 관계이다. 분화된 파트너십은 자신의 생각, 의견, 감정, 신념을 가진 두 명의 견고한 개인과 파트너에 대한 존경과 감사로 구성된다.

(1) 분화와 원가족

우리의 분화 수준은 원가족에 크게 의존한다. 우리 모두가 우리 자신을 유지하기 위한 유일한 수단으로 간병인, 정서적 신호, 영양, 그리고 그들의 마음 상태에 전적으로 의존하여 태어났다는 것을 고려하면, 우리 대부분이 자신의 감정과 반응을 다른 사람과의 감정과 연관시키는 것을 배우는 것은 놀라운 일이 아니다. 우리가 그 위치에 있을 때 우리는 Bowen이 "융합"이라고 부르는 상태에 있다.

융합과 대조적으로 Bowen은 융합의 반대인 차단(cut-off)도 설명한다. 차단은 분리에 대한 경향이다. 분화는 친밀감의 구조 안에서 개성을 배제하는 것이 아니라 유지하는 것이다. 고도로 분화된 개인은 일반적으로 그냥 발생하지 않는다. 왜 그럴까? 자신의 분화 수준을 높이기 위해 노력한 간병인에게 운이 좋게 키워지지 않는 한 어린 시절에 배운 패턴이 계속되어 다음 세대에 전달된. 그렇게 순환이 계속된다. 대신, 분화는 의식적인 노력을 통해 성장한다.

(2) 분화 수준 측정 방법

당신의 분화 수준은 당신의 행동을 보면 알 수 있다. 다음은 자신의 분화 수준을 더 잘 이해하는 데 도움이 될 수 있는 몇 가지 질문이다.

- 당신은 당신의 파트너를 항상 문제로 보는가?
- 문제를 해결하기보다 그냥 놓아두는가?
- 감정이 폭발할 때까지 곪게 내버려 두는가?
- 파트너가 화나거나, 위기에 처하거나, 슬플 때와 같은 감정 상태에 맞춰야 한다고 생각하는가?
- 당신은 어떤 것에 대해 당신의 진짜 감정을 숨기고 있는가?
- 물질이나 다른 도움이 되지 않는 방법으로 자신을 위로하는가?
- 다른 사람들이 듣고 싶어하는 것을 당신이 아는 대로 말하는가?
- 당신은 당신의 파트너 대신 관계 문제에 대해 친구에게 이야기하는가?
- 당신은 당신의 파트너에게 빠져있는가?
- 당신은 더 이상 원하지 않는 섹스를 하는가?
- 관심이 없는 일에 동의하는가?
- 당신은 직간접적으로 찬사와 칭찬을 요구하는가?
- 당신은 자신을 통제하는 대신 다른 사람을 통제하려고 하는가?
- 당신은 타인의 욕구에 관심을 가지면서도 자신의 욕구는 무시하는가?

분화된 개인은 이러한 질문에 "아니오"라고 대답하는 경향이 있다. 이러한 질문이 당신을 구체적으로 진단하는 것은 아니지만, 미분화 행동을 진단하는 경향이 있다.

(3) 분화 수준을 높이는 네 가지 방법

다음은 자기 분화를 모니터링하고 강화하는 데 도움이 되는 네 가지 방법이다.

① 자기 직면(self-confront)에 대한 의지를 높인다

어떤 사람이 되고 싶나요? 어떤 파트너가 되고 싶나요? 어떤 친구가 되고 싶나요? 어떤 직원이 되고 싶나요? 당신은 자신의 기준을 충족하고 있는가? 당신은 당신의 인생을 어떻게 살고 싶은가? 이러한 질문을 더 잘 이해하는 것이 종종 변화를 향한 첫 번째 단계이다. 사람들은 자신에게 의미가 있는 방식으로 삶을 사는 경우가 거의 없으며, 분화는 당신을 거기에 이르게 하는 과정이다.

② 누구와 함께 있느냐에 따라 변하지 않는다

어렵다는 것을 알면서도 특히 당신에게 중요한 사람들에게 자신을 정확하게 보여준다. 이것은 갈등, 상호 의존, 동의, 확인 등으로 어려움을 겪는 개인에게는 매우 어려울 수 있다. 그러나 자신이 아닌 사람에 대해 승인받고 싶은지 또는 있는 그대로 보여지고 싶은지 스스로에게 물어본다.

③ 장기적으로 생각한다

장기적인 성장을 위해 단기적인 고통을 기꺼이 감수한다. 사람들은 불행한 상태에 몇 년 또는 수십 년 동안 앉아 있을 수 있다. 이것이 바로 일부 사람들이 오랜 세월 동안 치료를 받는 데 어려움을 겪는 이유이다. 왜냐하면, 그들은 주로 위기를 초래하는 특성, 행동, 신념을 다루는 대신 한 주의 위기를 견디기 위해 치료를 사용하기 때문이다. 자신의 분화 수준을 높이는 것은 쉬운 일이 아니며, 그렇지 않으면 누구나 자연스럽게 할 것이다.

④ 치료사와 대화한다

분화 수준을 높이는 것이 목표이고, 치료를 통해 도움을 받고 싶다면 분화 기반 치료에 대해 특별히 훈련된 치료사를 찾는다. 많은 치료사들이 분화의 개념에 익숙하지만, 분화 기반 치료는 전문적인 훈련을 필요로 할 뿐만 아니라, 치료사를 대신하여 자신의 분화 수준에서 계속 노력할 것을 약속해야 한다.

(4) 분화된 사람의 특징

분화된 사람은 몇 가지 핵심 기술과 행동에 관여하는 경향이 있다. 이러한 기술은 시간이 지남에 따라 의식적인 노력을 통해 개발된다. 비록 어떤 사람들에게는 어린 시절에 발달되어 분화된 성인에 의해 모델링되었을 수 있다.

다음은 분화된 사람의 몇 가지 일반적인 특징이다.

① 확고한 자아의식

분화된 개인은 순응하라는 압력에 직면하여 자신의 신념과 태도를 유지할 수 있다. 그들은 갈등을 피하기 위해 스스로를 조정하지 않으며 보통 이러한 상황을 잘 관리하고,

다른 사람들에게 자신의 실제 모습을 정확하게 보여주길 원한다.

② 합의보다는 이해

평화를 위해 평화를 유지하는 것은 일반적으로 분화된 개인의 관심사가 아니다. 그들은 문제를 악화시키기보다 문제를 해결하는 것을 선호한다. 비록 파트너가 같은 방식으로 사물을 보지 않더라도 비슷하게 행동할 것이라고 기대한다.

③ 자기 검증 능력

분화된 사람의 특징은 자기 검증 능력(ability to self-validate)이다. 대부분의 경우 우리는 다른 사람들의 확인을 구한다. 우리가 어떻게 생겼는지, 어떻게 살고 있는지, 어떻게 생각하는지 등이다. 누군가가 다른 사람의 확인에 크게 의존하면 그들은 사람이나 상황에 맞게 스스로를 맞추게 된다. 이러한 유형의 검증은 필연적으로 사람을 공허하게 만든다.

다른 사람의 검증은 항상 기분이 좋지만 분화된 사람은 그것에 의존하지 않는다. 검증을 받았을 때 진정한 자신이 되기를 원한다. 그러나 진정성을 추구하는 과정에서 사람들이 항상 동의하거나 승인하는 것은 아니라는 것을 알고 있다.

④ 자기 진정 능력

임상적 불안이 아니라 어려운 대화, 진정성, 갈등 등과 같은 일상적인 불안과 관련하여 분화된 사람은 물질을 사용하지 않고, 자신을 위해 파트너에게 의존하고, 건강하지 못한 대처 기술을 사용하지 않고 자신을 진정시킬 수 있는 경향이 있다. 다른 사람에게 도움을 구하지 않는다는 말은 아니지만 어려운 감정을 관리하고 견딜 수 있는 능력은 있다.

⑤ 장기적인 성장을 위한 단기적인 고통을 인내

분화된 사람은 개인적 성장이나 관계 성장을 위해 단기적인 불편함을 기꺼이 감수한다. 사람들이 단기적인 불안, 고통, 불편함을 해결하기보다 현상 유지에 훨씬 더 투자하기 때문에, 이렇게 하기를 꺼리는 것이 종종 사람들이 치료에 침체감을 느끼는 이유이다. 분화는 당신을 앞으로 나아가게 한다.

3) 탈삼각관계(de-triangling)

이것은 Bowen의 가족치료에서 사용되는 중심 기법 중 하나이다. 치료사는 삼각관계와 불안을 우회하는 다른 암묵적인 방법을 확인하는 데 도움이 되는 간단한 개방형 질문을 사용한다. 삼각관계에 속한 가족 구성원은 갈등에 대해 논의하도록 초대받았을 때 주제를 전환하고 변경할 수 있다. 이것은 제3자가 편을 들어 관계에서 과도한 긴장과 불안을 유도할 가능성을 줄이고, 대신 현재 상황에서 중립적인 입장을 취한다.

조종의 한 형태인 삼각관계는 배제 또는 조종의 위협을 사용하는 사람을 말하는 것이다. 삼각관계의 목표는 분할하고 정복하는 것이며, 누군가의 뒤에서 간접적인 의사소통의 사용을 포함한다.

불안정, 질투, 부정적, 자기중심적, 이기적, 비난적, 불신, 비하 등과 같은 일련의 유독 행동에서 가장 잘 알려진 것이 삼각관계이다. 삼각관계란 정확히 무엇인가? 일반적으로 그것을 조종 전술이라 하는 이유는 무엇인가? 그리고 그것을 어떻게 인식할 수 있는가?

(1) 삼각관계의 신호

삼각관계는 불안정(insecurity)이라는 한 가지 공통점을 공유하는 많은 다른 사람들에 의해 사용되는 접근법이다. 결과적으로, 그들은 그들이 원하는 것을 얻거나 관계에서 안정감을 느끼기 위해 해로운 방법으로 다른 사람들을 조종할 용의가 있다.

삼각관계는 알려진 경쟁자들을 서로 간 갈등으로 조종함으로써 이득을 얻는 매우 효과적인 전략이다. 삼각관계는 이기적인 개인들이 그들의 자아를 위로하고 보호하기 위해 사용하는 방법이다.

전형적으로, 조종을 하는 사람을 통해서가 아니면 삼각관계에 있는 두 사람 사이에는 의사소통이 되지 않는. 그것은 다양한 방식으로 나타날 수 있지만, 모든 것은 분열되거나 정복하거나 사람들을 서로 적대시하는 것이다.

삼각관계가 항상 명확한 것은 아니다. 사실, 가까운 친구나 가족(특히 오랫동안 같은 패턴을 유지한 경우)을 파악하는 것은 훨씬 더 어려울 수 있다. 그러나 불안정은 삼각관계 형성의 기초이다. 삼각관계를 형성하는 사람은 자긍심(self-esteem)이나 자존심(self-worth)이 부족하며, 그래서 그들은 원하는 것을 얻기 위해 다른 사람들을 착취하게 된다. 삼각관계의 징후는 다음과 같다.

- 특정 문제에 대해 자기 편을 들어달라는 요청을 받는 경우
- 갈등 중에 "누가 옳은지"를 선택해야 한다는 압박을 느끼는 경우
- 한 사람이 완전히 무시당하거나 거부당했다고 느끼는 경우
- 제3자를 적합하지 않은 역할에 두는 사람들(예: 부모가 그들의 결혼 문제에 대해 도움을 받기 위해 어린 자녀를 선택하는 것과 같은 경우로, 정서적 근친상간이라고도 함)

(2) 삼각관계의 유형

삼각관계는 모든 대인관계에서 나타날 수 있다. 그러나 부모와 자녀, 친밀한 파트너 및 친구와 같이 가까운 사랑하는 사람들 사이에서는 일반적이다. 또한 유해한 상사나 동료가 있는 직장에서는 일반적으로 나타날 수 있다.

① 관계에 있어서 삼각관계

사람들은 관계에서 권력이나 통제력을 유지하기 위해 삼각관계를 사용할 수 있다. 예를 들어, 당신과 파트너가 함께 개를 입양한다고 가정해 보자. 당신의 파트너는 새로운 개와 유대감을 형성하는 것이 어렵다는 것을 발견하고, 어떻게 전 애인의 개와 이러한 문제를 겪지 않았는지에 대해 계속 언급한다. 당신의 개가 그들을 짜증나게 할 때마다(자주 있을 수 있음), 그들은 전 애인과 함께 있을 때 얼마나 쉬웠는지 한탄한다. 따라서 그들이 과거의 관계로 돌아가고 싶다고 직접적으로 말하지는 않지만 그들의 말은 당신을 불안하게 만들 수 있다. 당신은 그들이 개와 유대감을 갖도록(그리고 당신을 떠나지 않기 위해) 더 열심히 일하고 있음을 발견할 수 있다.

또한 연인 관계에서 조종자는 마찰, 혼란, 질투를 만들기 위해 다른 사람을 친밀한 관계로 끌어들인다. 그러나 그 사람은 보통 부정적이든 긍정적이든 관심을 즐기며, 심지어 삼각관계에 있는 사람들이 관심을 끌기 위해 싸울 수 있도록 서로에 대해 알릴 수도 있다.

때때로 삼각관계에 포함된 개인은 자신이 다른 사람을 조종하는 데 이용되고 있다는

사실조차 알지 못하거나 그들 중 한 명만 알고 있을 수 있다. 설상가상으로 자기도취적인 성향이 있는 사람은 그들이 접촉하는 사람들을 통제하기 위해 더 이상 연락하지 않는 누군가와 삼각관계를 형성할 수도 있다.

가족에서 삼각관계의 변형에서는 분할 및 투사도 발생한다. 새로운 파트너나 친구는 완벽한 것으로 이상화되는 반면, 그 위치에 있는 이전 사람은 완전히 결함이 있는 것으로 간주된다. 이상화되거나 평가절하되는 사람은 전적으로 주관적이며 조종자에 의존한다.

② 직장에서의 삼각관계

자기도취적인 상사나 유독한 동료는 삼각관계를 사용하여 권력을 주장하고, 동시에 다른 사람들을 괴롭힐 수 있다. 예를 들어, 직장에서 새로운 프로젝트에 배정되었다고 가정해 보자. 당신은 좋은 친구라고 생각하는 동료와 함께 일하게 될 것이다. 두 사람은 함께 프로젝트의 개요를 설명하고 작업을 완료하는 것에 대해 흥분된 느낌으로 대화를 나눈다.

모든 것이 끝나기 며칠 전에 동료가 갑자기 다른 사람과 함께 일할 것이며, 몇 주 전에 이미 상사가 승인했다고 발표한다. 그녀는 정말 바빠졌다고 주장하면서 당신에게 말하는 것을 "잊어버린" 것에 대해 사과한다. 당신은 이제 혼자서 모든 것을 끝내기 위해 허둥대게 된다.

③ 양육에서의 삼각관계

부모들은 자녀의 형제자매들이 특정한 바람에 순응하도록 촉구하기 위해 서로 경쟁하게 할 수 있다. 예를 들어, 당신이 학교에서 자주 말썽을 피우고 친구가 많지 않은 아이가 있다고 가정해 보자. 마찬가지로, 이 아이는 일이 뜻대로 되지 않을 때 종종 폭발적이고 논쟁적이 된다. 당신에게 뛰어난 성적을 받고 친구들 사이에서 인기가 있고 평판이 좋은 또 다른 아이가 있다고 가정해 보자. 이 아이는 일이 계획대로 되지 않을 때도 대체로 쾌활하고 융통성이 있다.

일부 부모들은 실수로 첫 번째 아이를 "희생양"으로 삼을 수 있다. 그들은 가족의 모든 잘못된 것의 근원이 된다. 반면 다른 아이는 빛나고 뛰어난 '귀중한 아이(golden child)'가 된다.

이러한 역동적 관계에서, 두 아이 모두 분개하고 무시당하는 경향이 있다. 희생양은 아무도 그들을 이해하지 못하는 것처럼 느낄 수 있다. 그 귀중한 아이는 종종 그들의 형제처럼 되는 것을 피하고 수행해야 하는 것에 엄청난 압박감을 느낀다.

(3) 가족의 삼각관계

애착 체제는 중요한 체제이기는 하지만 단독으로 존재하는 경우는 드물다. 대부분의 사람들은 여러 애착 체제에서 자신을 찾는다. 사람은 부모, 연인, 자녀, 기타 중요한 사람들에게 애착을 가질 수 있다. 이러한 애착 체제는 서로 영향을 미치고 영향을 받으며, 그것들은 복제될 수 있다. 자라면서 안전한 부모-자녀 애착 체제를 가진 사람들은 성인기에 안전한 낭만적 애착을 발달시킬 가능성이 더 높지만 또한 역동적일 수도 있다. 아이를 안전한 낭만적 애착에 도입하면 애착 체제가 불안정하거나 스트레스를 받을 수 있다. 상호작용하는 애착 체제와 이들 사이의 역동적 상호작용은 종종 삼각관계를 만들 수 있다. 삼각관계는 애착 체제를 안정화하거나 강화하기 위해 생성된다.

Dallos와 Vetere(2012)가 정의한 것처럼, 삼각관계는 "한 가족에서 두 사람 사이의 중요한 관계에서 일어나는 일이 제3의 가족 구성원에게 상호 강화적인 방식으로 강력한 영향을 미칠 수 있고 그 반대로 영향을 미칠 수 있다는 생각이다."(p. 119).

삼각관계는 여러 가지 방법으로 만들어질 수 있지만, 연구에서는 삼각관계 과정이 어떻게 발생하고, 자율성과 적응이 이 체제를 어떻게 구동하는지에 대한 몇 가지 일반적인 예를 탐구했다.

① 부모-자녀 삼각관계

가족에서 발생하는 가장 일반적인 삼각관계 체제 중 하나는 두 부모와 자녀 사이이다. 이 삼각관계 체제가 가족에서 발생할 수 있는 방법은 여러 가지가 있지만 일반적으로 하나의 패턴을 따른다(Dallos & Vetere, 2012). 이 삼각관계 체제의 중심에는 스트레스를 받는 낭만적인 파트너십이 있다. 스트레스가 발생하고 파트너 간에 해결되지 않으면 아이는 이 스트레스를 모니터링하기 시작한다. 아이가 스트레스를 모니터하면서 아이는 조절 장애를 겪을 수 있다. 그것이 조절되지 않게 됨에 따라, 아이는 이러한 조절 장애를 나타내는 행동에 참여하기 시작할 수 있다. 부모가 이 조절 장애를 알아차리면 아이에게 집중하기 시작할 수 있다. 아이에게 초점을 맞추면 부모는 관계에서 오는 스트레스를 아이의 행동으로 옮길 수 있다. 이 행동이 부모의 관계를 안정시키기는 하지만, 그 관계의 근본적인 스트레스를 해결하지는 못한다. 이것은 아이의 조절 장애를 증가시키고, 아이의 행동을 악화시키며, 부모가 아이의 문제를 해결하는 데 더 많은 에너지를 쏟을 수 있게 한다.

Dallos와 Vetere(2012)는 이 패턴이 어린 나이에도 어떻게 발전할 수 있는지에 대해 다음과 같은 예를 제시하였다.

> 두 부모는 불안을 유발하는 문제에 대해 토론하고 있고, 한 부모 또는 둘 다 불편한 기색을 보이기 시작한다. 방에서 놀던 어린 아이는 일어나서 한 부모에게 아장아장 걸어간다. 한 부모는 약간의 안도감으로 몸을 굽혀 아이를 안고 무릎에 앉히고 두드리는 등의 일을 한다. 따라서 어려운 성인 대화는 중단되고, 도움이 되지 않는 각성은 아이를 돌보고 달래는 행동으로 진정되며, 아이는 언어를 사용하기도 전에 부모에게 어떻게 도움을 줄 수 있는지 배운다. 이 계열이 몇 번 반복되고 긍정적으로 강화되면 도움이 되지 않는 각성을 관리하는 방법에 대한 패턴 또는 기대로 확립될 수 있다.(pp. 119-120)

이러한 유형의 과정은 생애 전반에 걸쳐 반복될 수 있다. 십대가 모니터할 수 있는 낭만적인 관계에 스트레스가 있을 수 있다. 부모에게 접근하는 대신, 조절이 잘 안 되는 십대는 학교에서 잘하지 못하기 시작하여 부모가 십대의 학교 성적에 주의를 집중하고 낭만적인 파트너 체제의 근본적인 긴장을 다루지 않도록 요구할 수 있다.

연구는 부모-자녀 삼각관계로 이어지는 고통스러운 낭만적 파트너십에 대한 증거와 삼각관계가 아동과 십대에게 문제가 되는 영향을 미칠 수 있다는 증거를 반복적으로 보여주었다. Fosco와 Grych(2010)는 두 시점에서 14-19세의 십대 171명을 연구했으며, 부모 사이의 갈등이 더 높다고 보고한 십대가 이전에 다른 사람들이 발견한 삼각관계 수준이 가장 높다는 것을 발견했다(Grych, Raynor, & Fosco, 2004). 또한, Fosco와 Grych(2010)는 부모의 스트레스에 사로잡혀 있다고 느끼는 십대들이 더 높은 수준의 자기 비난을 보고하고, 부모와의 관계가 더 열악하다는 것을 발견했다. 이러한 결과는 소년과 소녀 모두에게, 그리고 온전한 가정과 이혼 가족에게도 유사했다. 부모-자녀 삼각관계는 청소년의 내재화 문제(Buehler & Welsh, 2009)와 외재화 문제(Fosco, Lippold, & Feinberg, 2014)와도 관련이 있다.

삼각관계에 대한 다른 연구에서도 부모-자녀 삼각관계의 위험과 삼각관계에 있는 아동의 반응을 증가시키는 개별 체제 요인을 확인했다. 연구에 따르면 아동이 삼각관계에 있을 때 일반적으로 두 가지 방식으로 반응하는데, Dallos와 Vetere(2012)는 이를 요약하여 다음과 같이 제안하였다.

> 하나의 전략은 회피하고, 자기 방으로 물러나고, 가능한 한 집에 있지 않고, 정서적으로 단절함으로써 부모 사이의 갈등을 피하려고 노력하는 것이다. 다른 하나는 중재를 시도하는 것이다. 예를 들어, 평화를 유지하기 위해 개입을 시도하고, 부모에게 중단하도록 설득하고, 특히 친절하고 유쾌해지려고 노력하는 것이다. 또한 일부 아동은 부모에게 소리를 지르고, 적대적이 되고, 곤경에 빠짐으로써 자신의 각성 조절 문제에 개입할 수도 있다. 이러한 방법은 부모의 주의를 흩트리게 하는 훨씬 더 성공적인 방법이 될 수 있기 때문에 부정적인 상호작용 주기가 증가함에 따라 부모의 관계가 아닌 아이가 문제로 보이게 된다.(p. 125)

갈등이 많은 부모, 우울한 부모의 존재, 감정 조절이 약한 아동은 이 두 가지 방식으로 반응하는 아동의 위험 요소이다. 어떤 경우에는 이러한 과정이 아동기나 청소년기에 끝나지 않고, 성인이 될 때까지 계속된다(Amato & Afifi, 2006).

② 불륜 삼각관계

또 다른 일반적인 삼각관계는 불륜 삼각관계(infidelity triangle)이다. 불륜은 정서적 불륜(emotional infidelity), 성적 불륜(sexual infidelity), 이 둘의 결합 등 다양한 형태로 나타날 수 있다(Blow & Hartnett, 2005). 더욱이 기술의 발전으로 디지털 방식의 불륜이 존재하게 되었다. 그러나 Perel(2017)이 지적했듯이 불륜은 일반적으로 비밀(secrecy), 성적 비법(sexual alchemy), 정서적 관여(emotional involvement)의 세 가지 중 하나 이상을 포함한다.

비밀은 "불륜을 조직하는 가장 중요한 원칙이다. 불륜은 항상 일차 관계의 그늘에서 살아가며 결코 발각되지 않기를 바란다."(Perel, 2017, p. 24). Perel은 불륜이 특정 성행위에 포함되어야 함을 의미하지 않기 때문에, "섹스"보다 성적 비법이라는 용어를 선호한다. "불륜은 섹스를 포함할 때도 있고 그렇지 않을 때도 있지만 항상 에로틱하다. ...

우리가 상상하는 키스는 몇 시간 동안 실제 사랑을 나누는 것만큼 강력하고 흥미진진할 수 있다."(p. 26).

불륜에서 정서적 관여는 매우 다양할 수 있다. 한쪽에는 사랑의 관계가 있을 수 있다. 사람들은 "인생의 사랑"이라고 생각할 수 있는 것과 연결된다. 다른 한편으로는 여가, 특색이 없는, 유료 성행위와 같이 정서가 부족한 일이 있을 수 있다(Perel, 2017). 불륜의 이러한 구성 요소 각각은 불륜이 발생했을 때 부부와 가족에게 강한 영향을 미칠 수 있다. 불륜 삼각관계가 어떻게 낭만적인 파트너십을 발전시키고 영향을 미칠 수 있는지에 대한 연구가 시작되었다.

다양한 유형의 문제가 있을 수 있기 때문에 관계에서 불륜의 빈도를 연구하기는 어렵다. 불륜에 대한 대부분의 연구는 혼외 성관계를 정의하고 측정하는 것이 더 쉽기 때문에 오직 혼외 성관계만을 탐구한다. 단순히 혼외 성관계로 정의할 때 파트너의 약 1.5-5%가 매년 혼외 성관계를 갖는 반면, 남성의 22-25%와 여성의 11-13%는 일생 동안 혼외 성관계를 가질 것이다(Labrecque & Whisman, 2017). 이러한 유형의 불륜에 대한 연구를 검토하면서, Fincham과 May(2017)는 불륜의 가능성을 높이는 개인 및 관계 요인을 설명했다. 자기도취 수준이 더 높았고, 이전에 불륜에 가담한 적이 있고, 문제가 있는 약물 사용이 있거나, 심리적 고통이 더 큰 개인이 불륜을 할 가능성이 더 높았다. 낮은 만족도와 헌신, 비슷한 교육 수준, 동일한 종교적 신념, 결혼 전에 동거를 한 낭만적인 관계도 불륜의 위험이 더 컸고, 이러한 경우 이혼할 확률은 5배 더 높았다.

특히 불륜 상대가 파트너와 가까운 친구인 경우 훨씬 위험하다. 친한 친구와 혼외 성관계를 가진 사람들은 혼외 성관계를 가지지 않은 사람들보다 이혼할 확률이 7배 더 높았다. 즉, 바람을 피우면 이혼할 가능성이 높아지지만 친한 친구와 바람을 피우면 그 위험이 더욱 높아진다.

부모-자녀 삼각관계와 불륜 삼각관계가 일반적이기는 하지만, 삼각관계가 발생하는 유일한 방법은 아니다. Kerr와 Bowen(1988)은 삼각관계가 생성되거나 불안정해질 수 있는 최소한 네 가지 방법을 제안했다. 첫째, 부모-자녀 삼각관계에서 보듯이, 불안정한 양자 관계는 제3자의 추가로 안정될 수 있다. 둘째, 불안정한 양자 관계는 제3자를 제거함으로써 안정될 수 있다. 이것은 정서적 단절을 통해 발생할 수 있다. 두 사람이 그 사람에 대한 상호 혐오를 통해 다른 사람을 추방할 수 있다면 그들의 관계는 더욱 안정된다.

셋째, 제3자의 추가는 이전의 안정적인 양자 관계를 불안정하게 만들 수 있다. 이것은 불륜 삼각관계에서 분명하다. 혼외 불륜이 발생하면 부부는 관계를 끝낼 가능성이 더 크다. 넷째, 안정적인 양자 관계는 제3자의 제거로 인해 불안정해질 수 있다. 예를 들어, 자녀가 대학에 가기 위해 집을 떠나면 결혼 생활에 대한 갈등이 커질 수 있다.

삼각관계는 적응일 수 있다. 가족 체제 내부 또는 외부의 스트레스에 대한 반응으로 형성된다. 그러나 그것은 자율성을 유지하는 과정일 수도 있다. 세 명 이상의 사람들 사이의 상호작용이 체제를 함께 묶을 수 있다. 또한 삼각관계가 항상 부정적인 것은 아니다. 삼각관계에 대한 대부분의 연구는 부적응 삼각관계와 이러한 삼각관계와 관련된 부정적인 결과에 초점을 맞추었지만, 삼각관계는 긍정적인 유지 과정 또는 긍정적인 적응이 될 수 있다. 두 파트너가 자녀를 갖기로 결정한 경우 해당 자녀가 체제에 진입한다고 해서 파트너 간의 관계가 불안정해지는 것은 아니다. 자녀를 갖는 선택은 파트너를 더욱 결속시키고 서로에 대한 헌신을 강화하여 관계 만족도를 높일 수 있다.

(4) 치료사의 역할

Bowenian 가족치료에서는 두 사람 사이의 갈등이 두 사람 모두와 적극적으로 관계하면서 정서적 참여를 피할 수 있는 제3자가 있을 때 저절로 해결된다고 주장한다(Bowen, 1978). 일반적으로 불안하지 않은 역할을 맡아 부부와 삼각관계를 형성하는 것은 치료사이다. 정서적으로 반응하지 않는 상태를 유지하면서, 치료사가 없는 상태에서 가족 구성원 사이에서 일어났을 관계를 치료사는 그 관계의 변화를 유도할 수 있다(Friedman, 1991). 대안적으로, 치료사가 한 가족 구성원이 문제에 대해 입장을 취하고, 발생할 수 있는 다른 가족 구성원의 반대에도 불구하고 그 입장을 유지하도록 주장할 때 가족 체제는 탈 삼각관계가 될 수 있다(Hoffman 1981). 이 전략은 자신의 분화를 확립하는 데 도움이 되지만, 또한 제3자 정서 체제에서 한 사람이 분리되어 반응하지 않는 상태를 유지하도록 한다.

구조적 가족 치료의 필수 요소는 널리 퍼져 있는 부적응 가족 구조에 대한 도전을 도입하는 것이다(Minuchin & Fishman, 1981). 세대 간 연합 삼각관계의 경우에 하위체제의 경계를 재정렬하는 것이 치료사의 목표이다. 예를 들어, 가족이 지나치게 관여하는 어머니–자녀 관계와 배제된 아버지로 특징지어지는 경우, 양육 동맹을 강화하고 부모 하위 체제에 대한 아버지의 참여를 증가시키기 위해 기법이 사용된다. 이를 수행하는 한 가지 방법은 부모에게 공통 과제를 제공하는 것이다. 예를 들어, 부모가 서로의 양육 노력을 지원하도록 지시하는 것이다. 이러한 유형의 개입은 부모 하위 체제를 강화하고, 배우자 간의 근접성을 증가시키는 동시에 어머니와 자녀 사이의 심리적 거리를 증가시킨다. 가족 구성원은 적절한 경계 개발을 촉진하기 위해 좌석 배치를 물리적으로 변경하도록 요청할 수 있다. 아이가 부모 사이의 갈등에 직면하여 자주 우회하는 행동을 하는 경우, 치료사는 아이에게 옆에 앉게 하고 부모가 의견 불일치 영역에 대해 토론하는 동안 아이가 조용하도록 요청하는 지시를 할 수 있다.

4) 재구성

(1) 재구성의 의미

상담에서 재구성은 특정 문제, 사건, 사람에 대한 내담자의 관점을 변경하는 데 사용되는 전략이다. 내담자가 다른 관점에서 상황을 볼 수 있을 때 문제에 대한 대안적이고 수용가능한 해결을 발견할 가능성이 높아진다는 전제에 근거한다.

재구성은 이론적으로 문제를 극복할 가능성을 높이는 문제를 바라보는 다른 방법을 찾는 과정이다. 또한 변화의 가능성을 높이는 내담자의 상황에 대한 의미를 협력적으로 협상하는 과정이기도 하다(O'Connell, 2005).

재구성의 치료적 실천을 사용하여 개인은 이전에 제한되었던 관점에 대한 보다 광범위한 이해를 얻을 수 있다. 재구성은 집단 구성원의 경험과 어려움에 대안적 의미를 부여하여 건설적인 행동 변화의 가능성을 높이는 해석의 의미론적 요소이다.

한편 치료에 사용될 때 재구성은 단어나 구의 의미를 변경하여 상황, 사람, 관계에 대한 새로운 관점을 개발하는 데 도움이 될 수 있다. 그것은 때때로 인지 재구성(cognitive reframing)이라고 하며, 약간 다른 관점에서 상황을 보는 내담자를 돕기 위해 치료사가 자주 사용하는 기법이다. 즉. 인지 재구성은 상황, 사람, 관계에 대한 관점을 조정하여 조금 다른 관점에서 볼 수 있도록 하는 전략이다.

(2) 인지 재구성

삶이 우리에게 상황을 제시할 때, 우리는 대개 그 상황이 우리에게 어떤 의미가 있는지 거의 즉시 결정한다. 그 의미는 우리가 부여하는 "틀"이다. 그러나 우리는 그 틀에서 그것을 계속 볼 필요가 없다. 대신, 우리는 그것에 대해 생각하고 느끼는 방식을 변경하여 다른 의미를 부여할 수 있다. 관점은 대체로 선택이다.

인지 재구성은 인지 변화를 만들기 위해 거쳐야 하는 과정이다. 우리가 어떤 상황에 직면했을 때, 그것은 암울하고 처리하기 불가능해 보일 수 있다. 그러나 인지 왜곡을 찾기 위해 생각의 내용을 검토한 후에는 보다 긍정적이고 현실적인 관점에 도달하는 연습을 할 수 있다.

즉, 인지 재구성은 약간 다른 관점에서 무언가를 볼 수 있도록 사고 방식을 조정하는 데 사용되는 방법이다. 그것은 내담자가 부정적인 생각 패턴을 바꾸도록 돕기 위해 치료사가 일반적으로 사용하는 기법이다. 인지 재구성은 사람이 경험을 보는 방식을 바꾸고 삶에 대한 전망을 결정하기 때문에 중요하다. 이 전망이 바뀔 수 있다면 그것에 연결된 행동도 바뀔 수 있다.

인지 재구성의 아이디어는 우리의 정서와 행동은 사고에 의해 좌우된다는 것이다. 따라서 부정적인 사고는 부정적인 행위와 행동으로 이어지고, 긍정적인 사고는 긍정적이고 효과적인 행동으로 이어진다. 경험을 바꿀 수는 없지만 경험에 대한 관점은 바꿀 수 있다. 여기에는 최악의 시나리오 확인이 포함된다. 종종 우리의 부정적인 사고는 부정적인 결과의 모든 가능성에서 비롯된다. 최악의 결과를 확인하면 최악의 상황도 여전히 우리가 통제할 수 있다는 사실을 깨닫는 데 도움이 될 수 있다. 긍정적 재구성 전략에는 감사할 일 찾기가 포함된다. 예를 들어, 해고된 후 부정적인 면을 모두 생각하기보다는 그동안 하지 못했던 모든 취미나 새로운 경력을 시작할 수 있는 능력을 떠올릴 수 있다.

인지 재구성은 사고방식을 바꾸는 일반적인 행위이다. 이것은 긍정적이거나 부정적인 변화일 수 있다. 사람은 무의식적으로 사고방식을 재구성할 수 있으며, 이는 나이가 들면서 때때로 발생할 수 있다. 예를 들어, 사람들은 나이가 들어감에 따라 십대 때의 자기보다 더 높은 자존감을 갖게 되는 경향이 있다. 반면에 인지 재구조화(cognitive restructuring)는 치료사와 전문가가 참조 범위를 보다 긍정적인 범위로 재구성하기 위해 사용하는 기법이다. 인지 재구조화는 인지 왜곡(cognitive distortions)을 분해하고, 문제를 효과적으로 해결하는 데 사용할 수 있는 보다 긍정적인 사고 과정으로 대체하기 위한 치료 기법을 사용한다.

(3) 가족치료에서 재구성

재구성(reframing) 중재는 가족 상호작용의 부정적인 영향을 줄이는 동시에 변화를 위한 동기 부여 맥락을 만드는 데 사용된다. 치료 과정에서 치료사는 변화를 위한 동기 부여 맥락을 확립하는 건설적인 상호작용에서 각 가족 구성원과 효과적인 활동 관계를 유지하고(합류), 가족 내 상호작용을 촉진하고(추적 및 진단 시행), 부정적인 영향을 전환(지나치게 강한 가족 유대를 반영함)해야 한다고 기대한다.

건설적인 상호작용을 촉진하는 것에 의한 재구성은 변화를 위한 동기 부여 맥락을 만들기 때문에, 가족 관계를 문제가 있는 관계에서 효과적이고 상호 지원적인 관계로 변화시키는 중재를 재구조화하기 위한 자연스러운 발판 역할을 한다. 이러한 재구조화 중재에는 (a)의사소통의 지시, 재지시, 차단, (b)가족 동맹의 변화, (c)가족의 갈등 해결 능력 개발, (d)효과적인 행동 관리 및 갈등 해결 능력 개발, (e)긍정적인 육아 및 부모의 리더십 능력 함양이 포함된다. 이러한 모든 중재는 회기 내 과제를 할당하고, 회기 내 과제가 잘 진행되면 회기 외 "숙제" 과제가 뒤따른다. 예를 들어, 부모들에게 청소년의 행동을 관리하는 것에 대한 대화에 참여하도록 요청할 수 있으며, 치료사는 청소년이 대화를 방해하는 것을 차단할 것이다. 다른 예로, 청소년과 미혼인 아버지에게 긍정적인 관계를 구축하는 방법으로 협력적인 과제에 함께 참여하도록 요청할 수 있다. 치료 내에서 성공하면 이러한 활동이 과제로 할당된다.

가족치료사는 특정한 방식으로 언어에 매우 관심을 기울인다. 한편으로 가족치료사들은 가족 구성원이 사용하는 문구와 언어를 듣는다. 치료사들은 가족에게 더 도움이 될 수 있는 패턴, 문제, 사람에 대한 대안적 설명을 만들기 위해 문구와 언어를 듣는다. Bateson(1972)은 이 과정을 '이중 서술(double description)'의 과정이라고 불렀다. 그가 의미한 것은 우리가 상황에 대해 설명하는 동안에는 그것을 변경할 여지가 거의 없다는 것이다. 하나 이상의 서술이 있으면(많을수록 좋음) 대안이 가능해진다. 따라서 가족치료사는 가능한 한 자주 재구성과 긍정적인 의미(positive connotation)를 제공하려고 노력한다. 이는 가족이 사물을 다르게 '볼' 수 있도록 하는 것이다.

재구성은 치료사가 가족이 문제에 대해 사용하는 언어를 다시 말하거나 재구성하는 것을 포함한다. 문제의 '본질적 성격'보다는 문제의 상호작용적 측면을 강조하는 것을 선택할 수도 있다. 또한 문제에 새로운 의미를 부여하는 새로운 맥락을 제공할 수도 있다. 재구성이 반드시 '좋은' 서술인 것은 아니다. 예를 들어, 많은 가족들이 아동에 대해 '화가 난다'고 부정적인 서술을 한다. 치료사는 그 분노가 정말로 슬픔인지 궁금해하기 시작하고, 이 아동의 삶에 무엇이 잘못되고 있는지 물어 볼 것이다. 이제 외부의 관점에서 가족이 아동을 '나쁘다'가 아니라 '슬프다'로 보도록 하는 것은 그다지 긍정적이지 않을 수 있지만, 그렇게 하는 것은 더 나은 '해결책'으로 이어질 수 있는 가족 대화에 더 도움이 되는 기반을 제공할 수 있다.

재구성은 주로 전략적 가족치료와 구조적 가족치료 학파에 의해 개발되었지만, 긍정적 의미는 밀라노 학파(Milan school)에 의해 개발되었다(Palazzoli et al. 1978). 긍정적 의미는 문제에 대한 가족의 초기 생각으로부터 다음과 같은 세 가지 근본적인 방식에서 차이가 있는 재구성의 한 형태이다.

- 이전에 부정적인 측면에서 만들어진 행동의 의도 또는 동기를 고려하고 긍정적인 측면에서 다시 만드는 것이다. 긍정적인 의미를 내포하고 있다(Palazzoli et al. 1980).
- 문제가 발생하는 방식에 대해 합리적이고 심지어 이타적인 근거가 있다고 제안한다. 즉, 문제에 관련된 사람들이 자신을 위해서가 아니라 다른 사람들의 이익을 위해 무언가를 하는 것으로 확인한다.
- 다른 중요한 가족 사건/구성원과의 상호 연결성을 강조하는 관계 틀에 사건, 행동, 생각 및 행동을 배치한다.

예를 들어, 가족은 수줍음이 너무 많아서 집 밖에서는 말을 하지 않고, 친구를 사귀거나 가족 밖에서 어떤 관계도 발전시키지 않은 청소년을 소개할 수 있다. 이 문제에 대한 이전의 정의에는 소녀에 대한 과도한 의존, 반사회적, 미성숙, 심지어 아픈 것과 같은 부정적인 의미가 포함되었을 수 있다. 가족은 과잉보호적이거나 숨이 막힐 정도라고 서술할 수 있다. 긍정적인 의미에 기반한 중재는 다음과 같은 말로 가족에게 제시될 수 있다.

나는 다른 사람들과 관계를 맺지 않기로 결정하고, 가족과 가까이 있기를 원함으로써 그녀의 독립성에 깊은 인상을 받았다. 그렇게 가깝고 헌신적인 가정에서 살고 난 후, 그녀는 자라서 친구를 사귀고, 집에서 보내는 시간이 줄인다면, 그녀의 부모님은 고통을 겪을 수 있고, 그녀는 이런 일이 일어나지 않기를 바라는 생각을 갖게 된 것 같다. 따라서 외출하지 않음으로써 그녀는 집에 남아 가족들이 그녀를 필요로 할 때마다 이용할 수 있도록 한다(아동의 의도에 대한 긍정적 의미).

재구성과 긍정적 의미는 개인의 행동, 특정 관계의 성격, 전체 가족 체제의 집단적 상호작용에 대한 새롭고 예상치 못한 의미를 제안하기 위한 것이다. 치료사들은 사람들이 체면을 잃지 않고 변화하도록 허용할 수 있다. 치료사들은 문제를 고려하는 현재 제한된 방법에서 풀어줌으로써 가족의 사용 가능한 레퍼토리 내에서 문제에 대한 해결을 배치한다.

치료 과정 전반에 걸쳐, 치료사는 어려운 행동을 '도움이 되는' 것으로 확인하거나, 아무 말도 하지 않는 사람이 현재 진행 중인 일에 대해 예외적으로 '사려깊은' 사람임을 암시하는 것과 같이, 단일 상호작용과 직접적인 가족 귀인을 긍정적으로 의미를 부여할 것이다. 이것은 서로에 대한 사고방식을 모델링하지만 지속적인 방식으로 다른 관점을 도입하기도 한다(Watzlawick et al. 1974; O'Brian & Bruggen 1982).

(4) 인식을 바꾸는 방법

치료는 생각을 바꾸는 방법을 배우는 데 큰 도움이 될 수 있지만, 더 긍정적인 사고방식을 개발하고 유지하기 위해 스스로 시도할 수 있는 많은 연습이 있다. 다음은 시작하는 데 도움이 되는 몇 가지 팁과 아이디어이다.

① 부정적인 사고가 어디에 있는지 자세히 알아본다

부정적인 사고 패턴은 우리가 자신에 대해 생각하는 방식을 바꾸고 불안과 우울증과 같은 정신 건강 상태에 취약하게 만든다. 그것들은 매우 강력하기 때문에 이러한 부정적인 사고가 어디에 있는지 확인하는 것이 중요하다. 어떤 사람들에게는 부정적인 사고가 삶의 한 영역에서 풍부하지만, 다른 영역에서는 전혀 없을 수 있다. 다른 사람들은 모든 곳에서 압도적으로 부정적으로 느낄 수 있다. 생각을 바꾸는 첫 번째 단계는 생각이 삶에 직접적인 영향을 미치는 부분을 확인하여 증가된 스트레스를 몰아내는 것이다.

② 의식을 증가시키고 부피를 줄이기 위해 노력한다

의식(awareness)이 변화의 열쇠이다. 무언가를 알게 되면 그것을 바꾸기 위한 조치를 취할 수 있다. 이제 부정적인 사고 패턴을 다루고 있다는 사실을 알았으므로 더 이상 손상을 입히기 전에 이를 포착하고 트랙에서 멈출 수 있다. 당신이 그것에 대해 생각할 때 당신이 생각하는 것을 더 자각해야 한다. 만약 부정적인 생각이 든다면 즉시 생각을 멈추도록 노력해야 한다.

③ 부정적 사고를 긍정적 사고로 바꾼다

한 가지 사고를 멈춘 후에는 그 순환을 멈출 수 있는 것으로 대체해야 한다. 결국, 사고를 멈추는 것이 도움이 될 수 있지만, 근본적인 문제를 바꿀 수는 없다. 처음의 부정적 사고를 고무적이고 믿을 수 있는 것으로 변환한다. 지금은 다르다고 느끼지 않을 수 있지만, 이 주기가 바뀌기 시작하면 느끼게 될 것이다.

④ 전문가의 도움을 받는다

인지 구조에 대해 더 알고 싶거나 생각하고 느끼는 방식을 바꿀 준비가 되었다면 치료사나 상담사와 상담하는 것이 좋다. 다양한 경로를 통해 활동하는 수천 명의 치료사나 상담사 중 한 명을 선택하여 인지-행동치료와 다른 유형의 치료 서비스를 받을 수 있다. 당신의 사고를 검토하고 변화시키면 모든 상황에서 긍정적인 의미를 찾는 법을 배울 수 있다.

5) 추적

추적(tracking)은 구조적 가족치료사가 사용하는 기법으로, 합류(joining)의 양식이다. 치료사는 중간 위치에서 능동적이고 중립적인 청취자로 합류한다. 주로 상호작용 패턴을 확인하는 목적으로 사용되지만 치료 목적으로도 사용된다. 추적은 가족 구성원의 의사소통 내용을 모으고, 가족과 대화하는 데 그것을 사용하는 것을 말하는 것이다. 따라서 치료사는 가족과 동일의 수준의 어휘를 사용해야 하기 때문에, 가족 구성원이 사용하는 언어에 대한 지식이 필요하다. 어린 아이들의 의사소통을 추적하려면 치료사에게 여러 언어를 사용하는 기술이 필요하다. 치료사는 두 살이나 네 살짜리 아이가 사용하는 다른 언어를 인식하고, 어른들 앞에서 어른들과도 소통할 수 있는 방식으로 아이들과 직접 대화해야 한다. 예를 들어, 부모들은 그녀의 어린 딸을 "진짜 고통"으로 묘사할 수 있다. 치료사는 문자 그대로 "그러면 따님에 대해 말해보세요, 고통"이라고 말함으로써, 이 언어가 얼마나 우스꽝스러운 것인지 엄마가 알 수 있도록 도와주고, 그녀와 함께 할 수 있도록 장난스러운 시도를 할 수 있다.

구조적 가족치료는 가족의 관계 패턴의 맥락에서 개인의 문제를 살펴보기 때문에 구조적 가족치료사는 문제 행동이 왜 발생하는지가 아니라, 어떻게 발생하는지, 어떤 상황인지, 참여자가 누구인지, 행동이 발생하기 전, 도중, 후에 무엇이 일어났는지를 찾는 것이다.

치료 회기에서 가족의 관계 패턴을 평가할 때 구조적 가족치료사는 언어 내용보다 보여주는 과정에 더 많은 관심을 기울인다. 가족 구성원이 대화를 할 때 치료사는 누가 방해하고, 누가 지지하는지, 만약 동의하지 않으면 어떻게 동의하지 않는지, 이 모든 것이 "연합, 제휴, 명시적 갈등과 암시적 갈등, 그리고 가족 구성원들이 갈등 해결에서 스스로를 집단화하는 방식"을 매핑하는 데 도움이 되는 것에 관심을 기울인다(Minuchin & Fishman 1981).

치료실에서 상호작용을 추적하는 것은 일반적으로 가정에서의 사건, 즉 "거기 그리고 지금(there-and-now)"에 대한 질문으로 보완된다. 예를 들어, 아동이 학교에 가지 않는다면 치료사는 어떻게 그런 일이 일어나는지 탐구할 수 있다. 누가 또는 무엇이 아침에 그를 깨우는가? 그가 침대에 있을 때 어떤 일을 하거나 하지 않는 사람은 누구인가? 다툼, 논쟁이 있는가? 그 날 아동이 학교에 가지 않는다는 사실을 부모가 마침내 받아들인 때는 언제인가? 아동이 집에 있을 때 무엇을 하며, 부모는 그것에 대해 어떻게 반응하는가? 아동은 전날 밤에 몇 시에 잠자리에 들었고, 늦었다면 잠을 자지 않고 무엇을 하고 있었고, 그때 부모의 반응은 어땠는가? 등과 같은 질문을 한다.

치료실과 가정에서 일어나는 상호작용을 추적하는 것은 치료사에게 치료를 계획하는 데 귀중한 정보를 제공한다. 문제를 설명하는 관계 패턴, 이러한 패턴을 변경하기 어렵게 만드는 제약, 이러한 제약을 극복하기 위해 사용할 수 있는 자원은 무엇인가? 또한 추적은 문제에 대한 가족의 관점에 도전한다. “이것이 당신과 당신 아버지가 당신의 약물 사용에 대해 이야기하는 방식입니까?” “당신의 딸은 당신에게 더 흥분하는가, 또는 당신의 배우자에게 더 흥분하는가?” “당신이 아내에게 아이들에게 너무 관대하다고 비난하면, 아내가 더 독단적이 되는가?”와 같은 질문을 하는 것은 내담자가 문제를 특정 개인이 아니라 상호 보완적인 관계 패턴에 있는 것으로 보도록 촉진한다. 치료사는 “당신은 당신의 딸을 보호합니다.”; “이것은 도우미 가족입니다”; “아버지가 가라고 하고 어머니가 오라고 하면 혼란스러울 것입니다.”와 같은 내담자의 관찰을 공유함으로써 그 메시지를 강화한다.

6) 외현화 기법

외현화 기법(externalizing technique)은 내러티브 치료에서 자신의 문제와 자신을 분리하는 데 사용되는 기법이다. 외현화 기법은 내담자가 문제나 행동을 자신의 변하지 않는 부분이 아니라 외적인 것으로 보도록 유도한다. 이것은 자기 정체성과 자신감에 큰 긍정적인 영향을 미칠 수 있다. 이 기법의 일반적인 아이디어는 핵심 성격 특성을 변경하는 것보다 행동을 변경하는 것이 더 쉽다는 것이다.

예를 들어, 만약 당신이 화를 잘 내거나 자신이 화가 난 사람이라고 생각한다면, 당신은 문제를 해결하기 위해 자신에 대한 무언가를 근본적으로 바꿔야 한다. 하지만 당신이 공격적으로 행동하고 쉽게 화를 내는 사람이라면, 당신은 그 문제를 둘러싼 상황과 행동들을 바꿀 필요가 있다.

이것은 별거 아닌 것처럼 보일 수도 있지만 스스로를 ‘문제’라고 부르는 사람과 문제가 있는 행동을 하는 사람의 사고 방식에는 큰 차이가 있다.

처음에는 내담자가 이러한 이상한 생각을 받아들이는 것이 어려울 수 있다. 첫 번째 단계는 내담자가 진단이나 스스로 부여한 명칭에 너무 많은 중요성을 두지 않도록 권장하는 것이다. 자신의 문제에서 스스로를 분리할 수 있는 권한을 부여하고, 자신의 정체성을 더 많이 통제할 수 있는 방법을 알려준다(Bishop, 2011).

내러티브 치료는 문제를 부부나 가족과 분리된 것으로 보고, 이러한 분리를 구별하기 위해 외현화 기법을 사용한다. 외현화는 문제가 명사로서 언급되고, 따라서 별도의 대상화된 실체로 지칭되는 담론적 이동에 의해 달성된다. 치료사와 협력적인 대화를 통해 문제의 이름을 선택한다.

예를 들어, 파트너가 서로에게 짜증이 난다고 설명하는 상황에서 외현화 질문은 "성가심"이 연결하려는 부부의 욕구를 어떻게 방해하는지 물어볼 수 있다. 부부는 "모기" 또는 "악화"와 같이 개인적인 반향을 공유하는 "성가심"에 대해 다른 이름을 선택할 수 있다.

외현화 대화를 통해 문제의 한정적 위상을 강화한 많은 맥락과 담론이 제거되어 문제가 독립적으로 설 수 있다. 질문을 외현화하는 것은 의심의 여지가 없는 결론을 훼손함으로써 문제의 힘을 전복시키는 것이다. 또한 이것은 문제와 그 영향에 대한 공동 조사를 허용하는 공간을 만든다. 부부나 가족은 문제의 완전한 지배 없이 관계를 경험할 수 있다.

문제에 대한 외현화 질문의 예는 다음과 같다.

- "불안"은 당신의 신뢰감에 대해 무엇을 믿게 하는가?
- "끊임없는 비난"은 어떤 면에서 관계를 손상시키는가?
- "비난"의 위험으로부터 공유된 꿈을 어떻게 더 잘 보호할 수 있는가?
- "경청하지 않음"의 영향을 줄일 수 있도록 부부가 함께 취할 수 있는 조치는 무엇인가?

외현화 언어는 해결과 자원을 논의하는 데에도 사용할 수 있다. 외현화는 부부나 가족의 선택의지를 불러일으키고 부부나 가족의 기술, 능력, 지식에 대한 활기를 되찾는 새로운 참여를 불러일으킬 수 있다.

외현화는 사람과 외현화된 문제 사이의 이분법을 생성하는 것으로 볼 수 있다. 포스트모던 또는 사회구성주의 시각을 통해 이분법 구성은 의미가 고정되고 탈맥락화되는 폐쇄의 형태로 간주된다. 내러티브 치료와 강하게 동일시되는 활동을 하는 Bird(2004)는 그녀가 "관계적 언어(relational language)"라고 부르는 것의 중요성을 설명하였다. Bird는 사람과 문제 사이에 이진법을 만드는 것을 거부하는 방법으로 관계형 언어를 사용할 것을 제안하였다.

관계형 언어를 사용할 때 의미는 끊임없이 재협상되고 있다. 치료사와 부부나 가족은 의미, 준거 틀, 그리고 내담자의 생생한 경험에 대해 고심하는 지속적인 대화를 하고 있다. 관계형 언어는 적극적인 참여와 존재를 불러온다.

관계형 외현화 질문의 예는 다음과 같다.

• 당신은 “거리감 경험(experience of distance)”에 대해 이야기했다. 거리감 경험이 있을 때 선호한 반응은 무엇인가?
• 당신의 “친밀감에 대한 욕망(desire for intimacy)”은 만약 상황이 실제와 다른 경우 가능할 것이라고 상상하는 것의 일부인가?
• 당신이 개인적으로 의미 있는 것으로 묘사한 정의감을 뒷받침하는 관계에서 무엇을 찾고 있는가?

부부나 가족의 외현화 사용은 종종 관계 문제의 구속과 무게로부터 “상상력”과 “희망”을 자유롭게 한다. 외현화는 부부나 가족이 그들의 관계에 대해 선호하는 이야기를 협력적으로 구성할 수 있는 기회를 생성한다. 부부나 가족치료에 대한 열정을 가진 내러티브 치료사는 외현화가 새로운 가능성을 불러올 수 있는 강력한 수단을 제공한다는 것을 알게 된다.

내러티브 치료에서 미술치료 중재는 특히 아동에게 유용할 수 있지만, 성인들도 그 안에서 안도감과 의미를 찾을 수 있다. 우리 모두는 이야기를 전달하는 방법이 다르며, 이를 위해 미술을 사용하는 것은 수많은 세대 동안 인류의 필수 요소였다. 이러한 표현적이고 창의적인 이야기를 전달하는 방법을 활용하려면 다양한 방법을 자유롭게 탐색할 수 있다.

문제가 경험에 미치는 영향을 묘사하는 데 더 관심이 있다면 당신의 기술을 사용하여 문제의 영향을 그리거나 칠할 수 있다. 상징적인 그림을 만들거나 문제의 영향을 매핑하거나 삶의 문제를 나타내는 만화를 만들 수 있다. 그림을 그리는 것이 두렵다면, 느끼는 감정의 색과 그 순간의 반성을 표현하는 키워드로 추상적인 모양을 낙서할 수도 있다.

미술 작품을 완성한 후에 다음과 같은 보완 질문을 할 수 있다.

• 문제가 지금 당신의 삶의 일부인 것처럼 들린다.
• 이 문제를 안지 얼마나 되었는가?
• 그 문제가 당신의 삶에 어떤 영향을 미치는가?

- 문제가 일상 업무에 대한 당신의 에너지에 어떤 영향을 미치는가?
- 문제가 다른 가족과의 관계에 영향을 미치는가?
- 문제가 자녀의 삶에 어떤 영향을 미치는가?
- 문제가 당신의 삶에 미치는 영향에 대해 어떻게 생각하는가?
- 당신은 문제 때문에 발생하는 것들을 받아들이고 있는가?
- 이 효과들이 당신에게 받아들여질 수 있는가?
- 왜 이러한가? 문제 때문에 발생하는 것에 대해 왜 이런 입장을 취하고 있는가?
- 당신은 상황이 어떻게 되길 원하는가?
- 만약 당신이 선호하는 것에 대해 당신이 방금 말한 것과 계속 연결되어 있다면, 당신은 어떤 다음 단계를 취할 수 있는가?

7) 해체 기법

때때로 사람들은 자신의 이야기를 받아들일 때 불안해하거나 압도당한다. 그들은 한 번에 모든 것을 처리하기에는 너무 크거나 너무 많다고 느낄 수도 있고, 그 안에서 길을 잃을 수도 있다. 만약 당신이 인생의 모든 것을 한 번에 보려고 하면 불안하거나 무력해질 수도 있다. 좋은 소식은 당신의 인생의 모든 문제를 한 번에 해결할 필요가 없다는 것이다. 내러티브 치료를 받을 때 해체(deconstruction)를 사용하여 이야기의 일부를 분해할 수 있다. 이야기를 해체하고 더 작은 부분으로 보면 그 과정이 훨씬 덜 부담스럽고, 개인이 자신의 삶의 변화에 영향을 미칠 수 있다는 것을 볼 수 있게 한다.

이 기법은 문제를 둘러싸고 있는 모든 추가 문제를 제거하고 대신 문제의 핵심에 도달하는 것을 포함한다. 이 기법은 문제가 자신에게 어떤 영향을 미치는지, 그리고 그들이 다시 문제에 어떤 영향을 미치는지 내담자가 이해하는 데 도움을 줌으로써 문제를 매핑하는 것을 포함한다. 문제를 매핑함으로써, 그것은 문제를 더 외현화할 뿐만 아니라 개인이 삶에서 문제의 범위를 탐색할 수 있게 한다.

즉, 내담자에게 문제가 있는 이야기가 있을 때, 특히 오랫동안 행해진 문제는 압도적이거나 혼란스럽거나 해결할 수 없다고 느낄 수 있다. 이러한 감정 때문에 사람들은 문제가 되는 이야기를 더 악화시킬 수 있는 지나치게 일반화된 진술을 사용할 수 있다. 내러티브 치료사는 문제를 명확히 하기 위해 개인과 협력하여 이야기를 더 작고 다루기 쉬운 부분으로 구분하거나 분해한다. 따라서 해체는 문제를 보다 구체적으로 만들고 과도한 일반화를 줄인다. 또한 핵심 문제가 무엇인지 명확히 한다. 해체를 통해 전체 그림을 더 쉽게 이해할 수 있다.

또한 치료사와 내담자는 정체성을 해체하고 내담자에게 영향을 미칠 수 있는 사회문화적, 정치적 영향과 같은 더 큰 사회적 문제에 대한 인식을 가질 수 있다. 그들은 성별, 계층, 인종, 문화, 성적 정체성의 맥락이 사건에 부여되는 해석과 의미에도 영향을 미친다는 것을 발견할 수 있다.

예를 들어, 부부가 관계에 문제가 있는 경우 치료사는 문제를 해체하고 정확히 지적하도록 요청한다. 잘 지내고 있지 않다고 말하는 대신 문제를 확인하면 가치가 있는지 여부를 깨닫게 될 수 있다.

또 다른 예로서, 내담자는 직장 동료들이 자신의 일을 소중히 여기지 않기 때문에 좌절감을 느낀다고 말할 수 있다. 이것은 매우 일반적인 진술이며, 이 문제에 대한 해결을 개발하기가 어렵다. 그래서 치료사는 내담자와 협력하여 문제를 해체하고, 그가 동료들에 의해 평가절하되고 있는 내러티브를 구성하는 이유에 대한 아이디어를 얻는다. 이것은 내담자가 자신을 무시당하는 것을 두려워하고, 동료들에게 자신의 능력을 더 잘 전달하는 법을 배워야 하는 사람으로 자신을 보도록 도울 수 있다.

해체는 문제의 근본 원인과 문제가 삶에 영향을 미칠 만큼 중요한지 이해하는 데 도움이 된다. 해체는 문제를 파고들고 그들의 삶에서 스트레스가 많은 사건의 기초를 이해하는 훌륭한 방법이 될 수 있다.

내러티브 치료의 가정에는 다음이 포함된다.

- 문제 이야기는 더 넓은 사회에서 인식되지 않은 가치, 신념, 가정의 영향을 받았을 수 있으며, 이로 인해 사건을 정의 및 설명하고 의미를 평가하는 데 다소 제한적이고 도움이 되지 않을 수 있다.
- 사람들은 종종 자신의 문제가 자신의 결함에서 비롯된다고 믿으므로, 자신의 삶과 문제에 영향을 미치는 사회적, 문화적, 경제적, 정치적 요인을 고려하기 위해 이를 넘어서지 않는 경우가 많다.

White는 내담자의 내러티브를 해체하기 위해 다음과 같은 질문을 제안하였다. 이 질문은 크게 세 가지 범주로 구분하여 제시하였다.

① 행위 질문의 풍경

- 이 단계를 수행하기 위해 당신은 어떻게 준비했는가?
- 아들의 삶에서 이러한 발전을 둘러싼 상황에 대해 설명해 주시겠는가? 다른 사람이 이에 기여했는가? 그렇다면 어떤 방식으로 기여했는가?
- 이것이 당신에게 가능성이 있다는 최소한의 힌트를 줄 수 있었던 지금까지 당신의 삶에서 목격한 것은 무엇인가?

② 의식 질문의 풍경

- 이 발견들은 당신이 인생에서 원하는 것에 대해 무엇을 말해주는가?
- 이러한 발전은 개인으로서 당신에게 적합한지에 대해 무엇을 알려주는가?
- 이 투쟁의 역사는 그 사람의 삶에서 중요하다고 믿는 것과 그 사람이 옹호하는 것에 대해 무엇을 시사하는가?

③ 경험 질문의 경험:

- 당신이 어렸을 때 내가 당신의 삶을 지켜보았다면 당신이 최근에 성취한 것을 어떻게 성취할 수 있었는지 이해하는 데 도움이 될 만한 당신의 행동을 목격했을 것이라고 생각하는가?
- 당신을 알고 있는 모든 사람 중에서 당신이 인생에 미치는 문제의 영향에 도전하는 이 단계를 밟을 수 있었다는 사실에 가장 놀라지 않을 사람은 누구인가?
- 나는 이 성취의 기초를 이해하고 싶다. 당신을 알고 있는 모든 사람 중에서 이러한 기초에 대한 세부 정보를 제공하는 데 가장 적합한 사람은 누구인가?

Whit는 치료사가 위와 같은 아이디어에 참여하고 질문하도록 내담자를 초대하기 위해 해체라는 용어를 사용한다.

8) 매핑

매핑(mapping)은 가족과 가족 구성원 간의 관계 및 외부 세계와의 관계를 시각적으로 표현한 것으로, 구조적 가족치료에서 사용되는 기본적 평가 기법이다. 구조적 치료는 문제적 행동이 가족의 관계 패턴에 내재되어 있다고 가정한다. 다이어그램에서 이러한 패턴을 시각적으로 나타내는 것은 가족의 역동성에 의해 문제가 유지되는 방법을 확인하고 치료적 개입을 안내하는 이중 목적을 제공한다.

가족 지도의 첫 번째 초안은 의뢰 정보를 기반으로 그려질 수 있다. 누가 집에 살고 있는가? 그들의 성별과 나이는 어떻게 되는가? 그들은 어떻게 서로 관련되어 있는가? 이것은 "3세대", "혼합형", "한부모", "한 자녀"와 같은 가족의 "형태"에 대한 기본적인 감각을 치료사에게 제공한다. 의뢰 정보에는 대가족, 학교, 교회, 아동 보호 기관과 같이 가족과 관련된 개인 및 조직과 같은 더 큰 시스템에 대한 자료도 포함될 수 있다.

치료사가 처음 가족을 만났을 때 가족들 자신의 지도를 그리는 데 가족 구성원을 참여시키는 것은 그들의 참여를 돕는 추가적인 가치가 있다. "가족 구성원에게 사람들을 배치하고 원 안에 이름을 쓰도록 초대하면 '이것이 우리다'라는 인식인 상호 소속감이 촉진된다."(Minuchin et al. 2007). 또한 치료사는 회기 중에 가족이 어떻게 상호 작용하는지 관찰하고, 집에서 어떻게 상호 작용하는지 추적함으로써 가족 관계 패턴의 특성에 대한 첫 번째 가설을 개발하기 시작한다.

가족 지도는 가족 구성원이 서로 마주하는 위치를 나타낸다. 그것은 연합, 제휴, 명시적 및 암시적 갈등, 그리고 가족 구성원이 갈등 해결에서 스스로를 집단화하는 방식을 보여준다. 갈등의 우회로 역할을 하는 가족 구성원과 교환기 역할을 하는 가족 구성원을 확인한다. 가족 지도는 양육자, 치료자 및 희생양을 차트로 표시한다. 하위 체제 간의 경계에 대한 설명은 어떤 움직임이 있는지 표시하고 가능한 힘 또는 역기능적 영역을 제안한다(Minuchin & Fishman 1981).

치료사는 가족 체제에 대해 누구의 견해를 나타낼 것인지, 그리고 그 과정에서 누가 도움을 줄 것인지 지정함으로써 '지도 회기'을 시작한다. 회기에 한 명 이상의 아동이 있을 때 그들은 종종 가족 정치 지도에서 협력할 것이다. 때때로 한 아이가 다른 아이의 생각을 지배하는 것처럼 보일 때, 각각은 별도의 지도를 그린다. 치료사는 바닥으로 내려와 큰 종이에 큰 원을 그리며 이 공간에 각 가족 구성원 및 중요한 애완동물을 위한 공간이 있을 것임을 나타낸다. 부모가 떨어져 있는 경우 두 가구를 나타내기 위해 대신 두 개의 큰 원을 추적할 수 있다. 원 바깥에는 학교, 직장, 이웃 등이 있다. 그런 다음 아이들은 자신과 각 부모 또는 가족의 다른 사람을 위해 색상을 선택한다. 각 사람에게 '그들의' 마커가 주어지고 치료사는 부재한 사람들의 마커를 유지한다.

그런 다음 아동은 색상 원으로 누구를 먼저 나타낼지, 크기 및 위치를 고려하도록 요청받는다. 아주 어린 아이들도 가장 큰 원이 가장 큰 사람을 나타내는 것이 아니라, '가장 많은 공간을 차지하는' 사람을 나타내는 것임을 이해한다. 아이가 실제로 가장 큰 원을 얻을 수 있는 방법에 대한 것이다. 종종 어머니가 먼저 그리고 중앙에 그려진다. 다른 원은 한 번에 하나씩 가족 공간에 배치된다. 아이는 각 원의 정확한 위치와 크기를 곰곰이 생각하고 종이에 손가락으로 짚어본 다음 그림이 '맞을 때'까지 지도한다. 다른 사람들은 동의할 필요가 없음을 상기시킨다. 그들은 단지 자신의 표현을 그리는 '감독' 아동을 돕는 것이다. 따라서 아이는 자신의 아이디어를 실현하는 데 모든 도움이 되는 권한 부여의 경험을 하게 된다. 여러 아동이 한 프로젝트에 협력할 때 토론할 시간이 주어지며, 아동이 지시한 내용을 누군가가 그리기 전에 치료사는 '확실합니까?'라고 묻는다. 모든 가족이 위치하면 지도에 연결이 그려진다. 노란색 이중선은 특히 서로 가까운 두 사람을 연결하는 데 사용된다. 갈색 지그재그 선)은 논쟁하기 쉬운 두 사람 사이를 추적한다. 아이들은 모든 연결을 동등하게 만들 필요가 없다고 안심하지만, 아이가 구별하기를 꺼리는 것처럼 보인다면 요점은 고려되지 않는다. 순서에 대해 문의하면 도움이 될 것이다. 그런 다음 상호작용 선에 1-2-3 등으로 레이블을 지정하거나, 아래에서 자세히 설명하는 것처럼 지도를 가로질러 화살표로 추적한 감정의 '확산'으로 표시할 수 있다.

구조적 치료사는 가족 지도에서 이러한 다양한 관계를 나타내기 위해 다음과 같은 기호를 사용한다.

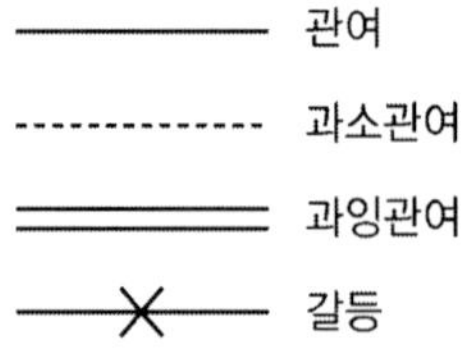

예를 들어, 12세 소녀는 급우들과의 싸움과 교사와의 무례한 상호작용으로 인해 반복적으로 정학을 당하고 있다. 의뢰인은 그녀가 어머니, 계부, 형제자매 한 명과 함께 살고 있음을 나타낸다. 그녀의 친아버지는 다른 지역에 살고 있다. 가족은 교회에 속해 있다. 가족 지도의 첫 번째 초안은 다음과 같다.

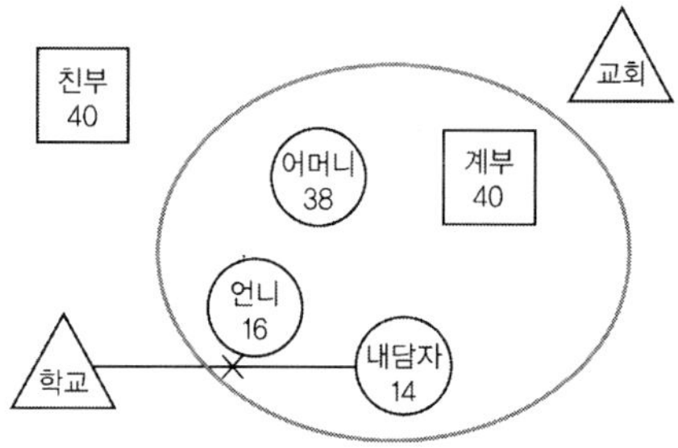

가족과의 첫 만남에서 치료사는 14세 소녀가 어머니와 매우 가깝고, 친부와 계부와는 먼 관계이며, 언니와 자주 다투는 것을 알게 된다.

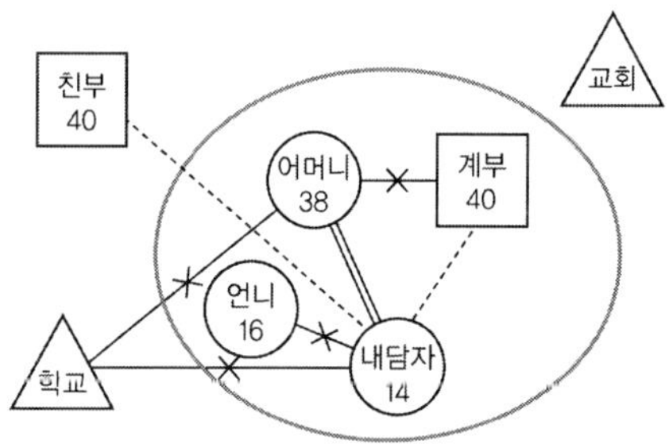

또한 치료사는 어머니와 계부가 자녀 양육 방법에 대해 자주 다투고, 어머니가 딸에 대한 부당한 대우에 대해 학교와 대립하고, 모든 가족 구성원이 교회에 참여하는 것이 아니라 어머니만 참여한다는 사실을 알게 되었다.

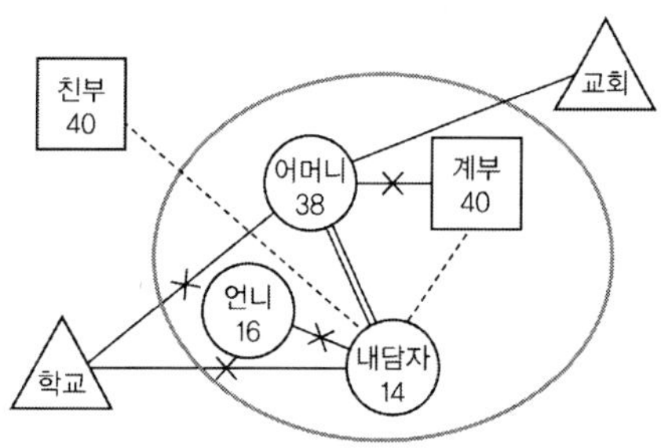

이 가족 지도는 내담자와 관련된 몇 가지 세 방향 관계에 치료사의 관심을 끈다. 하나는 그녀를 반대하는 (가까운) 어머니와 (먼) 계부와 연결시키는 패턴이고, 다른 하나는 그녀와 그녀의 어머니가 학교와 가지고 있는 갈등 관계이다.

초기 지도는 가족이 제시한 복잡한 자료의 예비 구성을 허용한다. "지도가 영토의 풍요로움을 나타내는 것과 마찬가지로 가족 거래의 풍요로움을 나타내는 것이 아니다." 가족은 끊임없이 움직이는 반면에 지도는 정적이다(Minuchin 1974). 치료가 진행됨에 따라 가족 지도는 지속적으로 수정되고 개선된다.

9) 합류

가족치료의 첫 번째 단계는 가족과 치료적 동맹을 맺는 것이다. 이 관계에는 상호 존중과 배려가 포함된다. 합류(joining)는 치료사가 가족 체제에 들어가도록 하고 치료사가 자신의 편이라는 것을 가족에게 보여주며 가족 구성원이 변화를 찾고 시작할 기회를 허용하는 치료적 자세이다.

즉, 치료사가 가족의 조직과 상호교류 유형을 있는 그대로 수용하고 가족의 강점을 직접 경험함으로써 가족 체제와 관계를 맺는 행동을 말한다. 따라서 치료사가 효과적인 합류를 위해서는 적응 능력이 있어야 한다. 심리치료나 상담에서 말하는 라포(rapport)는 치료적 관계 상태를 뜻한다면, 합류는 치료적 관계 형성을 위한 치료사의 자발적 행동을 말한다.

치료사로서 Minuchin(1974)은 자신을 먼 친척처럼 행동하고, 가족 체제에 합류하고 가족 양식에 정중하게 수용한다고 설명한다. 치료사가 가족 주제와 가족 신화를 이해하고, 배제되거나 희생양이 된 구성원의 고통을 느끼고, 구성원 사이에 열린 의사소통 경로가 있는 사람과 닫힌 사람을 구별하가 시작함으로써, 치료사는 가족 위계 구조, 하위체제, 하위 체제 작동, 경계, 연합 등에 대한 형세를 얻기 시작한다.

모방(mimesis; 그리스어로 "복사")은 가족과의 치료적 동맹을 강화하기 위해 의사소통의 방식, 양식, 정서적 범위 또는 내용을 모방하여 가족에 합류하는 과정을 나타낸다. 치료사는 "나도 그런 삼촌이 있습니다"와 같은 개인적인 경험에 대해 이야기하거나, 외투를 벗고, 특정 위치에 앉고, 아기와 노는 것과 같은 가족 구성원의 행동을 흉내낼 수 있다. 이러한 노력은 때로는 자발적이고 때로는 계획적이다. 어떤 경우이든 치료사가 가족 체제의 일부가 됨에 따라 가족과의 유사성을 높이고 신뢰를 구축하는 효과가 있다.

합류를 통해 가족은 비영구적이지만 관심 있는 구성원인 치료사가 가족 문제를 다루는 대안적 방법을 찾기 위해 가족을 이해하고 함께 활동하고 있음을 알 수 있다. 그 과정에서 구조적 가족치료사는 가족이 문제를 함께 해결하고 상호작용하는 보다 효과적인 다른 방법을 탐색하기에 충분히 안전하다고 느끼도록 격려한다. 치료사는 자신의 고통이나 스트레스 영역을 인정하면서 가족 구성원에게 자신이 민감하게 반응할 것이며, 이전에 피했던 고통스러운 문제에 직면하는 것이 안전하다는 것을 알려준다.

치료사는 각 구성원에 대해 긍정적인 점에 대해 확언할 수 있다. 이 기법은 자존감을 높이고 다른 가족 구성원이 그 사람을 새로운 시각으로 볼 수 있도록 한다. 다른 유형의 확언 진술은 치료사가 한 가족 구성원의 명백한 부정적인 특성을 설명하는 동시에 그 개인의 행동에 대한 책임을 "사면(absolving)"할 때 발생한다. 한 가지 효과는 그 사람이 다른 사람의 통제를 받는 것에 대해 반항하거나 변화를 추구하기 시작하는 것일 수 있다. Minuchin과 Fishman(1981)은 다음과 같은 예를 제시하였다.

> 아동에게 치료사는 이렇게 말할 수 있다: "너는 아주 유치해 보인다." "너의 부모님은 너를 어떻게 그렇게 어리게 다루었니?" 성인들에게 치료사는 이렇게 말할 수 있다: "당신은 배우자에게 매우 의존적으로 행동합니다. 당신을 무능하게 만들기 위해 그녀가 한 것은 무엇입니까?"(p. 34)

이 기법을 통해, 그 사람은 비판이나 죄책감이나 비난 없이 문제 영역에서 인정받는다고 느낀다. 결과적으로, 그 사람은 그것을 부인하거나 방어적이 되기보다 역기능적 장애가 있는 행동을 더 쉽게 인정한다. 대인관계로 역기능을 파악함으로써 가족 관계는 선형적이 아닌 원형적으로 생각하고 가족관계의 상호보완성에 유의할 수 있도록 준비하고 있다. 이 간단하고 비병리적인 방법으로, 치료사는 참가자들이 서로 다루는 방법을 재프로그래밍하기 위해 협력한다면 구조적인 변화가 가능하다고 제안하고 있다.

다음은 치료사가 알고 있어야 하고 치료적 동맹을 형성하는 데 도움이 될 수 있는 25가지 기본적인 합류 기법이다.

① 문화적으로 적절할 때 눈맞춤을 유지한다. 대부분의 서구 문화에서는 눈맞춤이 적절하지만, 눈맞춤이 거슬리고 무례한 것으로 간주되는 문화권의 내담자와 활동할 때는 인식해야 한다.

② 당신의 호흡을 당신이 가장 관심이 있는 가족의 내담자의 호흡과 일치시킨다.

③ 때때로 합류해야 하는 가족 구성원과 동일한 신체적 위치를 취한다. 가족처럼 앉거나 몸짓을 하는 것은 연결하는 데 도움이 될 수 있는 모방 반응이다.

④ 당신과의 접촉을 유도하는 열린 몸 자세를 취한다.

⑤ 내담자가 겪고 있는 고통을 인정한다. 이것은 그들이 이해심을 느끼는 데 도움이 될 것이다.

⑥ 이전 진술을 다시 참조하여 그들이 말하는 내용을 추적한다(Minuchin 1981).

⑦ 매력적인 표정을 짓는다. 이것은 공감과 민감성을 전달한다.

⑧ 당신에 대한 내담자의 반응을 높일 수 있는 방법으로 당신의 목소리를 사용한다. 볼륨과 속도를 조절하여 그들에게 맞추는 것도 하나의 기법이다.

⑨ 가족의 양식과 문화에 맞는 신체적 거리를 유지한다. 적절할 때 가족과 가까이 앉는 것이 따뜻함과 기꺼이 참여할 의사를 전달하기 때문이다.

⑩ 아동이나 성인이 츄잉껌, 그림, 담배 또는 기타 상징을 제공하면 수락한다.

⑪ 가족 가운데 아동과 함께 놀아준다.

⑫ 자녀에 대해 부모를 칭찬한다.

⑬ 메모를 할 경우 원활한 토론을 방해하는 요소로 사용하지 않는다.

⑭ 방에 들어올 때 가능한 한 많은 사람들과 악수한다. 이런 식으로 그들과 접촉하는 것은 그들을 편안하게 만드는 방법이다.

⑮ 좌석 배치를 선택하게 한다. 이것은 그들의 일상적인 상호작용 방식을 가능하게 하고 존중한다.

⑯ 가족 중 노인이 있는 경우 공경을 표현한다.

⑰ 부모가 자녀와 관련이 없는 문제(예: 성 문제)에 대해 논의하기를 원하는 경우 자녀를 방에서 내보낸다. 이것은 미래의 토론을 시작하는 데 도움이 될 수 있는 당신과 부모 주위에 경계를 그린다.

⑱ 가족이 치료 과정에 익숙하지 않은 경우 문제에 대한 논의로 너무 성급하게 넘어가

지 않는다. 동시에 그들이 제시하는 문제를 즉시 제기해야 하는 경우 그들을 제지하는 데 주의한다.

⑲ 치료 환경에서 흡연이 허용되는 경우 재떨이를 사용할 수 있다. 눈물을 흘리는 회기를 위해 휴지도 준비해야 한다.

⑳ 생일 및 기념일에 대한 정보에 반응한다. 중요한 날짜가 초기 또는 이후 회기와 일치하는 경우 해당 이벤트를 언급하는 것을 잊지 않는다.

㉑ 가족의 이름을 기억한다.

㉒ 특히 치료를 처음 받는 경우 가족을 안심시켜야 한다. 치료는 종종 사람들을 불편하게 만드는 과정이다. 이것은 그들의 긴장을 정상화하는 데 도움이 될 것이다.

㉓ 당신이 불편할 때 주의한다. 예를 들어, 누군가와 더 가깝게 앉도록 강요하지 않는다.

㉔ 첫 번째 회기의 길이를 유연하게 유지한다. 평소보다 더 많은 시간이 필요할 수 있다.

㉕ 연령에 맞는 방법으로 아이들에게 말을 걸고 장난감과 그림 재료를 준비한다. 합류는 누구에게나 쉬운 일이 아니다. 일부 치료사는 자연스럽게 다른 치료사보다 더 편안하게 느낀다. 가족 구성원이 받아들여진다고 느끼면 치료 과정에 더 기꺼이 투자할 것이다. 그것은 궁극적으로 가족, 기관, 치료사에게 도움이 될 것이다.

10) 재구조화

구조적 가족치료는 내용 지향적 치료보다는 과정 지향적 치료이다. 재구조화(restructuring)는 가족이 문제를 해결하기 위한 보다 적절한 구조를 찾도록 돕는 것을 의미한다. 가족의 목표는 자녀가 도둑질을 멈추게 하는 것일 수 있지만, 구조적 가족치료사는 가족 구성원이 문제를 성공적으로 해결할 수 있도록 거래 패턴을 재구성하도록 돕는다.

가족은 다양한 유형의 구조를 개발할 수 있지만 가장 편안하거나 가장 유용하다고 느끼는 구조로 제한된다. 일부 가족은 더 이상 활동하지 않더라도 이러한 구조를 반복하기 시작한다. 가족이 문제를 해결하려고 하지 않는 것은 아니다. 그것은 그들이 "같은 옛날 방식"으로 문제를 해결하려고 시도한다는 것이다. 많은 경우에 그들은 초인적인 노력을 사용하고 있을지도 모른다. 문제는 성공하려면 다른 구조가 필요하다는 것이다. Minuchin(1974)은 "만성적인 역기능적 패턴을 가진 가족은 그러한 패턴을 바꾸는 것만으로 도움을 받을 수 있다. 가족의 기능이 개선되어야만 고통을 줄일 수 있다."(p. 139)라고 말하였다.

비록 합류와 조정이 가족이 치료사의 이해와 보살핌을 받는 데 도움이 되지만, 변화를 가져오기에는 충분하지 않다. 재구조화는 치료사가 적극적이고 지시적이어야 함을 요구한다. 오래된 패턴은 잘 죽지 않는다. 따라서 치료사는 가족이 구조를 바꾸도록 치료를 기꺼이 책임져야 한다. 가족이 변화하기를 원하지 않는 것이 아니라 특정 문제를 해결할 수 없는 구조에 갇혀 있다는 사실을 기억해야 한다. 치료를 받을 때도 처음에는 예전 방식을 유지하려고 한다. 가족이 다른 방식의 상호작용을 시도해야 하는 방식으로 오래된 구조에 도전하는 것이 치료사의 임무이다(Colapinto, 1991). 여기에서 합류와 재구조화의 관계가 가장 분명하게 드러난다. 새로운 구조를 시도하는 것은 두려운 일이며, 지도자와 함께 안전하다고 느끼지 않는 가족은 지도자를 따르지 않을 것이다. 치료사와 가족이 관계 패턴을 재구성하는 도전에 직면할 수 있도록 하는 안전하고 정서적 유대를 형성하는 것은 합류를 통해서이다.

재구조화(restructuring)에는 가족이 서로에게 반응하는 방식을 변경하는 데 도움이 되도록 설계된 다양한 기법이 포함된다. 치료사가 사용할 수 있는 기법에는 다음이 포함된다.

- 교류 패턴 실행(enacting transactional patterns): 가족 구성원이 서로 패턴을 설명하거나 말로 표현하지 않고 행동하게 하는 것
- 의사소통 경로 재창조(recreating communication channels): 치료사나 다른 가족 구성원이 아닌 가족 구성원이 서로 직접 이야기하게 하는 것
- 공간 조작(manipulating space): 회기 중 누가 어디에 앉았는지 확인하고 이동
- 스트레스 확대(escalating stress): 가족의 스트레스 경험을 증가시켜 스트레스를 관리하는 방법을 확인하고 보다 효과적인 대처 전략을 실행하도록 돕는다.
- 과제 할당(assigning tasks): 가족에게 식사할 때 앉는 방식을 변경하기 위해 숙제를

주는 것과 같은 다양한 의사소통 패턴을 변경하고 연습한다.

- 재구성(reframing): 가족이 문제의 정의를 정중하고 정직하게 바꾸도록 돕는다.
- 불균형(unbalancing): 치료자는 가족의 하위 집단이나 개인에 잠시 합류하고, 그들의 관계 역학을 변경하기 위해 그들의 권한을 사용한다.

재구조화 목표는 변화를 촉진하는 보다 생산적이고 건설적인 상호작용을 실행하고 지원하도록 돕는 것이다. 전략적 가족치료사는 문제가 있는 가족 역동 및 행동을 이해하고 변경하기 위해 합류, 추적과 진단, 재구조화를 포함한 기법을 활용한다.

09
Chapter

가족미술치료기법 I

1. 치료에서 매체 선택

치료에서 미술을 사용하는 가장 큰 이점 중 하나는 창의적인 과정을 통해 다양한 감각적 경험을 할 수 있다는 것이다. 시각, 후각, 촉각, 청각은 모두 미술과 관련된 요소이다. 미술 창작에 사용하기로 선택한 재료에는 큰 의미가 있다.

한 사람이 사용하는 미술 재료와 상호작용하는 방식은 감각 경험에 의해 유발된 정서 상태를 불러일으킬 수 있다. 예를 들어, 점토를 성형하는 행위는 축축하거나 액체와 같은 재료가 불편할 수 있는 일부 사람들에게 압도적일 수 있다. 이 사람은 색연필과 같은 보다 구조화된 재료를 사용하는 것을 선호할 수 있다. 다른 사람에게 색연필은 점토에 비해 색연필이 제한적으로 보일 수 있다. 점토는 쉽게 성형되고 색연필은 다소 딱딱한 경향이 있기 때문이다.

치료 목적으로 미술을 사용할 때 선택한 매체를 염두에 두는 것이 중요하다. 미술치료 훈련을 받은 치료사들은 매체의 연속체에 대해 배우고 경험하게 될 것이다. 그러나 다른 사람들은 종종 개인 프로젝트 또는 치료에 대한 미술 기반 중재를 위해 미술 재료를 가장 잘 선택하는 방법에 대해 궁금해한다. 당신이 수업 프로젝트를 위해 미술 재료를 선택하는 교사, 미술 활동을 통합하는 가족치료사 또는 자신의 표현 예술을 하는 개인이든, 매체 선택은 미술 제작 경험에 매우 중요할 수 있다.

미술치료 회기에서 제공되는 재료 또는 자료는 사고와 지각, 감정과 감각, 욕망과 두려움과 같은 내면의 경험을 표현하는 수단이다. 미술치료를 처음 접하거나 미술치료의 구성 요소에 관심이 있는 개인에게 안전감과 위험 감수 감정의 균형을 맞춰 재료가 정서 표현을 이끌어내고 지원하는 데 중요한 촉매가 되는 방법에 대한 개요를 제공하는 것이다.

그렇다면 미술치료에는 어떤 미술 재료가 사용되는가? 개인의 경험과 미술과의 관계에 따라 다양한 답이 있을 수 있다. 일반적으로 그리기, 칠하기, 조각, 콜라주 또는 혼합 매체 과정에 참여할 수 있다. 이러한 각 과정은 고유한 특성과 경계를 가진 서로 다른 재료를 사용한다. 일부는 더 단단하거나 저항성이 있고, 일부는 더 유동적이며, 일부는 더 질감이 있고 일부는 더 부드럽다.

이러한 다양한 과정과 재료 또는 자료 내에서 논의할 내용이 많을 수 있으므로, 향후 글에서는 다양한 유형의 특정 자료와 미술치료 과정 내에서 경험을 만들기 위해 상호작용하는 방법에 대해 논의하는 데 전념할 것이다.

미술 매체는 가장 구조화된 것에서 가장 덜 구조화된 것까지 연속적으로 존재한다. 이를 인지하고 원하는 효과와 내담자 또는 자신의 작품을 만드는 경우 자신의 요구에 따라 가장 적절한 매체를 선택할 수 있다.

가장 구조화된 매체는 흑연 연필 및 색연필과 같은 매체이다. 이러한 매체는 통제하기 쉽고 정확한 선을 만들 수 있으며, 지우고 다시 시작할 수 있다. 콜라주, 우표, 펜 또는 마커와 같은 기타 재료도 구조화되고 통제되는 것으로 간주된다.

보다 유동적이거나 덜 구조화된 매체는 수채화 물감, 유성 물감 및 점토와 같은 재료가 있다. 이러한 매체는 표현력이 뛰어나지만 통제하기가 더 어렵다.

구조를 제공할 때 고려해야 할 또 다른 요소는 사용되는 종이의 크기이다. 작은 종이는 더 큰 억제감을 제공하는 반면 큰 종이는 자유와 확장성을 촉진한다.

그렇다면 더 구조화된 재료가 적합한지 여부를 어떻게 결정하는가?

한 가지 염두에 두어야 할 것은 내담자의 정서적 상태이다. 불안한 내담자는 미술 제작 경험 동안 더 큰 안전감과 통제력을 가질 수 있기 때문에 구조화된 매체에 대해 더 편안하게 느낄 것이다. 이를 염두에 두면 내담자가 치료 과정에 편안함을 느낄 수 있도록 미술치료 초기에 가장 구조화된 자료를 제공한다. 콜라주는 자신의 미술적 능력에 확신이 없는 내담자에게 특히 유용하다.

또한 ADHD 아동에게 덜 구조화된 매체를 소개할 때는 매우 조심해야 한다. 이 아동은 자제력, 인내심, 좌절에 대한 내성을 아직 충분히 발달시키지 못했을 수 있기 때문에 물감이나 젖은 진흙은 금방 통제 불능 상태가 될 수 있다.

유동적인 재료가 많을수록 작품에 대한 정서적 경험과 표현력이 높아지므로 자신의 정서를 접하거나 지성화나 완성도를 돌파하는 데 도움이 된다. 또한 많은 사람들은 수채화 및 기타 유동적인 매체가 보다 직관적인 경험을 위해 긴장을 풀고 격려한다고 생각한다. 그러나 치료에 미술을 사용하는 경우 유동적 매체와 그로 인한 정서적 취약성은 심각한 트라우 병력이나 정신병이 있는 사람과 같은 특정 개인에게 너무 압도적이거나 규제가 불가능할 수 있으므로 주의해서 사용해야 한다는 점을 염두에 두어야 한다.

명심해야 할 또 다른 요인은 다양한 매체에 대한 개인의 선호도이다. 치료에서 내담자가 자신의 선택에 있어 어느 정도 통제력을 느끼고, 다른 매체를 시험해 볼 기회를 가질 수 있도록 최소한 몇 가지 매체 선택을 제공하는 것이 필요하다.

감각 선호도는 특히 아동의 경우 개인 선호도의 중요한 측면이 될 수 있다. 촉각 방어력이 있는 개인은 점토, 플레이도우 또는 핑거 페인팅에 매우 불편할 수 있다.

때때로 내담자가 편안한 영역에서 벗어나도록 권장할 수 있지만, 누군가가 불편한 매체를 사용하도록 강요해서는 안 된다.

또한 주어진 미술 지시에 매체를 일치시키는 것을 고려해야 한다. 미술 재료가 프로젝트에 적합하지 않을 때 좌절감을 느끼도록 해서는 안 된다. 예를 들어, 내담자에게 가족이 함께 무언가를 하는 그림을 만들도록 요청하는 경우 연필과 마커와 같은 재료를 제공하여 쉽게 그릴 수 있고 세부 사항을 표시할 수 있다. 수채화와 같은 매체를 사용하여 표준 종이에 가족 그림을 만들려는 시도는 거의 모든 사람에게 실망스럽고 실패한 경험이 될 것이다. 대조적으로, 당신이 지금 느끼고 있는 것을 표현하는 것과 같은 지시어의 경우, 물감이나 오일 파스텔과 같은 보다 유동적인 매체는 정서적 경험과 표현을 심화시키는 데 도움이 될 수 있다.

회기에서 미술 재료와의 관계를 형성하기 위해 함께 작업할 때 다음과 같은 중요한 질문을 고려한다.

- 오늘 회기에 대한 나의 의도는 무엇인가? 특정 목적을 가진 보다 구조화된 지시에 참여하고, 특정 주제로 작업하고, 관찰(내 눈앞에 보이는 것)을 통해 그리기/칠하기/조각을 만들어 마음챙김에 참여하고, 자발적으로 만들고 싶은가? 자유로운 연상과 본능을 통한 흐름을 따라갈 것인가?
- 이 그리기/칠하기/조각이 포함되고 잘 정의된 것처럼 보이길 원하는가? 아니면 좀 더 유동적이고 흐릿하게 보이기를 원하는가?
- 특정 이미지나 상징을 표현하고 싶은가?
- 특정 유형의 선(구불구불한, 직선, 곡선, 들쭉날쭉한, 예리한, 연속적인, 짧은, 긴, 반복되는, 소용돌이)으로 작업하고 싶은가?
- 반복되는 선, 모양, 획, 조각, 겹치기, 찢기 또는 질감을 사용하여 내 미술에서 패턴을 만드는 데 집중하고 싶은가?
- 이 창작물이 현실에 기반한 특정 이미지/아이디어에 대해 더 추상적이고 덜하기를 원하는가?
- 다양한 혼합 매체 재료를 사용하여 만들고 싶은가?
- 긴장을 풀고 재료를 가지고 놀고 어떤 느낌인지 보고 싶은가?
- 두렵게 하거나 위협적으로 보일 수 있는 자료를 시도하고 싶은가?
- 편안하고 안전한 소재로 작업하고 싶은가?
- 억제 작업을 하고 싶은가 아니면 풀어 주는 작업을 하고 싶은가?

이러한 질문이 항상 직접 고려되는 것은 아니지만 앞으로 어떻게 진행하고 싶은지 확실하지 않은 경우, 회기에 들어가기 전에 이러한 질문 중 하나 이상을 숙고해 보는 것이 좋다. 또한 치료사는 미술 제작 과정을 안내하여 특정 요구 사항에 따라 권장 사항을 제공할 수 있다. 그리고 때때로 우리는 호기심이나 충동 이상의 이유 없이 어떤 재료에 끌릴 수 있다는 점을 알아두어야 한다.

재료의 발견과 재료의 특성, 개별적으로 또는 함께 사용할 때 나타나는 변형에는 아름다움이 있다. 이러한 다양한 재료를 보다 심층적으로 탐색하는 데 도움이 되는 내용을 제시한다. 이것은 창의적인 표현의 가능성을 이해하는 데 도움이 될 것이다.

2. 치료 매체: 목적이 있는 활동

여기서는 치료 매체의 정의, 배경 및 적용에 대한 초보 치료사를 소개하는 역할을 한다.

매체(media)라는 용어는 "다른 무언가가 전달되거나 운반되는 매개 물질이다. 어떤 것을 성취, 전달 또는 이전하는 대행자"로 정의된다. 방법은 "절차, 특히 어떤 것을 성취하는 규칙적이고 체계적인 방법"을 말한다.

치료 맥락에서 이러한 용어들을 더욱 명확히 하기 위해, 내담자에게 원하는 결과를 산출하기 위해 목적적인 활동을 선택하고, 선택된 치료 매체를 사용하여 수행한다. 매체 및 방법은 치료적 가치에 따라 선택되며 각 내담자의 특정 요구에 따라 개별화된다.

1) 치료 매체의 배경과 근거

미술과 공예가 치료사가 사용하는 주요 치료 활동이었다. 사회적, 경제적 시대가 변화하고 기술이 빠르게 성장함에 따라 사용되는 미디어 레퍼토리는 내담자의 변화하는 요구를 충족시키기 위해 확장되고 진화했다. 그러나 공예 활동은 다양한 실제 환경에서 계속 사용되며, 아동을 치료하는 데 특히 가치가 있다. 아동들은 공예품을 치료 매체로 사용하여 일상생활에서 기능하는 데 필요한 기술을 습득하고 연습할 수 있다. 또한 공예품에 대한 참여는 일반적으로 아동기의 활동이다. 이 장에서는 아동을 위한 중재로 전통적 및 비전통적 치료 매체의 선택과 사용에 대해 설명한다.

2) 치료 매체의 선택

내담자를 위한 치료 매체를 선택할 때 치료사는 임상적 추론 기술을 사용한다. 특히 내담자에게 의미 있고, 동기를 부여하고, 내담자의 목표를 다루는 활동은 치료적 활동으로 간주된다. 치료사는 내담자의 관심, 치료 목표, 내담자 요인, 수행 기술, 수행 패턴, 맥락을 고려한다. 예를 들어, 치료사가 활동을 계획할 때 내담자 문화의 신념과 전통을 고려하고 존중한다. 매체의 등급화 가능성과 활동 요구 사항은 매체를 선택하기 전에 검토해야 할 중요한 측면이다. 집단 환경에서 수행되는 활동은 개별 구성원의 "적절한" 과제를 충족할 수 있도록 쉽게 등급을 매기고 조정해야 한다. 다음은 중재 계획 및 실행을 위한 성공적인 매체 선택에 필요한 사고 과정을 촉진하는 데 도움이 된다.

(1) 관심

다음 질문은 치료사가 내담자를 위해 의미 있고, 동기를 부여하며, 연령에 적합한 매체를 선택하는 데 도움이 될 수 있다.

- 매체가 내담자의 연령과 역할(예: 학생, 형제자매, 근로자)과 관련이 있는가?
- 매체가 내담자의 현재 관심사 및/또는 취미와 관련이 있는가? 새로운 여가 활동(예: 그림, 컴퓨터, 사진, 바늘 공예)을 추구하기 위해 관심을 불러일으킬 수 있는가?

(2) 목표

치료사는 내담자의 목표에 따라 활동과 매체를 선택한다.

- 구체적으로 어떤 목표를 다룰 것인가?
- 활동(매체와 방법)이 내담자의 목표를 어떻게 촉진하는가?
- 이러한 매체가 원하는 결과를 촉진하는 최선의 선택인가?

(3) 내담자 요인과 수행 기술

중재 목표는 내담자가 성공적이고 안전하다고 느끼면서 자신의 목표를 향해 활동을 할 수 있도록 하는 것이다. 정신 기능, 감각 기능 및 통증, 신경근골격계, 심혈관계, 혈액학, 면역학, 호흡기계 기능, 음성 및 언어 기능, 피부 및 피부 관련 기능, 신체의 구조적 기능 등과 같은 신체 기능 측면에서 활동을 분석하여 내담자의 목적에 맞는 치료를 설계한다. 다음 질문은 치료사를 안내하는 데 유용할 수 있다.

- 미술치료 활동을 완료하거나 매체를 사용하기 위해 필요한 신체적 요구사항(예: 신경근골격 및 운동 관련 기능)은 무엇인가?
- 선택한 매체를 성공적으로 사용하기 위해 내담자가 소유해야 하는 전체적 또는 특정 정신적 기능(예: 각성, 동기 부여, 주의, 인식, 기억, 지각, 감정, 자아 및 시간 경험)은 무엇인가?
- 이 활동을 성공적으로 완료하려면 어떤 수행 기술(예: 운동 및 실제, 의사소통 및 사회적 기술)이 필요한가?
- 매체 사용과 관련된 안전 문제는 무엇인가? 내담자는 충동성이나 알러지 등과 같은 매체를 다루거나 위험 없이 활동에 참여할 수 있는 안전 의식을 가지고 있는가?
- 내담자가 활동에 참여하거나 매체를 사용하기 위해 어떤 감각 기능이 필요합니까(즉, 시각, 청각, 전정, 미각, 후각, 고유수용성, 촉각 기능)?

(4) 맥락과 환경

"맥락이라는 용어는 내담자 내부와 내담자를 둘러싸고 있는 다양한 상호 연관된 조건을 말한다. 맥락에는 문화적, 개인적, 시간적, 가상, 물리적 및 사회적 측면이 포함된다. 환경이라는 용어는 내담자를 둘러싸고 내담자의 일상생활 활동이 발생하는 외부, 물리적 및 사회적 환경을 말한다." 치료사는 치료 활동을 선택할 때 내담자의 맥락을 고려해야 한다. 치료사는 활동을 선택하는 데 있어서 맥락적 영향과 환경적 영향에 대한 다음과 같은 질문을 고려해야 한다.

- 치료 활동이 내담자의 문화적, 사회적, 개인적 배경과 일치하는가?
- 어떤 사회적 조건(예: 중요한 타인에 대한 기대, 경제 및 제도적 체제와 같은 체제와의 관계)이 활동을 둘러싸고 있는가?

- 내담자의 개인적 특성은 무엇이며 이것이 활동 선택(예: 연령, 성별, 사회경제적 지위, 교육적 지위)에 어떤 영향을 미치는가?
- 이 활동에 고려해야 할 영적인 측면이 있는가?
- 활동의 시간적 측면(예: 생활 단계, 하루 중 시간, 연중 시간, 활동에 필요한 시간)은 무엇인가? 이것이 매체 선택에 어떤 영향을 미치는가?
- 활동의 물리적 특징은 무엇인가? 어떤 환경에서 진행되는가?

(5) 등급과 조정

치료사가 성공을 촉진하기 위해 치료 활동을 변경해야 할 수도 있다. 다음 질문은 치료사가 활동의 등급을 매기고(즉, 활동의 난이도 변경) 활동을 조정(즉, 활동 수행 방법 변경)하는 데 도움이 될 수 있다.

- 내담자의 사고 처리 수준에 따라 활동의 복잡성 수준을 높이거나 낮출 수 있는가?
- 필요한 경우 제공된 매체를 내담자의 신체적 기술에 맞게 수정할 수 있는가(예: 저항이 적거나 더 크거나 또는 작은 물체 또는 큰 물체)?
- 내담자의 감각 기능 요구 사항에 따라 매체를 변경할 수 있는가(예: 매체를 밝은 배경에 배치하여 시력이 약한 내담자의 대비를 높이거나 내담자의 촉각 요구를 수용하기 위해 다른 질감의 재료를 사용)?
- 매체는 집단 활동 내에서 개별화될 수 있을 만큼 충분히 다양한 목적으로 사용할 수 있는가?
- 내담자의 수행을 향상시키기 위해 적응형 장비가 필요한가? 사용 가능한가?

(6) 활동 요구

활동을 성공적으로 계획하려면 치료사가 활동의 측면을 분석해야 한다. 활동 요구(activity demands)는 물건과 그 속성, 공간 요구, 사회적 요구, 순서 및 타이밍, 요구되는 행동 및 기술, 요구되는 기본 신체 기능 및 신체 구조를 말한다. 활동 요구 분석은 치료사가 적절한 활동과 매체를 선택하는 데 도움이 된다. 다음 질문은 치료사에게 지침이 될 수 있다.

- 매체를 사용하는 데 필요한 도구와 장비가 사용 가능하고 잘 정비되어 있는가?
- 모든 내담자를 위해 적절한 도구와 자료가 있는가?
- 활동을 위해 적절한 작업 표면, 열린 공간 및 조명이 있는가?
- 활동에 참여하려면 어떤 사회적 및 의사소통 기술이 필요한가?
- 활동의 단계, 순서 및 타이밍은 무엇인가? 활동을 완료하는 데 충분한 시간이 있는가?
- 활동을 성공적으로 완료하려면 어떤 기술이 필요한가?
- 활동을 완료하려면 어떤 신체 구조가 필요한가?
- 결함 또는 장애가 있는 내담자를 위해 활동을 어떻게 변경할 수 있는가?
- 안전 예방 조치는 무엇인가?
- 활동 비용은 얼마인가?
- 활동은 어디에서 할 수 있는가?

3. 치료에 사용되는 미술 매체의 유형

1) 일부 매체 유형이 더 나은 이유

미술이 치료에 사용될 때, 사람들은 종종 미술가가 아닌 사람들과 상호작용하는 것을 발견할 수 있다. 이 때문에 다양한 매체에 대한 경험의 수준이 매우 제한될 것이다. 종종 개인은 미술을 만드는 방법에 대한 경험이 거의 또는 전혀 없을 수 있다.

여기에서 목표는 주어진 상황에서 어떤 유형의 매체가 가장 좋은지 정의하는 것이다. 잠시 시간을 내어 이 과정을 둘러싼 개인, 내담자 또는 장면에 집중하겠다.

나중에 제안할 매체 목록을 제공할 것이지만, 먼저 매체에 대한 맥락을 구축해야 한다.

미술 매체가 무엇인지 자세히 설명하는 블로그는 많이 있지만 실제로 제공할 수 있는 것에 대한 통찰력을 제공하는 블로그는 거의 없다. 이것을 아는 사람은 거의 없고, 미술가가 그것들을 아는 것만큼 이것을 잘 알 수 있는 사람은 거의 없다.

2) 안전한 환경이 필요하다

이것은 말할 필요도 없지만, 안전한 환경이 필요하다. 이것은 관심 있는 사람뿐만 아니라 주어진 미술 매체로 무엇이 안전한지 아는 것에도 해당된다. 예를 들어 먼지, 매연, 적절한 환기 등에 대한 지식이 필요하다. 또한 불안정하거나 그와 같은 상황에 있는 개인에게 칼날을 주지 않을 것이 분명하다. 상식이 적용된다. 일반적으로 이와 같은 문제는 더 넓은 환경에서 문제가 되지 않을 것이다.

3) 특정 미술 매체는 사람과 연결된다

항상 그들이 좋아한다고 믿는 미술 매체를 시도하도록 허용한다. 이것이 명백한 해결책처럼 보일 수 있지만, 결국 그것은 사람이 머물 곳이 아닐 수도 있다. 사람을 실험 작업에 개방하고, 그리고 이것은 정당한 이유가 있다.

처음에는 그림 그리기를 생각하는 사람이 곧 목탄을 통해 미술의 정서에 더 잘 연결할 수 있다는 것을 알게 될 것이다. 미술치료에서 최종 목표는 종종 이러한 연결과 정서를 끌어내거나 당기는 것이다. 여기에서 오해의 소지가 있는 생각이 드러난다. 그들이 즐기고 있다고 생각하는 것이 그들에게 필요로 하는 것이 아니기 때문에 오해의 소지가 있을 수 있다. 우리는 종종 이러한 방식으로 이미지를 투사하는 치료를 생각하지만, 이것이 유일한 목적은 아님을 알아야 한다. 미술 매체는 양방향으로 이동할 수 있는 수단이다.

미술치료에는 다양한 형태가 있다. 또한 미술은 예술가에게 무언가를 요구하기보다는 예술가에게 줄 수 있다. 어떤 사람들에게는 정서에 관한 것이 아니라 초점을 얻는 것에 관한 것이다.

흑연이나 펜과 같은 매체는 더 많은 세부 사항을 얻을 수 있는 경우 더 적합할 수 있다. 이 경우 개인이 자신의 세계를 어떻게 인식하는지 보기 위해 인상주의에 의한 사실주의의 길을 택할 수 있다. 또는 대안으로 개념 미술에서 파생되어 자신의 삶이 어떻게 되기를 원하거나 상상하는지 볼 수 있다.

본질적으로 보다 혼란스러운 마음을 취하고, 그리고 집중된 작업을 전달하는 것이 최종 목표가 될 수 있다. 여기에서 당신은 마음의 자연적인 경향에 반대하여 개인에게 필요한 구조를 부여하고 있다. 이러한 개념은 개인이 자연적으로 좋아하거나 즐기는 것과 상반될 수 있다.

4) 치료를 위한 미술 매체의 목적을 안다

모든 미술치료를 위한 미술 매체의 목적을 아는 것은 그것이 개인과 어떻게 연결되는지와 직접적인 관련이 있다. 여기서 우리는 그것을 사용하는 사람보다 미술 매체가 제공하고 할 수 있는 것에 초점을 맞춘다. 예술가가 아닌 사람에게 그림은 정서적 작업에 대해 더 비재현적이거나 추상적인 경우가 많다. 연필이나 펜은 실제 사물에 표현할 수 있도록 보다 자세하고 구체적인 표현 미술을 제공할 수 있다. 예를 들어, 숯은 이 두 가지 가능성을 혼합할 수 있다. 도자기를 만들기 위해 흙을 빚는 것은 질서와 건설적인 길을 찾는 사람에게 유익할 수 있다. 점토로 작업하면 손과 마음이 3차원 창작물에서 작동한다. 이런 식으로 대상을 만드는 것은 생각이나 정서를 외부로 투사하는 것보다 '예술의 형태'를 통해 질서를 만드는 것이다.

어떤 매체가 목적에 가장 적합한지 쉽게 알아볼 수 있는 방법은 제작에 사용할 수 있는 미술의 유형이나 종류를 보는 것이다. 보다 건설적인 매체는 종종 질서, 자신감, 자부심 및 문제해결을 제공하는 데 사용할 수 있다. 그리기나 칠하기와 같은 이미지를 통해 보다 표현적인 매체는 종종 더 정서적이거나 사고 기반일 수 있다.

5) 치료를 위한 미술에서 표현적이고 건설적인 매체

표현적인 미술과 구성적인 미술이 모두 필요한 시기가 있을 것이다. 이러한 미술에 대한 한 가지 불행한 부분은 종종 더 전문적인 장면과 장비가 필요하다는 것이다. 예를 들어, 나무 조각은 치료를 위해 표현적이고 건설적인 작업을 모두 허용하지만 장비가 필요할 수 있다. 목공예품은 이 용도에 가장 적합하지 않을 수 있지만, 다른 시각 미술품은 이를 더욱 용이하게 할 것이다.

다시 말해서 도자기나 점토는 물체를 형성할 수 있을 뿐만 아니라 조각하고 칠하고 다른 매체와 혼합된 형식으로 사용할 수 있다. 훨씬 적은 선행 투자가 필요하다. 점토의 또 다른 이점은 조각에 사용할 수 있다는 것이다. 다양한 목적으로 사용되는 특정 점토 매체가 있다. 이러한 대체 매체는 미술치료에 더 효율적이다.

유리 세공이나 목공예와 같은 치료를 위해 보다 복잡한 미술을 사용하는 데 진지한 관심이 있는 사람에게는 가능성이 있다. 프로그램에 참여할 의사가 있는 이러한 미술 분야의 지역 전문가를 찾는 것이 더 쉬울 수 있다. 또한 독립적인 개인이 스스로 이를 추구하는 경우 견습 계약이 도움이 될 수 있다.

6) 사진은 치료를 위한 훌륭한 미술 매체이다

특히 미술치료와 관련하여 사진은 거의 고려되지 않지만 진지하고 실제적인 대안이다. 무엇을 찍고 어떻게 그 사진을 찍는가가 개인의 투사를 대표하게 된다. 또한 그 사진을 얻기 위해서는 건설적인 요소가 필요하다. 우울증 미술의 일종으로 이것을 사용하는 사람들이 있다. 렌즈를 통해 바라보는 시각에 따라 독특한 세계관을 제공한다.

이 미술 매체는 이 미술을 찾기 위해 주도적으로 개인에게 더 초점을 맞춘다. 임상 환경에서 적용하기는 어렵지만 누군가가 이 매체를 사용하는 것을 막지 않아야 한다. 그것이 제공할 수 있는 것과 그 이점에 놀랄 것이므로 과소평가해서는 안 된다.

7) 잡지 사진 콜라주는 매우 유용한 매체이고 활동이다

잡지 사진 콜라주는 특히 연필, 물감, 점토에 겁을 먹는 사람들에게 관대함을 주는 매체이기 때문에 미술치료사들이 널리 사용한다. 콜라주를 만들 때 사실적인 것을 그리는 고뇌를 겪을 필요가 없고, 10살짜리가 그린 것처럼 보이는 당혹감에서 벗어날 수 있다. 이것은 초기 회기에 이러한 걱정을 하는 대부분의 성인 내담자에게 안도감을 주는 환영받는 매체이다. 또한 캔버스에 붓을 긋는 것처럼 즉각적인 노력을 요구하지 않다. 사실, 이미지를 표면에 붙일 때까지 마음을 바꾸고, 구도를 실험하고, 올바른 그림이 될 때까지 그림을 더하거나 뺄 수 있다.

잡지 사진 콜라주 과정은 이미지를 사용하여 내담자와 치료사 간의 대화를 강화하는 시각적 서사를 만드는 것으로 생각된다. 이것은 잡지 사진을 만들거나 이미지를 발견한 것을 내담자가 자신을 표현할 수 있는 "멋진" 방법으로 만들고, 치료사가 사진을 통해 내담자의 의사소통을 촉진하는 것이다. 이것은 내담자들에게 그들의 관심을 끄는 사진을 모아 종이에 배열하거나, "만약 당신이 회복된다면 당신의 삶은 어떻게 보일까"와 같은 특정 주제에 대한 발견 이미지 콜라주를 만드는 것과 같은 간단한 것을 부탁하는 것을 포함할 수 있다.

8) 집중 작업을 위한 매체 및 미술 유형

- 연필
- 펜
- 어린이용 마커
- 물감(번호별 물감 사용 가능)
- 덜 예술적인 개인을 위한 스텐실
- 조각용 점토
- 대상 생성을 위한 점토(모델링)
- 사진
- 에칭용 유리
- 목각

9) 건설적인 사용을 위한 매체 및 미술의 유형

- 오브제 제작을 위한 점토(모델링)
- 사진
- 나무 미술
- 주조 액체 매체

- 공예품의 건설
- 조립(3차원 혼합 매체)

10) 정서 표현을 위한 매체와 미술의 유형

- 페인트(수채화는 저렴하고 쉽다)
- 숯
- 분필
- 잉크(예: 잉크 얼룩 만들기)
- 사진
- 캔버스에 혼합 매체
- 에어브러시 아트
- 연필(상황에 따라 사용 가능)

11) 치료를 위한 단일 유형의 미술 매체가 실패할 수 있는 이유

임상 환경에서 치료 목적으로 더 넓은 범위의 매체를 제공하는 데 충분한 투자가 이루어지지 않는 경우가 너무 많다. 치료사들 자신은 항상 미술이 치료적이라고 주장하지만, 과학계는 항상 그 타당성에 의문을 제기할 것이다. 미술 매체가 얼마나 강력한지 파악하지 못하는 경우가 많은 이유는 미술 매체를 사람과 어떻게 연결해야 하는지에 대한 이해가 부족하기 때문이다. 모든 사람에게 적합한 단일 매체는 없다. 이것은 과학에 대한 미스터리일 수 있지만, 모든 치료사에게 공통된 지식이다. 확실히 예술적이지 않은 사람들에게는 미술 자체가 영향력이 덜할 것이라는 주장이 제기될 수 있다. 이것은 집중, 사고, 창의성, 성찰, 정서적 투사의 건설적인 이점이 적용되지 않는다는 것을 의미하지 않는다. 적절하게 일치하면 모든 매체에 적용가능하고 유익하다.

임상 환경에서 미술 활동에 더 많은 대안적 매체에 대한 접근을 허용하는 투자는 필수적이다. 여기서 내담자는 매체와 요구에 더 잘 부합할 수 있다. 이렇게 함으로써 미술치료의 성공은 증가할 뿐만 아니라 평생 동안의 장기적인 이점도 알게 된다.

12) 치료를 위한 미술 매체를 찾는 개인을 위해

개인적으로 자신을 도울 목적으로 미술 매체를 찾고 있다면, 다음과 같은 도움이 될 수 있는 몇 가지 지침이 있다.

첫째, 많은 돈을 쓸 필요가 없다. 당신이 편한 것부터 시작하면 된다.

둘째, 할 수 있는 한 다른 유형의 매체를 탐색한다. 이 탐색 및 형성에서 당신이 사용하려는 미술 양식도 탐색한다. 예를 들어, 비표현적 미술은 모든 것을 그냥 놔두고 싶을 때 유용할 수 있다.

미술처럼 집중된 삶, 또는 최대한 삶처럼 보이도록 만들면 이미지와 초점이 필요할 때 사용할 수 있다. 집중이 요구되는 혼란스러운 마음에는 보다 건설적인 미술이 종종 매우 적합하다. 장비에 대한 돈이 없다면 작게 시작하면 된다. 클레이 모델링은 훌륭한 매체이다. 또한 다른 미술 및 공예와 관련된 건설적인 표현은 시작하기에 저렴하다. 우리는 곧 이러한 다양한 매체와 미술 응용 프로그램의 조합이 자신에게 필요한 것이 무엇인지 완벽하게 파악할 수 있다는 것을 알게 될 것이다.

4. 미술치료를 통한 가족 경계 탐색

경계는 자기 내부에 존재하는 개인적 한계뿐만 아니라 다른 사람과의 대인관계에 존재하는 정서적, 육체적, 영적, 정신적 한계를 말한다. 경계에 대해 논의할 때 종종 우리는 불편, 위험, 불안, 분노, 슬픔 또는 이해하고 관리하기 어려울 수 있는 기타 감정을 느끼게 하는 상황, 상호작용 또는 경험에 의해 영향을 받은 방식을 단어를 통해 탐색한다. 때로는 경계가 필요하다는 신호를 보내는 내적 반응을 촉발한 원인을 이해하기 어려울 수 있으며, 때로는 표면화되고 있는 느낌을 알 수 있지만, 우리가 필요로 하는 것과 그것을 다른 사람에게 전달하는 방법을 확인하는 데 어려움을 겪을 수 있다.

아동, 청소년, 청년, 성인은 모두 미술치료 회기에서 경계 탐색의 이점을 얻을 수 있다. 아동과 청소년의 경우 자신과 보호자 또는 권위자 사이에 주장할 수 있는 한계 또는 한계가 무엇인지 완전히 이해하는 것이 어려울 수 있다. 종종 아동과 청소년은 다른 사람들의 감정과 행동에 대해 책임감을 느낄 수 있는데, 특히 그들이 "그것이 어떤 사람들의 감정을 상하게 한다" 또는 "당신이 듣지 않을 때마다, 당신은 엄마를 소리치게 한다"는 말을 듣는 것에 익숙하다면 더욱 그렇다. 성인들은 또한 그들이 내적 딜레마를 겪는 요청이나 초대에 응답하여 "아니오"라고 말하는 사람들을 기쁘게 하는 경향이나 도전을 이해하는 데 어려움을 겪을 수 있다. 청년과 성인은 또한 어려운 시기에 지원을 받아들이거나 지원을 요청하는 데 어려움을 겪을 수 있다.

미술치료 회기에서 경계를 탐색하는 한 가지 방법은 물리적으로 경계를 그리는 것이다. 벽, 울타리, 구멍, 키 큰 풀, 그려진 선, 모래에 그려진 선과 같은 경계가 실제로 보이는 상징이나 구조처럼 보이는지 직접적으로 묘사하라는 질문을 받을 수 있다. 또는 모양, 선, 색상으로 경계를 나타내는 것이 더 추상적으로 보일 수도 있다. 또한 이미 효과적으로 수행하고 있는 작업과 어려움을 겪고 있는 작업을 탐색하는 효과적인 방법이 될 수 있다. 점토 모형 마술, 공기 건조 점토 또는 플라스틱을 사용하여 이 활동을 탐색할 수도 있다. 3차원 조각을 만들어 경계와 상호작용할 수 있는 기회를 갖게 된다.

더 깊이 파고드는 방법으로, 경계 미술을 만들기 전에 브레인스토밍을 하거나 창작 및 창작 과정에 대해 생각할 때 다음과 같은 미술 저널링 프롬프트를 고려할 수 있다.

- 당신의 경계와 당신의 관계는 무엇입니까? 그것들이 단단하고 알려지는 느낌이 듭니까? 아니면 더 모호하고 유동적이거나 투명하고 알려지지 않은 것 같습니까?
- 당신의 경계가 유연하거나 모양을 유지하기 위한 것입니까?
- 당신이 가진 경계 유형을 가장 잘 나타내는 기호는 무엇입니까? 원하는 경계 유형은 무엇입니까?
- 당신의 경계를 층(layers)으로 생각하십니까? 다른 관계에는 다른 경계 집합이 필요합니까?
- 이러한 경계를 만들 때 어떤 시나리오를 참조하시겠습니까?

- 당신이 다른 사람에게서 느끼거나 반응하기 어려운 감정은 무엇입니까?
- 당신의 경계가 어떻게 보이길 원하는지 생각할 때 어떤 질감, 모양, 색상, 기호 및 개체로 경계를 만들 것인지 고려하십시오. 이러한 경계는 새롭거나 오래된 것, 명확하고 조직적인 것 또는 지저분하고 혼란스러운 것입니까? 이러한 경계가 고체, 액체, 기체 등 어떤 유형의 에너지를 가질지 생각해 보십시오.

5. 가족의 역할과 역동성 탐색

미술치료가 가족의 역동성에 대한 인식과 이해를 어떻게 높일 수 있는가? 다음은 통찰력을 높이는 데 도움이 될 수 있는 몇 가지 미술치료 활동의 예이다.

첫 번째 회기에서는 각 가족 구성원에게 가계도를 만들도록 요청하였다. 미리 인쇄된 가계도 템플릿보다 가족 구성원 각자가 콜라주 재료, 마커, 색연필을 포함한 다양한 미술 재료를 사용하여 가계도를 만들도록 한다. 자신만의 가계도를 만들어 표현력을 높이고 자세한 정보를 공유할 수 있다. 초기 가계도 미술 작품을 만든 후 가족 구성원에게 추가 정보를 추가하도록 권장했다. 선, 모양, 색, 단어는 가족 구성원 간의 관계를 설명하는 데 사용되었다. 가족 구성원에게 건강한 경계가 있는가? 사람들이 말하는 기간에 있는가? 갈등으로 가득 찬 가정에서 자랐는가? 어렸을 때 집에 있는 것이 즐거웠는가? 지금은 어떤가? 이 모든 것이 미술을 통해 드러날 수 있다.

내담자와 치료자 모두에게 가족의 역동성을 그림으로 보는 것은 강력하다. 여러 면에서 그림은 단어에 비해 훨씬 더 많은 세부 사항을 한 번에 제공한다. 이것은 미술치료의 많은 이점 중 하나이다. 가족 구성원이 공유하면서, 우리 가족이 관계에 대한 첫 번째 소개가 어떻게 되는가에 토론의 초점이 맞춰졌다. 당신이 어렸을 때 가족이 어떤 영향을 미쳤는지 탐색하는 데 중점을 둔 토론을 한다. 그리고 지금, 성인으로서는 어떤가?

가족 역동성에 대한 두 번째 회기에서는 내담자가 패턴을 인식하도록 돕기 위해 미술 지시가 사용되었다. 우선, 치료사는 가족에서 작동할 수 있는 패턴의 예를 제공했다. 세대에서 세대로 전달되는 패턴의 예에는 약물 남용, 신체적 학대, 양육 방식, 가치, 기대가 포함될 수 있다. 이 모든 것은 언어 및/또는 비언어적으로 세대에서 세대로 전달될 수 있으며, 많은 가능성이 있다. 그런 다음 가족 구성원에게 가족에서 인식한 가족 패턴의 예를 확인하고 만들도록 요청했다. 어떤 사람들에게는 패턴을 보고 확인하는 것이 가족에 대해 묻는 완전히 새로운 방식이었다. 일부 구성원은 가계도 그림으로 계속 작업하기로 선택하고, 일부 구성원은 새 그림을 시작했다. 패턴이 확인된 후 가족 구성원은 패턴이 자신에게 미치는 영향에 대해 논의했다. 그들은 가족 대본을 고수하고 있는가? 아니면 그들은 자신의 삶에 적극적인 변화를 일으키고 다른 활동을 하기로 선택하고 있는가?

세 번째 회기에서는 강점에 중점을 둔다. 가족 구성원들에게 가족에게서 찾을 수 있는 강점을 확인하고 이끌어내도록 요청한다. 가족 구성원이 하나의 강점을 확인할 수 없는 경우, 연민의 감정을탐색하도록 한다. 그것은 어떤 느낌이고 어떻게 느껴지는가? 또한, 매우 제한된 강점을 가진 가족에서 살아남고, 변화를 만들고, 다르게 활동을 하는 최종 목표를 가지고 치료에 참여하는 것은 어떤 느낌인가? 가족 구성원 각자는 자신의 강점이 무엇인지 탐색한다.

이 회기 동안 가족 구성원들은 모두 적극적으로 참여할 것이고, 가족을 탐색하는 것이 인식과 통찰력을 얻고, 어떤 경우에는 자신의 생각과 행동을 바꾸는 데 어떻게 도움이 되는지 표현하도록 한다.

이 후의 회기에서 다루게 되는 주제는 가족 역할 탐색과 그 역할이 개방형 가족 체제인지 폐쇄형 가족 체제인지 탐색하는 것이다. 또한 미술치료 방법과 지시를 통해 가족의 역할과 경계를 해결하는 작업을 할 것이다. 전통적인 대화 치료에서도 유사한 작업을 수행할 수 있다. 그러나 생각과 정서를 종이에 적어 한 번에 모든 정보를 보는 것에는 강력한 무언가가 있다. 이러한 미술치료 지시는 집단적 환경에서 이루어졌지만, 이는 개인치료에서도 쉽게 할 수 있는 일종의 지시서이다. 작품을 만들고 가공하는 행위는 재료를 소유하고 정보에 대해 적극적으로 반성하게 한다. 인식과 변화를 증가시킬 수 있다.

다음으로 가족의 역할과 역동성에 기반한 가족의 상호작용 특성을 파악하고, 가족 구성원의 상호작용 방식을 변화시키는 회기가 이어진다. 이 회기 동안 가족미술치료사는 원래 가족 조각 기법의 변형을 개발하여 단순한 모델링 점토 또는 플라스틱[여러 색상으로 제공되는 비경화 점토]을 포함하는 중재로 변환한다. 간단히 말해서, 내담자는 각 가족 구성원(어머니, 아버지, 형제자매 및 기타 가깝거나 영향력 있는 가족 구성원)을 점토로 표현한다. 목표는 각 가족 구성원의 현실적인 이미지를 만드는 것이 아니라 가족 구성원의 성격과 역할을 반영하는 추상적 작품이다. 모든 조각이 완성되면 내담자는 관계와 상호작용을 반영하여 서로 관련하여 배치한다.

가족 조각은 실제로 가족이 없는 상태에서 내담자의 가족을 회기에 상징적으로 데려오는 편리한 방법이다. 내담자는 또한 가족 구성원에게 직접적으로 말해야 하는 추가적인 압박을 받지 않는다. 가장 단순한 점토 덩어리일지라도 그림은 가족 메시지의 대변자가 되어 내담자와 치료사에게 가시적인 관계를 제공한다.

미술치료 중재로서의 가족 조각은 내담자를 알아가는 방법으로서 매우 효과적이다. 원가족에서 현재 가족 구성에 이르기까지 자신의 삶의 이야기를 전달할 수 있는 비교적 쉬운 수단이다. 또한 미술이 중재에 대한 가족 체제 접근 방식을 보완하는 좋은 예이기도 하다. 주로 미술과 가족은 공통점이 있기 때문이다. 궁극적으로 미술과 가족은 고유한 구성과 부분 간의 관계에 의해 정의된다.

다음으로 가족 구성원 간의 전이 반응과 가족 집단 형성의 발달 단계에 중점을 두는 회기를 적용한다. 이 회기에서는 집단미술치료의 "함께 만들기"의 형태를 취한다. 때로는 이것을 "집단 대화형 미술치료"라고 불리며 사회정신의학, 특히 Harry Stack Sullivan과 Irving Yalom 등의 이론을 기반으로 한다. 요컨대, 가족 구성원 각각이 같은 공간에 모여 개별적으로 또는 집단적으로 미술을 창조한다. 가족 구성원은 자신의 미술 작품을 추구하거나 집단 페인팅, 벽화 또는 기타 창의적인 노력을 통해 공동의 목표를 향해 활동할 수 있다. 이러한 유형의 접근 방식에서는 해당 섬이나 세계에 십난으로 포함할 내용을 결정하기 위해 다른 구성원들과 함께 "섬 그리기" 또는 "잡지 사진 콜라주를 사용하여 세계 만들기"를 할 수 있다. 일종의 집단 벽화지만, 의도는 집단 역동을 경험하고 통찰력을 얻는 것이다. 가족 구성원은 보통 치료사의 도움을 받아 합의에 도달하고 함께 무언가를 만들기 위해 의사소통하고, 협상하고, 협력하고, 타협해야 한다.

함께 만드는 것은 가족 집단의 집합적 에너지뿐만 아니라 오래된 사회적 지지에서 발견되는 치유 및 회복력 요소를 활용한다. 가족 구성원 개인이 가족 공동체 내에서 미술을 통해 상실, 장애, 질병, 트라우마와 같은 삶의 도전을 공유할 때, 그것은 믿을 수 없을 정도로 단순하지만 매우 강력한 중재가 된다. 이러한 방식으로 함께 창조하는 것은 우리가 다른 것보다 더 유사하다는 것을 알게 하고, 다른 사람들에게 목격되고 가치 있게 여겨지며, 무엇보다도 더 큰 전체의 일부가 되어 우리 자신을 초월할 수 있게 해준다.

6. 그림의 임상적 사용

1) 그림을 통한 표현

전개되는 치료 과정에 관여하는 사람들이 아동이든 청소년이든 성인이든 간에, 그림을 그리는 행위는 자신에 대한 확대되고, 통찰력 있는 시각을 제공하며, 치료의 진행에 대한 논의, 해석, 평가, 변화 및 검토의 가시적인 초점 역할을 한다. 그리기 활동과 그리기 작품 자체는 치료 중인 개인이 현재 기능 수준뿐만 아니라 명확한 방식으로 전달되지 않을 수 있는 근본적인 갈등과 우려를 능동적이고 명확하게 전달하기 쉽게 한다(Killick, 1997). 그리기는 말만으로도 표현할 수 있는 것보다 더 넓고 풍부한 방식으로 그들의 생각과 감정을 연관시킬 수 있는 기회를 준다. 그리고 그들은 그림이 천 단어 이상의 가치가 있다는 것을 다시 한번 증명한다.

(1) 그림은 위협이 적다

종종 그림은 덜 위협적이며 평가 또는 치료 회기에서 안전과 편안함을 제공한다. 예를 들어, 외상을 입은 내담자에게 그림을 사용하는 것은 초기 진단 또는 치료 회기 동안 말로 표현하기에는 너무 고통스러울 수 있는 감정과 사건을 외부화하는 몇 안 되는 방법 중 하나를 제공한다. 학대를 받은 아동 또는 성인; 저항하거나, 화를 내거나, 반항하는 아동 또는 청소년; 또는 혼돈에 빠진 가족의 경우, 그림은 억압된 정서적 고통이나 가족의 무언의 비밀을 표현하기 위해 대안적인 행동을 허용한다(Malchiodi, 1990, 1997, 1998). 이러한 취약한 개인이 보복이나 거절을 받을까 두려워 자신과 자신의 비밀을 구두로 밝히기를 거부할 때 그림과 같은 치료 수단은 "말하지 않고 말하기"를 위한 매우 가치 있는 수단이 된다(Peterson & Hardin, 1997). 진단 과정, 인터뷰 또는 치료 프로그램의 일부로 그림 지시문을 추가하면 많은 아동, 청소년 및 성인이 초기 방어와 조심성과 달리 자신의 작품을 검토하여 안전하고 확장된 틀 내에서 자신을 보다 객관적으로 볼 수 있다.

그림을 그리는 행위와 그에 따른 결과물은 치료를 받으러 온 내담자가 다른 방법으로는 쉽게 설명할 수 없는 자신의 감정과 아이디어를 그래픽으로 묘사하고 볼 수 있는 새로운 치료적 접근을 가능하게 한다.

(2) 그림은 집중 토론을 제공한다

그림은 창의적인 중재를 위한 치료 기회를 포함하여 진단 및 치료 계획에 필요한 보다 관련성 있는 문제를 표면화하는 데 도움이 된다. 그림은 현재 발달적, 지적, 정서적 기능에 대한 추가적이고 중요한 정보를 신속하게 드러낼 수 있다. 또한 기존의 심리 검사 방법을 통해 평가되지 않았을 수 있는 문제를 제시할 수도 있다. 관련 문제 영역을 설명하기 위해 신속한 처리가 필요하고 제한된 회기가 일반적인 심리치료 환경에서 그림은 평가와 치료를 신속하게 처리하는 수단으로 훨씬 더 전략적이다. 이러한 이유로 그림은 치료적 치유 과정을 풍부하게 하기 위해 추가 기술이 필요한 영역뿐만 아니라 평가 및 진단 과정에 관여하는 연구자 및 임상의의 관심을 유지한다(Kaplan, 1999; Malchiodi, 1998; McNiff, 1998).

(3) 그림은 창의적 해결을 공급한다

치료의 주요 목표 중 하나는 일상생활에 대한 자원이 풍부한 해결책을 촉진하는 것이다. 내담자에게 자신의 문제, 감정, 세계를 그래픽으로 구성하도록 요청함으로써, 그들은 의사소통을 위한 틀을 확장하고 그들의 경험에 대한 대체 상징적 의미를 제공할 수 있다(Oster & Gould, 1987; Oster & Montgomery, 1995). 자기표현을 통해 내담자는 내면의 고통, 긴장, 혼란을 줄이고, 고립감을 줄일 수 있는 기회를 얻을 수 있으며, 일상적 문제에 대처하기 위한 구체적인 예시적 아이디어를 전달할 수 있는 기회를 가지게 된다.

(4) 그림은 문제 영역의 시각적 표현을 제공한다

치료 회기 동안 그림의 다양한 사용과 그림에서 생성된 이미지와 캐릭터를 통해 토론의 기회를 확장할 수 있다. 이러한 방식으로 그림을 사용하면 정서적인 문제를 직설적으로 다루기보다 간접적인 토론의 장을 제공한다(Moon, 1994). 그림을 통한 치료적 접근을 확장함으로써, 감춰져 있고 애매하게 남아 있는 것이 아니라 살아나는 느낌과 생각을 시각적으로 표현할 수 있는 기회가 만들어진다. 예를 들어, 그래픽으로 묘사된 외로움, 자기혐오 또는 개인의 부적절함의 이미지는 그리기 작품에 외부화될 수 있으며, 처음으로 구두로 처리되거나 방어적인 자세를 통해 베일을 벗지 않고 보일 수 있는 기회를 갖게 된다(Brooke, 1996). 이러한 방식으로 볼 때 그림은 치료 과정의 두 가지 중요한 측면, 즉 생성하는 동안 내담자의 내적 대화와 내담자와 치료사 사이의 외적 대화를 강조하게 된다(Dalley, Rifkind, & Terry, 1993).

치료 활동 중에 그림은 치료 과정을 촉진하기 위해 다양한 방법으로 사용될 수 있다. 예를 들어, 그림은 무관심이나 무력감을 극복하는 데 도움이 되는 촉진 기술로 사용될 수 있다. 일부 성인뿐만 아니라 아동과 청소년은 종종 깊은 능력 박탈감을 경험한다. 그들은 종종 혼란스럽고 불공평하거나 무관심한 세상의 희생자로 자신을 인식한다(Moon, 1994). 초기에 치료를 위해 내원했을 때, 이러한 내담자들의 정서적 벽이 표면화되고, 주변의 모든 사람들이 지나치게 멀리 떨어져 있는 것으로 인식될 수 있기 때문에, 내담자들은 지나치게 보호되는 것을 발견하는 것은 드문 일이 아니다. 내담자에게 보다 위협적인 것은 새로 건설된 세계의 이방인인데, 이들은 모두 적대적으로 인식될 수 있기 때문이다. 이러한 패배적이고 무력한 입장에 대응하기 위해 치료사는 내담자의 일상 경험에 대한 인식을 확장하는 지원 환경 내에서 긍정적인 치료 경험을 기꺼이 제공할 수 있어야 한다.

(5) 그림은 치료적 참여를 확장한다

내담자, 특히 외상을 입었거나 피해를 입은 사람들은 치료적 파트너십에 적극적으로 참여하는 참여자로 전환되어야 한다(Malchiodi, 1997). 감정을 환기시키고 새로운 행동을 배울 수 있는 신뢰 관계 없이 달성할 수 있는 치료 목표는 거의 없다. 새로운 의미를 발견하고 새로운 행동을 연습해야 하며, 이는 지금까지 위협적인 세계에 대한 새로운 해석을 강화한다.

순전히 언어적 접근을 통한 치료는 과거의 트라우마를 밝히거나 부적응 행동에 대한 다양한 가능한 이유를 밝히는 데 충분하지 않은 경우가 많다. 그림 지시문을 도입함으로써 치료 중인 내담자는 참조 틀을 확장하고, 문제를 보고 새로운 이해를 얻을 수 있으며, 문제에 대한 가능한 대안적 해결을 찾을 수 있다. 이러한 방식으로 내담자들은 비언어적 작품을 통해 새로운 수준의 인식을 달성하고 자신을 더 완벽하게 평가할 수 있다. 그림을 그리는 행위 자체는 내담자가 덜 무력감을 느끼게 하고 치료에 적극적으로 참여할 수 있는 도구를 제공한다. 치료 전반에 걸쳐 사용되는 그림은 창의성을 자극하고, 문제해결 과정에 대한 혁신적인 접근 방식을 지원하며, 특정 치료 문제를 강조할 수 있다. 치료사의 치료 기법에 그림을 추가하면 처방적 치료의 가능성을 확장하고 회복을 앞당길 수 있다.

2) 대안적 문제해결

그림을 그리는 단순한 행위는 창의성을 자극하고 의식적 의미와 무의식적 의미를 모두 나타내는 적절하고 개인적인 진술을 제공할 수 있다(Oster & Gould, 1987; Oster & Montgomery, 1996). 그림을 통해 평가를 받거나 치료를 시작하는 아동, 청소년, 성인이 언어 방어를 통해 검열되었을 수 있는 자발적인 이미지를 통해 중요한 정보를 제공할 수 있다. 이러한 그래픽 작품은 내담자가 일반적인 언어적 치료 방식을 통해 얻을 수 없는 통찰력과 신선하고 의미 있는 관점을 얻을 수 있는 기회를 지원한다. 치료 과정에 도입될 때 그림은 치료사와 내담자 사이에 구축된 중요한 관계 또는 "치료 동맹"이라고 불리는 것을 강조할 수 있다(Wadeson, 1987). 다양한 그림 지시문을 사용하여 교환, 발견, 논평을 할 수 있는 표현적 작품이 만들어진다. 그림은 상호작용과 자발성을 자극하고, 치료 관계에서 보다 깊은 수준의 공유 통찰력을 촉진하는 치료 활동 관계를 설정하는 데 도움이 된다(Rubin, 1997).

그림은 진단 과정을 위한 무대를 제공하고 치료 가능성을 확장한다. 이러한 시각적 표시를 통해 자기 표현의 새로운 방법이 생산적인 대화로 이어진다. 문제나 해결을 그래픽으로 묘사하는 간단한 그림이나 일련의 그림에서 이미지를 사용하여 의사소통을 향상시킬 수 있다. 그림은 내담자의 각인이나 각성된 특정 시점과 발생한 감정을 정의하는 진술이 될 수 있다.

그리는 과정과 완성 후 보여지는 것을 관찰함으로써 치료사는 내담자의 외부 세계의 생생한 초상화나 그들이 세상에 제시하는 가면을 보다 명확하게 볼 수 있다(Oster & Caro, 1990). 이것은 대인관계의 겉모습 뒤에 숨을 수 있는 잠복기 아동과 청소년에게 특히 적절하다.

내담자가 그림에 개인적인 의미를 표현하도록 격려함으로써 치료사는 언어적 교환을 강화하고 더 나은 전반적인 치료 효과를 만든다. 이러한 창의적인 과정을 통해 치료사는 내담자가 보다 정확한 자기 판단을 하고 객관적인 자아를 넓힐 수 있도록 도울 수 있는 기회를 갖게 된다.

요약하면, 치료에서 그림은 아동들의 자발성을 촉진하고, 문제가 있는 청소년이 개인적인 발달적 장애물을 넘어서도록 도우며, 심리적 고통을 줄일 수 있는 성인의 근본적인 갈등을 밝힐 수 있다. 또한 그림은 나중에 명시된 목표를 위한 발판으로 사용할 수 있는 그래픽 형식으로 내면의 삶을 투사한다. 그리고 그림은 토론을 방해하지 않는다. 오히려 그림은 두려움, 소원 성취, 환상을 표현하는 수단이 되는 대안적인 의사소통 수단이 될 수 있다. 그림은 대화가 대신하는 것이 아니라 초기 인터뷰, 진단 회기, 또는 치료 시간 중 구성되는 작품을 검토하는 데 더 많은 토론을 자극하는 상징적 말을 대신한다.

3) 그림의 심리치료적 이점

심리치료 과정은 치료사와 내담자의 서로 다른 제시 문제와 성격 스타일로 인해 엄청나게 다양하다. 그러나 실제로는 일관된 일반적인 특징이 있다. 심리치료 과정의 본질적인 목표 중 하나는 대인관계 차원에서 보다 효과적으로 자신을 표현하고, 보다 편안하게 관계를 맺을 수 있도록 내담자의 능력을 확장하는 것이다. 이러한 종류의 성숙한 성장은 치료 중인 개인들이 개인적인 불화와 다른 사람들과의 잠재적인 갈등을 야기하는 파괴적이고 부적응적인 습관이나 행동을 극복하도록 한다. 직접적인 언어적 대화가 제한되고 문제와 그 원인에 대한 통찰력이 제한적일 때 치료사는 내담자의 기본적 역동에 대한 이해를 높일 수 있는 대안적인 치료 기법이 필요하다.

내담자가 문제 영역을 극복하도록 돕기 위해 사용되는 단일 접근 방식은 인간 조건의 복잡한 특성으로 인해 비효율적이다. 이 문제로 인해 다양한 치료적 접근과 이론적 치료 체계가 궁극적으로 만들어졌으며, 내담자와 치료사가 다양한 실행 가능한 틈새를 발견할 수 있게 되었다. 스토리텔링, 놀이치료, 심리극, 무용과 동작치료와 같은 치료 전략은 분석이론, 게슈탈트, 인지-행동, 가족 체제와 같은 접근에서 개인, 집단, 가족치료 회기의 구조 내에서 시도되었다(Chodorow, 1991; Edwards, 2002; Gil, 1994). 심리치료의 목표를 달성하는 데 사용되는 모든 기법 중에서 그림과 그 수많은 사용은 가장 쉽고 심층적인 방식으로 개인의 표현을 개발하고 대인관계 기술을 향상시키는 목적을 달성하는 것으로 보인다(Oster & Gould, 1987; Oster & Montgomery, 1996).

치료를 받는 대부분의 개인에게 그림은 말보다 덜 일반적인 표현 방법이다. 그림의 다양한 측면은 의식적으로 통제될 가능성이 적기 때문에 사전 및 무의식적인 추가 자료가 드러날 수 있다. 그림은 개인이 감정 표현을 확장할 수 있는 구체적인 방법을 제공하기 때문에 예기치 않은 발견이 종종 발생하여 추가 토론과 해석을 위한 발판을 제공한다.

또한 그림은 근본적인 갈등, 자아 강도, 성격 특성에 대한 통찰력을 얻을 수 있는 추가 경로를 제공한다. 이 추가 차원을 통해 내담자는 자신을 다른 수준에서 더 깊은 수준으로 이해할 수 있으며 고유한 개인, 가족의 하위 집단, 직장 또는 학교 환경에서 자신에 대한 감사를 높일 수 있다. 그림을 통해 내담자는 그림이라는 구체적인 대상을 만들어 자신의 감정을 외부화할 수 있다. 고통스럽고 무서운 감정의 이러한 객관화 또는 상징적 표현는 시간이 지남에 따라 자기표현의 상징으로 사용될 수 있다(Wadeson, 1980).

또한 그림 작품은 치료 과정을 검토하기 위한 영구적인 기록이 된다. 이러한 구체적인 지표는 어떤 목표를 달성했으며, 적절한 종료를 시작할 시기를 결정하는 데 특히 중요하다(Cangelosi, 1997). 그림은 치료 경험의 연속적으로 펼쳐지는 상징적 표현으로 검토될 수 있도록 별도의 폴더에 보관하고 날짜를 기입해야 한다. 치료 중 사건에 대한 이 간략한 요약은 그림 내에서 반복되는 주제가 발견될 때 특히 중요하다. 이 구체적인 진행 상황 및 확인된 관심 영역은 연구 목적으로 사용할 수 있으며, 허가가 있는 경우 치료 목적이나 교육을 위해 다른 전문 팀원과 공유할 수 있다.

4) 위기 지향 중재

단기 심리치료와 위기 중재에 중점을 둔 치료사들은 중요한 상황을 다루기 위한 대안적인 임상 기법이 필요하다(Malchiodi, 1990, 1997; Oster & Gould, 1987). 그들은 현재 문제를 야기한 촉발된 사건을 둘러싸고 민감하고 폭로되는 관련 정보를 신속하게 얻기 위해 다양한 도구가 필요하다. 자살 시도, 급성 약물 반응, 예상치 못한 의학적 질병, 수입이나 직업의 상실, 깨진 관계, 학대의 폭로 또는 중요한 타인의 죽음을 둘러싼 개인 및 가족 스트레스와 같은 문제는 모두 치료사가 직면할 수 있는 가능한 위기 사건이다. 이러한 상황은 외상을 입은 개인이 가족, 친구 또는 훈련된 전문가의 지원을 받을 수 없는 경우 악화될 수 있다.

위기 지향적인 회기와 단기 치료에 그림을 도입함으로써 다른 언어를 사용하여 내담자의 문제를 식별하고 문제를 다루고 해결할 수 있는 가능성을 높인다. 그림과 같은 임상 도구는 치료사가 내담자가 문제에 얼마나 현실적으로 직면하고 있는지, 그리고 문제를 극복하는 방법을 찾기 위해 생각을 정리할 수 있는지 여부를 이해하는 데 도움이 된다. 또한 그림은 장기 치료가 필요한지 여부를 평가하는 훌륭한 표시가 된다. Landgarten(1981)은 "미술 과제는 개인이 분노, 죄책감, 상실의 스트레스가 많은 영향을 환기시키는 데 도움이 되는 간단한 수단"이라고 설명했다.

위기 중재와 단기 치료 동안 치료 목표는 그림을 통해 현실적이고 구체적이거나 상징적인 은유로 묘사될 수 있다. 곤경에 처한 사람들과 함께 이 과정을 시작할 때 과거, 현재, 미래 사건에 대한 그림을 요청하는 것이 종종 도움이 된다. 그리기 작업의 이 간단한 방향은 내담자가 자신의 감정과 경험한 사건을 시각적으로 보여줄 기회를 제공할 뿐만 아니라 가까운 장래에 가능한 해결을 개발할 수 있는 무대를 제공한다.

미래의 그림에 대한 아이디어는 계속할 희망을 잃은 자살하려는 사람들과 작업할 때 특히 중요하다. 이러한 그림은 개인의 책임에 대한 인식을 높이고, 특정 상황에서 개인이 문제해결을 창의적으로 찾을 수 있도록 한다. 또한 그림을 그리는 행위 자체가 내담자가 무력감을 덜 느끼게 해준다. 이전과 현재의 그림은 최근의 고통을 명확하게 하고, 현재 상황으로 이어지는 사건을 논의하기 위한 구체적인 개요를 제공하는 경향이 있다. 한 번 제거된 문제와 사건들을 그리는 이 단계는 정서적으로 가득 찬 문제들에 대해 말하는 것을 더 쉽게 만든다.

(1) 그림은 명확성과 대처기술을 향상시킨다

일반적으로 그림이 위기 중재 틀에서 사용되거나 간단한 심리치료에서 사용될 때 더 깊은 문제를 탐구하려고 시도하기보다 설명을 제공하고 향상된 대처기술을 개발하는 데 도움을 줄 때 가장 도움이 된다. Malchiodi(1990, 1997)가 그녀의 베스트 셀러인 Breaking the Silence: Art Therapy with Children from Violent Homes에서 언급했듯이 모든 그림 지침은 주의해서 사용해야 하며 특정 집단의 경우 목표가 다를 수 있다. 해석이 더 큰 자기 이해를 원하는 성숙한 개인에게 도움이 될 수 있지만, 외상에 노출된 아동에게 사용되는 그림 지시서는 대처기술 지원, 아동 안정, 아동의 자아 개념 및 경험 이해에 더 중점을 두어야 한다. 특히 보호 기관에 신고된 학대 아동의 트라우마 해결은 여러 위기 단계를 거친다. 이러한 단계에는 초기 공개, 인터뷰 및 신체검사, 가능한 법원 절차 및 증언이 포함될 수 있다.

그녀의 원본 책과 개정판에서 Malchiodi(1990, 1997)는 가정 폭력을 극복하는 데 도움이 되는 장면에서 그림이 특히 어떻게 유용한지 탐색하였다. 이러한 종종 강렬하고 특히 스트레스가 많은 상황은 직접적인 질문이 내담자와 치료사 모두에게 비생산적이고 좌절감을 줄 수 있다. 이러한 경우에 그림을 사용하면 도구가 제공되고 관계 구축을 위한 연결이 설정된다. 그림은 얼음을 쉽게 깨도록 하여 내담자가 그렇지 않았다면 말하지 않았을 중요한 감정을 드러낼 만큼 충분히 안전하다고 느낄 수 있게 한다.

(2) 그림은 과거의 사건을 묘사할 수 있다

단기 치료 중 그림 지시문을 사용하는 다른 용도는 과거 문제, 기억 또는 최근 사건과 일치할 수 있는 기념일을 확인하는 것이다. 현재와 유사한 과거 문제를 그려달라는 요청은 현재 위기를 강조하고, 치료를 위한 현재 증상을 개념화하는 데 유용할 수 있다. 그림 지시문을 도입하는 또 다른 시각은 내담자의 사용 가능한 자원에 초점을 맞추는 것이다. 내담자에게 스트레스 해소를 위한 단기 전략을 검토할 때 개인의 강점, 사회적 지원, 스트레스에 성공적으로 대처하는 현재 및 과거 스타일을 끌어내도록 요청하는 것은 매우 생산적일 수 있다.

이러한 그림 지시문은 실제로 수년 동안 존재해 온 위기 정보 모델을 따른다. 이 회기의 초점은 정서적 장애를 치료하는 것보다 문제 해결에 중점을 둔다. 이러한 그림 연습은 내담자에게 "심리적으로 예방적" 경험을 제공함으로써 위기 회기를 강화한다(Malchiodi, 1990, 1997). 그림 지시문은 내담자에게 자신의 지략에 대한 자신의 이미지를 활동 의식으로 가져오고 적어도 일부 경험을 통제할 수 있도록 하는 구체적인 시각적 증거를 제공하는 탐색적인 시각적 양식을 제공한다.

요약하면, 위기 중재는 일반적으로 시간 제한이 있고, 특정 문제에 초점을 맞추기 때문에 그림 지시문이 단순히 내담자를 치료로 이끈 문제 영역이나 위기를 확인하고 명확히 하는 데 지원이 될 때 가장 도움이 된다. 이러한 진단 정보는 신속한 중재가 필요한 내담자와 문제의 범위와 문제를 효과적이고 현실적으로 처리할 수 있는 내담자의 능력에 대한 설명이 필요한 접수 직원 및 검사자에게 매우 중요하다. 정서적 격변의 존재를 검사자 또는 치료사에게 경고하는 시각적 징후는 적극적인 피드백을 제공하여 추가 외상을 예방하고 현재 위기에 대처하고 미래 목표를 개발하는 데 도움이 된다.

5) 다른 미술 매체의 중요성

치료 과정에서 그림과 그림 지시문이 가질 수 있는 가치를 주로 고려하였다. 그림은 평가 및 치료적 만남에 대한 손쉬운 수행과 구조화된 접근 방식을 제공한다. 또한 그것들은 다른 미술 매체가 생산할 수 있는 환자나 내담자의 퇴행 가능성을 줄인다. 또한 진단 및 치료를 위해 그림을 사용하는 것을 지원하는 데 있어 창의적인 전문가가 일반적으로 사용하는 다른 방법보다 더 많은 연구 및 임상 이론이 입증되었다. 다른 미술 매체를 사용하면 추가적인 이점이 있지만 이러한 재료를 치료 회기에 도입하기 전에 더 많은 훈련과 경험이 필요하다. 미술치료에 대해 특별히 훈련을 받은 치료사는 다양한 매체를 사용하여 미술 작품을 만들고 이를 상징적 언어로 사용하여 여러 치료 목표를 달성하는 방법에 대해 광범위한 교육을 받았다(Edwards, 2002; Hogan, 2000; Waller & Gilroy, 1992).

창의적 매체 사용에 대해 정식 교육을 받지 않은 건강 및 정신 건강 전문가의 경우 일반적으로 그림(주로 연필 또는 마커 및 종이)이 보다 안전한 표현 형식이다. 예를 들어, 손가락 그림(finger painting)은 때로 너무 자극적이며 덜 정교한 표현 형식이기 때문에 내담자가 원하지 않는 퇴행적 행동을 유발할 수 있다. 이러한 행위는 훈련되지 않은 치료사를 압도할 수 있는 방식으로 진단 또는 치료 과정을 복잡하게 만들 수 있다. 유사하게, 점토의 사용은 종종 퇴행적이고 종종 화난 표현(예: 구타 및 두드리는 것)으로 이어질 수 있으며, 이는 훈련되지 않은 관찰자에게 목적 없이 보일 수 있거나 실제로는 통제 부족 이외의 의미가 없을 수 있다. 따라서 회기 내에서는 그 사용이 크게 비효율적일 수 있다.

이 글에서 제시하는 그림에 필요한 재료는 연필, 마커, 크레용이다. 이러한 도구는 일반적으로 충동을 보다 엄격하게 통제하는 데 도움이 되는 반면, 파스텔 및 분필과 같은 다른 재료는 번지는 경향으로 인해 덜 숙달된다(Oster & Gould, 1987). 치료사와 함께 활동는 다양한 임상 집단도 사용되는 매체의 선택을 결정한다. 예를 들어, 아주 어리거나 장애가 있는 개인은 다루기 쉬운 자료가 필요할 수 있다(Wadeson, 1980). 이 경우 치료사는 종이를 가로질러 쉽게 이동하고 번지지 않는 컬러 마커와 같은 매체를 선택할 가능성이 더 크다. 대조적으로, 나이든 사람들은 크레용 제공을 유아적인 제스처로 여기고 더 성숙한 기능 수준과 관련된 매체를 선호한다.

6) 색의 의미

그림에서 색의 의미는 이 글의 범위를 벗어난다. 그러나 색의 사용은 여러 사례 및 삽화에서 주기적으로 언급된다. 1942년 Rorschach는 색과 정서의 관계를 강조한 최초의 임상의 중 한 사람이다. 잉크 반점에 대한 반응을 통해 그는 색에 대한 관심이 정서적 삶의 중심에 있다는 가설을 세웠다. 예를 들어, 그는 잉크 밤점에 반응할 때 색이 없다는 것이 어떻게 정서적 수축과 관련이 있는지를 보여주었지만, 색에 기반한 많은 지각은 정서적으로 변덕스러운 경향이 있는 사람을 암시했다.

그림에 사용된 색의 질적 해석은 Furth(1988)와 Luscher(1969)와 같은 여러 연구자들에 의해서도 이루어졌다. 이 연구자들은 특정 색의 해석에 항상 동의하지는 않았지만, 색이 특정 그림의 느낌, 분위기, 톤과 같은 특정 의미를 상징한다고 제안했다. 색의 해석을 위한 정성적 의미를 반영한 자료를 추가로 생산했다. 그는 빨간색의 선택은 급증하는 정서나 위험을 나타낼 수 있고, 파란색은 에너지를 나타내고, 흰색은 억압된 감정을 나타낼 수 있다고 제안했다.

그림에서 색을 사용하는 다른 작업은 House-Tree-Person(H-T-P)의 개발자와 초기 사용자에 의해 완성되었다. 그들의 초기 발견에 따르면 (a) 빨간색은 여러 번 분노와 관련이 있고, (b) 노란색은 의존성과 유아 행동과 관련이 있는 것으로 나타났으며, (c) 갈색과 검은색은 함께 볼 때 불안과 우울증을 나타내며, (d) 파란색과 녹색은 종종 통제된 행동과 자제로 간주되었다. 또한, 거의 눈에 띄지 않는 빛을 반복적으로 사용하는 내담자들은 실제로 자신의 실제 경험을 가리려고 시도하고 있었다. 이러한 해석은 주로 제한된 연구와 임상 경험을 통해 얻은 가설로만 간주되었다. 따라서 그림의 특정 색상이 모든 내담자를 명확하게 이해할 수 있는 기초를 제공한다는 확실한 결론을 내려서는 안 된다.

또한 개인의 '색 경험'은 여전히 상황적이다(Betensky, 1973). 색은 그 의미에 있어 매우 주관적이다. 예를 들어, 아동이 검정색과 같은 특정 색을 선택할 때 사용할 수 있는 유일한 색이거나 밤과 같은 특정 조건을 묘사하기 때문(우울해서 선택하는 대신)이다. 또한 색은 다른 문화권에서 다양한 의미를 갖는다. 따라서 치료사는 색 사용과의 관계에 대한 문화적 배경도 주목해야 한다. 특정 색을 선택하는 내담자의 특정 이유에 세심한 주의를 기울이고 이러한 문제를 논의하는 것은 치료사에게 의무이다.

효과적인 치료는 치료사가 내담자의 내면 세계를 이해하기 시작할 때 발생한다. 이를 위해서는 언어적 수단과 비언어적 수단을 통해 공유 언어를 만들어 움직임과 성장을 촉진해야 한다(Linesch, 1988). 매체와 그림은 정신 내 갈등과 해결의 공동 의미를 밝히는 이 도전에 도움이 될 수 있다. 매체와 그림을 통해 치료사는 내담자의 어려움을 엿볼 수 있을 뿐만 아니라, 인지 및 정서적 자원을 추정할 수 있다. 매체를 활용하고 그림을 그리는 행위와 그림 자체는 치료의 추가 단계에서 탐색할 수 있는 정보를 연관시키는 강력한 비언어적 방법을 제공한다. 이러한 완성된 미술 작품은 일반적으로 대화 치료만으로는 얻을 수 없는 풍부함, 독특함, 복잡성 및 자발성으로 시각적 의사소통을 제공한다.

매체와 그림을 통한 표현은 말보다 더 상징적이고 덜 구체적이다. 내면의 고통에 대한 이러한 은유는 일반적인 인식을 초월한 기억과 환상을 불러일으킬 수 있다. 매체 활용과 그림 과정에 참여하는 개인은 그림이 실제 자신의 일부임을 인정하지 않고도 이러한 상징적 언어로 의사소통할 수 있다. 정서적으로 의존적인 매체로부터 이러한 보호는 이러한 생각과 감정의 관계를 덜 불안하게 만들고 방어적인 자세를 덜 만들도록 한다.

대부분의 치료사는 행동 관찰, 외부 의뢰로부터의 피드백, 자기 보고를 포함한 다른 자료와 함께 매체와 그림을 사용할 것이다. 매체와 그림의 사용은 이러한 정보를 쉽게 뒷받침할 수 있는 중요한 보충 가설을 제공한다. 또한 매체와 그림은 내담자가 창의적이고 성장 지향적인 작업을 통해 치료 과정에 참여할 수 있는 대안을 제공한다.

이 글 전반에 걸쳐 감정과 심리적 불편함을 표현하는 시각적 수단을 사례 삽화를 통해 공유하여 진단 및 치료 형식 내에서 그림 사용의 가치를 명확하게 확인하였다. 제작된 창작물과 이를 둘러싼 해석과 토론은 발견과 심리적 성장을 위한 엄청나게 풍부한 잠재력을 제공한다. 그림의 임상적 사용이 평가 과정을 향상시킬 수 있을 뿐만 아니라 종료에 대한 추가 의미를 제공하면서 후속 치료 회기에 추가할 수 있음을 발견할 것이다. 장면과 구조는 다를 수 있지만 매체와 그림은 천 마디 말의 가치가 있다. 이미지가 단어와 결합될 때 두 세계의 장점이 결합되고, 문제가 효과적으로 해결될 수 있다.

10
Chapter

가족미술치료기법 Ⅱ

가족치료의 일반적인 문제 중 하나는 많은 치료사가 아동과 함께 활동할 때 느끼는 불편함이다. 치료사는 아동들이 의사소통을 하지 못하거나 방해가 될까 봐 두려워 가족 회기에 아동들을 참여시키는 것에 대해 걱정할 수 있다. 참여적이고 발달적으로 적절한 기법을 가족 회기에 통합하면 아동을 참여시키는 데 도움이 될 수 있으며 파괴적인 행동을 예방할 수 있다. 여기에 제시된 내용은 아동중심가족치료에 사용하기 위한 혁신적인 평가 및 치료 활동이다.

1. 모든 가족 구성원과 함께 치료를 시행해야 하는 근거

가족 체제 관점은 개인과 함께 활동하는 가장 효과적인 방법은 가족의 맥락에 있다고 주장한다. Napier와 Whitaker는 획기적인 저서 The Family Cruccinble(1978)에서 "개인에게 영향을 미치는 힘의 총체를 직접 다루는 것은 타당성을 부인하기 어려울 정도로 논리적인 생각"이라고 썼다(p. 59). Ackerman(1970)은 가족 회기에서 아동들의 참여를 지지했다. Keith와 Whitaker(1981)는 "아동들이 치료의 일부가 아닐 때 가족은 덜 천천히 변한다"고 지적했다(p. 244). 가족치료에 모든 아동들을 참여시키는 것은 치료사에게 역동, 상호작용 패턴, 역할 및 규칙에 대한 더 정확한 평가를 제공한다. 확인된 내담자가 아닌 가족 회기에 모든 아동을 포함하면 내담자로부터 초점이 제거되고, 내담자의 잘못이 아닌 가족 상호작용 문제라는 개념을 강조한다(Taibbi, 2007). 게다가, 아동들은 가족 회기에 독특한 아이디어를 기여한다.

2. 가족치료에서 미술 기반 활동의 활용

가족의 맥락에서 아동들과 함께 활동할 때 미술을 사용하는 몇 가지 설득력 있는 이유가 있다. 가족치료의 선구자 중 한 명인 Eliana Gil은 "창의적 기법은 부모와 아동들을 의사소통, 이해, 정서적 관련성 강화에 참여시킬 수 있으며, 치료사의 중요한 작업에 도움을 줄 수 있으므로 가족치료 작업의 실행 가능하고 중추적인 부분으로 간주되어야 한다"고 강조한다(1994, p. 42). 이와 유사하게 Bailey와 Sori(2000)는 "가족미술치료는 성인들에게 친숙한 지적, 이지적, 추상적 세계로부터 아동들에게 친숙한 상상, 자발성, 은유, 창의성의 세계로 치료를 이동시킨다"(p. 488)고 표현했다. 가족미술치료는 "인지와 정서 사이의 황혼 지대에서 생활하며, 방어가 경계되지 않는다"(Ariel, 2005, p. 7).

또한 미술치료는 "가족이 능숙하게 해석했을 수 있는 검열을 우회한다. 감정을 직접적으로 표현하는 방법을 몰랐던 가족은 그림을 그리거나 그림을 그릴 기회가 주어지면 그렇게 할 수 있는 방법을 찾을 수 있다."는 이유로 가족에게 효과적인 기법이다(Klorer, 2006, p. 115). 가족 구성원이 미술 기반 치료 활동에 참여할 때, 그들은 종종 전통적인 가족 대화 치료를 통해 표현하는 것이 불편할 수 있는 생각과 감정을 표현한다. 미술 기반 활동은 더 깊은 수준의 의사소통을 가능하게 한다.

미술치료는 정서를 직접적이고 물리적인 방식으로 관여시키고, 치유력으로서 창조적 에너지를 생성하고, 내담자가 자신의 문제와 갈등을 창의적으로 표현할 수 있도록 한다는 점에서 전통적인 "대화 치료"와 다르다(Malchiodi, 2005).

3. 미술 활동에 대한 가족 참여

부모는 가족치료 회기에서 미술 기법을 사용하는 이유와 효과를 이해하는 데 어려움을 겪을 수 있다. 그들은 게임, 그림, 꼭두각시를 단지 아동들을 위한 오락거리로 여길 수 있다. 또한 부모는 장난스러운 가족치료에 참여하는 것이 불편하거나 창피하거나 어리석다고 느낄 수 있다. 첫 번째 가족 회기 전에 부모를 만나 가족치료에서 미술 활동을 사용하는 것의 가치를 설명하고, 부모가 이러한 접근 방식을 받아들이도록 돕는 것이 도움이 된다. Wark(2003)는 부모 회기를 위해 다음과 같은 지침을 설명하였다.

① 미술 활동이 가족치료 접근 방식의 일부임을 부모에게 알린다. 게임, 그림, 인형과 같이 일반적으로 회기에 통합되는 기법의 예를 제공한다. 이 활동 방식에 대한 부모의 반응을 물어본다. 부모가 이 접근 방식에 대해 의심이나 불편함을 표현하면 감정을 정상화한다.

② 부모에게 치료에 대한 이미지와 기대에 대해 물어 본다. 자녀가 치료를 받는 데 편안함을 느끼는 데 무엇이 도움이 될 것이라고 생각하는가? 자녀가 자신의 생각과 감정에 대해 직접적이고 공개적으로 이야기하는 것이 쉽거나 어려울 것이라고 생각하는가? 당신의 자녀가 전체 회기 동안 가만히 앉아 있을 수 있다고 생각하는가? 자녀가 회기에 참여하는 네 무잇이 도움이 될까?"

③ 가족치료에서 미술 기법을 사용하는 것의 몇 가지 주요 이점을 설명한다. 즉, (a) 아동은 게임, 그림 그리기, 인형 사용을 즐기므로 미술 기반 접근 방식에 편안함을 느낄 것이다. (b) 아동들은 미술을 통해 의사소통을 하기 때문에 전통적인 "대화 치료"보다 더 쉽게 자신을 표현할 수 있다. (c) 미술 활동은 본질적으로 활동적이기 때문에 회기 기간 동안 아동의 관심이 더 집중되고 지속된다. 그리고 (d) 연구에 따르면 미술은 아동들이 인지, 정서 및 감각 운동 기술을 개발하는 데 도움이 된다 (Singer, 1996).

미술 중재를 가족 회기에 도입할 때 "성공을 보장하는 활동부터 시작하는 것이 도움이 된다. 이러한 과제는 쉬워야 하며 명시적인 완제품이 필요하지 않아야 한다. 또한 가족 구성원이 집단 또는 2인 1조로 작업하도록 요청되면 자신의 기여에 대해 덜 의식하게 될 수 있다"(Revell, 1997).

4. 중재 기법

재미있고 매력적인 기법은 저항을 최소화하고 치료에 가족을 참여시키는 데 도움이 된다. Colored Candy Go Around(Arkell, 2010)는 초기 회기에서 가족과 함께 사용할 수 있는 창의적이고 재미있는 활동이다. 이 활동에는 Skittles 또는 M & M's와 같은 작은 색깔 사탕이 필요하다. 각 가족 구성원에게 사탕 일곱 개를 나누어 준다. 각 구성원에게 사탕을 먹지 말라는 지시와 함께 색깔별로 사탕을 분류하게 한다. 한 구성원에게 색상을 선택하고 색상이 몇 개인지(즉, 녹색 2개) 말하게 한다. 다음 질문에 대해 두 가지 대답을 하도록 요청한다.

- 녹색: 가족을 설명하는 단어
- 보라색: 가족이 즐기는 방법
- 주황색: 가족에 대해 개선하고 싶은 점
- 빨간색: 당신이 걱정하는 것들
- 노란색: 가족과 함께 가장 좋아하는 추억

한 사람이 질문에 답한 후, 그 사람이 가지고 있는 사탕의 수에 따라 같은 질문에 답할 다음 사람을 선택하게 한다. 사탕은 질문에 답한 후에만 먹을 수 있다. 각 구성원이 모든 질문에 답한 후 토론의 장을 연다. 가능한 토론 질문은 다음과 같다.

① 무엇을 배웠습니까?
② 다른 사람에 대해 알게 된 가장 놀라운 점은 무엇입니까?
③ 변화/개선을 위해 어떻게 노력할 것입니까?

이 활동은 열린 의사소통을 촉진하고 개인 및 가족의 역동성에 대한 통찰력을 제공한다. 변형은 사탕 대신 색깔 있는 구슬이나 레고를 사용하는 것이다.

체계적인 평가는 적절한 치료 계획이 개발되고 시행될 수 있도록 치료사에게 가족 체제가 작동하는 방식에 대한 철저한 이해를 제공하기 때문에 중요하다. 가족 선물(Family Gift; Lowenstein, 2006b)는 미술 기반의 가족 평가 활동이다. 다양한 미술 용품과 선물 가방을 가족에게 제공한다. 활동을 다음과 같이 설명한다. "이 활동을 가족 선물이라고 한다. 제공된 용품을 사용하여 가족을 위한 선물을 만든다. 가족 모두가 원하는 선물이어야 한다. 그것은 오직 하나의 선물일 수 있으며, 당신은 그 선물이 무엇이어야 하는지, 그리고 그것이 당신의 가족에게 어떻게 사용될 것인지에 모두 동의해야 한다. 선물을 만든 후에는 선물 가방에 넣는다. 30분 안에 선물을 결정하고 만들 수 있다."

가족이 선물을 만든 후 다음 질문을 한다.

① 선물에 대해 설명하시오.
② 선물을 만들면서 각자 어떤 기분이 들었는지 이야기해 보세요.
③ 누가 결정을 내렸습니까? 예를 들어, 선물이 무엇인지 누가 결정했습니까?
④ 가족 중 2명 이상이 함께 활동을 잘 할 수 있었습니까?
⑤ 어려움이나 불화를 일으킨 사람이 있었습니까? 그렇다면 어떻게 처리했습니까?
⑥ 집에서 가족의 일이 어떻게 작동하는지 생각나게 하는 활동을 하는 방식에 대해 어떤 것이 있습니까?
⑦ 선물이 가족에게 어떻게 도움이 됩니까? 가족을 도울 수 있는 다른 것은 무엇입니까?

이 평가 활동은 치료사가 가족 상호작용 내에서 과정과 내용을 관찰할 수 있는 창을 제공한다. 과정 정보는 가족이 상호작용하는 방식, 언어적 및 비언어적 표현, 양식적 특이성과 관련이 있다. 내용 정보는 은유를 통해 전달되는 상징적 의미를 포함하여 말하는 내용에 초점을 맞춘다. 또한 가족이 만든 실제 제품도 포함된다(Gil &Sobol, 2000; Sori, 2006).

이 활동 동안 전개되는 과정과 내용을 관찰하는 것 외에도 치료사는 표정, 목소리 톤, 에너지 수준, 즐거움의 양, 참여 정도와 같은 비언어적 단서를 관찰해야 한다(Sori,

2006).

또 다른 미술 기반 가족평가 활동은 Boat-Storm-Lighthouse(Post Sprunk, 2010a)이다. 가족들에게 배, 폭풍, 등대 그림 한 개로 포스터 보드를 채워야 한다고 설명한다. 그들은 조용히 임무를 완수해야 한다. 완료되면 각자에게 폭풍 전, 도중, 후에 일어난 일에 대해 이야기를 쓰게 한다. 아동은 조용히 치료사에게 이야기를 받아쓰기 할 수 있다. 각 구성원이 자신의 이야기를 나눈 후 치료사는 두려움, 구조, 위험 및 필요할 때 가족 지원에 접근하는 방법과 관련된 토론에서 가족을 안내한다. 치료사는 다음을 탐색하여 가족이 그 과정을 경험하도록 도울 수 있다.

① 폭풍우 속에서 가족과 함께 배에 있었다면 어땠을 것 같습니까?
② 폭풍우가 치는 동안 누가 당신에게 가장 도움이 되었을까요?
③ 폭풍우가 몰아쳤을 때 느꼈을 감정 세 가지를 말할 수 있습니까?
④ 구조가 이루어질 것이라고 믿었다면 어떻게 될 것이라고 생각했습니까?
⑤ 어떤 방법으로 도움을 요청할 수 있었습니까?

이 그리기 활동은 특성, 태도, 행동, 성격의 강점과 약점을 포함하여 각 가족 구성원의 내면 세계를 엿볼 수 있도록 한다. 보다 구체적으로, 그림은 치료사와 가족 구성원이 누가 낙관적이고 쾌활한 경향이 있는지 또는 누가 더 비관적이거나 병적일 수 있는지 등을 배울 수 있도록 한다. 또한 위험과 갈등에 직면했을 때 내적 자원을 동원하고 외적 지원에 접근할 수 있는 능력을 보여준다.

아동이나 가족 전체가 참여하는 치료 기법은 어려울 수 있다. 특히 치료사가 일반적인 치료-대화 방식에 의존하는 경우에는 더욱 그렇다.

First Session Family Card Game(Lowenstein, 2010)은 대화가 매력적인 게임에 통합되는 수단을 제공한다. 이 활동에는 표준적인 52장 카드지가 사용된다. "우리는 당신의 가족을 알 수 있도록 도와줄 게임을 할 것입니다."라고 말하여 활동을 소개한다. 규칙은 다음과 같다.

"교대로 카드 더미에서 맨 위 카드를 선택한다. 짝수 번호 카드를 받으면 질문 카드 더미에서 카드를 선택하고 질문에 답한다. 홀수 번호 카드를 받았다면 질문 카드 더미에서 카드를 선택하고 가족 중 누군가에게 질문에 답하도록 요청한다. 에이스를 뽑는다면 가족 중 누군가에게 포옹을 요청한다. 만약 당신이 잭, 퀸, 킹을 선택하면 서프라이즈 가방에서 무언가를 선택할 수 있다. 게임이 끝나면 참여한 모든 사람이 서프라이즈 가방에서 무엇인가를 선택하게 된다."

질문 카드는 합류를 용이하게 하고 가족이 치료 목표를 확인하는 데 도움이 되도록 특별히 고안되었다. 첫 번째 회기 가족 카드 게임에 대한 질문의 예는 다음과 같다.

① 참 또는 거짓: 가족들이 치료를 받을 때 그들은 종종 긴장하고 당황하며 압도당한다.
② 빈칸을 채우세요: 좋은 치료사는 …하는 사람입니다.
③ 오늘 회기에서 어떤 일이 일어나야 여러분이 올 가치가 있다고 느끼실 수 있을까요?
④ 당신은 당신의 가족을 변화시킬 필요가 있다고 생각합니까?
⑤ 참 또는 거짓: 우리 가족 모두가 그것을 더 좋게 만드는 데 한 몫을 한다.
⑥ 만약 당신의 가족이 당신에게 필요한 도움을 받는다면 당신은 어떻게 느낄 것인가?

게임 중에 가족 역동을 관찰할 수 있는 충분한 기회가 있어 치료 계획에 도움이 된다. 게임에 추가된 요소로는 가족 간의 상호작용을 장려하는 포옹과 내담자의 참여를 유도하기 위한 작은 간식으로 가득 찬 서프라이즈 가방이 있다.

게임은 마지막 회기(Last Session Family Card Game, Lowenstein, 2010)에서 치료적 이득을 검토하는 데 중점을 둔 질문으로 반복할 수 있다. 마지막 회기 가족 카드 게임에 대한 질문의 예는 다음과 같다.

① 치료를 받는 동안 가족 중 누군가가 만든 긍정적인 변화는 무엇입니까?
② 당신의 가족이 지금 더 잘할 수 있는 것은 무엇입니까?
③ 치료를 받는 동안 가족 중 누군가에 대해 배운 점에 대해 이야기하시오.
④ 미래에 발생할 문제를 처리하는 데 사용할 수 있는 치료에서 배운 기술에 대해 이야기하시오.

⑤ 당신을 치료에 이르게 한 유사한 문제를 겪고 있는 다른 가족에게 어떤 조언을 하겠습니까?
⑥ 가족은 종종 치료사에게 귀중한 교훈을 가르친다. 치료사에게 가족이 가르친 것을 말해 달라고 요청하시오.

위의 두 가지 버전의 게임에 대한 추가 질문은 Lowenstein(2010)에서 찾을 수 있다. 게임은 특정 대상 집단에 맞게 수정할 수 있다. 예를 들어, 다음은 사별 버전(Lowenstein, 2006a)의 몇 가지 표본 질문이다.

① 사랑하는 사람이 죽은 후 느낀 세 가지 감정을 말하시오.
② 사랑하는 사람이 죽었을 때 가족이 따랐던 애도 의식이나 관습에 대해 설명하시오.
③ 돌아가신 분에 대한 가장 좋아하는 기억을 공유십시오.
④ 당신이 누군가가 죽기를 바라면 그러면 그들은 죽을 것인가?
⑤ 당신은 사람들이 죽은 후에 어떤 일이 일어난다고 생각합니까?
⑥ 사랑하는 사람이 죽은 후 당신에게 가장 도움이 된 것은 무엇입니까?

가족치료 회기를 위한 또 다른 재미있는 중재는 공 던지기(Toss the Ball; Post Sprunk, 2010b)이다. 5분 동안 가족 구성원이 돌아가면서 다른 가족 구성원에게 공을 부드럽게 던질 것이라고 설명한다. 그들은 누군가에게 공을 던질 때 그 가족에게 좋은 말을 해야 한다. 이 패턴은 5분 동안 그리고/또는 모든 사람이 자신에 대해 적어도 두 가지 좋은 말을 들을 때까지 반복된다.

가족 구성원 각각에게 다른 가족 구성원이 자신에게 좋은 말을 한 경험을 설명하게 한다. 예를 들어, 다음과 같이 질문한다.

① 모두에게 좋은 말을 하는 것이 어땠나요?
② 가족 중 다른 사람이 당신에게 좋은 말을 했을 때 기분이 어땠나요?
③ 예상치 못한 댓글을 받으셨나요?

처리 후 게임을 다시 시작한다. 이번에는 공을 던지는 사람과 함께 하고 싶은 것(현재 하고 있지 않은 것)을 말하게 한다. 이 작업을 5분 동안 계속한 후 경험을 처리한다.

게임의 세 번째 구성 요소는 공을 잡을 때 하는 말과 관련이 있다. 공을 잡는 사람은 자신에 대해 바꾸고 싶은 말과 그러한 변화를 만드는 능력을 방해하는 요소를 말하도록 지시받는다. 가족이 변화를 위한 전략을 처리하고 개발할 시간을 준다. 가능한 토론 질문은 다음과 같다.

① 당신이 만들고 싶은 변화를 만드는 데 도움이 될 두 가지를 나열하시오.
② 1에서 10까지의 척도에서 이 변화가 당신에게 얼마나 중요합니까? 가족의 다른 사람들에게?
③ 이러한 변화가 이루어진 후에 당신의 가정생활은 어떤 면에서 개선될 것입니까?

마지막으로, 다른 사람에게 공을 던질 때 받는 사람은 가족생활을 개선하기 위해 무엇을 할 수 있는지에 대한 아이디어를 공유한다. 5분 후에 가족이 모든 제안을 고려하고 이러한 제안을 가족생활에 통합할 수 있는 방법과 여부를 결정하도록 격려한다.

이 활동은 가족의 결속력을 키우는 장난기 있고 긍정적인 상호작용으로 시작된다. 또한 서로에게 좋은 것을 직접적으로 표현하는 것은 정서적 친밀감을 높이고, 의사소통 양식을 변화시킬 수 있는 잠재력을 제공한다. 이 게임은 참가자들이 서로 즐길 수 있는 활동을 공유하도록 요청하며, 이는 긍정적인 가족 상호작용을 위한 더 많은 기회를 제공할 수 있다.

게임의 후반부는 가족생활 개선을 위한 변화에 초점을 맞춘다. 치료사는 가족을 어떻게 변화시킬 수 있고 이러한 변화를 만들 때의 이점에 대해 논의할 때 주의 깊게 안내해야 한다. 변경 사항에 대해 토론하는 동안 가족은 공통 목표를 가진 문제해결 팀으로 함께 활동한다. 이 게임은 매력적이고 흥미진진하기 때문에 아동중심가족 치료에 도움이 된다.

가계도는 가족사의 그래픽 그림을 제공하는 기법이다. 가족의 기본 구조와 인구 통계를 보여준다(McGoldrick, Gerson, & Petry, 2008). 기호를 통해 3대에 걸친 그림을 제시한다. 이름, 결혼 날짜, 이혼, 사망, 기타 관련 사실이 가계도에 포함된다. Gil(2006)은 아동이 가족 구성원에 대한 자신의 관점을 묘사하기 위해 미니어처 개체를 사용하는 놀이 가계도(Play Genogram)를 개발했다. 가족 강점 가계도(Family Strengths Genogram)(Cavett, 2010)는 Gil의 놀이 가계도를 수정한 것이다. 치료사는 가족에게 가계도의 개념을 설명하고, 큰 종이에 자신의 가계도를 그리는 데 도움을 준다. 가계도를 그린 후 가족은 일련의 미니어처 개체 또는 잡지 사진을 소개한다. 가족은 개인의 긍정적인 특성 또는 "모두가 자신에 대해 좋아하는 것 또는 자신이 잘하는 것"을 나타내는 가계도에서 각 구성원에 대한 미니어처 개체(또는 잡지 사진)를 선택하도록 요청받는다. 가족은 가계도의 각 구성원에 대해 하나의 대상에 대해 함께 결정해야 한다. 동의하지 않을 경우 치료사는 협상을 장려할 수 있다. 그 사람을 원형이나 사각형으로 나타내는 종이 위에 축소된 물건이나 그림을 놓는다. 다음 과정 질문은 아동의 발달 단계에 대한 적응과 함께 사용될 수 있다.

① 가계도에서 각 개인의 강점을 나타내기 위해 선택된 소형 물체/그림을 설명하시오.
② 가족 구성원 모두가 긍정적인 특성을 가지고 있는가?
③ 당신은 다른 가족 구성원의 강점이나 약점에 더 집중하는 경향이 있는가?
④ 가족 구성원 개개인의 장점에 더 초점을 맞춘다면 가족은 어떤 변화가 생길까?

가족 강점 가계도는 가족이 가족 내에서 긍정적인 자질에 집중하도록 도전한다. 이것은 가족을 위한 긍정적인 변화를 만들고, 더 긍정적인 분위기를 조성하는 데 도움이 될 수 있다.

랩(rap)은 가족을 참여시키고 치료하는 수단으로 사용될 수 있다(Sori, 2008). Sori(2010)가 개발한 랩핀 가족 인형 인터뷰(Rappin' Family Puppet)는 Irwin과 Malloy(1974)가 처음 만들고, Gil(1994)이 수정한 가족 인형 인터뷰(Family Puppet Interview: FPI)를 기반으로 한 것이다. 먼저 각 가족에게 꼭두각시를 선택하도록 요청한다. 그런 다음 가족에게 다음과 같이 지시한다.

> "가족으로서 당신은 시작, 중간, 그리고 끝이 있는 이야기를 구성해야 하지만, 신데렐라나 토이 스토리처럼 이미 알고 있는 이야기가 될 수는 없다. 랩으로 자신의 이야기를 쓰고 연습한 다음 꼭두각시가 나를 위해 랩을 연주하게 할 것이다."

치료사는 가족이 과제를 중심으로 조직하는 방법, 참여, 즐거움의 수준, 결정이 내려지는 방식, 의사소통 패턴, 구조적 문제(연합, 얽힘, 이탈 등), 누가 지배하고 누가 배제되는지. 뿐만아니라 리더가 등장하는지, 랩이 어떻게 쓰여지고 누구에 의해 작성되는지를 관찰한다(Gil & Sobol, 2000).

가족이 랩을 수행할 때 치료사는 활동이 시연된 방법과 수행된 방법 사이의 차이점을 기록해야 한다(Gil & Sobol, 2000). 활동은 먼저 "은유에 머무르는 것"으로 처리되어야 한다(Sori, 2006). 예를 들어, 치료사는 어머니의 어린 양 인형에게 아들을 위해 호박벌을 갖는 것이 어떤 것인지, 또는 원숭이와 문어가 하나는 나무에서 살고 다른 한 마리는 바다에서 살 때 어떻게 함께 노는지를 물어볼 수 있다. 인형이 어떻게 역경을 이겨냈는지, 호흡을 맞췄는지, 각 인형들이 어떤 강점을 갖고 있었는지 등 가족과 이야기에 구체적인 질문들이 공식화돼야 한다. 가족 인형 인터뷰를 처리하기 위한 질문에 대한 추가 제안은 Gil(1994), Gil과 Sobol(2000)을 참고하면 된다.

인형을 사용하는 것은 가족 회기에서 도움이 될 수 있는 독특한 연상 특성을 가지고 있다(Ross, 2000). 조각은 가족치료사에 의해 효과적인 중재로 사용되었다(Duhl, Kantor, & Duhl, 1973; Satir, 1972). 인형과 같은 놀이기반기법과 가족 조각과 같은 역동적인 중재를 결합하면 가족 활동에서 잠재적으로 강력한 선택지를 제공할 수 있다(Haslam, 2010).

인형을 이용한 가족 조각 활동(Family Sculpting with Puppets; Haslam, 2010)은 가족 구성원이 자신의 감정과 지각을 창의적이고 다감각적이며 상징적인 방식으로 표현할 수 있도록 도와준다. 치료사는 Satir(1972)가 그녀의 가족 조각을 설정한 방식과 유사한 연습의 특성을 가족 구성원에게 설명한다. 예를 들어 다음과 같이 말한다.

> "각자가 돌아가면서 가족 구성원을 대표하는 인형을 선택하고, 그 구성원이 여기에 없더라도 이 방 어딘가에 배치하기를 바랍니다. 인형은 가까이 있을 수도 있고 멀리 있을 수도 있습니다. 일부는 높거나 낮을 수 있으며, 바깥에 있거나 숨겨져 있습니다. 가족이 어떤 느낌인지 보여주는 방식으로 인형을 배치하세요."

각 사람이 인형을 조각한 후 다음과 같은 질문을 하여 더 많은 정보를 수집한다.

① 이 인형으로 만든 이 장면에 대해 무엇을 말할 수 있습니까?
② 그것들 사이에는 어떤 감정이 존재합니까? 그것들 중 친구가 있습니까? 아니면 싸울까요? 서로를 두려워하는 사람이 있습니까? 그들 중 외로움을 느끼거나 소외감을 느끼는 사람이 있습니까?

나이든 가족 구성원과 이러한 관찰에 대한 치료사 가설을 논의하거나 가족의 반영적 반응을 자극할 수 있는 가능한 방법은 다음과 같다.

① ...에 관해 당신이 무슨 생각을 하셨는지 궁금합니다.
② 내가 흥미롭게 생각했던 한 가지는 ...일 때이다.
③ 인형 조각과 실제 생활에서 가족처럼 활동을 한 방식은 어떻습니까?

가족이 긍정적 경험을 할 수 있도록 하기 위해 토론은 탐색적이고 지지적이어야 한다.

치유 동물(Healing Animals; Lowenstein, 2010)는 치료의 마지막 단계에 적합한 그림 활동이다. 목표는 가족이 치료 과정에서 만든 변화를 탐색하고, 역경을 극복한 방법에 대한 새로운 인식을 갖도록 돕는 것이다. 각 가족 구성원에게 종이와 다양한 그림 자료를 제공한다. 편안한 자세를 취하고 눈을 감도록 요청한다. 그리고 다음과 같이 말한다.

> "동물 가족을 상상해 보세요.. ... 이 동물 가족은 큰 어려움을 겪었습니다. ... 이 동물 가족이 되는 것이 어떤 것인지 상상해 보세요. ... 준비가 되면 눈을 뜨고 이 상처 입은 동물 가족을 그릴 수 있습니다."

그림이 완성되면 가족들에게 다시 눈을 감으라고 한다. "이 같은 동물 가족을 상상해 보세요. ... 이 동물 가족은 매우 어려운 일에서 살아 남았습니다. ... 그들은 강합니다. ... 이 동물 가족이 되는 것이 어떤 것인지 상상해 보세요. ... 준비가 되면 눈을 뜨고 이 치유 동물 가족을 그릴 수 있습니다."

가족 구성원들이 두 동물 가족을 그린 후 모든 그림을 전시한다. 이상적으로는 벽에 테이프로 붙여서 제시한다. 가족에게 이미지에 대해 토론하도록 초대한다. 예를 들어, 다음과 같은 질문을 한다.

① 그림 사이에서 어떤 유사점/차이점이 있습니까?
② 상처 입은 동물 가족을 가장 잘 묘사하는 세 단어는 무엇입니까?
③ 치유 동물 가족을 가장 잘 설명하는 세 단어는 무엇입니까?
④ 동물 가족이 어려움을 극복하는 데 무엇이 도움이 되었습니까?
⑤ 동물 가족은 어떤 중요한 삶의 교훈을 배웠습니까?
⑥ 동물들은 앞으로 어떻게 어려움을 극복하기 위해 자신의 힘을 사용합니까?
⑦ 당신의 그림은 당신의 가족생활에 대해 무엇을 보여줍니까?

기적 질문(Miracle Question)은 개인, 부부, 가족치료에 사용할 수 있으며, 내담자가 만들고자 하는 미래의 유형을 탐색하는 데 도움을 주기 위한 것이다. 우리는 모두 때때로 고군분투하지만, 때로는 우리의 목표가 실제로 무엇인지 알지 못하기 때문에 더 크게 고군분투한다.

기적 질문은 내담자가 자신의 꿈과 욕망을 탐색할 수 있도록 돕는 훌륭한 방법이다. 부부나 가족치료의 맥락에서 사용될 때, 내담자가 그들의 관계에 만족하기 위해 중요한 다른 사람이나 가족 구성원이 무엇을 필요로 하는지 이해하는 데 도움을 줄 수 있다.

기적 질문은 다음과 같이 할 수 있다.

> "오늘 밤 당신이 자는 동안 기적이 일어났다고 가정해 봅시다. 내일 당신이 깨어났을 때 당신의 삶이 갑자기 좋아졌다는 것을 알 수 있게 해주는 것은 어떤 것이 있을까요?"

내담자가 깨어 있는 동안에는 불가능한 대답을 할 수 있지만, 그들의 대답은 여전히 유용할 수 있다. 그들이 불가능한 대답을 한다면 치료사는 "그것이 어떻게 차이를 만들까요?"라는 질문을 통해 내담자가 선호하는 기적에 대해 더 깊이 파고들 수 있다.

이러한 질문은 내담자와 치료사 모두에게 도움이 된다. 내담자는 문제가 해결되거나 완화되는 긍정적인 미래를 상상하고, 치료사는 회기서 내담자를 가장 잘 도울 수 있는 방법을 배우게 된다.

기적 질문은 내담자의 치료 가능성에 대한 문을 열어준다. 이것은 단순히 내담자들에게 대안적 현실이 어떤 모습일지 고려하도록 요청함으로써 가능하다. 즉, 상황이 다르고 더 좋으며 문제가 해결되는 것이다.

기적 질문은 해결중심치료에서 인기가 있는 기법이다. 내담자에게 문제가 제거되고 문제가 해결되는 가능한 세계를 상상하고 토론하도록 요청하는 것이다.

질문은 내담자에게 "당신의 문제가 해결되었다고 가정하십시오. 무엇이 다른가?" 또는 "문제가 해결되었다고 가정하십시오. 이것이 당신에게 무엇을 의미합니까?"와 같은 것이다.

치료사에게 있어 중재는 "좋은 스토리라인을 구축하고 내담자가 하룻밤 사이에 기적이 일어난다면 그들의 삶이 얼마나 달라질 것인지 상상하도록 이끌 수 있다".

제시된 답변은 치료 목표의 전반적인 정의를 지원하면서 내담자에게 통찰력을 제공한다.

질문하고 대답하는 것은 그들의 요구와 희망에 대한 의미 있는 이해를 달성하기 위해 "치료사와 내담자를 모두 만족시키는 언어를 제안하고 협상하는 것"을 포함한다.

해결중심치료의 초점은 "내담자가 목표를 달성하는 데 선호하고 도움이 되는 것"에 있다. 내담자는 일반적으로 치료적 대화가 치료적 결과를 구성하는 데 도움이 되는 해결중심치료 접근 방식을 찾는다.

기적 질문은 치료사와 내담자 간의 협상을 촉진하고 동기를 부여한다. 회기에 도입되면 일반적으로 이전 대화에서 출발한다. 그런 다음 대화는 주어진 답변의 완전한 의미를 알아내기 위해 진행된다(.

치료사는 내담자의 경험, 언어, 이해에 따라 질문을 조정하여 적절하게 이해되고 고려되고 답변되도록 해야 한다. 결국, 그것은 대답하기 쉽지 않을 수 있는 큰 질문이다. 내담자가 더 광범위한 문제에 대해 숙고하고 가정적 사고에 참여하도록 초대한다.

기적 질문의 힘은 내담자가 문제를 제시함으로써 치료적 동맹을 강화하면서 치료 과정을 명확하게 하는 것이다.

협상과 앞뒤 대화는 기적 질문을 제기하고 이해하는 과정에서 매우 중요하다.

치료사는 치료의 잠재적 결과를 밝히기 위해 "내담자의 아이디어, 목표 및 가능성을 제시"하기 위해 제공하는 통찰력을 사용한다.

내담자가 그 질문을 생각할 때, 그것은 기적을 분명한 초점으로 치료사와 새로운 대화를 생성한다. 인터뷰의 시작점이든 나중에든 대화의 추가 성장 가능성을 도입(또는 재도입)한다(.

내담자는 치료 과정에 더 적극적이고 잠재적으로 더 많이 참여하게 되며, 가치 있는 의미와 통찰력을 구성하고 협상하는 동시에 토론에서 혜택을 받기를 원한다는 것을 보여준다.

기적 질문의 힘은 내담자를 '실제 삶'에서 끌어내어 제약을 풀고 무엇이 될 수 있는지 상상하는 능력에 있는 것 같다. 결정적으로, 그것은 내담자가 문제가 없을 때 그들의 삶이 어떨지에 대한 구체적이고 정교한 비전을 한데 모으는 데 도움이 된다. 목표 설정과 함께 기적 질문의 목적은 다음과 같다.

- 기적이 일어난다면 삶이 어떨지에 대한 가상 비전을 생성한다.
- 일시적으로든 영구적으로든 문제가 더 이상 존재하지 않는 세상을 살짝 들여다보며 문제에 대한 예외를 내담자에게 준비시킨다.
- 내담자의 삶이 더 나빠지기보다는 나아지는 것으로 묘사되는 점진적 내러티브를 만든다.

치료사와 내담자에게 기적 질문에 대한 응답은 "두 사람이 새로운 기반을 구축하기로 동의하는 공통 기반"이 된다.

기적 질문은 6세 미만의 아동을 포함하여 가족 또는 더 큰 집단에서 작업하는 과정은 "적응적 대처, 즉각적인 해결책 구축을 촉진할 수 있고", 그리고 감정, 두려움, 요구에 대해 논의하기 위한 필수 전략을 공유할 수 있는 기회를 제공한다.

기적 질문은 집단 환경에서 강력하다. 이 과정은 집단이 원하는 모든 것이 있다면 얼마나 좋은 삶을 살 수 있는지 상상하는 데 도움이 된다.

① 집단 구성원에게 동그랗게 앉아 눈을 감게 한다.

② 다음과 같은 것을 상상하도록 요청한다.

내일 아침에 일어난다고 상상해보세요. 하룻밤 사이에 어떤 기적에 의해 당신이 원했던 모든 것이 주어졌고, 삶은 당신이 항상 바랐던 대로 이루어졌습니다.

③ 집단의 각 구성원에게 계속 상상하게 하고 스스로에게 다음과 같이 질문한다.

- 기적이 일어났다는 것을 깨닫게 하는 것은 무엇인가?
- 당신은 무엇을 듣고 무엇을 볼 것인가?
- 속으로는 어떻게 다르게 느껴질까?
- 당신은 어떻게 달라졌을까?

④ 집단 구성원에게 미래가 어떻게 보이고 느껴질지 공유하도록 요청한다.

⑤ 그런 다음 이 중 일부를 실현하기 위해 취할 수 있는 조치를 공유하도록 요청한다.

기적 질문 활동지

• 기적 질문에 답한 후 다음을 사용하여 당신의 기적이 어떻게 생겼는지 그리거나 쓰십시오.

• 누가 당신을 지원합니까?

- 가능한 한 상세하게 당신의 기적이 어떻게 생겼는지 그리고 당신이 그것에 어떻게 기여했는지를 그리거나 쓰세요.

과정 질문은 성장, 강점, 생존에 초점을 맞추는데, 이는 치료의 종료 단계에서 강조해야 할 중요한 주제이기 때문이다. 이러한 중재를 통해 가족은 역경을 이겨내고, 이 힘을 활용하여 앞으로 어려운 시기를 헤쳐나갈 수 있다는 메시지를 받게 된다. 이것은 가족에게 정당성과 희망을 준다.

11
Chapter

가족미술치료기법 Ⅲ

여기에서는 집단치료에서 미술 활동을 사용하는 방법에 대해 설명한다. 정확하게 가족미술치료는 아니지만, 가족치료에서 미술 활동을 적용하는 데 필요한 시사점은 충분할 것으로 생각하기 때문이다. 따라서 미술치료와 집단활동, 집단치료에서 그림의 사용이라는 두 가지 주제로 구분하여 제시할 것이다. 특히 미술치료와 집단활동에서는 매체 탐색을 위한 미술 활동을 소개할 것이다. 앞에서 매체 탐색에 대해 논의를 하였지만, 보다 많은 활동의 소개를 통해 매체를 탐색하고 선택하는 데 도움이 되는 시사점뿐만 아니라 실제 가족치료 회기에서 활용할 수도 있는 아이디어를 제시하고자 한다.

1. 미술치료와 집단활동

미술치료사들이 그 길을 개척해 왔지만, 이제 자신의 집단과 함께 개인적인 방식으로 미술을 사용하는 데 관심이 있는 많은 전문가들이 있다. 많은 미술 과정과 지역사회 미술 프로그램에는 미술 참여에 대한 보다 개인적인 접근 방식이 포함된다. 미술에서 강조점은 일반적으로 그 자체로 목적으로서의 최종 작품에 있는 반면, 미술치료에서는 사람과 작품을 만드는 과정이 더 중요하다. 그러나 미술에서 보다 개인적인 접근 방식을 사용하면 크게 겹칠 수 있다. 많은 조직이 현재 미술치료와 매우 유사한 미술 활동을 운영하고 있다. 예를 들어, 자기 정체성에 기반한 가면 워크숍, 노숙자들의 감정에 대한 집단 콜라주 같은 것들이다.

미술치료와 미술활동은 서로 다른 강조점을 지닌 그 자체로 타당한 과정이다. 미술활동은 일반적으로 집단이 참여하는 그림, 콜라주 또는 조각품 제작을 목표로 한다. 목표는 작품 그리고 종종 전시의 완성이지만, 그 과정에서 참가자들은 종종 큰 이익을 얻는다. 미술치료는 미술 재료를 사용하여 개인의 문제나 상황을 탐색하는 것을 목표로 하지만, 그 과정에서 큰 가치가 있는 미술 작품이 만들어질 수 있다. 미술치료와 미술활동을 연속체의 끝으로 생각한다면 중간 상황도 많이 있을 것이다.

여기에서의 연습 문제, 주제 및 제안은 미술치료 환경과 개인 미술활동이 적절한 기타 환경 모두에서 매우 다양한 상황에서 재량에 따라 사용할 수 있다. 적절성에 대한 판단은 치료사의 몫이다.

1) 집단 작업의 이유

일부 치료사의 경우 개인 작업과 집단 작업 중 선택이 있으므로, 집단 작업을 사용하는 일반적인 이유를 살펴보는 것이 좋다. 교사나 지역사회 복지사와 같은 다른 사람들은 거의 항상 집단과 협력하며, 집단 작업이 가질 수 있는 이점을 극대화하는 것이 중요하다. 집단 작업을 사용하는 이유는 다음과 같이 요약할 수 있다.

① 대부분의 사회학습은 집단으로 이루어진다. 따라서 집단 작업은 연습할 적절한 맥락을 제공한다.
② 비슷한 요구를 가진 사람들이 서로를 지원하고 상호 문제해결을 도울 수 있다.
③ 집단 구성원은 다른 구성원의 피드백에서 배울 수 있다.
④ 집단 구성원은 다른 사람의 반응을 보는 것(역할 모델링)을 통해 새로운 역할을 시도할 수 있으며, 이를 지원하고 강화할 수 있다.

⑤ 집단 작업은 종종 초기 가족 역동을 불러일으키며, 그 후에 검토하고 작업할 수 있다.

⑥ 집단은 잠재된 자원과 능력을 개발하는 촉매제가 될 수 있다.

⑦ 집단은 개인 작업의 친밀감을 너무 강렬하게 느끼는 사람과 같은 특정 개인에게 더 적합하다.

⑧ 집단은 권력과 책임을 공유하면서 보다 민주적일 수 있다.

⑨ 일부 치료사/집단 작업자는 개별 작업보다 집단 작업이 더 만족스럽다고 생각한다.

⑩ 집단은 전문 지식을 사용하여 동시에 여러 사람을 돕는 경제적인 방법이 될 수 있다.

그러나 다음과 같은 몇 가지 단점도 있다.

① 보다 많은 사람들이 참여하기 때문에 기밀 유지가 더 어렵다.

② 집단은 자원이 필요하고 조직하기 어려울 수 있다.

③ 집단 구성원에 대한 개별적인 관심이 줄어든다.

④ 집단에 '명칭(label)'이 붙거나 낙인을 찍을 수 있다.

⑤ 사람들은 문제를 더 쉽게 '숨기'거나 피할 수 있다.

⑥ 일부 참가자는 다른 사람의 기술에 겁을 먹을 수 있다(Brown 1992; Lumley-Smith 2002).

2) 미술 사용의 이유

미술치료와 개인 미술의 가치에 대한 일반적인 요점과 함께 집단 작업에 적용되는 다음과 같은 몇 가지 특별한 측면이 있다.

① 미술은 모든 사람이 참여할 수 있는 활동을 제공한다. 어떤 이유에서든 일부 구성원이 말하기를 어려워하는 집단에 유용하다.

② 미술은 집단 참여를 균등화하는 방법을 제공한다. 모두가 자신의 수준에서 동시에

참여할 수 있다.

③ 미술은 언어적 집단보다 더 넓은 범위의 사람들을 포함하는 것이 가능하다.

④ 참가자들은 다른 구성원의 그림을 보고(일부 집단에서는 이에 대해 댓글을 달기도 함), 이는 순수한 언어적 집단과는 다른 차원을 제공한다.

⑤ 집단 상호적인 미술 활동을 사용할 가능성이 있다.

⑥ 미술을 사용하면 많은 자료가 생성되고, 이는 종종 집단 과정과 역동성을 가속화한다.

집단의 일반적인 개인적 목적은 다음과 같다(Liebmann, 1979, 1981, 1984).

① 창의성과 자발성

② 자신감 구축, 자기 검증, 자신의 잠재력 실현

③ 개인의 자율성과 동기 부여를 증가, 개인으로 발전

④ 결정, 실험, 아이디어 검증의 자유

⑤ 감정, 감정, 갈등 표현

⑥ 환상과 무의식으로 작업

⑦ 통찰력, 자기 인식, 반성

⑧ 시각적, 언어적 경험의 순서화

⑨ 기분 전환

집단의 일반적인 사회적 목적은 다음과 같다(Liebmann, 1979, 1981, 1984).

① 타인에 대한 인식, 인정, 감사

② 협력, 집단 활동 참여

③ 의사소통

④ 문제, 경험, 통찰 공유

⑤ 경험의 보편성/개인의 고유성 발굴

⑥ 집단 내 타인과의 관계, 타인에 대한 자신의 영향 이해, 관계

⑦ 사회적 지지와 신뢰

⑧ 집단의 응집
⑨ 집단 쟁점 검토

집단의 치료적 요인은 다음과 같다(Waller, 1993).

① 정보 제공 및 공유
② 희망의 주입
③ 내담자들은 서로 도움
④ 내담자들은 다른 사람들도 같은 문제, 불안 및 두려움을 가지고 있음을 발견
⑤ 소집단은 가족 재건 역할
⑥ 카타르시스 표현은 큰 안도감을 제공
⑦ 사람들은 다른 사람들과 상호작용하는 방법을 배우고, 이에 대한 피드백을 받음
⑧ 집단 응집력: 안전한 공유 장소가 됨
⑨ 대인관계 학습: 오래된 패턴을 검토하고 수정

3) 주제 사용의 이유

이것은 집단이 공동의 과제를 공유하거나 공통의 주제를 탐색하는 미술치료 집단 작업에 관한 것이다. 주제와 연습을 사용하는 몇 가지 이유는 다음과 같다. 이것들이 당신의 집단에 적용되는지 확인하기 위해 숙고해 볼 가치가 있다.

① 많은 사람들이 시작하는 데 큰 어려움을 겪는다. 주제는 어딘가에서 시작하는 데 집중할 수 있다.
② 일부 초기 주제는 집단이 미술치료가 무엇인지 이해하는 데 도움이 될 수 있다. 이는 집단 구성원들이 접근 방식에 익숙하지 않고, 이전 학교 미술 수업이나 외부 미적 기준으로만 미술 집단을 보는 경우 특히 그렇다.
③ 일부 집단에는 매우 불안정하고 운영하려면 약간의 구조가 필요한 사람들이 포함된다.
④ 종종 시간 압박이 있다. 지역사회 집단과 교육 과정의 경우 미술 집단은 한 회기,

하루 또는 주말일 수 있다. 병원과 주간보호 센터에서도 많은 사람들이 가능한 한 빨리 정상적인 생활로 돌아가기 위해 짧은 시간만 머물고 있다. 적절한 주제에 초점을 맞추면 집단이 더 빨리 요점에 도달할 수 있다.

⑤ 주제를 공유하면 집단을 하나로 묶는 데 도움이 될 수 있다.

⑥ 주제와 연습은 다양한 수준에서 해석될 수 있으며, 다양한 요구를 충족시키기 위해 유연하게 사용할 수 있다. 적절한 경우 집단은 주제 선택에 참여할 수 있다.

⑦ 특정 주제는 집단 구성원이 서로 관련되도록 돕는 데 유용할 수 있다.

⑧ 때때로 주제는 그렇지 않으면 일어나지 않았을 작업과 토론을 촉진함으로써 사람들이 '상처'에서 벗어나는 데 도움이 될 수 있다(Liebmann, 1979, 1985, 1986; Thornton 1985).

주제를 최대한 활용하려면 서론에 언급된 모든 경험과 준비가 필요하다. 부적절하게 사용되는 경우, 일부 주제는 그 집단이 그 당시 처리하기에는 너무 많은 감정을 불러일으킬 수 있다. 스펙트럼의 다른 쪽 끝에서 일부는 사람들을 불만족스럽게 만드는 피상적인 경험으로 이어질 수 있다. 이 두 극단 사이에는 흥미롭고, 드러낼 수 있고, 또한 즐길 수 있는 미술 기반 주제를 사용하는 다양한 집단 경험이 있다.

4) 매체 탐색

이 아이디어는 상상력과 창의성을 개발하기 위해 매체를 탐색하는 다양한 방법에 중점을 둔다. 일부 제안은 다른 부분에 나열된 주제와 겹치거나 이 주제로 이어진다. 그들 중 다수는 미술 재료를 사용하는 방법을 제공하고, 자발성에 필요한 즐거움을 자극한다. 새로운 집단이나 종이에 첫 표시를 하는 것에 대해 걱정하는 사람들에게 유용할 수 있다.

(1) 낙서(doodles)

낙서 방법은 여러 가지가 있지만, 본질은 의미 있는 것이 나올 때까지 펜이나 크레용을 아무 생각 없이 끄적이거나 무엇인가를 그리거나 쓴다. 일부 변형은 다음과 같다.

① '낙서 일기'를 쓰고, 일정 기간 동안 낙서가 변하는지 살펴본다.
② 눈을 감고 낙서를 하고, 크레용이 원하는 대로 그리도록 한다. 눈을 뜨고, 이미지를 찾고, 발전시킨다.
③ 최종 작품이 있어야 한다는 느낌 없이 선, 색, 소리를 사용한다. 색이 '당신을 선택'하게 한다.
④ 여러 낙서 중에서 가장 마음에 드는 낙서와 가장 마음에 들지 않는 낙서를 고른다.
⑤ 자발적인 낙서로부터 이야기를 전개한다.
⑥ 낙서와 무언가가 나타나면서 감정을 말로 표현한다.
⑦ 2인 1조로 아무렇게나 쓴다.
⑧ 변형: 세 번의 움직임으로 그림을 다른 것으로 바꾼다.
⑨ 이미지를 개발하기 위한 연합의 근거로 종이에 더러운 흔적을 사용한다.
⑩ 집단은 ⑨에서와 같이 더러운 벽에 표시를 사용할 수 있다.
⑩ 자신의 이니셜을 최대한 크게 그려서 현상할 그림이나 디자인을 찾는 데 사용한다. 이니셜은 이미 익숙하기 때문에 낙서보다 덜 위협적일 수 있다.

(2) 그림 완성

간단한 선과 모양의 주어진 시작점에서 그림을 완성한다. 집단의 다른 구성원의 다른 결과는 활발한 토론을 유발할 수 있다. 선의 굵기 등과 같은 시각적인 차이와 상징적인 차이가 있을 수 있다. 변형은 다음과 같다.

① 원으로 시작하여 무언가를 나타내도록 한 다음 내부, 외부 또는 선 위에 무언가를 추가한다.
② 종이에 잉크나 두꺼운 물감을 떨어뜨리고 반으로 접은 다음 펼친다. 제안된 이미지를 작성한다.

(3) 휘갈기기(scribbles)

눈을 감고 몸 전체를 사용하여 큰 움직임으로 휘갈겨 쓰기를 한다. 사방에서 바라보면서 그림이 암시하는 형태를 찾아 전개해 나간다.

(4) 물감 탐색

붓, 스틱, 롤러, 스펀지, 질감 있는 물건, 손가락 등 물감을 칠할 수 있는 다양한 방법을 탐색한다. 두껍고 얇은 물감을 탐색한다. 붓 손잡이와 같은 도구의 다른 부분을 사용한다.

(5) 동물의 흔적

당신의 붓이 곤충(예: 메뚜기)이라고 상상하고 지나간 흔적을 종이에 표시를 한다. 그런 다음 그것이 뱀이라고 상상하고 종이를 가로질러 미끄러지는 것처럼 표시를 하는 등 다른 생물에 대해 표시를 한다.

(6) 색 탐색

한 가지 색과 흰색 종이를 사용하여 모양과 선을 그리고, 이 색의 의미를 탐색한다. 변형은 다음과 같다.

① 가장 좋아하거나 싫어하는 색을 선택한다.
② 2~3가지 색을 선택하여 화목한 집단을 표현하거나, 개성을 표현하거나, 기분을 표현한다.
③ 부정적인 기분을 상쇄하기 위한 색을 선택한다.
④ 한 가지 색으로 시작한 다음 다른 색을 혼합한다.
⑤ 큰 종이에 두세 가지 색으로 칠한다.
⑥ 가능한 한 빨리 많은 색으로 종이를 채운다.
⑦ 좋아하는 색과 싫어하는 색을 골라 그림을 그린다. 싫어하는 두 가지 색을 계속 사용할 수 있다.
⑧ 가장 좋아하는/싫어하는 색으로 두 개의 그림을 만들고 비교한다.
⑨ 색을 사용하여 다양한 정서와 기분을 그린다. 정서는 개별적으로 선택할 수도 있고, 집단이 선택할 수도 있다.
⑩ 계절과 같은 주제와 관련하여 한 색으로 시작하여 다른 색으로 이동하면서 색 '모자이크 카펫'을 만든다. 이것이 특정 이미지를 생성하는지 확인한다.
⑪ 큰 붓과 색을 선택하고 눈을 감고 종이를 자극으로 채운다. 눈을 뜨고 본다. 그런

다음 다른 색을 선택한다.

⑫ 배경색 : 다양한 색종이에 일련의 그림을 그린다. 시작하기 전에 종이의 각 색과 연관시키고 이를 사용하여 그림을 발전시킨다.

(7) 연결된 아이디어

이전 작업이 완료되기 전에 새 작업을 시작하여 일련의 연결된 아이디어 또는 느껴진 경험에 대해 작업한다. 이것은 시작에 대한 두려움을 없애고 아이디어의 흐름을 촉진할 수 있다.

(8) 반대 양식

자연스럽게 오는 방식으로 그림을 시작한 다음 의도적으로 접근 방식을 변경하고 효과를 확인한다. 형태의 개념이 발생하고 발전하도록 하는 동안 자주 반복한다. 변형은 그림에 빠르게 작업하고 패턴이 있으면 평소와 반대로 실험한다.

(9) 혼돈에서 질서로

혼돈이라는 단어를 생각하고 가능한 한 혼돈의 방식으로 칠하고/그림을 그린다. 그런 다음 중지하고 결과를 본다. 그런 다음 그 중 마음에 드는 작은 부분을 선택하고 새 종이에 의미 있는 것으로 발전시킨다.

(10) 대비되는 색, 선, 모양

가볍고 무거운 획, 길고 짧음, 가볍고 어두운 것, 밝고 둔한 등과 같은 색, 선, 모양, 곡선 등을 사용하여 대비를 만든다. 변형은 다음과 같다.

① 직선과 곡선을 그린 다음, 삶의 어떤 부분이 이것들과 관련이 있는지 생각해 본다.
② 따로따로 대비 작업을 한 후에 그것들을 하나로 모으는 방법을 연구한다.

(11) 모양과 물감

원하는 모양을 그리고, 그것을 자르고 그리기와 칠하기로 추가한다. 다른 모양으로 반복한다. 변형은 배경에 모양을 붙이고 같은 방식으로 추가한다.

(12) 패턴

시작하기 좋은 방법이다. 다음과 같은 몇 가지 패턴을 제안한다.

① 반복되는 모양. 세 가지 색과 직사각형, 호 등과 같은 단순한 선 형태를 선택한다. 이 모양을 다양한 방식, 다양한 색, 방향, 크기, 겹침으로 사용한다. 패턴이 나타나면 음영 및 연결로 발전시킨다.

② 반대의 모양을 반대 방법으로 사용하여 ①을 반복한다.

③ 정사각형과 원 등을 사용하여 기하학적 착각을 유발하는 'op art'를 한다.

④ 10개의 거품을 그리고, 거품을 일직선으로 둥글게 한다. 색으로 채워본다.

⑤ 산책을 위해 줄을 선다. 대시, 지그재그, 거품.

⑥ 간단한 모양을 만들어 매번 조금씩 바꿔가며 반복한다. 여러 개를 하나의 패턴으로 만든다. 한 가지 색을 먼저 사용한 다음 다른 색을 추가한다.

⑦ 모양을 뜯어내고 만들 수 있는 패턴을 살펴본다. 그런 다음 모양 사이의 공간을 보고 이로부터 추가 패턴을 만든다.

⑧ 굵은 물결선으로 시작한 다음 양쪽에 가는 선을 그려가면서 모양을 변경한다. 그것이 무엇을 제안하는지 확인한다.

⑨ 휴지 패턴: 여러 색의 휴지를 찢고 흰 종이에 붙여 추상적 디자인을 만든다. 그림을 그리거나 그릴 수 없다고 느끼는 사람들에게 좋다.

⑩ 종이, 판지 타월 롤 심, 성냥갑, 기타 쓰레기 재료를 사용하여 3차원 패턴을 만든다.

⑪ 콜라주 재료나 약간의 물감을 사용하여 질감 있는 패턴을 만든다.

⑫ 매일 변경할 수 있는 오려낸 모양을 패턴으로 배열한다.

(13) 거울 사용하기

세 가지 색의 왁스 크레용을 사용하여 부드러운 질감의 추상 패턴을 만든다. 그런 다음 두 거울의 모서리에 서로 직각으로 배치하여 형성된 이미지를 본다. 변형은 4명의 집단이 조용히 작업하면서 각각 한 가지 색을 사용하여 부드러운 질감의 패턴을 생성한다. 위와 같이 거울을 사용한다.

(14) 매체 선택

단일 매체 또는 혼합 매체에서 주어진 프로젝트를 완성한다. 프로젝트는 설정된 주제거나 개방된 상태일 수 있다. 선택한 것에 대해 생각해 본다.

(15) 대규모 작업

롤러, 장식용 브러시, 스펀지, 헝겊, 발, 손 등을 사용하는 대규모 작업을 한다. 종종 맑은 날씨에 야외에서 하는 것이 가장 좋다. 변형은 다음과 같다.

① 큰 종이에 개인의 자유로운 표현을 한다.
② 액체 물감을 큰 카드에 굴린 다음, 쉐이커를 사용하여 분말 색 또는 반짝이를 위에서 흔든다.
③ 여러 가지 굴리는 물체를 사용하여 긴 종이 위에 물감 쟁반의 액체 물감의 흔적을 남긴다.
④ 종이 주위에 다양한 색의 스펀지와 트레이를 사용하여 큰 종이에 집단 그리기를 한다. 집단 구성원은 각 색을 표집하기 위해 몇 분마다 이동한다.
⑤ 손으로 집단 그리기를 한다.

(16) 신체 부위 사용하기

신체의 다양한 부분을 사용하여 그림을 그린다. 둥근 손 그리기, 손가락 그림 그리기, 손바닥과 발을 사용하여 지문 만들기 등을 한다. 변형은 다음과 같다.

① 발에 대한 인식을 증가시키기 위해 발가락, 발뒤꿈치 등을 사용한다.
② 평소와 다른 손으로 그림을 그린다. 이것은 긴장을 푸는 데 좋다.
③ 오른손이 스스로 색을 선택하게 하고, 왼손도 똑같이 선택하게 한다. 눈을 감고 색을 실험한다. 눈을 뜨고 두 손과 두 색으로 그림을 그린다. 집단에서 경험을 공유한다.

(17) 왼손

평소와 다른 손으로 그림을 그린다. 이것은 긴장을 푸는 데 좋다. 변형은 다음과 같다.

① 큰 붓과 한 가지 색으로 종이에 표시를 한다. 색을 변경하고 반복한다.
② 평소와 다른 손으로 핑거페인팅을 한다.
③ 평소와 다른 반대 손으로 주제를 수행한다.

(18) 왼손과 오른손

오른손이 스스로 색을 선택하게 하고, 왼손도 똑같이 선택하게 한다. 눈을 감고 색을 실험한다. 눈을 뜨고 두 손과 두 색으로 그림을 그린다. 집단에서 경험을 공유한다. 변형은 먼저 평소 사용하는 손으로 그림을 그리거나 복사한 다음 반대쪽 손으로 그림을 그리거나 복사한다.

(19) 눈 감기

눈을 감고 그림을 그리거나 칠한다. 완벽함을 인지할 수 없을 정도로 그림을 통제할 수 없다고 걱정하거나 작품 지향적인 사람들에게 좋다. 변형은 다음과 같다.

① 왼손과 오른손을 참고한다.
② 색 탐색을 참고한다.

(20) 직선

참가자들에게 선택할 수 있는 이미지를 제공한다. 그런 다음 그들에게 A5 용지 한 장, 자, 연필을 주고 자유화가 아닌 자와 연필만 사용하여 선택한 이미지를 복사하도록 요청한다. 이것은 통제에 대한 토론에서 유머러스한 방법이 될 수 있다.

(21) 창조성 동원 기법(Creativity Mobilisation Technique)

이것은 볼프강 루테(Wolfgang Luthe, 1976)가 개발한 비언어적 기법으로, 뇌 기능을 동원하여 창조성을 향상시킨다. 다음은 이 기법에 대한 매우 간략한 요약이다.

① 두 장의 신문을 2분 안에 70~90% 덮어서 최대한 엉망이 되도록 한다.
② 그러한 '생각이 없는' 엉망진창 그림 15개를 연작으로 만든다.
③ 일주일에 4일 이상 적어도 한 번 그림을 그리는 시간에 참여한다.
④ 적어도 4주에서 6주 동안 정기적인 그림 그리기 회기를 계속한다.
⑤ 각 회기의 일지를 기록한다.

(22) 젖은 종이 기법

종이를 적시고 액체 물감으로 붓질을 하고, 흩뿌리고, 쏟아붓는다. 색이 합쳐지는 것을 관찰하고 관련된 감정을 알아차린다. 변형은 다음과 같다.

① 종이를 구겨서 적신다.
② 결과 모양을 이미지로 개발한다.
③ 펠트펜을 사용하여 얼룩 주위와 얼룩 사이를 그린다.
④ 빨리 완성된 여러 얼룩에 제목을 붙인다.

(23) 잉크 반점과 나비

종이에 잉크나 두꺼운 물감을 떨어뜨리고 반으로 접은 다음 펼친다. 제안된 이미지를 개발한다. 변형은 다음과 같다.

① 집단의 다른 구성원에게 유사한 잉크 반점을 주어 결과를 개발하고 비교한다.
② 특히 좋아하는 반점 부분을 잘라내어 종이에 붙인다. 이렇게 하면 과정에 대한 통제력을 회복하는 데 도움이 될 수 있다.

(24) 인쇄와 문지름

쓰레기 재료와 질감 있는 물건을 사용하여 물감에 담그고 인쇄물을 만들거나 종이 밑에 놓고 문지른다. 변형은 다음과 같다.

① 날씨가 좋은 날에는 외부 물건을 사용한다.
② 서로 다른 문지름과 질감의 집단 그림을 만든다.
③ 인쇄물을 사용하여 패턴을 만든다.

(25) 모노프린트

돌, 유리, 멜라민과 같은 매끄러운 표면에 크림 같은 농도의 페인트(예: Redimix 페인트)를 바른다. 손가락, 붓의 뒷면 또는 기타 도구를 사용하여 물감으로 패턴이나 그림을 만든다. 용지를 눌러 인쇄한 다음 제거한다. 필요한 경우 물감을 더 추가하고 이 과정을 반복한다. 이것은 그림 능력이 부족하여 아이디어를 표현하려는 시도가 좌절되는 아동이나 성인에게 유용하다. 변형은 인쇄 잉크와 롤러를 사용하여 유리에 롤링한다.

(26) 관찰 작업하기

나뭇잎, 과일, 손, 도구, 얼굴 등과 같은 관찰을 통해 그림을 그릴 수 있는 것을 가져와서 집단 그림을 만든다. 변형은 다음과 같다.

① 관찰에서 사물과 관련된 감정에 대한 질문으로 넘어간다.
② 꽃을 열심히 연구하고 그린다.

(27) 오감

이번 달에 어떤 색을 연상시킬지 생각해 본다. 그런 다음 각 오감이 그 달에 무엇을 제안하는지 확인한다. 이 모든 측면을 그림이나 시에서 자신과 연관시킨다. 생명이 없는 것처럼 보이는 겨울철에 특히 좋다.

(28) 옷 라인

빨랫줄에 꽂힌 종이에 그림을 그린다. 이것을 탁자 위의 종이에 그림을 그리는 것과 비교한다.

(29) 그냥 종이

집단 구성원들은 20분 동안 개인 시간을 표현하기 위해 어떤 식으로든 사용할 수 있는 종이 한 장을 받는다. 종이는 찢어지거나, 테이프로 붙이거나, 씹을 수 있지만, 그 위에 그릴 수는 없다. 그 과정은 그것을 설명함으로써 반영될 수 있다. 만약 있다면 작품을 설명한다. 개인적인 연관성에 주목한다. 변형은 다음과 같다.

① 집단 주위에 종이 한 장을 넘기고 종이가 분해될 때까지 조용히 원하는 대로 한다.
② 집단의 각 구성원은 한 장의 종이, 풀, 가위로 무언가를 빠르게 만든다.
③ 집단은 정글과 거주자 등을 신문지 롤로 구조물을 만든다.
④ 3장의 종이와 풀을 사용하여 다음을 만든다.
- 누군가에게 당신이 괜찮다는 가치 있는 메시지를 받는다.
- 집단을 위해 선물을 만든다.
- 기관의 표시를 만든다.

⑤ 종이 인형, 동물 및 기타 인물을 접고 잘라서 진행함에 따라 동물 가족, 동물원 등에 대한 이야기를 전개한다. 아동에게 좋은 활동이다.
⑥ 폐지를 조각조각 찢고, 그리고 집단은 그것들로 그림이나 조각품을 만든다.
⑦ 다양한 질감과 두께의 찢어진 흰 종이를 사용하여 콜라주를 만든다.

(30) 휴지

여러 색의 휴지를 찢고 흰 종이에 붙여 추상적 디자인을 만든다. 그림을 그리거나 그릴 수 없다고 느끼는 사람들에게 좋다. 변형은 다음과 같다.

① 한 가지 색의 휴지를 사용한다.
② 휴지를 찢는 대신 자른다.
③ 창문에 휴지 작업을 한다.
④ 종이 접시에 휴지 바닥을 만든다.
⑤ 휴지와 와이어 조각을 사용한다.

(31) 콜라주

콜라주 재료와 잡지 사진을 실험하는 방법에는 여러 가지가 있다. 예를 들면 다음과 같다.

① 조각보: 색종이와 잡지에서 많은 '조각' 모양을 잘라낸다. 그리고 나서 집단 구성원들은 그 조각들로부터 그들만의 '조각보' 패턴을 만든다. 변형: 동일한 패턴으로 작업하는 모든 사람이 큰 '조각보'를 만든다.
② 사람 사진을 오려 붙이고, 그들이 생각하거나 말하는 것을 적는다.
③ 종이에 여러 천 조각을 붙인 다음 중간에 색을 칠하여 추상적인 디자인을 만든다.
④ 풍경 사진을 오려내고 연관 관계를 기록한다.
⑤ 여러 색의 찢어진 종이를 사용한다.
⑥ 천연 재료를 사용한다.
⑦ 양면 테이프를 사용하여 카드 콜라주를 만든다.

(32) 표면 긁기

펠트팁(felt-tips)이나 연필을 사용하여 종이 전체를 색으로 덮는다. 그리고 나서 이것을 진한 왁스 크레용이나 오일 파스텔로 덮는다. 밑바탕의 색이 잘 보이도록 표면에 디자인을 긁는다.

(33) 왁스 레지스트 그림(Wax-resist Pictures)

흡수성이 좋은 종이에 양초 또는 왁스 크레용의 끝으로 패턴이나 그림을 그린 다음 종이를 물감으로 덮어 그림이 나타나게 한다.

(34) 질감

질감이 다른 다양한 물건을 수집한다. 개구부가 있는 가방이나 상자 안에 그 물건을 넣어 두고, 눈을 감고 그것들을 느낀 후, 그것에 대한 반응을 그리거나 질감을 물감으로 표현한다. 이것은 쌍으로 또는 집단으로 수행할 수 있다.

(35) 발견한 물건 사용

조개껍질, 꽃, 장식품, 잎, 식물, 바위, 모래, 물, 톱밥 등 자연 및 인공물을 수집한다. 그림, 콜라주, 구조 등을 만든다. 지정된 주제에 맞추거나 자유롭게 만든다. 변형은 다음과 같다.

① 거대한 종이에 몸체의 윤곽을 그리고 다양한 질감의 재료들의 콜라주로 채워라.
② 여러 종류의 크래커나 파스타 콜라주를 만든다.

(36) 쓰레기 조각

발견한 물건 사용하기와 유사하지만, 쓰레기 더미를 사용한다. 쓰레기를 사용하는 방법에는 여러 가지가 있다.

① 꼭두각시 인형을 만든다. 이것은 연극, 인형극, 연기로 확장될 수 있다.
② 목재 조각, 신문지 롤, 기타 재료로 집단 조각을 만든다.
③ 포개놓은 골판지 상자를 사용하여 석인상(totem poles)을 만들고 그것들을 물감으로 칠한다.
④ 대형 판자 위에 풍경을 구성한다.
⑤ 움식이는 물체를 만든다.
⑥ 진주, 반짝이 등과 같은 쓰레기를 사용하여 작업한다.
⑦ 특정 물건을 만든다.

(37) 자연과 해변 조각품

나뭇가지, 돌, 깃털, 열매 등의 자연물을 외부에서 수집하여 개인 또는 집단 조각품을 만든다. 해변은 모래, 조개, 다양한 색상의 돌, 해초, 유목 및 '발견된 물건'이 있어 이를 하기에 특히 좋은 장소이다. 보호된 서식지를 존중하고 식물을 뽑거나 살아있는 나뭇가지를 부러뜨리지 않도록 한다. 미술 작품은 일반적으로 영구적이므로 사진을 찍는 것이 유용할 수 있다.

(38) 혼합 재료

소집단으로 나눈다. 각 소집단에는 운송 수단과 같은 특정 주제와 관련된 그림이나 물건을 만들기 위해 큰 종이, 휴지, 색이 있는 접착 사각 종이, 마시는 빨대, 종이 강화제, 색 테이프 등과 같은 혼합 재료가 든 봉투가 제공된다. 성인과 아동의 혼합 집단에 좋다.

(39) 점토 작업

점토로 작업하는 방법에는 여러 가지가 있다. 예를 들면 다음과 같다.

① 재료로서 점토에 대해 알기: 느끼기, 누르기, 쥐어짜기, 모양 만들기 등 점토를 경험하기 위해 모든 감각을 사용한다.
② 눈을 감고 점토 공을 무엇인가로 만든다.
③ 점토를 5분 동안 잡고 생각과 느낌을 알아차린다.
④ 점토 창조를 1인칭으로 묘사한다.
⑤ 다른 도구로 점토에 인상을 만든다.
⑥ 집단 거리 장면을 위한 개별 주택과 같은 지정된 주제를 만든다.
⑦ 간단한 둥글고 속이 깊은 냄비와 작은 화분을 만든다.
⑧ 유약을 사용한다.

(40) 촉각 재료 작업

면도 크림, 비누 거품, 모래, 쌀, 콩, 시리얼, 물 등 다양한 촉각 재료를 제공한다. 재료를 사용하여 실험하고 다른 질에 주목한다. 자폐 스펙트럼 장애, 주의집중 장애, 학습장애가 있는 사람들에게 좋다.

(41) 풀 먹인 종이(Papier-mâché)

양동이에 좋은 질의 벽지를 바르는 풀을 반 정도 만들고 자르지 않고 찢어진 신문지를 풀에 적시도록 채운다. 모형을 만들기 위해 거푸집에서 띠를 사용한다. 풀 먹인 종이(papier-mâché)가 마를 때까지 며칠 동안 기다린 다음 물감을 칠한다. 다음에 대해 특히 유용하다.

① 플라스틱이나 점토 또는 풍선 위에 모델 마스크.
② 꼭두각시 인형
③ 모든 종류의 모델

(42) 공작용 점토(playdough)

매우 짜긴 하지만 먹을 수 있고, 놀이용 음식으로 만들 수 있으므로 특히 유아와 아동들에게 유용한 값싼 조형 재료이다. 만든 후에는 비닐봉지나 상자에 담아 냉장고에 보관한다. 여러 가지 조리법이 있는데, 다음은 약간 다른 두 가지 방법이다.

① 밀가루 2컵, 소금 ¾컵, 기름 1큰술, 물 ½컵을 밀가루 반죽 농도로 섞는다. 물의 양은 밀가루에 따라 달라질 수 있다. 식용 색소 또는 분말 물감을 첨가할 수 있다.
② 기름 1큰술과 물 4큰술 또는 그 이상을 끓인다. 이것을 밀가루 1컵, 소금 2작은술, 타르타르 크림 2작은술, 식용 색소 또는 분말 물감에 넣는다. 열은 반죽을 뭉쳐주는 역할을 하고, 타르타르 크림은 점토가 오래 유지되도록 도와주고 부드러운 식감을 준다.

(43) 진흙 또는 점액

아동들에게 매우 인기가 있다. 별도의 용기에, (1) 5 테이블스푼의 PVA 접착제와 1 테이블스푼의 글리세린(매우 철저하게 섞는다), (2) 150ml(7 테이블스푼) 매우 뜨거운 물과 식품 착색료, (3) 150ml(7 테이블스푼) 매우 뜨거운 물과 2 테이블스푼의 붕사를 큰 용기에서 섞는다. (2)를 (1)에 넣고, 완전히 섞은 다음, (3)을 넣고, 추가하는 동안 겔화한다. 모든 액체가 흡수되고 겔화가 완료될 때까지 혼합한다. 용기의 측면에서 점액이 떨어져 나온다. 식으면 준비한다. 사용 후 끈적거리면 냉장고에서 식힌다.

2. 집단치료에서 그림 사용

1) 집단의 대인관계 측면

집단심리치료 과정에서 개인은 일상적인 고통에 기여하는 부적응적 인식과 자기 패배적 행동을 극복하기 위해 동료로부터 긍정적인 경험과 정확한 피드백을 찾는다. 이러한 대인관계를 통해 인격이 강화되고 새로운 가치와 태도가 형성된다. 결과적으로, 이러한 새로운 "참조 집단"은 외부 세계에 대한 일상적인 관점을 바꾸는 강력한 인상을 줄 수 있다(Frank, 1992).

치료 집단은 각 구성원의 더 큰 환경의 축소판이기 때문에 종종 사회적 세계를 재창조한다. 우리는 모두 사회적 동물이기 때문에 우리의 성격은 가족과 나중에 가입하는 집단에 의해 공동으로 형성된다. 우리의 가치와 태도는 이러한 다른 집단 구성원에 대한 인식의 정확성을 지속적으로 확인함으로써 형성된다.

강력한 치료 양식으로서 집단은 광범위한 장면에서 발견되며 다양한 목적으로 사용된다(Oster & Gould, 1987; Oster & Montgomery, 1996). 입원 병동, 주간 병원 프로그램 또는 외래 환자 치료에서 집단은 사회적 기술을 향상시키고, 동료 피드백의 영역을 확장하며, 대안적인 문제해결 전략에 대한 합의를 얻는 데 사용된다. 집단 접근은 정신분석 또는 통찰력 지향 집단, 게슈탈트, 인지-행동과 같은 이론적 지향을 통해 확립되거나 사회적 기술 결함, 불안 감소, 슬픔과 상실, 약물 및 알코올 남용과 같은 특정 문제 영역을 대상으로 형성된다.

집단은 예방 및 치료 목적으로 사용된다(Corey, 1992; Corey & Corey, 2001). 예를 들어, 특정 포커스 그룹은 교육 목표를 강조할 수 있을 뿐만 아니라 개인의 행동 및 정서적 레퍼토리를 확장하는 대인관계 과정에 집중할 수 있다. 미술을 틀로 사용하는 교육적인 사회적 기술 집단의 모델 중 하나는 ADHD 집단에게 효과적인 것으로 입증되어 내담자가 일상 환경에서 아이디어와 공간을 계획, 구성 및 공유하는 방법을 배울 수 있다(Safran, 2002). 이러한 종류의 사회적 교육 집단은 구성원이 더 나은 기능의 개인으로 발전하고 진화하는 데 필요한 공감과 피드백을 제공하는 지원적 틀을 제공한다.

개선된 대인관계 기술을 습득함에 있어 집단 참가자들은 갈등과 감정을 공유하고 이전에 일상생활을 방해했던 개인적인 관심사를 조사할 기회를 갖게 된다. 이러한 풍부한 미세 환경을 통해 집단 구성원은 신뢰를 구축하기 시작하고, 개인적인 고통을 공유할 수 있다. 초기 두려움을 극복함으로써 그들은 더 큰 위험을 감수하고, 일상생활을 더 풍부하고 가치 있게 만들 수 있는 바람직한 행동 대안을 학습한다.

2) 집단의 치료적 목적

치료 양식으로 치료 집단을 형성하는 데는 많은 이점이 있다(Alonso & Swiller, 1993). 기본적으로 집단은 더 큰 틀 내에서 개인적인 생각과 감정을 공유하는 장소이다. 구성원들은 자신의 문제에 대해 논의할 뿐만 아니라, 비슷한 삶의 어려움을 겪고 있는 다른 사람들과 개인적인 어려움에 대한 피드백을 경험한다. 집단 장면을 통해 구성원은 다른 사람들이 자신을 어떻게 인식하는지 배우고, 새로운 양식의 관계 및 상호작용을 자유롭게 실험할 수 있다.

집단 고유의 대인관계 노출을 통해 구성원은 수년 동안 자신을 괴롭혔던 비밀을 밝힐 때 안도감, 유대감, 귀중한 피드백을 경험할 수 있다. 그들은 종종 그들의 숨겨진 삶이 그렇게 독특하지 않다는 것을 배운다. 다른 집단 구성원은 실제로 비슷한 생각이나 두려움을 품고 비슷한 방식으로 행동했다. 더 깊은 수준에서 이러한 공유는 집단 치료에 참여하는 많은 사람들이 경험할 가능성이 있는 인간성 상실에 다른 소외감(alienation)과 인간관계에서의 소외감(estrangement)을 줄이는 열쇠이다.

또한 집단치료는 보편적이고 실존적인 인간의 고통을 지지할 수 있는 독특한 기회를 제공한다. 상실과 실망을 함께 나누면 개인이 덜 외롭다고 느끼고, 내면의 상처를 줄이려는 무력감을 극복하는 데 도움이 된다. 예를 들어, 젊은 미망인을 위한 지원 집단은 이 여성들이 비슷한 트라우마를 경험한 다른 사람들과 나눔을 통해 정서적, 육체적 손실의 고립과 싸울 수 있도록 한다.

마지막으로, 무의식적이거나 삶의 대부분 동안 사용할 수 없었던 생각은 집단 내 다른 사람들의 반영된 반응을 통해 더 잘 통합될 수 있다. 다른 구성원들의 표현된 통찰은 종종 억압되거나 고립된 생각이나 감정을 통합할 수 있다. 이러한 교환은 적극적인 경청과 다른 참가자의 감정 이해를 통해 이루어진다. 이러한 새로운 인식을 획득함으로써, 집단 구성원은 자신의 판단에 더 자신감을 느끼기 시작하고 각자의 삶에서 앞으로 나아갈 수 있다.

Alonso와 Swiller(1993)가 언급한 위의 요점은 실제로 Irving Yalom의 원래 논문인 Theory and Practice of Group Psychotherapy(1970, 1995)와 그의 고전 책인 Inpatient Group Psychotherapy(1983)에 요약된 치료 요소의 편집이다. 집단치료의 주요 지지자인 Yalom은 집단 과정의 세 가지 다른 이점도 지적하였는데, 즉 희망의 주입, 멘토를 발견할 수 있는 기회, 원가족 내에서 경험을 완화할 수 있는 가능성이다. 그는 성공적인 치료 집단은 구성원들에게 소속감, 따뜻함, 지지를 제공한다고 제안했다. 집단에 대한 그의 선구적인 작업은 구성원들이 무조건적인 수용과 이해라는 독특한 반응으로 다른 사람들에게 어떻게 반응하는지 보여주었다. 이러한 요인들은 집단 치료 과정을 다양한 개인을 위한 치료 대안의 미래에 매우 가치 있는 임상 도구로 만들었다.

3) 집단 지도자의 주요 역할

경험이 풍부한 집단 지도자는 감정과 생각의 표현을 향상시키기 위해 무수히 많은 언어적 및 비언어적 기법을 제공한다. 이러한 지도자는 집단 구성원 간의 다양한 상호작용을 촉진하는 적극적인 촉진자로서의 주요 책임을 인식한다. 이러한 의사소통적 역할은 (a) 모든 참가자의 지식과 인식을 향상시키고, (b) 개인 목표 달성을 지원하고, (c) 증상 완화에 필요한 위험과 조치를 기꺼이 감수하려는 의지를 증가시키고, d) 결과적으로, 대인관계를 확장한다. 지도자의 경우 집단의 강조점은 참가자가 개인 변화에 대한 책임을 지는 것이다. 이러한 지도자 역할의 확산은 집단 심리치료와 개인 심리치료의 주요 차이점이다(Yalom, 1983).

4) 치료 집단을 위한 계획 세우기

성공한 것으로 간주되는 집단은 처음부터 많은 계획과 에너지가 필요하다. 이 초기 집중은 다음과 같은 많은 세부 사항을 요구하며 치료사와 감독자 사이에서 문서화되고 논의될 때 가장 도움이 된다. 이러한 세부 사항에는 (a) 집단을 형성한 설립한 두드러진 이유를 명시하는 것; (b) 이러한 종류의 치료적 개입으로 이익을 얻을 개인을 설명하고, (c) 집단의 고유성을 구체화하는 선택 기준을 설명하고, (d) 크기, 회기의 빈도, 각 회기의 길이 및 기간을 추정하고, (e) 일단 형성되면 새로운 구성원에게 집단을 공개할지 아니면 폐쇄 상태로 유지할지 결정하고, (f) 필요한 경우 후속 서비스에 대한 지침을 통합하고, (g) 종료 시 집단의 효율성을 평가한다. 집단의 궁극적인 성공은 이 준비 단계에 필요한 시간을 투자함으로써 크게 향상될 것이다(Corey, 1992; Corey & Corey, 2001).

집단 제안서를 수립하기 위한 아이디어를 형성할 때 포함할 내담자 유형은 명확한 목적 진술에 따라 다르다. 이 결정은 일반적으로 연령이 중요하거나 중요하지 않을 수 있는 약물 남용 집단과 같은 특정 치료 문제 또는 고등학생으로 전환하는 청소년과 같은 초점이 특정 발달 단계에 공통적인 문제를 강조해야 하는지 여부에 의존한다. 집단 구성원의 혼합은 주요 목적이 사회적 기술 훈련 등과 같은 다양한 자원으로부터 다양한 피드백을 받을 경우 보다 적절하다. 다른 대상 집단에는 예를 들어 자녀의 독특한 행동과 좌절에 대한 피드백을 원하는 학습장애 자녀의 어머니, 손자 양육에 관여하는 조부모 또는 이혼 자녀가 포함된다.

새로운 치료 집단을 형성할 때, 지도자들은 특정 유형의 집단 구성원을 포함시키는 것이 의심할 여지없이 집단의 특성과 형식에 영향을 미칠 것임을 명심해야 한다 (Wadeson, 1980). 예를 들어, 언어적으로 제한적이거나 과잉행동을 하는 참가자는 보다 언어적으로 통찰력 있고 행동적으로 성숙한 개인에 비해 추가 구조, 조언, 더 많은 지시가 필요하다. 집단 구성원의 최종 선택 및 집단 크기는 장면 유형, 이용가능한 공간, 지도자의 개인적인 안락함 및 경험과 같은 실제적인 문제에 따라 다르다.

집단 구성에 대한 다른 구성 요소는 이용 가능한 시간과 집단 구성원의 예측된 주의집중 범위에 따라 다르다. 예를 들어, 과잉행동 소년과 함께 활동하는 치료사는 일반적으로 통제 및 실행 가능한 상호작용을 용이하게 하기 위해 집단의 크기와 시간을 제한한다. 대조적으로, 우울한 성인과 함께 활동하는 치료사는 폭넓은 피드백을 향상시키기 위해 집단의 더 많은 수로 더 효과적으로 관리 할 수 있다.

Yalom(1970, 1995)이 제안한 것처럼, 집단의 응집력 또는 집단의 호환성은 집단 구성원의 최종 선택에서 핵심 요소이다. 포함하기 위한 궁극적인 기준을 결정할 때, 지도자들은 호환성과 관련하여 이러한 핵심적인 요소와 집단을 방해할 가능성이 있는 사람에 대해 철저히 논의해야 한다. 이상적으로, 집단 구성원은 자원하고, 자신을 언어적으로 또는 비언어적으로 표현하기를 간절히 원하고, 집단의 이익을 위해 함께 활동할 수 있다.

집단 회기의 빈도는 만들어지는 집단의 종류에 따라 결정된다. 많은 치료 집단이 한 주를 기반으로 규칙적으로 만나지만, 아동과 청소년은 한 주에 여러 번 간결한 지속 시간을 선호할 수 있다. 집단 계획에서 이러한 고려 사항은 처음부터 명확히 해야 한다. 사전 계획에 대한 세심한 주의를 기울일 때 지도자와 참가자 모두 집단의 목적과 구조에 대한 명확한 이해를 가질 수 있다.

5) 집단 과정의 단계

(1) 초기 단계

치료 집단의 성공적인 시작은 발생한 신중한 계획에서 비롯된다. 집단이 시작되면 초기 단계는 구성원들 사이의 공유된 자기 공개로 특징지어진다. 이러한 공개는 초기 안락함과 소속감을 확립하는 데 핵심이 된다. 이러한 초기 교환은 일반적으로 각 참가자의 기대, 우려, 잠재적 두려움을 드러낸다. 이 조사에 필요한 시간을 허용하지 않으면, 모든 사람의 걱정이 확대되고, 불확실성에서 행동하는 것이 발생할 수 있으며, 때로는 구성원이 돌아오지 않을 수도 있다.

이러한 시작 단계는 다양한 관점을 공유하고 대인관계 규칙과 집단의 일반적인 형식에 적응하기 위한 구조화된 언어적 형식을 제공한다. 이 기간 동안 집단 구성원은 각각의 불안을 표현하고, 공통 목표를 만들고, 집단 구조 내에서 정체성을 찾기 시작한다. 이러한 초기 상호작용 기간은 집단이 신뢰를 개발하고 구축할 수 있는 안전한 기초를 건설할 수 있는 기회를 제공한다. 신뢰가 없다면, 집단은 피상적인 상호작용을 지나 더 깊고 의미있는 수준으로 이동하는 데 어려움을 겪을 것이다. 신뢰가 확고하게 확립되면 참가자는 위험을 감수하고 피드백을 받아들일 가능성이 높아서 실험을 수행할 수 있다. 이러한 협력 분위기의 결과로 응집력이 나타난다. 그리고 이러한 지지 구조 내에서 생산적인 활동과 긍정적인 변화가 일어날 것이다.

(2) 방어 통제

집단이 개인 및 과정 문제를 해결하기 시작하기 전에 일반적으로 많은 경계심과 저항이 관찰되는 과도기 단계가 발생한다(Corey, 1992; Corey & Corey, 2001). 이 잠재적인 갈등 단계에서 대인관계 투쟁은 안전과 보안에 대한 필요성과 표현의 자유와 개방성에 대한 욕구에서 비롯되는 양가감정으로 인해 발생한다. 이러한 취약한 집단 형성 시기에 집단 지도자는 표현된 불안을 효과적이고 통렬하게 인정하고 감정에 따른 행동을 존중하여 적극적인 참여를 높여야 하는 중심점이 된다. 이러한 균형의 일환으로 치료사는 특히 아동에게 어떤 행동이 용인되고 용납되지 않을지에 대한 명확한 지침과 경계를 확고하게 설정해야 한다.

집단 과정에서 이러한 과도기 단계 동안 표면화될 가능성이 있는 또 다른 발생은 지배와 통제를 둘러싼 불일치에 초점을 맞추고 있다(Schutz, 1961; Yalom, 1970, 1995). 권력을 위한 투쟁은 일반적으로 이 기간 동안 계속되며 종종 부정적인 의견, 지도력을 위한 경쟁, 관심을 위한 경쟁, 기초적인 사회적 서열의 확립으로 나타난다. 이러한 잠재적으로 불협화음이 있는 기간 동안 집단 지도자는 확실히 도전을 받고 아마도 비판을 받을 것이며, 낙담하거나 혼란이 집단 과정을 방해하지 않도록 이러한 자연스러운 과정을 예리하게 인식할 필요가 있다.

지도자에게 이 어려운 단계는 집단의 성공에 매우 중요하며, (a) 필요할 때 적극적으로 개입하고, (b) 불안을 인식하고 표현하는 데 도움을 줄 준비가 되어 있어야 하며, (c) 위협적이지 않은 상황에서 방어적인 자세에 맞서야 하고, (d) 참가자가 적시에 갈등을 해결할 수 있도록 지원하는 것이 필수적이다. 이러한 상황을 예측하고 과정에 적극적으로 참여함으로써 지도자는 집단의 편안하고 생산적인 활동 환경을 조성할 수 있다. 경험이 풍부한 지도자의 이러한 미묘한 영향은 개인의 성찰과 통찰력을 더욱 강화할 뿐만 아니라 집단 결속의 가능성을 높인다.

(3) 필수 활동

치료 집단 과정의 진정한 본질은 각 구성원이 더 깊은 수준에서 기꺼이 공유하고 중요한 문제 영역을 변경하려고 할 때 발생한다. 문제해결을 위한 실행 가능한 인지 및 행동 전략을 발견함으로써 집단 구성원에게 개인 통찰력을 높이고, 효과적인 대인관계 변화를 만들 수 있는 기회가 주어진다. 집단 과정의 이 시점에서 달성은 지도자가 (a) 독립적인 성장과 집단 응집력 모두를 위해 이전에 설정한 목표를 격려하고, (b) 각 참가자가 집단 내에서 적극적으로 기여하도록 지원하고, (c) 기존의 신념과 가정을 확장하도록 개인 간의 피드백을 허용할 때 발생한다.

이러한 단계가 진행 중인 기능에 동화된 후 집단은 자체 지도자 역할로 진화하고 변화에 대한 책임은 관련된 구성원에게 이전된다. 이 기간 동안 지도자는 집단 맥락 내에서 열린 수용과 서로에 대한 배려를 인식한다. 집단이 자신의 방향을 받아들이기 시작하면 집단이 점점 더 자체 활동 형식을 생성함에 따라 지도자가 긴장을 풀고 덜 활동적일 수 있다. 구성원 결속의 이 단계에서 (a) 의미 있는 변화가 일어날 것이라는 공통된 믿음이 유지되고, (b) 전환을 위한 전략이 발견되며, (c) 친밀감이 더 기꺼이 자기 공개적으로 받아들여진다. 이러한 집단 협력의 결과, 표현의 자발성이 관찰되고 정서적 유대감이 형성된다.

(4) 집단 경험의 성공 정의

결정적인 치료 순간은 집단 구성원이 외부 세계에서 새로운 인식과 행동을 성공적으로 실행할 수 있을 때 온다. 집단 과정의 이 정의 단계에서는 발생한 모든 경험을 반영, 요약, 통합, 해석해야 한다. 이 종료 기간 동안 긍정적인 경험과 유익한 피드백은 모든 참가자에게 가장 확실한 마지막 인상을 남길 것이다.

궁극적으로, 이러한 최종 회기는 전체 경험의 성공과 실패를 결정하는 수단이 될 것이다. 개인 및 대인 문제가 해결되지 않은 상태로 남아 있거나 참가자가 집단 외부의 해당 환경에서 새로 배운 기술을 일반화할 수 없는 경우 실망과 좌절이 발생할 수 있다. 또한 집단을 떠나는 것에 대한 감정을 공개적으로 표현하지 않고 경험의 의미를 강조하지 않으면 구성원들은 참여 결과에 대해 풀리지 않는 의문, 풀리지 않는 감정, 불확실성 등을 안고 떠날 것이다.

따라서 이러한 종결 회기에서 지도자들이 다시 한 번 적극적인 자세를 취하는 것이 중요해진다. 검토하고 논의해야 할 주제는 다음과 같다. 즉, (a) 유사한 이별과 상실을 둘러싼 감정, (b) 참가자들이 발생한 성취에 대해 일차적으로 책임이 있는 것, (c) 집단 외부의 중요한 다른 사람들로부터 다른 반응이 발생할 가능성, (d) 모든 구성원이 실제로 얻은 이득의 확인, (e) 나중에 평가할 수 있는 긍정적이고 중요한 점을 제안하는 지도자를 포함하여 모든 집단 구성원의 최종 피드백, (f) 완료되지 않은 과제의 해결이 포함된다. 지도자에게 이러한 최종 결론은 경험에 대한 더 큰 이해를 허용하고, 새로운 학습을 새로운 상황으로 보다 자신 있게 전환할 수 있는 사려 깊은 형식을 제공하는 것을 의미한다.

6) 집단 맥락에서 그림

집단 경험에 그림을 도입하면 상호적 관계를 크게 향상시키는 창의적인 차원이 추가된다. 집단치료의 형식은 많은 언어적 공유와 공개로 시작하지만 그림은 집단 내 개인 간의 연결을 설정하기 위한 대안적인 접근 방식을 제공한다. 집단 맥락에 미술 활동을 추가하면 문제에 대해 말하지 않고도 문제에 대해 단지 말하고 의사소통하는 것을 넘어 상호작용을 촉진하는 유형의 구조를 제공한다.

집단 활동에서 그림을 임상적으로 사용하는 것은 불안하거나 위축되거나 정교한 언어 표현이 부족한 참가자(Prager, 1993) 또는 계산되거나 미리 제작된 보호 페르소나 또는 마스크 뒤에 숨을 수 있는 참가자(Oster & Caro, 1990)에게 특히 가치가 있다. 또한 그림을 통한 표현은 침묵하는 구성원의 말을 들을 수 있게 하는 반면, 언어적으로 공격적인 내담자는 자신의 작품에 대한 개인적인 해석으로 국한시킨다(Riley, 1999). 미술 작품은 집단으로 저항에 직면할 때 분위기를 바꾸는 데 도움이 되는 매개체가 될 수 있으며, 내면의 생각이나 비밀이 드러나는 것을 더 쉽게 볼 수 있다. 그래픽 이미지는 또한 종종 수천 단어를 말하는 집단 과정의 영구적인 기록을 생성하고, 참가자 사이의 간격을 좁히는 다리 역할을 한다.

그래픽 일러스트레이션은 여러 가지 이유로 다양한 형식과 다양한 장면으로 집단 내에서 사용할 수 있다. 예를 들어, 병원이나 위기 상황에서 그림은 외상에 앞서 촉발된 사건을 확인할 수 있다. 또한 삽화는 초기 불편함을 극복하는 데 도움이 되는 게임 형식으로 사용될 수 있다. 예를 들어, 종이 한 장을 나눠주고 각 집단 구성원에게 자신을 위한 표시나 상징을 만들도록 격려할 수 있다. 집단 벽화는 집단 결속을 촉진하고 상호 공유와 책임을 장려하기 위해 집단 회기에 도입될 수 있다. 또한 이미 형성된 집단 응집력을 강화하는 데 사용할 수도 있다. 집단 치료사는 집단의 역동성을 촉진하고 해석하기 위해 이 기법을 사용할 수도 있다.

이러한 모든 그림 경험은 특히 구성원이 언어적으로 자신을 표현하는 데 어려움을 겪는 집단에서 의사소통을 촉진하는 수단으로 사용할 수 있다. 그림은 혼란스러운 생각과 감정을 명확하게 하는 구체적인 방법을 제시하고, 완성된 작품은 자존감과 성취감을 높여 대인관계를 더욱 강화한다. 그러나 아마도 집단 형식 내에서 그림의 가장 중요한 사용은 생각과 감정이 심오하고 개인적인 수준에서 다른 사람들에게 가시화되는 시각적 이미지를 집단 구성원과 공유하는 것이다(Wadeson, 1980).

그림은 유형의 참조점을 도입하여 즐거운 과제를 제공함으로써 집단에 구조를 추가한다. 이러한 방식으로 그림은 직접적으로 초점을 맞추고, 참가자로부터 한 단계 제거된 것으로 간주된다. 따라서 해석을 덜 위협적으로 만든다. 또한 집단 작업에서 그림을 사용하는 것은 치료사가 저항을 줄이는 효과적인 도구를 제공한다. 그림을 그리는 행위는 즐거울 뿐만 아니라 개인의 창의성을 위한 출구를 제공하고, 잠재적으로 방해가 되거나 위협적일 수 있는 언어화 및 해석을 통제할 수 있는 개인 및 연령별 은유를 사용한다(Riley, 1999).

(1) 집단 과정에 대한 창의적 방법 추가

여러 가지 미술 지시문의 도입은 다른 종류의 집단 과정의 가능성을 촉진한다. 예를 들어, 집단 내의 구성원은 개별 또는 양자 또는 삼자 그림 작업을 위해 더 작은 하위 집합으로 나눌 수 있다. 이러한 단순하고 대안적인 방향은 집단 역동에 강력한 영향을 미치고 재구성할 수 있다(Case and Dalley, 1992). 치료사는 집단 내에서 독립성과 상호 의존성, 순응성과 개별성 사이의 균형을 만들기 위해 추가적인 미술 지시문을 사용할 수 있다. 또한 집단 벽화와 같은 보다 광범위한 공동 프로젝트 지시문을 사용하여 집단 내 분리를 최소화할 수 있다.

집단치료에서 그림을 사용하는 것은 연속체에서 볼 수 있다. 자신의 미술 재료료 개별적으로 작업하는 것부터 개별 문제에 대해 작업하지만 공유된 재료를 사용하는 것, 마지막으로 집단 사고를 상징하는 하나의 프로젝트에서 협력하는 것이다. 예를 들어, 진행 중인 한 십대 집단에서 치료사는 치료의 초기 단계에서 응집력을 구축하기 위해 공동 그림을 사용했지만, 나중에 집단이 서로를 더 신뢰하게 되면 개별 그림으로 전환했다

(Oster & Montgomery, 1996).

(2) 집단 지도자의 의무

개별 치료에서와 마찬가지로 집단에서 치료사의 주요 역할은 그림을 추가적인 의사소통 방법으로 제공하는 경우에도 제기된 문제를 반영하거나 명확히 하고 수용 및 이해의 심리적 분위기를 유지하는 것이다. 지도자는 관심과 지지하는 호기심을 갖는 적절한 성인 모델이 된다(Cecchin, 1987). 그러나 그림 지시문을 추가함으로써 치료사는 제안을 제공하고 지지 구조를 시작해야 한다. 이 조직화된 지원 틀은 일반적으로 불안을 줄이고 방향을 제시하며, 그림을 사용하여 근본적인 감정과 갈등을 드러내는 데 도움을 주어 더 큰 언어적 상호작용을 만들어낸다.

대부분의 전통적인 집단 전환과 유사하게 참여를 자극하기 위해 그림이 도입될 때도 전환 단계가 발생한다. 예를 들어, 그림을 사용하는 집단에서 자기 공개는 초기에 치료사와 집단 구성원 사이에서 개별적으로 발생할 수 있다. 대인관계의 편안함과 신뢰가 형성된 후에 치료사는 쉽게 주의를 옮기고 모든 집단 구성원의 참여를 촉진한다.

집단 형식에서 그림은 자발적인 표현이 증가하고 피드백이 촉진된다. 대안적 접근 방식을 도입할 때 치료사는 미술 재료와 미술 작품을 잃어버리거나 파괴되지 않는 가치 있는 도구로 보도록 보장함으로써 상호 지원과 존중의 비판단적인 환경을 유지하는 것을 인지해야 한다. 이러한 배려하고 지지히는 틀을 통해 구성원들이 각자의 집단 지침을 수립하고 이러한 규칙을 눈에 띄게 표시하여 모든 사람이 만남 전에 검토할 수 있도록 권장하는 것이 필수적이다. 이러한 표현을 창의적 집단 미술 프로젝트로 만드는 것은 이 아이디어를 강화할 수 있다. 이 조치는 집단의 부담을 각 구성원에게 할당하고 집단 과정을 확장한다.

또한 치료사는 구성원이 치료실의 재료와 질서를 유지하는 데 도움이 되도록 요구함으로써 집단의 지속적인 존재에 대한 책임을 증진해야 한다. 이러한 단순한 기대와 함께 참여, 책임 및 헌신이 강력하게 강조된다. 그림은 기밀을 보장하기 위해 치료사가 안전한 장소에 보관해야 한다. 이는 작품의 신뢰와 가치를 보여준다. 또한 향후 참조 및 검토를 위해 특히 종료 기간 동안 그림에 날짜를 기입하고 서명하고 제목을 지정하는 것이 좋다.

7) 그림 지시문을 통한 집단 강화

한정할 수 있는 단계는 집단치료의 시작 회기 동안 발생한다. 집단 과정의 이러한 단계에는 (a) 목표의 소개 및 설명, (b) 향상된 공유가 발생하는 단계, (c) 집단 역할에 대한 인식, (d) 종료를 통한 지속적인 검토가 포함된다. 이러한 개별 단계 각각에서 이러한 단계와 관련된 특정 작업을 강조하기 위해 다양한 그림 지시문이 도입될 수 있다(Oster & Gould, 1987). 이러한 그림 지시문 가능성에는 (a) 집단 구성원 소개 및 목표 설명, (b) 다른 집단 구성원과 공유, (c) 그림을 통한 집단 역할의 공개, (d) 종료 중 그림 검토가 포함될 수 있다.

(1) 집단 구성원 소개 및 목표 설명

이러한 시작 과제를 수행하는 방법에는 (a) 자화상 사용, (b) 문제와 가능한 해결책을 나타내는 상징에 대한 요청, (c) 개인의 강점, 약점, 좋아하는 것과 싫어하는 것에 대한 그래픽 이미지를 통한 자기 공개 제안, (d) "당신의 세계를 그리십시오"라는 지시로 큰 원을 구성하거나, "당신이 여기 있는 이유를 그리십시오" 또는 "변경하고 싶은 것을 그리십시오"와 같은 기타 접근 방식과 같은 특정 지시가 포함된다.

(2) 다른 집단 구성원과 공유

그림은 집단 상호작용을 위한 능동적이고 창의적인 촉매제이다. 예를 들어, 이 시작 단계에 적합한 활동은 시작 그림을 배포하고 다른 집단 구성원이 작업을 완료하도록 하는 것이다. 참여를 독려하는 또 다른 방법은 구성들에게 벽에 붙인 큰 종이에 단체 벽화를 그리도록 지시하는 것이다. 이러한 집단 벽화 또는 그래피티 보드는 모든 사람이 집단 구성에 상징적으로 자신의 마크 또는 정체성을 배치하여 더 큰 프로젝트의 필수 구성 요소가 되도록 한다. 집단 발달의 이 기간 동안 구성원은 일반적으로 더 응집력 있고 활동적이 되며 치료사는 덜 지시적이 될 수 있다.

집단에 그림을 소개하는 치료사는 지원하는 개별 치료에서 차용한 추가적인 기법은 "마스크와 그 뒤에 있는 것을 그리십시오"라는 지시문을 사용하는 것이다. 참가자가 처음에는 공개 이미지를 직접 언급하는 것을 꺼릴 수 있지만, 동기 부여된 내담자는 무비판적이고 지지적인 분위기에서 일상적인 가면을 탐색할 수 있는 기회를 높이 평가할 것이다. 집단의 응집력은 일반적으로 점진적인 방식으로 형성되고 진화하므로 치료사는 공유 및 참여가 발생하기 위해 정해진 일정을 예상해서는 안 된다. 그러나 종종 그림 지시문을 추가하여 이 과정을 가속화할 수 있다.

(3) 그림을 통한 집단 역할의 인식

집단 구성원이 구성한 그림 내의 특정 지표는 집단 기능의 역동을 더 잘 보기 위한 "렌즈"로 사용할 수 있다. 예를 들어, 치료사는 지배적인 구성원이 공동 프로젝트에서 높은 빈도의 표시를 생성하거나, 중앙에 위치한 큰 물체를 생성할 수 있음을 알아차릴 수 있다. 대조적으로, 더 비효율적이고 위축된 구성원은 종이의 가장자리에 그림을 그리거나 단순히 더 적거나 매우 제한된 표시를 제공할 수 있다. 이 과정에서 행동 관찰이 중요해질 수 있다. 예를 들어, 공동 프로젝트의 주제와 디자인을 결정하는 데 보다 독단적인 집단 구성원은 잠재적인 지도자로서의 등장을 반영하거나, 선호도를 주장하는 데 너무 고집을 부리면 장애물로 나타날 수 있다.

집단의 응집력을 약화시키려는 개인에게 더 세심한 주의를 기울여야 한다. 그들은 종종 다른 구성원의 그림을 가로지르거나 표시하는 사람들이다. 이러한 경우 치료사는 적극적인 역할을 해야 한다. 예를 들어, 집단에서 자신을 어떻게 보는지에 대한 그림을 구성하도록 요청하거나 두 가지 별도의 그림을 제공하도록 요청한다. 다른 집단 구성원들에게 집단 구성원의 공격적인 표시에 대해 어떻게 느끼는지 그려보라고 요청하는 것도 도움이 될 수 있다. 이러한 대안적인 지시문을 통해 개별 집단 구성원의 역할에 대한 향상된 통찰력을 얻을 수 있다. 이러한 관찰 정보를 얻는 치료사에게 유용한 힌트 중 하나는 각 구성원에게 확인 목적으로 다른 색의 마커를 사용하도록 지시하는 것이다.

(4) 그림 검토 및 종료

그림은 집단 경험 전체에 걸쳐 별도의 포트폴리오에 저장하여 주기적으로 검토해야 한다. 그림을 보관할 때 중요한 고려 사항은 집단의 마지막 회기나 집단 구성원 중 한 명이 조기에 떠나야 할 때이다. 검토 과정은 개별 구성원과 집단에 대한 정서적 폐쇄를 허용하며, 집단 과정 전반에 걸쳐 시각적으로 드러난 중요한 이정표를 의미한다. 이러한 집단 치료의 종료 단계에 대해 제안된 몇 가지 미술 지시문은 다음과 같다(Oster & Gould, 1987).

① 세 개의 별도 그림을 만드시오. 집단 시작 시, 집단 중, 현재 시간에 자신을 그리시오.
② 집단 시작과 끝 부분에 다른 집단 구성원을 나타내는 그림을 그리시오.
③ 당신의 삶에서 또 다른 "떠남" 또는 "끝"에 대한 기억을 그리시오.
④ 이 집단을 떠나는 것에 대해 느끼는 감정을 그리시오.
⑤ 이 집단에서 얻은 이득을 설명하는 상징을 그리시오.
⑥ 이 집단 이후의 미래 목표를 그리시오.

한 구성원은 떠나지만 집단은 계속되는 경우 추가 지시문에는 다음이 포함될 수 있다.

① 당신이 떠난 후의 집단 그림을 그리시오.
② 각 집단 구성원이 당신에게 "주었던" 것의 그림을 그리시오.
③ 당신이 집단에 준 "선물"의 그림을 그리시오.
④ 집단이 당신을 어떻게 기억할지 그림을 그리시오.

의미 있는 종결을 위한 또 다른 가능성은 집단 구성원이 상자나 용기를 만들고 각 구성원이 떠나는 구성원에 대해 소중히 여기는 이미지를 그리도록 하는 것이다. 그런 다음 집단은 이 "선물"을 전통적인 선물로 포장하고 떠나는 구성원은 집단의 과도기적 대상을 가지고 떠난다. 이 선물은 구성원이 집단에서 자신의 치료 작업을 검토할 수 있게 하고 특별한 가치를 부여받는 느낌을 제공한다(Landgarten & Lubbers, 1991).

8) 여러 연령대를 위한 구체적인 지시문

의사소통 수단으로 그림을 소개하는 집단을 구성할 때 중요한 고려 사항은 그림이 다양한 연령대의 구성원에게 어떤 영향을 미칠 것인지이. 잠복기(6~9세) 동안의 아동은 일반적으로 그림에 대한 광범위한 통찰력을 갖지 못한다. 이 발달 단계에서는 일반적으로 다른 사람들과 사회적으로 상호작용하고 활동하는 방법을 배우는 데 더 많은 시간을 할애한다. 이것을 염두에 두고 치료사는 자연스러운 지도자가 나타나도록 허용하기보다 지도자를 임명해야 한다. 이것은 나이든 집단에 더 적합할 것이다. 또한 젊은 집단에서는 구성원들이 사회적 상호작용을 촉진하고 갈등을 줄이기 위해 지도자 역할을 교환할 수 있는 기회를 허용해야 한다. 집단은 서로의 작품에 대해 판단하지 않으며, 이러한 일이 발생할 경우 감정 표현을 촉진한다는 점을 강조해야 한다. 아동들이 십대와 성인으로 성장함에 따라 집단의 촉진자는 더 적은 구조를 제공하고 더 적은 지도자 투입으로 집단이 전개되도록 허용한다.

(1) 유아

유아 집단은 더 많은 구조와 과제 지향적이어야 한다. 처음에 조직과 구조가 부족하면 불안과 자기 회의가 증가하여 집단 응집력의 달성이 저해될 수 있다(James & Freed, 1989). 이러한 틀을 제공하는 효과적인 방법은 미술 제작과 미술 과제와 그림 지시문을 사용하는 것이다.

유아에게 그림 지시문을 소개할 때 치료사는 구성된 그림을 적극적으로 관찰하는 것이 중요하다. 그림의 실행을 검사하고 근본적인 정서적 또는 발달적 문제에 대해 그림 자체를 주의 깊게 평가하면 나중에 집단 방향을 제공하는 데 중요하게 될 수 있는 문제 영역에 대한 많은 단서를 제공할 수 있다. 이러한 보충 정보는 미래의 치료 목표를 달성하고 최대의 이익을 위해 미래의 미술 지시문의 형식을 변경하는 데 사용할 수 있다.

예를 들어, 치료사는 충동 조절 문제가 있는 유아가 빠르게 그림을 그리고 쉽게 좌절하며 지저분한 작품으로 마무리하는 것을 볼 수 있다. 이러한 징후를 관찰함으로써 치료사는 이 아동에게 자기 통제의 발달을 향상시키기 위해 복잡성과 함께 점진적으로 증가하는 더 간단한 과제를 제공할 수 있다. 또한 치료사는 완성된 벽화를 보기만 해도 충동 조절이 잘되지 않는 징후를 감지할 수 있다. 좌절 수준이 낮은 아이들이 집단을 이끌려고 하면 벽화가 더 지저분해지는 경향이 있다. 감정에 대한 내적 숙달의 부족은 이후 회기에서 다룰 수 있다.

유아의 그림 표현은 언어로 의사소통할 수 없는 개인적인 문제를 표현할 수 있는 출구를 제공한다. 그러한 문제의 예로는 가정에서 부모 사이의 갈등을 폭로하거나 친척에 의한 학대 또는 방임을 폭로하는 것이 포함될 수 있다(Kaufman & Wohl, 1992; Malchiodi, 1990, 1997). 이러한 유아의 경우 그림을 은유적으로 사용하여 이러한 어려움으로 인한 두려움을 해결하는 것이 일반적으로 도움이 된다. 예를 들어, 치료사는 아동이 반복적으로 괴물을 그릴 때 표현되는 이러한 갈등 문제를 관찰할 수 있다. 이 경우 개입은 유아가 집단 회기 동안 괴물이 들어갈 수 없는 안전한 장소를 그리고 새로 찾은 편안함을 둘러싼 감정에 대해 토론하도록 함으로써 이루어질 수 있다(Oster & Montgomery, 1996).

(2) 아동

잠복기 및 12세 미만 연령(6-12세)의 아동의 경우 그림은 내적 감정 상태를 확인하는 데 도움이 되는 귀중한 치료 절차를 제공한다. 예를 들어, 많은 아동들은 자신의 신체와 감정이 어떻게 상호 연결되어 있는지 이해하는 데 도움이 필요하다. 특히 아동들은 이러한 스트레스의 증상이 자신의 감정과 관련이 있다는 것을 깨닫지 못한 채 복통이나 두통을 호소하는 경우가 많다.

집단 지도자는 심신 연결에 대한 이러한 인식을 높이는 그림 연습을 만드는 데 매우 도움이 될 수 있다. 잠복기 아동의 경우 지도자가 큰 종이나 칠판에 신체 윤곽을 그릴 수 있고, 이 때 지도자는 다음과 같이 말한다.

> "누구나 감정이 있다. 부모님에게도 감정이 있고, 선생님에게도 감정이 있고, 우편배달부에게도 감정이 있습니다. 많은 사람들은 강한 감정이 있을 때 몸에 통증을 느낍니다. 각자의 감정이 느껴지는 곳에 색칠해 주면 좋겠어요."

잠복기 연령에 있는 아동들은 화났을 때 이를 악물고, 긴장하거나 흥분할 때 위경련을 일으키고, 부모가 싸울 때 두통을 일으키며, 공황 상태에 빠졌을 때 심장이 두근거림에 이르기까지 신체의 거의 모든 부분을 묘사했다(Oster & Montgomery, 1996). 다음으로 아동들은 자신의 감정에 대해 이야기 하고 비슷한 감정을 경험한 경우의 예를 들어보라고 지시했다. 이어진 토론을 통해 구성원이 집단의 첫날에 느꼈던 감정과 신체의 어떤 부분이 반응을 경험했는지 조사했다.

집단 참여를 촉진하고 신체 인식을 높이는 유사한 활동은 큰 종이를 펼치고 아동들이 서로의 신체를 추적하도록 돕는 것이다. 이 과제가 완료되면 아동은 자신의 감정을 가장 강렬하게 경험할 수 있는 특정 색상(분노는 빨간색, 초조함은 노란색 등)을 붙인다. 그런 다음 이 이미지를 벽에 붙여 놓고 전체 집단에서 공유한다.

(3) 청소년

집단치료는 특히 십대 청소년에게 유익하다. 이 시기는 주로 사회적 상호작용 및 자기 정의에 대한 우려가 특징이기 때문이다. 친구에게 털어놓는 것이 부모와 대화하는 것을 대신하기 때문에 이러한 치료 형식은 실제로 청소년의 중요한 발달 요구의 이점을 취하는 것이(Riley, 1999). 이 연령이 되면 십대는 성인이 아닌 또래의 피드백을 용인하고 가치 있게 여기며 일반적으로 선호한다. 그들은 부모의 영향력과 구조를 대체하기 위해 또래 집단을 사용할 것이다(Linesch, 1988). 또한, 개인적인 감정적 경험과 문제에 대한 행동을 연기하는 것이 중요한 사회화 경험을 억제했을 수 있다. 그 결과, 많은 십대 청소년들은 충족되지 않고 역기능적인 상호작용과 기회의 순환에 머물러 있다. 치료 집단 경험에 포함시키는 것은 이러한 사회화 차단을 돌파할 수 있는 중요한 기회를 제공한다(Yalom, 1983).

청소년의 경우 집단 과정의 틀은 치료사와 또래 모두로부터 풍부한 개인 및 대인관계 통찰력을 얻을 수 있는 많은 가능성을 허용한다. 그림 지시문이 도입되면 십대 청소년은 독립에 대한 양가감정을 둘러싼 가장 중요한 감정적 문제를 그림으로 표현하는 표현 작품을 자유롭게 만들 수 있으며, 동시에 일상 세계에서 관련 문제를 해결할 수 있다(Riley, 1999). 그림을 추가함으로써 집단 참가자는 이미지를 사용하여 내적 갈등을 상징적으로 표현할 수 있을 뿐만 아니라 문제에 대한 더 깊은 이해를 명확히 할 수 있다. 이 연령대의 주요 발달 문제는 정체성 문제, 성적 갈등, 독립을 위한 노력을 포함하기 때문에 이러한 주제를 다루기 위해 다음과 같은 다양한 그림 지시문이 만들어졌다.

① 정체성 혼란/형성 문제: 가능한 지시문은 (a) 당신이 누구인지 그린다(예: 좋아하는 것, 싫어하는 것, 강점, 약점, 감정). (b) 문제를 그린다. (c) 당신의 세계를 그린다. (d) 당신의 목표를 그린다. (e) 지금부터 5년 후의 자신을 그린다와 같은 것이다.

또한 "집단 내에서 자신의 모습을 그리시오" 또는 "집단 내 다른 사람들이 나를 어떻게 보는지 그리시오"와 같은 지시문은 집단의 시작 단계에서 자기 인식 및 수용의 중요한 문제를 탐색하는 데 도움이 된다.

② 성적 정체성 문제: 이 영역에서 갈등을 해결하기 위한 지시문은 관계에 대한 토론을 촉진하기 위해 이상적인 남자 친구 또는 여자 친구의 그림이 포함될 수 있다. 성적인 주제를 탐색할 때의 불편함을 줄이고 일반적인 토론을 강화하기 위해 (a) 몸 그리기, (b) 당신에게 성적 지향이 무엇을 의미하는지 그리기, (c) 성적 지향이 부모에게 의미하는 바를 나타낼 수 있는 상징 그리기가 포함될 수 있다.

③ 권위(반항/분노)/독립 갈등: 이러한 문제의 경우 치료사가 집단에서 더 많은 자유화를 허용하여 지각된 통제의 측면을 향상시키는 것이 현명할 수 있다. 즉, 지도자가 지시하는 특정 주제에 대한 권력 투쟁을 일으키지 않고, 구성원이 그려야 할 것에 대한 통제력을 느끼도록 하는 것이다.

(4) 노인

노인은 종종 친구와 가족의 죽음, 독립성 상실, 신체 능력 저하와 관련하여 수많은 정서적, 육체적 손실로 어려움을 겪는다. 또한, 특히 일시적인 기억 상실을 겪을 때 노인성 치매와 같은 질병에 대한 두려움이 항상 존재한다(Wilkes & Byers, 1992). 이러한 염려로 인해 발생하는 갈등과 걱정은 집단 구조 내에서 중요한 문제이다. 집단 활동에 그림을 도입하는 것은 이러한 감정과 두려움을 탐색하는 대안적인 방법을 제공한다.

그러나 노인은 그림을 자기 표현의 수단으로 사용하는 것을 더 주저할 수 있다. 이러한 저항은 부분적으로 그들이 자기 표현을 위한 매체로 그림을 마지막으로 사용한 이후의 시간의 길이 때문일 수 있다. 일부 노인은 모욕감을 느끼기까지 하여 그러한 표현 수단을 도입함으로써 자신이 어린아이 취급을 받고 있다고 느낄 수 있다. 어떤 경우에는 노인은 이러한 변화에 덜 개방적일 수 있다. 그림을 임상 도구로 사용하는 것에 대한 이러한 반대는 사려 깊은 격려로 쉽게 극복되어야 한다.

노인 치료에서 그림 그리기 지시문을 사용할 때 훌륭한 소개는 모든 사람에게 자신의 기억(좋은 것과 나쁜 것 모두)을 그리도록 요청하는 것이다. 과거 사건을 회상함으로써 집단 구성원은 자신의 인생 검토 과정을 지원하거나(Landgarten, 1981), "회상 치료

(reminiscence therapy)" 형식을 추가할 수 있다(Wilkes & Byers, 1992). 노인들에게 과거의 기억을 보여줌으로써 정체성을 공고히 한다. 이러한 사건을 그림으로 기록함으로써 잊혀진 기억을 되살릴 수 있다.

건강이 좋지 않은 노인과 대면하면 만성 통증과 죽음에 대한 불안이 생길 수 있으며, 이로 인해 고립이 심화되고 자유로운 표현이 억제된다. 이 시기에는 구성원들이 적극적 참여에서 멀어지고 자신의 고군분투에 몰두할 가능성이 높기 때문에 다른 구성원의 고민에 귀를 기울이기가 더 어려워진다. 이러한 상황에서 그림은 건강이 좋지 않거나 말기 질환이 있어 죽음에 대한 두려움과 생각을 말로 표현할 수 없는 노인들에게 도움이 될 수 있다. 그림을 통해 거리를 둠으로써 불안한 생각과 감정을 그림으로 표현할 수 있기 때문에 대인관계 과정이 덜 위협적일 수 있다(Miller, 1984).

또한 치료사는 노인 내담자와 함께 그림을 소개함으로써 집단 치료 회기의 틀을 확장할 수 있다. 치료사는 노인들에게 낙서와 같이 보다 개방적인 표현을 자극하는 그림을 완성하도록 지시할 수 있다. 또한 치료사는 노화에 수반되는 다른 사람에게 의존해야 하는 일부 좌절을 표현하는 그림을 요청하고, 이 그림을 공유하고 문제해결을 향상할 수 있도록 사용한다.

노인에게 그림에 사용되는 매체는 중요한 고려 사항이 된다. 관절염이 있는 노인은 연필로 압력을 가하는 데 어려움이 있는 등 손가락의 움직임이 제한될 수 있다. 따라서 종이에 쉽게 전사되는 오일 파스텔이나 펠트 펜을 사용하는 것이 더 나을 수 있다(Landgarten, 1981). 치료사들이 소근육 운동 기술을 잃을 때 발생하는 고군분투와 그에 따른 감정에 민감하게 반응하는 것도 매우 중요하다.

집단치료 경험이 제공하는 구조는 노인이 이러한 고군분투와 상실에 대해 서로 공유하고 연결하는 데 도움이 되는 훌륭한 환경을 제공한다. 집단이 끝날 무렵, 나이가 들면서 얻을 수 있는 몇 가지 장점을 확인함으로써 그 과정의 긍정적인 측면을 촉진하는 것이 도움이 된다. 참가자들에게 지혜, 자신감, 더 많은 여가 시간과 같은 나이가 든다는 것에 따른 선물의 공동 벽화를 그리도록 요청하면, 구성원들이 이러한 풍요로운 측면을 포함하도록 나이가 든다는 것에 대한 개인적인 의미를 재구성하는 데 도움이 될 수 있다.

9) 결론

집단치료는 다양한 출처로부터 피드백을 필요로 하는 개인에 대한 예방 및 중재를 위한 강력한 치료 기법이다. 집단은 가족의 축소판이 되고, 그 확장에서 대인관계 세계 내에서 성장하는 데 필요한 정확한 피드백이 발견된다. 기능 집단이 형성되면 개별 구성원은 단일 치료사의 피드백을 대체하는 깊이인 지원, 통찰력, 창의성을 통해 힘을 얻는다. 그림을 추가함으로써 (a) 집단의 역동성을 묘사하고, (b) 집단의 응집력을 구축하고, (c) 자신의 내적 현실을 다른 사람에게 표현하는 대안적인 방법을 제공하고, (d) 감정과 경험을 더 잘 이해하고 전달하기 위해 쉽게 관찰할 수 있는 우수한 치료 도구가 된다.

여기에서는 집단치료 회기에 그림을 사용하는 것의 많은 이점을 강조했다. 장기 치료 또는 위기 상황에서의 삽화는 그림이 생산할 수 있는 가치를 보여주려고 시도했다. 집단 작업에서 그림을 임상적 도구로 사용하는 것은 개인이 시각적 이미지를 통해 내면의 경험을 공유하고, 다른 매우 개인적인 수준에서 유사한 갈등을 겪고 있는 다른 사람들과 상호작용할 수 있는 특별한 수단을 제공한다.

그림을 통해 집단 지도자는 참가자가 표현하지 않았을 수도 있는 중요한 정보를 얻을 수 있다. 모든 치료 집단의 구성원에게 미술 작품은 갈등과 우려를 상대적으로 안전하고 안정된 방식으로 자유롭게 표현할 수 있도록 하며, 불안과 두려움을 줄이면서 강렬하고 불편한 감정을 전달하는 수단이다. 언어적 상호작용에 그림 표현을 추가하면 이러한 목표를 달성하는 데 사용되는 것 외에도 치료 목표에 대한 인식을 넓힐 수 있다.

12 Chapter

가족미술치료사례 Ⅰ

1. 학대가족의 특성과 가족미술치료 접근법 및 사례

1) 역기능적 가족의 특성

역기능 가족에 포함된 사람들이 가족의 역기능 특성을 깨닫고 명확하게 보는 것은 특히 어려울 수 있다. 역기능은 여러 형태와 다양한 정도로 나타나는데, 이러한 다양성은 자신의 가족에서 제 기능을 하지 못하는 가족 특성을 자신 있게 확인하는 데 복잡성을 추가한다. 모든 가족에는 문제가 있지만, 일부 가족에는 “비정상적이거나 건강에 해로운 대인관계 행동 또는 집단 내 상호작용”으로 정의될 수 있는 “역기능(dysfunctions)”이 있다. 이 경우 집단은 가족이다.

(1) 학대

학대(abuse)는 가족 내에서 가장 쉽게 발견할 수 있는 역기능 징후 중 하나이며, 불행히도 가장 흔한 증상 중 하나이기도 하다. 학대는 신체적 학대, 성적 학대, 심지어 정서적 또는 언어적 학대 등 다양한 형태로 나타날 수 있다. 신체적, 성적, 언어적 학대가 일반적으로 가장 명백하다. 가족 중 한 구성원이 다른 가족 구성원을 때리거나(신체적 학대), 원치 않는 성적 접근을 하거나(성적 학대), 다른 가족 구성원에게 욕(언어적 학대)을 할 수 있다. 정서적 학대는 쉽게 감지할 수 있거나 감지할 수 없는 조작과 속임수를 포함하기 때문에 보기가 더 어려울 수 있다. 정서적 학대의 대상이 되는 가족 구성원은 자신이 행동과 말에 어떤 영향을 받는지 고려해야 한다. 정서적 학대는 자격을 갖춘 치료사의 도움으로 가장 잘 확인할 수 있다.

가족 내 학대를 인지했을 때 가장 먼저 해야 할 일은 도움과 지원을 구하는 것이다. 학대 상황에서 무엇을 해야 하는지 명확하지 않을 수 있으므로 도움을 주고 지원을 제공할 사람을 찾는 것이 중요하다. 학대 피해자는 자신의 생명이 위험하다고 생각하는 경우 안전한 도움을 받을 수 있도록 집을 떠나 믿을 수 있는 사람의 집이나 학대받는 사람들을 위한 쉼터로 가는 안전한 계획을 세워야 한다. 학대 상황을 떠난 후에는 당국과 자격을 갖춘 외상 전문가의 전문적인 도움을 받아야 한다.

(2) 두려움

역기능 가족에서 두려움(fear)은 가족 구성원 간의 관계를 특징으로 한다. 이러한 두려움은 일반적으로 일부 학대에서 비롯되지만, 아래에서 논의되는 다른 건강하지 못한 가족 특성에서 올 수도 있다. 한 명 이상의 가족 구성원의 예측할 수 없는 행동은 다른 가족 구성원에게도 두려움의 원인이 될 수 있다. 건강한 가족 관계에서 가족 구성원은 다른 사람을 진정으로 두려워해서는 안 되므로 두려움은 알아야 할 중요한 역기능 가족 특성이다.

이러한 두려움을 해결하려면 먼저 두려움이 어디에서 오는지 확인하는 것이 중요하다. 두려움은 예측할 수 없는 학대에서 비롯되는가? 아니면 사랑이 제대로 보답받지 못할 수도 있다는 사생활이나 감정의 부족에서 비롯된 것인가? 두려움이 어디에서 오는지 인식하면 역기능을 더 잘 이해하는 데 도움이 될 수 있으며, 궁극적으로 자신을 보호하기 위해 무엇을 해야 하고 일반적인 웰빙을 지원할 수 있는지에 대한 최종 결정을 내릴 수 있다.

(3) 건강하지 못한 가족 경계

너무 높거나 너무 낮은 가족 경계를 갖는 것은 가장 자주 발견되는 역기능 징후 중 하나이다. 그러나 그것이 개인의 일상적인 기능이나 가정 및 가족과 함께 안전하고 편안하게 느끼는 능력을 방해하는 경우에는 건강하지 못한 가족 경계 문제를 인정하고 해결해야 한다.

가족 내에서 사생활에 대한 욕망이 금지되거나 한 명 이상의 가족 구성원이 사려 깊지 않은 욕망으로 간주하는 경우 건강하지 못한 경계가 있을 수 있다. 사생활과 독립성은 건강한 가정에서 정상이다. 가족마다 경계가 더 높거나 낮을 수 있지만, 특히 사생활 보호와 독립의 필요성 또는 더 많은 애정과 친밀감의 필요성에 대한 대화는 열려 있어야 한다. 대조적으로, 너무 높은 경계는 한 명 이상의 가족 구성원을 화나게 하지 않고 특정 주제에 대해 논의하지 못하는 것과 같은 문제를 수반할 수 있다. 가족 구성원이 이러한 역기능적 특성에 직면하면 가족치료가 관련된 모든 당사자의 상황을 개선하는 데 도움이 될 수 있다.

(4) 사랑에 대한 조건

역기능을 일으킬 수 있는 가족 특성의 측면에서 사랑에 대한 조건은 매우 불편하고 이해하기 어려울 수 있다. 무조건적 사랑과 반대되는 조건적 사랑은 "조건"이 있는 사랑이다. 즉, 어떤 전제 조건이 충족되어야만 사랑이 존재한다. 어머니는 아들을 사랑할 수 있지만, 아들이 나쁘게 행동하거나 반항하는 행동을 하면 사랑을 취소하고 자녀에 대해 부정적이거나 심지어 미워하는 반응을 보일 수 있는데, 이것이 조건적 사랑이다. 아들은 어머니가 말한 대로만 하는 한 어머니의 사랑을 받지만, 아들이 어머니에게 반항하면 어머니는 마치 "더 이상 아들을 사랑하지 않는" 것처럼 행동하거나 그렇게 느낄 수 있다.

조건적 사랑은 부모와 자녀 사이뿐만 아니라 가족의 모든 배열 사이에서 발생할 수 있다. 형제자매, 배우자, 사촌과 같은 더 먼 관계 사이에서 발생할 수 있다. 의견 불일치가 발생할 때마다 사랑받지 못하거나 원하지 않는다는 느낌이 든다면 조건적 사랑의 신호일 수 있다. 조건적 사랑은 종종 신체적, 정서적, 성적, 언어적 학대의 일부 형태와 결합되므로, 사랑에 조건이 있는지 확인할 때 이것을 염두에 두는 것이 중요하다.

이러한 역기능적인 가족 특성이 확인되면 가장 먼저 할 일은 그들이 조건적 사랑에 참여하고 있는지 확인하기 위해 자신을 관찰하는 것이다. 그들이 조건적 사랑 행동을 하고 있는 자신을 관찰한다면, 좋은 첫 번째 단계는 다른 사건을 바꾸기 위해 할 수 있는 행동 변화를 확인하는 것이다. 다른 가족 구성원이 동의한다면 가족치료는 해결을 위한 탁월한 선택이다.

(5) 중독

중독(addiction)은 종종 역기능의 다른 행동 징후로 이어지기 때문에 가족의 역기능 징후 목록에 필수 항목이다. 약물 중독과 알코올 중독은 심각한 건강에 해로운 가족 특성으로 이어질 수 있으며, 그 자체로 역기능이다. 하지만 도박, 외설물, 기술, 기타 매체에 대한 기타 중독은 이 목록에 언급된 것과 유사한 역기능을 일으킬 수 있다. 한 명 또는 그 이상의 가족 구성원의 중독은 가족에게 스트레스를 유발하고 학대 위험을 높인다. 이것이 중독이 가족의 역기능의 가장 심각한 징후 중 하나인 이유이다.

가족 구성원에게 중독이 있는 경우 다른 가족 구성원은 중독자가 재활 센터에 가거나 다른 방법으로 도움을 받도록 독려하기 위해 개입하기로 결정할 수 있다. 중독은 중독자의 의지를 통해서만 끊을 수 있지만, 중독자는 중독을 극복하기 위해 도움이 필요하다는 것을 먼저 깨달아야 한다. 중독자가 치료를 받는 데 동의하지 않는 경우 "봉사자(enabler)" 또는 "피해자" 또는 둘 다의 역할을 하는 다른 가족 구성원은 자신과 다른 사람을 보호하기 위해 중독된 가족 구성원과 거래하지 않을 가능성을 고려해야 한다. 훈련된 치료사 또는 중재자는 적절한 경로를 찾도록 관련 가족 구성원을 도울 수 있다.

(6) 비난과 완벽주의

비난(criticism)과 완벽주의(perfectionism)는 밀접하게 얽혀 있는 역기능의 두 가지 다른 징후이다. 가족 중 한 사람이 "완벽하지 않은" 일을 하거나 다른 가족 구성원에게 적합하지 않은 것을 만들 때, 다른 가족 구성원이 가혹한 비난과 판단을 사용할 수 있다. 이런 식으로 완전한 완벽에 대한 기대는 가혹한 판단으로 이어진다. 비난에는 언어적 학대 또는 다른 형태의 학대가 포함될 수 있다. 비난 후 또는 비난 도중에 상대방이 조건적 사랑을 실천하려는 경향이 있는 경우, 사랑의 철회가 발생할 수 있다. 따라서 역기능을 일으키는 여러 가족 특성이 이 하나의 근본적 역기능에서 파생될 수 있다.

혹독한 비난이나 열렬한 완벽주의를 관리하는 첫 번째 단계는 자각하는 것이다. 이들의 표적이 되는 사람은 자신과 그들이 하는 일을 이해하는 법을 배워야 한다. 모든 상황이 다르기 때문에 자신과 자신의 행위와 행동에 집중하는 것이 가장 좋은 출발점이다. 학대는 피해자의 잘못이 아님을 기억해야 한다. 상황에 적합하다고 판단되면 개인치료 또는 가족치료가 이러한 역기능을 극복하는 데 도움이 될 수 있다.

(7) 비효과적인 의사소통

잘못된 의사소통은 역기능 가족의 가장 두드러진 특징일 수 있다. 개방적이고 정직하며 건전한 의사소통으로 문제를 관리할 수 있다. 역기능 가족의 공통된 주제 중 하나는 서로의 말을 잘 듣지 못하거나 내키지 않는다는 것이다. 많은 경우에 개인은 문제를 일으킨 사람과의 직접적인 의사소통을 피하고, 대립을 피하기 위해 다른 가족 구성원에게 속마음을 털어놓는다. 간접적인 의사소통은 괴로움과 수동적 공격적 행동을 유발할 수 있다. 또한 가족 단위 내에서 신뢰가 부족할 수도 있다.

(8) 공감 부족

부모가 공감 능력이 부족하면 자녀는 부모의 사랑이 조건적이라고 느낄 수 있다. 그러나 부모가 공감을 보일 때, 부모는 이 특성을 아이에게 본보기로 삼아 아이가 동정심 많고 공감하는 성인이 되는 데 도움이 될 수 있다. 건강한 가정에 존재하는 무조건적인 사랑, 공감, 열린 의사소통은 부모가 자녀가 실수를 하거나 잘못된 결정을 했을 때에도 건설적인 방식으로 자녀와 함께 활동할 수 있도록 도와준다. 건강한 가정에서 부모는 자녀를 얕잡아 보거나 수치심을 주기보다는 자녀가 올바른 결정을 내리고 실수로부터 배우도록 돕는 데 열중한다. 공감의 본보기가 되는 부모로부터 아이들은 그 대가로 부모, 형제자매, 자신의 친구, 그리고 성인이 되면서 만나는 사람들을 포함한 모든 사람에게 공감하는 법을 배울 수 있다.

(9) 생활 환경

스트레스는 피할 수 없는 삶의 일부이다. 낮은 수준의 스트레스는 사람들에게 긍정적인 영향을 미치고 목표를 달성하도록 부추길 수 있지만, 과도한 스트레스는 가족의 안전과 웰빙을 위태롭게 할 수 있다.

높은 수준의 스트레스는 가족 내에서 적대감을 유발할 수 있다. 삶의 스트레스 요인을 건강한 방식으로 다루는 법을 배우는 것은 개인과 가족의 행복과 웰빙에 필수적이다. 자녀에게 건전한 대처 전략을 제시할 때 자녀는 어려운 상황에서도 잘 기능하는 방법을 배운다.

2) 학대가족의 특성

학대하는 가족은 집이라는 사생활 밖인 이웃, 학교, 교회 등에서 만나는 보통의 가족과 차이가 없다. 불행하게도, 그들은 집의 닫힌 문과 커튼 뒤에 있을 때 완전히 다른 사람이 된다는 것이다. 이것은 사악한 사람들은 사악해 보이지 않고, 다른 모든 사람들처럼 보인다는 악의 평범성(banality of evil)으로 설명한다. 이것은 역기능 가정에서 자란 사람들에게 주어진 도전이다. 당신은 당신 어머니 또는 아버지의 건강한 면을 아는 사람들로부터 어머니나 아버지가 얼마나 좋은 분인지 수없이 들었을 것이다.

많은 사람들에게서 그들의 학대 부모가 지역사회나 교회 등에서 얼마나 존경받는 사람인지에 대해 듣는 것은 놀라운 것이 아니다. 이것은 생존자들이 "도대체 나에게 무슨 문제가 있는 걸까?"라고 불가사의하게 여길 수 있는 것이다. 그것은 자신의 마음의 큰 부분을 닫고, 부모가 정말로 학대를 하고 있다는 것을 믿고 싶지 않은 사람에게 거부를 제공한다. 치유 과정에서 가장 중요한 단계 중 하나는 가족이 학대를 당했음을 인정하고 수용하는 것이다. 우리는 그 영역에서 치유의 단계를 시작하기 위해 우리가 영향을 받은 역기능 영역을 인식할 필요가 있다.

완벽한 가족은 없고, 완벽한 부모도 없다. 학대하는 가족의 특성을 살펴보는 데 있어서, 우리는 가끔 실수를 하거나 사소한 범죄를 일으키는 방식으로 상황을 처리하는 "충분히 건강한" 부모를 말하는 것이 아니다. 학대로 인해 영향을 받는 사람들의 마음에 깊은 상처를 남기는 만성적이고 심각한 범죄에 대해 이야기하고 있다. Tracy(2008)은 학대가족의 주요 특성을 다음과 같이 제시하였다.

① 가족 구성원의 요구는 소모품이다. 신은 자녀의 요구는 부모에 의해 충족되고, 부모의 요구는 다른 성인에 의해 충족되도록 의도했다. 학대하는 가정에서 아이들은 부모의 요구를 충족시키는 데 사용되는 반면, 아이들의 요구는 충족되지 않는다. 편애가 있는 곳에서는 "보다 작은" 것으로 보이는 아이들의 요구는 충족되지 않고, "의기양양한" 아이들은 기죽게 할 수 있다.

② 현실은 분별하기 어렵다. 가족과 함께 집에 있는 것은 우리가 가질 수 있는 가장 안전한 경험이어야 한다. 학대 가정에서는 가장 안전해야 할 곳이 가장 위험해진다. 아이들은 당연히 부모가 하는 모든 것이 적절하다고 믿고 싶어한다. 학대가 정상적인 "사랑의 표현"이거나 우리 자신의 부적절한 행동 때문에 "받아 마땅한" 것이라고 말하는 것은 신이 부여한 학대하는 부모의 분별력과 인식을 무시하도록 하는 것이다.

③ 피해자에게 책임을 전가한다. 부모가 자녀를 돌보고 양육하는 것은 모든 성인의 책임이다. 학대하는 부모는 자녀에게 자신의 책임을 떠넘긴다. 그들은 어린 형제자매를 돌보고, 나이를 훨씬 넘어 무리한 양의 일을 수행할 것으로 예상될 수 있다. 때때로 그들은 사악한 부모의 성적 욕망을 충족시킬 것으로 기대된다.

④ 가족의 모습은 기만적이다. 앞에서 악의 평범성에 대해 논의했다. 대부분의 학대하는 사람들과 가족은 외부 사람들에게 매우 존경받을 만하다는 생각이다. 학대하는 사람들은 "완벽한" 외모를 유지하기 위해 많은 노력을 기울일 수 있다.

⑤ 진실은 무시된다. 역기능 가족의 구성원은 자신의 "평화와 평온" 감각을 유지하는 데 너무 집중하여 학대가 일어나고 있다는 명백한 징후를 무시할 수 있다. 학대의 역사가 너무 명백한 학대 생존자들이 다른 부모가 학대가 발생하고 있다는 단서가 없었다는 것을 전혀 몰랐다고 하는 믿을 없는 상황이 많이 있다.

⑥ 가족 학대자들은 무력을 사용한다. 어떤 상황에서는 학대하는 가족 구성원이 피해자의 신뢰를 얻기 위해 조종과 그루밍(grooming)을 사용할 수 있다. 그러나 그루밍 과정의 "부드러움"은 피해자가 학대의 비밀을 유지하도록 위협과 강제로 바뀌었다. 다른 때에는 가해자가 공격적으로 학대를 시작한다. 피해자는 학대를 멈추는 데 무력감을 느끼기 때문에 시간이 지날수록 공격성이 줄어들고 완전히 사라질 수 있다. 학습된 무력감은 피해자가 실제로 학대를 멈출 만큼 충분히 강하지만, 상황이

절망적이라 생각하고 계속 따를 때 생긴다. 이것은 많은 피해자들이 도움을 쉽게 구할 수 있음에도 학대에서 벗어나거나 도움을 청하지 못하는 이유를 설명한다.

⑦ 솔직하고, 건강한 의사소통이 없다. 학대 가족 의사소통의 대부분은 의도적으로 혼란스럽고 조작적이다. 학대자는 이중 의미를 가진 단어 뒤에 숨어서 그들의 악의를 빠르게 부인할 수 있다. 그들이 분명하게 말했다면 그들의 마음의 파괴적인 동기가 모든 사람에게 분명했을 것이다.

⑧ 피해자의 합리적인 대응이 종종 하찮은 것이 된다. 학대자는 이유에 반응하지 않는다. 학대자는 진실에 관심이 없다. 그들은 부정(진실을 인정하거나 인정하기를 거부함), 투사(자신의 부정적인 행동과 동기를 다른 사람에게 돌림), 비난 전환(자신의 부정적인 행동이 피해자의 행동의 결과라고 주장)의 옹호자이다. 학대자는 자신의 세계에 맞추기 위해 "현실을 왜곡"한다.

⑨ 권력은 착취에 사용된다. 건강한 가정에서 권력은 취약한 사람들을 보호하고 그들의 잠재력을 최대한 발휘할 수 있도록 권한을 부여하는 데 사용된다. 학대 가족에서 권력은 약자가 지배자의 통제하에 있도록 통제하고 보장하는 데 사용된다.

⑩ 학대 가족은 정서적으로 불안정하다. 피해자들은 종종 자신이 "살얼음 위를 걷고 있는" 것처럼 느낀다. 어제는 완벽하게 수용할 수 있었던 행동이 오늘은 폭력적인 반응을 유발할 수 있다. 그러므로 삶은 예측할 수 없으며 결코 방심할 수 없다. 또한 그들은 한 순간에 자신을 구타할 수 있는 학대자에 대해 광범위한 감정을 갖고 다음에는 성적 학대를 통해 사랑하는 척하는 자신을 발견할 수도 있다. 피해자는 학대 행위가 잘못되었다는 것을 인식할 수 있지만, 자신이 받고 있는 호의적인 관심을 좋아한다는 사실을 알게 된다.

⑪ 피해자는 수치를 당하고, 비난을 받고, 모욕을 당한다. 많은 생존자들은 성폭행 전에 학대자들이 친절하게 그들을 조종하고, 학대 후에 무자비한 언어 폭력을 가했다고 말한다. 일부는 가해자의 폭행에 대해 비난을 받고, 다른 이들은 더 나은 성품이 있었다면 학대가 발생하지 않았을 것이라고 주장하거나, 학대를 유발하는 방식으로 구체적으로 행동했다고 주장한다.

⑫ 가족 구성원은 고립되고 친밀감이 부족하다. 건강한 가족은 숨길 것이 없다. 역기능 가족은 밝혀지는 것을 두려워한다. 가해자와 피해자가 건강에 해로운 행동을 확인

할 수 있는 사람들에게서 멀어지게 하는 것은 흔한 일이다. 가해자는 피해자의 내면의 희망과 꿈을 사용하는 데 능숙하기 때문에 피해자는 자신의 욕망을 차단하는 법을 빨리 배운다. 아이러니하게도 가해자들은 세상이 안전하지 않고 위험하며 피해자들이 믿을 수 있는 유일한 사람이라는 그림을 그린다.

⑬ 엄격한 침묵의 규칙이 만들어져 있다. 학대하는 가족은 엄격한 침묵의 규칙을 따른다. 가해자는 학대에 대해 다른 사람에게 말하는 사람에게 끔찍한 결과가 있을 것이라는 사실을 알고 명확하게 전달하는 것을 원하지 않는다.

⑭ 학대 가족은 건강한 정서를 부정하고 왜곡한다. 아이들은 세상이 이치에 맞기를 원한다. 대부분의 학대 피해자는 학대가 자신의 잘못이라고 생각한다. 많은 사람들이 학대자들로부터 그렇게 말했다. 학대받는 세상이 이치에 맞도록 생존자들은 학대가 자신의 잘못이라는 생각을 받아들이는 법을 배운다. 또한 이것은 피해자에게 이상하고 잘못된 통제감을 준다. 다른 피해자들은 학대에 대해 부정적인 감정을 가졌다고 과민반응 및/또는 꾸지람을 했다고 들었다. 불행히도 더 깊은 메시지는 그들이 건강한 정서를 불신하는 법을 배운다는 것이다. 그들은 역기능적인 정서를 용하거나 그것을 완전히 차단한다.

⑮ 잘못된 것이 보호된다. 가해자는 자신의 학대 시스템을 지지하고 거짓되고 외적인 모습을 유지하기를 원한다. 그들은 그 목표를 달성하기 위해 조종, 협박, 폭력을 사용한다. 희생자들의 혐의를 제기하는 사람들은 수치와 비난의 대상이 되는데, 심지어 교회와 같은 종교 조직 내에서조차도 수치와 비난을 받는다. 생존자들의 마음에 귀를 기울이고 상황의 진실을 알기 위해 분별력을 갖추어서 사태의 진상을 파악하는 것이 중요하다.

3) 가족에 대한 학대의 영향

학대자가 가족이나 친한 친구일 때 피해자뿐만 아니라 가족에게도 심각한 피해를 입히는 경우가 많다. 가족 구성원과 가까운 관계에 미치는 영향은 수년 동안 지속될 수 있으며, 미래의 관계에도 영향을 미칠 수 있다.

학대의 발견은 종종 충격적이고, 혼란스럽고, 끔찍하며, 관련된 모든 사람들에게 혼동과 격변을 초래할 수 있다. 불쾌해하지 않는 부모는 종종 자녀가 학대를 당했다는 사실을 알게 되면 큰 고통을 겪으며 심지어 트라우마를 갖기까지 한다. 그들은 종종 이러한 유형의 학대가 일어날 때까지 이러한 유형의 학대에 대해 많이 이해하지 못하고, 누구를 믿어야 할지, 어떤 조언을 들어야 할지 모르고, 일반적으로 아동과 가족 전체에 미치는 영향을 두려워한다. 감정, 두려움, 반응은 통제 불능, 당혹감, 갈등을 느낄 수 있지만, 그러나 그들은 완전히 정당하다고 인정하고 이해할 수 있다. 특히 가족들은 종종 다음과 같은 영향을 받는다.

- 강한 충격, 무력감, 배신감, 공황, 당혹감
- 불신과 혼란: 누가 진실을 말하고 있는가? 실제로 무슨 일이 일어났는가?
- 분노와 격노
  - 신뢰의 위반, 피해자에 가한 위해, 가족에 대한 혼란에 대해 학대자를 향한 분노
  - 학대에 대한 역할이나 인지한 역할, 학대의 발견, 반응, 중재 접근에 대한 다른 가족 구성원을 향한 분노

- 두려움
  - 피해자의 미래에 대한 두려움
  - 학대자의 미래에 대한 두려움
  - 학대를 알아낸 사람의 두려움
  - 가족의 이미지에 미치는 영향의 두려움
  - 지역사회나 공동체에서 쫓겨나는 것에 대한 두려움

- 이차 트라우마(외상 후 스트레스 장애)
- 무슨 일이, 어떻게, 왜 일어났는지, 그리고 그것에 대해 무엇을 해야 하는지에 대한 혼란(종종 다른 사람의 모순된 조언으로 인해 복잡해짐)
- 보고하는 것에 대한 불확실성과 그것이 가족에게 미칠 수 있는 영향
- 보호하지 못한 것에 대한 죄책감과 자책
- 학대가 일어나도록 내버려 둔 것에 대해 다른 사람들의 비난을 받는 것
- 학대와 그것을 다루는 방법으로 인한 사회적 고립

- 갈등과 분열: 편을 들어야 한다는 압력, 피해자와 학대자 사이의 충성도 나누기
- 학대자를 다루는 방법에 대해 고민
- 정의, 충성, 책임, 용서 등에 대한 가족 간의 갈등
- 재정적 어려움: 특히 학대자에게 재정적 의존이 있는 경우
- 공동체로부터의 배척
- 자신, 가족 구성원, 학대자, 학대자를 보호하는 사람들을 신뢰하는 능력 상실
- 피해자의 치유를 돕기 위해 엄청난 시간, 자원, 힘 및 지원의 투자
- 피해자에 대한 과도한 집중으로 인해 다른 가족 관계(부부, 다른 자녀)의 소홀
- 피해자를 지나치게 보호하여 활동을 심하게 제한함
- 가족 기능 저하 및 가족 결속력 상실
- 결혼 생활의 역기능(이혼/별거/갈등 포함)

학대는 고통스럽고, 추하고, 지저분하며, 불행히도 쉽게 대처할 수 있는 방법이 없다. 그러나 적절한 전문적인 보살핌과 지도, 훌륭한 지원 시스템을 통해 가족은 적절하고 건강한 방식으로 학대에 대처하고, 피해자가 적절한 치료를 받고, 매우 고통스러운 경험을 통해 활동할 수 있다.

2. 학대가족의 치료 접근

학대는 혼자서 해결하기 어려운 문제가 될 수 있지만 지원이 가능하다. 정신 건강 전문가 및 가족치료사는 학대 상황을 평가하고 탈출하는 데 도움을 줄 수 있다. 학대 생존자는 치료에서 학대에 대한 부정적인 감정과 기억을 다룰 수 있다.

다른 사람을 학대하는 것을 멈추고 싶은 사람들을 위한 치료법도 있다. 치료사는 근본적인 정신 건강 문제를 치료하고 갈등을 해결하는 건강한 방법을 가르칠 수 있다. 법원 명령으로 인해 치료만 받는 사람이 아니라 진정으로 변화를 시도할 때 치료가 가장 효과적이다.

다양한 상황에 따라 다양한 유형의 치료가 필요하다. 예를 들어, 부부상담 및 치료는

아동 학대 생존자가 배우자와 친밀하게 지내는 데 도움이 될 수 있다. 그러나 가정 폭력 상황에서 부부상담 및 치료를 추천하는 전문가는 거의 없다. 또한 어린 아이들은 성인과 다른 치료가 필요하다. 모든 개인에게는 고유한 요구 사항이 있다.

1) 학대 생존자를 위한 심리치료

치료는 어려운 정서를 표현하고 처리하는 안전한 장소이다. 치료사는 학대에 대한 당신의 반응에 대해 판단하지 않을 것이다. 어떤 사람들은 강박관념에 사로잡힐 정도로 학대자를 원망한다. 다른 사람들은 여전히 학대자를 돌보고 그들을 다시 만나고 싶어할 수 있다. 이 스펙트럼을 따라 앞뒤로 이동할 수 있다. 분노, 수치심, 안도감, 상실감 등은 모두 타당한 반응이다.

당신은 감정에 휩싸인 자신을 발견할 수 있다. 많은 유형의 치료가 사람들이 자신의 감정을 관리하는 데 도움이 될 수 있다. 마음챙김 기법은 어떤 상황이 감정을 유발하는지 알아차리는 것을 목표로 한다. 안구 운동 둔감화 및 재처리(EMDR)는 외상성 기억을 처리하는 데 도움이 되어 덜 파괴적이다. 말 매개 활동(equine-assisted activities)을 통해 다른 사람을 다시 신뢰하는 방법을 배울 수 있다.

자존감 회복은 치료의 공통 목표이다. 대부분의 학대는 자신감을 깰 수 있다. 인지행동 치료는 자신에 대한 비현실적인 기대에 도전하는 데 도움이 될 수 있다. 내러티브 치료를 통해 피해자 외부에서 자신의 정체성을 재구성할 수 있다. 미술치료와 같은 경험적 기법도 자신감을 높일 수 있다.

폭력과 학대가 있는 가정에서 미술은 행동에 대한 통찰력을 요구하지 않고도 인식을 바꾸고, 역기능적인 세계관을 수정하고, 변화를 일으키는 데 도움이 될 수 있다(Riley, 1990). 미술은 말을 거의 하지 않거나, 너무 많이 하거나, 지적인 것을 좋아하는 사람들을 위한 강력한 중재이다. 때때로 가족 구성원들에게 "가족 관계를 더 좋게 만들 것"을 그려 달라고 요청하면 협력이 유도되고 저항이 줄어든다.

집단치료는 생존자를 돕는 데 효과가 있음이 입증되었다. 사회적 지원은 당신이 직면한 모든 낙인에 대처하는 데 도움이 될 수 있다. 비슷한 경험을 한 사람들과 이야기하는 것도 덜 고립감을 느끼는 데 도움이 될 수 있다.

2) 아동학대 치료

학대나 방임 경험이 있는 아동을 치료하는 데 한 가지 접근 방식은 없다. 아동의 연령, 정신 건강 증상, 가족 역동은 모두 사용되는 치료 유형에 영향을 줄 수 있다. 학대의 성격과 기간도 치료에 영향을 미칠 수 있다. 1년 동안 성적 학대를 받은 아동은 5년 동안 신체적 학대를 받은 십대와는 다른 지원이 필요할 것이다.

치료는 일반적으로 아동의 상황을 평가하는 것으로 시작된다. 대부분의 평가에는 행동, 기능, 학대의 역사, 경험, 치료적 요구가 포함된다. 치료사는 임상 도구와 행동 체크리스트를 사용하여 아동에 대한 관찰을 보완할 수 있다. 또한 그들은 자녀의 부모나 교사를 인터뷰할 수도 있다.

이상적으로는 지지하는 성인이 치료 과정에 참여해야 한다. 화를 내지 않는 부모가 피해자를 탓한다면 그들의 태도는 아동의 회복에 해를 끼칠 수 있다. 부모가 지원하는 경우 자녀의 치료에 참여할 수 있다. 치료에서 보호자는 아동의 회복을 돕고 증상을 줄이는 방법을 배울 수 있다.

학대를 받지 않은 가족 구성원도 치료가 필요할 수 있다. 학대를 목격한 형제자매는 대리 외상을 입을 수 있다. 부모는 자녀의 안전에 대한 자신의 죄책감이나 불안을 해결할 수 있다. 치료는 공동 치료 또는 개별적으로 실시할 수 있다.

연구에 따르면 균형 잡힌 치료 계획이 가장 성공적인 경우가 많다. 치료 계획은 아동의 정신 건강뿐만 아니라 의학적 및 법적 요구 사항을 다룰 수 있다. 교육적 요소는 아동의 학업 성취도가 저하되는 것을 방지할 수 있기 때문에 매우 중요하다.

치료사는 "의무 신고자" 범주에 속한다. 이것은 치료사가 아동을 최대한 안전하게 보호할 의무가 있음을 의미한다. 치료사가 아동이 학대를 받고 있다고 믿을만한 이유가 있는 경우 의무 신고자에 대한 법률이 개인 정보 보호 법률보다 우선 적용된다. 치료사는 아동 보호를 위해 학대 사실을 당국에 알려야 한다.

3) 학대자 치료

학대자를 위한 치료 프로그램은 결과가 엇갈리는 경향이 있다. 일부 프로그램은 성공적이지만 다른 프로그램은 효과가 없는 것 같다. 전문가들은 복합적인 결과가 치료 방법의 차이 때문인지 아니면 변화에 대한 참가자의 헌신 때문인지에 일치하지 않는다.

치료 중인 일부 사람들은 법원 명령으로 인해서만 그곳에 있을 수 있다. 연구에 따르면 치료를 받도록 법원 명령을 받은 사람들은 체포되어 치료를 받지 않은 사람들만큼 다시 학대할 가능성이 있다. 어떤 사람들은 자신의 행동에 대한 후회보다 체포의 두려움으로 인해 일시적으로 좋은 행동을 보일 수 있다.

진정으로 변화하기를 원하는 사람들은 비폭력적인 패턴을 개발할 가능성이 더 크다. 전국가정폭력핫라인(National Domestic Violence Hotline)은 개인이 지속적인 변화를 향해 가고 있음을 나타내는 다음과 같은 지표를 제시하였다.

- 과거의 행위와 그 결과에 대한 인정
- 학대 행동에 대한 책임을 받아들이고 학대를 선택으로 인식
- 학대를 유발하는 패턴과 태도 확인
- 분노나 갈등에 대한 반응과 그 순간에 취하는 행동의 변화
- 개선은 변화의 과정을 포기하지 않고 오랜 시간에 걸쳐 일어난다는 것의 이해

치료는 사람들에게 위의 단계에 필요한 기술을 가르칠 수 있다. 치료는 성차별, 분노 또는 통제 문제와 같은 동시 발생 요인을 다룰 수도 있다. 약물 남용은 친밀한 파트너 폭력에 가담하는 사람들 사이에서 특히 일반적인 관심사이다.

사람은 치료와 함께 폭행 중재 프로그램에 참여할 수 있다. 폭행자 중재 프로그램은 종종 가정 폭력 가해자를 대상으로 한다. 그것들은 학대자에 대한 책임을 강조한다. 프로그램이 완료된 후에도 긍정적인 결과를 유지하기 위해 법 집행 기관 및 피해자 옹호자와 같은 공동체 자원을 조정한다.

한 사람이 다른 사람에게 해를 끼쳤다는 사실을 인정하는 것은 어려울 수 있다. 그러나 학대 패턴을 인정하는 것은 그러한 행동을 바꾸는 데 필요한 첫 번째 단계이다. 치료와 변화에 대한 헌신을 통해 다른 사람을 학대하는 것을 멈출 수 있다.

4) 미술 활동을 통한 치료

스트레스에 대처하고 학대의 트라우마로 인해 발생할 수 있는 복잡한 정서적, 신체적 반응을 다루는 수단으로서 자기 관리 루틴은 중요하다. 자기 관리와 개인의 건강에 대한 지속적인 노력은 회복과 치유의 중요한 부분이며, 많은 생존자들은 자신에게 잘 맞는 자기 관리 루틴을 만드는 데 어려움을 겪고 있다.

학대의 생존자들은 학대 관계를 떠난 후에도 그들의 정신적, 정서적 건강에 대한 장기적인 변화를 경험할 수 있다. 이러한 변화에는 불안, 고립/회피, 짜증, 회상(flashbacks), 거슬리는 생각 및/또는 악몽, 죄책감/부끄러움, 우울증 및/또는 부정적인 자아상이 포함될 수 있다. 이런 증상을 겪는 사람들은 외상 후 스트레스 장애(PTSD) 진단을 받기도 한다. PTSD 진단을 받았든 아니든, 외상성 사건이 모든 종류의 사람들에게 영향을 미치고, 만약 내담자가 과거의 학대의 영향으로부터 치유하기 위해 고군분투하고 있는 자신을 발견한다면, 내담자에게 아무런 문제가 없다는 것을 아는 것은 도움이 될 수 있다.

최근 연구에 따르면 외상성 기억은 언어적 기억과 관련된 뇌의 왼쪽 앞부분이 아니라 비언어적 기억(과거 사건과 관련된 광경, 소리, 냄새)과 관련된 뇌의 오른쪽 뒷부분에 저장된다는 사실이 밝혀졌다. 이것은 일지 쓰기, 친구와 대화하기, 전통적인 대화 치료와 같은 일반적으로 권장되는 자기 관리 활동이 그러한 기억과 그에 수반되는 정서적, 신체적 반응을 다루는 데 효과적인 전략이 아닐 수 있음을 의미한다.

모든 형태의 미술 표현은 촉각, 운동 감각, 청각 및/또는 시각 정보를 제공하여 감각을 통합하기 때문에 우뇌를 활성화한다. 이것은 미술 활동이 다른 덜 감각적인 활동이 할 수 없는 방식으로 외상적 기억을 활용할 수 있음을 의미한다. 미술 활동에 참여하면 기분, 감정 및 기타 심리적 상태를 향상시키는 동시에 스트레스 및 우울증과 같은 증상을 줄일 수 있다는 증거가 있다.

미술의 치유력을 활용할 수 있는 한 가지 가능한 방법은 창작 예술이나 표현예술치료에 참여하는 것이다. 여기에는 미술, 음악, 춤/동작, 드라마, 시, 연극 또는 모래 트레이 치료가 포함될 수 있다. 강렬한 감정을 시각적으로 표현하거나 창의적인 방식으로 몸을 움직일 수 있으면 말로 표현하기 어려울 수 있는 경험의 일부를 표현하는 데 도움이 될 수 있다.

창조적 미술은 시간의 흐름을 모르고 외부 세계가 사라지는 몰입 상태에 접근하는 데 도움이 될 수 있다. 이 상태는 "영역에 존재함(being in the zone)"으로 설명된다. 이러한 몰입 상태에서 시간을 보내는 것은 반복적이거나 방해가 되는 생각의 부정적인 영향을 줄이는 것으로 알려져 있고, 무의식적인 연관성이 나타나도록 하여 경험에서 의미를 만드는 데 도움이 될 수 있기 때문에 유익할 수 있다.

많은 생존자들이 트라우마로부터 치유를 위해 노력할 때 형식적 치료가 매우 유익하다는 것을 알게 되지만, 창의성의 이점을 얻기 위해 형식적 미술치료에 참여할 필요는 없다. 그림 그리기와 같은 반복적인 행동은 뇌의 보상 및 쾌락 중추와 관련된 뇌의 화학 물질인 도파민을 방출한다. 창의적인 활동에 정기적으로 참여하면 시간이 지남에 따라 기분을 개선할 수 있는 기분 좋은 화학 물질을 더 많이 생성하도록 두뇌를 훈련하는 데 도움이 될 수 있다. 그림 그리기와 같은 창의적인 활동은 긍정적인 결과로 절정에 이르는 경향이 있기 때문에 도움이 된다. 자신이 발전하고 있음을 볼 수 있는 활동에 참여하는 것은 과거에 무력감을 느꼈던 일을 겪었을 때 특히 치유될 수 있다. 구체적인 진전을 이루는 경험은 자존감을 높이고 건강한 습관을 강화하여 기분을 개선하고 겪었던 트라우마를 극복하는 데 도움이 되는 일을 계속 하도록 동기를 부여하는 데 도움이 된다.

치료를 위해 미술을 사용하는 것의 가장 강력한 것 중 하나는 그것이 자신과 목적에 대한 감각을 되찾는 데 도움이 될 수 있다는 것이다. 더 큰 삶의 목표를 달성하는 것이 너무 부담스럽다면, 창의적인 목표를 달성하면 즐겁고 긍정적인 두뇌 연결을 촉진하는 방식으로 생산성에 다시 참여할 수 있다. 창의적인 활동에 참여하는 것은 자율성을 되찾고 순전히 자신과 그것이 가져오는 즐거움을 위해 무언가를 하는 방법이다.

또한 창의력을 발휘하면 사회적 관계를 강화하는 데 도움이 될 수 있다. 공동체에서 미술 활동 수업을 듣는 것을 고려하고, 수업을 새로운 사람들을 만나고 지원 시스템을 만드는 기회로 사용할 수 있다. 또한 이것은 다른 집단 구성원들로부터 긍정적인 피드백을 얻을 수 있는 기회가 될 수 있으며, 이는 자신의 창의성에 대한 자기 회의감이나 수치심을 극복하는 디딤돌이 될 수 있다. 많은 창작 미술이나 미술치료사들은 슬픔, 분노, 무력감의 감정을 더 깊이 이해할 수 있고 치료를 향한 여정을 지원할 수 있는 다른 사람들과 더 안전한 연결 공간을 제공할 수 있는 집단치료를 제공한다.

요약하면, 창의적인 표현은 생존자들이 삶의 서사를 다시 통제하고 강점과 기술을 활용하며 삶의 경험에서 의미를 창출할 수 있는 한 가지 방법이 될 수 있다. 이런 식으로 창의성은 즐거운 만큼 힘을 실어 줄 수 있으며, 생존자들이 무한한 가능성으로 가득 찬 새로운 미래를 육성하도록 도울 수 있다.

13
Chapter

가족미술치료사례 Ⅱ

1. 이혼 및 재혼가족의 특성과 가족미술치료접근법 및 사례

1) 이혼의 이유

다음은 일반적으로 관찰되는 이혼 사유 목록이다. 당신의 관계에서 이들 중 하나를 발견했다면, 당신의 관계가 어디로 향하고 있는지 의식해야 한다. 이것은 이혼 위험이 더 높은 요인이 무엇인지 이해하고, 필요한 조치를 취하고, 추가 피해를 방지하는 데 도움이 된다. 이혼의 가장 일반적인 이유를 살펴보고 결혼 생활이 회복 가능한지 알아보자.

① 불륜 또는 혼외정사: 한 사람이 육체적이든 성적이든 자신의 욕구를 충족시키기 위해 관계를 벗어나면 관계가 파탄 날 수 있다. 베우자가 배신감을 느끼면 신뢰를 회복하기가 매우 어렵다. 혼외정사는 대부분의 결혼 생활의 20~40%가 깨지고, 이혼으로 끝나는 원인이 된다. 이것은 이혼의 가장 흔한 원인 중 하나이다. 분노와

분개는 성적 욕구의 차이 또는 정서적 친밀감의 부족과 함께 불륜을 저지르는 일반적인 근본적인 이유이다. 속임수에 대한 전문가인 Ruth Houston은 불륜은 겉보기에 무해한 우정으로 시작되는 경우가 많다고 말하였다. "그것은 정서적 일로 시작하여 나중에 육체적인 일이 된다." 불륜은 이혼의 주요 원인 중 하나이다. 1년 이상 별거하고 파트너에게 정신적 또는 육체적 학대를 가하는 것 외에도 법적 이혼 사유 중 하나이기도 하다.

② 재정 문제: 돈이 사람을 가볍게 만든다는 것은 사실이다. 부부가 재정을 어떻게 처리할 것인지에 대해 같은 입장을 취하지 않는다면 끔찍한 문제로 이어질 수 있다. 재정적 문제로 이혼이 흔한 이유는 무엇인가? 이혼 통계에 따르면 이혼의 "참을 수 없게 되는 마지막" 이유는 재정적인 궁합의 부족이며 이혼의 거의 41%를 차지한다. 서로 다른 지출 습관과 재정적 목표부터 한 배우자가 다른 배우자보다 훨씬 더 많은 돈을 버는 것까지 모든 것이 권력 투쟁을 일으키며 결혼 생활을 한계에 이르게 할 수 있다. 또한, 각 파트너가 결혼 생활에 가져오는 돈의 차이도 부부 사이의 권력 다툼으로 이어질 수 있다. 분명히 많은 부부에게 돈과 스트레스는 함께 가는 것 같다. 경제적인 문제는 이혼 사유 1위인 불륜에 이어 이혼의 가장 큰 원인 중 하나로 분류할 수 있다.

③ 의사소통의 부족: 의사소통은 결혼 생활에서 매우 중요하며 효과적으로 의사소통을 할 수 없으면 두 사람 모두에게 분개와 좌절을 일으키고 결혼 생활의 모든 측면에 영향을 미친다. 반면에 좋은 의사소통은 강한 결혼 생활의 기초이다. 두 사람이 함께 삶을 공유할 때, 그들은 그들이 필요로 하는 것에 대해 이야기할 수 있어야 하고, 그들의 파트너의 요구를 이해하고 충족시키려고 노력할 수 있어야 한다. 배우자에게 소리를 지르고, 하루 종일 충분한 말을 하지 않고, 자신을 표현하기 위해 불쾌한 말을 하는 것은 모두 결혼 생활에서 버려야 할 건강에 해로운 의사소통 방법이다. 게다가 부부가 대화를 멈추면 외로움과 고립감을 느끼고 서로에 대한 배려를 완전히 멈출 수 있다. 이것은 관계의 붕괴로 이어질 수 있다. 이혼의 65%가 의사소통 부족이 가장 큰 이유이다.

④ 끊임없는 논쟁: 집안일에 대해 말다툼하는 것부터 아이들에 대해 논쟁하는 것까지 끊임없는 논쟁은 많은 관계를 파괴한다. 똑같은 말다툼을 계속하는 것처럼 보이는

부부는 자신의 말을 들어주지 않거나 인정받지 못한다고 느끼기 때문에 자주 그렇게 한다. 많은 사람들이 다른 사람의 관점을 보는 것이 어렵다고 생각하며, 이는 해결되지 않고 많은 논쟁으로 이어진다. 이는 57.7%의 부부가 궁극적으로 이혼의 원인이 될 수 있다.

⑤ 비만: 너무 피상적이거나 부당하거나 이상해 보일 수 있지만 체중 증가는 이혼의 주요 원인 중 하나이다. 어떤 경우에는 상당한 체중 증가로 인해 상대방 배우자가 육체적으로 덜 끌리는 반면, 다른 배우자에게는 체중 증가로 인해 자존감이 손상되어 친밀감 문제로 전개되어 이혼의 원인이 될 수 있다.

⑥ 비현실적인 기대: 당신의 배우자와 결혼이 당신의 이미지에 따라 살아가기를 기대하면서 높은 기대를 가지고 결혼 생활을 하기 쉽다. 이러한 기대는 상대방에게 많은 부담을 줄 수 있으며, 실망감을 느끼게 하고 배우자가 실패하도록 만들 수 있다. 잘못된 기대 설정은 이혼 사유 중 하나가 될 수 있다.

⑦ 친밀감 부족: 파트너와 연결되어 있지 않다는 느낌이 들면 결혼 생활이 빨리 망가질 수 있다. 부부가 낯선 사람과 함께 살고 있거나 배우자보다 룸메이트처럼 느껴지기 때문이다. 이것은 육체적 또는 정서적 친밀감의 부족에서 비롯될 수 있으며, 항상 섹스에 관한 것은 아니다. 배우자에게 지속적으로 냉담한 태도를 보이는 경우 시간이 지나면 이혼 사유가 될 수 있음을 알아야 한다. 종종 부부는 다른 성적 욕망으로 어려움을 겪는다. 이것은 그들의 요구를 충족시키려고 노력하는 부부를 정말로 괴롭힐 수 있다. 또한 삶의 여러 단계에서 성적 욕구가 바뀔 수 있으며, 이는 혼란과 거부감을 유발할 수 있다. 파트너의 성적 욕구를 무시하는 것이 최근 이혼의 가장 큰 원인이라고 한다. 당신의 관계를 친밀하고 특별하게 만드는 것은 두 파트너의 책임이다. 친절과 감사의 작은 행동을 연습하고, 가능한 한 육체적인 친밀감을 즐기면서 관계를 달콤하게 만들어야 한다.

⑧ 평등의 부족: 최근 이혼의 가장 큰 원인인 친밀감 부족 뒤에는 평등의 결여가 밀접하게 연관되어 있다. 한 배우자가 결혼 생활에서 더 많은 책임을 진다고 느낄 때 상대방에 대한 견해가 바뀌고 화를 낼 수 있다. 분노는 종종 이혼의 이유 중 하나로 눈덩이가 된다. 이혼의 주요 원인이다. 모든 부부는 자신만의 고유한 도전 과제를 해결하고, 존중하고, 조화로우며, 즐거운 관계를 즐기는 동등한 두 사람으로서 함께

사는 방법을 찾아야 한다.

⑨ 결혼 준비가 안됨: 모든 연령대의 부부 중 75.0%라는 놀라운 숫자가 결혼 생활을 준비하지 못한 것이 관계의 파탄에 대해 책임이 있다고 답했다. 20대 부부의 이혼율이 가장 높다. 준비 부족은 이혼의 가장 흔한 이유 중 하나이다. 거의 절반의 이혼이 결혼 첫 10년, 특히 4~8주년 사이에 발생한다.

⑩ 신체적 학대와 정서적 학대: 신체적 또는 정서적 학대는 일부 부부에게 슬픈 현실이며 이혼의 23.5%에 기여한다. 학대자가 항상 "나쁜" 사람이 되는 것은 아니다. 이유를 불문하고 누구도 학대를 용납해서는 안 되며, 안전하게 관계에서 벗어나는 것이 중요하다.

2) 이혼가족의 특성

이혼을 예상하고 결혼하는 사람은 아무도 없을 것이다. 그러나 그것은 어려운 결정으로 다가오고 그러한 삶을 변화시키는 결정을 받아들이기 어렵다.

이혼은 많은 변화를 가져오는 정서적으로 어려움이 유발되는 상황이다. 어떤 종류의 변화든 어려운데, 특히 이혼은 더 그렇다. 이혼을 경험한다는 취약한 상태에서 힘과 대처 방법을 찾아야 한다는 것을 의미한다.

이혼은 전 배우자, 아이들, 확대 가족과 같은 많은 관계가 영향을 받기 때문에 어려운 과제이다. 하지만 아이들과 분리되는 것이 정서적으로 스트레스가 많은 사건이지만 건강한 이별도 가능하다. 조정에 기여하는 요인을 알아두면 처리 속도를 높이는 데 도움이 될 수 있다.

이혼이 부부에게 미치는 영향은 배우자와 부모로서의 역할에 빠르게 적응할 것을 요구한다. 이혼이 전 파트너에게 미치는 정서적 영향은 경미한 것에서 심각한 것까지 다양하다. 전 배우자의 경우 이혼은 무엇보다도 독립적이고 그들이 가지고 있는 지원 체제에 의존할 수 있는 능력에 따라 손상은 달라질 것이다.

이혼 후 전 배우자는 다음을 경험할 수 있다.

- 불행의 증가
- 가까운 사람들과의 거리감과 외로움
- 생산성과 집중력 저하
- 불안 및/또는 우울증
- 자존감 저하
- 약물 남용
- 분노, 좌절 및/또는 무력감
- 스트레스 관련 건강 문제 증가

긍정적인 측면에서, 스스로 노력하고 상황에 적응하는 한 영향은 일시적일 수 있다. 긍정적인 태도를 유지하고, 변화에 능동적으로 참여하며, 어려운 일이 있을 때 자신에게 친절하면 도전은 불가능하지 않다. 전문적인 도움을 받으면 별거를 극복할 수 있으며, 이혼은 더 빠르고 장단기적인 결과를 덜 주면서 이별을 극복하는 데 도움이 될 수 있다.

이혼은 트라우마가 될 수 있지만, 그렇게 어두운 것만은 아니다. 연구에 따르면 이혼한 지 2년이 지나면 대부분의 아이들은 잘 적응한다. 또한 부모가 이혼하는 대신 갈등이 심한 결혼 생활을 계속할 때 자녀는 더 많은 문제를 경험한다.

자녀가 부모의 이혼에 직면했을 때 다음과 같은 다양한 감정을 느낄 수 있다.

- 혼란
- 좌절
- 불안
- 비애
- 두려움
- 분노
- 죄책감

그들은 부모가 자신에 대해 여러 번 논쟁하는 것을 들은 것이 자신의 잘못이라고 생각할 수도 있다. 그들은 상황에 대해 항의하고 행동하기 시작할 수 있다.

당신은 그들이 위축되거나 학업 성취도가 떨어지거나 다른 문제가 있는 행동을 보이는 것을 알 수 있다.

이혼이 발생하면 부모–자식 관계에서도 특별한 "이혼"이 발생한다.

이혼 가정의 아이들은 온전한 가정에 비해 정서적 지원, 재정적 지원, 실질적인 도움, 애정, 사회적 성숙의 격려, 부모의 따뜻함을 덜 받는다.

이혼을 하는 부모는 더욱 지치고 스트레스를 받기 때문에 부모의 통제와 사랑의 표현이 저하될 수 있다.

이혼의 결과에 영향을 미치는 많은 요인이 작용하기 때문에 "이혼이 자녀의 미래 관계에 어떤 영향을 미치는지"라는 질문에 대한 쉬운 대답은 없다. 지금까지 부모가 이혼한 아이들은 온전한 가정의 아이들과 비교했을 때 다음과 같은 경향이 있다.

- 결혼에 대해 덜 긍정적인 태도를 갖고, 이혼에 대해 더 긍정적인 태도를 갖는 경향이 있다.
- 관계의 질을 떨어뜨릴 수 있는 낭만적인 관계에서의 헌신이 감소한다.
- 혼전 성관계, 동거, 이혼에 대한 찬성이 증가한다.
- 결혼과 출산을 찬성한다.
- 자녀를 갖기 전에는 결혼이 중요하지 않다고 생각할 가능성이 더 높고, 자녀를 혼외 상태로 둘 가능성이 더 높다.
- 성에 대한 허용적인 태도와 행동이 증가한다.

위에 나열된 이혼의 모든 결과는 이혼 후에 가능하지만, 함께 지내는 것이 두 가지 악 중 더 작은 것을 의미하지는 않는다. 결혼은 건강할 때만 아이의 발달에 도움이 된다는 연구 결과를 잊지 말아야 한다.

결혼 적대감은 아이들의 공격성과 파괴적인 행동의 증가와 관련이 있다. 이혼이 자녀에게 미치는 영향을 완화할 수 있는 방법이 있기 때문에 결혼 생활에 갈등이 많을 때는 이혼이 더 나은 선택이 될 수 있다.

가족과 이혼에 대해 이야기할 때 그것이 얼마나 광범위한 영향을 미치는지 고려해야 한다. 가족에 대한 이혼 영향에는 확대 가족도 포함된다.

부부가 이혼하면 가족들은 한쪽 편을 선택해야 한다고 느끼는 경우가 많다. 그들은 걱정하고 혼란스럽고 두려워한다. 그들은 그들의 충성심이 시험을 받을 것이라고 느끼고 양측 사이의 균형을 맞추는 방법을 알지 못할 수 있다. 아마도 그들은 누구와도 관계를 끊지 않기를 원한다.

이 경우 이혼이 성인에게 미치는 영향은 아이에게도 영향을 미칠 수 있다. 확대 가족 중 일부가 부모 중 한 명에게 판단을 보인다면 아이들은 이를 받아들일 수 있다. 그것은 아이들에게 이혼의 영향을 강화할 수 있어 아이들이 혼란스러워하고 한쪽을 선택해야 한다고 생각하게 만들 수 있다.

이혼이 가족과 자녀에게 어떤 영향을 미치는지 알면 이혼이 사회에 미치는 영향에 대해 숙고할 수 있다. 이혼이 성인에게 미치는 부정적인 영향으로 인해 직장에 미치는 영향도 보아야 한다. 이혼을 겪는 직원은 결근이 많아지고, 이혼 스트레스로 인해 생산성이 저하되고, 성과가 저하될 수 있다.

3) 재혼가족의 특성

재혼은 이혼이나 미망인과 같이 이전의 결혼이 끝난 후에 이루어지는 결혼이다. 어떤 사람들은 다른 사람들보다 재혼할 가능성이 더 높다. 그 가능성은 이전의 관계 상태(예: 이혼한 사람 대 미망인), 새로운 로맨틱한 관계에 대한 관심 수준, 성별, 문화, 연령에 따라 다를 수 있다. 재혼을 하지 않기로 선택한 사람들은 동거나 비동거 동반자 관계와 같은 다른 방법을 선호할 수 있다. 또한 재혼은 정신적, 육체적 건강상의 이점을 제공한다. 그러나 재혼한 개인은 재혼하지 않은 개인보다 건강 상태가 더 좋은 경향이 있지만, 여전히 지속적으로 결혼한 개인보다 건강 상태가 더 나쁘다. 재혼은 다양한 종교와 그 종교들의 종파에서 다르게 언급된다. 재혼을 반복하는 사람을 연쇄 결혼자(serial wedder)라고 한다.

많은 요인들이 이혼 후 재혼 가능성에 영향을 미친다. 일반적으로 남성이 여성보다 더 자주 재혼한다(U.S. Census Bureau. 2006). 재혼율도 인종에 따라 다른데, 재혼은 백인 여성에게 가장 흔한 반면 흑인 여성이나 아시아 여성은 재혼할 확률이 낮다. 나이는 또 다른 결정 요인이다. 이혼 당시 25세 이상의 여성은 이혼 당시 더 어린 여성보다 재혼할 가능성이 적다. 자녀를 갖는 것은 남성과 여성의 더 높은 재혼율과 관련이 있다(Brown, Lee, & Bulanda, 2006). 또한 재혼은 지역사회 장면에 따라 다르다. 도시 지역의 여성이나 미혼 여성의 비율이 더 높은 지역의 여성은 재혼할 가능성이 적고, 실업률이 높고 빈곤한 지역사회의 비백인 여성은 재혼 가능성이 적다(Bramlett, & Mosher, 2002).

전반적으로 재혼은 이혼이나 별거에 비해 사회경제적 안정과 삶의 만족도가 더 높다(Forste, & Heaton, 2004). 재혼하는 사람들은 이혼에 더 잘 적응하는 경향이 있으며, 독신으로 남아 있는 이혼한 사람들에 비해 삶에 대해 더 긍정적인 평가를 보고한다(Wang, Wu, & Liu, 2003). 이혼한 부부는 광범위한 신체적, 정신적 건강 문제가 발생할 위험이 더 높지만, 재혼하면 이러한 건강 위험 중 일부를 약화시킬 수는 있지만 제거할 수는 없다(Kiecolt-Glaser, & Newton, 2001; Hughes, & Waite, 2009).

재혼 과정은 초혼과 달리 복잡하고 상이하다고 보는 특징적인 차이에 대해 Spanier와 Furstenberg(1987)는 다음과 같은 이유를 제시하였다.

첫째, 재혼자는 초혼에서의 경험을 바탕으로 현재 상황을 비교함으로써 불만이나 만족을 느끼기 쉽다.

둘째, 자녀가 있는 경우의 재혼은 이전 배우자와의 관계가 지속될 가능성이 있다.

셋째, 초혼과 재혼은 개인의 생애에서 상이한 시점에서 발생하므로, 각 시기의 개인적 성숙, 기대 수명, 사회경제적 지위 상의 변화로 인해 초혼과 차이가 있다.

넷째, 재혼자는 두 가지 상이한 결혼 연령 집단의 성원으로 결혼 생활에 대한 문화적 기준에 노출, 재노출된다.

한편 정현숙 외(1999)는 재혼으로 형성된 가족 관계는 복잡하고, 부모자녀 간의 유대가 부부 간의 유대보다 먼저 형성되어 새 배우자보다 전혼 자녀와 정서적으로 더 밀착되어 있다. 그리고 친부모와 계부모 어디에 더 애정을 가지고 대해야 하는지 즉, "충성심 갈등"으로 인해 더 많은 어려움을 경험할 수도 있고, 재혼가족 내 새로이 맺게 된 형제자매 관계가 갈등의 원인이 될 수도 있다고 하였다. 즉, 서로 다른 부모와 환경에서 성장한 재혼가족 내의 형제자매 관계는 가족 내의 경험과 기억을 공유할 수 없다는 사실이 갈등의 원인이 될 수도 있다. 또한 전혼 경험은 재혼에 대한 비현실적인 기대를 가지게 하여 재혼가족 내에서 현재의 결혼을 전혼과 자주 비교하게 되고, 전혼을 보상받고자 재혼에 대해 비현실적 기대를 갖게 하며, 재혼에 대한 사회의 부정적인 시각은 재혼가족임을 알리는 데 어려움으로 작용한다고 하였다.

재혼가족은 일반적으로 핵가족보다 복잡한 집단이며 여러 가지 다른 특징을 갖고 있으나 이에 대한 적응을 모색하기보다는 잘못된 믿음과 고정관념을 갖고 일반 핵가족과 동일시하려 한다는 점에서 부적응이 발생할 수 있다(정현숙, 유계숙, 2001). 이들은 재혼으로 인해 새로운 부모, 형제자매가 생기면서 새로운 변화를 경험하게 되며, 새로운 가족관계에 익숙해지는 데 오랜 시간이 필요하다.

재혼가족 구성원들은 이제까지 살아온 역사가 개인마다 다르기 때문에 새로 결합된 부부와 자녀가 있지만 들여다보면 아버지의 자녀, 어머니의 자녀 그리고 새로 부부가 낳은 자녀가 있을 수 있다. 이는 가족의 구성만 복잡한 것이 아니라 서로 이해할 수 없는 과거의 경험이 있고, 복잡한 가족 관계는 호칭부터 갈등을 유발할 수 있다(이순형 외, 2010). 이들은 새로 결혼한 배우자의 가족과 친숙한 관계를 형성해야 하는 어려운 과제를 갖게 되고 자녀와 친밀한 관계를 형성하는 것은 쉬운 일이 아니다(이원영, 이태영, 강정원, 2011).

자녀를 동반한 재혼가족은 재혼 이전에 형성된 가족 구성원으로 인해 초혼에서와 같은 방법으로 가족 구성원이 늘어나는 것이 아니기 때문에 이로 인해 재혼가족 생활의 요구 및 과업이 서로 상충되기도 하여 갈등이 발생한다. 또한 전배우자와 전 조부모들이 새로운 재혼가족에 지속적으로 영향을 미칠 수도 있어 재혼가족의 새로운 결혼관계는 결혼 파트너에 대한 기대가 좌절되고 각자의 소망은 충족시키지 못할 수도 있다. 또한 자녀와 부모 모두는 효율적인 재혼가족 형성을 방해하는 충성심과 죄책감의 혼합된 감정을 가질 수 있어 자녀들이 새로운 재혼가족에 자발적으로 참여하지 않을 수 있으며 재혼가족 구성원들은 대부분 역할 갈등을 경험하게 된다. 그러므로 모든 가족 구성원이 동의할 수 있는 새로운 규칙의 확립이 필요할 것이다.

박은주(2004)는 재혼가족의 특성을 다음과 같이 요약 제시하고 있다.

첫째, 재혼가족의 가족 구조는 복잡하다. 즉 재혼가족은 재혼부부, 친부모-친자녀, 계부모-계자녀, 친형제-계형제-이복형제 등의 형제관계, 전 배우자와의 관계, 친조부모-계조부모 등의 친족관계가 포함되어 초혼 가족보다 복잡하다. 그리고 이들의 역할과 책임이 분명하게 규정되어 있지 않아서 관계가 복잡하고 규범이 모호한 측면이 있다(도미향, 박인전, 1997; 이기숙 외, 2002; 정현숙 외, 2001).

둘째, 재혼가족의 자녀들은 자신에게 영향을 줄 수 있는 부모가 둘 이상이다. 이들에게 함께 살지 않는 친부모가 현실이나 기억 속에서 영향을 줄 수 있어 관계를 더욱 복잡하게 한다. 즉 재혼가족의 자녀는 부모의 이혼 후 재혼해 한 쪽 부모와 살면서 비동거 부모와 접촉하는 경우가 많고 그 결과 부모와 자녀 모두 감정적으로 혼란을 겪고 긴장과 갈등을 겪게 된다. 또는 부모와 사별했거나 단절된 경우에는 그 부모를 이상화하거나 집착의 대상으로 삼기 쉽고 계부모에 대한 고정관념이 작용하여 이 또한 재혼가족 생활적응에 어려움으로 작용할 수 있다(정현숙 외, 2002; Ahron & Rodgers, 1987; Visher et al., 2003).

셋째, 재혼가족은 서로 공유할 수 있는 역사와 문화가 단절되어 있다. 그 결과 재혼 이전의 친부모와 공유했던 경험과 기억들은 계부모와 계자녀들이 공유할 수 없는 것이고, 다른 역사와 문화로 인한 오해와 소외감으로 가족 정체감의 발달과 가족 규칙 설정에 어려움이 발생할 수 있다(이기숙 외, 2002; Goldner, 1982; McGoldrick & Carter, 1989).

넷째, 재혼가족은 부부관계 이전에 이미 부모자녀 관계가 먼저 형성되었다. 그 결과 재혼가족의 부부는 이미 존재하는 자녀들로 인해 초혼가족처럼 일반적인 가족의 발달 단계를 거칠 수가 없다. 따라서 재혼가족은 신혼기가 거의 없고 자녀 연령에 따라 동시에 신혼기, 학동기, 10대 자녀기의 세 가지 발달 단계에 진입하여 준비 없이 여러 발달과업을 한꺼번에 수행해야 하는 어려움이 있다(정현숙 외, 2001; Visher et al., 2003).

다섯째, 재혼가족은 사회적, 환경적 문제를 경험한다. 재혼가족 형성 이전에 겪은 개인적인 상실과 극심한 변화들로 인해 가족생활에 대한 비현실적 기대나 고정관념을 갖기 쉬우므로 새로운 출발을 위해 거주지를 이동하는 등 사회적·환경적 문제에 직면하기도 한다(임춘희, 1996; Ahron et al., 1987; Ganong & Coleman, 1994; Goetting, 1982; Kaplan & Hennon, 1992; Pill, 1990; Santrock & Sittele, 1987; Visher et al., 2003).

여섯째, 재혼가족은 사회적 지지 체계가 부족하다. 최근 재혼가족의 증가에도 불구하고 아직까지 우리나라에서는 계부모에 대한 사회적 지지가 부족하고 계자녀에 대한 고정관념이 작용한다. 또한 계부모와 의붓자녀 사이에 법적 관계가 모호하기 때문에 친밀한 부모자녀, 형제관계 형성과 가족 정체감 확립에 많은 어려움이 있다(유영주, 김순옥, 김경신, 2001; 이영숙, 박경란, 전귀연, 1999, 2000; 이정덕, 김경신, 문혜숙, 송현애, 김일명, 2000; Elliot, 1986; Ganong et al., 1994; Pill, 1990).

2. 이혼 및 재혼가족의 치료 접근

1) 부부와 가족치료에서 이혼

부부 및 가족치료에서 이혼과 관련된 문제는 종종 어렵고 복잡하며 내담자에게 점점 더 일반적인 문제를 제시한다. 전국적인 조사에 따르면 이혼율은 약 50%를 유지하고 있습니다(Copen, et al., 2012). 실제로 법적으로 결혼한 두 부모 가정은 더 이상 전형적인 미국 가정을 대표하지 않는다.

(1) 개념에 대한 이론적 맥락

이혼과 그에 따른 가족 구조의 전환 및 재구성은 규범적인 경험이 되었다. 미국에서 "이혼"이라는 용어는 법적 결혼의 종료를 지칭하는 데 사용되지만, 장기간의 약혼 관계의 해소에도 적용될 수 있다. 보다 많은 커플이 결혼의 전조가 아니라 결혼의 대안으로 동거를 결정하기 때문에 이것은 특히 중요하다(Cherlin, 2004). 따라서 이혼의 법적 측면은 결혼에 고유한 반면, 여기에 제시된 논의는 동거를 포함하는 장기간의 헌신적 관계의 관계 해소와도 관련이 있다.

이혼은 하나의 개별적인 사건이 아님을 이해하는 것이 중요하다. 그 대신, 가장 일반적으로 받아들여지는 이혼 이론 모델은 과정 관점을 지지한다(Amato, 2010). 이혼은 관계 갈등과 정서적 불안정을 증가시키는 지속적인 부부 및 가족 과정이며, 필연적으로 한때 존재했던 파트너 관계와 원래 가족의 해체를 수반한다. 이혼에 대한 이러한 관점을 유지함으로써 내담자는 과정 중 어느 시점에서든 치료에 들어갈 수 있음을 이해한다. 내담자의 요구는 과도기적 연속체 전반에 걸쳐 존재하는 위치에 따라 크게 다를 수 있다. 내담자는 이혼을 고려하여 치료를 받을 수 있고(예: 사전 신청 또는 별거), 다른 사람들은 이혼

중에 치료를 찾을 수 있다(예: 법원 절차와 일치). 또는 다른 사람들이 이혼 후 조정(예: 법적 이혼 후 및/또는 물리적 별거 후)을 돕기 위한 수단으로 치료를 시작할 수 있다. 이러한 다양한 단계에서 필요한 일반적인 문제와 조정을 이해하는 치료사는 부부와 가족의 요구에 보다 직접적이고 적절하게 대응할 수 있다.

치료사는 이혼 가족과 함께 활동할 때 가족 체제의 각 개인, 부모 간 관계, 부모-자녀 관계를 고려해야 한다. 관계 해소 과정을 시작하기 전에 한쪽 또는 양쪽 부모는 한동안 별거 및/또는 이혼을 고려했을 것이다. 일반적으로 물리적 분리가 시작되면 부모는 자녀(들)에게 알린다. 많은 사람들에게 법적 절차가 느리게 진행될 수 있지만, 가족 생활의 전환은 종종 동일한 일정을 따르지 않는다. 자녀(들)에게 관계 해제를 알리면 일반적으로 부부가 별거하고, 법적 절차를 시작하고, 한 부모가 가족을 떠날 수 있기 때문에 일련의 빠른 전환이 있다. 이혼 과정에서 자녀는 확대 가족 구성원, 집, 이웃, 친구 및/또는 학교와 같은 다른 상실을 경험할 수 있다. 이러한 상실과 후속 전환에서 아동을 지원하는 것은 매우 중요하다. 이혼하는 동안 자녀는 종종 부모의 높은 스트레스 및/또는 갈등에 노출된다. 이것은 자녀의 정서적 요구를 돌보고 대응하는 부모의 능력에 부담을 줄 수 있다. 부모는 스트레스, 변화, 정서적 혼란에 직면했을 때 리더십 역할에서 중심을 유지하고, 유능한 상태를 유지하는 데 지원이 필요하다.

이혼의 영향은 다양한 요인에 따라 달라질 수 있다(Wagner & Diamond, 2017). 여기에는 자녀의 연령과 수, 가족의 재정 상황, 사회적 지원 시스템(예: 대가족)의 존재, 가족 구성원에 대한 이혼의 의미가 포함된다. 이러한 믿음은 종종 문화, 종교 및 성별과 관련이 있다. 실제로 이혼한 부모는 결혼 생활을 끝내기로 한 결정으로 인해 낙인찍히거나 판단을 받는다고 느끼며, 사회적 지위에 부정적인 영향을 미칠까 우려하는 지역사회에 살고 있을 수 있다.

전반적으로 연구에 따르면 두 부모 가정에서 자란 아동들은 이혼 가정, 별거 가정 또는 미혼 한부모 가정에서 자란 아동들에 비해 심리적, 사회적, 학문적, 신체적 건강 결과가 더 좋다(Clarke-Stewart & Brentano, 2006).). 그러나 집단 간의 차이는 작으며 시간이 지남에 따라 감소한다. 따라서 이혼 그 자체가 아니라 관계 해소를 둘러싼 부모의 갈등 증가와 같은 가족 과정에서 아동기 적응 장애와 연결된다. 여기에는 공격성, 비행 및 품행 장애와 같은 외현화 행동과 우울증과 불안과 같은 내현화 행동과 신체적 건강 문제가 포함된다(Fabricius & Luecken, 2007). 협조적인 부모를 둔 아동은 비협조적인 부모를 둔 아동에 비해 심리적 기능과 학업 성취도가 더 우수하다(Hetherington, et al., 1998). 실제로, 부모 관계의 질은 가족 유형에 관계없이 장단기 적응과 관련이 있다(Cummings, et al., 2012).

또한 부모가 자녀를 지원하고 이혼 후 회복력을 강화하려면 부모-자녀 관계가 따뜻하고 지지적이어야 한다(Amato, 2010; Simons et al., 1999). 이혼과 같은 스트레스가 많은 전환기 동안의 부모-자녀 갈등은 정서적으로 조절하고 안정감을 느끼는 아동들의 능력과 관련이 있다(Davies & Cummings, 1994). 자녀가 부모와 긍정적인 관계를 가질수록 이혼에 더 잘 적응한다.

(2) 부부 및 가족치료에서의 개념 적용

부부 및 이혼 가족과 함께 활동하는 데 적절하게 적용될 수 있는 다양한 치료 모델이 있다. 그러나 이 활동에서 치료사는 과도기적 연속체에 걸쳐 별개의 과제 범위를 다루기 위해 통합적 접근 방식을 취하는 것이 좋다(Lebow, 2015). 이러한 모집단에 대한 부부 및 가족치료의 주요 초점은 가족 재구성을 촉진하고, 경계와 역할이 명확하게 정의된 새로운 이중 핵가족 구조(binuclear family structure)를 형성하고, 양부모 간의 건강한 의사소통을 촉진하는 것이다(Wagner & Diamond, 2017). 이혼하는 동안 치료를 받는 가족은 갈등이나 혼란의 시기를 자주 경험한다. 종종 새로운 한부모 가족 구조로 전환하는 동안 조직이 부족하다. 이혼에 초점을 맞춘 부부 및 가족치료는 이러한 빈번한 격변과 전환으로 인해 종종 복잡하다. 따라서 치료사는 치료 환경 내에서 명확한 구조를 제공하는 동시에 이혼 과정을 통해 가족이 전환함에 따라 적응을 허용하는 것이 필수적이다. 치료의 가장 중요한 목표 중 하나는 종종 급격한 변화의 시기에 가족에게 안정을 제공하는 동시에 유연성과 적응성을 장려하는 것이다(Wagner & Diamond, 2017).

치료를 시작하기 전에 미성년자 치료에 대한 동의에 관한 법적 합의를 명확히 하는 것이 중요합니다. 즉, 양 부모의 협력과 참여가 긍정적인 치료 결과의 가능성을 극대화한다. 치료를 시작할 때 최선의 행동을 목표로 양 부모와 긍정적인 치료 동맹의 구축을 촉진하기 위해 치료사의 역할 및 치료 목적을 부부 상담, 양육권 평가 또는 법적 중재와 구별하는 것이 필수적이다. 자녀의 관심, 가족 체제의 대부분의 구성원과의 치료는 일반적으로 가족치료의 시작점이지만, 이혼하는 가족의 경우 이혼 파트너 간의 높은 정서적 반응성과 갈등이 공통적으로 존재하기 때문에 금기이다. 이혼은 종종 부부의 상호 결정이 아니므로 먼저 치료사와 개별적으로 감정을 처리해야 할 수도 있다. 처음에는 각 부모와 단독으로 또는 부모와 함께 만나면 아이들이 더 이상 갈등에 노출되는 것을 방지하고 더 안전한 치료 공간을 만든다. 부모가 법률 시스템에 적극적으로 참여할 수 있으므로 치료사는 부모와 자녀의 기밀 유지에 대한 합의를 명확히 하기 위해 포괄적인 치료 계약을 체결해야 한다. 치료사는 필수 정보를 숨기지 않고 가족치료를 용이하게 하는 정보만 아동으로부터 공유할 것이라는 분명한 기대가 있어야 한다. 이전 파트너가 서로에 대해 부정적인 감정을 가질 수 있지만 치료사는 부모에게 기능적이고 협력적인 공동 부모가 되기 위해 이러한 감정을 해결, 수용 또는 제쳐 두도록 요청한다. 부모 하위체제가 충분히 안정화되어 치료에 대한 공유 목표가 설정되면 후속 회기에는 각 부모와 자녀/자녀 및/또는 형제 하위체제가 포함될 수 있다. 각 가정과 개별적으로 활동하는 이러한 방식은 명확한 경계를 설정하고 가족 조직을 핵가족이 아닌 이중 핵가족으로 강화한니다. 치료사가 원래 가족과 함께 활동할 때가 있을 수 있다. 그러나 이것은 감정적 부정성이 감소된 후에만 시도되어야 하며, 이러한 회기는 특정 치료 과제와 목표에 초점을 맞추어야 한다.

(3) 치료 사례

다음의 사례는 이혼에 적응하는 가족에게 치료적으로 접근하는 방법을 보여준다. 희수와 종수는 6개월 전 별거한 이후 학령기 아이들이 서로 다른 두 집에서 사는 것에 적응하느라 고군분투하고 있다. 이들은 학교 상담교사의 제안으로 치료에 들어갔는데, 교사들로부터 아들 상민과 딸 지연 모두 과제를 빠지고, 학교에 늦게 오고, 부모의 별거 전에는 나타나지 않았던 행동 문제를 가지고 있다는 말을 들었다. 희수와 종수는 함께 치료사와 만났다. 그들은 일관된 일정이 없다고 보고했고, 아이들은 종종 다른 부모님 집에서 숙제나 책을 잊어버렸다. 게다가, 그 부부는 최근 교착 상태에 빠진 어려운 이혼을 겪고 있었다. 그들이 아이들과 그들의 차이를 유지하려고 노력하던 중, 아이들은 최근에 하차하는 동안 말다툼을 목격했다. 게다가, 양육권 부모인 희수는 아침에 아이들을 학교에 보내고 출근 준비를 하는 것이 부담스러웠고, 종수는 아이들과 함께 할 시간이 너무 적어서 숙제하고 공부하도록 강요하는 데 시간을 보내고 싶지 않다고 느꼈다. 종수는 아들이 자기에게 반항하고, 아버지를 그리워한다고 보고했고, 종수는 딸이 잠자기 전 밤에 자주 울며, 희수의 집으로 돌아가고 싶어한다고 보고했다.

① 가족 재조직 촉진하기

치료에서 시작 과제와 목표는 가족 재구성을 지원하고 촉진하는 것을 포함한다 (Wagner & Diamond, 2017). 여기에는 가정 사이의 명확한 경계를 설정하고 육아 일정, 규칙 및 기타 기능적 물류를 명확히 하는 것이 포함된다. 일상생활은 각 이중 핵가족에서 다를 수 있지만 취침 시간/통금 시간 또는 숙제 및 학교 성과에 대한 기대와 같은 중요한 문제에 대해서는 비슷해야 한다. 이러한 명확성은 모든 가족 구성원이 가족 조직의 변화에 더 잘 적응하도록 돕고 안전감과 예측 가능성을 높인다.

희수와 종수에게 이것은 학교 및 과외 일정 조정, 약속, 교통, 가정 간 전환 중 개인 소지품 교환과 같은 치료의 실제 문제에 대한 논의를 포함했다. 치료사는 예측가능한 일상과 직접적이고 일관된 의사소통이 아이들이 일상생활에서 더 많이 통제하고 덜 불안하거나 불확실하다고 느끼는 데 도움이 된다고 설명했다. 마지막으로, 대부분의 양육 계약은 형제자매가 한마음으로 부모의 집 사이를 이동하도록 요구하지만, 자녀의 고통과 정서적 요구에 대한 우려를 감안할 때 치료사는 각 자녀가 각 부모와 일대일 시간을 갖는 것의 중요성에 대해 논의했다.

② 부모 역할 재정의하기

이혼은 가족의 역할을 재정의하고 재협상하는 것이 포함된다. 성인은 낭만적인 파트너와 부모가 되는 것에서 엄격하게 공동 부모가 되는 것으로 전환되어야 한다. 단독 육아의 새로운 물류는 기존에 공유되었던 육아, 물류 또는 재정에 대한 여러 책임으로 인해 정서적으로 압도적일 수 있다. 해결되지 않은 문제와 수용 및 폐쇄의 부족은 종종 부모가 협력적인 공동 양육 관계를 수립하는 능력을 방해한다.

치료사는 희수와 종수와 협력하여 이러한 일반적인 이혼 문제와 혼란과 갈등의 불가피한 조정 기간을 정상화했다. 치료사는 공동 부모를 지지할 수 있는 방법에 대해 논의했으며, 부모가 일정 및 의사소통에 있어 이혼 부모를 지원하도록 설계된 프로그램을 활용할 것을 제안했다. 시간이 지남에 따라 희수와 종수 사이에 새롭게 설정된 정서적, 육체적 경계는 각 가정에서 협력적이고, 유능한 지도자를 갖는 목표를 지원하는 "새로운 정상적인(new normal)" 것이 확립되면서 더 명확해졌다.

③ 건강한 의사소통 개발하기

연구는 지속적인 부모 갈등과 부모 분쟁에서 자녀의 삼각관계가 잘못된 자녀 적응과 관련이 있음을 뒷받침한다. 부모가 갈등이 심한 이혼이나 양육권 소송에 연루된 자녀는 특히 취약하다. 치료사는 희수와 종수가 자녀를 부모의 갈등으로부터 보호하고, 상민과 지연이 두 부모 모두와 사랑스러운 관계를 계속 유지할 수 있도록 "편을 선택"해야 한다고 옹호했다. 치료사는 아이들이 완충제, 중재자 또는 메신저로 취급되어서는 안 되는 방법에 대해 논의했다. 대신, 부모의 의사소통은 그들 사이에서 직접 이루어져야 한다. 두 부모 모두 부정적인 감정이 각 자녀가 이혼에 적응하는 능력을 방해할 뿐만 아니라, 희수와 종수의 관계도 방해한다는 데 동의했다.

또한 치료는 희수와 종수가 공동 양육 결정을 내리고 의료, 과외 활동, 교육 및 행동 기대와 같은 주제에 대한 의견 차이를 협상하는 데 도움을 주었다. 그들은 자녀의 요구사항에 초점을 맞추고, 자녀를 위해 최선을 다하기로 약속했다. 이러한 이해를 통해 그들은 분쟁을 해결하기 위해 변호사와 법률 시스템을 사용하는 것보다 문제를 해결하거나 갈등을 해결하기 위한 안전한 장소로 치료를 사용할 수 있다고 느꼈다.

종종 남아와 여아는 이혼의 스트레스와 전환을 다르게 처리하며, 동성 형제자매는 연령과 발달에 따라 다양한 반응을 보일 수 있다. 부모-자녀 회기 동안 치료사는 아동이 부모에게 감정을 표현하는 데 도움을 줄 수 있다. 희수와 종수가 좀 더 협력적으로 공동양육을 하게 되자 치료사는 각 부모와 자녀와 함께 가족 회의를 가졌다. 가족 회기에서 상민과 지연은 이혼에 대한 슬프고 두렵고 화난 감정을 표현할 수 있었고, 치료사는 각 부모가 응답하도록 코치하여 아이들이 받아들여지고 이해받는 느낌을 갖도록 했다. 또한 치료사는 희수와 종수가 문제가 있는 행동이 근본적인 감정적 의미를 갖는다는 것을 인식하도록 도왔다. 시간이 지남에 따라 이것은 상민의 폭발 행동과 지연의 위축을 감소시켰고, 희수와 종수의 자녀 지원 능력에 대한 느낌을 증가시켰다.

치료 과정에서 희수와 종수는 아이들이 가정 간 이동을 더 잘 처리할 수 있고, 학교 성적이 향상된다는 징후를 보고 있다고 보고했다. 두 사람은 이혼 협상을 놓고 갈등을 겪으면서도 갈등으로부터 아이들을 보호하기 위해 최선을 다했다고 전했다. 또한 아이들은 더 행복해 보였고, 여전히 부모가 다시 모이기를 바라면서도 새로운 일정과 일상에 잘 적응하고 있었다.

결론적으로, 이혼 가정의 대부분의 아이들은 시간이 지남에 따라 새로운 이중 핵가족 형태에 잘 적응한다. 예측가능한 시스템 문제와 이혼의 과도기적 과정을 이해함으로써 부부 및 가족치료사는 내담자가 이러한 변화의 여정과 관련된 일반적인 발달 문제를 성공적으로 협상할 수 있도록 더 잘 지원할 수 있다.

2) 부부 및 가족치료에서 이혼 후 가족

결혼의 40-50%가 이혼으로 끝난다는 사실을 감안할 때(American Psychological Association, 2017), 치료적 관점에서 가족이 이혼 후 직면하는 변화, 도전 및 기회를 고려하는 것이 필수적이다. 이러한 문제는 관계, 확대 가족 및 미래에 대한 계획의 상실을 슬퍼하는 것에서부터 공동 양육 문제, 자녀의 행동 문제, 양육 또는 재정적 준비를 업데이트하기 위해 가정 법원으로 돌아가는 것, 양부모, 의붓 형제 자매, 이복 형제자매 추가에 이르기까지 다양하다. 부부는 관계를 끊고 가족을 분리할 수 있지만, 자녀가 있는 경우 이혼 후 핵가족과 확대 가족 모두 본질적으로 얽혀 있는 경우가 많다. 연령과 시간에 관계없이 이혼 자녀는 부모 별거의 영향을 받는다. 그것이 그들에게 남긴 유산은 가족이 어떻게 스스로를 재정비하고 이혼 후 기능을 배우는가에 따라 크게 달라질 것이다. 가족이 이혼 후 삶의 끊임없이 변화하는 환경을 탐색할 수 있도록 가장 잘 돕기 위해 이혼의 잠재적인 부정적인 영향에 대한 연구와 장기간 이러한 영향을 완화하는 데 도움이 되는 것으로 나타난 중재 및 접근 방식에 대한 기본적인 이해가 있어야 한다. 또한 치료사는 법적 혼인 상태 또는 구성에 관계없이 별거한 가족의 일반적이고 공유된 경험과 이혼 후 가족으로서 각 체제가 구성하는 고유한 상황을 모두 이해하도록 권장된다.

이혼은 결혼 생활을 해산하는 것이다. 그러나 그것은 가족을 해산하는 것은 아니다. Constance Ahrons 박사는 그녀의 저서 The Good Divorce에서 이혼 후 가족을 설명하기 위해 이중 핵가족이라는 용어를 제공하여 현재 일반적인 가족 형태를 정상화하려고 시도한다. Ahrons(1994)에 따르면 이중 핵가족은 원래의 핵가족의 존재를 인정하는 동시에 그들이 현재 한 가구 이상에 거주하고 있음을 인식한다. 이혼 후 가족은 한부모 또는 다세대 가정, 다양한 형태의 재혼 또는 동거 또는 최근에는 둥지(nesting)라고 하는 배열로 구성될 수 있다. 둥지를 아이들은 가족의 집에 머물 수 있고, 부모는 미리 정해진 일정에 따라 안팎으로 순환한다. 이혼한 자녀는 부모와의 관계 및 부모 간의 관계의 질보다 부모가 선택한 생활 방식의 영향을 덜 받는 것으로 보인다(Ahrons, 2007). Ahrons(1994)는 "성인과 자녀 모두 적어도 이혼 전과 같이 정서적으로 풍요로워지는"(p. 2) "좋은 이혼"을 고려한다. 좋은 이혼을 하고 이혼한 부모 사이에 긍정적인 관계를 유지하는 것이 이상적이라고 생각하지만, 항상 가능한 것은 아니며 달성하기가 어려울 수 있다. 공동 양육은 때때로 모든 당사자가 정서적으로 잘 지내도록 하기 위해 저접촉 또는 비접촉 병행 양육으로 대체되어야 할 수도 있다. 이 접근 방식은 여전히 갈등이 심한 이혼 후 가정이나 가정 폭력이 알려져 있거나 존재하는 것으로 의심되는 가정에 유익한 것으로 나타났다(Jaffe, et al., 2008).

(1) 이혼 후 가족생활 관련 연구

이혼 후 가족은 이혼하지 않은 가족과 마찬가지로 주요 생애 단계를 계속 탐색하고 치료를 받으러 올 것이다. 이혼한 자녀는 또래와 동일한 발달 이정표와 어려움을 계속 겪을 것이며, 선의의 관심을 가진 부모가 그들을 위한 치료를 받게 될 것이다. 많은 연구에서 이혼한 자녀가 평생동안 학업, 행동, 관계 및 심리적 문제로 어려움을 겪을 것이라는 것을 보여주지만, 새로운 연구에서는 이러한 어려움이 미리 예정된 것이 아니며, 긍정적인 부모 관계를 통해 완화될 수 있으며, 다양한 장기적인 영향이 있을 것이라고 제안한다(Amato, et al., 2011). 또한, 이혼의 자녀가 된다는 것이 무엇을 의미하는지, 그리고 그 부정적인 영향에 대한 지배적인 이야기는 공유된 경험의 기준을 제공할 수 있지만, 모든 자녀가 부모의 이혼을 인생의 결정적인 순간으로 여기는 것은 아니다(Bernstein, 2007). 부모가 이혼이 자녀에게 비극적이라는 방향을 결정하는 이야기를 받아들이면, 자단순히 연령에 적합한 행동이나 발달일 수 있는 상황에서 자녀가 경험하는 모든 어려움을 이혼의 원인으로 돌리기가 쉬워진다(Ahrons, 1994; Bernstein, 2007). 부모가 긍정적인 공동 양육 관계를 유지할 수 있는 이혼 후 가정은 행동 문제가 적은 자녀를 갖는 것으로 보이지만, 한부모 및 병행 양육 가정의 자녀는 자존감, 학교 좋아함, 삶의 만족도 영역에서 공동 육아 가정과 비슷하게 행동한다(Amato, et al., 2011). 즉, 이혼 유산에 대한 25년의 종단적 연구는 아이들이 각 발달 단계에서 이혼 경험을 재처리할 것이라고 결론지었는데(Wallerstein, et al., 2000), 이는 시작, 결혼, 부모가 되는 것과 같은 전형적인 전환을 악화시킬 수 있다. Wallerstein 등(2000)은 이혼의 성인 자녀들이 부모의 이혼이 부모의 신뢰 능력과 그들의 친밀한 관계 발전에서 발생할 수 있는 미래의 투쟁에 주목하는 관계에 대한 기대감에 영향을 미친다는 것을 발견했다. 또한 변화에 대처하는 것은 이혼한 자녀들에게 문제가 되는 것으로 강조되었다(Wallerstein, et al., 2000).

대부분의 이혼 후 가족은 어느 시점에서 재혼 또는 부모와 동거를 경험할 것이다(Ahrons, 2007). 이중 핵가족에 사람을 추가하는 것은 아동과 성인 모두에게 도전적이고 혼란스러울 수 있다(Ahrons, 1994). 이러한 계부모, 의붓 형제자매, 이복 형제자매, 대가족과의 관계는 자녀와 친부모와의 관계, 새로운 가족 구성원과 보낸 시간, 성격 일치에 따라 달라진다(Ahrons, 2007). 상황을 더욱 복잡하게 만드는 것은 많은 부모가 자녀가 자신과 새로 찾은 사랑으로 인해 행복할 것이며, 가족을 하나로 묶는 것이 간단한 일이 될 것이라고 믿고, 필요한 보살핌을 과소평가한다는 점이다. 그렇지 않을 때, 종종 그러하듯이, 가족 모두는 실망감을 느끼고 괴로움을 경험하는 경향이 있다. 긍정적인 공동 부모가 될 수 있는 부모는 두 부모 모두와 건강한 관계를 유지하는 자녀를 가질 가능성이 더 높고, 의붓 가족 및 친척과 더 긍정적인 관계를 발전시킬 가능성이 더 높다(Ahrons, 2007).

연구에 따르면 이혼 후 가정에서는 아버지가 자녀와 분리될 가능성이 높아진다(Ahrons, 1994, 2007; Wallerstein, et al., 2000). 이것은 자녀와 아버지와의 관계뿐만 아니라 아버지의 대가족과의 관계에도 영향을 미친다(Ahrons, 1994, 2007). 법원이 아버지에게 육아 시간을 제공하는 데 보다 적극적으로 나서고 있지만, 법원에서 의무적으로 정한 시간이 아버지와 자녀 사이의 좋은 관계를 보장하지는 않는다. 아버지는 슬픔, 자녀에게 거부당했다는 느낌, 자녀의 어머니와의 갈등, 새로운 역할에 대한 불확실성, 새로운 파트너의 도입 또는 이러한 이유와 다른 이유의 조합에 이르기까지 다양한 이유 때문에 관여를 끊는다(Ahrons, 1994; Wallerstein, et al., 2000). 아버지와 어머니 모두의 일관된 아버지 개입의 중요성을 강조하는 조기 개입은 비관여의 이유에 관계없이 이러한 발생을 최소화하는 데 도움이 된다.

(2) 부부 및 가족치료사를 위한 특별 고려 사항

이혼 후 가족과 함께 활동할 때, 치료사들은 이러한 가족 형태에 대한 기초적인 연구가 동성결혼이 합법화되기 이전에 주로 백인, 중산층, 이성애 커플을 대상으로 수행되었다는 것을 알아야 한다(Ahrons, 1994, 2007; Wallerstein, et al., 2000). 이것은 다양한 문화적 배경을 가진 이혼 후 가족, 동성 부모가 있는 가족, 또는 세 사람의 동성애 가족(polyamorous family) 형태에 대해 알려진 것을 제한한다. 협력적이고 알지 못하는 입장을 유지하는 치료사는 이러한 이혼 후 가족에게 경험을 공유하고 그들이 상호 정의된 건강한 구조로 이동하는 의미를 만들 수 있는 기회를 제공할 수 있다. 물론 우리나라는 이러한 가족 형태의 존재를 보이는 매우 어렵고, 법적으로도 허용되는 것도 아니기 때문에 치료 현장에서 만나는 것은 거의 없을 것이다.

치료실에 있는 이혼 후 가족들은 수많은 이유로 무수히 많은 방식으로 나타날 수 있다. 학교에서 어려움을 겪거나 갑자기 행동 문제가 있는 아이는, 이혼이나 다른 부모가 문제의 원인이라고 확신하기 때문에, 공황 상태에 빠지고 죄책감에 시달리는 부모가 자녀를 치료실로 데려갈 수 있다. 이혼 후 가족과 함께 활동할 때, 치료사는 가정 법원 시스템과 그것이 치료에서 수행되는 과제와 어떻게 교차하는지에 대한 최소한의 기본적인 이해를 갖는 것이 중요하다. 이혼 판결과 자녀 양육권 계약 또는 둘 중 하나에 대한 수정에는 일반적으로 누가 치료에 참여할 수 있는지, 누가 확인된 내담자를 치료에 데려갈지, 또는 치료를 시작하기 전에 누구의 승인을 받아야 하는지에 대한 규정을 가지고 있다. 높은 갈등이나 법원을 통해 해결할 수 없는 양육 계약, 가정 폭력, 재혼이나 대학과 같은 삶의 전환 등과 같은 기타 문제로 인해 법원에서 위임받은 치료가 될 수도 있다. 보호 명령은 반드시 지켜져야 하며, 또는 다른 법적 결정이 치료 수행 방법에 영향을 미칠 수 있다. 부부 및 가족치료사가 법적, 윤리적으로 그리고 그들의 범위 내에서 실천할 수 있도록 하기 위해서는 가정 법원 시스템에 대한 통찰력과 양육권 계약에 대한 지식이 필수적이다. 또한 이러한 지식과 통찰력은 가족에게 가장 적합한 치료 양식이나 치료적 접근 방식을 결정하는 데 도움이 될 수 있다.

협력적이고 긍정적인 공동 양육 단위는 이혼 후 가족에게 가장 좋은 것으로 알려져 있다(Ahrons, 1994, 2007). 장기적으로 이러한 유형의 부모 단위를 가진 자녀는 평생동안 잘 지낸다. 부부 및 가족치료사는 이혼 후 가족이 된다는 것이 무엇을 의미하는지에 대한 아이디어를 확장하도록 도울 수 있다. 광범위한 관계적 관점은 비록 부모의 결합이 해체되더라도 이혼 후 가족이 자신과 서로의 관계를 보는 방식을 바꿀 수 있다. 그러한 개입의 시기는 어려울 수 있다. 이혼이 얼마나 새로운지, 결혼이 해산된 이유, 가족을 치료하게 만든 현재의 위기, 가족 내 폭력의 역사, 치료에 참여하려는 다른 당사자들의 의지를 고려해야 한다. 이것은 불가능하다는 의미가 아니라 섬세하고 잠재적으로 긴 과정일 수 있다는 의미이다. 상처가 치유되고 의사소통이 향상되며 아이들의 웰빙이 우선 순위를 되찾음에 따라 시간은 종종 긍정적인 공동 부모를 개발하는 데 도움이 될 수 있다.

모든 이혼 후 가족에 자녀가 포함되는 것은 아니다. 치료사는 이혼을 극복하기 위해 고군분투하거나, 그들이 새로운 관계로 나아가기 전에 이혼에 대한 감정, 생각 및 신념을 처리해야 하는 개인을 볼 수 있다. 결혼이 해체된 이유는 이혼 후 개인에 대한 치료 방향을 결정하는 열쇠가 될 수 있다. 예를 들어, 불륜과 관련된 이혼은 원만한 이혼과는 다른 치유 방법이 필요하지만, 둘 다 슬픔과 상실을 해결하는 데 어느 정도의 노력이 필요할 것이다. 또한, 새로운 관계 또는 재혼은 과거의 상처나 불안을 유발할 가능성이 있으며, 이는 치료사가 부부 치료에서 내담자의 이혼을 조사해야 할 수도 있다. 이혼은 치료 과정이 필요할 가능성이 있는 상호 자녀를 통해 전 파트너와 영원히 묶이지 않고 떠날 수 있는 사람들에게도 유산을 남긴다.

이혼 후 가족과 함께 활동하는 것은 많은 치료사의 자기 문제를 유발할 가능성이 있다. 치료사가 이혼한 자녀이든, 이혼한 부모이든, 이혼을 겪고 있는 사람이든, 이혼이 종교적 신념에 반하는 개인이든, 아니면 단순히 이혼 후 가족이 어떻게 기능해야 하는지에 대해 강한 신념을 가진 사람이든 간에, 개인적인 촉발이 치료사의 가족과의 과제에 영향을 미칠 수 있는 많은 영역이 있다. 이혼 및 이혼 후 가족에 대한 자신의 믿음을 조사하면 가능한 원인을 찾는 데 도움이 될 수 있다. 이혼 및 이혼 후 가족에 대한 자신의 경험을 통해 활동하는 것은 방아쇠에 대한 인식을 높이고 내담자와 그들의 상황에 대한 공감을 높일 수 있다.

3) 이혼 내담자를 돕는 방법

누군가가 이혼을 하게 되면 그들은 종종 위기 상태에 빠진다. 그들은 결혼 생활이 끝난 것에 대해 분노하고 슬퍼하며 자녀와 자신의 미래에 대해 극도로 걱정한다. 이 모든 것이 스트레스, 불안, 우울증의 원인이 될 수 있다. 다음은 내담자가 이혼 절차를 진행하면서 스트레스를 완화하는 데 도움이 되는 방법이다.

첫째, 이혼 내담자에게 슬픔의 단계에 대해 가르친다. 이혼 내담자는 온전한 가족, 특정 생활 방식, 같은 사람과 함께 늙어가는 것과 같은 자신의 삶에 대한 비전을 버려야 한다. 사람들이 그들의 이혼에 대해 만성적으로 슬프고 화를 낼 때, 그들은 결혼 생활의 끝을 제대로 슬퍼하지 않았기 때문에 갇혀 있다. 내담자는 부정, 분노, 협상, 우울, 수용과 같은 슬픔의 다섯 단계에서 자신이 어디에 있는지 이해하도록 하여 경험을 정상화하고 특정 단계에 갇혔을 때 깨달을 수 있도록 한다.

둘째, 이혼 내담자가 이혼의 발달 과제를 습득하도록 돕는다. 분노와 자기 연민에 사로잡힌 내담자는 이혼의 발달 과제, 즉 비난에서 책임으로 이동하는 것을 습득하지 못했다. 분노와 자기 연민은 이혼의 트라우마에 대한 일반적인 반응이지만, 이러한 감정은 사람들이 앞으로 나아가지 못하게 할 것이다. 더 많은 내담자가 전 배우자에게 집착하는 것에서 문제에 대한 자신의 역할을 책임지는 것으로 전환할 수 있을수록 더 많은 권한을 갖게 될 것이다.

셋째, 효과적인 의사소통 전략을 가르친다. 특히 이메일과 문자를 통한 의사소통이 원활하지 않으면 갈등이 심한 이혼을 하게 된다. 내담자에게 효과적인 의사소통 프로토콜을 사용하여 갈등을 최소화하는 방법을 가르쳐야 한다. 간결하고, 유익하며, 의견과 감정이 없으며, 어조가 중립적이며, 협상하지 않고, 확고한 의사소통 전략을 가져야 한다. 또 다른 촉발되는 느낌이 들 때 응답을 보내지 말아야 한다.

넷째, 갈등이 심한 이혼에서 공동 양육에 대해 현실적이 되어야 한다. 갈등이 심한 성격을 가진 사람들은 종종 효과적으로 공동 양육을 할 수 있는 유연성과 감정 조절 기술이 부족하다. 갈등이 심한 많은 이혼에서 공동 양육에 필요한 의사소통의 양은 더 많은 드라마를 만든다. 공동 양육이 실행가능하지 않을 수 있음을 인정하여 내담자의 경험을 확인하고 대신 제한된 접촉, 별도의 생일 파티, 학부모-교사 회의, 집마다 다른 규칙과 같은 병행 양육을 조언한다. 관계가 개선되고 이러한 유형의 설정이 아이들을 외상으로부터 더 잘 보호할 수 있을 때까지 실행가능한 해결이다.

다섯째, 이혼 내담자가 정서적 반응을 관리하도록 돕는다. 이혼 트라우마는 사람들을 지나치게 경계하고 매우 민감하게 만들 수 있다. 거의 일정한 과각성 상태에 있으면 이혼 합의를 협상하고, 효과적으로 공동 부모가 되고, 정상적으로 기능하는 것을 어렵게 만들 수 있다. 내담자에게 마음챙김, 명상, 일지 쓰기, 운동과 같은 정서적 반응을 조절하는 대처 기술을 가르친다. 높은 갈등이 효과적인 공동 양육을 방해하는 경우 부모에게 병행 양육(parallel parenting; 이혼한 부부가 서로 보지 않고 양육 의무를 다하는 형태) 기술을 가르친다.

여섯째, 이혼 내담자에게 전 파트너를 통제할 수 없다고 가르친다. 당신의 내담자가 전 배우자가 하는 일을 통제하려 한다면 이혼을 받아들이고 계속 나아갈 수 없을 것이다. 전 배우자에게 몰두하는 것은 개인적인 책임과 현재 상황에 대처하는 것을 회피하는 방법이다. 내담자가 상담 중에 전 배우자에 대해 집착할 때, 내담자가 실제로 통제할 수 있는 것, 즉 자신의 행동을 확인하도록 돕는 동안 내담자의 무력감을 확인한다.

일곱째, 내담자가 새로운 정체성과 삶의 계획을 세울 수 있도록 돕는다. 이혼은 본질적으로 불안정하고 정체성 위기를 유발할 수 있다. 부부와 온전한 가족의 일원이 아닌 지금 나는 누구인가? 애도 과정을 촉진하고, 가치를 분명히 하고, 새로운 목표를 설정함으로써 내담자가 견고한 이혼 후 정체성을 형성하도록 돕는다.

Chapter 14

가족미술치료사례 Ⅲ

1. 다세대 가족의 특성

삼세대 가족이란 이세대 이상의 성인이 한 지붕 아래 함께 사는 다세대 가족 가구를 말한다. 여기에는 일반적으로 조부모, 부모, 자녀가 포함된다. 또한 모든 세대가 함께 살고 있는 것은 아니지만 조부모가 어린아이들을 돌보고 양육하는 데 큰 영향을 미치는 다세대 가정을 포함한다.

1950년대와 1960년대에 도입된 이래로, 가족치료에 대한 다세대적 접근은 이 분야에서 중심적인 역할을 담당해 왔으며, 다양한 분위기와 강조를 반영하고 있지만, 그들의 기본 주제는 일관성을 유지하고 있다. 가장 중요한 것은, 다세대 이론과 그와 관련된 중재는 가족 체제에서 정서적 과정이 세대 간 개인과 가족 발전의 궤적에 영향을 미치는 역동성을 형성한다는 개념에 기초하고 있다. 이러한 근본적인 관계 패턴은 가족 구성원 개개인이 변화, 성장, 사망하더라도 한 세대에서 다음 세대로 지속되고 혼합된다. 부모의 심리적 존재가 어떤 식으로든 자녀에게 필연적으로 영향을 미칠 것이라는 개념은 새로운 것이 아니지만, 다세대 전달 과정의 개념은 문제와 패턴이 부모로부터 자녀에게 전해지는 것일 뿐 아니라, 오히려 모든 구성원이 훨씬 더 크고 역동적인 정서의 일부라는 생각을 넘어선다. 즉, 가족은 별개의 핵 실체가 아닌 지속적인 다세대 체제로 간주된다.

"다세대(multigenerational)"라는 용어는 삼세대 이상의 가족에 초점을 맞춘 접근 방식을 의미하는 것으로, "융합세대(transgenerational)" 및 "세대 간(intergenerational)"도 때때로 사용된다. 이러한 전통 내에서 활동하는 치료사는 대가족을 포함하고, 현재 기능을 형성하는 데 세대 간 과정의 역할을 고려하고, 개인 및 가족 구성원과 함께 활동하도록 개념적 범위를 확장하는 경향이 있다. 다세대 이론가들은 개인이 부모에 대한 해결되지 않은 정서적 반응을 가지고 다니며 새로운 관계에 들어갈 때마다 동일한 패턴을 반복하기 쉽게 만든다고 주장한다. 이러한 원가족과의 미해결 문제는 다세대 가족 체제와 연계하여 성장하는 과정에서 가장 중요한 미해결 과제로 여겨진다(Nichols, 1984).

Murray Bowen, Ivan Boszormenyi-Nagy, James Framo, Betty Carter, Monica McGoldrick 등은 세대 간 가족 과정에 대한 이해와 활동을 강조하기 위해 핵가족을 넘어 대가족 체제 접근 방식을 개발하는 데 앞장서 왔다. 가족치료에 대한 그들의 다세대 접근 방식은 개인, 부부, 핵가족, 대가족 체제에 개입할 때 활용될 수 있다. 모든 사람들은 개인이 그들의 확대된 원가족의 정서적 영역 내에 존재한다고 주장하며, 현재는 부분적으로 세대를 거쳐 내려온 가족 관계 과정에 의해 형성된다. 그들의 활동은 최근 수십 년 동안 미국과 해외의 임상 연구자들이 이러한 이론의 기본 개념을 검증하는 데 진전을 이루면서 학계 연구자 및 교육 프로그램의 주목을 받았다.

Bowen, Boszormenyi-Nagy, Framo는 한 분야로서 세대 간 가족치료의 선구자로 간주된다. 세 사람 모두 정신분석학적 훈련을 받았고, 그들의 이론적 혁신은 그 훈련과 조현병과 기타 심각한 정신 질환이 있는 가족과의 활동에 의해 형성되었다. 따라서 1950년대와 1960년대에 개인에 대한 새로운 이해를 달성하고자 하는 일련의 접근법인 Bowen의 가족체제치료, Boszormenyi-Nagy 맥락적 가족치료, Framo의 가족치료가 등장했다. 이 이론가들 사이의 또 다른 공통점은 치료사가 이 과정을 통해 다른 사람들을 이끌기 위한 전제 조건으로 그들 자신의 다세대 가족 체제 내에서 스스로 활동할 필요가 있다는 것이다(즉, 통찰력을 얻고, 감정적으로 반응성이 낮아지며, 부모들과 다시 관계를 맺는 것).

가족치료에 대한 다세대 접근 방식에 따르면 복잡한 사회 집단의 기본 구성 요소는 다세대 가족이다. 다세대 과거의 맥락에서 가족을 고려할 때 예측가능한 패턴이 나타나기 시작한다. 사람은 세대에 따라 이동할 수 있지만 이러한 패턴은 시간이 지남에 따라 지속되는 것으로 생각된다(Kerr, 1983). 사실, 가족과의 관계는 그들이 더 이상 살지 않을 때에도 지속되며, Framo(1992)의 원가족 치료에 관한 책에서 브로드웨이 연극의 첫 인용문에서 강조된 바와 같이: "죽음은 삶을 끝내지만, 결코 찾지 못할 수도 있는 어떤 해결에 대한 생존자의 마음속에서 투쟁하는 관계는 끝나지 않는다."(Anderson, 1970). 더욱이, 관계 패턴은 본질적으로 세대를 초월하는 경향을 가지며, 미래 세대로 영속되는 것으로 간주된다(Framo, 1992). Bowen, Boszormenyi-Nagy, Framo는 모두 원가족의 관계에서 "거미줄을 제거"할 수 있을 때만 우리가 현재의 관계에서 자유롭게 성장하고 개선할 수 있다는 생각을 강조한다.

진화론적 관점에서 인간은 생존과 정서적, 심리적 안녕을 위해 관계에 의존하는 깊은 사회적 존재이다. 생애 초기에 주요 사회 집단에서 추방되거나 고립되면 자원에 대한 접근이 제한되고, 환경 위협에 대한 취약성이 증가하는 끔찍한 결과가 발생한다. 성인이 되어서도 사회적 접촉이 줄어들면서 발생하는 증상은 타인과의 사회적, 심리적 근접성을 유지하는 기능을 하는 것으로 생각된다. 예를 들어, 외로움과 사회적 고립의 결과는 스트레스를 관리하고, 자기 조절 능력을 손상시키고, 신체적, 정신적 건강 문제로 이어질 수 있다(Cacioppo, Berntson, Sheridan, & McClintock, 2000; Shonkoff et al., 2012). 이를 염두에 두고 가족치료에 대한 다세대 접근은 특정 개별 증상 및 증후군보다는 세대에 걸친 가족 관계 체제의 정서적 연결 패턴을 이해하는 데 중점을 둔다. Framo(1992)가 적절하게 지적한 바와 같이, 증상은 복잡하고 지속적인 복합체의 사소한 부분일 뿐이다.

자연계 이론에 근거한 Bowen의 접근 방식은 가족을 기능의 정서적 단위로 개념화한다. Bowen 이론은 핵가족과 대가족 체제의 세대에 걸쳐 작용하는 정서적 과정을 기반으로 인간 정서 체제의 기능을 이해하기 위한 틀을 제공한다. Bowen 이론의 중심에는 균형을 이루는 두 가지 생명력이 있다. 즉, 자급자족하고 독립적이고 자율적인 개인이 되려는 본능적 충동에 기반을 둔 개성을 향한 힘과 다른 사람과 집단의 일부와 연결되려는 본능적 요구에 기반을 둔 공생을 향한 힘이다. 자율성과 개인의 웰빙을 동시에 추구하는 동시에 공생을 향한 우리의 고유한 추진력의 균형을 맞추는 이 개념은 다세대 이론에서 반복되는 주제이다. Bowen(1978)은 이러한 현상을 가족 관계 체제의 기본 속성인 자아 분화로 간주했으며, 이는 중요한 관계에서 명확한 자아 의식을 유지하면서 친밀감을 경험할 수 있는 능력을 반영한다. 세대에 걸쳐 우리 가족의 분화 수준은 낭만적인 파트너 선택에 영향을 미치고, 선택한 핵가족에서 펼쳐지는 정서적 과정을 형성하는 것으로 생각된다. 또한 Framo(1970)는 자율성과 타인에게 받아들여져야 하는 우리의 욕구 사이의 지속적인 갈등을 강조했으며, 이것이 심리적 고통의 주요 원인이라고 믿었다. Boszormenyi-Nagy는 관계에서 공정성의 불균형과 신뢰성 붕괴의 결과로 나타나는 "역기능(dysfunction)"이 아닌 "분열(disjunction)"라고 부르는 문제를 개념화했다.

Boszormenyi-Nagy는 자신의 상황적 가족치료에서 "개인은 별개이고 독특한 생물학적 실체이지만, 각 개인의 삶은 사회적 맥락에 대한 참조를 통해 역동적으로 의미를 도출"하기 때문에 특정 치료적 접근을 언급할 때 "맥락"이라는 단어를 사용하기로 구체적으로 선택했다(Boszormenyi-Nagy & Krasner, 1980). Boszormenyi-Nagy는 시간이 지남에 따라 나타나는 다세대 패턴을 강조하는 것 외에도, 관계적 공정성 개념을 개인 및 가족 역동성을 개념화하는 중요한 부분으로 통합했다. Boszormenyi-Nagy의 맥락적 가족치료는 관계 윤리와 거래, 개인 심리학, 생물학을 포함하므로 통합적 접근 방식을 취한다. Boszormenyi-Nagy에 따르면 "맥락"의 네 가지 주요 구성 요소는 다음과 같다. 즉, 1) 출생, 결혼, 이혼, 유전, 문화적 구성 요소와 같이 의심의 여지 없이 발생하거나 존재하는 사실, 2) 개인 심리학, 3) 사람들이 지속적으로 상호작용하는 방식인 체계적인 거래 또는 거래 패턴, 4) 자신의 이익과 다른 사람의 이익을 동등하게 고려하는 것 사이의 균형인 관계 윤리 등이다(Boszormenyi-Nagy & Krasner, 1980, 1986; Nelson, 2003).

1950년대와 1960년대에 Boszormenyi-Nagy와 긴밀히 협력한 Framo는 다세대 가족치료에 대한 대상관계 접근 방식을 개발했으며, 여기서 그는 가족 문제가 결혼 문제와 아동 문제에서 어떻게 역할을 하는지에 초점을 맞추었다. 구체적으로, Framo는 자신의 활동 목표를 "역동적 및 체제적 개념, 정신 내적 차원과 대인관계 차원을 통합하여 개인과 사회적 사이의 개념적 다리를 제공하는 것"이라고 설명했다(Framo, 1992). 투사적 동일시의 대상관계 개념은 그의 접근 방식과 특히 관련이 있는데(Framo, 1970, 1992; Nelson, 2003), 원가족 치료의 목표 중 하나는 부정적인 내사(negative introjects: 무의식적으로 자기 것으로 받아들인 부정적인 것) 또는 현재 관계에 있는 사람들에게 투사하는 초기 보호자의 내적 표상을 확인하는 것이기 때문이다. 원가족에서 해결되지 않은 문제를 해결함으로써, 현재의 친밀한 관계에서 더 건강하고 진정한 방식으로 자유롭게 성장할 수 있다는 아이디어이다. Framo는 부모와 성인 자녀가 다른 중요한 관계에서 앞으로 나아가는 것을 방해하는 미완의 일을 처리하는 데 초점을 맞춘 긴 회기에 가능한 한 함께 모이는 것을 지지한다.

융합세대(transgenerational) 또는 세대 간(intergenerational) 가족치료는 일반적으로 이 세대 이상에 걸친 역동에 주의를 기울이는 것이다. 구조적 또는 전략적 치료와 같은 다른 가족치료가 현재에는 두 세대(예: 부모-자식)에 걸친 역동에 주의를 기울일 수 있지만, 다세대 치료는 과거가 현재에 미치는 영향에 더 관심이 있다. 이러한 치료법은 개별 병리학에 대해 배우는 데 관심이 없다. 오히려 그들은 가족이 가족 구성원의 건강한 발달을 방해하고, 예측가능한 문제를 일으키는 방식으로 스트레스에 반응하고, 행동 패턴을 개발하는 방법에 관심이 있다. 특정 패턴이 어떻게 발전하는지 이해하고, 과거 문제를 해결하고, 가족과 상호작용하는 방식을 변경함으로써 문제가 있는 개인과 가족은 증상을 포함하지 않는 새로운 상호작용 방식을 개발할 수 있다.

주요 인물이 다세대 가족치료에서 확인된다. Murray Bowen(Bowen 가족체제이론)과 Ivan Boszormenyi-Nagy(맥락적 가족치료)가 가장 주목받는 이론가이다. James Framo도 이 범주에 포함되며 간략하게 논의할 것이다. 융합세대(transgeneration)가 어떻게 정의되는지에 따라 Carl Whitaker도 다세대에 초점을 맞추기 때문에 다세대 치료사로 간주된다. 그러나 그는 상징적 경험과 정신역동적 동기를 기반으로 사람들이 상호작용하는 방식에 초점을 맞추기 때문에 주로 체험적 치료에 관한 논의에 포함된다.

2. Bowen의 가족체제이론

Murray Bowen은 제2차 세계 대전에서 의사로서 정신의학에 관심을 갖게 되었다. 전쟁이 끝난 후 그는 캔자스 주 토피카에 있는 유명한 메닝거 클리닉(Menninger Clinic)에서 훈련하고 활동했다. 메닝거 클리닉은 정신의학에서 고전적인 정신분석 기법을 사용한 두 형제에 의해 설립되었다. Bowen은 그가 종종 메닝거의 역동성에 혼란과 덫에 걸렸다는 것을 발견했으며, 형제와 직원이 환자와 다른 직원을 "미친 짓(crazy-making)" 상호작용에 참여시키는 방식에 특히 괴로워했다. 또한 Bowen은 여행 중일 때 클리닉에서 진행 중인 일에 대해 더 명확하게 생각할 수 있었지만, 직장으로 돌아오자마자 역기능 과정으로 빠르게 되돌아갔다.

또한 Bowen은 자신이 원가족과 함께 있지 않을 때 자신의 가족 역동에 대해 더 명확하게 생각할 수 있음을 알아차렸다. 그는 가족 구성원이 문제에 대해 그 사람에게 직접 이야기하지 않고 종종 다른 가족 구성원에 대해 불평한다는 것을 알아차렸다. 다시 말하지만, 그는 아무도 그와 의사소통하지 않을 때 무슨 일이 일어나고 있는지 명확하게 생각할 수 있지만 그들과 상호작용할 때 더 어려움을 겪었다.

이론가로서 Bowen은 정신 질환자가 가족 융합 또는 미분화된 자아 덩어리의 패턴에 사로잡혀 있어서 그들이 특징적으로 결함이 있거나 병이 있는 것이 아니라 가족의 증상을 가지고 있다고 가정했다. 따라서 그는 개인이 아닌 정서 체계를 치료하기 위해 가족 전체를 입원시켰다.

1) 핵심 개념

① 자아 분화

Bowen 이론의 특징적인 개념인 자아 분화는 강한 정서 체계와 연결을 유지하면서 강한 자아 의식을 유지하는 개인의 능력을 나타낸다. 자신이 생각하고 느끼는 것을 체제 역동과 분리하여 구분할 수 있기 때문에, 개인은 가족 구성원의 과도한 영향 없이 자신의 의견을 갖고 개인적인 판단에 따라 행동할 수 있다. 분화된 자아를 가진 사람은 다른 사람의 의견과 조언을 사용할 수 있지만 독립적인 결정을 내린다. 자아 분화는 성격적 특성이라기보다는 가족 역동의 과정이자 일부이다. 이 과정은 가족, 친구, 직장 등 다양한 체제에서 관찰할 수 있다.

가족으로부터 자아의 분화와 밀접하게 관련되어 있는 것은 정서로부터 사고의 분화 개념이다. Bowen은 이것이 생물학적, 생리적, 정신적 과정이라고 믿었다. 사람이 정서와 사고를 구별할 수 있는 정도까지는 정서 체계의 강도에 반응하기보다는 행동에 대한 결정을 내릴 수 있다.

분화의 반대는 융합(fusion)이다. Bowen은 개인이 친밀감과 자율성에 대한 욕구의 균형을 지속적으로 유지하고 있다고 믿었다. 자율성이 없으면 개인은 다른 사람과 융합되어 스스로 생각할 수 없다. 개인은 다른 사람의 의견과 바람에 쉽게 좌우된다. 다른 사람들과 친밀감을 원하고, 연결되고, 이해되고, 중요하다고 느끼는 자연스러운 경향이 있다. 동시에 너무 많은 융합에 대한 자연스러운 혐오감이 있어 개인이 자율성을 잃기 시작하면 불안해진다. 융합 불안은 분라되고, 자아 분리를 개발하기 위해 노력하고, 분화하려는 동기이다. Bowen은 가장 분화된 사람이라도 충분한 스트레스를 받으면 증상이 나타날 수 있다고 믿었다. 보다 분화된 사람들은 스트레스로 인한 심각한 증상이 나타날 가능성이 적고, 증상이 나타날 때 더 빨리 회복할 수 있다. 반응적이기보다 반응적일 수 있는 능력은 사람이 무엇을 할지에 대해 더 쉽게 사려 깊은 결정을 내릴 수 있도록 한다. 그 사람에게 정서가 존재하지 않는다는 것이 아니라, 그 정서가 그 사람의 사고를 마비시키거나 억제하여 충동적인 행동으로 이어질 가능성이 적다는 것이다. 예를 들어, 분화된 사람은 특정 상황에서 여전히 화를 내지만, 그것에 대해 생각한 후에 무엇을 해야 할지(예: 물러나거나, 침착하게 말하거나, 소리를 지르거나, 심지어 신체적으로 행동하기까지) 결정할 가능성이 더 높다.

Bowen은 자아 분화를 연속체로 이야기했으며, 0(분화 없음)에서 100(총 분화)까지의 척도에 대해 썼다. 그는 나중에 이것을 후회했다. 왜냐하면 그것이 사람들로 하여금 개인의 개념을 수량화하려고 시도하게 만들었기 때문이다. Bowen은 보다 분화된 개인과 체제와 덜 분화된 개인과 체제를 구별하는 특성에 더 관심이 있었다. 또한 그는 척도의 하한이 자율성이 결여된 것이 특징인 것처럼 척도에 대해 썼다. 이것은 그가 쓴 것에 대한 합리적인 이해이지만, Bowen의 생각은 훨씬 더 복잡하다. 그는 삶의 대부분의 어려움이 개인이 정서에 의해 지배되고 다른 사람의 선의에 의존하기 때문에 발생한다고 믿었다. 시간이 지남에 따라 개인은 의존적이기보다는 더 자율적이고 상호 의존적이 된다. 따라서 개인은 스스로 행동할 가능성이 더 크다. 그러나 개인은 항상 다른 사람의 의견에 다소 민감하며, 이는 명확하게 생각하는 능력에 영향을 미친다. 개인이 미해결 분화 문제를 가지고 있는 한, 개인은 정서와 다른 사람들이 그들이 하기를 원하는 것으로 믿는 것에 의해 반응적인 방식으로 지배된다. 개인은 자신이 느끼는 것에 초점을 맞추지 않고 정서적 긴장 상태에서 생각할 수 있는 능력을 행사해야 한다.

그러나 Bowen은 사림들이 잘 정립된 친밀한 관계에 있어야 하고, 스트레스를 받는 상황에서도 이러한 관계를 활용할 수 있어야 하며, 기본적인 인간의 욕구와 상호작용의 일부로 이러한 관계를 감사하고 즐길 수 있어야 한다고 믿었다. 그의 글에서 그는 친밀함이 분화의 중요한 부분이며, 분화와 자율성은 같은 것이 아니라고 믿었다는 것이 분명하다. Bowen은 또한 기본 자아(basic self)와 유사 자아(pseudoself)에 대해 이야기했다. 기본 자아는 안정적이며 일상적인 상황에 덜 영향을 받는다. 기본 자아는 핵가족 투사 과정을 통해 형성되며, 어린 시절 이후에도 크게 변하지 않는다. 반면에 유사 자아는 특정 상황에 따라 자아 감각을 구별하는 능력이다. 유사 자아의 개념은 성숙도나 성격에서 명백한 변화를 설명한다. 유사 자아는 개인이 어떤 상황에서 오만한 사람으로 간주되지 않고, 지나치게 자신하거나 유치한 사람으로 간주되지 않고, 어린이 또는 특정 친구와 어리석은 행동을 할 수 있는 방식과 관련이 있다.

마지막으로 Bowen은 사람들이 비슷한 수준의 자기 분화를 가진 사람들과 결혼하는 경향이 있다고 믿었다. 새로 결혼한 부부는 가장 미분화되거나 융합된 상태에 있다. 즉, 새로 결혼한 사람들은 그들의 하나됨과 서로의 바람과 욕망에 엄청난 영향을 받으며, 서로의 체제적 욕구에 상당히 취약하다. 부부의 한 구성원은 아마도 정서적으로 더 안정적인 행동을 함으로써 다른 구성원보다 더 분화된 것처럼 보일 수 있지만, 이는 기본적 분화라기보다는 유사 분화의 영향 때문이다.

요약하면 자아 분화는 Bowen 이론의 핵심이다. 이 개념은 생각과 감정을 구별하는 심리적 능력과 자신을 타인과 구별하는 관계적 능력을 모두 설명한다. 또한 자율성과 친밀감을 모두 유지하는 능력을 설명한다. 이 능력은 기본적 자아 수준, 스트레스와 불안의 양, 상황의 정서적 특성의 세 가지에 달려 있다.

② 삼각관계

Bowen은 자연에서 모든 것은 여러 세대에 걸친 인간관계를 포함하여 다른 것들의 영향을 받으며, 이것은 선형적 과정이 아니라 전체론적이거나 체계적 과정이라고 믿었다. 그는 물리학의 유추를 사용하여 체제의 스트레스와 갈등의 양에 따라 이인 체제가 불안정하다고 설명했다. 그가 강조한 것은 체제에서 개인이 아니라 전체로서 체제에 대한 것이다. 그는 충분한 스트레스와 불안이 주어진 모든 체제는 삼각관계를 형성하여 안정화를 시도할 것이라고 믿었다. 체제의 가장 작은 안정적인 단위인 이러한 삼각관계는 한 개인 또는 두 개인이 제3자를 관계로 끌어들여 형성될 수 있다. 삼각관계의 세 번째 부분은 일, 취미 또는 문제가 될 수 있다. 모든 체제는 삼각관계를 형성하며, 때로는 이것이 좋은 것이다. 예를 들어, 말다툼을 하는 부부는 자녀 중 한 명이 그들에게 들려주는 흥미로운 이야기에 일시적으로 정신이 팔려 자기들의 의견 불일치보다는 그 이야기에 대해 이야기하는 데 몰두하게 될 수 있다. 심지어 그들은 그들의 의견 불일치를 피하기 위해 그 이야기를 이용하는 것처럼 보일 수도 있다. 그러나 시간이 지나면 둘 다 좀 더 차분해지고 명확하게 생각할 수 있게 되면 차이를 아주 쉽게 해결할 수 있다.

만약 삼각관계의 세 번째 부분이 사람이면, 이 사람은 호의를 받을 수 있고, 스트레스가 높을 때 특별한 특권이나 지위를 누릴 수 있다. 스트레스가 줄어들면 이 사람은 "이상한 사람"이 되어 불안을 줄이기 위해 다른 사람과 삼각관계를 맺을 수 있다. 이러한 방식으로 체제는 체제 주위를 동적으로 움직이는 스트레스, 불안, 긴장이 있는 여러 개의 맞물린 삼각관계로 구성된다. 문제는 항상 같은 사람, 문제 또는 문제와 관련된 견고한 삼각관계가 있거나 삼각관계가 체제가 차이점을 직접 처리하지 못할 때 발생한다. 예를 들어, 삼각관계는 이전 단락에서 설명한 것처럼 온화할 수도 있고, 불륜, 약물 또는 알코올 남용과 같이 파괴적일 수도 있고, 증상이 나타날 정도로 어린이나 다른 사람과 관련된 것일 수도 있다.

이러한 삼각관계 유형은 동맹적 삼각관계, 중재적 삼각관계, 갈등적 삼각관계로 구분할 수 있다. 이 가운데 가장 많이 발생하는 것이 동맹적 삼각관계이다. 동맹적 삼각관계는 아내와 남편이 갈등이 있고, 아이들도 은연 중에 아빠나 엄마를 무시하는 행동을 나타내는 경우이다. 중재적 삼각관계는 부부 갈등 상황에서 부부가 서로 의사소통을 하는 것이 싫으면, 아이들에게 "아빠한테 전화해봐", "엄마한테 이렇다고 전해" 등과 같이 자녀가 부부 사이의 중재 역할을 하게 되는 것이다. 갈등적 삼각관계는 모든 가족 구성원이 서로 미워하고 증오하는 갈등 상태로 가족 해체 직전의 단계로 볼 수 있다.

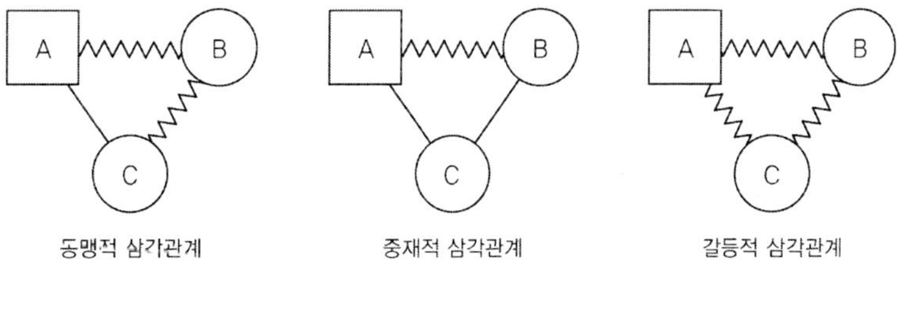

동맹적 삼각관계 중재적 삼각관계 갈등적 삼각관계

③ 핵가족 정서 과정

개인과 가족은 불안을 줄이기 위해 스트레스를 다루는 전형적인 패턴을 발달시키며, 흔히 핵가족 정서 과정(nuclear family emotional process)이라 한다. 이러한 각 패턴은 적절하고 유연하다면 유용할 수 있다. 반면에 심하게 또는 독점적으로 사용하면 해로울 수 있다. 온화한 형태의 각 패턴은 정서를 식혀 사고 과정을 더 잘 활용할 수 있도록 한다. 사람들은 정서적으로 뜨거워지면 대안을 생각하기 어렵고 쉽게 반응한다. "나는 단지 명확하게 생각할 수 없었습니다"가 이것의 예이다. 사람들이 명확하게 생각할 수 있을 때 정서를 더 쉽게 통제할 수 있고(무시하거나 묻지 않고), 보다 많은 문제보다는 바람직한 결과로 이어질 가능성이 있는 행동을 선택할 수 있다. 반응성(reactivity)은 거의 도움이 되지 않는다.

Bowen이 설명한 불안을 줄이는 첫 번째 패턴은 갈등이다. 의견 차이가 있을 때 사람들은 그것에 대해 합리적으로, 격렬하게, 또는 극단적으로 폭력적으로 이야기할 수 있다. 부부는 저녁 식사 장소에 대해 의견이 다를 수 있다. 그들은 다른 사람이 마지막에 선택해야 했기 때문에 한 사람의 선택을 따르기로 결정할 수 있다. 그 과정은 해결에 이르고 건강한 과정이다. 그들이 갈등을 다룰 수 있는 또 다른 방법은 욕설과 상처받은 감정으로 토론을 악화시키는 것이다. 이 경우 한 사람은 자신의 자율성을 희생하면서 더 이상의 갈등을 피하기 위해 굴복할 수 있다. 갈등은 과거의 상처와 문제를 포함하는 열띤 논쟁으로 이어질 수 있으며 정신적, 정서적 또는 신체적 폭력으로 악화될 수 있다. 폭력적인 논쟁의 비이성적으로 보이는 "원인"에 대해 듣는 것은 종종 당혹스럽다.

두 번째 패턴은 한 사람에게 증상이 나타나는 것이다. 증상은 신체적, 정서적, 또는 정신적이거나 사회적일 수 있다. 예를 들어, 한 사람은 두통이 생기거나 우울해질 수 있다. 다른 사람은 불안해하거나 알코올에 의존할 수 있다. 만성적인 해결되지 않은 불안의 극단적인 경우에, 한 사람은 "스트레스 두통", 만성 요통 또는 심장병이나 암과 같은 심각하거나 치명적인 상태로 발전할 수 있다. Bowen에 따르면, 세대에 걸친 경직된 가족 패턴은 개인을 생리학적으로나 정서적으로 어떤 종류의 증상에 취약하게 만들 수 있다. 그것이 치료사가 가족 구성원 심장 문제, 우울증과 같은 "신경성" 상태, 또는 알코올 중독 및 약물 남용과 같은 가족의 질병 패턴을 보는 방법이다. 사회적 증상에는 알코올 또는 약물 남용 및 관련 활동과 같은 사건, 법률 문제 또는 열악한 학교 또는 직장 성과가 포함된다. 많은 사람들은 신체적, 정신적, 사회적 문제를 이런 식으로 생각하는 데 익숙하지 않다.

Bowen이 설명하는 세 번째 패턴은 거리두기이다. 가장 온화하고 가장 도움이 되는 형태의 거리두기는 관련된 사람들이 동의한 타임아웃과 같은 단순한 것을 의미할 수 있다. 도움이 되지 않는 갈등의 확대를 방지하기 위해 일시적으로 불안을 줄이는 방법이 될 수 있다. 적당한 형태에서 거리를 두는 것은 사람들이 더 불안해지지 않도록 할 뿐만 아니라, 더 친밀한 관계를 발전시키는 것을 막는다. 가장 극단적인 형태의 거리두기는 이혼을 의미하거나 중요한 사람들과의 단절을 의미할 수 있다.

핵가족 정서 과정의 네 번째 패턴은 삼각관계 맺기로, 이인 체제에서 긴장이나 불안이 증가할 때 발생한다. 한 사람 또는 두 사람 모두 불안이 퍼질 수 있는 제삼자를 참여시켜 불안을 줄이려고 시도한다. Bowen은 원래 이 아이디어를 어린이의 참여로 제한했지만, 치료사는 이 과정이 다른 사람, 활동, 문제를 포함할 수 있음을 인식하게 되었다. 가장 가벼운 형태의 삼각관계는 불안을 유발하는 스트레스로부터 일시적으로 주의를 분산시키는 역할을 할 수 있다. 보다 온건한 형태의 경우 문제가 해결되지 않거나 삼각관계 자체가 문제가 되기 때문에 실제로 불안을 증가시킬 수 있다. 예를 들어, 한 여성이 그녀의 어머니에게 남편에 대해 불평할 수 있다. 그런 다음 어머니는 도움이 되는 조언을 하려고 노력하고, 딸과 더 가까워진다. 여성과 남편이 진정하고 갈등을 해결한 후, 어머니는 더 이상 그렇게 호의적인 위치에 있지 않다. 그녀는 다른 딸에게 그 여자가 그녀의 조언을 듣지 않는다고 불평하여 또 다른 삼각관계를 만들 수 있다. 삼각관계는 첫 번째 시도가 성공하지 못하거나 불안을 줄이는 데 불충분할 때, 둘 이상의 당사자 또는 사람을 포함할 수 있다. 마찬가지로 삼각관계에 있는 사람은 불안을 줄이기 위해 다른 사람을 삼각관계로 만들 수도 있다. 이러한 방식으로 불안이 체제 전체에 퍼지고 "전염성"인 것처럼 보인다.

가장 극단적인 형태의 삼각관계에는 일, 일에 몰두하는 것, 어떤 주제나 문제, 즉 "원인"에 대한 열성과 같은 문제가 포함된다. 이러한 것들은 원래 양자관계에서 불안을 줄이는 방법이지만, 또한 더 많은 스트레스와 불안의 형태로 양자관계로 되돌아갈 수도 있다. 삼각관계에서 같은 아이가 항상 이용될 때, 그 아이는 신체적, 감정적, 사회적 방식으로 증상이 나타날 수 있다. 치료에서, 자녀가 그들의 지원과 적절한 징계를 기다리는 동안 부모가 차이점에 대해 열렬히 논쟁하는 것을 보는 것은 드문 일이 아니다. 자녀의 행동은 부부 문제에서 부모의 주의를 분산시키는 역할을 할 수 있지만, 이는 자녀의 성장, 발달 및 개인적 분화를 희생시킨다.

불안을 줄이는 이 네 가지 메커니즘은 모두가 사용할 수 있다. 그러나 가족은 때때로 한 패턴 또는 다른 패턴을 가족의 "방법"으로 "선택"하거나, 특정 패턴을 수행하도록 특정 개인을 선택할 수 있다. 그런 다음 이러한 패턴은 개인 성격의 고정된 특성으로 설명될 수 있다. 각 사람은 일반적으로 문제나 특정 종류의 문제 또는 관계를 다루는 "전형적인" 방법을 가지고 있는 것 같다. 어떤 사람은 자녀와 갈등을 일으키는 경향이 있지만 파트너와는 거리가 있다. 다른 사람은 어머니와 의견이 일치하지 않을 때마다 우울해질 수 있다. 개인이나 가족이 동일한 메커니즘을 반복적으로 또는 극단적인 형태로 사용할 때 어려움이 발생한다. 덜 분화된 사람과 체제는 경직되거나 극단적인 패턴을 개발하고 더 자주 사용할 가능성이 높다.

④ 핵가족 투사 과정

핵가족 투사 과정(nuclear family projection process)은 같은 가족의 아이들이 어떻게 그렇게 다를 수 있는지 설명하는 데 도움이 된다. 부모는 해결되지 않은 분화 문제를 한 명 이상의 자녀에게 투사하는 경향이 있다. 이 영예를 위해 "선택된" 자녀는 여러 가지 이유로 부모 중 한 사람 또는 두 사람 모두에게 특별해지는 경향이 있다. 아이는 부모에게 중요한 가족 구성원을 상기시킬 수 있다. 아이는 가족 중 중요한 시기에 태어났을 수 있다. 예를 들어, 조부모가 사망했을 때나 불임 기간 후에 태어났을 수 있다. 아이는 부모나 다른 가족 구성원과 출생 순서 위치를 공유하거나 신체적 취약성을 가질 수 있다. 그런 다음 이 아이들은 부모의 관심을 받는 경향이 있다(부정적이든 명백히 긍정적이든). 이는 발달 및 분화 능력을 손상시킬 수 있다. 그러한 대우를 받지 못한 가족의 아이들은 주의력 결핍(분화 과정을 저해함)을 겪을 수도 있고, 부모나 형제자매를 넘어 성숙할 수 있는 방식으로 부정적인 관심에서 벗어날 수도 있다.

⑤ 형제자매의 출생 순서

독일 심리학자 Walter Toman(1961)의 아이디어를 사용하여 Bowen은 사람들의 성별과 형제자매 출생 순서가 그들이 받는 관심과 원가족에서의 역할에 영향을 미친다는 가설을 세웠다. 이것은 종종 부모에 의한 삼각관계에 대한 특별한 특성과 취약성을 초래하게 된다. 예를 들어, 가장 나이 많은 아이들은 종종 가족 규칙을 따르고 더 책임감을 갖고 지도력 기술을 개발하는 경향이 있다. 반대로, 가장 어린 형제는 더 평온하고 무책임하며 자신을 고수하는 경향이 있다.

⑥ 다세대 전달 과정

다세대 전달 과정(multigenerational transmission process)은 세대에 걸친 분화 수준의 차이를 반영한다. 여러 세대에 걸쳐 가계도의 여러 가지가 점점 더 분화된다. 한 가지의 사촌들은 대학원 진학, 고위직, 자선가, 관대한 조력자 등 아주 잘 지내는 것 같다. 하지만 다른 가지의 사촌들은 마약과 법과 처가에 문제가 있다. 한 명 이상의 자녀가 부모의 부정적인 관심이나 삼각관계를 받는 만큼, 이러한 자녀는 자신의 분화 과정에서 발육이 저하되고 부모보다 덜 분화될 가능성이 있다. 그런 다음 그들은 비슷한 수준의 분화를 가진 사람들과 결혼하는 경향이 있고, 그들의 삼각관계 자녀는 훨씬 더 낮은 수준의 분화로 발달한다. Bowen에 따르면, 여러 세대에 걸쳐 이 과정은 스스로 생각할 수 없는 개인들로 이어져서 사고 장애인 조현병의 증상을 일으키게 한다. 반대로, 부모의 부정적인 관심이나 삼각관계를 피한 자녀는 더 높은 수준의 분화를 발달시키고, 결혼하고, 더 분화된 일부 자녀를 낳을 수 있다. 가계도의 이러한 가지는 시간이 지남에 따라 Gandhi나 Einstein을 낳을 수 있다.

⑦ 정서적 단절

정서적 단절(emotional cutoff)은 일부 사람들이 그들의 가족이 그들에게 영향을 미치지 않는다고 믿을 정도로 가족 내에서 거리를 두려고 시도하는 과정을 말한니다. 단절된 사람들은 가족의 친밀함과 기타 혜택에 접근할 수 없으며, 자신이 성숙하고 자율적이며 가족의 영향을 받지 않는다고 믿는다. 이 사람들은 국가나 세계의 다른 지역으로 이사하거나 가족과 길 건너편에 살 수 있다. 그러나 그들은 가족과 정서적으로 관련이 없는 척한다. 이 사람들은 문제에 대해 반대 견해를 가질 수 있지만, 이러한 입장이 자신의 독립적인 관점이 아니라 다른 사람의 생각에 따라 결정된다는 사실을 깨닫지 못한다.

2) 정상적인 가족 발달

Bowen은 모든 가족에서 동일한 과정이 발견된다고 믿었다. 역동의 질보다는 양의 차이가 가족이 증상 없이 스트레스를 얼마나 잘 관리하는지를 결정한다. 즉, 모든 가족은 삼각관계와 갈등의 과정을 사용한다. 모든 가족은 미해결 문제와 잘못된 분화로 인해 악화되는 문제로 어려움을 겪는다. Bowen의 견해에 따르면, 전형적인 가족은 "건강한" 또는 "건강하지 못한" 것이 아니라 어느 정도 기능적이다.

보다 건강한 가족은 시간과 상황에 따라 각 개인의 자율성과 친밀감에 대한 요구의 균형을 맞출 수 있는 가족이다. 스트레스가 많은 상황에서는 가족들이 예를 들어 슬퍼하는 동안 잠시 "자기"를 포기해야 한다. 더 건강한 가족은 위기의 정서적 늪에서 서로를 도우며 함께 뭉칠 수 있는 가족이며, 점차적으로 재분화되어 때로는 구성원의 분화 수준이 높아진다.

Minuchin(1974)이 밀착(enmeshment)라고 부르는 융합은 한 쌍이 처음 결혼하기로 약속을 때(또는 처음으로 서로에게 약속을 했을 때－Bowen은 미혼 약속의 가능성에 대해 논의하지 않았다)와 아동이 처음 태어났을 때와 같은 두 가지 상황에서 정상이다. 새로 약속한 사람과 새로운 부모가 다른 사람에 의해 완전히 소비되고 자연적으로 발생하는 정서적 범람에 매우 취약한 것은 정상이다. 건강한 가족에서는 이러한 융합 상태가 분화 과정으로 발전한다. 분화 과정은 꾸준한 상향선이 아니다. 오히려 그것은 들어오는 조수의 파도와 더 비슷하다. 일부는 앞으로 이동하고 일부는 뒤로 이동하지만 전체적으로는 앞으로 이동한다.

보다 건강한 가족은 과도한 어려움 없이 개인 및 가족 생활주기의 전형적인 단계를 통과할 수 있다. 사람들은 갈등과 차이를 용인하는 능력이 유연할 수 있으며 출생, 집을 떠나거나 결혼 또는 헌신, 죽음, 이혼을 통해 가족 구성원의 오고가는 것에 적응할 수 있다. 아이들은 부모의 삼각관계에 얽매이기는 하지만 과도하지 않으며, 해방되거나 자유로워지면 자신의 삶을 영위할 수 있다. 부모는 자녀를 부부 생활에 부적절하게 참여시키지 않으며, 자녀나 서로에게 지나치게 집중하지 않으며, 상대방을 위해 지나치게 자신을 포기하지 않는다. 가족, 부부, 개인 시간의 균형이 잘 맞는다. 사람들은 비교적 증상이 없으며, 체제 스트레스의 증상이 분명할 때도 쉽게 극복하고 가족은 계속 발전한다. 확대 가족의 구성원은 지나치게 집중되거나 단절되지 않는다.

3) 병리 및 행동 장애

기능적 가족 과정의 필연적인 결과는 역기능적 과정이다. 이것이 바로 역기능은 질보다 양의 문제라는 Bowen의 견해가 다른 이론의 견해와 크게 다른 이유이다. 예를 들어, Bowen은 조현병이나 다른 문제로 진단된 개인에게서 명백한 과정이 모든 사람에게 작용하고 있다고 믿었다. 모든 사람은 "목소리를 들을" 수 있다. 어떤 사람들은 더 큰 정도와 더 큰 불편함(또는 다른 사람들에게 더 큰 불편함)으로 그것들을 듣는다.

특정 행동이 문제가 있는지 여부는 건강의 황금 기준보다 개인이나 상황에 의해 더 많이 결정된다. 예를 들어, 누군가가 조현병에 대한 치료를 받는지 여부는 증상이 그것이 포함된 삼중 체제(triadic system)에서 불안을 줄이는 데 얼마나 잘 성공하는지에 달려 있다. 만약 체제에서 문제가 있는 사람이 없고, 체제가 안정적이면 치료가 필요하지 않을 수 있다. 그러나 누군가가 어려움으로 인해 어려움을 겪거나 불안이 감소하지 않으면(사실 불안이 증가할 수 있음) 전문적인 치료가 필요하다고 결정할 수 있다. 이 시점에서 누군가가 문제를 문제라고 표시하면 문제가 된다. Bowen의 관점에서 행동 자체는 문제가 있는 것으로 간주되지 않는다.

설명한 네 가지 불안 감소 기제(갈등, 거리두기, 삼각관계, 증상) 중 어느 것이든 문제가 될 수 있다. 이것은 가족이 하나 또는 두 가지 메커니즘을 과도하게 사용하는 오래된 패턴에 갇힐 때 발생할 가능성이 더 크다. 그러나 가장 건강한 체제라 할지라도 충분한 스트레스가 주어지면 모든 체제는 역기능을 나타내거나 역기능이 된다. Bowen의 견해에 따르면, 핵심 요소는 개인이 얼마나 분화되어 있는지, 따라서 그들이 더 적고, 덜 심각하며, 더 짧은 증상으로 스트레스로부터 얼마나 회복할 수 있는가에 있을 것이다.

증상이 나타날 수 있는 또 다른 상황은 너무 불안정하고 스트레스로 가득 차서 불안이 한 명 이상의 자녀에게로 넘어가는 부모 양자관계와 관련된다. 이러한 상황에서 각 아동은 불안을 흡수하거나 관리하는 자신만의 방법을 개발한다. 하나는 신체 증상이 나타날 수 있고, 다른 하나는 학교 문제일 수도 있다. 어떤 사람은 반사회적인 사람이 될 수 있고, 다른 사람은 "좋은" 사람이 되기 위해 너무 열심히 일하고 과도하게 기능하여 우울증이나 다른 정서적 질병에 빠질 수 있다. 드물게, 그러한 아이는 삼각관계를 풀고 불안을 다시 부모에게 돌릴 수 있다.

자녀를 삼각관계로 삼지 않는 부부의 경우 한 파트너가 "과잉 기능자"로 행동할 수 있다. 그러한 위치가 존재하기 위해서는 보완적인 "과소 기능자"가 필요하다. 즉, 그러한 보살핌이 필요한 사람이 없으면 과잉 기능자가 있을 수 없다. 과잉 기능자는 종종 더 건강해 보이고 때로는 순교자로 여겨진다. 우울증에 걸린 여성의 오래 참는 남편과 알코올 중독자의 오래 참는 아내가 그 예이다. 그러나 Bowen은 사람들이 비슷한 수준의 분화를 가진 사람들과 결혼한다고 믿었다. 한 파트너는 단순히 더 건강해 보인다. 과잉 기능자는 바로 역기능적이다. 기능적이기 위해 사람은 과잉기능도 과소기능도 아니다. 이것은 사람들이 서로를 돌보지 말아야 한다는 것을 의미하지는 않다. 설명된 과정은 한 사람이 다른 역할을 배제하고 자기 분화를 희생하면서 자신의 역할을 수행해야 하는 습관적인 패턴을 나타낸다. 그러한 상황에서 건강과 비건강의 차이는 간병인이 과도한 부담을 지고 외부의 도움을 받거나(더 건강해짐) 스스로 역기능을 일으키게 될 때(덜 건강해질 때) 분명하다.

4) 임상적 목표

Bowen 가족치료의 주요 목표는 자아 분화이다. Bowen은 문제 행동이 습관적이고 도움이 되지 않는 가족 과정이나 문제를 지적하는 경우를 제외하고는 치료의 초점이 되어서는 안 된다고 믿었다. 근본적인 어려움은 체제가 증상 없이 스트레스를 처리할 수 없기 때문에 단순히 문제에 대해 이야기하는 것만으로는 문제가 해결되지 않는다. 분화의 증가는 사람들이 행동하는 것보다 생각하는 능력을 증가시키고, 따라서 습관적이고 충동적인 행동을 사용하기보다 반응을 선택하고, 네 가지 메커니즘 중 어떤 것도 남용하지 않고 스트레스를 처리하는 데 도움이 된다.

치료의 목표는 개인이 복잡한 관계망, 특히 자신의 원가족에서 삼각관계를 해제하도록 하는 것이다. 파트너와 자녀와의 어려움은 종종 가족의 경직되고 해로운 삼각관계와 직접적으로 연결되거나 그로 인해 더 높아진다. 실용적으로, 원가족의 정서를 진정시키고, 먼저 역기능적 삼각관계에서 벗어나는 것이 더 쉬운 경우가 많다. 이것은 종종 가족의 불안을 충분히 진정시켜 치료의 진행을 계속할 수 있도록 한다.

단순한 증상 제거는 Bowen 가족치료의 목표가 아니다. 증상은 제거될 수 있지만 삼각관계의 변화나 자아의 분화 없이는 한 종류의 증상이 다른 종류의 증상으로 대체된다. 한 상황에서 삼각관계가 줄어들 수는 있지만 불안을 줄여야 할 필요성은 줄어들지 않고 다른 삼각관계가 나타날 것이다. 이러한 삼각관계 중 일부는 다른 삼각관계보다 덜 불행할 수 있다. 예를 들어, 부부는 자녀를 삼각관계로 삼는 것을 중단하고, 불안을 줄이기 위해 한동안 치료사를 이용할 수 있다. 만약 치료사가 자신의 자아를 유지할 수 있고 불안해하지 않을 수 있다면(삼각관계에서 세 번째이자 일시적인 지점으로 남을 수 있음), 체제는 부부가 문제를 직접 해결하고 분화를 증가시킬 수 있을 정도로 충분히 안정될 수 있다. 이것은 생각과 정서, 타인과 자기, 원가족과 자기를 분리한다는 점에서 더 건강한 기능을 가능하게 한다.

5) 기법

Bowen 치료의 주요 기법은 치료사 자신이다. 사람들은 스트레스와 불안을 관리하는 일반적인 방법이 효과가 없고 종종 높은 정서를 수반하기 때문에 치료를 받는다. 이러한 관점에서 치료는 불안을 줄이고 체제를 안정화시키는 한 가지 방법인 삼각관계의 세 번째 지점이 된다. 삼각관계가 형성된 사람이 양자 체제의 불안에 빠지지 않고 차분한 상태를 유지할 수 있는 한, 이 양자 체제는 그 어려움을 해결할 수 있으며, 이는 두 사람의 분화를 증가시킬 수 있다. 그러나 가족과 같은 가장 강렬한 정서 체제에서는 제 삼자가 침착함을 유지하기가 매우 어렵다. 치료에서 분화된 치료사는 침착함을 유지하고, 내담자의 스트레스와 불안에 의해 활성화되지 않고, 가족 문제에 휘말리지 않고, 내담자가 무슨 일이 일어나고 있는지 생각하도록 도와줌으로써 내담자를 도울 기회가 있다. 따라서 주요 기법은 분화된 치료사의 차분한 존재이다.

Bowen은 치료사를 포함하여 매우 소수의 사람들만이 매우 분화된다고 믿었다. 치료사는 반응을 보이고, 답을 찾고, 조언을 하고, 무언가를 해야 한다고 느낄 수 있다. 이것은 내담자가 스트레스를 받는 상황에서 생각하는 능력을 높이는 데 도움이 되지 않는다면 유용한 것이 아니다. 따라서 치료사는 Bowen 치료를 통해 자신의 자아 분화를 증가시켜야 한다. 자신의 "유해한" 문제에 대해 배우고, 자신의 원가족에서 삼각관계를 해제함으로써 치료사는 다른 사람의 불안을 맡도록 초대받았을 때 생각하는 능력을 높이고 침착함을 유지할 수 있다.

① 가계도

기법으로서 차분한 치료사가 존재하는 것 외에도 몇 가지 실제가 Bowen 치료의 특징이다. 첫 번째 단계는 내담자가 내재된 가족 체제를 이해하도록 돕는 것이다. 치료자는 가설과 통찰력을 보호하기보다 내담자에게 모델의 원리를 설명하여 그들이 무슨 일이 일어나고 있는지에 대한 더 명확한 그림과 안내에 사용할 지도를 갖도록 한다. 이 지도는 가계도 또는 가족 지도라고도 한다(그림 1 참조). 이것은 가계도(family tree)와 비슷하지만 인구통계정보 외에도 정신 건강 및 관계에 대한 정보를 포함한다.

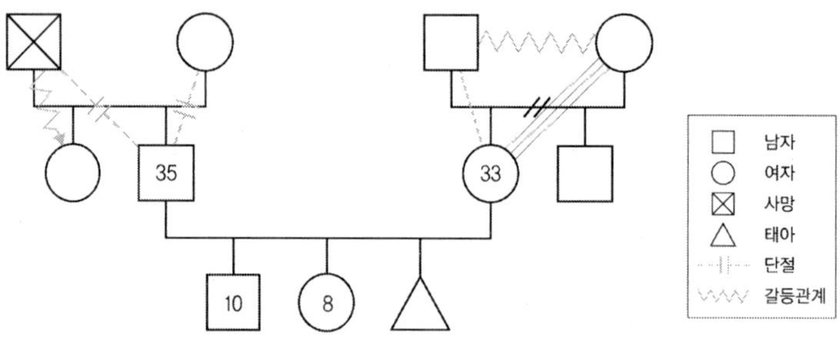

그림 13-1 두 자녀와 임신한 부모를 보여주는 기본 가계도

가계도는 남성과 여성, 결혼과 이혼, 자녀, 날짜, 중요한 사건 등 가족이 어떻게 생겼는지에 대한 빠른 그림을 제공한다. 가계도에는 과도한 관계, 단절, 거리, 갈등을 포함한 정서적 기능에 대한 정보가 포함될 수도 있다. 가계도에 이러한 관계를 그리면 내담자와 치료사는 스트레스에 반응하는 삼각관계와 패턴을 볼 수 있다. 이 정보는 내담자가 가족 내에서 자신의 기능을 탈삼각관계와 변경할 수 있는 방법과 위치에 대한 단서를 제공할 수 있다. 체계적 사고와 Bowen 이론에 따르면, 한 사람이 가족 내에서 자신의 위치를 바꾸면 다른 사람들은 첫 번째 사람의 변화에 적응하기 위해 다른 사람들도 바뀌어야 한다. 또한 가계도는 가능한 반응에 대한 단서를 보유하고 있다. 가족 패턴이 더 경직될수

록 가족 구성원은 내담자가 예측가능한 방식으로 "다시 변경"해야 한다고 제안하는 메시지로 변화에 반응할 가능성이 더 높다. 전형적인 가족 패턴을 알고 내담자가 전략을 현명하게 선택하도록 돕는 것은 실망스러운 결과의 가능성을 줄일 수 있다.

또한 치료사는 내담자가 특별히 부담되거나 유독한 가족 문제를 확인하도록 돕는다. 이러한 문제는 사람들을 꼼짝못하게 하는 경향이 있으며, 사람들은 종종 문제에 대해 독립적으로 생각할 가능성이 작다. 이러한 문제에는 돈, 출산, 자녀 양육, 종교, 술, 일이 포함될 수 있다.

② 탈삼각관계

치료사는 내담자가 덜 정서적이고 따라서 그것에 대해 더 명확하게 생각할 수 있을 때 이러한 체제에서 자신의 위치에 대해 생각하게 함으로써 끈끈한 정서적 체제에서 삼각관계를 해제하도록 돕는다. 이것은 지적 기능을 증가시키지만 친밀감을 희생시키지는 않는다. 삼각관계를 해제하는 움직임을 계획하고 가족 구성원의 반격을 예상함으로써 내담자는 새로운 가족 상호작용에 대비할 수 있다.

③ 치료 양식

Bowen은 부부와 함께 활동하는 것을 선호했다. 그는 자녀의 어려움은 부모가 그들의 결혼 생활에 자녀를 포함시키는 방식을 상징한다고 믿었다. 삼각관계에 있는 아이를 교체함으로써 Bowen은 아이를 자유롭게 하여 정상적인 발달을 계속할 수 있도록 하는 동시에 삼각관계의 반응적인 부분이 아니라 침착하게 부부를 도울 수 있었다. 이러한 생각에 따르면, 아이가 삼각관계를 해제하고 부모가 어떤 치료사보다 더 잘 아이를 적절하게 돌볼 수 있기 때문에 아이의 증상이 사라질 것이다.

부부 치료 회기 동안 치료사는 두 가지 중요한 기법을 사용하여 내담자가 자기 위치를 유지하도록 돕는다. 첫째, 치료사는 서로 반응하지 않고 그렇게 할 수 있다고 확신하지 않는 한, 내담자는 서로 대화하라는 지시를 거의 받지 않는다. 오히려 내담자는 치료사를 통해 대화하도록 지시받는다. 이것은 이성적인 생각보다 더 많은 정서를 활성화하는 경향이 있는 직접 대화를 할 때보다 한 파트너가 다른 파트너에게 덜 반응적으로 들을 수 있도록 한다.

둘째, 치료사는 각 파트너에게 토론 중인 내용에 대해 어떻게 생각하는지 묻는다. "나" 진술의 형태로 생각하고 이야기하도록 격려함으로써, 치료사는 내담자가 그들의 정서 체계와 사고 체계를 구별하여 생각을 전면에 가져오도록 돕는다. 정서도 중요하지만 정서에 사로잡혀 명확하게 생각하지 않는 경향이 있기 때문에 치료사는 내담자가 정서를 다시 경험하기보다 정서에 대해 이야기하도록 권장한다. Bowen에 따르면, 사려 깊은 조사 없이 경험만으로는 사람들이 삶을 바꾸는 데 도움이 되지 않는다.

부부가 평소의 반응 패턴에 의존하지 않고 더 침착하게 대화할 수 있게 됨에 따라 치료사는 물러서고 그리고 체제가 다시 진정될 필요가 있을 때만 개입한다. 두 사람이 서로의 분화를 증가시키면(자율성 증가와 친밀감 증가가 동반됨), 그들은 원가족에서 분화하는 데 서로를 더 많이 도울 수 있다. 가계도는 그들이 어떻게 현재의 모습이 되었는지 이해하고, 서로 상호작용하는 새로운 방식을 계획하는 데 도움이 된다. 그러면 가계도는 부부 각각의 원가족에서 변화를 계획하기 위한 도구가 된다. 이 시점에서 종종 치료 빈도가 줄어든다. 원가족에서 변화가 이루어지기까지는 시간이 걸린다. 또한 이 시점에서 많은 부부들이 치료를 중단하기도 한다. 그들의 불안이 줄어들었고, 그들은 계속할 필요성이나 가치를 알지 못한다. 때때로, 원가족에서 변화를 만든다는 생각은 치료가 개인에게 불필요하고, 지나치게 어렵고, 심지어 개인에게 위험한 것처럼 보일 만큼 충분한 불안을 야기한다.

Bowen 치료사도 개인과 함께 활동하지만 매우 체계적인 방식으로 한다. 다세대에 걸친 가계도를 조사하면 사람들이 과거의 패턴을 이해하고 경직된 패턴이 다음 세대로 이어지지 않도록 변화를 계획하는 데 도움이 된다.

3. 맥락적 가족치료

맥락적 가족치료는 관계의 다세대적 성격, 특히 문제에 관한 아이디어를 개발한 Murray Bowen, Carl Whitaker, Lyman Wynne 및 다른 정신과 의사와 동시대에 활동한 정신과 의사인 Ivan Boszormenyi-Nagy가 개발했다. Nagy는 개인과 가족이 다세대에 걸쳐 발전된 행동 패턴뿐만 아니라 관계적 공정성의 원칙에 의해 지배된다고 믿었다. 맥락적 치료의 핵심 개념은 신용과 차변 또는 주고받기의 진동 균형 관점에서 관계의 신용(trustworthiness)과 관련이 있다. 공정성, 상호성, 신용의 맥락은 개별화, 균형 잡힌 관계, 개인적 실현으로 이어진다. 이 이론은 관계의 윤리적 차원과 충성, 유산, 자격권리(entitlements), 의무가 시간과 다세대에 걸쳐 균형을 이루는 방식을 고려한다.

1) 핵심 개념

Nagy의 생각에 따르면, 관계를 이해하는 데에는 네 가지 차원이 있으며, 관계에서 개인이 수행하는 역할이 있다. 이러한 차원의 첫 번째는 사실(facts), 즉 이미 발생했거나 존재하는 논란의 여지가 없는 것이다. 여기에는 출생, 사망, 신체적 차이, 결혼, 이혼, 태풍과 전쟁과 같은 자연적 및 인위적 사건이 포함된다.

가족치료의 다른 모델과 달리 개인 심리학(individual psychology)은 맥락 이론에서 중요한 차원이다. 맥락적 치료는 사고, 꿈과 열망, 지적 능력, 정서를 포함한 개인의 내적 삶의 역동성을 고려하는 것이다. 개인의 정신 요소는 좋은 것과 나쁜 것, 도움이 되는 것과 해로운 것 등 관계의 패턴을 장려하는 방식으로 다른 사람의 정신과 상호작용한다. 이것은 한 가족의 역동이 파트너와 유사하고 특정 기대, 정서, 반응을 불러일으킬 때 특히 중요하다.

교류 유형(transactional patterns)은 사람들이 서로 상호작용하는 방식이다. 이 과정은 단순하면서도 복잡하다. 단 두 사람이 참여하고 다세대에 걸쳐 서로 모르는 사람들도 많이 참여한다. 상호작용 유형은 다른 가족치료 모델에서와 같이 여기에서 주요 목표가 아니다. 오히려 시간이 지남에 따라 공정하고 정당한 관계를 구성하는 유산, 자격권리, 부채에 대한 단서를 제공한다.

Nagy가 논의한 마지막 차원은 심사숙고(또는 합당한)의 윤리(ethics of due consideration) 또는 관계 윤리(relational ethics)이다. 이 개념은 일반적으로 이해되는 윤리나 도덕을 말하는 것이 아니다. 오히려 그것은 Nagy가 상호작용을 위한 자연스럽고 근본적인 기초라고 믿었던 것, 즉 자신뿐만 아니라 다른 사람의 이익을 위한 윤리적 고려의 균형을 나타낸다. 이 생각에 따르면, 사람들은 그들의 관계에서 공정성을 가질 자격이 있고 또한 빚지고 있다. 이러한 역동을 "신용(trustworthiness)"이라 하고, 시간이 지남에 따라 그리고 세대에 걸쳐 고려되는 것이다. 현재 상호작용에서 공정하지 않은 것으로 보이는 것은 나중에 균형을 이루어야 하고 균형을 이룰 수 있다. 다른 사람의 관심을 고려하지 않으면 증상이 있는 행동과 관계 문제가 발생할 수 있다. 이 개념은 단순히 느끼는 불공정, 불공평 또는 자격권리를 말하는 것이 아니다. 오히려 인간이 인간관계에서 공평하게 대우받고 다른 사람을 공평하게 대우하는 것이 인간의 실존적, 자연적 질서에 있다는 것이다. 그러므로 정당한 대우를 받지 못한 사람은 단순히 '극복'할 수 없고, 어떤 식으로든 면죄부를 통한 면죄되고 면죄받아야 한다. 이것이 치료에서 일어나기 위해서는 (1) 치료사는 과거와 미래 세대를 포함하여 관련된 모든 사람과 관계에 대한 배려를 보여야 하고, (2) 내담자는 모든 면에서 배려의 필요성을 이해하고 가족 장부의 균형을 유지해야 한다.

관계가 믿을 수 있는 한, 그 안에 있는 개인은 균형 잡힌 주고받기에 참여한다. 각 사람은 다른 사람들로부터 자신의 이익을 존중받을 자격이 있으며, 그에 대한 배려를 받는다. 사람들은 착취당하거나 희생양이 되지 않아야 한다. 아무도 장부와 부정적인 행동의 균형을 맞춰서는 안 된다. 관계는 과도한 긴장 없이 다른 관계를 탐색할 수 있도록 그들과 관련된 사람들에게 신뢰의 자원 역할을 해야 한다.

맥락적 치료의 중요한 개념은 충성(loyalty)이다. 충성은 단순히 다른 사람에 대한 맹목적인 충실, 전념, 헌신이 아니다. 오히려, 예를 들어 부모에 대한 충성은 부모가 출생과 보살핌을 통해 자녀에게 준 덕분에 부모에게 빚지고 있는 것이다. 충성은 부모-자녀 관계에서 기본적이고 사실적이다. 부모는 자녀와 공정성의 균형을 유지하여 자녀의 충성 전념을 강화한다.

명백하거나 건강한 충성은 부모가 힘들거나 많은 보살핌이 필요한 경우에도 사람들이 부모와 의사소통의 경로를 계속 열어 둘 수 있을 때 나타난다. 은밀하거나 보이지 않는 충성(invisible loyalty)(사람들이 의식적으로 역동성을 인식하지 못하지만 그럼에도 불구하고 그것에 의해 추동됨)은 파괴적이다. 충성의 본질을 모르기 때문에 상환에 대한 선택을 할 수 없다. 보이지 않는 충성에 대한 보상과 입증은 자동적이고, 추동적이며, 종종 파괴적인 행동을 통해 이루어진다. 실패한 결혼의 유산에 대한 보이지 않는 충성(사람이 더 잘하고 싶은 마음은 충성이 부족함을 나타내는 것일 수 있음)은 그 사람의 관계에서 실패할 운명을 초래할 수 있다.

유산(legacy)은 가족 내에서 말하거나 말하지 않거나, 의식적이거나 무의식적일 수 있는 기대를 말한다. 이러한 기대는 특정한 사람들에게서 태어나는 것과 우리가 가족에게 어느 정도 충성을 빚지고 있다는 믿음에서 비롯된다. 유산적 기대를 충족시키지 못하면 관계에 대한 신용의 상실로 이어질 수 있으며, 유산이 본질적으로 부정적인 경우에도 이전 세대에 대한 공정성을 침해할 수 있다. 만약 어떤 사람이 가족에 대한 유산의 의무를 가지고 있다면, 그 사람은 다음 세대에 현물로 그것을 "갚을"지도 모른다. 예를 들어, 학대받는 아이는 학대하는 법을 배운다. 이 아이는 다음 세대에까지 학대를 계속함으로써 빚을 갚을 수 있다. 사람은 실패의 유산을 받을 수 있고 계속해서 실패함으로써 가족에 대한 충성을 증명할 수 있다. 치료는 자신을 비난하거나 이전 세대와 단절하지 않고 비생산적인 유산을 포기하려는 의식적인 노력을 포함한다. 대신에, 내담자는 의식적으로 장부를 균형 있게 하고 부채를 상환하는 건설적인 방법을 의식적으로 개발한다.

자격권리(entitlement)는 사람들이 태어나거나 출산했다는 사실에 더하여 그들이 얻은 모든 공로로 인해 사람들에게 주어지는 것이다. 정신분석학적으로 자격권리가 너무 지나치게 된 경우에는 어떤 개인에게만 특별한 권한이 주어져야 한다고 생각한다. 이것은 자기 자신이 어렸을 때 고통을 겪었거나 상처를 받았으므로 보상을 받아야 한다는 자격이 평등하게 주어졌다는 심리적 반응이다. 예를 들어, 아이들은 신뢰할 수 있는 양육을 받을 자격이 있다. 만약 받지 못하면 부모화(parentification)를 통해 그들 스스로 부양하게 되어 신뢰할 수 없는 관계에 가담하게 된다. 아이들은 성장함에 따라 의무를 다하기 위해 노력할 자격권리가 있다. 이것을 하도록 자녀에게 허용하지 않는 부모는 자격권리와 의무의 불균형 장부에 기여한다. 부모는 자녀의 나이와 부채 상환 능력에 따라 자녀의 보살핌을 받을 자격권리가 있다.

사람들은 신뢰할 수 있고 다른 사람의 이익을 고려함으로써 공로(merit)를 얻는다. 공로는 특정 관계에만 한정되며, 다른 관계가 아닌 해당 관계에서만 상환될 수 있다. 예를 들어, 이것은 자녀가 자라면서 받은 사랑과 보살핌(또는 부족)뿐 아니라 그들에게 생명을 준 부모에 대해 완전히 보답할 수 없을 때 부모와 자녀 사이에 어려움을 만든다. 공로는 다른 사람들이 어려운 방식으로 행동할 때에도 관계에 대한 기여를 인정함으로써 얻을 수 있다. 이것은 부모가 자녀에게 화를 내는 동시에 자녀를 사랑할 수 있을 때 알 수 있다. 이런 식으로 아이들은 관계에서 윤리적 공정성에 대해 부모에게 "빚을 졌다". 자녀는 부모의 실패를 면책함으로써 공로를 쌓고, 다세대적 관점에서 부모를 이해함으로써 부모를 인정한다.

가족 장부(ledger)은 자격권리, 의무, 부채의 대차 대조표이다. 장부는 생활주기 단계, 특정 상황, 인간 상호작용의 특성으로 인해 어느 시점에서 균형이 맞지 않는 것처럼 보일 수 있다. 그러나 시간이 지나면서 행동과 면책을 통해 빚을 갚는 등 신뢰를 유지할 것으로 기대된다. 사람들이 빚을 갚을 수 없는 관계는 신뢰할 수 없으며, 건강한 성장과 발달에 기여하지 않는다. 즉, 부모는 자녀가 빚을 인정하고 갚으려는 노력을 받아들이기를 거부함으로써 자녀에게 호의를 베풀지 않는다. 시간이 지남에 따라 장부의 불균형은 관계의 침체 또는 자율성과 신뢰성에 대한 발달 부족으로 이어질 수 있다. 사람은 부모 관계에서 균형을 회복하는 방법을 찾는 일을 결코 포기하지 않는다.

경제학에서 차용한 장부의 개념은 관계에서 빚진 것과 갚아야 할 것에 대한 경제를 말한다. 이러한 부채나 의무 및 권리 중 일부는 단순히 태어날 때부터 발생한다. 친부모를 전혀 모르는 입양아들에게도 여전히 충성의 의무가 있다. 권리와 의무의 흔들리는 균형을 미연에 방지하려는 시도가 성공하면, 관계는 정체되고 사람들은 유산을 성취하는 징후적인 방법을 개발할 수 있다. 예를 들어, 입양된 딸이 십대에 출산할 수 있다. 그녀는 자신의 부모-자녀 관계에서 잃어버린 것을 만회하는 방법으로, 충성을 보여주는 방법으로, 아기를 키우기로 결정할 수도 있고, 생모가 그녀에게 준 유산을 계속하기 위해 아기를 입양하기로 결정할 수도 있다.

Nagy는 삶의 문제는 다세대의 수많은 복잡한 관계에 내재되어 있다고 믿었다. 관계가 신뢰할 수 있는 한, 즉 신용과 차변이 균형을 이루는 한, 사람들이 다른 관계, 심지어 문제가 있는 관계를 발전시킬 때 자원 역할을 한다. 신뢰의 비축은 불균형한 기간을 통해 사람을 운반할 수 있지만, 부정적인 충성과 충족되지 않은 자격권리의 다세대 신뢰 결핍은 누군가가 다른 관계에서 신뢰할 수 있는 사람이 되는 것을 방해할 수 있다. 이러한 비축 또는 부족은 다음 세대에 영향을 미친다.

회전 슬레이트(revolving slate)는 자신이나 다른 사람에게 파괴적인 행동을 통해 자격권리가 "반환"되는 과정이다. 때때로 아이는 부모로부터 공정한 대우를 받지 못하고 기본적인 욕구를 충족시키지 못했다. 일반적으로 부모도 부당한 대우를 받았고, 아이에게 줄 공로나 신뢰가 없었기 때문이다. 이러한 상황에서 아동은 문제를 일으키거나, 다른 사람을 나쁘게 대하거나, 약물을 사용하거나, 학교에서 좋지 않은 행동을 함으로써 자신의 유산을 실행할 수 있다. 이 파괴적인 자격권리(destructive entitlement)의 회전 슬레이트는 장부의 균형을 맞추고, 가족 관계를 공정하고 건강하게 회복시키는 일이 발생할 때까지 계속될 것이다. 이것은 많은 세대에 걸쳐 장부를 검사하는 것을 의미할 수 있다.

Nagy는 파괴적인 자격권리의 회전 슬레이트가 부부 및 가족 역기능의 주요 요인이라고 믿었다. 시간이 지남에 따라 장부의 불균형은 관계의 낙담과 정체, 신뢰 자원의 고갈, 다른 사람의 이익에 대한 고려 부족으로 이어진다. 이러한 고려의 부족은 회전하는 파괴적인 자격권리로 이어진다. 치료는 특정 문제나 역기능적 행동이 아니라 중요한 관계에서 공정성의 결여에 주의를 기울임으로써 도움이 된다. 보이지 않는 충성과 자신의 유산이 지닌 특수한 특성으로 인해 이러한 공정성의 결여를 메우려는 시도는 부부 및 가족 관계에서 문제로 또는 폭발 행동으로 나타난다. Nagy에 따르면 결혼 생활에서 갈등이나 친밀감 부족은 의사소통 기술 부족이나 문제 해결 방법보다 부모에 대한 충성을 보여야 할 필요성을 더 많이 반영한다. 관계에서 누군가의 의존적 위치를 이용하는 착취(exploitation)와 수용하는 대신 자녀에게 부정적인 유산을 남기는 희생양(scapegoating)은 회전 슬레이트와 정체가 증상이나 불만으로 발전할 수 있는 두 가지 방법이다.

2) 정상적인 가족 발달

관계 장부의 불균형은 불가피하다. 삶은 항상 공정하지 않으며, 사람들은 항상 서로를 공정하게 대하지 않는다. 그러나 잘 기능하는 가족에는 시간이 지남에 따라 균형이 이루어지며, 권리와 의무의 균형을 유지하는 주고받기의 진동이 있다. 자녀는 부모에게 완전히 갚을 수는 없지만, 성숙하면서 빚을 갚을 수 있게 됨에 따라 빚에 대해 더 많은 책임을 지게 된다. 사람들은 자신의 행동과 결정에서 다른 사람의 이익을 고려할 수 있다. 신뢰할 수 있는 관계는 아동에게 강력하고 자율성을 장려하므로, 모든 사람이 자신의 결정과 행동에 대해 책임을 질 수 있는 권리가 커진다. 사람들은 책임을 질 권리가 있다. 이러한 책무와 인정은 관계의 신뢰성을 높이고, 사람들이 때때로 의존해야 하는 신뢰의 우물을 더한다.

잘 기능하는 가족은 숨겨진 장부나 과도한 미지급 부채가 없다. 생활주기 전환은 가족 구성원 간에 변경 사항이 협상됨에 따라 추가 성장의 기회를 제공한다. 보살핌, 고려,

상호 의존의 상호 호혜성이 있다. 누구도 부당하게 착취당하거나 희생양이 되지 않으며, 누구도 오래된 부채를 갚으려는 건강하지 못한 시도의 수혜자로 건강하지 못한 의존 관계에 있지 않다. 신뢰 자원은 사람들이 삶의 스트레스와 긴장을 개발하고 헤쳐나아갈 때 도움이 된다. 관계를 신뢰할 수 있고 모든 사람이 다른 사람을 분명히 인식하고 고려할 수 있기 때문에 증상이 필요하지 않다.

3) 병리와 행동 장애

분열(disjunction)의 주요 원인은 신용의 붕괴이다. 이 붕괴는 시간이 지남에 따라 관계의 침체와 유연성 부족으로 이어진다. Nagy는 역기능보다는 분열이라는 단어를 사용했다. 그는 체제가 병리학적이거나 역기능이 있어서가 아니라 건강한 기능에 필요한 윤리적 고려 사항이 깨졌기 때문에 오작동한다고 믿었다. 이것은 말로 다투는 것처럼 보일 수 있지만, Nagy가 시간이 지남에 따라 실존적 성격과 가족의 존재를 어떻게 보았는지 이해하는 것이 중요하다. 건강한 기능에 필요한 균형은 쉽게 평가할 수 있고, 그 고장을 정확히 지적하고, "고정"할 수 있는 것이 아니다. 오히려 가족 상호작용의 본질이 잘못되었다. 사람들은 관계의 윤리적 본질을 이해하고 그것을 정의와 공정성을 유지하는 관계를 만드는 기본적인 속성으로 다루어야 한다.

관계가 균형을 이루지 못하면 사람들은 다른 사람들을 돌보고 그들 자신뿐만 아니라 그들에게 책임을 지는 것에서 자유로워진다. 이는 파괴적인 자격권리 즉, 자격이 사람이 복수 또는 악의적인 행동으로 이어진다. 이것은 개인의 성장을 방해하고, 나아가 관계의 신용을 파괴한다.

때때로 부모는 자녀의 취약성과 욕구를 이용하여 자녀를 양육하거나 분열된 충성(split loyalties)에 참여시킨다. 양육은 자녀가 부적절하게 결혼 생활에 참여하거나, 그들의 능력을 넘어선 책임을 맡게 되는 과정이다. 분열된 충성은 자녀가 한 부모에게만 충성하고 다른 부모에게 충성하지 않을 때 발생한다. 이것은 삼각관계와 유사하며, 아이들이 장부의 균형을 맞출 수 없는 과정에서 파괴적이며 구속력이 있다. 한쪽 부모에게 갚는 것(충성)은 다른 쪽 관계(불충성)에 대한 신뢰를 희생시키면서 이루어진다. 파트너에게 부모를 배려하지 말라고 하면 충성 갈등이 생기고, 부부 관계의 신뢰가 무너져 불만과 갈등이 생긴다.

과거 세대에 대한 충성이 말로 표현되지 않으면, 그들은 파트너나 자녀에 대한 한 사람의 충성을 방해할 수 있다. 이러한 보이지 않는 충성은 종종 매우 교활하고 조사하기 어렵다. 그러나 그것들은 매우 강력하고 때로는 역설적으로 보인다. 예를 들어, 부모나 조부모가 학교에서 형편없었다면, 자녀가 자신의 연장자보다 더 잘하거나 다른 방법으로 성공하지 못하도록 막는 무언의 보이지 않는 충성이 있을 수 있다. 이것은 '성공에 대한 두려움'이 아니라 '보이지 않는 충성을 어기는 것에 대한 두려움'이다. 이러한 파괴적인 유산은 무관심에서부터 우울증, 심지어 살인에 이르기까지 모든 종류의 문제와 증상으로 이어질 수 있다.

4) 임상적 목표

Nagy의 맥락적 치료 이론에 따르면, 일어나야 하는 변화는 단순히 행동적이거나 상호작용적인 것이 아니다. 행동과 관계는 변할 수 있으며, 가족이 균형과 공정성을 회복한 것처럼 보일 수 있다. 그러나 이러한 변화는 매우 일시적일 수 있으며, 표면적으로는 매우 많다. Nagy에 따르면, 발생해야 하는 변화는 관계에서 의무의 고려, 자격권리와 부채의 균형, 사람들이 그들의 충성과 유산을 제정하는 방식에 있다.

치료 목표는 사람들이 재합류(rejunction)를 위해 노력할 수 있도록 하는 것이다. 재합류는 중요한 관계의 단절 또는 이탈을 치유하는 것이다. 장부가 균형을 이루고 자율성과 신뢰성이 확립될 수 있도록 재연결하는 것이다. 재합류는 연결과 충족을 방해하도록 정체를 허용하지 않는 것이다. 치료사는 문제와 불행의 유산을 계속하기보다는 관계에서 회복되거나 치유될 행동 계획을 개발하고 모든 관심을 검토하도록 사람들을 도우면서 과정에 대한 안내자 역할을 한다.

재합류는 치료에서 먼저 자신뿐만 아니라 다른 사람의 견해도 고려한다는 측면에서, 공정성의 관점을 개방함으로써 이루어진다. 다른 사람들의 관점과 자신의 행동, 사고, 정서에 대해 배우고 이해하는 것은 다세대를 포함하는 더 큰 관계적 맥락에 놓일 수 있다. 불만은 현재의 결과뿐만 아니라 충성, 유산, 자격권리, 회전 슬레이트에서 그들의 원래 맥락에서 검토된다. 예를 들어, 청소년의 행동은 청소년이 부모-자식 관계보다 더 큰 유산을 어떻게 실천하고 있는지 맥락에서 이해된다. 사람들은 책임을 져야 한다. 이것은 사람들이 자신의 행동에 대한 고리를 끊도록 하는 치료법이 아니다. 오히려 행동은 사람들이 장부의 균형을 유지하는 새롭고 덜 파괴적인 방법을 개발할 수 있도록 문제보다 더 큰 맥락에서 이해된다.

재합류는 다세대의 관계에서 발생하는 역동을 이해하는 것으로 시작되지만, 위반을 치유하기 위한 조치 또는 노력이 포함되어야 한다. 치료사는 다방향 편파성(multidirected partiality)을 보여주는 것으로 시작한다. 치료사는 한 사람의 편에 서지 않고 가족, 자신 및 다른 사람의 불공평함에 대한 각 사람의 입장과 견해를 수용하고 심지어 요구하기까지 한다. 이것은 비편파성(impartiality)이 아니다. 치료사는 모든 관점을 중요하고 타당한 것으로 유지하는 데 매우 투자한다. 치료사는 가족 구성원에 대해 호기심과 진정한 관심을 가지고 순차적으로 경청함으로써, 모든 사람의 관심과 의견이 그 과정에 중요하고 필요하다는 것을 보여준다.

부부치료에서 치료사는 양육이 결혼의 일부임을 지적함으로써, 후대 또는 미래 세대에 대한 공정성의 원칙을 보여준다. 부부에게 자녀가 없는 경우에도 부모 또는 자녀를 신뢰할 수 있는 다른 사람에게 책임을 져야 한다. 따라서 부부치료에서 자녀의 위치는 중요하다. 예를 들어, 배우자가 서로에 대해 불평할 때, 치료사는 아이들에게 이것이 어떻게 영향을 미치는지, 그들은 밀고 당기는 것을 느끼는지, 부모가 유산의 영향을 이해하기 위해 자녀에게 이것이 자녀에게 어떤 영향을 미치는지, 잡아당기는 느낌이 있는지, 그리고 부모가 그들의 유산과 행동이 아이들에게 미치는 영향을 이해하기 위해 그들의 가족에서의 의무는 무엇인지 물어볼 수 있다.

치료사는 치료를 받는 사람들뿐만 아니라 관련된 모든 사람의 관심사를 고려한다. 여기에는 부재, 사망 또는 아직 태어나지 않은 사람들이 포함된다. 치료사가 이 맥락을 중요하게 생각할 수 있는 한, 가족 구성원은 자신과 다른 사람의 행동에 대한 새로운 이해와 장부의 균형을 유지하고, 부채를 지불할 다른 방법을 찾아야 할 필요성을 발전시킨다.

평가에는 신용과 신뢰 자원에 대한 관계의 검사가 포함된다. 균형 잡힌 상호성의 관계 윤리는 사실, 개인 심리학, 교류 유형을 초월하지만 관계의 네 가지 차원 모두를 탐색한다. 각 내담자는 자신의 위치와 상황을 평가하고 다른 사람에게 설명할 책임이 있다. 이런 식으로 각 사람은 자신의 이익을 고려하는 모든 다른 사람에게 책임을 묻는다. 치료사는 자격권리와 의무에 대한 각 개인의 견해를 이해하고 호기심을 갖는 면에서 유연하고 순차적이다.

신뢰할 수 있는 상호작용에 참여할 수 있는 각 개인의 능력을 평가한 후, 치료사는 각 개인이 불균형이 발생할 수 있는 위치와 방법을 이해하도록 돕는다. 그런 다음 논의는 회생 노력이 어떻게 이루어질 것인지, 즉 오래된 부채와 의무를 지불할 방법에 중점을 둔다. 치료는 매우 행동 지향적이지만, 치료사는 과제를 할당하지 않는다. 오히려 치료사는 신뢰의 보유량과 특정 행동의 가능한 결과에 대해 호기심을 가지고 내담자가 취해야 할 행동을 결정하도록 돕는다. 치료사는 항상 관련된 모든 사람의 이익을 고려하면서 증상이 필요하지 않도록 관계의 균형을 재조정하려는 내담자를 자극하고, 격려하고, 대비하고, 지원한다.

가족 구성원들이 팔을 벌리고 화합을 회복한다는 의미에서 재합류 노력이 반드시 성공적인 것은 아니다. 지불은 그 자체로 재합류 노력에서 나올 수 있다. 즉, 재접속(reconnect)을 시도하는 것 자체가 재합류이다. 치료사는 치료 관계를 신뢰할 수 있게 유지함으로써 내담자가 재합류를 시도하는 방법을 개발하도록 돕고 성공과 실패 모두에서 내담자를 지원한다.

치료사는 모든 내담자의 편에 서서 부당함을 폭로하고 빚을 갚기 위해 노력한 책임을 각 내담자에게 부여한다. 이 과정을 통해 치료사는 내담자가 (1) 자신의 관점과 입장을 설명하고, (2) 자신과 타인의 행동이 어떻게 다세대 패턴에 맞는지 이해하고, (3) 부모 등과 재접속하고 과거의 상처를 면죄하는 계획을 개발할 수 있도록 관계의 공정성을 입증하고 모델링한다. 내담자는 충성과 유산이라는 다세대적 맥락에 관계없이 항상 자신의 행동에 대해 책임을 져야 한다. 그러나 이러한 맥락을 이해함으로써, 내담자는 이러한 행동과 다른 행동들을 장부의 균형을 맞추기 위한 시도로 받아들일 수 있는데, 이는 부모가 아이를 해치고 싶어했기 때문이 아니라, 모든 것이 회전 슬레이트에 묶여 있었기 때문이다.

치료사는 부분적으로 충성 프레이밍(loyalty framing)을 통해 내담자가 관계적 맥락에서 겉보기에 부정적인 행동을 하도록 돕는다. Nagy는 긍정적인 의미, 재구성, 재명명을 사용한다고 주장하지 않았지만, 충성 프레이밍은 확실히 이러한 치료 기법과 유사하다. 예를 들어, 치료사는 연기하는 십대의 행동을 아버지의 유산을 이행하기 위한 충성스러운 시도로 탐색하여 가족 관계의 파괴적인 특성에 주의를 환기시켜 가족 구성원이 서로 및 과거 세대를 다루는 다른 방법을 찾도록 할 수 있다. 이것은 십대를 화가 난 자리에서 자유롭게 하고, 현재 가족의 관심사나 분노의 초점이 아니라 모든 관계에서 다른 역할에 자신을 배치한다.

면책과 재합류 노력이 항상 즐거운 결과를 얻는 것은 아니다. 때때로 내담자들은 가능한 부정적인 반응을 너무 의식해서 시도하지 않기로 선택한다. 하지만, 신뢰할 수 있는 관계를 맺음으로써, 치료사는 그들이 부정적인 유산으로부터 그들 자신을 해방시켜 그들과 미래 세대들이 같은 상처를 주는 행동을 반복하지 않도록 도울 수 있다. 치료는 즐거운 재회 없이 끝날 수 있지만, 사람들이 관계에서 신뢰할 수 있는 자신의 위치를 다시 세울 수 있을 때 현재와 미래의 관계를 회복하고 증진시키는 데 사용될 수 있는 신뢰의 비축물을 구축할 수 있을 때 끝난다. 그러면 그들은 모든 관계에서 윤리적 행동과 재합류 행동에 대한 약속을 할 수 있다. 이 작업은 짧게는 몇 번, 길게는 몇 년이 걸릴 수 있다.

4. Framo의 세대 간 가족치료

James Framo는 1950년대 후반에 부부와 가족을 만나기 시작했다. Nagy(Boszormenyi-Nagy & Framo, 1965) 및 다른 사람들과의 상호작용을 통해, Framo는 대상관계이론의 아이디어와 결합된 부부 및 가족치료 기법을 통합한 치료를 개발했다. Framo를 흥미롭게 만든 대상관계이론의 주요 아이디어는 투사적 동일시(projective identification)였다. 유아기 동안 우리는 모든 욕구를 충족시키기 위해 돌보는 사람에게 의존한다. 일차 양육자는 좋은 특성과 나쁜 특성을 모두 가지고 있다. 예를 들어, 보육사는 아이가 배고플 때 음식을 주지만(좋음), 항상 아기가 원할 때 빨리 먹이지 않을 수도 있다(나쁨). 영아가 돌보는 사람의 나쁜 부분을 바꿀 수 있는 방법이 없기 때문에 이러한 부분은 외부 대상(보호자)의 내사(introjects) 또는 대표자(representatives)로 정신에 통합된다. 이러한 내사는 무의식적인 대상 또는 "분할"로 성격의 일부가 된다. 사람들은 세상을 마치 어린 시절 친숙했던 것과 같은 종류의 대상으로 구성되어 있는 것처럼 보는 경향이 있지만, 이것은 대개 무의식적인 과정이다. 배우자는 파트너에게서 잃어버린 자신의 면모를 "발견"함으로써 서로를 선택한다. 사람들은 자신의 내사된 나쁜 부분을 배우자와 자녀에게 투사하고 그들과 싸운다. 이것은 그들이 속한 부모 세대가 아닌 현재 관계에서 오래된 문제를 해결하려는 시도이다.

Framo는 개인의 삶의 많은 문제는 그의 원가족에서 비롯될 수 있다고 믿는다. Framo(1996)에 따르면, "부모는 자녀 및 배우자와 함께 살고 있으며, 원가족으로부터 파생된 갈등을 반복한다. 가족의 문제는 한 세대에서 다음 세대로 반복되는 경향이 있다. Framo에게는 관련 문제를 해결하는 것뿐만 아니라 이러한 세대 간 문제를 근본으로 되돌리는 것이 중요하다. 가족 역사에 대해 잘 아는 것은 개인이 현재 가족의 역동성과 문제를 이해하는 데 크게 도움이 될 수 있다. 이러한 생각은 가족치료에 대한 Framo의 독특한 세대 간 접근 방식의 기초를 형성한다.

1) 핵심 개념: 대상관계이론

Framo는 세대 간 힘의 중요성을 강조하는 최초의 결혼 및 가족치료 이론가인 Bowen의 연구를 바탕으로 Fairbairn의 대상관계이론을 Bowen의 모델에 추가하였다. Fairbairn(1952)의 대상관계이론은 실제로 세대 간 가족치료 접근법에 많은 통찰력을 제공한다. Fairbairn에 따르면, 다른 사람들과 의미 있고 긴밀한 관계를 맺는 것은 한 사람의 삶에 있어 중요한 동기가 부여되는 힘이다. 그는 인간이 본질적으로 만족스러운 대상관계를 얻기 위해 삶을 주도한다고 주장한다. 쾌락은 이 대상 추구에서 파생되지만, 공격성은 원하는 대상을 얻지 못하는 것에 대한 좌절에서 비롯된다(Framo, 1992).

Fairbairn의 대상관계이론에 따르면, 만약 아동이 부모의 행동을 거부나 보류(withholding)로 해석하거나 부모가 자신을 버린 것으로 인식하면, 외부 인물이나 대상을 포기할 수 없을 것이고, 외부 현실에서 그것을 바꿀 수 없을 것이다. 따라서 그들은 욕구불만의 대상(부모)을 그들이 대상을 통제하려고 시도할 수 있는 정신 내 세계로 내면화함으로써 좌절감을 처리할 것이다. Framo(1992)는 내적 대상이 내사가 되어 "외부 대상의 심리적 대표자"가 되어 억압된다고 설명한다. 이 과정에서 자신과 부모 사이의 실제 정서적 관계가 내면화된다. Framo(1982)는 이러한 내사가 "하위 정체성"이 되고, 성격 형성에 역할을 한다고 주장한다. 좋은 대상은 긍정적인 기억이 되고 이상적인 대상이 된다. 반면에 나쁜 대상은 정신 내 갈등에 기여한다. 어린 시절 습득한 내면의 대상 또는 내사는 미래의 친밀한 관계를 위한 역할 모델 역할을 한다.

이 현상은 종종 모든 종류의 관계 어려움, 특히 결혼 문제로 이어진다. 내담자의 부모가 세대 간 치료에 참여하는 것은 치료 지도와 함께 내담자의 부모가 존재하는 것이 성인 아동의 내적 대상을 노출시키고 강한 영향력을 느슨하게 하는 데 도움이 될 수 있기 때문에 매우 유익하다.

2) 부부치료와 부부집단치료

Framo는 개인 내담자가 부부치료 또는 부부집단치료에 참여하도록 적극적으로 권장한다. Framo는 배우자를 따로따로 치료하는 것보다 함께 치료하는 것을 믿으며, 부부치료가 개별 치료보다 더 유익하다고 생각한다. 내담자가 여러 회기의 부부치료를 받은 후, 그는 부부집단치료로 알려진 잘 활용되지 않는 치료 형태를 고려하도록 한다.

부부집단치료는 나이와 삶의 경험이 비슷한 소집단으로 보통 세 부부로 구성된다. 남성과 여성의 공동 치료 팀이 이끄는 이 2시간 회기에서, 각 부부는 따로따로 초점을 맞추고 그들의 역설과 전이 왜곡을 탐구하도록 권장된다. 이러한 유형의 치료는 일반적인 정신역동 치료에서처럼 치료사가 아니라 왜곡이 배우자에게 전달된다는 점에서 독특하다. 다른 부부는 이 과정을 관찰하고 서로 피드백을 제공한다.

내담자를 놀라게 하는 것을 피하기 위해, Framo는 세대 간 가족치료에 대한 아이디어를 언급하기 전에 부부와 관계를 맺을 때까지 기다린다. 사람들은 때때로 이러한 특정 유형의 치료라는 개념에 상당히 저항할 수 있다. Framo(1992)는 "이러한 저항이 부부집단 맥락에서 감소되고 더 쉽게 관리된다" 것에 주목했다. 부부집단치료에 참여하는 것은 내담자가 세대 간 가족치료를 준비하는 데 도움이 되는 것으로 입증되었다. 사실, Framo의 원가족 치료 회기의 대부분은 부부집단치료에서 시작된다(Framo, 1992).

3) 세대 간 가족치료

Framo의 세대 간 가족치료는 치료 과정에 원가족을 포함한다는 점에서 독특하다. 원가족의 참여는 치료 기간 동안 오래된 가족 방식을 다시 경험하고 다시 살 수 있기 때문에 중요하다. 유능한 가족치료사의 도움으로 가족은 "오래되고 반복적인 관계 패턴을 깨는" 방법을 배울 수 있다(Hoffman, 1981). Framo는 가족 구성원에 대해 단순히 치료사에게 이야기하는 것보다 내담자가 가족 구성원과 직접 대면하여 이야기하는 것이 더 낫다는 믿음에 기반을 두고 있는 그의 세대 간, 원가족 접근 방식을 기반으로 한다.

4) 임상적 목표

Framo의 세대 간 가족치료의 궁극적인 목표는 가족이 서로 간의 관계를 개선하도록 돕는 것이다. 다른 적절한 치료 목표에는 가족의 전반적인 불안 수준(특히 치료 초기 단계)을 줄이고, 가족 구성원이 서로 원하는 관계 유형을 협상하도록 지원하는 것이 포함된다. 내담자가 서로에게 줄 수 있는 것과 할 수 없는 것을 깨닫도록 돕는 것은 특히 중요하며, 가족 구성원에게 지속적으로 긍정적인 영향을 미칠 수 있다. Framo는 각 치료 회기의 가장 중요한 메타 메시지는 회기와 문제가 치료사로서의 자신이 아니라 내담자와 직접 관련되어 있음을 인정하는 것이라고 주장한다(Hoffman, 1981).

각 세대 간 가족치료 회기는 독특하게 다르다. 그러나 특정 요소는 일정하게 유지된다. 내담자의 원가족은 항상 초대된다. Framo(1996)에 따르면 가능한 한 많은 가족 구성원이 참석하는 것이 가장 좋다. 그렇게 하면 치료사의 "치료적 영향력"이 증가하기 때문이다. 특정 구성원이 누락되거나 회기에 나타나지 않으면 회기는 실제로 취소된다. 또한 Framo는 부부가 아닌 내담자의 원가족과 직접 관련된 문제에 중점을 두어야 한다고 생각하기 때문에 내담자의 배우자는 일반적으로 초대되지 않는니다. 일반적으로 각 회기는 휴식 시간으로 분리된 2시간 회기로 구성된다. 회기는 항상 비디오로 녹화되거나 녹음되어 물리적으로 참석하지 않은 확대 가족 구성원이 여전히 가족치료 과정에 참여하고 있다고 느낄 수 있고, 참석한 구성원이 회기에 대한 새로운 통찰력을 얻을 수 있는 기회를 제공한다. 배우자도 이러한 녹음을 보거나 들을 수 있다.

5) 중재와 기법

중재는 이러한 유형의 치료와 함께 신중하게 계획되고 실행된다. Framo는 이제 설명할 다양한 치료 기법을 사용한다. 일반적으로 Framo는 세대 간 가족치료 회기를 "가족 회의(family conferences)"라고 부르는 것을 선호한다(1992, p. 89). 이러한 보다 비형식적인 명칭은 치료 회기 자체의 압력을 어느 정도 완화하는 데 도움이 된다. 또한 그는 치료사라는 용어를 사용하기보다 촉진자라는 용어를 사용하는 것을 선호한다. 이것은 주로 이러한 회기의 치료사가 내담자와 그 가족을 진단하는 데 관심이 없어야 한다는 Framo의 믿음 때문이다. 대신, 치료사는 주로 가족 토론과 문제 해결을 촉진하고 있다. 촉진자로서 치료사가 특정 가족 구성원의 편을 들지 않는 것이 매우 중요하다. 또는 치료사는 내담자뿐만 아니라 각 가족 구성원에게도 충성을 보여야 한다. 참석한 각 구성원의 요구 사항에 대해 균형을 맞추는 방법을 배우는 것은 필수적이다.

치료사가 자료의 흐름을 유지하는 것이 중요하다. 순환적 질문하기(circular questioning), 지지 제공하기(providing support), 요약하기(summarizing), 적극적인 참여 장려하기(encouraging active engagement)는 자료의 흐름을 유지하는 중요한 과제를 달성하기 위해 자주 사용되는 기법이다(Framo, 1992). 치료사는 문제를 재구성하여 토론 주제에 대한 새로운 시각과 관점을 제시한다. 이 기법은 성인 자녀가 분노를 극복하고 실제로 부모에 대한 연민을 경험하는 법을 배우는 데 도움이 될 수 있다. 치료사가 의도적으로 부모에게 사람으로서 반응할 때, 성인 자녀도 그렇게 하기가 더 쉬워진다(Framo, 1992). 내담자가 가족, 특히 부모를 실제 사람으로 보도록 돕는 것이 이러한 유형의 치료의 초석이다. 용서와 이해가 매우 강조된다.

세대 간 가족치료에서는 변화에 대한 가족 구성원의 두려움과 변화에 따른 불확실성에서 많은 저항이 따른다. Framo는 세대 간 치료가 원가족에 대한 "불충성을 정당화"(1992, p. 123)하는 환경을 만들기 때문에 변화를 허용한다고 믿는다. 이러한 회기 동안 가족 구성원이 예상과 다르게 행동할 때, 이러한 발생으로 인한 결과적인 불협화음이 변화의 기회를 만든다. 부모가 다르게 행동할 때, 그 사건은 아이가 나쁜 내적 대상에 대해 갖는 애착을 감소시킬 가능성이 있으며 실제로 대상의 석방을 허용할 수 있다(Framo, 1992).

세대 간 가족치료는 "극단기치료"로 간주될 수 있다(Framo, 1992). 오늘날의 관리된 건강관리 세계에서 이 치료적 접근 방식은 즉각적이고 행동 지향적인 특성으로 인해 보험회사에서 특히 관심을 가질 가능성이 있다. 이론과 임상적 실제로서 세대 간 가족치료는 많은 적용 가치가 있다. 또한, 가족치료는 일반적으로 정신 건강 서비스를 찾지 않는 확대 가족 구성원에게 다가갈 수 있다. 이를 염두에 두고 가족치료사는 개별 치료 회기에서 일반적으로 만나지 않을 일부 구성원을 만나고 영향을 줄 수 있다.

대상관계이론을 가족치료와 결합함으로써 Framo의 가족치료는 잘못된 기억을 명확히 하고, 추측보다 대면 상호작용을 강조하며, 과거와 현재를 연결하는 세대 간 가족 유산을 해결함으로써, 가족 문제의 핵심에 도달함으로써 작동한다(Framo, 1992). 그의 세대 간 가족치료는 종종 저항에 부딪히지만 그의 접근 방식은 개인, 부부, 가족 모두에게 많은 것을 제공한다.

15 Chapter

가족미술치료사례Ⅳ

1. 다문화 가족의 특성

1) 다문화 가족의 개념

다문화란 단일문화에 대비되는 개념으로써 동일한 혈통과 문화를 추구하던 단일문화에 다른 문화들이 통합되어 여러 문화가 공존하는 것을 말한다. 한국 사회에서 다문화 가족은 인종이 다른 남녀가 결혼하여 형성된 가족을 말한다. 단순히 인종에 국한된 것만이 아니라 성적 지향, 장애, 젠더, 연령 등을 포괄적으로 포함하는 개념이지만, 한국 사회에서는 다문화 가족이라 함은 인종, 민족, 언어, 문화 등이 상이한 경우를 의미한다. 그러나 다문화 가족을 구분화하는 데는 학자의 연구 범위, 법규의 해석 등에 따라 그 범주를 달리하고 있기 때문에 어려움이 있다. 그래서 다문화 가족의 의미를 살펴보는 것은 매우 중요한 것이다.

다문화 가족은 결혼 이민자, 이주 노동자, 유학생, 난민, 동포, 새터민 등 한국 사회와 다른 민족 및 문화적 배경을 가진 사람들로 구성된 가족을 통칭한다. 좁은 의미의 다문화

가족의 정의를 살펴보면 다문화 가족 지원정책의 근간이 되고 있는 「다문화가족지원법 제2조」에는 다음과 같이 규정하고 있다.

1. "다문화가족"이란 다음 각 목의 어느 하나에 해당하는 가족을 말한다.
   가. 「재한외국인 처우 기본법」 제2조제3호의 결혼이민자와 「국적법」 제2조부터 제4조까지의 규정에 따라 대한민국 국적을 취득한 자로 이루어진 가족
   나. 「국적법」 제3조 및 제4조에 따라 대한민국 국적을 취득한 자와 같은 법 제2조부터 제4조까지의 규정에 따라 대한민국 국적을 취득한 자로 이루어진 가족

이 법에서 규정하는 "결혼이민자"란 대한민국 국민과 혼인한 적이 있거나 혼인 관계에 있는 재한외국인을 말한다. 국적법에 따른 다문화 가족은 다음과 같다.

제2조(출생에 의한 국적 취득)

① 다음 각 호의 어느 하나에 해당하는 자는 출생과 동시에 대한민국 국적(國籍)을 취득한다.
   1. 출생 당시에 부(父)또는 모(母)가 대한민국의 국민인 자
   2. 출생하기 전에 부가 사망한 경우에는 그 사망 당시에 부가 대한민국의 국민이었던 자
   3. 부모가 모두 분명하지 아니한 경우나 국적이 없는 경우에는 대한민국에서 출생한 자

② 대한민국에서 발견된 기아(棄兒)는 대한민국에서 출생한 것으로 추정한다.

제3조(인지에 의한 국적 취득)

① 대한민국의 국민이 아닌 자(이하 "외국인"이라 한다)로서 대한민국의 국민인 부 또는 모에 의하여 인지(認知)된 자가 다음 각 호의 요건을 모두 갖추면 법무부장관에게 신고함으로써 대한민국 국적을 취득할 수 있다.
   1. 대한민국의 「민법」 상 미성년일 것
   2. 출생 당시에 부 또는 모가 대한민국의 국민이었을 것

② 제1항에 따라 신고한 자는 그 신고를 한 때에 대한민국 국적을 취득한다.

③ 제1항에 따른 신고 절차와 그 밖에 필요한 사항은 대통령령으로 정한다.

제4조(귀화에 의한 국적 취득)

① 대한민국 국적을 취득한 사실이 없는 외국인은 법무부장관의 귀화허가(歸化許可)를 받아 대한민국 국적을 취득할 수 있다.

② 법무부장관은 귀화허가 신청을 받으면 제5조부터 제7조까지의 귀화 요건을 갖추었는지를 심사한 후 그 요건을 갖춘 사람에게만 귀화를 허가한다.

③ 제1항에 따라 귀화허가를 받은 사람은 법무부장관 앞에서 국민선서를 하고 귀화증서를 수여받은 때에 대한민국 국적을 취득한다. 다만, 법무부장관은 연령, 신체적·정신적 장애 등으로 국민

선서의 의미를 이해할 수 없거나 이해한 것을 표현할 수 없다고 인정되는 사람에게는 국민선서를 면제할 수 있다.

④ 법무부장관은 제3항 본문에 따른 국민선서를 받고 귀화증서를 수여하는 업무와 같은 항 단서에 따른 국민선서의 면제 업무를 대통령령으로 정하는 바에 따라 지방출입국·외국인관서의 장에게 대행하게 할 수 있다.

⑤ 제1항부터 제4항까지에 따른 신청절차, 심사, 국민선서 및 귀화증서 수여와 그 대행 등에 관하여 필요한 사항은 대통령령으로 정한다.

그러나 다문화 사회의 확대로 좁은 의미의 해석으로는 이주 노동자와 유학생, 불법체류 이주 노동자 가족, 북한 이탈 주민 가족 등은 「다문화가족지원법」의 대상에 포함되지 않고, 이들과 관련된 제반 문제를 해결하기 어렵기 때문에 넓은 의미의 다문화 가족의 정의를 살펴볼 필요가 있다.

넓은 의미의 다문화 가족이란 세대 간, 계층 간, 지역 간의 문화적 차이나 가치관의 차이가 존재하는 가정을 말한다. 이는 동일한 문화권 내에서 미시적인 다문화 현상에 속한다고 설명할 수 있다. 그러나 최근에 관심의 대상이 되고 있는 다문화 가족이란 한국과 다른 민족, 다른 문화적 배경을 가진 사람들로 구성된 가족으로 한국 사회 내에 한국이 아닌 다른 문화권으로 이루어진 가족을 통칭하며, 결혼이민자 가족, 외국인 근로자 가족, 북한 이탈 주민 가족 등이 포함된다(이상진, 이근매, 조용태, 2008)

한국 사회에서 다문화 가족은 한국이 아닌 다른 문화권으로 이루어진 가족을 말하며 특히 결혼이민자 가족, 외국인 근로자 가족, 북한이탈주민 가족으로 나눌 수 있다.

첫째, 결혼이민 가족으로 한국인 남성과 외국인 여성 혹은 한국인 여성과 외국인 남성의 결혼으로 이루어진 가족을 의미한다. 초기에는 결혼 적령기가 지난 농촌 총각들이 특히 중국 및 동남아시아 여성들과 결혼하면서 늘어나기 시작하였으며, 최근에는 외국인과의 교류가 늘어나 유학이나 해외 파견 등의 이유로 중상류층 여성들의 국제결혼이 증가하는 추세에 있다.

둘째, 외국인 근로자 가족으로 외국인 근로자인 남성과 여성이 한국에서 결혼하여 이루어진 가족, 남성과 여성이 그들의 나라에서 결혼한 후에 한국으로 이주한 가족, 외국인 근로자로서 결혼하지 않고 단독으로 또는 동료와 함께 생활하는 가족 등을 말한다. 외국인 근로자 가족은 같은 국적 사람들끼리 결혼한 가족, 국적이 다른 사람들과 한국에서 결혼하여 살고 있는 경우도 있어서 자신들의 문화에다 한국의 문화를 더해 이중, 삼중의 혼재된 문화 속에 살고 있는 가족도 있다.

셋째, 북한 이탈 주민 가족은 탈북자 출신 중 남성과 여성의 결혼으로 이루어진 가족, 탈북자 출신의 남성 또는 여성이 한국에 입국한 후에 한국의 여성 또는 남성과 결혼하여 이루어진 가족, 탈북자 출신으로 결혼하지 않고 단독 또는 동료와 함께 생활하는 가족 등의 가족이 있다. 다양한 이유로 북한 체제와 사회를 떠나 남한사회에 정착한 가족으로 같은 민족이지만 서로 다른 사회 체제와 문화로 인해 한국 사회에 정착하는 데 어려움을 겪고 있다. 예를 들어 이질적인 언어 및 문화, 학교생활에서의 따돌림, 외래어 및 한자어에 대한 이해 부족 등의 문제가 존재한다.

2) 다문화 가족의 특성

다문화 가족이란 전통적인 한국 가족과는 달리 가족 구성원 중에 적어도 1명 이상이 한국 국적을 가지고 있지 않고, 다른 문화권에서 성장한 가족을 말한다. 한국인의 정체성을 구성하는 지배 정서 가운데 하나인 '오천 년 단일민족'이라는 이른바 순혈주의의 민족 정체성은 전통 한국 가족을 설명하는 대표적인 예시일 것이다. 특히 한국 사회는 개인의 피부색, 머리모양 등 외형적 특징에 따른 인종적 구별을 하고 있다.

한국 사회는 서구의 여러 선진국들과 비교해서 비교적 단기간에 다문화 사회를 경험하고 있으며, 다문화 가족의 사회통합을 위한 연구도 최근에 들어서 활발히 진행되고 있다. 다문화 가족의 종류를 구분해보면, '유럽형－제국주의 형태'로 영국 및 프랑스처럼 타민족의 국가를 점령했던 경험을 가진 나라들인데, 이들 나라에 살고 있는 이주민의 대부분이 식민지 출신들이다. '미국형－신제국주의 형태'는 미국, 캐나다, 호주 등의 나라로 이들은 정복 국가라는 점에서 첫 번째 유형과 유사성을 가진다. 이들이 그 지역을 정복하는 과정에서 토착민은 소수집단으로 전락하고 정복민이 주류집단으로 부각되는 것이다. 마지막으로 '아시아－탈식민지 형태'라고 할 수 있는 인도네시아, 말레이시아 등의 국가로 식민지 이전에 이미 다문화적인 환경이 조성된 경우이다.

그러나 한국은 식민 통치나 정복의 경험이 없고, 식민 지배를 경험하였지만, 주도권 다툼을 벌일 다양한 인종이 없다는 점에서 위에 제시된 어느 유형에도 속하지 않는다. 즉, 외부의 영향이 아니라 한국 사회 내부적으로 다문화가 이루어졌다고 보아야 할 것이다. 한국은 대표적으로 부족한 노동력을 확보하고 농어촌지역의 결혼 시장의 붕괴로 인하여 이주 노동자들과 외국인 여성들의 유입이 권장되었다. 또한 북한을 탈출한 주민들의 정착이 늘어나면서 한국 사회 내부의 문제를 해결하기 위한 수단으로 다문화 사회로 이행하게 된 것이다.

일반적으로 다문화 사회란 인종, 젠더, 장애, 성적 취향 등에 따라 구분되는 주류문화와 다소 이질적인 문화가 함께 공존하는 사회를 의미한다. 그러나 한국에서 다문화 가족에는 거주 외국인들만을 지칭하는 매우 협의적인 의미로 사용되는 것이 현실이다. 다문화 가족을 지칭하는데 있어서 주체의 설정은 여전히 논란이 되고 있는데, 그럼에도 일반적으로 이주 노동자와 결혼 이주 여성의 경우 확실히 다문화 정책 대상군에 포함되는 것에는 이견이 없다.

한국에서 다문화 가족을 대상으로 한 지원정책들은 대부분 한국어와 한국문화 이해를 기본으로 하는 프로그램들이 다수이며, 외국인들의 문화적 다양성이나 정체성을 인정하고 유지하기 위한 정책이라고 보기에는 무리가 있다. 다문화 가족을 위한 지원 법안들이 동화를 바탕으로 하고 있는 것은 다문화주의의 이념을 구현하면서 질 높은 사회통합을 이루는 것과는 거리가 있다고 볼 수 있기 때문에 진정한 사회 통합을 위해서는 외형적인 동화를 넘어 다문화성을 인정하는 정책으로 변화해야 한다.

그리고 다문화 가족을 바라보는 시민들의 인식 또한 달라져야 한다. 한국 사회는 여전히 다른 인종이나 민족에 대한 편견과 차별의식을 깊게 가지고 있다. 특히 다문화 가족 자녀들에 대한 학교에서의 차별은 심각한 정도에 와있다고 볼 수 있다. 학교 교육을 마치고 사회로 나오는 다문화 가족 자녀들이 학교에서부터 차별을 받으면 사회에 진출하여서도 한국 사회에 뿌리 내리기가 힘들 것이다. 따라서 다문화 사회를 올바르게 구축하기 위해서 가장 중요한 것은 주류사회의 인식의 전환이다. 이러한 인식의 전환은 단기간에 바뀔 수 있는 것이 아니라 꾸준한 교육과 다문화 가족의 주류사회로의 포섭을 위한 다양한 정책들이 뒷받침되어야 한다.

3) 다문화 가족이 직면하는 문제

다문화 가족은 다른 가족과 비슷한 어려움에 직면해 있다. 우리 아이들에게 물려주고 싶은 가치는 무엇일까? 우리는 그들에게 어떤 전통을 가르치고 싶은가? 어떻게 하면 그들에게 최고의 교육을 제공할 수 있는가? 확대 가족은 우리 삶에서 어떤 역할을 할까?

그러나 다문화 가족에서 이러한 친숙한 문제는 문화와 가족 전통의 혼합으로 인해 복잡해진다. 우리는 자녀를 교회에서 양육하는가, 아니면 회당에서 양육하는가? 아니면 둘 다인가? (아니면 둘 다 아닌가?) 우리는 그들을 영어 학교 또는 스페인어 학교에 보내는가? 다른 대륙에 있는 가족과의 유대를 어떻게 유지하는가?

그러나 대부분의 다문화 가족은 어릴 때부터 다름을 소중히 여기는 법을 배우는 자녀를 양육하는 이점을 고려할 때, 이러한 문제에 직면하는 것이 그만한 가치가 있다는 데 동의할 것이다. 어떤 사람들은 다문화 부부가 일반적으로 어려운 문제를 해결할 준비가 잘 되어 있다고 주장할 수도 있다. 이러한 문제는 서로를 더 가깝게 만들 수도 있다.

어떻게 이럴 수 있는가? 아마도 한 가지 이유는 부부의 두 구성원이 같은 문화권에서 왔을 때 일반적으로 다른 일을 하며 자랐기 때문일 수 있다. 그러나 종종 일종의 공통점에 대한 기대가 있기 때문이다. 다른 나라나 배경을 가진 사람과 결혼하면 차이가 있다는 것을 알기 때문에 의식적으로 커플로 작업한다. 당신은 이미 도전을 함께 헤쳐 나아가야 한다는 것과 "올바른" 방법은 없다는 것을 이미 배웠을 가능성이 크다. 가족의 화합을 염두에 두고 도전에 직면함으로써 가족을 더욱 친밀하게 성장시키는 방법을 알아낼 수 있다.

다음은 다문화 가족이 직면하고 있는 일반적인 문제와 그것이 장점이 될 수 있다고 생각하는 이유이다.

① 사는 장소: 이 문제는 처음부터 발생한다. 자녀를 양육할 때 대가족과의 연결이 매우 중요하지만, 많은 다문화 가족이 친척과 가까이 살지 않거나, 가까운 친척을 선택해야 한다. 또한 자녀들이 다른 언어/문화를 배우도록 돕기 위해 여행이나 해외 이주보다 직업 안정성을 선택해야 할 수도 있다. 그러나 결국 가족이 살기로 결정한 곳은 가족을 정의하고 독특하게 만드는 것이 될 수 있다. 가족으로서 의식적인 결정을 내리는 것은 더 큰 유대감과 공동의 목적 의식으로 이어질 수 있다.

② 따라야 할 종교: 문화를 혼합한다는 것은 자녀에게 물려줄 신념과 가치를 의도적으로 선택해야 함을 의미한다. 그 결과 갈등은 매우 민감한 정서와 소중한(또는 고통

스러운) 기억을 노출시킬 수 있다. 그러나 자신의 신념에 대해 공개적으로 이야기하는 것은 공유된(또는 적어도 상호 지원하는) 가치를 가진 강력하고 활기찬 가족 문화를 구축하는 데 도움이 되는 훌륭하고 진심 어린 토론으로 이어질 수도 있다.

③ 준수해야 할 휴일: 이 문제는 ②번과 관련이 있지만 완전히 일치하지 않는 것이다. 비종교 가족은 종종 전통이나 어린 시절의 좋은 추억 또는 단순히 외부 문화의 영향을 위해 휴일을 지킨다. 가족과 함께 명절을 보내는 것에 대한 기대와 바람에 대해 솔직하게 이야기하는 것이 가장 좋다. 당신은 단지 당신의 아이들에게 휴일의 정신을 주고 싶은가, 아니면 종교적 측면도 중요한가? 당신은 전통적인 축하 행사에 관심이 있는가, 아니면 정말로 친척과 즐거운 하루를 보내고 싶은가? 종종 함께 휴일을 축하하는 것은 철학이나 교리에 대한 깊은 갈등 없이 가족의 모든 구성원이 서로의 전통을 공유하는 재미있는 방법이 될 수 있다.

④ 어떤 언어를 말할 것인가: 언어를 말하는 것은 다른 문화와 장소로 들어가는 입구가 될 수 있으며, 어린 시절부터 언어를 배우는 것은 아이들에게 많은 이점이 있다. 그러나 다국어를 구사하는 자녀를 양육하는 것은 힘든 일이며, 가족이 (친척이나 사회로부터) 대부분의 언어만 가르쳐야 한다는 압력을 받고 있는 경우 특히 어려울 수 있다. 자녀에게 어떤 언어를 가르칠지 결정하고, 이를 수행하는 방법에 대한 전략을 선택하는 것은 종종 가족에게 결정적인 순간이 된다. 당신의 아이는 "다르다". 그러나 다시 한 번, 가족으로서 그러한 결정을 내리는 것은 가족 문화를 정의하는 데 도움이 될 수 있기 때문에 힘의 원천이 될 수 있다. 또한 다른 사람들이 이해하지 못하는 "비밀" 가족 언어를 갖는 것은 재미있을 수 있다.

⑤ 확대 가족과의 관계: 다른 가족과 결혼하는 것은 결혼 생활에서 가장 큰 보상이자 도전 중 하나이다. 대가족은 종종 문화적 차이가 더 분명해지는 곳이다. 배우자가 다른 문화권에서 결혼했다면 다른 방식으로 생각하고 행동하는 데 더 많은 경험이 있을 가능성이 있다. 그의 가족은 그렇지 않을 수 있으므로 오해의 가능성이 더 높다. 그러나 사랑하고 서로를 풍요롭게 하는 관계의 기회는 그만큼 크다. 엄격하게 문화적인 수준에서 새로운 가족과 함께 다른 나라를 보는 것보다 더 좋은 방법은 없으며, 다른 방법으로는 얻기 어려운 다른 삶의 방식에 친밀하게 접근할 수 있다.

⑥ 건강 및 안전: 특히 자녀가 있는 경우 위험이 너무 크기 때문에 자녀의 복지를

돌보는 것이 큰 논쟁의 원인이 될 수 있다. 철학과 종교는 훌륭한 토론을 만들지만, 결국에는 동의하지 않을 수 있다. 자녀의 신체적 안전은 그렇지 않다. 추상적 감정은 자녀를 보호하는 방법에 대한 구체적인 일상적인 결정에 반대할 때 창밖으로 사라진다. 어떤 종류의 음식이 가장 좋은가? 맨발로 밖에서 놀 수 있는가? 친구의 부모를 얼마나 잘 알고 있는가? 기본 기준은 사람마다 다르지만 문화마다 다르다. 다른 도전과 마찬가지로 솔직한 토론이 가장 좋고, 상호 존중이 많으며, 결국 건강하고 행복한 자녀를 키우는 동일한 목표를 공유한다는 것을 기억해야 한다.

⑦ 편견 다루기: 그리고 마지막으로, 물론 우리는 방에 있는 코끼리를 무시할 수 없다. 다문화 가족은 문화, 언어 또는 (특히) 인종이 혼합되어 있는지 여부에 관계없이 사회로부터 편견에 직면할 가능성이 훨씬 더 높다. 다문화 가족의 아이들은 다른 유산보다 한 유산(따라서 한 부모)을 선택해야 한다고 느끼거나 전혀 어울리지 않는다고 느낄 수 있다. 그러나 어려움에도 불구하고 결국 다문화 어린이는 하나 이상의 문화에 대한 친밀한 친숙함과 아마도 가장 중요하게는 차이점을 연결해야 할 필요성에 대한 깊은 이해로 인해 오늘날의 세계에서 유리한 위치에 있다. 그들이 필연적으로 직면하게 될 편견을 극복할 수 있는 적절한 지침이 주어진다면, 그들은 오늘날 점점 더 상호 연결되는 세계의 정통하면서도 민감한 시민이 될 것이다.

한국 사회의 다문화 가족에서 빈번하게 발생하고 있는 갈등 요인을 요약하면 다음과 같다(이근매, 조용태, 김용수, 2014).

① 경제적 요인: 외국인 여성의 결혼은 자신이나 자기 가족의 경제적 조건 때문에 선택하는 경우가 많다. 즉 자신의 결혼을 통해 자신과 자기 가족의 경제적 어려움을 극복하고자 하는 목적이 있을 수 있다. 그러나 한국인 남성의 경제적 여건이 그것을 충족시키지 못하는 경우가 많다. 한국 남성의 경우는 농어촌 지역 출신이거나 도시 저소득층이 많아서 여성이 생각한 경제력을 갖추지 못하고 어려움을 당하거나 자신이 한국에서 경제활동을 할 수 있는 가능성도 희박하여 갈등 유발의 커다란 원인이 되고 있다. 이 요인은 한국인 부부 가정의 갈등 유발에도 크게 기여하고 있다.

② 언어 차이: 다문화 가정에서 공통적으로 직면하고 있는 것이 언어적 차이에 의해

발생되는 의사소통의 문제이다. 배우자가 사용하는 언어를 구사할 수 없다는 것은 많은 오해와 불신을 유발하게 되고 이것이 갈등의 원인이 된다. 외국인 여성의 한국어 구사 능력도 중요하지만 한국 남성의 외국어 구사 능력도 매우 중요하게 강조되어야 한다. 각자가 가진 가치관, 신념, 생활 태도, 생각 등은 언어로 표현되고 전달되는데 이러한 것들이 원활하게 전달되지 못한다는 것은 서로를 이해하지 못하도록 하는 장애물이다.

③ 가치관의 차이: 가치관이란 인간이 자신과 타인, 세상과 그 속에 포함된 사상(事象)에 대해 가지는 평가적인 태도를 말하는데, 이것은 자신이 성장한 사회와 문화의 특성을 고스란히 반영하여 형성된다. 역사와 문화가 다른 국가에서 성장한 외국인 여성의 인간과 삶에 대한 가치관은 한국 여성이 가진 그것과는 차이가 있을 것이다. 한국 여성에게 기대되는 가치관을 외국인 여성에게 기대하거나 강요하는 것이 갈등 유발의 중요한 요인이 될 것이다.

④ 연령의 차이: 동일한 문화와 역사를 가졌더라도 연령의 차이가 크면 생활양식과 가치관 등에서 차이를 보인다. 부부의 지나친 연령차이는 생활양식, 관계성, 가치관 등에서도 큰 차이가 있는데, 이것이 갈등의 원인이 되는 것이다. 우리나라 결혼이주여성의 연령이 배우자의 연령보다 지나치게 어리다는 것이 문제가 될 수 있다. 이것은 이주여성의 미래에 대한 불안감을 유발하는 요소로 작용한다.

⑤ 일상생활 양식의 차이: 일상생활에서 외국인 여성이 겪는 첫 번째 어려움이 식생활과 주거문화이다. 음식의 재료와 맛 등의 차이가 클 뿐만 아니라 음식의 종류와 양이 많다는 것에도 혼란을 느낀다. 또한 다양한 음식은 직접 준비해야 하고 그것이 자신에게 요구되는 중요한 역할이자 의무라는 측면에서 어려움을 느끼는 것이다. 식습관의 차이도 심각한 측면이 있다. 여유를 갖고 대화를 즐기면서 식사를 하는 동남아시아에 비해 말없이 빠른 시간 내에 식사를 마치고 뒤처리도 빨리 할 것을 요구하는 문화는 이해하기 힘든 상황이다. 또한 식사 후 남은 것을 다시 먹고, 음식을 소리내어 씹는 등의 행태도 당황스러운 경험이 된다. 온돌에서 자야하는 주거문화는 동남아시아 지역 출신의 여성들에게는 고통스러운 상황이며, 매일 목욕을 하는 여성들은 농촌의 주거 환경과 한국인의 목욕 습관에 대해 민족적 선입견을 가지게 할 수 있다.

⑥ 가족 및 친족, 친구 관계의 차이: 외국인 여성이 가장 많은 갈등과 적응 문제를 나타내는 것이 가족 및 친족, 친구 관계이다. 가족 관계에서 가족의 구성, 친정 및 시댁과의 관계, 가족 내 여성의 권한과 역할, 시부모를 비롯한 시댁 식구의 며느리에 대한 태도 등에 관한 것이다.

예를 들어, 부부중심의 양면적 가족 관계를 가진 베트남, 태국, 필리핀 등 동남아시아 여성들은 부계 확대가족의 원리와 그것에 터한 가족 관계, 자신에게 부여되는 역할 기대 등을 이해하는 것은 매우 어려운 문제이다.

또한 친구 관계에서 매우 심한 혼란을 느끼고 있는데, 우리나라의 문화에서 남성의 절친한 친구는 가족과 비슷한 유대감을 가지고 있다. 이러한 유대감이 가정의 일상사에 깊게 개입하게 되고, 이러한 상황은 외국인 여성의 경우에는 사생활 침입이 되며, 어떤 경우는 범죄 행위로까지 취급하고 있다. 지나치게 가까운 유대감의 표현이 외국 여성의 입장에서는 갈등 유발의 중요 요인이 되기도 한다.

⑦ 성역할의 차이: 모든 국가 출신의 여성들이 공통적으로 지적하는 문화적 차이는 부부 간 역할 규정과 가사 분담에 관한 것이다. 여성이라는 이유로, 부인이라는 이유로 요구되는 역할이나 제약되는 활동이 이제까지 자연스럽게 받아들였던 질서와는 다르다는 것을 결혼 후 알게 된다. 남편의 반복적인 행동과 말, 시어머니나 시댁 식구의 명시적 요구 또는 암시적 태도, 주변 한국 여성의 모습, 다른 이주 여성들과의 대화 등을 통해 분명히 알게 되는 것이다.

대다수 외국 여성들은 비교적 자유스러운 경제활동과 사회활동을 하는 여성의 모습을 당연하게 여긴다. 또한 가사와 육아, 자녀교육 등 부부 공동의 활동을 당연한 것으로 전제한다. 특히 부부 모두가 경제활동을 하는 경우 음식 준비부터 비교적 자유로우며 육아 등 가사 분담도 부부 공동으로 하는 경향이 두드러진다. 그러나 한국의 남편이나 시어머니는 여성들은 집안에만 있는 것을 당연시 여기고 육아를 비롯한 집안의 가사활동을 전적으로 여성의 책임으로 돌리고 있다.

이처럼 생활 경험과 남편의 태도 등을 통해 외국인 여성들은 여성과 남성, 부인과 남편의 역할 분담과 활동 반경의 균형성에 차이를 알게 된다. 이와 동시에 남성과 여성, 부부 간의 위상이 상당한 차이가 있으며, 같은 사안에 대해서도 성에 따라 상이한 가치 평가를 내리는 한국의 성 구조의 특수성을 알게 된다. 특히 자신의 의견과 생각을 표현하는 데 대해 '여자는 고집이 세면 안 된다','며느리 기세는 꺾어야 한다', '남자는 하늘이다'를 반복하는 시어머니의 태도는 매우 충격적이다.

⑧ 사회적 편견: 한국 사회는 타문화를 수용할 수 있는 역사적 경험이 부족하고, 순혈주의를 지나치게 강조하는 특성 때문에 외국인 여성에 대한 편견과 차별이 지나친 경향이 있다. 이러한 과장된 모습에는 그들을 비정상적 가족 등 사회문제의 원천으로 보는 시각, 불쌍하다거나 불행한 삶을 살고 있다고 보는 시각, 위장 결혼자가 대부분이라는 시각, 돈 때문에 팔려온 사람이라는 시각, 돈벌이를 위해 정상적인 결혼을 할 의사가 없으면서 온 것으로 생각하는 등 선입관이 혼재되어 편견적 시선으로 보는 데 영향을 주고 있다. 이러한 사회적 편견이 외국인 여성의 적응과 정착을 어렵게 하고 이것이 갈등을 유발하는 요인이 된다.

⑨ 이상화된 타자: 타자는 일반적으로 열등한 인종적 정체성과 성적 도착의 형태로 나타난다. 하지만 동시에 타자는 우리 집단에 없는 특성들이 이상화된 존재로 투사되기도 한다. 예를 들어, 오리엔탈리즘은 동양을 신비로운 곳으로 타자화시킨다. 이러한 이상화된 타자로서의 외국인 여성은 한국 여성보다 나은 자질을 갖춘 존재가 될 것으로 기대를 받게 되고, 그 기대가 충족되지 않을 때 타자로서 배척된다. 그래서 남편들은 화를 내거나 실망하게 된다. 특히 한국 남성들에게 이상화된 타자는 한국 사회의 가부장적 가족 유지를 위해 자신을 헌신하는 이미지이다.

2. 다문화 가족의 치료 접근

1) 다문화 가족치료의 개념

다문화 치료는 치료사 자신과 다른 문화적 배경을 가진 내담자와 함께 활동할 때 발생한다. 문화는 성별, 나이, 성, 종교, 사회경제적 지위 등과 같은 요인을 언급하거나 포함할 수 있다. 그러나 치료사와 내담자 사이의 문화적 차이의 존재는 항상 관련이 있음을 이해하는 것이 중요하다. 거의 항상 상호작용, 관계 및 치료 회기 내 내담자의 진행에 영향을 미친다.

이 때문에 치료사는 문화가 치료 과정에 어떤 영향을 미치는지 인식할 뿐만 아니라 다문화 상담 기법에 대한 교육을 받는 것이 중요하다.

다문화 치료는 인종, 민족, 종교, 젠더 정체성, 성적 지향, 소득, 장애 상태 또는 기타 사회적 요인이 다수 또는 지배적인 사회 범주에 속하지 않는 내담자의 우려를 해결하는 것을 목표로 하는 대화 치료의 한 형태이다. 접근 방식은 인종, 민족성 및 젠더 정체성과 같은 인구통계학적 요인이 누군가가 세상을 경험하고 다른 사람과 관계를 맺는 방식에 중요한 역할을 한다는 생각에 중점을 두고 있으며, 이러한 현실을 치료에 반영하려고 시도한다. 다문화 치료는 또한 억압, 고정관념, 인종차별, 소외와 같은 소수 집단에 대해 발생하는 부정적인 문제가 정신 건강 및 질병과 관련이 있으며, 치료 중에 특별한 인정을 받아야 함을 인정한다.

소수 집단, 특히 소수 인종 집단의 구성원은 일반적으로 다수 집단의 구성원보다 치료를 덜 찾는데, 이것은 부분적으로 소수 집단의 많은 구성원이 치료사들이 그들의 삶의 경험을 이해하고, 그들의 요구를 완전히 해결할 수 없을 것이라고 느끼기 때문이다. 따라서 다문화 치료는 해당 집단의 개인이 안전하고 존중받으며, 오해를 받지 않고, 자신의 문제를 설명할 수 있는 치료 환경을 만드는 것을 목표로 한다.

치료사와 내담자가 반드시 같은 인종, 민족 또는 기타 관련 요인을 공유할 필요는 없지만, 유능한 다문화 치료사는 그러한 요인이 내담자의 삶에 미칠 수 있는 영향에 대해 상당한 인식을 보일 것이다. 다문화 치료는 다양한 형태를 취할 수 있지만, 일반적으로 보다 보편적인 접근 방식을 취하는 일부 전통적인 치료 환경보다 개별 내담자의 독특한 배경, 경험 및 요구에 더 중점을 둘 수 있다. 또한 그것은 정신 건강 치료에 대한 다양한 문화적 관점을 다룰 수 있고, 내담자가 치료를 찾는 데 있어 내면화된 낙인이나 부정적인 연상을 극복하도록 도울 수 있다. 접근 방식은 주로 대화 치료의 한 형태이지만, 이러한 개입이 내담자의 더 나은 의사소통에 도움이 될 수 있다면, 예술이나 음악과 같은 다른 활동을 포함하는 치료와 결합될 수 있다.

소수 인종 또는 소수 민족, 성 소수자, 이민자, 난민을 포함한 모든 소수 집단의 구성원과 다수 또는 지배적인 사회 집단에 의해 소외감을 느끼는 사람들은 다문화 치료의 혜택을 받을 수 있다. 다문화 치료를 원하는 내담자는 다양한 관심사를 위해 그렇게 한다. 일부는 불안이나 우울증과 같은 진단 가능한 정신 건강 상태로 어려움을 겪고 있지만,

다른 사람들은 관계 또는 친밀감 문제, 직업적 스트레스, 나쁜 신체 이미지 또는 자존감, 심리적 웰빙을 방해할 수 있는 문화적 규범에 대한 도움을 받기 위해 치료를 받는다. 때로는 누군가의 정체성의 다른 측면이 다문화 치료에서 해결할 수 있는 내적 갈등으로 이어질 수 있다. 예를 들어, 성 소수자로 확인되는 사람은 자신의 정체성을 가족의 종교적 또는 문화적 관점과 조화시키는 데 어려움을 겪을 수 있다.

2) 다문화 가족치료의 원리

다문화 치료의 기본 이론은 특정 양식에 얽매이지 않고, 치료사가 소외된 내담자의 발달에 영향을 미치는 어려움과 그들이 직면한 고유한 문제를 이해하는 한 인지행동치료, 부부치료, 가족치료, 아동, 성인, 개인 또는 가족에 적합한 기타 유형의 치료에 적용될 수 있다. 치료가 절충적일 때, 치료 과정의 모든 측면에 걸쳐 내담자의 문화의 영향은 가중치가 부여되어야 한다.

다문화 치료 실제가 어떻게 전개되는가는 치료사가 선호하는 양식뿐만 아니라 내담자의 특정 인구통계 및 문화적 요구에 따라 달라진다. 일반적으로, 처음에는 내담자가 치료 과정을 이해하게 되고, 치료사가 내담자의 어려움, 요구, 기대를 이해하게 되면서 신뢰와 상호 존중을 발전시키는 데 시간이 소비된다. 그런 다음 치료사는 내담자의 문제의 어떤 측면이 그들의 문화와 대다수의 지배적인 문화 사이의 관계에 뿌리를 두고 있으며, 어떤 것이 다른 것에서 비롯될 수 있는지를 이해하도록 도울 수 있다. 치료사와 내담자는 함께 적절한 해결책을 찾기 위해 함께 활동한다.

2017년에 미국심리학회(APA)는 다문화 치료의 과정과 실제에 영향을 줄 수 있는 다문화 역량에 대해 다음과 같은 지침을 발표했다.

- 치료사는 내담자의 정체성이 복잡하고 여러 요인(인종, 성별, 장애 상태 및 기타)에 의해 형성될 수 있음을 인식하고 이해해야 한다.
- 치료사는 내담자를 포함하여 다른 문화의 다른 사람들과의 상호작용에 영향을 줄 수 있는 신념을 자신이 가지고 있을 수 있음을 인식하고 인정해야 한다. 따라서 치료사는 뿌리 깊은 편견을 넘어서기 위해 지속적인 교육, 개별 치료 등을 통해

공동의 노력을 기울여야 한다. 때때로 치료사와 내담자는 이러한 태도와 신념, 그리고 그것이 치료적 동맹에 어떻게 영향을 미칠 수 있는지에 대해 논의할 수 있다.

- 치료사는 역사적 맥락에 맞게 조정되어야 하며, 다양한 문화적 요인이 시간이 지남에 따라 권력과 특권에 어떻게 영향을 미쳤는지, 그리고 그러한 영향이 내담자의 현재 생활에서 어떻게 나타날 수 있는지 이해해야 한다.
- 치료사는 회복탄력성을 구축하고 내담자의 삶에서 외상의 영향을 최소화하기 위해 강점 기반 접근 방식을 취해야 한다.

다른 문화적 배경을 가진 내담자와 함께 활동할 때 치료사는 다음을 포함한 다양한 다문화 치료 기술을 고려할 수 있다.

- 자기 인식(self-awareness): 자신의 문화적 배경이 아닌 개인에게 치료를 제공하는 치료사는 자기 인식을 해야 한다. 따라서 치료사는 자신의 문화적 경험을 이해하는 것뿐만 아니라 그것이 문화적 특권, 편견, 편향 등에 어떻게 기여하는지 인정하는 것이 필수적이다. 자기 인식은 다문화 치료 문제의 가능성을 줄이는 데 중요하다.
- 유연성(flexibility): 성공적인 다문화 치료 기술은 종종 유연성에 뿌리를 두고 있다. 이것은 치료사가 자신의 문화적 한계 그리고 그것이 치료 과정에 어떻게 영향을 미치는지를 인식하고 내담자의 요구를 충족시키기 위해 조정하는 능력을 의미한다.
- 의사소통(communication): 언어적 및 비언어적 의사소통 즉, 신체 언어와 몸짓은 모든 치료 관계의 주요 요소 중 하나이다. 내담자의 문화 특유 의사소통을 이해하는 것은 효과적인 치료를 제공하는 데 매우 중요하다.
- 접근(approach): 다문화 치료 기술에 경험이 있는 치료사는 치료적 접근이나 중재를 선택할 때 항상 내담자의 태도, 신념 및 가치를 고려한다.
- 문화적 인식(cultural awareness): 문화적 인식이란 문화가 피부색이나 외모 그 이상이라는 것을 이해하는 것을 의미한다. 문화는 삶의 방식이며 종종 누군가의 배경, 환경, 사교계, 관심사 및 경험에 영향을 받는다. 문화 인식은 양방향 거리이다. 치료사와 치료사는 다른 사람들의 문화를 인식할 필요가 있을 뿐만 아니라 자신의 개인적인 경험이 세계관을 어떻게 형성했는지 고려하여 내성적(introspective)이고 스스

로를 반성해야 한다.

- 민감성(sensitivity): 치료사는 잠재적으로 화나게 할 수 있는 주제를 다룰 때 주의해야 한다. 내담자가 특정 문제에 대해 논의하기를 꺼려하는 경우, 특히 처음에는 치료사는 내담자가 원하는 바를 존중하고 다른 방향으로 나아가야 한다. 다른 사람들의 감정을 존중하는 것은 그들이 마음을 열고 치료 방법을 더 잘 받아들이도록 돕는 데 중요하다. 치료사가 소유한 핵심 기술은 재치와 민감성으로, 잠재적으로 유발되는 모든 문제에 세심한 주의를 기울여 접근한다.
- 이해(understanding): 이러한 모든 기술에 내재되어 있는 것은 이러한 기술이 왜 중요한지 이해하는 것이다. 다문화 치료는 이러한 기술을 연습하고 친절하게 대하는 것 이상이다. 그것은 또한 깊은 수준에서 내담자를 이해하는 것에 관한 것이다. 민감할 뿐만 아니라 치료사와 내담자 관계 및 치료실 밖에서도 그러한 민감성이 필요한 이유를 인식하는 것이다.
- 공감(empathy): 문화적으로 유능한 치료사는 내담자의 입장이 되어 그들의 관점을 이해할 수 있다. 공감은 다른 사람들을 불쌍히 여기거나 그들의 요구에 민감하게 반응하는 것이 아니라 다른 사람들의 감정을 공유하는 것을 의미한다. 공감은 높은 수준의 기술이며 건강하고 전문적인 방식으로 발전하는 데 수년이 걸린다. 그러나 공감은 종종 다문화 치료사에게 필요하며, 치료사와 내담자 사이의 훌륭한 연결을 가져오고 더 긍정적인 결과를 낳을 수 있다.

문화적으로 지식이 풍부하고 효과적인 다문화 치료 기술을 사용하는 능력은 모두 치료사의 윤리적 책임 영역에 속한다. 많은 다른 문화 사이에 존재하는 사회적, 심리적 차이를 인식하면 매우 다양한 개인과 집단 사이의 일반화를 제거하는 데 도움이 된다.

3. 다문화 가족과 미술치료

미술치료에서 다문화 인식은 인종, 민족, 사회경제적 지위, 종교가 그림에 대한 태도와 그림의 내용에 어떻게 영향을 미칠 수 있는지 이해하는 것을 수반한다. 예를 들어,

Malchiodi(1998)는 베이징에서 중국 어린이들과 함께 작업하면서 그들의 작품이 발달 면에서 미국 어린이 그림과 비슷함에도 불구하고 자발적으로 그리는 것보다 그림을 복사하는 것을 선호한다는 것을 발견했다. 그리기 과정에 영향을 미치는 사회학적 영향은 집에서 자주 포착된다. 예를 들어, 권위를 존중하거나 어지럽히지 말라고 배운 아이는 어느 정도 여유를 가지고 미술 프로젝트에 접근하거나 그에 따라 재료를 선택할 수 있다. 마찬가지로, 특정 상징이나 모티브는 특정 종교나 문화에서 더 지배적일 수 있으며, 이는 개인의 작품에 반영될 수 있다. 개인의 작품이나 작품의 의미에 대해 결론을 내리기 전에 이러한 모든 요소를 고려해야 한다.

또한 치료사는 문화적 차이와 치료 과정에 대한 문화적 차이의 영향에 대한 고려할만한 선행연구를 참조해야 한다. 치료를 위해 치료사를 찾는 개인과 가족의 복잡성은 위협적이면서도 고무적일 수 있다. 치료사가 주류 특권 문화에서 살아왔다면 배타적 행동의 심리적 영향을 어떻게 진정으로 이해할 수 있는가? 문화적으로 다양한 사람들의 어려운 여정, 이주 요인, 문화 적응 문제를 종종 양극화하고, 일반화하고, 최소화하는 주류 문화의 행동 패턴과 생각을 어떻게 바꿀 수 있는가? 가족을 치료로 이끄는 경험과 문제의 고유성을 존중해야 하지만, 문화적으로 민감하지 않은 치료사는 다문화 문제를 다루지 못할 수 있다. 확실히, 임상 훈련 프로그램과 임상 훈련의 문화적 발전과 역량에 관한 후속 연구(Bean, Perry, & Bedell, 2002; McDowell, Fang, Brownlee, Young , & Khanna, 2002; Sue & Sue, 1990)와 문화적으로 민감한 가계도 구성과 같은 훈련 기법(Keiley et al., 2002; Lustbader, 1993)에서 긍정적인 진전이 있었다.

가족과 함께 작업하는 미술치료 실제에서 다문화적 틀을 통합하는 것의 중요성을 다루고 다문화 가족 미술치료를 위한 틀로서 ADDRESSING 모델(Hays, 1996)을 제시한다. 임상적 실제에 대한 포괄적이고 실용적이며 수많은 집단과 치료 환경에 적용할 수 있는 다문화 틀을 찾는 것은 어렵다. 대부분의 문화적 틀은 인종에만 초점을 맞추고 있지만, McGoldrick, Giordano와 Pearce(1996)는 "민족보다 계층이 사람들의 가치와 행동을 결정한다"고 믿는다. 민족성, 계층, 능력을 모두 다루는 한 모델은 Hays(1996)의 ADDRESSING 틀로서, "융합문화-특유 관점(transcultural-specific perspective)"을 표현하는 것이다. ADDRESSING은 열 가지 문화적 요인과 소수 집단 중 하나를 나타내는 각 요인의 약어이다. 여기에는 연령과 세대 영향(Age and generational influences), 발달

장애와 후천적 장애(Developmental and acquired Disabilities), 종교(Religion), 민족(Ethnicity), 사회경제적 지위(Socioeconomic status), 성적 지향(Sexual orientation), 토착 유산(Indigenous heritage), 출신 국가(National origin), 젠더(Gender)가 포함된다. 그것은 "문화적 영향과 정체성의 복잡하고 중복되는 특성을 강조"(Hays, 1996b, p. 337)하고, "자신의 편견과 경험 영역에 대한 인식을 높이고 도전"하고, 소수 문화의 내담자에 대한 영향"(Hays, 1996a, p. 74)에 대한 인식을 높이고 도전하는 데 도움이 된다.

ADDRESSING 모델의 많은 영역이 실제로 적용될 수 있다. 예를 들어, 가족과 함께 활동할 때 치료사는 연령을 고려하여 가족에 대한 세대 및 세대 간 영향을 조사한다. 어떤 사람들은 그들의 민족성과 유산을 받아들이지만, 치료사는 차별이나 억압의 결과로 그들의 문화적 배경을 거부하는 사람들에게 주의를 기울일 필요가 있다. 문화적 뿌리에서 멀어지는 것은 이들 개인에게 생존과 필요성의 수단으로 간주된다. 시각적 가계도는 치료사와 가족 구성원 모두가 세대 및 세대 간의 영향과 유산을 이해하는 데 도움이 되는 활동이다. Hardy와 Laszolffy(1995)는 자신의 출신 문화를 정의하고, 원칙과 자부심/수치심 문제를 조직화하고, 이문화 결혼과 같은 문제를 확인하는 것을 포함하여 의미 있는 문화적 가계도를 개괄적으로 설명한다. 또한 가계도는 ADDRESSING 모델의 또 다른 특성인 젠더의 역할과 영향을 탐색하는 데 도움이 될 수 있다. 젠더는 권력 분배, 성역할, 분업, 육아, 젠더 및 정체성의 잠재적인 역할 이동에 대한 문화 적응 문제와 불평등과 같은 문제와 관련될 수 있기 때문이다.

앞서 언급했듯이 종교는 개인과 가족 모두에게 힘, 문화적 정체성, 성장의 원천이 될 수 있다. 미술 작품은 종교적 상징을 반영할 수 있으며, 영적인 의미를 가질 수 있다. Horovitz-Darby(1994)는 영성을 다루는 것의 중요성과 전체론적이고 통합적인 형태의 미술치료의 필요성을 강조한다.

다문화 가족미술치료사로서 항상 다음과 질문을 던진다. 내 앞에 놓인 독특한 문화적 문제에 대한 민감성을 보장하는 것은 무엇인가? 우리 중 많은 사람들이 겨우 상상조차 할 수 없는 놀라운 경험과 억압 문제의 생존에 대한 존경심을 어떻게 전하고 경의를 표할 수 있는가? 가족미술치료사로서 파괴적인 세대 패턴을 깨는 여정에 영향을 미치고 인도하도록 돕고, 동맹, 삼각관계, 그리고 다른 가족 역동에 대한 이해를 높이고, 의미 있는 전통과 의식의 보존을 장려하기 위해 무엇을 할 수 있을까? 비극과 문화적 억압,

그리고 그에 따른 모든 결과들로 가득 찬 다음 사례는 불행하게도 너무 흔하지 않다.

4. ADRESSING 모델

다문화 상담의 ADRESSING 모델은 융합문화적 관점에서 나온 것이다. 전통적으로 상담 분야에서 소외된 소수민족 문화에 초점을 맞추었지만, 유색 인종에 대한 이해를 높이기 위해 여러 소수민족 집단에 대한 연구를 통합했다. 여기서 소수라는 용어는 숫자의 크기에 관계없이 지배적인 문화에 의해 조직적인 소외와 억압을 경험한 집단을 지칭하기 위해 사용되었다.

ADRESSING 모델은 상담 및 심리학 연구에서 특별한 주의가 필요한 것으로 나타난 아홉 가지 문화적 요인(및 해당 소수 집단)에 주목하는 것이다. 즉, 민족(인종 포함), 출신 국가, 원주민 문화 유산(American Psychological Association, 1993; Sue, Arredondo, & McDavis, 1992; Sue et al., 1982), 젠더(American Psychological Association, 1978; Brown, 1990), 연령 및 세대 영향(Butler, Lewis, & Sunderland, 1991; Hays, in press; Steuer, 1982; Storandt, 1983), 사회경제적 지위, 정규 교육, 도시-농촌 출신, 성, 기타 요인을 기타 요인을 포함한 사회적 지위(Acosta, Yamamoto, Evans, & Wilcox, 1982; Jones, 1974), 성적 지향(American Psychological Association, 1991; Garnets, Hancock, Cochran, Goodchilds, & Peplau, 1991; Pope, 1995), 종교(Koltko, 1990; Miller, 1992; Quackenbos, Privette, & Klentz, 1986), 장애(Helwig & Hollicky, 1994; Lombana, 1989)이다. 이러한 요인이나 영향을 재배열하여 약어 ADRESSING을 만들 수 있다(표 1).

ADRESING 요인은 가능한 모든 문화적 영향을 나타내는 것이 아니라, 미국심리학회, 미국상담학회 다문화상담발달학회, 그리고 증가하는 문화 특유 연구자들에 의해 중요한 것으로 명명된 요인들에 초점을 맞춘다. 사회적 지위를 제외하고, 각각의 ADRESING 요인과 관련된 소수집단들에 대한 전문 분야(다문화 상담 및 심리치료, 페미니스트 치료, 노인심리학, 성소수자 상담, 상담과 종교, 재활 상담)가 발달하였다. 이러한 전문화는 (a) 각 소수집단에 대한 더 큰 사회, 연구, 상담자 자신의 편견, (b) 해당 집단의 내담자에게 미치는 배제와 억압의 영향, (c) 집단 정체성의 의미, (d) 외부에 의해 무시된 집단 내 다양성, (e) 지배적인 문화에 의해 대체로 부정적인 용어로 보여지는 개인과 집단의 강점에 대한 관심을 포함하여 여러 가지 특성을 공유한다.

모든 소수 전문 분야의 목표는 상담 및 심리치료 종사자에게 문화적 영향을 보다 통합된 방식으로 고려해야 할 필요성에 대해 교육하는 것이다. 그러나 다소 역설적이게도 각 분야의 연구자들은 다른 분야에서 진행 중인 작업에 거의 관심을 기울이지 않았다. 따라서 예를 들어, 다문화 상담 연구에는 하나 이상의 소수 문화에 속한 유색인종에 대한 연구나 고려 사항이 거의 포함되어 있지 않았다. 예를 들어, 유색인종 여성, 레즈비언 또는 게이, 노인, 종교적 헌신적, 장애가 있는 사람 등과 같은 집단이다(Brown & Root, 1990; Comas-Díaz & Greene, 1994; Dworkin & Gutiérrez, 1992; Marshall, Martin, Thomason, & Johnson, 1991; Reynolds & Pope, 1991; Saravanabhavan & Marshall, 1994).

ADRESSING 모델은 이러한 영역 간의 유사성을 강조하고, 소수민족 문화 내의 다양성에 주의를 환기시킨다. 상담사와 상담 교사는 (a) 자신의 편견과 경험이 부족한 영역에 대한 인식을 높이고 도전하기 위해, (b) 소수 문화의 내담자에 대한 다양한 문화적 영향의 중요성을 고려하는 것과 같은 방법으로 사용할 수 있다.

1) ADRESSING 상담사 편견

다문화 훈련의 첫 번째 단계는 항상 자신의 편견과 경험이 부족한 부분을 고려하는 것이다. ADRESSING 모델은 이러한 지속적인 활동을 위한 틀로 사용될 수 있다. 교실 장면에서 도전은 단순히 학생들에게 ADRESSING 요소와 관련하여 자신의 정체성에 대해 생각하도록 요청하는 것으로 시작할 수 있다. 핵심 질문은,"나이와 세대 특유 경험, 장애 또는 장애 경험 부족, 종교 또는 종교적 육성 등이 사람들에 대한 나의 견해, 내가 살고 있는 세상에 대한 나의 신념, 친구는 누구고, 나는 어떤 일을 하고 있는가?"와 같은 것들이. 이 질문의 한 부분에라도 답하는 것은 놀라운 경험이 될 수 있다. 예를 들어, 자신의 삶을 다문화적으로 통합된 것으로 보는 학생들은 가족 구성원과 가까운 친구의 문화적 정체성을 고려할 때 그들의 친밀한 관계가 자신의 민족, 성적 지향, 종교, 사회적 지위, 장애 경험을 가진 사람들로 제한된다는 것을 깨닫고 놀라게 된다.

인식을 증가시키는 데 ADRESSING 모델을 사용할 수 있는 두 번째 방법은 인종차별, 자민족 중심주의, 유색인종에게 영향을 미치는 기타 형태의 억압에 대한 상담사의 이해를 넓히고 심화시키는 것이다. 정상적인 인지 과정은 모든 인간이 편견과 고정관념을 형성하는 경향이 있다(Hamilton & Trolier, 1986; Stephan, 1989). 이러한 편견이 지배 집단에 의해 유지되어 정치적, 사회적, 경제적 권력에 의해 강화될 때 결과는 "-차별 또는 주의(-isms)"이다. 즉, 인종 편견+권력=인종차별, 성 편견+권력=성차별, 연령 편견+권력= 연령차별이 된다. 이 공식은 다수 구성원에 대한 고립된 차별 행위는 인종차별로 간주될 수 없는 이유를 설명하는 데 유용하다. 즉, 미국의 유색인종은 유럽-미국 문화가 할 수 있고, 하는 방식으로 그들의 편견을 체계적으로 강제할 수 있는 힘을 가지고 있지 않기 때문이다. 더욱이 이러한 개념화는 상담사가 인종차별, 성차별, 기타 형태의 억압 간의 연관성을 이해하는 데 도움이 된다. 이러한 억압은 특정 명칭에 의해 사회적으로 인정되었다(표 15-1).

표 15-1 ADRESSING 모델: 아홉 가지 문화적 요인, 관련 소수 집단, 억압 형태

문화적 요인	소수 집단	권력과 편견
연령/세대	노인	연령차별
장애	장애인	__[a]
종교	종교적 소수자	__[b]
인종/민족	인종적 소수자	인종차별
사회적 지위	낮은 지위의 사람	계층차별
성적 지향	성적 소수자	이성애
토착 유산	원주민	인종차별
출신 국가	난민, 이민자, 유학생	인종차별과 식민주의
젠더	여성	성차별

a: 장애인에 대한 편견과 차별
b: 종교적 편협에는 반유대주의(유대인과 이슬람교도 모두에 대한)와 다른 소수 종교(불교, 힌두교, 모르몬교 등)에 대한 억압

그러나 ADRESSING 모델은 한 소수민족 문화에 대한 소속감이나 인식이 자동으로 다른 소수민족 집단에 대한 인식으로 이어진다고 가정하지 않는다. 예를 들어, 유럽계 미국인 레즈비언 상담사는 레즈비언 및 게이 내담자에 대한 미묘한 성차별적 및 이성애적

편견에 대해 잘 알고 있지만, 소수민족 남성(이성애자 및 게이)에 대한 자신의 자민족 중심적 태도를 상대적으로 인식하지 못할 수 있다. 유사하게, 젊고 도시적인 이중문화 상담사는 소수민족 청소년과 함께 활동하는 데 매우 능숙할 수 있지만, 유색인종 노인에 대해서는 고정 관념적이고 경멸적인 태도를 가지고 있다. ADRESSING 모델은 상담사에게 모든 사람이 편견과 경험이 없고 무지한 영역이 있음을 상기시켜 인식의 구획화에 대응하는 데 사용할 수 있다. 즉, 한 개인이 ADRESSING 모델에 포함된 모든 소수민족 및 비소수민족 집단에 대한 내부자 지식을 가질 수는 없다. 이러한 방식으로 자신의 편견에 도전하는 과제를 구성하는 것은 지배적 문화 집단의 구성원 사이의 방어력을 줄이는 데 도움이 될 뿐만 아니라, 문화적으로 민감한 상담사가 되기 위해 필요한 평생의 헌신과 노력(자신의 문화적 정체성이 무엇이든)을 강조한다.

ADRESSING 모델을 사용하여 편견에 도전할 수 있는 세 번째 방법은 다른 모든 ADRESSING 영향과 관련하여 특정 민족 정체성을 고려하는 것이다. 각 ADRESSING 요인에 해당하는 집단 내 차이를 살펴보면 부정확한 일반화 경향이 감소된다.

예를 들어, 아시아계 미국인 내담자를 만날 때 상담사는 다양한 역사적 사건과 맥락, 세대적 영향, 노화에 대한 문화적 규범, 발달적 경험을 포함하여 내담자의 연령과 관련된 영향과 차이점 고려; 해당되는 경우 장애와 그 사람의 젠더, 환경, 사회경제적 지위 등에 따른 개인에 대한 장애의 의미; 종교(예: 기독교, 불교, 힌두교, 신도, 이슬람교) 및 세속적 성향을 포함한 내담자의 종교적 헌신 정도; 민족 및 특정 민족 또는 인종 정체성과 관련된 의미, 맥락, 언어, 경험(중국, 일본, 태국, 필리핀, 동인도, 인도네시아, 베트남 및 기타 여러 아시아계 미국인 문화에 따라 다름); 내담자의 교육, 수입, 직업, 시골 또는 도시 출신, 그리고 해당되는 경우 내담자의 성 및 지역사회에서의 지위를 포함한 사회적 지위, 개인의 문화-특유 맥락; 세대, 젠더, 농촌 또는 도시 위치에 따른 개인의 성적 지향 및 의미; 내담자의 출신 국가에서 원주민 유산 및 관련 지위, 민족적 정체성과 중복되지만 이민자, 난민, 유학생의 상황에 특히 주목하는 출신 국가; 마지막으로 젠더는 문화-특유 의미와 역할에 대해 상담사 스스로에게 상기시킬 수 있다.

2) ADRESSING 요인의 현저성 평가

소수민족 문화의 내담자와 함께 활동하는 상담사의 중심 과제는 각 내담자의 삶에서 어떤 문화적 요인이 중요한지 결정하는 것이다. 또한 주요 문화적 영향이 확인되면 이러한 영향의 상대적 현저성을 평가해야 한다. ADRESSING 모델은 상담사가 그렇지 않으면 간과할 수 있는 특정 문화적 영향과 소수자 정체성에 대한 인식을 높임으로써, 이러한 과제를 수행하는 상담사를 도울 수 있다. 예를 들어, 내담자가 레즈비언, 게이, 양성애자일 가능성을 고려하지 않는 이성애자 상담사일 경우와 같은 것이다(Martin, 1982). 또한 이 모델은 상담사에게 다양한 영향과 정체성을 고려하기 위한 조직적 틀을 제공한다. 이런 식으로 내담자의 문화적 정체성에 대한 하나 이상의 중요한 측면을 놓칠 가능성을 줄인다.

불행히도 ADRESSING 모델은 한 문화적 요인이 다른 문화적 요인에 비해 얼마나 중요한지에 대해서는 언급하지 않는다. 각 문화적 요인의 중요성은 개인, 상담 상황, 더 큰 문화적 맥락에 따라 다르기 때문에, 각 요인이 다른 요인과 관련하여 얼마나 현저한지 말할 수 없다. 이것은 어떤 다문화 모델도 말할 수 없다. 다양한 영향과 가능한 정체성의 현저성을 파악하려면 ADRESSING 모델이 대체할 수 없는 문화–특유 지식과 기술이 필요하다. 그러나 그러한 지식과 기술이 주어지면, 이 모델은 내담자에 대한 다양한 문화적 영향의 중요성을 평가하는 데 도움이 될 수 있다. 다음 예는 방법을 보여주는 것이다.

3) 내담자의 자기 확인

많은 상담 상황에서 출발점은 내담자에 의한 일종의 자기 설명이 될 것이다. 이 정보는 "당신이 자신을 어떻게 보는지 그리고 다른 사람들이 당신을 어떻게 보는지, 당신 자신을 설명해 주시겠습니까?"와 같은 간단한 질문으로 이끌어 낼 수 있다. 물론 이 질문에 대한 응답은 상황에 따라 달라진다. 즉, 내담자가 자신에 대해 중요하게 생각하는 것뿐만 아니라 치료 환경의 요구 특성도 반영한다. 상담의 주된 요구 특성은 상담사의 정체성과 상담 장면이기 때문에 상담사가 자신의 문화적 유산과 정체성에 대한 확고한 이해와 문화적 문제를 논의할 때 높은 수준의 편안함을 갖는 것이 필수적이다.

예를 들어, 미국에서 2년 동안 거주하면서 대학 상담소에 오는 알제리 여성(메이다라고 부르겠다)이 자신은 불행하고, 집중하기 어렵고, 학업 성취가 걱정된다는 가정적 상황을 생각해보자. 아랍계 미국인 여성인 것으로 알고 있는 상담사로부터 자신을 설명해 달라는 요청에 대해 메이다는 "원래 알제리 출신의 젊은 여성으로, 아이가 없고, 대학생이며, 두 명의 여자아이와 한 명의 남자아이로 이루어진 가족의 첫 번째 아이"라고 말할 수 있다. 이 상황에서 메이다는 자신이 알제리인, 아랍인, 이슬람인이라고 명시적으로 말하지 않는다. 그녀는 아랍계 미국인 상담사가 그녀의 외모, 영어 억양, 그녀의 성, 그리고 그녀가 알제에서 왔다는 진술을 통해 이 모든 것을 인식할 것이라고 가정한다.

그러나 만약 상담사가 유산 또는 개인적 경험에 의해 아랍 문화와 명백한 관련이 없는 경우, 메이다는 의심할 여지 없이 상담사의 인식된 지식 수준에 따라 그녀의 설명을 조정할 것이다. 그녀는 모국에 대해 거의 알지 못하거나 알제리 가족과 여성의 역할에 대해 고정관념을 갖고 있는 미국인들과 반복적인 경험을 바탕으로, 그녀는 아마도 북아프리카의 아랍 국가인 알제리의 수도 알제에서 왔다고 상담사에게 설명할 것이다. 그녀의 가족은 무슬림이지만 그렇게 믿음이 있는 것은 아니며, 그녀는 아랍어보다 프랑스어와 영어를 더 잘하고, 그녀의 어머니가 교사로 일한다는 것, 그녀 자신이 기혼 여성이라는 것, 그리고 알제리인인 그녀의 남편도 그녀를 잘 대해준다는 것을 설명할 것이다.

이 시점에서 ADRESSING 모델은 비아랍계 상담사가 메이다에 대한 두드러진 문화적 영향이 무엇인지 파악하는 데 도움이 될 수 있다. 메이다가 자기 설명에 포함시킨 ADRESSING 요인(직접적이든 묵시적이든)을 조용히 검토함으로써 상담사는 메이다가 언급하기에 충분히 중요하다고 생각한 요인들을 마음속으로 정리할 수 있었다. 여기에는 메이다의 민족적, 종교적 정체성, 국적, 젠더, 사회적 지위가 포함된다.

그런 다음 상담사는 융합문화적 지식과 문화-특유 지식을 모두 사용하여 이러한 요인의 의미에 대한 가설을 형성할 수 있다. 예를 들어, 상담사는 메이다가 그녀의 가족이 도시적이고, 종교적 믿음이 크지 않으며, 그녀가 프랑스어(알제리의 중산층 및 상위 중산층의 언어)를 구사하며, 그녀의 어머니가 전문적 지위에서 일하고 있다고 말했다. 메이다가 미국의 대학원생이라는 맥락 정보와 함께 이러한 정보는 상담사로 하여금 메이다가 중상류층(그리고 자신을 중상류층으로 간주하고 있음)이라는 가설을 세우도록 한다. 또한 이 정보는 추가 탐색을 위한 질문을 제안한다. 예를 들어, 메이다의 가족과 공동체가 지지하는 가치는 무엇이었는가? (그녀의 논평은 교육, 가족 관계, 직업적 지위, 여성에 대한 공정한 대우가 중요함을 시사한다). 또한 그녀의 세속적 교육은 무슬림 맥락에서 그녀의 세계관에 어떤 영향을 미쳤는가? (그녀의 논평은 종교가 그녀의 정체성의 일부이지만 그녀는 또한 세속적인 도시 문화와 동일시한다고 제안한다).

Brown(1990)은 젠더에 초점을 맞추어 내담자의 가족, 출신 문화, 현재 문화적 맥락에서 젠더 구성원의 의미를 적극적으로 탐구할 것을 권장했으며, 내담자의 평생 동안 이러한 의미의 변화를 포함한다. 실제로, 이 접근 방식은 메이다의 상담사가 메이다가 그녀의 가족에서 소녀로 자라는 것이 무엇을 의미하는지 묻게 할 것이다. 그녀의 출신 문화(즉, 상류 중산층 알제리 문화)에서 그녀에 대한 기대가 무엇이었는가? 그리고 그녀가 지금 미국에 살고 있는 교육을 잘 받은 알제리 여성이라는 것이 어떤 의미인지. 문화적 영향과 정체성의 의미에 초점을 맞춤으로써 상담사는 내담자의 정체성에 대한 개인의 특성과 문화적인 측면에 대한 이해를 얻는다. 또한, 내담자가 언급한 확인 정보를 내담자에게 다시 반영하는 이러한 접근 방식은 내담자가 언급하지 않은 정체성을 가정하지 않고 다문화적 영향을 검증한다.

4) 내담자가 생략한 정보 고려

ADRESSING 요인을 검토하는 또 다른 목적은 내담자가 생략하고 상담사가 일반적으로 고려하지 않을 수 있는 문화적 영향에 상담사의 주의를 환기시키는 것이다. 내담자가 특정 문화적 영향이나 정체성을 언급하고 다른 것을 생략하는 데에는 여러 가지 이유가 있다. 상담사가 문화적 정체성에 대해 직접 물어봐야 하는 정도는 특정 상황에 따라 다르다. 만약 상담사가 누락이 내담자의 인식 부족을 나타낸다고 느낀다면, 특히 상담사가 지배적 집단과 동일시되고 내담자가 그렇지 않을 때 주의가 권고된다. 그러나 일단 친밀감과 신뢰가 형성되면 상담사는 내담자가 제시하는 문제와 목표에 부합한다고 가정하고, 인정되지 않은 문화적 영향을 고려하도록 내담자를 격려할 수 있다.

메이다의 경우, 상담사는 장애, 성적 지향, 토착 유산의 "누락된 요인"를 고려했지만 묻지는 않았다. 장애나 토착 유산이 관련이 있다는 신호는 없었고, 메이다에게 그녀의 성적 지향에 대해 질문하는 것은 이 첫 만남에서는 너무 민감한 주제였을 것이다. 상담사는 메이다에게 그녀의 나이에 대해 묻고, 메이다의 세대에 특정한 사건의 가능한 영향을 고려했다. 특히 1962년까지 지속된 프랑스 식민화의 지속적인 영향과 현재 정부와 종교적 보수주의자 사이의 전쟁 등에 대한 것이다. 상담사가 이와 같은 중요한 영향에 대해 알지 못했다면 상담 시간 외에 자문, 독서, 새로운 경험을 통해 자신을 교육하는 것이 상담사로서 그녀의 책임이었을 것이다.

또한 내담자는 상담사의 기분을 상하게 하거나 당혹스럽게 할 수 있다고 생각되는 주제를 꺼리기 때문에 문화적 정보를 생략할 수도 있다. 아프리카계 미국인 여성과 활동하면서 Greene(1994)은 내담자에게 백인 또는 아프리카계 미국인 치료사(상담자의 정체성에 따라 다름)가 그녀를 이해할 수 있다고 느끼는지 묻고 그 이유를 탐색할 것을 제안했다. 그러나 이러한 직접성이 작용하기 위해서는 상담사가 상담 전에 이 질문에 대해 신중하게 생각하고 자신의 편견과 무지한 부분을 정직하게 고려했어야 한다. Green은 "인종을 조사하는 것이 중요한 영역이라고 생각하지 않는 치료사는 내담자와 함께 문제를 제기하기 전에 인종 문제를 탐색하기 위해 동료 및 기타 형태의 감독을 활용해야 한다"라고 덧붙였다(p. 25).

마지막으로 내담자는 상담사가 지배적 문화의 편견을 공유한다고 가정하기 때문에 문화-특유 정보를 포함하거나 생략할 수 있다. 이러한 가정은 치료사가 문화적으로 유사한 경우에도 발생할 수 있다. 왜냐하면 상담 기관은 지배적 문화를 대표하는 것으로 간주되고, 상담사는 기관을 대표하는 것으로 간주되기 때문이다. 내담자는 상담사가 이해하지 못할 것으로 생각되는 정보를 제외하거나 상담사의 추정되는 편견에 대응하기 위해 고안된 세부 사항을 포함할 수 있다. 예를 들어, 미국에서 아랍인이 아닌 사람들과의 경험을 바탕으로 메이다는 아랍인이 아닌 상담사가 모든 아랍 여성이 아버지와 남편에게 심한 억압을 받고 있다고 가정할 것이라고 믿었다. 어머니의 직업적 지위와 남편의 좋은 대우에 대한 메이다의 언급은 이러한 편견을 간접적이고 정중하게 시정하기 위한 것이었다.

상담사의 가장 신중한 고려가 필요한 잠재적인 편견과 경험이 없는 영역은 내담자의 두드러진 정체성에 해당하는 부분이다. 메이다의 말의 의도와 그녀 자신의 정체성에 대한 더 큰 사회적 의미를 인식하면서, 상담사는 메이다와 함께 아랍/무슬림/알제리 여성과의 경험(즉, 현재 미국이라는 그녀의 현재 상황에서 메이다의 가장 두드러진 정체성)에 대해 솔직하게 논의하기를 원할 것이다. 더욱이, 상담사는 메이다의 언급에서 강조한 지배적인 문화적 편견을 그녀가 가지고 있을 가능성을 진지하게 고려해야 한다. 요약하면, 내담자와 함께 활동하기로 한 결정은 내담자의 개인적, 문화적 정체성, 맥락, 필요와 관련하여 자신의 능력(자신의 경험과 정체성에 영향을 받음)에 대한 정직한 평가를 기반으로 해야 한다.

상담의 효과적이고 윤리적인 실천은 다양한 문화적 정체성을 가진 상담사가 자신의 관점에 대해 비판적으로 생각하고 특히 자신이 속해 있지 않은 소수 문화와 관련하여 자신의 편견을 극복하기 위해 지속적으로 노력할 것을 요구한다. 문화적으로 민감하고 반응이 빠른 상담사가 되는 것은 하나의 과정으로 가장 잘 개념화된다. ADRESSING 모델은 개인의 편견을 다루고 다양한 문화적 영향 및 특정 소수 문화에 대한 정보를 구성하기 위한 틀을 제공함으로써 이 과정을 용이하게 한다. 이 모델은 지배적인 유럽계 미국인 문화와 상담 분야에서 전통적으로 무시 또는 일축해 온 문화적 영향과 집단에 주의를 기울인다. 또한 문화적 영향과 정체성의 복잡하고 겹치는 특성을 강조한다. 요약하면, 다양한 관점을 포함하고, "타자"라는 억압적인 범주를 제거하는 방향으로 작동한다.

16
Chapter

상담에서 고려해야 하는 다문화적 요인

1. 다문화 상담과 RESPECTFUL 모델

상담을 찾는 사람들은 다양한 삶의 방식과 배경을 가진 사람들이 많다. 집단이 다양해 심에 따라 다문화 상담의 필요성이 증가하고 있다. 다문화 상담은 전문 상담사가 내담자의 세계라는 맥락을 통해 상담에 접근할 수 있는 능력이다. 요컨대, 상담사의 문화적 가치나 편견이 내담자의 문화적 가치나 편견을 우선해서는 안 된다. 이것은 전문 상담 윤리의 필수적인 부분이다.

다문화적 관점에서의 상담은 우리의 다양한 세계에서 필요하며, 상담사는 소외된 지역 사회의 사람들을 도울 수 있다. 미국상담학회에 따르면 다문화 상담은 상담사에게 유리하다. 다문화 관점의 상담을 통해 지식, 민감성, 성향, 개인적 인식을 얻을 수 있다.

2. 다문화 및 사회정의 상담 역량

다문화상담및발달학회(Association for Multicultural Counseling and Development: AMCD)는 다문화 상담에서 달성해야 할 다음과 같은 몇 가지 역량에 주목하였다.

- 자신의 문화적 가치와 편견에 대한 상담사의 인식: 상담사는 그들이 가지고 있는 문화적 가치나 편견을 인식하고, 그들의 실제의 한계를 인식해야 한다. 그들의 기술을 확장하기 위해서, 상담사들은 그들 자신의 인종과 문화적 유산과 억압, 인종차별, 차별, 그리고 고정관념의 영향을 인정해야 한다. 또한 상담사들은 다른 문화 집단에 대한 이해를 증진시키기 위해 추가적인 학습 기회를 찾아야 한다.
- 내담자의 세계관에 대한 상담사의 인식: 상담사는 내담자의 세계관이 자신과 다르다는 것을 인식해야 한다. 이러한 이해를 달성하기 위해 상담사는 다른 인종 및 민족 집단에 대한 감정적 반응을 인식하고, 함께 활동하는 집단에 대한 지식을 보유하고, 문화적으로 적절한 연구에 익숙해져야 한다. 다문화 상담에 능숙한 정신 건강 및 학교 상담 교사는 내담자의 인종과 문화가 성격, 의사결정 기술, 직업 선택, 정신 건강 도움을 요청하려는 이유 또는 의지에 영향을 미친다는 점을 인식한다.
- 문화적으로 적절한 중재 전략: 문화적 역량을 갖춘 상담사는 내담자의 종교적 견해, 가치, 신념, 토착 관습 및 언어를 존중한다. 상담사는 치료의 특성과 문화 집단에 미치는 영향을 이해해야 한다. 또한 상담사는 가족 역동, 위계 구조, 평가의 편견, 내담자에게 영향을 미칠 수 있는 차별적 관행에 대한 지식을 유지해야 한다. 문화적으로 숙련된 상담 전문가는 인종이나 국적을 초월하고, 편견을 없애는 언어적 및 비언어적 의사소통에 관여할 수 있다.

3. 다문화 상담의 중요성

집단이 다양해짐에 따라 다문화 상담의 필요성이 더욱 부각되고 있다. 미국 인구의 변화하는 인구 통계는 상담 교육 프로그램이 다문화적으로 유능한 상담사의 개발을 촉진하는 훈련 경험을 제공할 것을 요구한다. 미국에서 증가하는 다양한 개인의 집단은 상담사에게 전달 서비스에 있어 문화적으로 유능한 사람이 되도록 더 많은 압력을 가할 것이다.

4. RESPECTFUL 모델

RESPECTFUL 모델은 포괄적이고 통합적인 방식으로 모든 내담자의 다차원성을 인정하는 하나의 목표를 염두에 두고 개발되었다. 1997년 Michael D'Andrea와 Judy Daniels가 개발한 RESPECTFUL 모델은 개인의 심리적 발달과 개인의 웰빙에 영향을 미치는 다음과 같은 열 가지 다른 요인을 포함한다.

① 종교－영적 정체성(Religious-Spiritual Identity): 일부 내담자는 일상을 초월하는 초월적 경험을 통해 종교의 영향을 받는다. 다른 사람들은 종교가 전혀 없다고 확인할 수 있다.

② 경제적 계층 배경(Economic Class Background): 계층적 지위와 역할은 내담자의 발달에 영향을 미치므로, 치료나 상담 전반에 걸쳐 자신의 강점을 파악하고 문제를 표현하는 네 영향을 준다.

③ 성 정체성(Sexual Identity): 성 정체성은 특히 개인의 가치 감각을 감소시키는 섹슈얼리티 때문에 억압을 받은 사람들의 개인 발달에 영향을 미친다.

④ 심리적 성숙(Psychological Maturity): 심리적 성숙은 심리적 강점과 요구에 따라 상황이나 환경에 적절한 방식으로 반응하는 개인의 능력을 포함한다.

⑤ 민족－문화－인종 정체성(Ethnic-Cultural-Racial Identity): 일부 내담자는 심리적 발달에 영향을 미칠 수 있는 "집단 내" 차이를 경험한다.

⑥ 연대기 발달 문제(Chronological Developmental Challenges): 신체적, 인지적, 심리적 기술 발달은 개인이 삶의 다양한 시점에서 도전을 경험하는 방식에 영향을 미친다.

⑦ 개인의 웰빙에 대한 트라우마 및 기타 위협(Trauma and Other Threats to One's

Well-Being): 스트레스가 많은 상황은 개인이 대처하는 능력이 비효율적일 때 심리적 위험에 처할 수 있다.

⑧ 가족사와 역동성(Family History and Dynamics): 가족은 개인의 자아감, 야망, 편견에 중요한 역할을 할 수 있다. 현대 가족은 훨씬 더 다양화되고, 덜 경직되며, 지평이 넓어진 가족이 되었다.

⑨ 독특한 신체적 특징(Unique Physical Characteristics): 독특한 신체적 특징을 가진 사람들은 불만의 스트레스를 경험할 수 있다. 고정관념에 대한 내면화된 부정적인 견해를 성찰하는 것은 상담사의 몫이다.

⑩ 거주지 위치 및 언어 차이(Location of Residence and Language Differences): 기후 패턴, 지질학적 지형, 사용가능한 직업 유형에 따라 개인은 다양한 장점과 관심을 갖게 된다. 다른 방언을 사용하는 개인과 관련된 고정관념과 편견을 인식하는 것은 부정확한 가정에서 벗어날 수 있다.

상담 관계 과정에서 위의 사항을 고려하면 상담사와 내담자 관계가 존중을 유지하는 데 도움이 된다. 이 모델은 상담사에게 각 상담 회기를 통해 적절하고, 윤리적이며, 총체적으로 발전할 수 있는 능력을 제공한다.

다문화 상담은 내담자의 세계관에 대한 이해와 상담사의 문화적 가치와 편견에 대한 인식의 두 가지 주요 부분으로 구성된다. 다양한 내담자와 점진적으로 협력하기 위해 상담사는 민족, 국적, 인종 등을 기반으로 한 집단에 대해 확립한 이전 아이디어를 인식해야 한다. 위의 역량은 모든 배경의 개인이 양질의 서비스를 받을 수 있도록 하는 데 도움이 된다.

RESPECTFUL 상담 모델은 상담 과정에 직접 관여하는 사람들에 대한 새롭고 포괄적이며 통합적인 사고방식을 나타낸다. 여기에는 전문적인 도움을 구하는 사람(예: 내담자)과 전문적인 정신 건강 서비스를 제공하는 의사(예: 상담사, 심리학자, 사회 복지사 등)가 포함된다. 새로운 이론적 틀로서 이 모델은 상담의 목표와 치료 과정에 참여하는 사람들에 대한 두 가지 일반적인 가정에 기초한다.

첫 번째 가정은 상담과 심리치료의 궁극적인 목표는 내담자의 발달을 촉진하는 것이다. 정신 건강 종사자가 내담자의 발달을 촉진하기 위해 활동하는 방법은 다음과 같은 예가 포함된다. 즉, ① 반드시 위기는 아니지만 보다 효과적인 삶의 기술을 습득해야 하는 내담자가 사용할 수 있는 보다 효과적인 의사결정 및 문제해결 역량 개발 촉진, ② 내담자가 스트레스가 고조된 시기에 보다 효과적인 대처 전략을 개발할 수 있도록 돕기 위해 고안된 위기 상담 서비스 제공, ③ 내담자의 성격 발달에 있어 질적 변화를 자극하는 것을 목표로 하는 보다 집중적이고 장기적인 심리치료적 개입을 활용하는 것이다.

두 번째 가정은 인간 발달의 독특하고 복잡한 다차원성에 대한 인식을 포함한다. 지난 20년 동안 연구자들은 인간의 다차원성에 중요한 고려 사항을 구성하는 두 가지 요소에 많은 관심을 기울였다. 여기에는 ① 개인의 심리적 발달에서 젠더(Abbott, 1987; Gilligan, 1982; Riger, 1992))와 문화적-인종적 배경(Locke, 1992)의 역할에 초점을 두고, ② 이러한 요인들이 상담과 치료 과정 및 결과에 어떻게 영향을 미치는지 조사하는 것이 포함된다(Taussig, 1989; Fujino, Okazaki, & Young, 1994). 이러한 내담자-상담사의 특성이 상담의 과정과 결과에 긍정적이거나 부정적인 영향을 미칠 수 있다는 점을 인식한 여러 전문가들은 정신 건강 종사자들에게 ① 내담자의 개인적 특성뿐만 아니라 상담사의 특성이 상담 과정에 영향을 미치는 방법을 고려하고, ② 다양한 집단의 내담자들과 효과적이고 윤리적으로 활동하는 데 필요한 상담 기술 및 역량을 습득하고, ③ 내담자의 독특한 다차원성에 대한 인식, 민감성, 존중을 반영하는 상담 중재를 시행하도록 촉구하였다(Arredondo et al., 1996; Sue, Arredondo, & McDavis, 1992).

1) 다차원성의 정의

여기에서 사용된 "다차원성(multidimensionality)"이라는 용어는 개인의 심리적 발달에 중대한 영향을 미치는 여러 요인을 말하는 것이다. 상담사와 심리학자들은 과거에 내담자의 개별성에 대한 개념을 높이 평가했지만, 많은 사람들은 개인의 집단 정체성이 심리적 건강과 개인의 웰빙에 영향을 미치는 방식을 이제 인식하기 시작했다. 위에서 언급한 바와 같이, 이러한 증가된 이해의 대부분은 개인의 젠더와 문화적-인종적 배경이 개인의 태도, 가치, 세계관, 개인 정체성의 발달에 영향을 미치는 방식에 초점을 맞춘 지난 20년 동안 수행된 연구에서 비롯된다(Atkinson , Morten, & Sue, 1993; Carter, 1995; Lewis, Hayes, & Bradley, 1992).

분명히, 페미니스트와 다문화 운동은 정신 건강 종사자들이 인간 발달의 다차원적 특성에 대한 이해를 확장하는 데 많은 기여를 했다. 이러한 운동은 또한 다양한 문화적-인종적 배경을 가진 여성 및 사람들과 협력할 때 전통적 중재 전략과 비전통적 중재 전략을 결합할 필요성에 대한 새로운 사고를 자극했다(Atkinson, Morten, & Sue, 1993; Lee & Richardson, 1991; Sue, Ivey, & Pedersen, 1996).

그러나 내담자의 젠더와 문화적-인종적 배경은 개인의 총체적인 다차원적 특성을 구성하는 두 가지 요인에 불과하다. 다문화 및 페미니스트 옹호자들이 이룩한 발전을 바탕으로 우리는 정신 건강 종사자들이 진정으로 내담자를 존중하고, 다차원적 현실, 신념, 그리고 관점에 대한 높은 민감성을 반영하는 상담 전략을 실행할 수 있다면, 상담사들은 다른 요인들이 인간 발달에 영향을 미치는 방식을 훨씬 더 잘 인식하게 된다(D'Andrea & Daniels, 1995).

상담 관계에서 다차원적 요인의 중요성을 설명하기 위해, 다음과 같은 간단한 사례와 일련의 질문을 제시한다. 몇 년 전 심각한 신체적 장애로 직장을 구하지 못한 것과 사회경제적 지위가 좋지 않았던 아프리카계 미국인 레즈비언 내담자가 상담 서비스를 찾았던 것은, 그녀의 삶이 점점 우울해졌기 때문이다. 백인 남성 상담사와의 첫 상담에서, 그녀는 자신의 강한 종교적 신념과 가족들로부터의 지지가 모두 "내 인생에 남겨진 것"이라고 말했다. 또한 그녀는 자신이 "가난하고, 흑인이고, 장애가 있는" 것이 얼마나 싫었는지 말했다.

이 시나리오에서 상담사는 내담자의 다차원성의 어떤 측면에 상담에 초점을 맞춰야 하는가? "가난하고, 흑인이며, 장애인"이 되는 것에 대한 내담자의 우려를 다룰 때 상담사는 어떤 문제를 염두에 두어야 하는가? 상담사는 긍정적인 상담 결과를 촉진하기 위해 이 내담자의 종교적 신념과 가족의 지원을 어떻게 활용할 수 있는가? 상담사 자신의 젠더, 인종, 눈에 띄는 신체적 장애가 없는 경우, 상담 과정에 어떤 영향을 미칠 수 있는가? 이 내담자가 고객이 레즈비언이라는 사실이 상담과 관련이 있는가? 그렇다면 상담사는 앞으로 계속해서 상담을 함께 할 때 자신의 성 정체성에 대해 어떤 점을 염두에 두어야 할까?

이러한 질문은 상담사가 특정 내담자와 활동할 때 고려해야 하는 몇 가지 문제를 나타내는 것이다. 보다 구체적으로, 그것들은 ① 내담자의 다차원적 특성이 상담 과정에 어떻게 영향을 미치는지 인식하는 것의 중요성을 강조하고, ② 내담자에게 도움을 제공할 때 정신 건강 종사자가 직면하는 몇 가지 도전을 강조하고, ③ 정신 건강 전문가들이 자신의 다차원적 특성이 이 내담자와 다른 내담자와의 상담 과정에 어떻게 영향을 미칠 수 있는지 고려하는 것이다.

위에 제시된 예는 개인의 다차원성을 구성하는 여러 요인의 상호작용 특성을 나타낸다. 다시 말해, 개인의 개성은 여러 요인(예: 내담자의 성적 정체성, 민족적-인종적 배경, 종교적/영적 정체성, 생활 연령, 경제적 계층 배경, 가족사, 고유한 신체적 특성 등)은 상담사가 함께 활동하는 다른 사람보다 독특하게 다른 사람이 되도록 여러 요인들이 서로 작용하는 방식에 의해 결정되는 개념을 강조한다. 따라서 RESPECTFUL 상담 모델의 기본 가정은 각 내담자의 고유한 심리적 요구, 태도, 가치, 세계관, 개인 정체성이 모두 이러한 요인과 기타 요인이 서로 상호작용하는 방식에 크게 영향을 받는다는 믿음을 반영하는 것이다.

이러한 요인들의 접점은 실제로 고유하게 다른 개인의 발달을 가져오는 반면, 정신 건강 전문가는 이러한 요인은 개인의 발달 방식에 중요한 영향을 미치는 집단 정체성에서 나타나고 강화한다는 것을 이해하는 것이 매우 중요하다. 따라서 집단적 관점에서 볼 때 아메리카 원주민 인디언의 심리적 발달에 대한 영성의 개념과 중요성은 대부분의 유럽계 미국인이 영성에 대해 생각하는 방식과 개인 발달에서 이 요소의 역할은 매우 다른 것으로 알려져 있다(LaFromboise, 1996).

또한, 십대 게이 또는 레즈비언이 표현하는 많은 우려와 요구는 중년기에 있는 게이 및/또는 레즈비언 내담자가 나타내는 것과 다를 수 있다. 이는 부분적으로 청소년기의 심리적 어려움은 개인이 성인기에 일반적으로 경험하는 유형의 어려움과 현저히 다르기 때문이다. 따라서 게이 및 레즈비언 청소년 및 성인과 함께 활동 때 효과적인 상담사는 ① 청소년기와 성인기와 관련된 다양한 유형의 심리적 특징과 발달상의 도전에 대해 이해하고, ② 게이와 레즈비언들이 그들 자신의 심리적 건강과 개인적 안녕감을 실현하는 데 일반적으로 직면하는 장벽에 대해 잘 알고, ③ 내담자의 성적 정체성과 발달적 도전의 접점이 생애 전반에 걸쳐 다양한 요구의 발현을 어떻게 초래하는지 고려하고, ④ 상담사 자신의 성 정체성(예: 이성애자 대 양성애자 또는 게이/레즈비언 정체성을 갖는 것)이 상담 과정에 영향을 미칠 수 있는 방법을 반영할 필요가 있다.

이 모든 예는 정신 건강 전문가가 내담자와 함께 활동할 때 직면하는 복잡한 고려 사항과 문제를 나타낸다. 이러한 종류의 복잡성은 가장 경험이 풍부한 정신 건강 전문가에게도 압도적일 수 있다. 그러나 인간 발달에 기여하는 여러 요인과 이러한 요인이 상담 과정에 영향을 미치는 방식에 관해 이용할 수 있는 지식이 증가함에 따라 정신 건강 전문가는 다음과 같은 과제에 점점 더 도전을 받게 될 것이다. 즉, ① 내담자의 다차원성에 대한 이해를 확장하고, ② 이러한 요인들이 내담자의 발달에 영향을 미치는 방식에 대해 점점 더 인식하게 되고, ③ 내담자의 다차원적 정체성과 상담자의 다차원성이 상담 맥락 내에서 서로 영향을 미치는 방식에 대한 더 큰 인식을 개발하고, ④ 내담자의 다차원적 특성에 대한 높은 수준의 존중과 이해를 반영하는 중재 전략에 대해 도전을 받게 된다.

개인의 다차원성의 단일한 측면을 설명하는 수많은 이론적 모델이 지난 20년 동안 상담 문헌에서 등장했다. 여기에는 수많은 인종 정체성 발달 모델(Carter, 1995; Helms, 1990), 여성 발달과 관련된 모델(Lewis, Hayes, & Bradley, 1992), 심리적 성숙 과정을 설명하는 수많은 이론적 틀(Gilligan, 1982; Kohlberg, 1981; Loevinger, 1976)이 포함된다. 인간 발달과 상담 과정의 복잡성에 대한 우리의 이해가 증가하고 있음을 감안할 때, 이 시점에서 가장 필요한 것은 내담자와 상담사의 다차원성이 상담 과정과 결과에 어떤 영향을 미치는지 이해하는 데 있어서 상담사가 사용할 수 있는 포괄적인 틀이다.

RESPECTFUL 상담 모델은 그러한 틀의 필요성을 해결하기 위해 제시된 것이다. 이 모델을 개발하면서 우리는 개인의 심리적 발달과 개인의 웰빙에 영향을 미치는 열 가지 다른 요인에 초점을 맞추었다. 여기에는 개인의 종교－영적 정체성(religious-spiritual identity: R), 민족－문화－인종 배경(ethnic-cultural-racial background: E), 성적 정체성(sexual identity: S), 심리적 성숙(psychological maturity: P), 경제적 계층 배경(economic class background: E), 연대기적－발달적 문제(chronological-developmental challenges: C), 개인의 웰빙에 대한 위협(threats to one's personal well-being: T), 가족사와 역동성(family history and dynamics: F), 독특한 신체적 특징(unique physical characteristics: U), 거주지 위치(location of residence: L)이다. 이러한 요인들 각각은 개인이 자신과 타인을 보는 법을 배우는 방식에 영향을 미칠 뿐만 아니라, 내담자가 상담에 가져오는 발달적 도전과 문제의 유형에도 영향을 미친다.

위에 나열된 요소가 개인의 다차원성의 많은 중요한 측면을 반영하지만, 개인의 심리적 발달에 영향을 미칠 수 있는 모든 가능한 변수의 완전한 목록으로 제시되지는 않는다. 그러나 이러한 다양한 차원을 확인함으로써, 상담사는 ① 개인의 발달에 자주 영향을 미치는 몇 가지 중요한 요소를 확인하고, ② 내담자와 활동할 때 보다 포괄적이고 총체적으로 생각할 필요성을 강조하고, ③ 내담자 다차원적 특성을 다루는 전략을 검토한다. RESPECTFUL 상담 모델은 인간 발달의 다차원적 특성과 상담 실제에 대한 이러한 다차원성의 함의에 대한 포괄적인 사고방식을 상담사들에게 제공하기 위해 제시되었다.

다음에서는 RESPECTFUL 상담 모델에 포함된 다양한 요인의 정의, 각 요인이 개인의 심리적 발달과 개인의 웰빙에 영향을 미치는 방식에 대한 간략하게 논의하고, 각 요인이 상담 실제에 대한 시사점의 순으로 논의한다.

2) 종교와 영적 정체성

(1) 용어의 정의

Kelly(1995)는 "상담에서 종교 또는 영성이 수행하는 역할에 대한 감상은 사람들이 종교와 영성이라는 용어에 붙이는 많은 다른 의미를 체계화하는 데 있어 합리적인 명확성을 달성하는 것과 영성과 종교가 많은 사람들에게 미치는 중요성을 이해하는 두 가지 도전에서 시작된다"고 언급했다(p. 1). Kelly가 지적했듯이 영성과 종교라는 용어를 정의하는 것은 "이견과 논쟁으로 가득 찬 복잡하고 골치 아픈 문제"(p. 2)이다. 그러나 종교와 영성과 관련된 문헌을 자세히 살펴보면 이러한 개념의 의미에서 많은 유사점과 차이점이 있음을 알 수 있다.

유사성 측면에서 Albanese(1992)는 둘 다 "특별한" 경험을 의미한다고 말했다. 즉, 엄격하게 객관적이고 경험적으로 인식되는 물질 세계의 경계를 넘어서는 경험이다. 종교와 영성이라는 용어는 둘 다 "일상 문화의 경계 내에서 반영되고 일상적인 것과 유형적인 것의 경계 너머를 가리키는 확인 가능한 종교적 형태로 나타나는 초월성 또는 '타자성'의 확언에 근거한다"(Kelly, 1995, p. 3). 따라서 종교와 영성은 일반적으로 물리적 본성을 초월하고 개인에게 일반적으로 삶과 특히 인간 존재에 대한 "비정상적인" 의미를 제공하는 현실에 대한 개인의 믿음을 나타낸다.

이 두 용어는 모두 초월적, 메타-경험적 차원의 현실에 대한 긍정을 포함하지만 다른 의미도 가지고 있다. 이와 관련하여, 몇몇 학자들은 영성이라는 용어가 종종 우주와의 초월적 연결성에 대한 한 사람의 믿음과 확언을 가리키는 데 사용되지만, 종교는 종종 다른 종교 집단과 교파의 교의와 신조 내에서 이러한 믿음이 제도적으로 발현되는 구체적인 방법을 나타내기 위해 사용된다(Bergin & Jensen, 1990; Kelly, 1995; Shafransce & Malony, 1990). 이 장에서 사용된 "종교와 영적 정체성"이라는 용어는 개인이 초월적이고 비일상적인 현실에 대한 믿음을 자신의 세계관 및 개인 정체성에 통합하는 독특한 방법을 나타낸다. 여기에는 "내세"와 우주 만물의 상호 연결성에 대한 개인의 신념과 "신", "계몽" 및 "은혜"와 같은 개념의 의미에 대한 개인의 견해가 포함될 수 있지만 이에 국한되지 않는다. 개인의 "종교적 정체성"과 개인의 "영적 정체성" 간의 차이점에 대한 보다 자세한 논의를 위해서는 Kelly(1995)의 획기적인 작업을 검토하는 것이 좋다.

(2) 개인의 심리적 발달에 대한 종교/영적 정체성의 영향

종교와 영적 정체성과 정신 건강 사이의 관계에 대해 우리가 알고 있는 것을 설명하려면 이 분야의 연구 결과가 복잡하고 여전히 발전하고 있다고 말하는 것이 정확할 것이다. 연구 결과의 복잡성은 이 분야에 대한 수많은 조사에서 나온 모순된 결과에 의해 강조된다. 일부 연구자들은 종교와 영성이 개인의 심리적 발달과 웰빙에 부정적인 영향을 미치는 방식을 설명하는 반면, 다른 사회과학자들은 개인의 종교적/영적 정체성의 긍정적인 효과를 많이 지적했다.

Kelly(1995)는 개인의 종교적/영적 신념 및/또는 제휴(affiliation) 측면에서 부정적인 결과를 발견한 수많은 연구 결과의 포괄적인 목록을 제공한다. 여기에는 다음이 포함된다.

① 몇몇 연구자들은 학생들의 종교성 수준과 개인적 부적절 사이에 강한 관계가 있다고 보고했다(Argyle & Beit-Hallahmi, 1975; Lea, 1982).

② Dittes(1969)는 개인의 종교적 신념이 건강에 해로운 수준의 의존성 및 상대적으로 방어적이며 제한된 성격과 관련되어 있음을 발견했다.

③ Lea(1982)와 Sanua(1969)는 개인의 종교가 정신 건강이나 도덕적 행동과 관련이

있거나 일탈이나 사회적 병리를 억제하는 작용을 한다는 강력한 증거를 찾지 못했다고 보고했다.

④ 종교는 권위주의, 자아실현, 독단주의/모호함/경직성에 대한 관용과도 부적인 관계가 있는 것으로 밝혀졌다(Gartner, Larson, & Allen, 1991). (Kelly, 1995, pp. 81-82)

개인의 종교적/영적 정체성이 개인의 정신 건강에 미치는 영향에 대한 상담사의 이해를 복잡하게 하기 위해, 다른 연구 결과는 이 영역에 대한 한 개인의 믿음에서 나오는 광범위한 긍정적인 결과를 설명한다. 여기에는 다음이 포함된다.

① 성인, 특히 노인의 종교성과 영적 신념이 개인적 적응 척도와 정적 상관관계가 있다고 보고한 연구자들은 위기 상황에서 도움이 되는 것으로 보이며, 강박적 행동을 감소시키고 통제하는 역할을 하였다(Argyle & Beit-Hallahme, 1975; Lea, 1982).
② Stark(1971)의 연구 결과는 정신의학 환자가 소위 정상인보다 비종교적일 가능성이 훨씬 높으며, 또한 심리적 부적응의 수준에서 높은 점수를 받은 사람들은 종교성과 영성의 척도에서 높은 점수를 받을 가능성이 낮다는 것이다.
③ Gartner, Larsen과 Allen(1991)은 종교와 영성이 자살 위험, 약물 사용, 알코올 남용, 비행 행동, 이혼과 결혼 만족, 심리적 행복, 우울증, 신체적 건강과 장수와 유의한 연관성을 가지고 있음을 발견했다.
④ Batson과 Ventis(1982)의 연구 결과는 병리학적 증상의 부재로 측정되는 종교적/영적 정체성의 긍정적인 정신 건강 효과를 보고하였다(Kelly, 1995, p. 81).

이러한 결과의 모순된 특성에도 불구하고, 개인의 종교적/영적 정체성과 관련된 집단 연구는 개인의 다차원성의 이러한 측면이 실제로 많은 긍정적 또는 부정적 방식으로 개인의 심리적 발달에 상당한 영향을 미칠 수 있다는 강력한 증거를 제공한다.

종교와 영성은 내담자의 심리적 발달에 영향을 미칠 뿐만 아니라 수많은 연구에 따르면 미국의 정신 건강 전문가 대다수가 종교와 영적 신념과 가치관이 그들의 삶에서 중요한 역할을 한다는 것을 인정했다. 미국상담학회 회원의 전국 대표 표본을 기반으로 한 상담사 가치에 대한 최근 설문 조사에서, Kelly(1995)는 설문 조사에 응답한 상담사의 거의 64%가 개인적 신을 믿는다고 답한 반면, 또 다른 25%는 초월적이거나 영적인 현실에 대한 믿음을 밝혔다. 또한, 상담사의 약 70%가 자신이 조직적인 종교에 어느 정도 소속되어 있다고 답했으며, 이들 중 45%는 매우 활동적이거나 정기적으로 종교 활동에 참여하고 있다고 답했다.

Beit-Hallahmi(1989)가 수행한 또 다른 연구에서 정신 건강 전문가의 다른 집단 간에 차이가 나타났다. 이 조사는 임상 심리학자의 종교적/영적 신념과 가치를 조사했다. 이 연구의 결과에 따르면, 설문에 참여한 임상 심리학자의 거의 30%가 신이나 신에 대한 관념은 환상적 개념이라고 믿었다. 이 결과는 응답자의 90%가 신을 믿거나 다른 영적 믿음을 고수한다고 응답한 미국에 거주하는 대표적인 표본에서 생성된 설문 조사 결과와 대조된다.

(3) 상담 실제에 대한 시사점

정신 건강 전문가들이 종교/영적 정체성과 관련하여 내담자와 함께 활동할 때 염두에 두어야 할 몇 가지 중요한 고려 사항이 있다. 첫째, 위에서 언급한 연구 결과에서 알 수 있듯이, 종교와 영성에 대한 믿음은 내담자의 정신 건강에 긍정적 또는 부정적 영향을 미칠 수 있다. 더욱이, 미국에 있는 대다수의 사람들은 신의 존재를 믿거나 다른 형태의 영적 믿음을 고수한다고 나타냈기 때문에(Gallup & Castelli, 1989), 상담사와 다른 정신 건강 전문가들은 이러한 믿음이 상담 과정에서 미칠 수 있는 잠재적인 영향에 대해 아는 것이 중요하다.

불행히도 상담, 심리학, 사회사업 분야는 내담자의 종교/영적 정체성이 심리적 발달에 중요한 역할을 하는 것을 피하는 경향이 있다. 내담자의 심리적 발달의 이 중요한 측면을 다루는 것을 회피하는 것은 상담사, 심리학자, 사회복지사가 훈련되는 방식과 상담 실제에서 내담자의 종교/영적 신념과 정체성을 다루는 것을 회피하는 경향 모두에서 나타난다.

둘째, 정신 건강 전문가가 자신의 종교/영적 정체성이 상담 및 치료 과정에 영향을 미칠 수 있는 방식을 더 잘 인식하는 것이 중요하다. 종교와 영성에 대한 상담사의 성향이 상담사의 심리적 발달에 중요한 역할을 하는 종교적, 영적 신념을 가진 내담자에 대해 높은 수준의 공감적 이해와 진정한 존경을 나타내는 능력에 영향을 미친다고 제안한다.

Beit-Hallahmi(1989)는 세계에 대한 무신론적이고 초월적인 관점을 공유하는 정신 건강 전문가가 상당히 많다는 사실에 대해 언급하면서, 이러한 비종교적/비영적 세계관은 종교와 정신 건강 전문직 사이의 오래 지속되는 긴장과 적개심을 반영한다고 지적했다. 그러나 내담자의 종교/영적 정체성이 그들의 발달에서 분명히 중요한 역할을 하는 것을 감안할 때, 내담자가 자신의 종교/영적 신념과 가치가 자신의 다른 유형의 종교/영적 신념에 강한 애착을 보이는 내담자의 심리적 발달을 촉진하는 능력에 긍정적이거나 부정적으로 영향을 미칠 수 있는 방법을 더 잘 인식해야 한다.

셋째, 상담사들이 미국에 존재하는 다양한 종교적, 영적 전통에 대해 아는 것이 중요하다. 이러한 종류의 지식을 습득하려면 ① 교육과정에서 내담자의 다차원성의 이러한 측면을 다루기 위한 전문 교육 프로그램, ② 내담자의 종교/영적 신념과 전통과 관련된 문제를 다루는 워크숍 및 기타 전문 개발 활동에 참석함으로써 이 분야에서 자신의 이해 수준을 높이겠다는 약속을 하는 것이 요구될 것이다.

넷째, 정신 건강 전문가는 내담자의 종교/영적 정체성 발달을 효과적으로 평가할 수 있어야 한다. Kelly(1995)는 정신 건강 전문가는 이 영역에서 평가 기술을 개발하는 데 도움이 될 수 있는 다양한 모델을 설명한다. 여기에는 상담사가 내담자의 삶의 이러한 측면을 평가하는 데 사용할 수 있는 몇 가지 특정 절차와 도구에 대한 설명이 포함된다.

3) 인종/문화/민족 배경

(1) 용어의 정의

많은 사람들이 문화라는 용어에 대해 수많은 정의를 제시했지만, 다음 정의는 용어의 의미에 관해 수많은 인류학자, 심리학자 및 다문화 상담사가 제시한 핵심 아이디어를 간결하게 포착하기 때문에 다음 정의를 선택했다. 첫 번째 정의는 문화를 "학습된 행동의 구성과 그 구성 요소와 특정 사회의 구성원에 의해 공유되고 전달되는 행동의 결과"(p. 32)로 정의한 Linton(1945)에서 나온 것이다. 따라서 문화의 구성 요소에는 공유 언어, 일련의 가치, 전통, 세계관이 포함된다. 1997년 미국심리학회(American Psychological Association)의 연례 컨벤션의 연설에서 Parham은 "문화는 삶을 위한 일반적인 디자인과 현실 해석을 위한 패턴을 제공한다"고 말함으로써 용어에 대한 우리의 이해를 더욱 확장했다.

이 정의 문화를 더 탐구하면서, 우리는 동일한 인종적 출신과 유사한 민족 집단을 가진 개인이 문화적 배경 측면에서 다를 수 있다는 점에 주목했다. 예를 들어, 이탈리아인과 이탈리아계 미국인 사이에는 인종 및 민족적 유사성이 있지만, 이 두 집단 사람들 사이에는 눈에 띄는 문화적 차이가 있다. 이러한 문화적 차이는 종종 이탈리아계 미국인이 미국의 주류 문화에 적응한 결과 겪는 변화의 결과이다.

민족이라는 용어는 "국민(nation)"을 의미하는 그리스어 에스네토스(ethnos)에서 파생된 것이다. 따라서 민족적 차이는 일반적으로 민족 국가의 맥락에서 나타나는 사회문화적 특성으로 구별되는 개인 집단을 나타낸다. Schaefer(1988)에 따르면, 민족이라는 용어는 "국가적 기원이나 독특한 문화적 패턴 때문에 다른 사람들과 구별되는" 개인을 의미한다(p. 9). Atkinson, Morten과 Sue(1993)는 다음과 같이 언급함으로써 이 정의를 더욱 발전시켰다.

> 민족적 차이는 국적, 관습, 언어, 종교, 기타 문화적 요인의 차이를 포함하고, 신체적 특성이 반드시 인종적 차이와 관련이 있는 것은 아니다. 만약 인종이 공유된 사회적 문화적 유산의 결과라는 견해를 받아들인다면, 예를 들어 유태인은 인종 집단이 아니라 민족 집단이다.(p. 8)

인종이라는 용어는 문화와 민족이라는 용어보다 더 이해하기 어렵다. 역사적으로 이 용어는 생물학적 차이와 사회적 차이를 모두 내포하는 데 사용되었다. 생물학적 관점에서 다른 인종의 사람들은 Caucasoid, Mongoloid, Negroid의 세 가지 주요 집단으로 분류된다. 이 세 가지 범주는 인종에 따라 개인을 구별하는 데 사용되었지만, 오해의 소지가 있고 피상적인 분류 체계라는 비판을 받아왔다. Atkinson, Morten, and Sue(1993)는 다음과 같이 언급했다.

> 우리가 피상적인 특성 아래에서 살펴보면 차이점보다 인종 집단 사이에 유사점이 더 많다는 것을 알 수 있다. 모든 인간이 단일 속 종인 호모 사피엔스에서 유래했다는 사실

때문이다. 인종 집단 사이보다 인종 집단 내에 더 많은 차이가 존재한다는 사실을 발견하였다(Littlefield, Lieberman, & Reynolds, 1982). 생물학적 개념으로서의 인종은 다른 근거에서 의문을 제기할 수 있다. Schaefer(1988)가 지적한 바와 같이, "빈번한 이주, 탐험, 침입을 감안할 때, 순수한 유전자 빈도는 존재했다 하더라도 한동안 존재하지 않았다."고 지적하였다(p. 6).

인종에 대한 두 번째 정의는 이 구성의 사회적 차원에 초점을 맞춰 용어에 대한 보다 의미 있는 설명을 제공한다. Cox(1948)는 "다른 민족과의 사회적 관계에서 신체적 특징에 의해 다른 민족과 구별되거나 구별된다고 생각하는 모든 사람의 집단"을 묘사하기 위해 인종이라는 용어의 사회적 관점을 제공한 최초의 사람 중 한 명이었다(p. 402). 따라서 인종에 대한 정의는 생물학적인 관점에서 볼 때 결함이 있고 피상적인 것으로 간주되는 반면, 인종적 차이의 개념은 사회정치적 관점에서 분명히 존재한다. 인종의 개념은 "외부인이 '인종' 집단의 구성원을 어떻게 보는지, 그리고 '인종' 집단 내의 개인이 자신, 자신이 속한 집단의 구성원 및 다른 '인종' 집단의 구성원을 어떻게 보는지"라는 측면에서 중요한 사회적 의미를 반영하기 때문이다. 다시 말해서, 인종의 개념은 개인이 자신을 확인하는 방법의 관점에서 중요한 차원을 취했다."(Atkinson, Morten, & Sue, 1993, p. 7).

(2) 개인의 심리적 발달에 대한 민족/문화/인종 배경의 영향

상담 및 심리학 분야는 개인의 민족적/문화적/인종적 배경이 개인의 심리적 발달에 영향을 미치는 방식을 다루는 데 느리다. 정신 건강 전문가들이 내담자의 다차원성의 이러한 측면에 주의를 기울이지 않는 것은 상담 서비스를 찾는 사람들에게 부정적인 결과를 가져왔다(Fujino, Okazaki, & Young, 1994; Sue, Arredondo, & McDavis, 1992). 상담 직업 내에서 다문화 운동의 부상은 다양한 민족−문화−인종 배경을 가진 사람들이 정신 건강과 상담의 "단일문화적 관점"으로 불리는 정신 건강 서비스에 의해 부정적인 영향을 받는다는 인식이 높아짐에 따라 크게 촉진되었다(Daniels & D'Andrea, 1996). Sue, Ivey, Pedersen(1996)은 다음과 같이 언급했다.

> ..상담과 심리치료에 대한 전통적인 이론은 서구의 문화적 환경에서 생겨났으며, 각각은 인간 조건의 중요하지만 좁은 측면을 강조한다. 내담자 집단이 문화적 정체성이 다양하기 때문에 보다 통합되고 전체론적인 접근 방식이 필요하다. 그리고 대다수의 사람들이 구미 반구(Euro-American hemispheres) 외부에 거주한다는 점을 감안할 때, 현재의 상담 이론이 문화적으로 다른 인구 집단에 제한적으로 적용될 수 있다는 것은 놀라운 일이 아니다.(p. 9)

이러한 단일문화적 관점을 넘어 정신 건강 전문직을 이동시키려는 시도에서, 다문화 상담 연구자와 이론가들은 개인의 민족적, 문화적, 인종적 배경이 개인의 심리적 발달에 어떻게 영향을 미치는지 설명하는 데 많은 시간을 할애했다. 이러한 노력으로 인해 다양한 민족, 문화, 인종 배경을 가진 사람들 사이에 존재하는 심리적 차이의 두 가지 중요한 차원에 대한 논의가 이루어졌다. 첫째, 다문화 연구자와 이론가들은 다양한 배경을 가진 사람들 사이에 존재하는 "집단 간 차이"의 유형에 대해 논의하는 시간을 가졌다. 이 작업의 결과로 정신 건강 전문가들은 이제 아프리카계 미국인(Parham, 1996), 아시아계 미국인(Leong, 1996), 유럽계 미국인(Carter, 1995), 라틴계/라티나인(Arredondo, 1996)과 아메리카 원주민(LaFromboise, 1996)은 종종 문화적 가치, 태도, 대인관계 양식, 세계관 면에서 서로 다르다는 이해를 가지게 되었다.

둘째, 다문화 전문가들은 각 집단의 구성원들 사이에 존재하는 "집단 내 차이"의 유형을 설명하기 시작했다. 따라서 "집단 간 차이"에 초점을 맞추면 정신 건강 전문가가 다양한 배경을 가진 내담자 사이에 존재할 가능성이 있는 보다 일반적인 차이점 중 일부를 이해하는 데 도움이 되지만, 현재 "집단 내 차이"에 대한 강조는 동일한 민족적, 문화적, 인종적 배경을 가진 사람들이 심리적으로 서로 다를 수 있는 고유한 방식을 명확히 하는 데 도움이 된다.

동일한 문화-인종 집단에서 개인을 구별하는 심리적 차이의 유형을 개념화하는 데 특히 유용한 두 가지 이론적 틀은 소수자 정체성 개발(Atkinson, Morten, & Sue, 1993)과 백인 정체성 개발 모델(Carter, 1995)이 있다. 이러한 발달 모델에 따르면, 같은 민족-인종 집단의 개인은 민족-문화-인종 집단의 사람들에 대해 다른 태도를 나타낼 뿐만 아니라 자신의 문화적 인종 배경을 보는 방식에 대해 다른 심리적 관점을 보일 수 있다.

이러한 발달적 차이는 자신의 문화적-인종적 배경에 대한 매우 부정적이고 자기비하적인 관점, 문화적 차이에 대한 순진한 이해, 개인이 자신의 문화적-인종적 집단의 전통과 역사에 몰입하는 매우 방어적인 성향, 그리고 문화적 차이에 대한 보다 복잡한 이해와 자신과 다른 배경에서 온 사람들에 대한 수용 및 존중 수준의 증가까지의 범위이다(Carter, 1995).

(3) 상담 실제에 대한 시사점

다문화상담및발달학회(Association for Multicultural Counseling and Development)는 문화적으로 그리고 인종적으로 다양한 내담자 집단 사이에서 상담 및 심리치료 서비스를 제공하기 전에 정신 건강 전문가가 습득해야 할 인식, 지식, 기술의 유형을 설명하는 일련의 다문화 상담 역량을 승인했다(Arredondo et al., 1996; Sue, Arredondo, & McDavis, 1992). 다른 이론가들은 정신 건강 전문가가 다양한 인종 집단의 사람들과 협력하기 전에 자신의 다문화 상담 역량 수준을 평가할 때 이러한 역량을 참조하는 것이 매우 중요하다고 강조했다(D'Andrea & Daniels, 1997). 이러한 역량의 획득은 다양한 민족-문화적 배경을 가진 사람들에게 효과적이고 윤리적인 방식으로 정신 건강 서비스를 제공할 때 필요한 전제 조건으로 간주된다(Sue, Arredondo, & McDavis, 1992).

정신 건강 전문가는 미국의 5대 소수민족 집단에서 온 사람들의 역사적 배경, 전통, 태도, 가치, 세계관과 관련된 다양한 문제를 실제로 이해하는 것이 중요하다. 여기에는 아프리카계 미국인, 아시아계 미국인, 유럽계 미국인, 라틴계/라틴계 미국인 및 아메리카 원주민 집단의 사람들 사이에 존재하는 것으로 알려진 일반적인 차이점에 대한 지식이 포함된다.

이러한 집단 간 차이를 이해하는 것 외에도 상담사는 같은 민족-인종 집단에서 종종 나타나는 집단 내 차이의 유형을 이해하는 것도 중요하다. 위에서 언급한 소수자 정체성(Atkinson, Morten, & Sue, 1993) 및 백인 정체성 개발(Carter, 1995; Helms, 1990) 모델은 동일한 인종적 배경을 공유하는 사람들에 의해 나타날 가능성이 있는 공통적인 집단 내 차이에 대해 생각하는 유용한 방법을 정신 건강 전문가에게 제공한다. 또한 이 모델은 정신 건강 전문가가 민족 및 인종적으로 다양한 사람들과 활동할 때 사용할 수 있는 중재 유형에 관한 유용한 제안을 제공한다. 이러한 이론적 틀을 사용하여 상담사의 활동을 안내함으로써, 상담사는 내담자에 대한 더 큰 민감성과 존중을 반영하는 중재 전략을 더 잘 수행할 수 있다.

또한 상담사는 단순히 내담자의 인종적 정체성 발달 수준을 평가하는 것 이상을 해야 한다는 점도 지적되었다. 이와 관련하여 전문가들은 이러한 발달 모델의 측면에서 상담사가 자신이 어디에서 활동하고 있는지 평가하는 데 시간을 할애하는 것이 중요하다고 강조했다. 이러한 모델의 다양한 단계에서 활동하는 상담사는 양립할 수 없는 특성으로 표시된 단계에서 작동하는 내담자로부터 적대적인 반응을 이끌어낼 가능성이 높기 때문에, 다양한 민족-인종 배경을 가진 사람들과 함께 활동할 때 취해야 하는 중요한 단계이다. 소수자 정체성과 백인 정체성 개발 모델의 다른 단계에서 활동하는 상담사와 내담자의 부적절한 매칭으로 인해 발생할 수 있는 적대 유형에 대한 보다 자세한 논의를 위해서 이 분야에서 이전에 출판된 작업을 검토하는 것이 좋다(D' Andrea & Daniels, 1997).

4) 성 정체성

(1) 용어의 정의

사람의 심리적 발달에서 가장 복잡하지만 제대로 연구되지 않은 측면 중 하나는 개인의 성 정체성과 관련이 있다. RESPECTFUL 상담 모델에서 사용된 바와 같이, 성 정체성(sexual identity)이라는 용어는 개인의 젠더 정체성(gender identity), 젠더 역할(gender roles), 성적 지향(sexual orientation)을 포함하는 광범위한 구성이다. 젠더 정체성이라는 용어는 남성 또는 여성이라는 개인의 주관적인 감각을 나타내는 데 사용되었다. 개인의 성 정체성은 주어진 문화에서 남성과 여성이 수행해야 할 특정 역할에 의해 영향을 받는다. 보다 구체적으로, 그것은 "사회가 남성 또는 여성으로 지정하는 행동, 태도, 성격 특성, 즉 남성 또는 여성 역할에 더 '적절하거나 전형적으로' 지정하는 것"에 의해 영향을 받는다(Savin-Williams & Cohen, 1996, p. 72).

성 정체성은 남성다움과 여성다움이라는 협소한 개념을 넘어 다양한 방식으로 표현될 수 있다. 예를 들어, 성전환(transsexuals)은 잘못된 생물학적 성별로 태어났다고 확신하는 개인으로 설명된다. 따라서 성전환(transsexualism)이라는 용어는 자신의 성 정체성과 해

부학적 성별 사이의 불일치를 경험하는 사람들을 지칭한다(Bailey, 1997).

양성성(androgyny)이라는 용어는 남성과 여성의 특성과 행동의 조합을 나타내는 개인을 나타낸다. 이 주제에 대한 흥미로운 다문화 연구를 수행하면서 Williams(1997)는 양성애자 성 정체성을 가진 사람들이 영적인 용어로 어떻게 보았는지 논의했으며, 많은 아메리카 원주민 부족이 그들을 "두 영혼의 사람들"이라고 불렀다. 더 구체적으로 그는 다음과 같이 언급했다.

> 아메리카 인디언 종교는 양성인 사람, 즉 여성인 남성 또는 남성인 여성을 그 사람이 두 가지 영의 축복을 받았다는 증거로 본다. 남성과 여성을 모두 존중하기 때문에 이들을 겸비한 사람은 하나의 정신을 가진 보통 사람보다 높은 것으로 간주된다. 그러므로 다른 성처럼 행동하는 사람들은 "일탈"로 정죄받지 않고, 두 배의 영성을 소유한 축복을 받는다. 그들은 "비정상적"이 아니라 "예외적"으로 간주되며, 이는 유럽계 미국인 문화에서 음악적으로나 지적으로 재능이 있는 사람을 보는 방식과 다소 비슷하다.(Williams, 1997, p. 418)

개인의 젠더 정체성과 역할을 넘어, 개인의 성적 정체성 역시 성적 지향의 영향을 받는다. 개인의 성적 취향은 양성애자, 이성애자 또는 동성애자의 세 가지 범주 중 하나로 분류될 수 있다. 양성애는 남성과 여성 모두에게 성적 관심을 보이는 사람들을 말한다. 이성애는 성적 지향이 이성과 관련된 개인을 지칭하는 반면, 동성애라는 용어는 성적 지향이 동성인 개인을 확인하는 데 사용되었다. 그러나 과거에 이 용어와 역사적으로 관련된 부정적인 고정관념을 고려할 때, 게이 남성 및 레즈비언이라는 용어는 성적 정체성이 이 차원을 포함하는 사람을 설명하는 데 사용하기에 더 적합한 단어로 간주된다.

(2) 개인의 심리적 발달에 대한 민족/문화/인종 배경의 영향

지난 20년 동안 개인의 성적 정체성의 다양한 차원(예: 젠더정체성, 젠더 역할, 성적 지향)이 개인의 심리적 발달과 개인적 웰빙감에 영향을 미치는 방식에 관해 사회과학자들 사이에 큰 관심이 있었다. 이 분야에서 수행된 연구에 따르면 개인의 젠더와 성적 지향이 차별적인 경제적 보상, 사회적 수용, 심리적 웰빙의 수준이라는 결과로 나타나는 다양한 형태의 차별과 관계가 있는 것으로 확인되었다(Savin-Williams & Cohen, 1997).

많은 연구자들이 우리 사회에서 여성에 대한 부당한 차별 행위가 지속되고 있음을 보고하고 있다(National Commission on Working Women, 1990). 분명히, 과거에 여성이 경제적 잠재력과 심리적 잠재력을 실현할 수 있는 여성의 능력을 제한했던 장벽을 넘어서는 측면에서 이득이 있었다. 이 분야에서 얻은 이익과 계속해서 존재하는 도전에 대해 설명하면서, Banks and McGee Banks(1997)는 다음과 같이 말했다.

> 여성의 권리 운동이 1960년대와 1970년대 민권 운동의 일부로 등장한 이후로 여성의 사회적, 경제적, 정치적 상황은 상당히 개선되었다. 그러나 젠더 차별과 불평등은 여전히 학교와 사회 전반에 존재한다. 1992년 정규직 여성의 중간 소득은 남성의 71%였고, 1988년의 70.2%보다 증가했다. 지난 20년 동안 미국에서 여성의 지위는 크게 바뀌었다. 이제 더 많은 여성들이 그 어느 때보다 집 밖에서 일하고 있으며 더 많은 여성들이 가장이다. 1993년에 여성의 57.9%가 집 밖에서 일했으며, 전체 노동력의 46%를 차지했다. 1990년에는 미국 가구의 17%가 여성이 가장이었다. 그러나 점점 더 많은 비율의 여성과 부양 가족이 계속해서 국가의 빈곤층을 구성하고 있다. 1989년에는 미국 빈곤 가정의 거의 절반이 여성이 가장이었다(Banks & McGee Banks, 1997, p. 129).

여성이 남성과 동일한 유형의 일을 하는 것에 대해 받는 차별적인 경제적 보상을 받는 것 외에도 여성은 전반적인 건강과 웰빙을 심각하게 손상시키는 많은 다른 조건에 계속 노출된다. 여기에는 미국에서 노숙자 여성의 증가(Children's Defense Fund, 1991; Solarz, 1992), 매년 보고되는 용납할 수 없는 수준의 폭력 및 성폭력(Worell & Remer, 1992), 많은 건강 관리 및 정신 건강 관리 전문가가 여성의 고유한 요구 사항에 대해 가지고 있는 지식 부족이 포함된다. 이러한 상태는 여성의 건강과 발달에 대한 지식이 부족한 전문가에 의한 높은 우울증 비율, 감소된 자존감, 부적절하고 비효율적인 의료 서비스 제공에 기여한다(Lewis, Hayes, & Bradley, 1992).

여성에 대한 고정관념을 동반한 차별적 관행으로 고통받는 것은 여성만이 아니라는 점을 지적하는 것이 중요하다. 또한 남성은 여성이 사회에서 할 수 있는 잠재적인 기여에 대한 왜곡된 견해를 강화하고, 그들 자신의 지적, 사회적, 심리적 우월성에 대한 잘못된 현실 감각을 영속시키고 있기 때문에 부정적인 고정관념을 영속시키는 것의 부정적인 영향으로 고통을 받는다.

게이, 레즈비언, 양성애자 역시 이성애 지향에서 벗어난 성적 정체성을 가진 사람들에게 사회가 부여하는 차별적이고 고정 관념적인 견해의 결과로 많은 고통을 경험한다. 개인이 게이, 레즈비언 또는 양성애자를 포함하는 성적 정체성을 반영하는 생활 방식을 영위할 때, 그들은 일반적으로 "거의 획일적으로 반동성애적 문화"에서 생활하면서 높은 수준의 정신 건강을 달성하는 측면에서 엄청난 도전에 직면한다(Savin-Williams & Cohen, 1997, p. 181). 자신의 성적 정체성의 일부로 게이, 레즈비언 또는 양성애 지향을 나타내는 청소년은 특히 많은 심리적 스트레스 요인에 취약하다.

이 청소년들이 직면하는 보다 일반적인 스트레스 요인으로는 다양한 형태의 언어 폭력(Martin & Hetrick, 1988), 동료(D'Augelli, 1991) 및 성인의 괴롭힘(Savin-Williams, 1990), 신체적 학대와 성적 학대(Hunter, 1990)에 일상적으로 노출되는 것을 포함한다. 이러한 스트레스 요인은 일반적으로 학교 관련 문제(Price & Telljohann, 1991), 가출 및 노숙자 게이, 레즈비언, 양성애 청소년과 관련된 문제(National Network of Runaway and Youth Services, 1991), 약물 남용 문제(Rotheram-Borus et al., 1992), 성매매(Coleman, 1989), 높은 비율의 우울증(Rothblum, 1990) 및 자살(Rotheram-Borus, Hunter, & Rosario, 1992)을 포함한다.

(3) 상담 실제에 대한 시사점

첫째, 정신 건강 전문가는 여성 내담자의 발달적 요구를 이해하고 존중해야 한다. 1978년 미국심리학회(APA)의 상담심리학회는 "여성의 상담과 심리치료에 관한 원칙"을 승인했다. 모든 정신 건강 전문가들은 여성 내담자와 함께 활동할 때 직면하는 윤리적 책임과 직업적 책임을 보다 잘 이해하기 위해 이러한 원칙에 익숙해지는 것이 중요하다. 이 문서에서 강조하는 사항 중에는 상담사가 다음을 수행해야 한다고 명시적으로 언급한 필요성이 포함된다.

① 전통적인 상담 및 심리치료 이론과 모델이 여성의 잠재력을 제한하는 방식과 여성 내담자에게 특히 유용한 방식을 인식한다.
② 경력 전반에 걸쳐 여성 하위 집단(예: 미혼, 여성 부모, 레즈비언 등)의 사회적 문제를 포함하여 여성과 구체적으로 관련된 문제에 대해 지속적으로 학습한다.

③ 상담과 심리치료에서 권력 차이가 여성에게 미치는 영향에 대해 숙지한다.
④ 여성 또는 남성 상담사가 여성 내담자를 보는 것이 더 바람직한 상황에 민감하게 된다(Fitzgerald & Nutt, 1995).

둘째, 이성애자, 게이, 레즈비언, 양성애자와 효과적이고 윤리적으로 활동기 위해 정신 건강 전문가는 내담자의 성적 정체성이 심리적 발달과 세계관에 영향을 미치는 방식에 대해 알고 있어야 한다. 여기에는 내담자의 젠더 역할과 성적 지향이 전체 정신 건강과 개인의 웰빙에 어떻게 영향을 미치는지에 대한 지식 습득이 포함된다.

1991년 미국심리학회는 심리치료에서 이성애 편향 태스크 포스를 후원했다. 이 태스크 포스는 부분적으로 게이, 레즈비언, 양성애자 내담자에게 제공되는 정신 건강 서비스의 질을 평가하기 위해 계획되었다. 이 영역에서 관찰한 내용을 요약하여, 조사위원회 구성원들은 게이, 레즈비언, 양성애자 내담자들이 종종 편파적이고, 부적절하며, 부적당한 정신 건강 치료를 받는다고 보고했다(Garnet, Hancock, Cochran, Goodchilds, & Peplau, 1991). 이 영역의 다른 연구자들(Browning, Reynolds, Dworkin, 1991; Falco, 1991; Walsh, 1995)뿐만 아니라 태스크 포스 활동에 기반하여, Browning(1996)은 동성애자, 레즈비언 또는 양성애자 생활 양식을 포함하는 성 정체성을 가진 사람들과 활동할 때 정신 건강 전문가들이 고려해야 할 권고안을 다음과 같이 제안했다.

① 상담사는 성적 지향에 대한 자신의 편견과 가치를 검토해야 한다.
② 상담사는 커밍아웃 과정과 자신의 성적 지향을 공개적으로 인정하는 과정에 있는 개인을 지원하는 데 사용할 수 있는 지역사회 자원 유형에 대해 알아야 한다.
③ 정신 건강 전문가는 내담자의 성적 지향이 문제를 제시하는 것과 관련이 있는지 여부를 조사할 필요가 있다.
④ 상담사는 내담자의 성적 정체성이 종교/영적 정체성과 문화적 가치에 의해 어떻게 영향을 받는지 이해할 필요가 있다.
⑤ 상담사는 게이, 레즈비언, 양성애자 내담자가 그들의 삶에서 자신의 성적 정체성과 관련된 유사한 문제를 겪고 있는 사람들로 구성된 지원 집단에 참여하여 이러한 개인이 일반적으로 경험하는 고립감과 소외감을 무너뜨리도록 권장해야 한다.

⑥ 상담사는 성공적인 정체성 통합을 위한 역할 모델이 될 수 있는 지역사회의 다른 게이, 레즈비언 및 양성애자와의 접촉을 촉진해야 한다.

⑦ 정신 건강 전문가는 게이, 레즈비언, 양성애자 내담자가 내면화된 동성애 혐오와 다른 형태의 억압 사이의 상호 연결에 대한 이해를 높임으로써, 자신의 성적 정체성에 대한 수치스러운 감정을 극복하도록 도와야 한다.

⑧ 상담사는 내담자가 사회에서 반동성애 차별에 대처할 수 있는 기술을 개발하도록 도와야 한다.

⑨ 상담사는 게이, 레즈비언, 양성애자 내담자와 협력하여 더 효과적이고 만족스러운 데이트 및 관계 기술을 개발하도록 한다.(pp. 100-101)

5) 심리적 성숙

(1) 용어의 정의

정신 건강 전문가는 공통적인 인구통계학적 특성(예: 연령, 성별, 사회경제적, 문화적 인종적 배경 등)을 공유하지만, 심리적으로는 매우 다른 것처럼 보이는 내담자와 활동한다. 이러한 상황에서 한 내담자가 같은 나이이고 같은 문화-인종 집단 배경을 가진 다른 내담자보다 "심리적으로 더 성숙한" 사람이라고 말할 수 있다. 정신 건강 전문가가 "미성숙한" 내담자를 설명하기 위해 일반적으로 사용하는 설명에는 "그는 사회적 상호작용에서 제한된 충동 통제를 보여줍니다" 또는 "그녀는 자기 인식 능력이 낮습니다."와 같은 진술이 포함된다.

대조적으로, "더 성숙한" 내담자를 설명하기 위해 자주 사용되는 진술에는 "그녀는 자의식이 강하다"; "그녀는 나와 함께 일하고 있는 다른 많은 내담자들보다 훨씬 더 광범위한 대인관계 및 관점 수용 기술을 개발했습니다."라는 것이 포함된다.

지난 30년 동안 개인이 발달하고 성숙해지면서 통과하는 발달 단계에 대한 이해가 엄청나게 증가했다. 이 지식의 대부분은 심리적 성숙 과정을 설명하는 데 도움이 되는 수많은 모델을 제시한 다양한 구조적-발달적 심리학자의 작업에서 비롯된다. 여기에는 Piaget(1977)(지적 발달), Perry(1970)(윤리 발달), Kohlberg(1981) 및 Gilligan(1982)(도덕 발달), Selman(1980)(사회/대인관계 발달), Loevinger(1976)(자아 발달) 연구가 포함된다.

구조적-발달적 이론은 심리적 발달을 개인이 자신과 삶의 경험에 대해 생각하는 단순한 방식에서 복잡한 방식으로 이동하는 과정으로 본다. 이 움직임은 세상에서 사고, 느낌, 행동에 대해 질적으로 다른 방식을 반영하는 일련의 불변의 위계적 단계를 따라 추적될 수 있다(D'Andrea & Daniels, 1994). Young-Eisendrath(1988)에 따르면 각 단계는 의미 형성을 위한 고유하게 다른 참조틀을 나타낸다. 그녀는 발달 단계가 "연대기적 성숙에 전적으로 의존하는 것은 아니다.... 단계는 어느 정도 노화와 함께 진화한다. 그러나 추가 발달이 환경적 요인에 의해 뒷받침되지 않으면 사람은 발달을 멈출 수 있다"라고 지적하였다(Young-Eisendrath, 1988, p. 71).

(2) 심리적 성숙의 특성과 개인 발달에 대한 영향

위에서 언급한 바와 같이 심리적 성숙의 과정은 개인이 자신의 환경에 대해 생각하고 느끼고 반응하는 방식의 변형적인 변화를 특징으로 한다. 이 과정은 자신과 자신이 살고 있는 세계에 대한 의미를 만드는 단순한 방식에서 보다 복잡한 방식으로의 전환의 표현을 포함한다. 연구자들은 고도로 복잡하고 빠르게 변화하는 현대 사회에서 개인이 생산적이고 만족스러운 삶을 영위하기 위해서는 고급 인지 기술의 습득이 매우 중요하다고 언급했다(D'Andrea, 1988; D'Andrea & Daniels, 1994). 부분적으로는 인지 기능의 수준이 높을수록 개인이 일상 생활에서 경험하는 경험에 대한 보다 정확하고 객관적인 평가로 이어지기 때문이다(Loevinger, 1976).

심리적 성숙의 과정은 또한 자아 중심적(자기 중심적) 세계에서 보다 타아 중심적(타자 중심적) 관점으로 이동하는 것을 포함한다. 자기 중심적 관점에서 타자 중심적 관점으로의 전환은 개인이 그들이 상호작용하는 다른 사람의 관점을 보다 정확하게 이해할 수 있도록 하는 일련의 대인관계 기술의 습득을 요구한다. 개인이 이러한 대인관계 기술을 개발하지 않으면, 청소년 및 성인기에 다른 사람과의 심각한 대인관계 문제를 나타내는 것으로 나타났다(Selman, 1980).

Kohlberg(1981)와 Gilligan(1982)에 따르면, 개인의 심리적 성숙 수준의 발달은 보다 정교한 도덕적 추론 능력의 발현을 포함한다. 이러한 능력으로 인해 청소년과 성인은 학교 및 직장 관련 과제에 대해 더 큰 책임감을 보이고(Kuhmerker, 1991), 다른 사람에 대한 배려와 반응성이 증가한다(Gilligan, Ward, Taylor, & Bardige, 1988).

(3) 상담 실제에 대한 시사점

구조적-발달적 이론이 상담 실제와 큰 관련이 있는 데에는 몇 가지 이유가 있다. 첫째, 발달 이론을 사용하여 과제를 안내할 때 상담사는 내담자의 심리적 성향의 긍정적인 측면에 초점을 맞춘다. 따라서 많은 상담 이론이 내담자의 결핍에 많은 주의를 기울이고 요구 또는 치료적 개입을 강조하는 반면, 발달 이론은 상담사가 내담자의 인간 잠재력을 실현하는 데 도움이 될 때 내담자의 심리적 강점을 구축함으로써 보다 적극적인 관점에서 활동하도록 권장한다.

둘째, 내담자의 개인적 강점을 평가하는 데 사용할 수 있는 틀을 상담사에게 제공하는 것 외에도 구조적-발달적 이론은 상담사가 자신의 심리적 발달 수준이 상담 과정에 영향을 미칠 수 있는 방식을 고려하도록 권장한다. 여러 연구자들이 지적한 바와 같이 내담자의 개인적 성장은 현재 발달 수준보다 반 단계에서 한 단계 더 높은 단계에서 활동하는 사람들과 함께 할 때 최적으로 자극되기 때문에 이것은 매우 중요한 고려 사항이다(Kohlberg, 1981; Sprinthall & Sprinthall, 1990). 이 개념을 바탕으로 D'Andrea(1988)는 상담사가 자신의 개인적인 딜레마에 대해 더 복잡한 용어로 생각하도록 도전하는 방식으로 문제를 재구성함으로써 내담자를 더 높은 수준의 발달로 "나아가도록"하는 데 중요한 역할을 논의했다.

그러나 D'Andrea(1988)가 지적했듯이 이러한 종류의 "발달 속도"는 상담사가 내담자와 같은 단계에서 작동하거나 내담자가 정상적으로 자동하는 단계 이하에서 기능하는 상담 상황에서는 발달적 변화가 거의 발생하지 않을 가능성이 높다. 따라서 긍정적인 상담 결과를 촉진하기 위해 노력할 때 상담사

자와 상담자의 심리적 발달 수준에 대해 잘 알고 있어야 상담사-내담자의 매칭에 대한 결정이 부분적으로 발달 고려 사항에 기초할 수 있다.

셋째, 구조적-발달적 이론에 대한 지식은 정신 건강 전문가가 다양한 발달 단계에 있는 내담자와 함께 사용하기로 결정한 상담 접근 유형에 대해 더 의도적일 수 있다. 이러한 이론은 상담사와 기타 정신 건강 전문가가 보다 훈련되고 의도적인 방식으로 상담에 대한 절충적인 접근 방식을 수행할 수 있는 틀을 제공한다. Swensen(1980)은 심리적 성숙의 다른 단계에 있는 내담자와 함께 활동할 때 구조적-발달적 이론의 지식이 다양한 상담 접근 방식의 선택을 안내하는 데 사용될 수 있는 방법을 논의한 최초의

사람 중 한 명이다. Swensen의 모델은 상담사가 내담자에게 "다양한 발달적" 접근 방식을 사용했을 때 긍정적인 내담자 결과를 보고한 다른 연구자들에 의해 확장되고 검증되었다(D'Andrea & Daniels, 1994).

넷째, 여기에서 논의된 발달 이론은 정신 건강 전문가에게 인간 발달에 대한 이해를 확장하는 데 도움이 될 수 있는 강력한 이론적 모델을 제공할 뿐만 아니라 평가 전략도 포함한다. Bradley(1988)는 상담사가 내담자와 자신의 심리적 성숙을 평가하는 데 사용할 수 있는 여러 유형의 발달 평가 전략에 대한 포괄적인 논의를 제공한다.

6) 경제적 계층 배경

(1) 용어의 정의

사회과학자들은 경제적 계층의 지위와 배경이라는 용어의 정의에 항상 동의한 것은 아니다. 이 용어를 정의하는 데 있어 문제의 일부는 우리 사회가 개인이 이 용어를 개념화하는 방식에 영향을 미치는 상당한 변화를 계속 겪고 있다는 것이다. 예를 들어, Banks와 McGee Banks(1997)는 다음과 같이 지적했다.

> 1950년대에 사회과학자들은 한부모 가정과 여성 가구, 높은 이혼율, 약물남용 등 오늘날 중산층에서 볼 수 있는 하위 계층의 특징을 종종 설명했다. 오늘날 이러한 특성은 중산층에서 더 이상 드물지 않지만 하위 계층에서 그 빈도가 여전히 높다."(p. 19)

이 용어를 정의하는 데에는 항상 약간의 불일치가 있지만, 사회과학자들이 일반적으로 개인의 경제적 계층 및 배경을 결정하는 데 사용하는 중요한 기준에 동의하는 여러 특성이 있다. 이러한 공통 기준에는 직업, 교육, 민족, 생활 양식이 포함된다(Banks & McGee Banks, 1997; Coleman, Rainwater, & McClelland, 1978; Vontress, 1988).

전통적으로 연구자들은 미국에서 상, 중, 하위의 세 가지 주요 계층을 언급했다(Berger, 1971; Farb, 1978). 그러나 개인의 직업, 교육, 민족, 생활 양식이 상호작용하여 경제적 계층을 결정하는 방식이 다르기 때문에, 개인이 분류하게 되는 다양한 유형의 경제 계층을 보다 정확하게 정의하려면 이러한 전통적인 광범위한 분류를 더욱 차별화해야 한다고 생각한다.

이를 염두에 두고 개인이 경제적 계층 및 배경 측면에서 확인할 수 있는 다양한 위치를 보다 정확하게 설명하는 여섯 가지 범주를 확인했다. 여기에는 빈곤층(예: 기본적인 생활 요구를 충족하기 위해 경제적 지원이 필요한 고등학교 학위 미만의 실업자), 근로 빈곤층(예: 고등학교 또는 이와 동등한 학위를 소지한 개인 및/또는 일부 대학 경험, 비숙련 근로자로 고용되고 연간 소득이 연방 빈곤 지침 미만인 경우), 노동 계층(예: 고등학교 학위를 소지하고 대학 경험이 있고/또는 인증서 또는 면허를 받은 개인), 특정 직업에 종사하고 연간 소득이 연방 빈곤 지침을 초과하는 중산층 비전문가(예: 고등학교 학위 이상이지만 특정 직업 경력에서 고급 학위 또는 전문 교육을 받을 가능성이 더 높은 개인), 소득이 전국 평균 이상인 중산층 전문가(예: 대학 학위 이상이지만 교육과 같은 일부 전문 분야에서 고급 학위를 소지할 가능성이 더 높은 개인), 교육, 법, 의약 등 연간 소득이 전국 평균 이상인 상류층(예: 연간 소득이 전국 평균의 상위 10% 이내인 개인)을 포함한다.

개인의 경제적 계층 지위는 기업 및 정부 지도자가 제정한 정책 유형을 비롯한 다양한 요인의 영향을 받을 수 있다. 이는 수천 명의 중산층 비전문가 및 전문직 종사자가 글로벌 시장에서 발생하는 변화에 의해 영향을 받은 부정적인 방식에서 가장 분명하게 볼 수 있다. 여기에는 인건비를 줄임으로써 기업 이윤을 늘리기 위해 많은 미국 일자리를 제3세계 국가로 수출하는 것이 포함된다.

이러한 기업 전략으로 인해 많은 미국 기업의 규모를 축소하려는 성공적인 노력이 이루어졌고, 결과적으로 수천 명의 중산층 및 노동 계급의 삶의 질을 저하시켰다. 제2차 세계대전 이후에 발생한 경제 호황과 대조적으로 1970년대, 1980년대, 1990년대는 보수가 좋은 일자리가 줄어들고, 물가가 오르며, 일반 국민의 실질 소득이 감소했으며, 많은 중산층 가정이 빈곤 가정이 경험한 것들을 경험했다(Banks & McGee Banks, 1997; Newman, 1993; Rivlin, 1992).

(2) 개인의 경제적 지위와 배경이 개인의 발달에 미치는 영향

개인의 경제적 계층 배경이 삶의 질에 영향을 미치는 방식을 조사하는 연구가 많이 있다. 이러한 연구 결과는 대체로 개인의 경제적 계층 지위와 배경이 개인의 삶의 기회를 결정한다는 것을 일관되게 나타낸다. Mantsios(1992)에 따르면 이러한 삶의 기회에는 "예상 수명, 교육 수준, 직업 상태, 직업 위험에 대한 노출, 범죄 피해 발생률, 투옥률 등과 같은 광범위한 요인이 포함된다. 간단히 말해서, 계층 위치는 당신이 얼마나 오래 사는지, 건강한 삶을 살고 있는지, 학교에서 낙제하는지, 직장에서 성공하는지 여부를 결정하는 데 결정적으로 중요한 역할"을 할 수 있다(Mantsios, 1992, p. 101).

위의 결과를 보고함으로써, 한 개인의 경제적 계층 지위와 건강 사이에 항상 인과 관계가 있음을 시사하는 것은 아니다. 그러나 이에 대해 수행된 연구에서 개인의 경제적 계층 지위와 개인의 웰빙 감각 사이에 부적 상관관계가 있음을 보여주었다는 점을 지적하고자 한다. 즉, 자살, 폭력, 약물 및 알코올 남용, 학교 중퇴, 직업/경력에 대한 불만의 발생률은 경제적 계층이 낮은 사람들에서 더 높은 것으로 나타났다(Newman, 1993).

정신 건강 전문가들은 그들의 내담자들과 함께 하는 활동에 직접적인 영향을 미치는 경제적 계층 지위에 의해 영향을 받는 많은 다른 요인들을 지적해 왔다. 여기에는 서로 다른 언어적 의사소통 방식과 비언어적 의사소통 방식의 발달, 신뢰, 공감, 그리고 상담과 심리치료 장면에서 자기를 공개하려는 의지가 포함된다.

일반적으로 상담의 효과는 내담자와 효과적으로 의사소통하는 상담자의 능력에 의해 결정된다는 데 동의한다. 그러나 개인은 종종 경제적 계층 지위와 배경의 결과로 다른 의사소통 양식을 개발한다. Vontress(1988)는 경제적 계층이 다른 사람들이 의사소통 양식에서 독특한 은어(argot)를 사용한다고 지적했다. "은어(argot)"라는 용어는 한 집단의 개인이 다른 집단의 구성원과 구별하기 위해 사용하는 전문 어휘, 관용구, 비밀 전문 용어, 비언어적 제스처를 나타낸다. 대부분의 상담사는 "중산층 전문가"라고 부르는 경제적 계층 범주에 속하기 때문에, 가난한 청소년, 특히 비백인, 비유럽 배경의 청소년과 언어적으로 상호작용하는 데 어려움을 겪을 수 있는데, 이러한 내담자의 어휘와 관용구에 대해 친숙성이 부족하기 때문이다. 또한 Vontress(1988)는 "때때로 상담사는 동일한 내담자가 동시에 사용하는 두 가지 언어 체계를 만난다. 예를 들어, 교도소에서 흑인 수감자는 빈민가 특유의 언어와 다인종 수감자의 속어를 사용할 수 있다."(p. 351).

가난한 아동과 그 가족을 대상으로 한 연구에서 연구자는 이러한 개인이 다른 사람에 대한 신뢰감을 지속적으로 나타내는 데 어려움을 겪는다고 보고했다(Daniels, D'Andrea, Omizo, & Pier, 1997). Vontress(1988)는 높은 수준의 불신이 많은 가난한 사람들이 다른 사람들에게 거부당하거나 부당한 대우를 받지 않도록 방어기제로 사용하는 공통적인 특성이라고 제안했다. 또한 그들의 빈곤한 생활 조건과 미국의 중산층 및 상류층 사람들이 가난한 사람들에 대해 나타내는 것처럼 보이는 일반적인 관심 부족의 결합이 가난한 사람들이 그들의 삶에서 만나는 다른 사람들에 대해 일반적으로 드러내는 높은 수준의 불신의 한 원인이 된다는 것이다.

다른 사람에 대해 나타내는 신뢰와 불신의 수준은 종종 자신이 다른 사람에 의해 공감적이고 존중받고 있다고 느끼는 정도에 영향을 받는다. 사람들은 자신과 비슷한 삶의 경험, 가치, 태도, 세계관을 공유하는 사람들과 더 쉽게 공감한다. 그러나 개인의 삶의 경험, 가치, 태도, 세계관은 모두 자신의 경제적 계층 지위에 영향을 받기 때문에 자신과 매우 다른 경제적 계층 배경을 가진 사람들에게 진정한 공감을 표현하기 어려운 경우가 많다. 개인이 삶에서 경험하는 어려움은 대부분 경제적 계층에 따라 다르기 때문이다. 한 경제 계층의 구성원이 다른 경제 계층의 개인이 자신의 삶을 특징짓는 다양한 스트레스 요인에 의해 어떻게 영향을 받는지 정확하게 이해하는 것은 어렵다. 이러한 공감 격차는 빈곤층과 근로 빈곤층의 사람들이 정신 건강 전문가들에게 서비스를 구할 때 특히 두드러지게 나타나는데, 이들의 정신 건강 전문가들은 중산층의 가치와 태도가 옷차림, 말투, 심지어 사무실을 꾸미는 방식에도 반영되어 있다. 이러한 경제적 계층의 차이는 가난한 노동자 계층 배경을 가진 내담자들이 많은 정신 건강 전문가들과 진정으로 공감하는 관계를 경험하는 것을 어렵게 만든다(Vontress, 1988).

(3) 상담 실제에 대한 시사점

다양한 사회경제적 배경을 가진 내담자와 상담사 사이에 존재할 수 있는 장벽을 극복하기 위해 상담사가 할 수 있는 일이 몇 가지 있다. 첫째, 상담사는 경제적 계층 요인이 상담의 과정과 결과에 영향을 미치는 방식에 대해 더 잘 알고 민감해지도록 권장된다. 이것은 부분적으로는 전문 개발 워크샵 및 컨퍼런스에 참석하고, 개인의 경제적 계층이 심리적 발달에 영향을 미치는 방식에 초점을 맞춘 논문과 책을 읽음으로써 달성할 수 있다. 다양한 사회경제적 배경을 가진 사람들의 심리사회적 요구에 초점을 맞춘 전문 개발 훈련 워크숍 및 읽기 자료에 참여하는 것 외에도, 상담사들은 다양한 경제적 계층 배경을 가진 내담자들의 요구를 충족하도록 특별히 설계된 지역사회 조직에 참여하도록 권장된다. 노숙자 보호소, 노동 단체, 가출 청소년을 위한 서비스를 제공하는 단체, 경제적으로 빈곤한 사람들을 위한 서비스를 제공하는 지역 교회 단체, 교도소 봉사 프로그램, 빈곤층과 노인에게 서비스를 제공하는 지역사회 단체는 상담사가 할 수 있는 특히 귀중한 자원이다. 상담사 자신의 지역사회에서 경제적으로 불리한 사람들의 요구에 대해 배우는 데 유용하다.

둘째, 상담사는 자신과 내담자 사이에 존재하는 경제적 계층 차이가 상담 과정을 방해할 수 있는 정도를 평가하는 것이 중요하다. 상담사는 교육, 고용 이력, 현재 고용 상태, 가족 수입, 일반적인 생활 방식에 대해 질문하여 내담자의 경제적 계층 배경에 대한 정보를 수집할 수 있다.

셋째, 상담 과정 초기에 내담자의 언어적, 비언어적 의사소통 양식에 주의를 기울여야 한다. 상담사는 내담자가 사용하는 익숙하지 않은 단어나 구에 대해 정중하게 설명을 요청해야 한다. 특히 내담자가 상담할 때 사용하는 독특한 방언에 익숙하지 않을 때 상담사는 내담자와 보다 효과적인 치료적 동맹을 맺기 위해 내담자처럼 말하려고 하는 것은 바람직하지 않다. 그러한 노력은 내담자에게 무례하고 진정성이 없는 것으로 인식될 수 있다. 내담자가 익숙하지 않은 단어나 구문을 사용할 때 설명을 요청하는 것 외에도, 상담사는 다른 경제 계층의 내담자의 언어 양식에 대해 더 잘 알고 있는 지역사회의 다른 구성원과 상담하는 것이 좋다.

내담자와 상담사의 경제적 계층 배경의 차이가 성공적인 상담을 가로막는 장벽이 될 수 있는 방식을 평가하는 것도 중요하다. 우리는 상담사 가난한 노동자 계층 내담자와의 문제를 상담 과정에 대한 내담자의 저항과 신뢰 부족의 결과로 해석하는 경향이 있다. 상담사가 상담에 대한 내담자의 수용성을 평가하는 것이 실제로 중요하지만, 자신의 경제적 계층 배경이 자신과 매우 다른 사회경제적 배경을 가진 사람들에 대한 편견과 고정관념을 조장하는 정도를 평가하는 것도 똑같이 중요하다. 이것은 상담자가 다양한 경제적 배경을 가진 내담자와 마주하는 문제가 종종 내담자의 불신감과 상담가 자신의 계급에 기반한 편견과 고정관념에서 비롯되는 장벽에 뿌리를 두고 있기 때문에 중요합니다(Sue & Sue, 1990).).

빈곤층, 노동 계층, 부유한 배경을 가진 사람들 사이의 엄청난 사회경제적 격차의 결과로 존재하는 문제를 해결하기 위해 상담사가 참여하도록 권장되는 기타 장기 조치는 다음과 같다.

① 이 영역에서 양질의 서비스를 제공할 수 있는 기회를 제공하는 경제적 배경을 가진 사람들뿐만 아니라, 모든 사람들에게 교육 및 정신 건강 서비스의 질과 가용성을 높이기 위해 정치적으로 노력한다.

② 사회의 경제적 불평등을 줄이기 위한 노력을 적극적으로 추진한다. 이것은 빈곤층과 서민 가족에게 혜택을 주는 국가 차원의 소득세 개혁을 지원하고, 부자를 위한 감세에 반대하고, 사람들이 합리적인 임금으로 일자리를 확보할 수 있도록 지원하는 일자리 프로그램을 지원하고, 일을 할 수 없는 가난한 부모에게 경제적 지원을 제공하는 지원 프로그램을 제공함으로써 이루어질 수 있다.

③ 경제적으로나 인종적으로 통합된 지역사회를 구축하기 위해 노력한다. 이것은 경제적으로 그리고 인종적으로 통합된 지역사회에서 살기로 선택하고, 혼합 소득 지역의 저소득 주택에 대한 정부 보조금을 지원하고, 특정 민족, 인종 또는 소득 집단의 구성원에 의한 특정 지역사회에 대한 접근을 제한하려는 노력에 반대함으로써 이루어질 수 있다(Banks & McGee Banks, 1997, p. 100).

7) 연대기적-발달적 문제

(1) 용어의 정의

"심리적 성숙" 에서 언급한 구조적인 심리적 변화의 유형 외에도 개인은 연대기적으로 체계적인 변화를 겪는다. 이러한 발달적 변화는 개인이 일생동안 서로 다른 시점에서 직면하는 연대기적 문제라고 부르는 것을 나타낸다. 상담사는 일반적으로 유아기, 아동기, 청소년기, 성인기와 연관시키는 특성을 나타내기 때문에 이러한 많은 문제에 익숙하다.

연대기적 관점에서 인간 발달을 설명하는 이론가들은 흔히 생애 발달(Craig, 1992; Havighurst, 1953; Shaffer, 1993) 또는 성숙 이론가(Erikson, 1968)라고 한다. 개인의 심리적 성숙(예: 지적, 도덕적, 사회적 발달)의 특정 측면을 보는 경향이 있는 구조적 발달 이론가들과 달리, 생애 발달 이론가들은 사람의 삶에서 다른 시기에 예측하게 가능하게 발생하는 신체적, 인지적, 심리적 변화 유형을 고려하는 것을 포함하는 보다 전체적인 관점에서 개인의 성장을 조사한다. 이 진술에 대한 한 가지 주목할만한 예외는 Erik Erikson(1968)이다. 그의 발달 단계가 연대순으로 이루어지기 때문에 성숙 발달 이론가로 간주되지만, 그의 작업은 주로 개인의 심리사회적 발달에 중점을 둔다.

생애 또는 성숙 이론가와 앞에서 논의한 구조적-발달적 이론가를 구별하는 또 다른 주요 차이점이 있다. 이 중요한 차이는 구조적-발달적 이론가들(Kohlberg, 1981; Loevinger, 1976; Selman, 1980)이 과거에 수행한 연구에서 대부분의 사람들이 그들 모델의 가장 높은 단계로 나아가지 않는다는 사실에 반영된다. 따라서 구조적-발달적 이론은 이론적 관점에서 볼 때 대부분의 사람들은 더 높은 단계의 기능과 관련된 독특한 심리적 문제를 경험하지 않는다. 대조적으로, 생애 및 성숙 이론가는 모든 사람이 자신의 일생 중 특정 시기(예: 유아기, 아동기, 청소년기, 성인기)에 예측가능한 유사한 발달 변화를 겪는다는 전제에서 작동한다.

(2) 개인의 심리 발달에 대한 영향

생애 연구자들은 개인이 유아기부터 성인기까지 발달하면서 일반적으로 겪는 특정한 변화에는 신체적 성장(예: 신체 변화 및 운동 기술의 순서); 다양한 인지 능력의 출현(예: 지각, 언어, 학습, 기억 및 사고 능력의 발달); 그리고 시간이 지남에 따라 발생하는 다양한 심리적 기술(예: 감정 관리 능력 및 대인 관계 능력 향상 포함)의 표현에 주목한다. 개인이 유아기, 아동기, 청소년기, 성인기와 공통적으로 관련된 연대기적 문제를 성공적으로 처리하는 방식은 긍정적인 자존감을 발달시키고, 생산적인 삶을 영위하며, 일반적으로 삶에서 개인적인 만족감을 경험하는 정도를 결정한다.

(3) 상담 실제에 대한 시사점

지난 30년 동안 인간 발달과 관련된 지식 기반이 엄청나게 확장되었다. 이러한 광범위한 지식 기반의 결과로 상담사는 생애에 걸쳐 개인을 특징짓는 고유한 과제와 연대기적 문제를 보다 명확하게 구분할 수 있다. 과거에 연구자들이 아동기, 청소년기, 성인기 동안 사람들이 직면 문제에 대해 비교적 폭넓은 이해를 했고, 발달 연구자와 이론가들은 이러한 문제를 하위 범주로 구분하여 개인이 일생동안 경험하는 특정한 연대기적 문제에 대한 우리의 생각을 개선하는 데 도움을 주기 위해 노력했다. 따라서 상담사는 아동기

초기, 중기, 후기, 청소년 초기, 중기, 후기, 성인 초기, 중기, 후기의 특정 문제를 해결하기 위해 의도적으로 설계된 중재 전략을 점점 더 개발할 수 있었다.

많은 상담사들이 이러한 더 세분화된 발달 기간(예: 아동, 청소년, 성인의 초기, 중기, 후기)에서 개인이 직면하는 고유한 문제에 관해 생각하게 된 방법의 개선은 내담자의 요구를 보다 효과적으로 해결하고, 그들의 삶에서 직면하는 다양한 문제에 대처하는 데 그들을 정중하게 지원하는 상담 전략을 수행하는 상담사의 능력을 향상시킨다. 상담 분야에서 이러한 지식 향상의 영향은 아동(Holmgren, 1996), 청소년(Carlson & Lewis, 1988), 성인(McConkey, 1985)의 발달 요구를 해결하기 위해 특별히 설계된 다양한 상담 중재를 검토한 교과서와 논문의 엄청난 확산에서 주목할 수 있다. 발달 과제를 일반적인 범주로 분류하는 것은 가능하지만, 상담사들이 직면한 과제는 개인이 연대순으로 자신의 과제를 드러내는 독특한 방식에 대해 민감하고 잘 아는 것이다. 예를 들어, 연령이 초기 성인(20~30대)에서 중기(40~50대) 또는 후기 성인(60세 이상)에 이르는 성인과 함께 활동할 때 상담사는 그들이 직면하는 다양한 연대기적 문제를 고려하는 것이 중요하다. RESPECTFUL 상담의 관점에서, 여기에는 성인 상담에서 일반적으로 제기되는 내담자의 변화하는 신체적 건강 요구(Schneider & Rowe, 1990; Troll, 1985), 사회 전반과 특히 가족 내에서 그들의 역할과 책임(Aquilino, 1990), 다양한 경제적 및 경력 관련 우려(Coe, 1988)를 평가하는 것이 포함된다.

8) 개인적 웰빙에 대한 위협

(1) 용어의 정의

스트레스는 피할 수 없는 삶의 일부이다. 많은 상담사들이 스트레스의 부정적인 영향에 많은 관심을 기울였지만, 성장과 발달이 일어나기 위해서는 어느 정도의 스트레스가 필요하다는 점을 지적하는 것이 중요하다. 그러나 사람이 효과적으로 대처할 수 있는 능력을 초과하는 스트레스 요인을 경험하면 신체적 또는 심리적 해를 입힐 수 있다. 우리는 개인이 삶에서 경험하는 스트레스 요인이 특정 상황에서 효과적이고 건설적인 방법으로 대처할 수 있는 능력을 초과할 때 개인을 즉각적인 심리적 위험이나 위해에 빠뜨리는 상황을 설명하는 방법으로 "개인적 웰빙에 대한 위협"이라는 문구를 사용했다.

Lewis 등(2011)은 한 사람의 개인적 자원과 위협적인 삶의 환경 사이에 존재하는 미묘한 균형을 개념화하기 위해, "심리적 건강=대처 기술+자긍심+사회적 지지+개인적 힘/유기체적 요인+스트레스+무력감"이라는 공식을 사용하였다.

이 공식에 따르면, 분자의 요인이 분모에 나열된 요인보다 클 때 개인의 심리적 웰빙에 대한 위협을 확인할 수 있다. 이 공식에 포함된 용어에 대한 자세한 논의를 위해 독자는 Lewis 등(2011)의 연구를 검토하면 된다. 그러나 현재 논의의 목적을 위해 한 사람의 개인 자원(예: 대처 기술, 자존감, 사회적 지지, 개인적 힘)이 장기간 지속되는 스트레스 요인에 노출될 때 부담이 될 수 있다는 점을 언급하는 것이 중요하다.

(2) 개인의 심리 발달에 대한 영향

개인이 장기간에 걸쳐 유사한 종류의 스트레스 요인을 경험할 때 이들을 통틀어 취약 집단이라 한다. 상담사는 일반적으로 빈곤층, 노숙자, 실업자; 이혼하는 가족의 성인과 아동; 임신한 십대; HIV 또는 AIDS에 걸린 개인; 그리고 나이 차별, 인종차별, 성차별에 의해 희생된 사람들과 같은 취약 집단과 활동한다. 이러한 취약한 집단은 서로 크게 다르지만 모두 일상적으로 개인 자원과 대처 능력을 능가하는 높은 수준의 환경 스트레스를 경험한다.

많은 연구에서 개인의 웰빙에 대한 지속적인 위협을 받는 사람들이 신체적, 정신적 건강 문제의 위험이 높다는 널리 알려진 믿음을 확인한다(Stokols, 1992; U.S. Department of Health and Human Services, 1990). Lewis 등(2011)은 "스트레스원이 청소년기의 예상치 못한 임신과 같은 즉각적인 위기와 관련이 있는지, 아니면 인종차별과 성차별에 대한 규칙적인 복종과 같은 더 미묘하지만 덜 파괴적인 형태의 만성 스트레스에 뿌리를 두고 있는지에 관계없이 이것은 사실이다"(p. 87)라는 것에 주목하였다.

(3) 상담 실제에 대한 시사점

상담사는 개인의 웰빙을 위협하는 다양한 스트레스 요인을 다루기 위해 다각적인 접근 방식을 채택해야 한다. 이러한 종류의 다면적 접근 방식의 궁극적인 목표가 상담사의 도움을 구하는 사람들의 권한을 증진하는 것이어야 한다. Lewis 등(2011)의 지역사회 상담 틀(Community Counseling framework)은 상담사가 내담자의 역량 강화를 촉진하기 위해 RESPECTFUL 상담 모델과 관련된 원칙을 적용할 때 사용하도록 권장되는 다면적 접근 유형을 설명하는 것이다.

지역사회 상담 모델은 체계적이고 개별적인 변화를 촉진함으로써 내담자의 개인적 웰빙에 대한 위협을 줄이는 데 도움을 주는 상담사가 할 수 있는 중요한 역할을 강조한다. 이 틀에 반영된 다면적 접근은 다양한 환경 요인과 조건에 의해 규칙적으로 심리적 웰빙이 위협받는 사람들 사이에서 일반적으로 발생하는 정신 건강 문제의 발생을 줄이기 위해 설계된 예방 중재 전략에 높은 가치를 둔다(Lewis et al., 2011).

이 다면적 상담 모델은 네 가지 유형의 서비스 구성 요소로 구성된다. 여기에는 직접 내담자, 간접 내담자, 직접 지역사회, 간접 지역사회 상담 서비스가 포함된다. 직접 내담자 구성 요소에는 개인 및 소집단 상담과 같은 전통적인 서비스와 일상적으로 경험하는 스트레스 요인의 결과로 정신 건강 문제의 위험이 특히 높은 취약 계층에 대한 봉사 활동이 포함된다. 간접 상담 서비스는 현재 개인 웰빙에 대한 다양한 위협을 겪고 있는 사람들의 심리적 건강을 증진하도록 설계된 환경 중재에 반영된다. 상담사는 전통적으로 많은 사람들이 개인의 웰빙감과 관련하여 경험하는 위협 유형을 줄이기 위해 설계된 개인 및 체제 변화를 촉진하는 데 도움이 되도록 내담자 옹호 및 상담 서비스를 사용해 왔다.

직접적인 지역사회 서비스에는 다수의 사람들 사이에서 스트레스 관리 및 생활 기술의 개발을 촉진하는 직접적인 경험과 기회를 제공하는 지역사회 전체의 교육 프로그램이 포함된다. 예방 교육 프로그램 및 서비스는 지역사회 상담 틀의 이러한 구성 요소에서 가장 일반적으로 사용되는 전략이다. 간접적인 지역사회 서비스에는 사회 환경을 전체 집단의 요구에 보다 잘 부응하도록 설계된 노력이 포함된다. 체제적 변화를 촉진하고 공공 정책에 영향을 미치기 위해 의도적으로 설계된 상담 전략은 모델의 이 구성 요소에 포함된다(Lewis et al., 2011).

RESPECTFUL 상담은 내담자의 개인 웰빙에 대한 실질적인 위협을 나타내는 광범위한 요인을 인식하고, 함께 활동하는 사람들 사이에서 정신 건강을 증진하는 데 있어 자신의 역할과 책임에 대한 이해를 넓힐 것을 요구한다. 이와 관련하여 개인 및 집단 상담 서비스의 사용은 RESPECTFUL 상담 모형의 중요한 측면이지만, 그 자체로는 내담자가 일상적으로 경험하는 위협 유형을 줄이는 데 도움이 되지 않는다는 것을 강조하는 것이 중요하다. 결과적으로 RESPECTFUL 상담 모형은 모든 내담자의 역량 강화에 전념하는 포괄적인 접근 방식을 수용하고(McWhirter, 1994), 특히 이러한 집단의 사람들은 종교/영적 정체성, 민족/문화/인종 배경, 경제적 계층 배경, 성적 정체성, 거주지, 가족사 때문에 그들의 심리적 건강에 대한 여러 가지 위협을 가하는 경향이 있다.

9) 가족사와 역동성

(1) 용어의 정의

21세기에 전문 상담사 직면한 주요 과제 중 하나는 점점 다원화되는 사회의 정신 건강 문제를 충족하는 데 필요한 지식과 기술을 개발하는 능력과 관련이 있다. 국가적 다원주의의 다양화에는 보다 전통적인 용어의 정의와 차이가 있는 가족의 수가 증가하는 것이 포함된다. 과거에 핵가족이라는 전통적인 개념은 다른 모든 형태의 가족과 비교되는 기준으로 많은 상담사에 의해 사용되었다. 핵가족이라는 용어는 남성이 유일한 생계를 꾸리며, 여성이 전업주부, 아내, 어머니이며, 자녀가 일반적으로 독립에 대한 더 큰 요구를 나타내는 청소년기까지 부모의 권위에 복종하는 가족을 말한다.

그러나, 수백만 명의 사람들이 살고 성장하는 다른 유형의 가족의 수는 증가하고 있다. 여기에는 한부모 가정, 이혼 가정(한 부모 또는 두 부모 모두 이전에 이혼한 가정), 혼혈 가정(이혼 가정 출신 자녀와 청소년으로 구성된 가정), 확대 가족(다른 인종 집단에서 온 사람들에게 특히 중요한 유형의 가족), 게이와 레즈비언 부모가 가장이 가족이 포함된다.

Goldenberg와 Goldenberg(1994)는 가족이라는 용어가 많은 사람들에게 의미하는 바의 다양한 변형에 대해 다음과 같이 언급하였다.

> 다른 제도 못지않게 가족은 형태, 구성, 구조에서 빠르고 극적인 변화를 겪고 있다. 예를 들어, 한부모가 이끄는 비전통적인 가족이 점점 더 일반화되고 있고, 전통적인 핵가족은 … 점점 더 미국의 표준이 되지 않고 있다. 치솟는 이혼율(1965년과 1985년 사이에 두 배로 증가), 여성의 노동력 급증, 생계를 유지하기 위해 두 개 이상의 소득이 필요성, 결혼 연기, 의붓 가정의 확산 증가, 빈곤한 아이들, 독신 또는 동성 또는 이성의 파트너와 함께 사는 독신자, 자녀가 없는 가족, 혼외 자녀를 둔 어머니 – 이것들은 Skolnick(1991)이 "불확실성의 시대"라고 부르는 미국 가족의 현대적 현실의 일부일 뿐이다.(p. 3)

(2) 개인 발달에 대한 영향

미국에 존재하는 다양한 유형의 가족에 관계없이 한 개인의 가족사가 심리적 발달에 미치는 엄청난 영향에 대해서는 의심의 여지가 없다. 여기에는 개인의 가족이 개인에게 영향을 미치는 방식이 포함된다. 즉, 종교/영적 정체성(Giblin, 1996); 약물 및 알코올 사용/남용(Andrews, Hops, & Duncan, 1997), 청소년 비행 성향(Gorman-Smith, Tolan, Zelli, & Huesmann, 1996), 성인기 동안 다른 형제자매와의 관계(Stocker, Lanthier, & Furman, 1997), 사회적 인지와 심리적 성숙(Goodnow, 1996), 성적 정체성(Katz, 1987)이 영향을 ㅁ미친다. 개인의 가족사가 심리적 발달에 미치는 중요한 영향을 감안할 때, 상담사가 내담자와 함께 활동할 때 RESPECTFUL 상담 모형의 이러한 측면을 다루는 것은 매우 중요하다.

(3) 상담 실제에 대한 시사점

상담사가 내담자의 가족사를 다룰 때 염두에 두어야 할 몇 가지 권장 사항이 있다. 첫째, 각 가족사는 개인이 발달시키는 태도, 가치, 세계관의 유형에 엄청난 영향을 미치기 때문에, 상담사는 시간을 내어 자신의 가족 배경이 내담자를 보는 방식에 영향을 미치는 방식을 고려하는 것이 중요하다. 내담자들은 상담사와 매우 다른 가족에서 왔다. 이것은 개인이 가족 구조에 대해 자신과 다른 형태의 긍정적이거나 부정적인 고정관념을 개발하고 유지할 수 있기 때문에 중요한 고려 사항이다. 이러한 고정관념을 검토하지 않고 방치하면 상담사가 내담자의 발달, 현재 정신 건강 수준, 개인의 행복감을 증진하는 데 도움이 되는 역할을 할 수 있는 사람의 가용성에 대해 잘못된 해석과 부정확한 평가를 할 수 있다.

둘째, 상담사가 내담자의 가족 기능을 효과적으로 평가하는 데 필요한 지식과 기술을 개발하는 것이 중요하다. 다른 가족 이론가(Reiss, 1980)의 작업을 바탕으로 Goldenberg와 Goldenberg(1994)는 상담사가 가족 평가를 수행할 때 취할 수 있는 여러 경로에 대해 논의하였다. 여기에는 ① 가족에 대한 횡단적 또는 발달적 관점을 적용하고, ② 가족 기반 또는 환경 기반 조사를 수행하고, ③ 평가 과정에서 위기 또는 성격(character) 지향을 채택하고, ④ 가족 병리학 또는 가족 역량에 초점을 맞추고, ⑤ 기본적인 가족 주제 또는 관찰 가능한 행동 사건을 강조하는 것이 포함된다(Goldenberg &) Goldenberg,

1994, pp. 61-62). 이 목록에서 다양한 인종–민족 집단 및 배경을 가진 사람들로 구성된 가족에서 개인이 수행해야 하는 다양한 역할에 대한 좋은 지식을 갖는 것의 중요성을 강조한다.

셋째, 상담사는 한부모 가족, 재혼 가족, 동거 이성애 가족, 게이와 레즈비언 커플을 포함하되, 이에 국한되지 않는 광범위한 가족을 효과적으로 평가하는 데 필요한 기술을 습득해야 한다(Goldenberg & Goldenberg, 1994). 이것은 상담사가 함께 활동하는 사람들에게 잠재적인 이익이 될 수 있다고 생각하는 경우, ① 내담자와 그 가족의 관계를 고려하고, ② 전반적인 중재에 특정 가족 구성원을 포함시키는 상담 전략을 설계할 수 있기 때문에 중요하다.

넷째, 상담가가 다양한 가족 유형이 내담자의 발달과 건강한 기능에 미치는 구조, 구성, 영향을 정확하게 평가하는 능력의 결점을 확인할 때, 그들은 앞으로 이러한 유형의 평가 기술 개발을 촉진하는 전문적인 훈련을 받아야 할 윤리적 책임이 있다.

10) 독특한 신체적 특징

(1) 용어의 정의

McWhirter(1994)는 "우리 사회에서 가장 낙담하고 두려운 현상 중 하나는 신체적 아름다움에 대한 가차없고 모든 것을 소모하는 욕망"(p. 203)이라고 지적하였다. 일반적으로 이러한 집착은 날씬하고 근육질인 사람의 이상주의적 이미지에 뿌리를 두고 있다. 실제로, 이러한 이상주의적 이미지에 부합하는 사람은 거의 없으며, 많은 사람들이 "아름다운 사람"에 대한 사회적으로 구성된 견해에 부응하지 못한 결과로 감소된 자존감과 증가된 개인적 무능함을 경험한다(McWhirter, 1994). 다른 예에서, 전통적으로 "신체장애"라고 불렸던 특정한 독특한 신체적 특징을 가진 사람들은 또한 신체적 아름다움과 건강에 대한 잘못된 인식과 고정관념에 뿌리를 둔 다양한 형태의 차별과 낙인을 받았다. RESPECTFUL 상담 모형은 신체적인 아름다움에 대한 사회의 이상화된 이미지가 현대 문화가 조장하는 편협하고 왜곡된 관점에 신체적 특성이 맞지 않는 사람들의 심리적 발달에 부정적인 영향을 미치는 다양한 방식에 민감해야 한다는 중요성을 강조한다.

RESPECTFUL 모형에서 사용된 고유한 신체적 특성이라는 용어는 신체적 특성이 과

체중 또는 저체중, 시각적 신체장애와 같은 명백한 특성을 포함할 수 있지만, 이에 국한되지 않는 개인을 지칭하는 광범위한 구성이다. 또한 대머리, 노화, 신체적 기형 또는 다른 사람에게 시각적으로 눈에 띄는 모반과 같이 자존감에 부정적인 영향을 미칠 수 있는 기타 신체적 특성도 포함한다.

(2) 개인의 심리 발달에 대한 영향

"날씬한 것이 인기(thin is in)"라는 슬로건으로 인해 현재의 신체적 아름다움에 대한 사회적 이미지가 강조된다. 이러한 이미지는 체중 감량이 의지력과 훈련의 단순한 문제라는 널리 퍼진 신화를 동반한다. 대부분의 비만인에게는 안전하고 영구적인 체중 감량이 불가능하다는 의학적 증거가 풍부함에도 불구하고 부정확한 견해가 존재한다(Rothblum, Brand, Miller, & Oetjen, 1990). McWhirter(1994)는 "집단의 다른 부분보다 비만 비율이 더 높은 낮은 사회경제적 지위(SES)의 유색 여성의 경우 이 신화가 억압의 경험을 더한다"라고 덧붙였다(p. 206). 종종 이 신화와 억압은 여성들의 자존감과 개인적 역량을 약화시키는 결과를 낳는다. 섭식장애로 진단받고 성형수술을 받는 여성들의 증가는 현대 사회에서 완벽한 몸매에 대한 신화에 의해 개인이 심리적으로 영향을 받는 방식을 더욱 입증하는 것이다.

신체적 특성의 심리적 영향은 여성뿐만 아니라 남성에게도 영향을 미친다. McWhirter (1994)는 남성의 이상적인 신체 유형에 대한 사회의 견해를 "중배엽형 신체(mesomorphic body) 또는 근육질의 체격(muscleman physique)"으로 특징지을 수 있다고 설명하였다. 이러한 이상화된 관점은 남성이 가슴, 체중, 허리에 대해 불만을 표현하는 빈도에 크게 기여한다(Mishkind, Rodin, Silberstein, & Striegel-Moore, 1986). 또한 McWhirter(1994)는 여러 사회과학자들의 연구를 요약하여 다음과 같이 보고했다. Shim, Kotsiopulos, Knoll(1990)이 검토한 연구에 따르면, 키가 작은 남성은 평균 키나 키가 큰 또래보다 자신의 신체에 대해 덜 긍정적인 것으로 나타났다(Martel, 1985) "키가 작은 남성은 자신의 키에 대해 훨씬 더 만족하지 못하고, 평균 키 남성이나 키가 큰 남성보다 심리적 고통이 더 크다는 증거가 있다."

(3) 상담 실제에 대한 시사점

독특한 신체적 특징이 스트레스와 불만의 원인이 될 수 있는 내담자와 함께 활동할 때, 상담사는 먼저 신체적 아름다움에 대한 이상화된 신화가 이러한 신화에 맞지 않는 사람에 대한 부정적인 견해와 고정관념을 내면화하도록 이끌었던 방식을 먼저 숙고하는 것이 중요하다. 이러한 종류의 내면화된 견해가 확인되지 않으면, 내담자의 개인적 강점에 대한 부정확한 평가와 잘못된 해석으로 이어질 수 있기 때문에 이것은 중요하다.

둘째, 여성 고유의 신체적 특성으로 인해 부정적인 영향을 받은 여성과 함께 활동할 때 상담사는 성 역할 사회화가 여성의 가치감에 대한 비합리적인 사고에 기여하는 방식을 이해하도록 도울 수 있어야 한다. Good, Gilbert, Scher(1990)는 GAT(Gender Aware Therapy)라고 하는 중재 모델의 개요를 설명하였다. 이 모델은 여성과 남성이 성 역할 사회화와 기대에 의해 부정적인 영향을 받을 수 있는 방식을 더 잘 인식하도록 돕는 데 유용한 전략을 제공한다.

셋째, 상담사는 공립 학교 및 대학의 교사 및 관리자와 협력하여 아동, 청소년, 성인이 독특한 신체적 특징을 가진 사람에 대해 전개하는 많은 부정적인 고정관념, 오해, 무감각을 다루는 예방 전략을 개발하고 수행하는 것이 좋다. 이러한 종류의 사전 예방적 중재 전략은 독특한 신체적 특성을 가진 많은 사람들이 일상에서 흔히 경험하는 다양한 형태의 차별과 무례를 근절한다는 점에서 많은 잠재력을 가지고 있다.

넷째, 상담사는 1990년 미국장애법(American Disabilities Act)을 숙지할 윤리적 책임이 있다. 이 법률은 다양한 유형의 신체장애를 가진 사람들의 권리를 보호하고, 그들이 경험한 다양한 형태의 차별을 개선하기 위해 설계되었다.

11) 거주지 위치

(1) 용어의 정의

거주지의 위치는 거주하는 지리적 지역 및 장면 유형을 나타낸다. 사람들이 미국의 주요 지역에 대해 이야기할 때 언급하는 다섯 가지 주요 지역을 확인했다. 일반적으로 이러한 주요 지리적 지역에는 북동부, 남동부, 중서부, 남서부, 북서부 지역이 포함된다. 이러한 지리적 지역은 이 지역에 거주하는 사람들의 유형뿐만 아니라 기후 패턴, 지질학적 지형, 그리고 이 지역에 거주하는 근로자가 사용할 수 있는 직업 및 산업 유형이 어느 정도 다르다. 또한 이러한 다양한 지리적 위치가 이 지역에 거주하는 많은 개인이 일반적으로 나타내는 가치, 태도, 언어 억양 유형을 반영하는 고유한 "하위 문화"로 특징지어지는 경우가 많다.

거주지의 위치에는 사람이 거주하는 환경의 유형도 포함된다. 상담사는 내담자가 거주하는 세 가지 주요 유형의 주거 환경에 가장 익숙할 것이다. 여기에는 시골, 교외, 도시 환경이 포함된다. 인구 전문가들은 대도시와 비대도시를 구분하기도 한다. 1993년부터 이러한 용어의 정의는 MSA(수도권 통계 지역)라고 하는 지정을 기반으로 한다. MSA는 총 인구가 100,000명 이상이고, 인구가 50,000명 이상인 하나 이상의 중앙 도시로 구성되며, 중앙 도시와 사회적, 경제적으로 관련된 인접 지역을 포함하는 지역으로 정의된다(U.S. Bureau of the Census, 1988).

이러한 종류의 정의는 임의적이며 농촌, 교외, 도시라는 용어의 의미를 구별할 때 많은 중요한 변수를 고려하지 않는다는 점을 지적하는 것이 중요하다. Murray와 Keller(1991)는 농촌 환경에 있는 사람들의 정신 건강 요구 사항에 대해 구체적으로 다음과 같이 언급했다.

> 농촌을 정의하는 대부분의 관련 연구는 인구 기준의 일부 사용에 의존한다. 다차원 정의를 사용하는 사람은 거의 없으며, 다중 정량적 기준을 사용하는 사람은 훨씬 더 적다. 그러나 북미의 농촌 지역에는 어떤 간략한 설명으로도 공정하게 특징지을 수 없는 다양한 땅과 사람들이 있다는 것을 강조하는 것이 중요하다.(p. 221)

(2) 개인의 심리 발달에 대한 영향

개인의 거주 지역은 개인의 심리적 발달에 막대한 영향을 미치는 전체 생태계의 중요한 부분을 나타낸다. Bronfenbrenner(1979, 1988)는 그의 경력의 대부분을 생태적 요인이 인간 발달에 미치는 영향을 설명하는 데 바쳤다. 그의 인간 생태학 이론에 따르면 개인의 심리적 발달은 전체 생태계를 구성하는 네 가지 주요 체제에 의해 크게 영향을 받는다. 여기에는 개인의 미시체제(microsystems)(예: 개인이 직접적으로 참여하는 가족, 학교, 직장 등과 같은 직접적인 환경; 중간체제(mesosystems)(가족 및 학교 구성원이 개인을 대신하여 상호작용하는 경우와 같이 미시체제 간에 발생하는 역동적 상호작용 또는 연결을 나타냄); 외체제(exosystems)(미시체제에서 사람에게 직간접적으로 영향을 미치는 주요 사회 제도 및 환경 포함); 거시체제(macrcrosystems)(개인이 발전하고 행동하는 방식에 직간접적으로 영향을 미치는 가장 중요한 사회 및 문화 기관을 의미함)가 포함된다(Bronfenbrenner, 1988; Lewis, Lewis, Daniels, & D'Andrea, 1998). Merrick(1995)에 따르면 거시체제는 "특정 개인의 삶에 영향을 미치는 특정 맥락을 참조하는 것이 아니라 사회가 구조화되는 방식의 패턴을 설정하는 일반적인 원형을 참조"한다는 점에서 이전 체제와 다릅니다(p. 291).

이러한 정의에 따르면 개인의 거주 지역은 외체제를 구성하므로 다양한 주거 환경에서 개인이 발달하는 방식에 엄청난 영향을 미친다. 예를 들어, 과밀한 생활 조건, 경제적 불이익, 긍정적인 직업, 교육 기회는 많은 도시 청소년들이 폭력 행위, 범죄, 십대 임신의 높은 비율, 약물 및 알코올 남용 문제를 초래하는 다수의 반사회적 행동을 발달시키도록 한다(Lewis et al., 2011).

농촌 환경에 거주하는 사람들은 특정 거주 지역에 따라 다르지만, 전반적인 심리적 건강과 개인적 웰빙에 상당한 영향을 미치는 다양한 스트레스 요인을 경험한다. 여기에는 고조된 사회적 고립감(Murray & Keller, 1991)과 미국 전역의 많은 농촌 지역 사회의 사람들에게 영향을 미친 최근의 사회 및 산업적 변화로 인한 스트레스가 포함된다. 몇몇 사회과학자들은 미국의 수많은 농촌 지역 사회의 구조 조정이 다른 삶의 방식에 익숙한 사람들에게 어떤 영향을 미쳤는지 설명했다. 미국의 많은 농촌 지역에서 발생한 구조적 변화는 농업 산업, 산업 개발 프로젝트, 농촌 지역에 거주하는 사람들의 자동차 의존도가 높아진 기술 및 기계화의 발전으로 인해 발생했다(Ford, 1978; Murray & Keller, 1991; Wilkerson, 1982). 이러한 변화로 인해 개인의 스트레스와 위기 상황에서 전통적으로 의미와 지원을 제공했던 많은 전통적인 사회 및 지역사회 구조에 대한 농촌 사람들의 의존도가 약화되었다. Murray와 Keller(1991)는 다음과 같이 지적했다.

> 이전에는 소규모 지역사회에서 충족되었던 요구 사항이 이제는 더 멀리 떨어져 있는 공식 기관, 고용주, 상업 기업에서 충족된다. 또한, 많은 농촌 지역의 미묘한 도시 변화와 지역사회 서비스 구조의 쇠퇴는 농촌 지역 사회에 전통적으로 존재해 온 자연 지원 시스

템의 쇠퇴도 야기했다(Murray & Kupinsky, 1982). 예를 들어, 농촌 지역의 미국인들은 그랜지, 교회 및 기타 시민 단체에서 협동 문제 해결에 참여하는 경우가 적다. 의사소통 패턴의 변화와 가족 농장에서 멀리 떨어진 대가족의 지리적 분산 또한 전통적인 자연 지원 자원에 부담을 주었다(Murray & Kupinsky, 1982).(p. 225)

(3) 상담 실제에 대한 시사점

다른 지리적 지역이나 주거 환경에서 온 사람들이 정신 건강 서비스를 찾는 상담을 할 때, 상담사는 개인의 거주 지역에 대한 자신의 경험과 편견이 상담 과정에서 작용할 수 있는 방식을 고려하는 것이 중요하다. RESPECTFUL 상담 모델의 다른 측면과 마찬가지로 이러한 종류의 자기 반성과 평가는 매우 중요한 출발점이다. 상담사는 매우 다른 주거 환경에서 온 개인에 대한 편견이나 고정관념을 개발하기 쉽기 때문이다. 그들 자신에서. 검토되지 않은 상태로 두면 상담 및 심리치료 상황에서 이러한 편견과 고정관념이 부정확하거나 부정적인 임상 해석에 영향을 미친다.

둘째, 상담사는 내담자의 생태학적 평가를 효과적으로 수행하는 데 필요한 지식과 기술을 개발해야 한다. Lewis 등(2011)은 상담사가 내담자의 미시체제, 중간체제, 외체제, 거시체제의 강점과 약점을 평가할 수 있는 방법의 구체적인 예를 제공할 뿐만 아니라, 내담자의 생태 체제의 각 수준에서 특정 요구를 해결하기 위해 사용할 수 있는 상담 전략 유형에 대한 제안을 제공한다.

셋째, 상담사는 개인이 전통적인 정신 건강 서비스를 이용하지 못하도록 하는 생태적 장벽에 특히 민감해야 하며, 정신 건강 요구를 충족시키는 데 도움이 되는 대안적 방법을 개발해야 한다. Landis, Trevor, Futch, Plaut(1995)는 양질의 의료 서비스를 적시에 확보하지 못하게 하는 수많은 장벽을 경험했다고 보고된 노인 및 청소년에게 의료 서비스를 제공하기 위한 혁신적이고 포괄적인 접근방식을 설명한다. 노스캐롤라이나주의 시골 지역에서 개발된 중재에는 ① 다양한 신체적, 정신적 건강 문제에 대해 위험에 처한 것으로 간주된 지역사회 사람들의 요구 평가, ② 지역사회 구성원의 건강 관리 요구 우선 순위, ③ 계획 과정의 중요한 부분으로 지역 거주자의 의견을 사용하여 건강 증진 중재의 설계와 수행, ④ 지속적인 개선을 가능하게 하는 건강 증진 프로그램의 효과를 평가를 포함한다(Lewis et al., 2011).

참고문헌

김미옥(2014). 재혼가족의 생활적응 향상을 위한 부모교육프로그램 개발 및 효과. 경성대학교 대학원, 박사학위논문.

도미향, 박인전(1997). 계부모 가족 내 아동의 적응 및 복지 대책의 연구에 관한 고찰. 한국가족복지학회지, 2(1), 99-114.

박은주(2004). 재혼 교육프로그램의 개발. 전남대학교 대학원, 박사학위논문.

박진희(2013). 가족기능평가를 위한 임상평정척도 개발연구. 서울여자대학교 대학원, 박사학위논문.

유영주, 김순옥, 김경신(2001). 가족관계학. 서울: 교문사.

이근매, 조용태, 김용수(2014). 다문화 가족 갈등관리의 이론과 실제. 서울: 시그마프레스.

이기숙, 공미혜, 김득성, 김은경, 손태홍, 오경희, 전영주(2002). 결혼의 기술. 서울: 신정.

이상진, 이근매, 조용태(2008). 다문화 가족 행동치료. 파주: 양서원.

이영숙, 박경란, 전귀연(2000). 혼외관계의 이해. 서울: 학지사.

이원영, 이태영, 강정원(2011). 부모교육: 영유아교사를 위한. 서울: 학지사.

이정덕, 김경신, 문혜숙, 송현애, 김일명(2000). 결혼과 가족의 이해. 서울: 학지사.

임춘희(1996). 재혼가족내 계모의 스트레스와 적응에 관한 질적연구. 고려대학교 박사학위논문.

정지영(2008). 가족 유연성과 응집력 평가척도의 한국판 신뢰도와 타당도에 관한 연구. 단국대학교 대학원, 석사학위논문.

정현숙, 유계숙(2001). 가족관계. 서울: 학지사.

정현숙, 유계숙, 임춘희, 전춘애, 전혜정(1999). 준비된 재혼, 또 다른 행복: 성공적인 재혼을 위한 준비교육. 서울: 동인.

최윤숙(2022). 가족미술치료 연구 동향 분석과 미술치료 현장에서의 함의. 미술치료연구, 29(3), 685-714.

AAMFT(2004). Marriage and Family Therapy Core Competencies. https://aamft.org/Documents/COAMFTE/Accreditation%20Resources/MFT%20Core%20Competencies%20(December%202004).pdf

Abbott, F. (Ed.)(1987). New men, new minds: Breaking male tradition. Freedom, CA: Crossing Press.

Ackerman, N. (1966). Treating the troubled family. New York: Basic Books.

Ackerman, N.W. (1970). Family therapy in transition. NY: Little, Brown.

Acosta, F. X., Yamamoto, J., Evans, L. A., & Wilcox, S. A. (1982). Chapter one: Effective psychotherapy for low-income and minority patients. In F. X. Acosta, J. Yamamoto, & L. A. Evans (Eds.), *Effective psychotherapy for low-income and minority patients* (pp. 1-29). New York: Plenum.

Ahrons, C. (1994). The good divorce. New York: HarperCollins.

Ahrons, C. R. (2007). Family ties after divorce: Long-term implications for children. Family Process, 46(1), 53-65.

Ahrons, C. R., & Rodgers, R. H. (1987). Divorced families: A multidisciplinary developmental view. New York: W.W. Norton.

Albanese, C. L.(1992). America: religions and religion (2nd ed.). Belmont, CA: Wadsworth.

Alonso, A., & Swiller, H. I. (Eds.). (1993). Group therapy in clinical practice. Washington, DC: American Psychiatric Press.

Amato, P. R. (2010). Research on divorce: Continuing trends and new developments. Journal of Marriage and Family, 72, 650-666.

Amato, P., Kane, J., & James, S. (2011). Reconsidering the "good divorce". Family Relations, 60(5), 511-524.

American Art Therapy Association(2020). About art therapy. https://arttherapy.org/about-art-therapy/

American Psychological Association(2017) Multicultural Guidelines: An Ecological Approach to Context, Identity, and Intersectionality. Retrieved from: http://www.apa.org/about/policy/multicultural-guidelines.pdf

American Psychological Association. (1978). Guidelines for therapy with women. *American Psychologist, 33,* 1222-1223.

American Psychological Association. (1991). *APA policy statements on lesbian and gay issues.* Washington, DC: Author.

American Psychological Association. (1993). Guidelines for providers of psychological services to ethnic, linguistic, and culturally diverse populations. *American Psychologist, 48,* 45-48.

American Psychological Association. (2017). Marriage and divorce. Retrieved from http://www.apa.org/topics/divorce/

Amini, O. & Naser Shariati, M.(2021). The Effectiveness of Bowen's style Family Therapy on Increasing the Happiness and Empathy marital of Couples Referring to Isfahan Counseling Center. Journal of Human Relations Studies, 1(3), 23-31.

Andenoo, C. M. &. Stewart, S.(1983). Mastering resistance: A practical guide to family therapy. NY: Guilford.

Andrews, J. A., Hops, H., & Duncan, S. C.(1997). Adolescent modeling of parent substance use: The moderating effect of the relationship with the parent. Journal of Family Psychology, 11(3), 259-270.

APA(2002). Structural family therapy. https://dictionary.apa.org/structural-family-therapy

APA(2022). Experiential family therapy. https://dictionary.apa.org/experiential-family-therapy

Aquilino, W. S.(1990). The likelihood of parent-adult child co-residence: Effects of family structure and parental characteristics. Journal of Marriage and the Family, 52, 405-419.

Argyle, M., & Beit-Hallahmi, B.(1975). The social psychology of religion. London: Routledge & Kegan Paul.

Ariel, S. (2005). Family play therapy. In C.E. Schaefer, J. McCormick, & A. Ohnogi(Eds.), International handbook of play therapy: Advances in assessment, theory, research, and practice. NY: Jason Aronson.

Arkell, K. (2010). Colored candy go around. In L. Lowenstein, (Ed.). Assessment and treatment activities for children, adolescents, and families: Practitioners share their most effective techniques. Toronto, ON: Champion Press.

Arredondo, P.(1996). MCT theory and Latina(o)-American populations. In D. W. Sue, A. E. Ivey, & P. B. Pedersen(Eds.), A theory of multicultural counseling and therapy (pp. 217-235). Pacific Grove, CA: Brooks/Cole.

Arredondo, P., Toporek, R., Brown, S., Jones, J., Locke, D. C., Sanchez, J., & Stadler, H.(1996).

Operationalization of the multicultural counseling competencies. Journal of Multicultural Counseling and Development, 24, 42-78.

Arrington, D. (1991). Thinking systems—seeing systems: An integrative model for systemically oriented art therapy. The Arts in Psychotherapy, 18, 201-211.

Arrington, D. B. (2001). Home is where the art is. Springfield, IL: Charles C. Thomas.

Atkinson, D. R., Morten, G., & Sue, D. W. (1993). *Counseling American minorities: A cross-cultural perspective*. Dubuque, IA: William C. Brown.

Atkinson, D. R., Morten, G., & Sue, D. W.(1993). Counseling American minorities: A cross-cultural perspective (4th ed.). Madison, WI: Brown & Benchmark.

Bailey, C.E., & Sori, C.E.F. (2000). Involving parents in children's therapy. In C.E.Bailey (Ed.), Children in therapy: Using the family as a resource. NY: W.W. Norton.

Bailey, J. M.(1997). Gender identity. In R. C. Savin-Williams & K. M. Cohen (Eds.), The lives of lesbians, gays, and bisexuals: Children to adults (pp. 71-93). Forth Worth, TX: Harcourt Brace.

Banks, J. A., & McGee Banks, C. A.(1997). Multicultural education: Issues and perspectives (3rd. Ed.). Boston: Allyn and Bacon.

Banmen, J.(2002). Introduction: Virginia Satir today. Contemporary Family Therapy, 24, 3–5.

Barber, V. (2002) Explore Yourself Through Art: Creative Projects to Promote Personal Insight, Growth and Problem-solving, London: Carroll & Brown.

Barker, P. & Chang, J.(1981). Basic family therapy. Oxford: John Wiley & Sons

Bateson, G.(1972). Steps to an ecology of mind. New York: Ballantine.

Batson, C. D., & Ventis, W. L.(1982). The religious experience. New York: Oxford University Press.

Bean, R. A., Perry, B. J., & Bedell, T. M. (2002). Developing culturally competent marriage and family therapists: Treatment guidelines for non-African therapists working with African-American families. *Journal of Marriage and Family Therapy, 28*(2), 153–164.

Beavers, W. R., & Hampson, R. B. (1990). Successful families: Assessment and intervention. NY: W. W. Norton.

Beavers, W. R., & Hampson, R. B. (2000). The Beavers systems model of family functioning. Journal of Family Therapy, 22(2), 128–143.

Beels, C. (2011). Family process 1962–1969. Family Process, 50, 4–11.

Beit-Hallahmi, B.(1989). Prolegomena to the psychology of religion. Lewisburg, PA: Bucknell University Press.

Belous, C. K., Timm, T. M., Chee, G., & Whitehead, M. R. (2012). Revising the sexual genogram. *The American Journal of Family Therapy, 40,* 281–296.

Berg, I. K. (1994). Family-based services: A solution-focused approach. NY: W. W. Norton.

Berger, B.(1971). Societies in change: An introduction to comparative sociology. New York: Basic Books.

Bergin, A. E., & Jensen, J. P.(1990). Religiosity of psychotherapists: A national survey. Psychotherapy, 27, 3-7.

Bernstein, A. C. (2007). Re-visioning, restructuring, and reconciliation: Clinical practice with complex postdivorce families. Family Process, 46(1), 67–78.

Betancourt, H., & Lopez, S. R. (1993). The study of culture, ethnicity, and race in American psychology. *American Psychologist, 48,* 629-637.

Bing, E. (1970). The conjoint family drawing. Family Process, 9, 173-194.

Bird, J. (2004). Talk that sings: Therapy in a new linguistic key. Auckland, New Zealand: Edge Press.

Bishop, D., Epstein, N., Keitner, G., Miller, I., & Zlotnick, C. (1980). The McMaster structured interview for family functioning. Providence, RI: Brown University Family Research Program.

Bishop, W. H. (2011, May 16). Narrative therapy summary. Thoughts From a Therapist. Retrieved from

Blow, A. J., & Hartnett, K. (2005). Infidelity in committed relationships I: A methodological review. Journal of Marital and Family Therapy, 31(2), 183-216.

Boszormenyi-Nagy, I. (1987). *Foundations of contextual therapy: Collected papers of Ivan Boszormenyi-Nagy.* New York, NY: Brunner/Mazel.

Boszormenyi-Nagy, I., & Framo, J. (Eds.). (1965). *Intensive family therapy: Theoretical and practical aspects.* New York, NY: Harper & Row Medical Dept.

Boszormenyi-Nagy, I., & Krasner, B. (1986). *Between give and take: A clinical guide to contextual therapy.* New York, NY: Brunner/Mazel.

Boszormenyi-Nagy, I., & Spark, G. M. (1973). *Invisible loyalties: Reciprocity in intergenerational family therapy.* New York, NY: Harper & Row.

Boszormenyi-Nagy, I., & Ulrich, D. N. (1981). Contextual family therapy. In A. Gurman and D. P. Kniskern (Eds.), *Handbook of family therapy* (pp. 159-186). New York, NY: Brunner/Mazel.

Bowen, M. (1978). Family therapy in clinical practice. NY: Jason Aronson.

Bowen, M.(1966). The use of family theory in clinical practice. Comprehensive Psychiatry, 7, 345-374.

Bowen, M.(1976). Theory in the practice of psychotherapy. In Family therapy: Theory and practice, P. J. Guerin, ed. NY: Gardner Press.

Bradley, L. J.(1988). Developmental assessment: A life-span approach. In R. Hayes & R. Aubrey(Eds.),New directions for counseling and human development (pp. 136-157). Denver, CO: Love Publishing.

Bramlett, M. D., & Mosher, W. D. (2002). Cohabitation, marriage, divorce, and remarriage in the United States. Vital and Health Statistics. Series 23, Data from the National Survey of Family Growth, (22), 1-93.

Bray, J. H. (1995). Family assessment: Current issues in evaluating families. Family Relations, 469-477.

Bray, J. H. (2010). Couple and family assessment. The Wiley-Blackwell Handbook of Family Psychology, 151-164.

Bray, J. H., Williamson, D. S., & Malone, P. E. (1984). Personal authority in the family system: Development of a questionnaire to measure personal authority in intergenerational family processes. *Journal of Marital and Family Therapy, 10,* 167-178.

British Association of Art Therapists(2018). About art therapy. https://www.baat.org/About-Art-Therapy

Bronfenbrenner, U.(1979). The ecology of human development. Cambridge, MA: Harvard University Press.

Bronfenbrenner, U.(1988). Interacting systems in human development. In N. Bolger, A Caspi, G. Downey, & M. Moorehouse(Eds.), Persons in context: Developmental processes (pp. 25-49). New York: Cambridge University Press.

Brooke, S. L. (2004). Tools of the trade. Springfield, IL: Charles C. Thomas.

Brown, L. S. (1990). Taking account of gender in the clinical assessment interview. *Professional Psychology: Research and Practice, 21,* 12-17.

Brown, L., & Root, M. P. P. (Eds.). (1990). *Diversity and complexity in feminist therapy.* New York: Harrington Park Press.

Brown, S. L., Lee, G. R., & Bulanda, J. R. (2006). Cohabitation among older adults: A national portrait. The Journals of Gerontology Series B: Psychological Sciences and Social Sciences, 61(2), S71.

Browning, C.(1996). Lesbian, gay, and bisexual identity issues. In P. B. Pedersen & D. C. Locke (Eds.), Cultural and diversity issues in counseling (pp. 99-102. Greensboro, NC: ERIC Counseling & Student Services Clearinghouse.

Browning, C., Reynolds, A., & Dworkin, S.(1991). Affirmative psychotherapy for lesbian women. The Counseling Psychologist, 19(2), 177-196.

Brubacher, L.(2007). Integrating emotion-focused therapy with the Satir model. Journal of Marital and Family Therapy, 32(2), 141-153.

Buehler, C., &c Welsh, D. P. (2009). A process model of adolescents' triangulation into parents' marital conflict: The role of emotional reactivity. Journal of Family Psychology, 23(2), 167.

Burns, R. C. &. Kauffman, S. H. (1970). Kinetic family drawings (K-F-D): An introduction to understanding children through kinetic drawings. NY: Brunner-Mazel.

Burns, R. C. (1990). A guide to family-centered circle drawings (F-C-C-D) with symbol probes and visual free association. NY: Brunnel-Mazel.

Butler, R. N., Lewis, M., & Sunderland, T. (1991). *Aging and mental health: Positive psychosocial and biomedical approaches.* New York: Macmillan.

Cangelosi, D. (1997). Saying goodbye in child psychotherapy: Planned, unplanned, and premature endings. Northvale, NJ: Jason Aronson.

Careers in Psychology(2022). How to become a marriage and family therapist. https://careersinpsychology.org/marriage-and-family-therapist-careers/

Carlson, J., & Lewis, J. A.(Eds.)(1988). Counseling the adolescent: Individual, family, and school interventions. Denver, CO: Love.

Carter, E. A., & McGoldrick, M. (1980). The family life cycle: A framework for family therapy. New York: Gardner Press.

Carter, E. A., & McGoldrick-Orfanidis, M. (1976). Family therapy with one person and the family therapist's own family. In P. J. Guerin, Jr. (Ed.), Family therapy(pp. 119-219). NY: Gardner.

Carter, E. A., McGoldrick, M., & Orfanidis, M. (1976). Family therapy with one person and the therapist's own family. In P. J. Guerin (Ed.), Family therapy (pp. 29-34). New York: Gardner Press.

Carter, R. T.(1995). The influence of race and racial identity in psychotherapy: Toward a racially inclusive model. New York: Wiley-Interscience.

Cavett, A. (2010). Family strengths genogram. In L. Lowenstein, (Ed.). Creative family therapy techniques: Play, art, and expressive therapies to engage children in family sessions. Toronto, ON: Champion Press.

Cecchin, G. (1987). Hypothesizing circularity, and neutrality revisited: An invitation to curiosity. Family Process, 26 (4), 405.

Cherlin, A. (2004). The deinstitutionalization of American marriage. Journal of Marriage and Family, 66, 848-861.

Cherry, K.(2021). What is family therapy? https://www.verywellmind.com/

Cherry, K.(2022). What is family systems therapy? https://www.verywellmind.com/family-systems-therapy-definition-techniques-and-efficacy-5213785

Children's Defense Fund.(1991). Homeless families: Failed policies and young victims. Washington, DC: Author.

Chodorow, J. (1991). Dance therapy and depth psychology. London: Tavistock/Routledge.

Chung, H., & Gale, J. (2009). Family functioning and self-differentiation: A cross-cultural examination. *Contemporary Family Therapy, 31,* 18–33.

Clark, L. A. (1987). Mutual relevance of mainstream and cross-cultural psychology. *Journal of Consulting and Clinical Psychology, 55,* 461-470.

Clarke-Stewart, A., & Brentano, C. (2006). Divorce: Causes and consequences. New Haven: Yale University Press.

Coe, R.(1988). A longitudinal examination of poverty in the elderly years. The Gerontologist, 28, 540-544.

Colapinto, J. (1982). Structural family therapy. Retrieved from http://www.colapinto.com/files/SFT.doc Accessed August 21, 2013.

Colapinto, J. (1991). Structural family therapy. In A.S. Gurman and D.P. Kniskem(Eds.), Handbook o f family therapy (Volume II) (pp. 417-443). New York: Brunner/Mazel.

Coleman, E.(1989). The development of male prostitution activity among gay and bisexual adolescents. Journal of Homosexuality, 17, 131-149.

Coleman, R., Rainwater, L., & McClelland, K.(1978). Social standing in America: New dimensions of class. New York: basic Books.

College of Alberta Psychologists. (2012). Sample supervision plan. Retrieved January 1, 2013, from http://www.cap.ab.ca/pdfs/samplesupervisionplan.pdf

Comas-Díaz, L., & Greene, B. (Eds.). (1994). *Women of color: Integrating ethnic and gender identities in psychotherapy.* New York: Guilford Press.

Copen, C. E., Daniels, K., Vespa, J., & Mosher, W. D. (2012). First marriages in the United States: Data from 2006–2010 national survey of family growth. In National health statistics reports (Vol. 49, pp. 1–22). Hyattsville: National Center for Health Statistics.

Corey, G. (1992). Group techniques (2nd ed.). Pacific Grove, CA: Brooks/Cole.

Corey, M. S., & Corey, G. (2001). Groups: Process and practice (6th ed.). Pacific Grove, CA: Brooks/Cole.

Cornett, N. (2012). A filial therapy model through a family therapy lens: See the possibilities. The Family Journal, 20(3), 274–282.

Costa, L. (1991). Family sculpting in the training of marriage and family counselors. Counselor Education and Supervision, 31, 121–131.

Craig, G. J. (1992). Human development (6th ed.). Englewood Cliffs, NJ: Prentice Hall.

Cummings, E. M., George, M. W., McCoy, K. P., & Davies, P. T. (2012). Interparental conflict in kindergarten and adolescent adjustment: Prospective investigation of emotional security as an explanatory mechanism. Child Development, 83(5), 1703–1715.

D'Andrea, M., Locke, D. C., & Daniels, J.(1997, April). Dealing with racism: Counseling strategies. A workshop presented at the annual meeting of the American Counseling Association. Orlando, FL.

Dalley, T., Rifkind, G., & Terry, K. (1993). Three voices of art therapy: Image, client, therapist. London: Routledge.

Dallos, R., & Vetere, A. (2012). Systems theory, family attachments and processes of triangulation: Does the concept of triangulation offer a useful bridge? Journal of Family Therapy, 34(2), 117-137.

D'Andrea, M.(1988). Counselor as pacer: A model for the revitalization of the counseling profession. In R. Hayes & R. Aubrey (Eds.), New directions for counseling and human development (pp. 22-44). Denver, CO: Love Publishing.

D'Andrea, M., & Daniels, J.(1994). Group pacing: A developmental eclectic approach to group work. Journal of Counseling and Development, 72(6), 585-590.

D'Andrea, M., & Daniels, J.(1995, April). RESPECTFUL counseling: A practical framework for diversity counseling. A paper presented at the annual meeting of the American Counseling Association. Denver, CO.

D'Andrea, M., & Daniels, J.(1997). Multicultural counseling supervision: Central issues, theoretical considerations, and practical strategies. In D. B. Pope-Davis & H. L. K. Coleman (Eds.), Multicultural counseling competencies: Assessment, education and training, and supervision (pp. 290-309). Thousand Oaks, CA: Sage.

Daniels, J., & D'Andrea, M.(1996). MCT theory and ethnocentrism in counseling. In D. W. Sue, A. E. Ivey, & P. B. Pedersen, A theory of multicultural counseling and therapy (pp. 155-173). Pacific Grove, CA: Brooks/Cole.

Daniels, J., D'Andrea, M., Omizo, M., & Pier, P.(1997). Applying contextual considerations in group work with homeless youngsters and their mothers. University of Hawaii. Honolulu, HI.

D'Augelli, A. R.(1991). Gay men in college: Identity processes and adaptations. Journal of College Student Development, 32, 140-146.

Davenport, D. S., & Yurich, J. M. (1991). Multicultural gender issues. *Journal of Counseling & Development, 70,* 64-71.

Davies, P. T., & Cummings, E. M. (1994). Marital conflict and child adjustment: An emotional security hypothesis. Psychological Bulletin, 116, 387–411.

de Shazer, S. (1988). Clues: Investigating solutions in brief therapy. New York: Norton.

Deacon, S. A., & Piercy, F. P. (2001). Qualitative methods in family evaluation: Creative assessment techniques. American Journal of Family Therapy, 29(5), 355-373.

DeOrnellas, K. K. (1997). Drawing a family: family art assessment in adlerian therapy. The Journal of Adlerian Theory, Research and Symbol Practice, 53(4), 451.

Dittes, J. E.,(1969). The psychology of religion. In G. Lindzey & E. Aronson(Eds.), The handbook of social psychology (vol. 5) (pp. 602-659). Reading, MA: Addison-Wesley.

Dobbins, J. E., & Skillings, J. H. (1991). The utility of race labeling in understanding cultural identity: A conceptual tool for the social science practitioner. *Journal of Counseling & Development, 70,* 37-44.

Drumm, M., Carr, A.,&Fitzgerald, M. (2000). The Beavers, McMaster, and Circumplex clinical rating scales: A study of the sensitivity, specificity and discriminant validity. Journal of Family Therapy, 22(2), 225–238.

Duhl, F. J., Kantor, D., & Duhl, B. S. (1973). Learning, space, and action in family therapy: A primer of sculpture. In D. A. Bloch (Ed.), Techniques of family psychotherapy (pp. 69–76). New York:

Grune & Stratton.
Duhl, F. J., Kantor, D., & Duhl, B. S. (1973). Learning, space, and action in family therapy: A primer of sculpture. In D. A. Bloch (Ed.), Techniques of family psychotherapy (pp. 69–76). NY: Grune & Stratton.
Duhl, F., Kantor, D., & Duhl, B. (1973). Learning, space, and action in family therapy: A primer of sculpture. In D. A. Bloch (Ed.), Techniques of family psychotherapy. NY: Grune & Stratton.
Dumont, R. (2008). Drawing a family map: an experiential tool for engaging children in family therapy. Journal of Family Therapy, 30(3), 247-259.
Dworkin, S., & Gutiérrez, F. J. (Eds.). (1992). *Counseling gay men and lesbians: Journey to the end of the rainbow.* Alexandria, VA: American Counseling Association.
Edwards, D. (2002). Art therapy. Thousand Oaks, CA: Sage.
Epstein, N. B., Rakoff, V., & Sigal, J. J. (1968). Family Categories Schema. Monograph prepared in the Family Research Group of the Department of Psychiatry, Jewish General Hospital, Montreal, in collaboration with McGill University Human Development Study.
Epstein, N., & Bishop, D. (1981) Problem centered systems therapy of the family. Journal of Marital and Family Therapy, 7, 23–31.
Epstein, N., Baldwin, L., & Bishop, D. (1983). The McMaster family assessment device. Journal of Marital and Family Therapy, 9, 171–180.
Erford, B. T. (2006). Assessment for counselors: Houghton Mifflin College Div.
Erford, B. T. (2013). Assessment for counselors. Belmont, CA: Brooks/Cole.
Erikson, E.(1968). Identity: Youth and crisis. New York: Norton.
Espin, O. M., & Gawelek, M. A. (1992). Women's diversity: Ethnicity, race, class, and gender in theories of feminist psychology. In L. S. Brown & M. Ballou (Eds.), *Personality and psychopathology: Feminist appraisals* (pp. 88-107). New York: Guilford Press.
Fabricius, W. V., & Luecken, L. J. (2007). Postdivorce living arrangements, parent conflict, and long-term physical health correlates for children of divorce. Journal of Family Psychology, 21, 195–205.
Fairbairn, W. (1954). *An object relations theory of the personality.* New York, NY: Basic.
Fairchild, H. H., Yee, A. H., Wyatt, G. E., & Weizmann, F. M. (1995). Readdressing psycholsogy's problems with race. *American Psychologist, 50,* 46-47.
Falco, K.(1991). Psychotherapy with lesbian clients: Theory into practice. New York: Brunner/Mazel.
Farb, P.(1978). Humankind. Boston: Houghton Mifflin.
Favero, D. (2002). Structural enactments as methods of change in family therapy. Unpublished doctoral dissertation, Virginia Beach: The Virginia Consortium Program in Clinical Psychology.
Fellenberg, S. (2003). The contribution of enactments to structural family therapy. Unpublished doctoral dissertation, Virginia Beach: The Virginia Consortium Program in Clinical Psychology.
Fincham, F. D. & May, R. W.(2017). Infidelity in romantic relationships. Current Opinion in Psychology, 13, 70-74.
Fiske, S. (1993). Controlling other people: The impact of power on stereotyping. *American Psychologist, 48,* 621-628.
Fitzgerald, L. F., & Nutt, R. 1995). The division 17 principles concerning the counseling/psychotherapy of women: Rationale and implementation. In D. R. Atkinson & G. Hackett (Eds.), Counseling

diverse populations (pp. 229-261).

Forste, R., & Heaton, T. B. (2004). The Divorce Generation. Journal of Divorce & Remarriage, 41, 95-114.

Fosco, G. M., & Grych, J. H. (2010). Adolescent triangulation into parental conflicts: Longitudinal implications for appraisals and adolescent-parent relations. Journal of Marriage and Family, 72(2), 254-266.

Fosco, G. M., Lippold, M., & Feinberg, M. E. (2014). Interparental boundary problems, parent-adolescent hostility, and adolescent-parent hostility: A family process model for adolescent aggression problems. Couple and Family Psychology: Research and Practice, 3(3), 141.

Frame, M. W. (2000). The spiritual genogram in family therapy. *Journal of Marital and Family Therapy, 26,* 211-216.

Framo, J. (Ed.). (1972). *Family interaction: A dialogue between family researchers and family therapists.* New York, NY: Springer Publishing Company.

Framo, J. L. (1979). Family theory and therapy. American Psychologist, 34(10), 990-992.

Framo, J. L. (1982). *Explorations in marital and family therapy: Selected papers of James L. Framo, Ph.D.* New York, NY: Springer Publishing Company.

Framo, J. L. (1992). Family of origin therapy: An intergenerational approach. Philadelphia: Brunner/Mazel.

Framo, J. L. (1992). *Family-of-origin therapy: An intergenerational approach.* New York, NY: Brunner/Mazel.

Framo, J. L. (1992). Family-of-origin therapy: An intergenerational approach. NY: Brunner/Mazel, Inc.

Framo, J. L. (1996). A personal retrospective of the family therapy field: Then and now. Journal of Marital and Family Therapy, 22(3), 289-316.

Framo, J. L.(1998). A personal restrospective of the family therapy field: Then and now. Journal of Marital and Family Therapy, 22(3), 289-316.

Frank, J. (1992). Foreword. In K. R. MacKenzie (Ed.), Classics in group psychotherapy. New York: Guilford.

Franklin, C., Streeter, C. L., & Springer, D. W. (2001). Validity of the FACES IV family assessment measure. Research on Social Work Practice, 11, 549-575.

Friedman, E. H.(1991). "Bowen theory and therapy." In handbook of family therapy, vol. 2, ed., A. S. Gurman & D. P. Kniskern. NY: Brunner/Mazel.

Friedman, S. D.(1991). Sibling relationships and intergenerational succession in family firms. Family Business Review, 4(1), 3-20.

Fuertes, J. N., Brady-Amoon, P., Thind, N., & Chang. T.(2015). The therapy relationship in multicultural psychotherapy. The Society for the Advancement of Psychotherapy. Psychotherapy Bulletin, 51(1), 41-45.

Fujino, D. C., Okazaki, S., & Young, K.(1994). Asian-American women in the mental health system: An examination of ethnic and gender match between therapist and client. Journal of Community Psychology, 22, 164-176.

Fukuyama, M. (1990). Taking a universal approach to multicultural counseling. *Counselor Education and Supervision, 30,* 6-17.

Furth, G. (1988). The secret world of drawings. Boston: Sigo Press.

Gallup, G., Jr., & Castelli, J. 1989). The people's religion: American faith in the 90s. New York:

Macmillan.

Gangamma, R., Bartle-Haring, S., & Glebova, T. (2012). A study of contextual therapy theory's relational ethics in couples in therapy. *Family Relations, 61* (5), 825-835.

Ganong, L. H., & Coleman, M. (1994). A meta-analytic comparison of self-esteem and behavior problems of stepchildren to children in other family structures. Journal of Divorce & Remarriage, 19, 143-163.

Gardner, B. C., Busby, D., Burr, B. K., & Lyon, S. E. (2011). Getting to the root of relationship attributions: Family-of-origin perspectives on self and partner views. *Contemporary Family Therapy, 33,* 253-272.

Garnets, L., Hancock, K. A. Cochran, S., Goodchilds, J., & Peplau, L. A.(1991). Issues in psychotherapy with lesbians and gay men. American Psychologist, 46, 964-972.

Garnets, L., Hancock, K. A., Cochran, S. D., Goodchilds, J., & Peplau, L. A.(1991). Issues in psychotherapy with lesbians and gay men: A survey of psychologists. *American Psychologist, 46,* 964-972.

Gartner, J., Larson, D. B., & Allen, G. D. 1991). Religious commitment and mental health: A review of empirical literature. Journal of Psychology and Theology, 19, 6-25.

Garza, Y., & Watts, R. (2010). Filial therapy and Hispanic values: Common ground for culturally sensitive helping. Journal of Counseling and Development, 88, 108-113.

Garza, Y., Watts, R. E., & Kinsworthy, S. (2007). Filial therapy: A process for developing strong parent-child relationships. The Family Journal: Counseling and Therapy for Couples and Families, 15, 277-281.

Ghanbari-Panah, A., Shariff, H. M., & Koochak-Entezar, R. The accuracy of emotional intelligence and forgiveness in predicting the degree of satisfaction in marital communications.

Giblin, P.(1996). Spirituality, marriage, and family. The Family Journal, 4(1), 46-52.

Gil, E. (1994). Play in family therapy. New York: Guilford.

Gil, E. (1994). Play in family therapy. NYk: Guilford.

Gil, E. (2006). Helping abused and traumatized children. NY: Guilford.

Gil, E., & Sobol, B. (2000). Engaging families in therapeutic play. In C.E. Bailey (Ed.), Children in therapy: Using the family as a resource. NY: W.W. Norton.

Gilligan, C.(1982). In a different voice: Psychological theory and women's development. Cambridge, MA: Harvard University Press.

Gilligan, C., Ward, J. V., Taylor, J. M., & Bardige, B.(Eds.)(1988). Mapping the moral domain. Cambridge, MA: Harvard University Press.

Goetting, A. (1982). The six stations of remarriage: Developmental tasks of remarriage after divorce. Family Relations, 213-222.

Goldenberg, H., & Goldenberg, I.(1994). Counseling today's families (2nd ed.). Pacific Grove, CA: Brooks/Cole.

Goldner, V. (1982). Remarriage family: Structure, system, future. In Hansen, J. C., & Messinger, L. (Eds.). Therapy with Remarried Families. MD: Aspen. 187-206.

Good, G. E., Gilbert, L. A., & Scher, M.(1990). Gender aware therapy: A synthesis of feminist therapy and knowledge about gender. Journal of Counseling and Development, 68(4), 376-380.

Goodheart, C. D., & Markham, B. (1992). The feminization of psychology: Implications for psychotherapy. *Psychotherapy, 29,* 130-138.

Goodnow, J. J. 1996). Social cognition and family relationships: Comment. Journal of Family Psychology, 10(4), 422-430.

Gorman-Smith, D., Tolan, P. H., Zelli, A., & Huesmann, L. R.(1996). The relation of family functioning to violence among inner-city minority youths. Journal of Family Psychology, 10(2), 115-129.

Grames, H. A., Miller, R. B., Robinson, W. D., Higgins, D. J., & Hinton, W. J. (2008). A test of Contextual Theory: The relationship among relational ethics, marital satisfaction, health problems, and depression. *Contemporary Family Therapy, 30,* 183–198.

Green, R. G., Kolevzon, M. S., & Vosler, N. R. (1985). The Beavers-Timberlawn model of family competence and the Circumplex model of family adaptability and cohesion, separate, but equal? Family Process, 24, 385–398.

Greene, B. (1994). African American women. In L. Comas-Díaz & B. Greene (Eds.), *Women of color: Integrating ethnic and gender identities in psychotherapy*(pp. 10-29). New York Guilford Press.

Grief, G. &. Schwartz, E.(1987). Ten common misconceptions about family therapy. Journal of Psychoactive Drugs, 19(1), 95-96.

Grief, G.(2015). Twenty-five basic joining techniques in family therapy. Journal of Psychoactive Drugs, 22(1), 89-90.

Griffin, W. A. (1993). Family therapy fundamentals of theory and practice. NY: Brunner/Mazel, Inc.

Grych, J. H., Raynor, S. R., & Fosco, G. M. (2004). Family processes that shape the impact of interparental conflict on adolescents. Development and Psychopathology, 16(3), 649-665.

Guerney, L. F., & Guerney, B. G. (1994). Child relationship enhancement: Family therapy and parent education. In C. E. Schaefer & L. J. Carey (Eds.), Family play therapy (pp. 127–138). Northvale, NJ: Aronson.

Gussak, D. E. & Rosal, M. L.(2016). The Wiley handbook of art therapy. Malden: John Wiley & Sons, Ltd.

Haber, M. (2012). Program Evaluation of a Pilot Project Using the Family Art Assessment to Support Clinical Treatment. Los Angeles: Loyola Marymount University.

Hamilton, D. L., & Trolier, T. K. (1986). In J. F. Dovidio & S. L. Gaertner (Eds.), *Prejudice, discrimination and racism* (pp. 127-163). New York: Academic Press.

Hammond, R., & Nichols, M. P. (2008). How collaborative is structural family therapy? The Family Journal, 16, 118–124.

Hampson, R. B., Beavers, W. R., & Hulgus, Y. F. (1988). Commentary: Comparing Beavers and Circumplex models of family functioning. Family Process, 27, 85–92.

Hampson, R. B., Hulgus, Y. F., & Beavers, W. R. (1991). Comparisons of self-report measures of the Beavers systems model and Olson's Circumplex model. Journal of Family Psychology, 4, 326–340.

Hanney, L. & Kozlowska, K. (2002). Healing traumatized children: Creating illustrated storybooks in family therapy. Family Process, 41, 37-65.

Hardy, K. V., & Laszloffy, T. A. (1995). The cultural genogram: Key to training culturally competent family therapists. *Journal of Marital and Family Therapy, 21*(3), 227–237.

Hargrave, T. D., Jennings, G., & Anderson, W. (1991). The development of a relational ethics scale.

Journal of Marital and Family Therapy, 17, 145–158.

Haslam, D. (2010). Family sculpting with puppets. In L. Lowenstein, (Ed.). Creative family therapy techniques: Play, art, and expressive therapies to engage children in family sessions. Toronto, ON: Champion Press.

Havighurst, R. J.(1953). Human development and education. New York: Longman.

Hawley, D. R. (1994). Couples in crisis: Using self report instruments in marriage counseling. Pastoral Psychology, 43(2), 93-103.

Hays, P. A. (1995). Multicultural applications of cognitive-behavior therapy. *Professional Psychology: Research and Practice, 26,* 309-3 15.

Hays, P. A. (1996). Addressing the complexities of culture and gender in counseling. *Journal of Counseling and Development, 74,* 332–338.

Hays, P. A. (1996). Culturally responsive assessment with diverse older clients. *Professional Psychology: Research and Practice, 27(2),* 188–193.

Hays, P. A.(2009). Integrating evidence-based practice, cognitive-behavior therapy, and multicultural therapy: Ten steps for culturally competent practice. APA Professional Psychology: Research and Practice.

Hays, P. A., & LeVine, P. (in press). *Culturally responsive assessment and diagnosis.* New York: Guilford Press.

Helms, J. (Ed.). (1990). *Black and White racial identity.* New York: Greenwood Press.

Helms, J. E.(Ed.)(1990). Black and white racial identity: Theory, research, and practice. Westport, CT: Greenwood Press.

Helwig, A. A., & Holicky, R. (1994). Substance abuse in persons with disabilities: Treatment considerations. *Journal of Counseling & Development, 72,* 227-233.

Hetherington, E. M., Bridges, M., & Insabella, G. M. (1998). What matters? What does not? Five perspectives on the association between marital transitions and children's adjustment. American Psychologist, 53, 167–184.

Hills, H. I., & Strozier, A. L. (1992). Multicultural training in APA-approved counseling psychology programs: A survey. *Professional Psychology: Research and Practice, 23,* 43-51.

Hof, L., & Berman, E. (1986). The sexual genogram. *Journal of Marriage and the Family, 12,* 39–47.

Hoffman, L. (1981). Foundations of family therapy. NY: Basic Books.

Hoffman, L.(1981). Foundations of family therapy: A conceptual framework for systems change. NY: Basic Books.

Hogan, S. (2000). Healing arts: The history of art therapy. London: Jessica Kingsley Publishers.

Holmgrem V. S.(1996). Elementary school counseling: An expanding role. Boston: Allyn and Bacon.

Horovitz-Darby, E. (1994). *Spiritual art therapy: An alternative path.* Springfield, IL: Charles C Thomas.

Hoshino, J. (2003). Multicultural issues in family art therapy. In C. Malchiodi (Ed.), The clinical handbook of art therapy. NY: Guilford Press.

Hovestadt, A., Anderson, W., Piercy, F., Cochran, S., & Fine, M. (1985). A family of origin scale. *Journal of Marital and Family Therapy, 11,* 287–298.

http://gcap.athabascau.ca/course/651V3/lesson7

https://familytherapybasics.com/blog/2016/8/16/5-essential-skills-for-beginning-family-therapists

https://obgynkey.com/therapeutic-media-activity-with-purpose/

https://touchalifekids.org/exploring-different-materials-in-art-therapy/

https://woodart.studio/2021/03/01/types-of-mediums-in-art-used-for-therapy/

https://www.arttherapynj.com/blog

https://www.betterhelp.com/advice/family/dysfunctional-family-what-it-is-and-what-its-like-to-grow-up-in-one/

https://www.marriage.com/advice/divorce/10-most-common-reasons-for-divorce/

https://www.marriage.com/advice/separation/separation-and-divorce/

https://www.regain.us/advice/family/the-most-common-dysfunctional-family-characteristics-how-to-spot-them-and-what-can-be-done/

https://www.thehotline.org/resources/healing-through-the-arts/

Hughes, M. E., & Waite, L. J. (2009). Marital Biography and Health at Mid-Life. Journal of Health and Social Behavior, 50(3), 344 -358.

Hunter, J. 1990). Violence against lesbian and gay youths. Journal of Interpersonal Violence, 5, 295-300.

Ibrahim, F. A., & Arredondo, P. M. (1986). Ethical standards for cross-cultural counseling: Counselor preparation, practice, assessment, and research. *Journal of Counseling & Development, 64,* 349-352.

Irwin, E. C., & Malloy, E.S. (1975). Family puppet interviews. Family Process, 14, 170-191.

Jaffe, P. G., Johnston, J. R., Crooks, C. V., & Bala, N. (2008). Custody disputes involving allegations of domestic violence: Toward a differentiated approach to parenting plans. Family Court Review, 46(3), 500–522.

James, M. R., & Freed, B. S. (1989). A sequential model for developing group cohesion in music therapy. Music Therapy Perspectives, 7, 28–34.

James, R. K., & Gilliland, B. E. (2003). Theories and strategies in counseling and psychotherapy. NY: Allyn & Bacon.

Jefferson, C. (1978). Some notes on the use of family sculpture in therapy. Family Process, 17, 69–76.

Johnson, L., Bruhn, R., Winek, J., Krepps, J., & Wiley, K. (1999). The use of child-centered play therapy and filial therapy with Head Start families: A brief report. Journal of Marital and Family Therapy, 25, 169–176.

Johnson, S. D. (1990). Toward clarifying culture, race, and ethnicity in the context of multicultural counseling. *Journal of Multicultural Counseling & Development, 18,* 41-50.

Jones, E. (1974). Social class and psychotherapy: A critical review of research. *Psychiatry, 37,* 307-320.

Jones, E.E. (1987). Psychotherapy and counseling with Black clients. In P. Pedersen (Ed.), *Handbook of cross-cultural counseling and psychotherapy* (pp. 173-179). New York: Praeger.

Junge, M. B. (2008). Mourning, memory and life itself. Springfield, IL: Charles C. Thomas.

Kakkad, J.(2010). Roles and responsibilities of a family therapist. https://ezinearticles.com/?Roles-and-Responsibilities-of-a-Family-Therapist&id=5461480

Kane, C. M. (1994). Family making: A Satir approach to treating the H. family. The Family Journal: Counseling and Therapy for Couples and Families, 2, 256–258.

Kaplan, F. F. (1999). Art, science, and art therapy. London: Jessica Kingsley Publishers.

Kaplan, L., & Hennon, C. B. (1992). Remarriage education: The personal reflections program. Family Relations, 41, 127-134.

Katz, P. A.(1987). Variations in family constellation: Effects on gender schemata. In L. S. Liben & M. L. Signorella(Eds.), Children's gender schemata (pp. 212-238). San Francisco: Jossey-Bass.

Kaufman, B., & Wohl, A. (1992). Casualties of childhood: A developmental perspective on sexual abuse using projective drawings. New York: Brunner/Mazel.

Keiley, M. K., Dolbin, M., Hill, J., Karuppaswamy, T. L., Natranjan, R., Poulsen, S., Robbins, N., & Robinson, P. (2002). The cultural genogram: Experiences from within an MFT training program. *Journal of Marriage and Family Therapy, 28*(2), 165-178.

Keith, D.V., & Whitaker, C.A. (1981). Play therapy: A paradigm for work with families. Journal of Marital and Family Therapy, 7, 243-254.

Kelly, E. W.(1995). Spirituality and religion in counseling and psychotherapy: Diversity in theory and practice. Alexandria, VA: American Counseling Association.

Kerr, C. (2000b). Family conflict drawings. Long Island University at C. W. Post, Brookville, New York. (publication, Encarte, Luxembourg).

Kerr, C. (2000b). Family conflict drawings. Long Island University at C. W. Post, Brookville, NYor: Encarte, Luxembourg.

Kerr, C., Hoshino, J., Sutherland, J., Parashak, S. T., & McCarley, L. L. (2008). Family art therapy: Foundations of theory and practice. NY: Routledge.

Kerr, C., Hoshino, J., Sutherland, J., Parashak, S., & McCarley, L.(2008). Family art therapy: Foundations of theory and practice. NY: Routledge.

Kerr, M. (1981). Family systems theory and therapy. In A. S. Gurman & D. P. Kniskern(Eds.), *Handbook of family therapy* (pp. 226-264). New York, NY: Brunner/Mazel.

Kerr, M. E., & Bowen, M. (1988). Family evaluation. New York: WW Norton & Company.

Kerr, M. E., & Bowen, M. (1988). *Family evaluation: An approach based on Bowen theory.* New York, NY: W. W. Norton.

Keyes, M. F. (1984). The family clay sculpture. The Arts in Psychotherapy, 11, 25-28.

Kiecolt-Glaser, J. K., & Newton, T. L. (2001). Marriage and health: his and hers. Psychological Bulletin, 127(4), 472-503.

Killick, K. (Ed.). (1997). Art, psychotherapy, and psychosis. London: Routledge.

Kim-Appel, D., Appel, J., Newman, I., & Parr, P. (2007). Testing the effectiveness of Bowen's concept of differentiation in predicting psychological distress in individuals age 62 years or older. *The Family Journal, 15,* 224-233.

Kinsworthy, S., & Garza, Y. (2010). Filial therapy with victims of family violence: A phenomenological study. Journal of Family Violence, 25, 423-429.

Kline , P. (2000). Handbook of psychological testing. NY: Routledge.

Klorer, P.G. (2006). Art therapy with traumatized families. In L. Carey (Ed.), Expressive and creative arts methods for trauma survivors. London: Jessica Kingsley Publishers.

Kobak, R. R., & Waters, D. B.(1984). Family therapy as a rite of passage: Play's the thing. Family Process, 23(1), 89-100.

Kohlberg, L.(1981). The philosophy of moral development. San Francisco, CA: Harper & Row.

Koltko, M. E. (1990). How religious beliefs affect psychotherapy: The example of Mormonism. *Psychotherapy, 27,* 132-140.

Kramer, E. S., & Iager, A. C. (1984). The use of art in assessment of psychotic disorders: Changing perspectives. The Arts in Psychotherapy, 11, 197-201.

Kuhmerker, L.(Ed.)(1991). The Kohlberg legacy: For the helping professions. Birmingham, AL: R.E.P. Books.

Kwiatkowska, H. Y. (1962). Family art therapy: Experiments with a new technique. Bulletin of Art Therapy 1(93), 3-15.

Kwiatkowska, H. Y. (1962). Family art therapy: Experiments with a new technique. Bulletin of Art Therapy, 1(93), 3-15.

Kwiatkowska, H. Y. (1967). Family art therapy. Family Process, 6, 37-55.

Kwiatkowska, H. Y. (1978). Family therapy and evaluation through art. Springfield, IL: Charles C. Thomas.

Kwiatkowska, H. Y. (1978). Family therapy and evaluation through art. Springfield, IL: Thomas.

Kwiatkowska, H. Y. (2001). Family art therapy: Experiments with a new technique. American Journal of Art Therapy, 40, 27-39.

Kwiatkowska, H. Y.(2001). Family Art Therapy. American Journal of Art Therapy, 40(1), 27-39.

Labrecque, L. T, & Whisman, M. A. (2017). Attitudes toward and prevalence of extramarital sex and descriptions of extramarital partners in the 21st century. Journal of Family Psychology, 31(7), 952.

LaFromboise, T.(1996). MCT theory and Native-American populations. In D. W. Sue, A. E. Ivey, & P. B. Pedersen(Eds.), A theory of multicultural counseling and therapy (pp. 192-203). Pacific Grove, CA: Brooks/Cole.

Landgarten, H. (1987) Family art psychotherapy. New York: Brunner/Mazel.

Landgarten, H. B. (1981). Clinical art therapy. NY: Brunner-Mazel.

Landgarten, H. B. (1981). Clinical art therapy: A comprehensive guide. New York: Brunner/Mazel.

Landgarten, H. B. (1981). Clinical art therapy: A comprehensive guide. New York: Brunner/Mazel.

Landgarten, H. B. (1987). Family art psychotherapy. New York: Brunner/Mazel.

Landgarten, H. B. (1987). Family art psychotherapy: A clinical guide and casebook. NY: Brunner/Mazel, Inc.

Landgarten, H. B. (1987). Family art psychotherapy: A clinical guide and casebook. NY: Brunner-Mazel.

Landgarten, H. B., & Lubbers, D. (Eds.). (1991). Adult art psychotherapy: Issues and applications. New York: Brunner/Mazel.

Landgarten. H.B. (2006). Helen B. Landgarten: Art therapists who began in the '60s. In M. In B. Junge & H. Wadeson (Eds.), Architects of art therapy: Memoirs and life stories (pp. 145-159). Springfield, IL: Charles C. Thomas.

Landis, S., Trevor, J., Futch, J., & Plaut, T.(1995). Building a healthier tomorrow: A manual for coalition building. Asheville, NC: Mountain Area Health Education Center.

Lavee, Y., & Avisar, Y. (2006). Use of standardized assessment instruments in couple therapy: The role of attitudes and professional factors. Journal of Marital and Family Therapy, 32(2), 233-244.

Lea, G.(1982). Religion, mental health, and clinical issues. Journal of Religion and Health, 21, 336-351.

Lebow, J. L. (2015). Separation and divorce issues in couple therapy. In A. S. Gurman, J. L. Lebow, & D. K. Snyder (Eds.), Clinical handbook of couple therapy (5th ed., pp. 445-463). New York: The Guilford Press.

Lee, C. C., & Richardson, B. L.(Eds.)(1991). Multicultural issues in counseling: New approaches to diversity. Alexandria, VA: American Counseling Association.

Lee, W., Todd, M. E., JoEllen, P., & Larry, C.(2011). Essential assessment skills for couple and family therapists. NY: Guilford Press.

Leong, F. T. L.(1996). MCT theory and Asian-American populations. In D. W. Sue, A. E. Ivey, & P. B. Pedersen(Eds.), A theory of multicultural counseling and therapy (pp. 204-216). Pacific Grove, CA: Brooks/Cole.

Levick, M., & Herring, J. (1973). Family dynamics - As seen through art therapy. Art Psychotherapy, 1(1), 45–54.

Lewis, J. A., Hayes, B. A., & Bradley, L. J.(Eds.)(1992). Counseling women over the life span. Denver, CO: Love Publishing.

Lewis, J. A., Lewis, M. D., Daniels, J. A., & D'Andrea(2011). Community counseling: A multicultural-social justice perspective. CA: Brooks/Cole.

Lewis, J. A., Lewis, M. D., Daniels, J., & D'Andrea, M.(1998). Community counseling: Empowerment strategies for a diverse society. Pacific Grove, CA: Brooks/Cole.

Linesch, D. (1993). Art therapy with families in crisis. New York: Brunner/Mazel.

Linesch, D. G. (1988). Adolescent art therapy. New York: Brunner/Mazel.

Linton, R.(1945). The science of man in the world crisis. New York: Columbia University Press.

Lipman, L. (2003). The triadic system: Sociometry, psychodrama, and group Psychotherapy. In J. Gershoni (Ed.), Psychodrama in the 21st century: Clinical and educational applications. NY: Springer Publishing.

Littlefield, A., Lieberman, L., & Reynolds, L. T.(1982). Redefining race: The potential demise of a concept in anthropology. Current Anthropology, 23, 641-647.

Locke, D. C. (1990). A not so provincial view of multicultural counseling. *Counselor Education and Supervision, 30,* 18-25.

Locke, D. C.(1992). Increasing multicultural understanding: A comprehensive model. Newbury Park, CA: Sage.

Loeschen, S. (2002). The Satir process. Fountain Valley, CA: Halcyon Publishing Design.

Loevinger, J.(1976). Ego development. San Francisco, CA: Jossey-Bass.

Lombana, J. (1989). Counseling persons with disabilities. *Journal of Counseling & Development, 68,* 177-179.

Lovler, R. L., Miller, L. A., & McIntire, S. A. (2010). Foundations of psychological testing: A practical approach. Sage Publications, Incorporated.

Lowenstein, L & Sprunk, T. P.(2010). Creative family therapy techniques: Play and art-based activities to assess and treat families. https://lianalowenstein.com/articleFamilyTherapy.pdf

Lowenstein, L. (2006a). Creative interventions for bereaved children. Toronto, ON:Champion Press.

Lowenstein, L. (2006b). Creative interventions for children of divorce. Toronto, ON:Champion Press.

Lowenstein, L. (Ed.). (2010). Creative family therapy techniques: Play, art, and expressive therapies to engage children in family sessions. Toronto, ON: ChampionPress.

Luscher, M. (1969). The Luscher Color Test. New York: Washington Square Press.

Lustbader, W. (1993). *Taking care of aging family members.* New York: Free Press.

Madison, WI Brown & Benchmark. Ford, T. R.(Ed.).(1978). Rural USA: Persistence and change. Ames: IA, Iowa State University Press.

Madrid, A. (1990, November/December). Diversity and its discontents. *Academe,* 15-19.

Mahrer, A. R. (1996). The Complete Guide to Experiential Psychotherapy. John Wiley & Sons.

Malchiodi, C. A. (1990). Breaking the silence: Art therapy with children from violent homes. New York: Brunner/Mazel.

Malchiodi, C. A. (1990). Breaking the silence: Art therapy with children from violent homes. New York: Brunner/Mazel.

Malchiodi, C. A. (1997). Breaking the silence: Art therapy with children from violent homes (2nd ed.). New York: Brunner/Mazel.

Malchiodi, C. A. (1997). Breaking the silence: Art therapy with children from violent homes (2nd ed.). New York: Brunner/Mazel.

Malchiodi, C. A. (1998). Understanding children's drawings. New York: Guilford Press.

Malchiodi, C. A.(2003). Hand Book of Art Therapy. NY: Guilford Pres

Malchiodi, C.A. (2005). Expressive therapies. NY: Guilford.

Marshall, C. A., Martin, W. E., Thomason, T. C., & Johnson, M. J. (1991). Multiculturalism and rehabilitation counselor training: Recommendations for providing culturally appropriate counseling services to American Indians with disabilities. *Journal of Counseling & Development, 70,* 225-234.

Martel, L. F. 1985). Short stature in Caucasian males: Personality correlates and social attribution. Unpublished doctoral dissertation, University of Rhode Island.

Martin, A. (1982). Some issues in the treatment of gay and lesbian patients. *Psychotherapy: Theory, Research and Practice, 19,* 341-348.

Martin, A. D., & Hetrick, E. S.(1988). The stigmatization of the gay and lesbian adolescent. Journal of Homosexuality, 15, 163-183.

McDowell, T., Fang, S.-R., Brownlee, K., Young, C. G., & Khanna, A. (2002). Transforming an MFT program: A model for enhancing diversity. *Journal of Marriage and Family Therapy, 28*(2), 179–192.

McGoldrick, M. (1982). Ethnicity and family therapy: An overview. In M. McGoldrick, J. K. Pearce, & J. Giordano (Eds.), *Ethnicity and family therapy* (pp. 3-30). New York: Guilford Press.

McGoldrick, M. (2011). The genogram journey. NY: Norton.

McGoldrick, M., & Carter, E. A. (1989). Forming a remarried family. New York: Gordner.

McGoldrick, M., & Gerson, R. (1985). Genograms in family assessment. NY: W. W. Norton.

McGoldrick, M., Gerson, R. and Petry, S. (2008). Genograms: assessment and intervention. NY: Norton.

McGoldrick, M., Gerson, R., & Shellenberger, S. (1999). *Genograms in family assessment.* New York, NY: W. W. Norton.

McGoldrick, M., Gerson, R., and Petry, S. (2008). Genograms: Assessment and intervention(3rd ed.). NY: W.W. Norton.

McGoldrick, M., Giordano, J.,&Garcia-Preto, N. (Eds.) (2005). Ethnicity and family therapy (3rd ed.). NY: Guilford Press.

McNiff, S. (1988). Fundamentals of art therapy. Springfield, IL: Charles C. Thomas.

McPhatter, A. R. (1991). Assessment revisited: A comprehensive approach to understanding family dynamics. Families in Society.

McWhirter, E. H.(1994). Counseling for empowerment. Alexandria, VA: American Counseling Association.

Merrick, E. N.(1995). Adolescent childbearing as a career "choice": Perspective from an ecological context. Journal of Counseling and Development, 73(3), 288-292.

Miles, D. (2004). The effectiveness of therapist interventions in structural family therapy: A process study. Unpublished doctoral dissertation, Virginia Beach: The Virginia Consortium Program in Clinical Psychology.

Miles, M. B., & Huberman, A. M. (1994). Qualitative data analysis. Thousand Oaks, CA: Sage Publications.

Miller, G. A. (1992). Integrating religion and psychology in therapy: Issues and recommendations. *Counseling and Values, 36,* 112-122.

Miller, I. W., Ryan, C. E., Keitner, G. I., Bishop, D. S., & Epstein, N. B. (2000). The McMaster approach to families: Theory, assessment, treatment and research. Journal of Family Therapy, 22(2), 168–189.

Miller, I., Kabacoff, R., Bishop, D., Epstein, N., & Keitner, G. (1994). The development of the McMaster Clinical Rating Scale. Family Process, 33, 53–69.

Miller, R. B., Anderson, S., & Keala, D. K. (2004). Is Bowen theory valid? A review of basic research. *Journal of Marital and Family Therapy, 30,* 453–466.

Minuchin, P., Colapinto, J., & Minuchin, S. (2007). Working with families of the poor. New York: Guilford.

Minuchin, S. &. Fishman, C.(1981). Family therapy techniques. Cambridge, Massachusetts: Harvard University Press.

Minuchin, S. (1974). Families and family therapy. Cambridge, MA: Harvard University Press.

Minuchin, S. (1974). *Families and family therapy.* Cambridge, MA: Harvard University Press.

Minuchin, S. (1974). Families and family therapy. Cambridge, MA: Harvard University Press.

Minuchin, S.(1974). Families and family therapy. Cambridge, MA: Harvard University Press.

Minuchin, S., & Fishman, H. C. (1981). Family therapy techniques. Cambridge, MA: Harvard University Press.

Minuchin, S., & Fishman, H. C.(1981). Family therapy techniques. Cambridge, MA: Harvard University Press.

Minuchin, S., Nichols, M. P., & Lee, W.-Y. (2007). Assessing families and couples: From symptom to system. Boston: Allyn & Bacon.

Mitten, T. J., & Connell, G. M. (2004). The core variables of symbolic-experiential therapy: A qualitative study. Journal of Marital and Family Therapy, 30, 467–478.

Mohamad, Z., & Rahman, A. H. A. (2011). Counseling Practitioners in Malaysia: Socio-Demographic Profile and Theoretical Approcahes in Counseling Process. International Journal of Business and Social Science, Vol. 2 (22).

Moon, B. L. (1994). Introduction to art therapy: Faith in the product. Springfield, IL: Charles C. Thomas.

Mooney, C. J. (1995). America's many religions. *The Chronicle of Higher Education, XLI*(39). 10-18.

Moreno, J. L., & Elefthery, D. G. (1975). An introduction to group psychodrama. In G. M. Gazda (Ed.), Basic approaches to group psychotherapy and group counseling(pp. 69–100). Springfield, IL: Charles C Thomas.

Mueller, E. (1968). Family group art therapy: Treatment of choice for a specific case. In I. Jakab (Ed.), Psychiatry and art: Proceedings of the IV International Colloquium of Psychopathology of Expression, 132–143.

Murray, J. D., & Keller, P. A.(1991). Psychology and rural America: Current status and future directions. American Psychologist, 46(3), 220-231.

Murray, J. D., & Kupinsky, S.(1982). Rural changes. In P. A. Keller & J. D. Murray (Eds.), Handbook of rural community mental health (pp. 62-73). New York: Human Sciences Press.

Murray, P. E., & Rotter, J. C. (2002). Creative counseling techniques for family therapists. The Family Journal: Counseling and Therapy for Couples and Families, 10, 203–206.

Mushquash, C. J., & Bova, D. L. (2007). Cross-cultural assessment and measurement issues. Journal on Developmental Disabilities, 13 , 53-66.

Napier, A. Y., & Whitaker, C. A. (1978). The family crucible. NY: Harper & Row.

Napier, A. Y., & Whitaker, C. A. (1978). The family crucible. NY: Harper & Row. Simon, R. (1989). Reaching out to life: An interview with Virginia Satir. Family Therapy Networker, 13 (January/February), 36–43.

Napier, A.Y., & Whitaker, C.A. (1978). The family crucible. NY: Harper & Row.

National Commission on Working Women.(1990). Wider opportunities for women. Washington, DC: Women and Work.

National Network of Runaway and Youth Services. (1991). To whom do they belong? Runaway, homeless and other youth in high-risk situations in the 1990s. Washington, DC: Author.

Nelson, T. S. (1989). Differentiation in clinical and nonclinical women. *Journal of Feminist Family Therapy, 1* (2), 49–62.

Newman, K. S.(1993). Declining fortunes: The withering of the American dream. New York: Basic Books.

Nichols, M. P. & Schwartz, R. C. (1991). Family therapy concepts and methods (2nd ed.). Boston: Allyn & Bacon.

Nichols, M. P. (2013). Family therapy: Concepts and methods (10th ed.). Boston, MA: Allyn & Bacon.

Nichols, M. P.(2014). The essentials of family therapy. New Jersey: Pearson.

Nims, D. R., & Duba, J. D. (2011). Using play therapy techniques in a Bowenian theoretical context. The Family Journal: Counseling and Therapy for Couples and Families, 19, 83–89.

O'Brian, C. & Bruggen, P.(1982). Our personal and professional lives: Learning positive connotation and circular questioning. Family Process, 24: 311-322.

O'Connell, B.(2005). Solution-focused therapy. CA: SAGE.

Olson, D. H. (1986). Circumplex model VII: Validation studies and FACES III. Family Process, 25, 337–351.

Olson, D. H. (1990). Clinical rating scale for Circumplex model. St Paul, MN: Family Social Science, University of Minnesota.

Olson, D. H. (1991). Three dimensional (3-D) Circumplex model and revised scoring of FACES. Family Process, 30, 74–79.

Olson, D. H. (1993). Circumplex model of marital and family systems. In F. Walsh(Ed.), Normal family processes (2nd ed.). NY: Guilford Press.

Olson, D. H. (2000). Circumplex model of marital and family systems. Journal of Family Therapy, 22,

144-168.
Olson, D. H. (2008). FACES IV manual. Minneapolis, MN: Life Innovations.
Olson, D. H., Russell, C. S., & Sprenkle, D. H. (1989). Circumplex model: Systemic assessment and treatment of families. NY: Haworth Press.
Oster, G. (2004). Using Drawings in Assessment and Therapy. NY: Brunner-Routledge.
Oster, G. D., & Caro, J. (1990). Understanding and treating depressed adolescents and their families. New York: John Wiley & Sons.
Oster, G. D., & Caro, J. (1990). Understanding and treating depressed adolescents and their families. New York: John Wiley & Sons.
Oster, G. D., & Gould, P. (1987). Using drawings in assessment and therapy. New York: Brunner/Mazel.
Oster, G. D., & Gould, P. (1987). Using drawings in assessment and therapy. New York: Brunner/Mazel.
Oster, G. D., & Montgomery, S. S. (1995). Helping your depressed teenager: A guide for parents and caregivers. New York: John Wiley & Sons.
Oster, G. D., & Montgomery, S. S. (1995). Helping your depressed teenager: A guide for parents and caregivers. New York: John Wiley & Sons.
Oster, G. D., & Montgomery, S. S. (1996). Clinical uses of drawings. Northvale, NJ: Jason Aronson.
Oster, G. D., & Montgomery, S. S. (1996). Clinical uses of drawings. Northvale, NJ: Jason Aronson.
Palazzoli, M.S., Boscolo, L., Cecchin, G., & Prata, G.(1978). Paradox and counter-paradox: A new model in the therapy of the family in schizophrenic transaction. Northvale, NJ: Aronson.
Palazzoli, M.S., Boscolo, L., Cecchin, G., & Prata, G.(1980). Hypothesizing, circularity, neutrality: Three guidelines for the conductor of the session. Family Process, 19: 3-12.
Papp, P. (Ed.). (1977). Family therapy: Full length case studies. New York: Gardner
Papp, P., Schienkman, M., & Malpas, J. (2013). Breaking the mold: Sculpting impasses in couples' therapy. Family Process, 52, 33-45.
Parham, T.(1996). MCT theory and African-American populations. In D. W. Sue, A. E. Ivey, & P. B. Pedersen(Eds.), A theory of multicultural counseling and therapy (pp. 177-191). Pacific Grove, CA: Brooks/Cole.
Parham, T.(1997, August). Transformation of the racist mentality: From isfet to maat. A paper presented at the annual meeting of the American Psychological Association. Chicago, IL.
Patterson, J., Williams, L., Grauf-grounds, C., & Chamow, L. (1998). Essential skills in family therapy: From the first interview to termination. NY: Guilford Press.
Perel, E. (2017). The state of affairs: Rethinking infidelity-A book for anyone who has ever loved. London: Hachette.
Perry, W. G.(1970). Forms of intellectual and ethical development in the college years: A scheme. New York: Holt, Rinehart, and Winston.
Peterson, L. W., & Hardin, M. E. (1997). Children in distress: A guide for screening children's art. New York: W. W. Norton & Company.
Piaget, J.(1977). The development of thought: Equilibrium of cognitive structure. ew York: Viking.
Pill, C. J. (1990). Stepfamilies: Redefining the family. Family Relations, 186-193.
Pinsof, W., Breunlin, D. C., Russell, W. P., & Lebow, J. (2012). Integrative problem-centered metaframeworks therapy II: Planning, conversing, and reading feedback. Family Process, 50, 314-

336.

Pope, M. (1995). The salad bowl is big enough for us all: An argument for the inclusion of lesbians and gay men in any definition of multiculturalism. *Journal of Counseling & Development, 73,* 301-304.

Post Sprunk, T. (2010a). Boat storm lighthouse. In L. Lowenstein, (Ed.). Creative family therapy techniques: Play, art, and expressive therapies to engage children in family sessions. Toronto, ON: Champion Press.

Post Sprunk, T. (2010b). Toss the ball. In L. Lowenstein, (Ed.). Creative family therapy techniques: Play, art, and expressive therapies to engage children in family sessions.Toronto, ON: Champion Press.

Prager, A. (1993). The art therapist's role in working with hospitalized children. American Journal of Art Therapy, 33, 2-11.

Price, J. H., & Telljohann, S. K.(1991). School counselors' perceptions of adolescent homosexuals. Journal of School Health, 61, 433-438.

Quackenbos, S., Privette, G., & Klentz, B. (1986). Psychotherapy and religion: Rapprochement or antithesis? *Journal of Counseling & Development, 65,* 82-85.

Reiss, D.(1980). Pathways to assessing the family: Some choice points and a sample route. In C. K. Hofling & J. M. Lewis(Eds.), The family: Evaluation and treatment, (pp. 192-233). New York: Brunner/Mazel.

Rennie, D. L., Phillips, J. R., & Quartaro, G. K. (1988). Grounded theory: A promising approach to conceptualizing in psychology? Canadian Psychology, 29(2), 139-150.

Revell, B. (1997). Using play and art therapy to work with families. In B. Bedard-Bidwell(Ed.), Hand in hand: A practical application of art and play therapy. London, ON: Thames River Publishing.

Reynolds, A. L., & Pope, R. L. (1991). The complexities of diversity: Exploring multiple oppressions. *Journal of Counseling & Development, 70,* 174-180.

Richardson, R. (1997). Family ties that bind. Vancouver, BC: International Self-Counsel Press.

Riger, S.(1992). Epistemological debates, Feminist voices: Science, social values, and the study of women. American Psychologist, 47(6), 730-740.

Riley, S. (1985). Draw Me a Paradox? Family Art Psychotherapy Utilizing a Systemic Approach to Change. Art Therapy, 2(3), 116-124.

Riley, S. (1990). A strategic family systems approach to art therapy with the individual. American Journal of Art Therapy, 28, 71-78.

Riley, S. (1991). Couples therapy/Art therapy: Strategic interventions and family of origin work. Art Therapy: Journal of the American Art Therapy Association, 8(2), 4-9.

Riley, S. (1999). Contemporary art therapy with adolescents. London: Jessica Kingsley Publishers.

Riley, S., & Malchiodi, C. A. (2003). Family art therapy. Handbook of art therapy, 362, 374.

Riley, S., & Malchiodi, C. A. (2003). Family art therapy. In C. A. Malchiodi (Ed.), Handbook of art therapy (pp. 362-374). NY: Guilford Press.

Riley, S., & Malchiodi, C. A. (2003). Solution-focused and narrative approaches. In C. A. Malchiodi(Ed.), Handbook of art therapy. NY: Guilford Press.

Rivlin, A. M.(1992). Reviving the American dream: The economy, the states, and the federal government. Washington, DC: The Brookings Institute.

Rodick, J. D., Henggeler, S. W.,&Hanson, C. L. (1986). An evaluation of the family adaptability and cohesion evaluation scales and the Circumplex model. Journal of Abnormal Child Psychology, 14, 77–87.

Rothblum, E. D.(1990). Depression among lesbians: An invisible and unresearched phenomenon. Journal of Gay & Lesbian Psychotherapy, 1, 67-87.

Rothblum, E. D., Brand, P. A., Miller, C. T., & Oetjen, H. A.(1990). The relationship between obesity, employment discrimination, and employment-related victimization. Journal of Vocational Behavior, 37, 251-266.

Rotheram-Borus, M. J., Hunter, J., & Rosario, M.(1992). Suicidal behavior and gay-related stress among gay and bisexual male adolescents. Unpublished manuscript, Columbia University, New York.

Rotheram-Borus, M. J., Rosario, M., Meyer-Bahlburg, H. F. L., Koopman, C., Dopkins, S. C., & Davies, M.(1992). Sexual and substance abuse behaviors among homosexual and bisexual male adolescents in New York City. Unpublished manuscript, Columbia University, New York.

Rubin, J. A. (1997). Child art therapy: Understanding and helping children grow through art. New York: John Wiley & Sons.

Rubin, J. R. (1997). Approaches to Art Therapy: New York: Brunner-Mazel.

Ruiz, R. A., & Padilla, A. M. (1979). Counseling Latinos. In D. R. Atkinson, G. Morten, & D. W. Sue (Eds.), *Counseling American minorities: A crosscultural perspective* (pp. 213-231). Dubuque, IA: Brown.

Russo, N. F., Olmedo, E. L., Stapp, J., & Fulcher, R. (1981). Women and minorities in psychology. *American Psychologist, 11,* 1315-1363.

Safranske, E. P., & Malony, H. N.(1990). Clinical psychologists' religious and spiritual orientation and their practice of psychotherapy. Psychotherapy, 27, 72-78.

Said, E. (1981). *Covering Islam: How the media and the experts determine how we see the rest of the world.* New York: Pantheon.

Sandage, S. J., & Jankowski, P. J. (2010). Forgiveness, spiritual instability, mental health symptoms, and well-being: Mediator effects of differentiation of self. *Psychology of Religion and Spirituality, 2,* 168–180.

Santrock, J. W., & Sitterle, M. (1987). Parent-child relationship in stepmother families In K. Pasley & M. Ihinger-Tallman(Eds.). Remarriage and stepparenting today: Current research and theory, New York: Guilford.

Sanua, V. D.(1969). Religion, mental health, and personality: A review of empirical studies. American Journal of Psychiatry, 125, 1203-1213.

Saravanabhavan, R. C., & Marshall, C. A. (1994). The older Native American with disabilities: Implications for providers of health care and human services. *Journal of Multicultural Counseling and Development, 22,* 182-194.

Satir, V. (1972). People making. Palo Alto, CA: Science and Behavior Books.

Satir, V. (1983). Conjoint family therapy (3rd ed.). Palo Alto, CA: Science and Behavior Books.

Satir, V. M. (1972). Peoplemaking. Palo Alto, CA: Science and Behavior Books.

Satir, V. M. (1986). A partial portrait of a family therapist in process. In H. C. Fishman & B. L. Rosman (Eds.), Evolving models of family change: A volume in honor of Salvador Minuchin (pp. 138–155).

New York: Guilford Press.
Satir, V. M. (1988). The new peoplemaking. Palo Alto, CA: Science and Behavior Books.
Satir, V. M., & Baldwin, M. (1983). Satir step by step. Palo Alto, CA: Science and Behavior.
Satir, V. M., Stachowiak, J., & Taschman, H. A. (1975). Helping families to change. NY: Aronson.
Sauber, S. R., L'Abate, L., & Weeks, G. R. (1985). Family therapy: Basic concepts and terms. Rockville, MD: Aspen.
Savin-Williams, R. C.(1990). Gay and lesbian youths: Expressions of identity. New York: Hemisphere.
Savin-Williams, R. C., & Cohen, K. M.(1996). Psychological outcomes of verbal and physical abuse among lesbian, gay, and bisexual youths. In R. C. Savin-Williams & K. M. Cohen (Eds.), The lives of lesbians, gays, and bisexuals: Children to adults (pp. 181-200). Forth Worth, TX: Harcourt Brace.
Savin-Williams, R. C., & Cohen, K. M.(Eds.)(1996). The lives of lesbians, gays, and bisexuals: Children to adults. Forth Worth, TX: Harcourt Brace.
Schneider, E., & Rowe, J.(Eds.)(1990). Handbook of the biology of aging. San Diego, CA: Academic Press.
Schutz, W. (1961). On group composition. Journal of Abnormal and Social Psychology, 2, 275–281.
Schwartz, J. P., Thigpen, S. E., & Montgomery, J. K. (2006). Examination of parenting styles of processing emotions and differentiation of self. *The Family Journal, 14,* 41–48.
See, C. M., & Ng, K. M. (2010). Counseling in Mala ysia: History, Current Status, and Future Trends. Journal of Counseling & Development, 88(1), 18-22.
Selman, R.(1980). The growth of interpersonal understanding: Developmental and clinical analysis. New York: Academic Press.
Shaffer, D. R.(1993). Developmental psychology: Childhood and adolescence (3rd ed.). Pacific Grove, CA: Brooks/Cole.
Sharif, M. (2002). The Analysis of Counselling in Context. (Doctor of Philosophy), Queensland University of Technology, Australia.
Shim, S., Kotsiopulos, A., & Knoll, D. S.(1990). Short, average-height, tall, and big men: Body cathexis, clothing, and retail satisfactions, and clothing behavior. Perceptual and Motor Skills, 70, 83-96.
Silverstein, O., & Rashbaum, B. (1994). *The courage to raise good men.* New York, NY: Viking.
Simons, R. L., Lin, K. H., Gordon, L. C., Conger, R. D., & Lorenz, F. O. (1999). Explaining the higher incidence of adjustment problems among children of divorce compared with those in two-parent families. Journal of Marriage and the Family, 61, 1020–1033.
Singer, J.L. (1996). Cognitive and effective implications of imaginative play in childhood. In M. Lewis (Ed.), Child and adolescents psychiatry: A comprehensive textbook. Baltimore, MD: Williams and Wilkins.
Singh, R.(2022). Satir model therapy: Satir transformational system therapy. https://mantracare.org/therapy/therapy-types/satir-model-therapy/
Skinner, H. A., Steinhauer, P. D., & Santa-Barbara, J. (1995). Family assessment measure–III. Toronto: Multi-Health Systems.
Skinner, H. A., Steinhauer, P. D., & Sitarenios, G. (2000). Family assessment measure (FAM) and Process model of family functioning. Journal of Family Therapy, 22(2), 90–210.
Skolnick, A. (1991). Embattled paradise: The American family in an age of uncertainty.New York: Basic

Books.
Skowron, E. A. (2004). Differentiation of self, personal adjustment, problem solving, and ethnic group belonging among persons of color. *Journal of Counseling and Development, 82,* 447-456.
Skowron, E. A., & Friedlander, M. L. (1998). The Differentiation of Self Inventory: Development and initial validation. *Journal of Counseling Psychology, 45,* 235-246.
Skowron, E. A., Stanley, K. L., & Shapiro, M. D. (2009). A longitudinal perspective on differentiation of self, interpersonal and psychological well-being in young adulthood. *Contemporary Family Therapy, 31,* 3-18.
Slipp, S. (1984). *Object relations: A dynamic bridge between individual and family treatment.* Northvale, NJ: Jason Aronson.
Smith, S. D., & Ng, K. M. (2009). Association between adult romantic attachment styles and family-of-origin expressive atmosphere. *The Family Journal, 17,* 220-228.
Sobol, B. & Howie, P. (2013). Cultural considerations in family therapy. In P. S. Howie, Using Art Therapy with Diverse Populations (pp. 245-255). London: Jessica Kingsley Publishers.
Sobol, B., & Williams, K. (2001). Family and group art therapy. In J. A. Rubin (Ed.), Approaches to art therapy: Theory and technique (pp. 261-280). NY: Brunner-Routledge.
Solarz, A. L.(1992). To be young and homeless: Implications of homelessness for children. In M. J. Robertson & M. Greenblatt(Eds.),Homelessness: A national perspective (pp. 275-286). New York: Plenum.
Sori, C.F. (2006). Engaging children in family therapy: Creative approaches to integrating theory and research in clinical practice. NY: Routledge.
Sori, C.F. (2008). Using hip-hop in family therapy to build "rap"port. In H.G.Rosenthal (Ed.), Favorite counseling and therapy homework assignment(2nd ed.). NY: Routledge.
Sori, C.F. (2010). Rappin' family puppet interview. In L. Lowenstein, (Ed.). Creative family therapy techniques: Play, art, and expressive therapies to engage children in family sessions. Toronto, ON: Champion Press.
Spanier, G. B. & Furstenberg, F. F.(1987). Remarriage and reconstituted families. In M. B. Sussman & S. K. Steinmetz(Eds.), Handbook of marriage and the family(pp. 419-432). New York: Plenum.
Spickard, P. R. (1992). The illogic of American racial categories. In M. P. P. Root (Ed.), *Racially mixed people in America* (pp. 12-23). Newbury Park, CA: Sage.
Sprinthall, N. A., & Sprinthall, R. C.(1990). Educational psychology: A developmental approach (5th ed.). New York: McGraw Hill.
Stanton, M. D. &. Todd, T. C.(1981). Engaging "resistant" families in treatment. Family Process, 20(3), 261-293.
Stark, R.(1971). Psychopathology and religious commitment. Review of Religious Research, 12, 165-176.
Steinhauer, P. D., Santa-Barbara, J., & Skinner, H. (1984). The Process model of family functioning. Canadian Journal of Psychiatry, 29, 77-88.
Stephan, W. G. (1989). A cognitive approach to stereotyping. In D. Bar-tal, C. T. Graumann, A. W. Kruglanski, & W. Stroebe (Eds.), *Stereotyping and prejudice* (pp. 37-57). New York: Springer-Verlag.
Steuer, J. L. (1982). Psychotherapy with older women: Ageism and sexism in traditional practice. *Psychotherapy: Theory, Research, and Practice, 19,* 429-436.

Stocker, C. M., Lanthier, R. P., & Furman, W.(1997). Sibling relationships in early adulthood. Journal of Family Psychology, 11(2), 210-221.

Stokols, D.(1992). Establishing and maintaining healthy environments: Toward a social ecology of health promotion. American Psychologist, 47(1), 6-22.

Stoltz-Loike, M. (1992). Couple and family counseling. In R. L. Smith & P. Stevens-Smith (Eds.), Family counseling and therapy (pp. 80–108). Ann Arbor, MI: ERIC/CAPS.

Storandt, M. (1983). *Counseling and therapy with older adults.* Boston: Little, Brown.

Sue, D. W., Arredondo, P., & McDavis, R. J. (1992). Multicultural counseling competencies and standards: A call to the profession. *Journal of Multicultural Counseling & Development, 20,* 64-88.

Sue, D. W., Arredondo, P., & McDavis, R. J.(1992). Multicultural counseling competencies and standards: A call to the profession. Journal of Counseling and Development, 70, 477-486.

Sue, D. W., Bernier, Y., Durran, A., Feinberg, L., Pedersen, P. B., Smith, E. J., & Vasquez-Nuttal, E. (1982). Position paper: Cross-cultural counseling competencies. *The Counseling Psychologist, 10,* 45-52.

Sue, D. W., Ivey, A. E., & Pedersen, P. B.(Eds.)(1996). A theory of multicultural counseling and therapy. Pacific Grove, CA: Brooks/Cole.

Sue, W. S., & Sue, S. (1990). *Counseling the culturally different* (2nd. ed.). New York: Wiley.

Sundet, R. (2011). Collaboration: Family and therapist perspectives of helpful therapy. Journal of Marital and Family Therapy, 37, 236–249.

Susan, H.(2001). Healing arts: The history of art therapy. United Kingdom: Jessica Kingsley Publishers London and Philadelphia.

Suzuki, L. A., & Ponterotto, J. G. (2008). Handbook of multicultural assessment: Clinical , psychological, and educational applications. Jossey-Bass.

Swensen, C. H.(1980). Ego development and a general model for counseling and psychotherapy. Personnel & Guidance Journal, 58(5), 373-381.

Szapocznik, José, Schwartz, S. J., Muir, J. A., & Brown, C. H.(2012). Brief strategic family therapy: An intervention to reduce adolescent risk behavior". Couple & Family Psychology, 1(2), 134–145.

Taibbi, R. (2007). Doing family therapy (2nd ed.). New York: Guilford Press.

Taibbi, R. (2007). Doing family therapy: Craft and creativity in clinical practice(2nd ed.). NY: Guilford.

Talib, M. A. (2010). Cultural influences and mandated counseling in Malaysia. Asian culture and History, 2(1), 28.

Taussig, I. M.(1987). Comparative responses of Mexican Americans and Anglo-Americans to early goal setting in a public mental health clinic. Journal of Counseling Psychology 34(2), 214-217.

The Free Dictionary by Farlex(2022). https://medical-dictionary.thefreedictionary.com/

Thomas R., Shelley-Tremblay J., & Joanning H(2021).. Anxiety explains self-differentiation: implications for Bowenian approaches to marriage and family therapy. The American Journal of Family Therapy, 49(5), 534-549.

Thomas, A. J. (1998). Understanding culture and worldview in family systems: Use of the multicultural genogram. *The Family Journal: Counseling and Therapy for Couples and Families, 6,* 24–32.

Thomas, A., & Sillen, S. (1972). *Racism and psychiatry.* Secaucus, NJ: Citadel Press.

Thomas, V. & Krum, T.(2015). Experiential approaches to family therapy. In J. L. Wetchler & L. L.

Hecker(Eds.), An introduction to marriage and family therapy(2nd.)(pp. 229-318). NY: Routledge.

Thomlison, B. (2009). Family assessment handbook: An introduction and practical guide to family assessment : Brooks/Cole Publishing Company.

Thompson H. M. Wojciak A. S., & Cooley M. E.(2019). Family-based approach to the child welfare system: an integration of Bowen family theory concepts. Journal of Family Social Work, 22(3), 231-252.

Toman, W. (1961). *Family constellation; theory and practice of a psychological game.* New York, NY: Springer Publishing Company.

Tracy, S. R.(2008). Mending the Soul: Understanding and Healing Abuse. Michigan: Zondervan.

Troll, L. E.(1985). Early and middle adulthood (2nd Ed.). Monterey, CA: Brooks/Cole.

Tuttle, L. C.(1998). Experiential Family Therapy: An Innovative Approach to the Resolution of Family Conflict in Genetic Counseling. Journal of Genetic Counseling, 7, 167–186.

U.S. Bureau of the Census(1988). Statistical abstract of the United States: 1989 (104th ed.). Washington, DC: U.S. Printing Office.

U.S. Bureau of the Census. (1978). Geographic tools (Fact finder for the nation). Washington, DC: U.S. Government Printing Office.

U.S. Census Bureau. (2006). American Community Survey: 2006 (No. S1201): Marital Status. As cited in Bradbury, T. N., & Karney, B. R. (2010). Intimate Relationships. W. W. Norton & Company.

U.S. Department of Health and Human Services.(1990). Healthy people 2000: National health promotion and disease prevention objectives (PHS Publication No. 91-50212). Washington, DC: Author.

Van Heusden, A., & van den Eerenbeemt, E. (1987). *Balance in motion: Ivan Boszormenyi-Nagy and his vision of individual and family therapy.* New York, NY: Brunner/Mazel.

Visher, E. B., Visher, J. S., & Pasley, K. (2003). Remarriage families and stepparenting. Normal family processes: Growing diversity and complexity, 3, 153-175.

Vontress, C. E.(1988). Social class influences on counseling. In R. Hayes & R. Aubrey(Eds.), New directions for counseling and development (pp. 346-364). Denver, CO: Love Publishing.

Wadeson, H. (1980). Art psychotherapy. New York: John Wiley & Sons.

Wadeson, H. (1980). Art psychotherapy. NY: John Wiley & Sons.

Wadeson, H. (1987). The dynamics of art psychotherapy. New York: John Wiley & Sons.

Wadeson, H.(2001). Art Therapy Practice: Innovative Approaches with Diverse Populations. NY: John Wiley & Sons.

Wagner, A. C., & Diamond, R. M. (2017). Families and divorce. In S. Browning & B. Van Eeden-Morrhead (Eds.), Contemporary families: At the nexus of research and practice. New York: Routledge Press.

Waller, D. E., & Gilroy, A. (Eds.). (1992). Art therapy: A handbook. New York: Taylor & Francis.

Wallerstein, J. S., Lewis, J. M., & Blakeslee, S. (2000). The unexpected legacy of divorce: A 25 year landmark study. New York: Hyperion.

Walsh, P.(1995). Biased and affirmative practice with lesbian and gay clients. Unpublished Master's thesis, California State University, Long Beach.

Wang, H.-H., Wu, S.-Z., & Liu, Y.-Y. (2003). Association Between Social Support and Health Outcomes: A Meta analysis. The Kaohsiung Journal of Medical Sciences, 19(7), 345-350.

Wark, L. (2003). Explaining to parents the use of play in family therapy. In C.F. Sori &L.L. Hecker & Associates, The therapist's notebook for children and adolescents: Homework, handouts, and activities for use in psychotherapy. Binghamton, NY:Haworth.

Watts, R. E., & Broaddus, J. L. (2002). Improving parent-child relationships through filial therapy: An interview with Garry Landreth. Journal of Counseling and Development, 80, 372–379.

Watts-Jones, D. (1997). Toward an African American genogram. *Family Process, 36,* 375–383.

Watzlawick, P., Weakland, J., & Fisch, R. (1974). Change: Principles of problem formation and problem resolution. New York: Norton.

Watzlawick, P., Weakland, J., & Fisch, R.(1974). Change: Principles of problem formation and problem resolution. New York: Norton.

Welch, A.(2022). Structural family therapy. https://www.marriage.com/advice/therapy/structural-family-therapy/

Weston, P. (2009). Helping students 'see' their resources:School applications of a brief genogram activity. The Family Psychologist, 25(1), 6–8.

Wetchler, J. L. & Hecker, L. L.(2015). An Introduction to Marriage and Family Therapy. NY: Routledge.

Whitaker, C. A. (1976a). The hindrance of theory in clinical work. In P. J. Guerin, Jr.(Ed.), Family therapy: Theory and practice. New York: Gardner Press.

Whitaker, C. A., & Keith, D. V. (1981). Symbolic-experiential family therapy. In A. Gurman & D. Kniskern(Eds.), The handbook of family therapy (pp. 187–225). NY: Brunner/Mazel.

Whitaker, C. A., & Keith, D. V. (1981). Symbolic-experiential therapy. In A. S. Guerin & D. P. Knisker (Eds.), Handbook of family therapy (pp. 187–225). New York: Brunner/Mazel.

White, M. B., & Tyson-Rawson, K. J. (1995). Assessing the dynamics of gender in couples and families: The gendergram. *Family Relations, 44,* 253–260.

Whiteside-Mansell, L., Johnson, D., Aitken, M., Bokony, P., Conners-Burrow, N., & McKelvey, L. (2010). Head Start and unintended injury: The use of the family map interview to document risk. Early Childhood Education Journal, 38, 33–41.

Wikipedia(2022). https://en.wikipedia.org/wiki/Family_therapy

Wilkes, R., & Byers, A. (1992). Art therapy with elderly people in statutory care. In D. Waller & A. Gilroy (Eds.), Art therapy: A handbook. Buckingham, UK: Open University Press.

Wilkinson, I. (1998). Child and family assessment: Clinical guidelines for practitioners. London: Routledge.

Wilkinson, I. (2000). The Darlington family assessment system: clinical guidelines for practitioners. Journal of Family Therapy, 22(2), 211–225.

Wilkinson, K. P.(1982). Changing rural communities. In K. P. Keller & J. D. Murray(Eds.), Handbook of rural community mental health (pp. 20-28). New York: Human Sciences Press.

Williams, L., Edwards, T. M., Patterson, J., & Chamow, L. (2011). Essential assessment skills for couple and family therapists. New York: Guilford Press.

Williams, W. L.(1997). Two-spirit persons: Gender nonconformity among native American and native Hawaiian youths. In R. C. Savin-Williams & K. M. Cohen(Eds.), The lives of lesbians, gays, and bisexuals: Children to adults (pp. 416-435). Forth Worth, TX: Harcourt Brace.

Williamson, D. (1981). Personal authority via termination of the intergenerational hierarchical boundary:

A "new" stage in the family life cycle. *Journal of Marital and Family Therapy, 7,* 441-452.

Woods, M. D., & Martin, D. (1984). The work of Virginia Satir: Understanding her theory and technique. American Journal of Family Therapy, 12, 3-11.

Worell, J., & Remer, P.(1992). Feminist perspectives in therapy: An empowerment model for women. Clinchester, U.K.: John Wiley & Sons.

Yalom, I. D. (1970). The theory and practice of group psychotherapy. New York: Basic Books.

Yalom, I. D. (1983). Inpatient group psychotherapy. New York: Basic Books.

Yalom, I. D. (1995). The theory and practice of group psychotherapy (4th ed.). New York: Basic Books.

Young-Eisendrath, P. 1988). Making use of human development theories in counseling. In R. Hayes & R. Aubrey(Eds.), New directions for counseling and human development (pp. 66-84). Denver, CO: Love Publishing.

Zaker, B. S. & Boostanipoor, A.(2016). Multiculturalism in counseling and therapy: marital and family issues. International Journal of Psychology and Counseling, 8(5), 53-57.

Ziff, K. (2009). Family sculpting. In B. Erford (Ed.), The ACA encyclopedia of counseling (p. 199). Alexandria, VA: American Counseling Association.

저자 소개

■ **조용태**

중원대학교 교양대학 교수
미술치료전문가
예술심리치료전문가
부모교육전문가
대체의학전문가

가족미술치료

1판 1쇄 인쇄 – 2023년 8월 7일
1판 1쇄 발행 – 2023년 8월 10일

저 자 - 조용태
발 행 인 - 강철원
발 행 처 - 양성원
주 소 - 경기도 파주시 검산로 173번길 29-12
전 화 - 031-946-3861(代)
팩 스 - 031-946-3864
이 메 일 - tnwpub@naver.com
홈페이지 - tnwpub.co.kr
출판등록 - 2015년 8월 31일 제 2015-000211 호

ISBN 979-11-6126-540-7

정가 25,000원